中国·陕西煤炭名矿志系列

黄陵矿业一号煤矿志

(1989—2020)

《黄陵矿业一号煤矿志》编纂委员会　编

应急管理出版社

·北　京·

图书在版编目（CIP）数据

黄陵矿业一号煤矿志．1989-2020/《黄陵矿业一号煤矿志》编纂委员会编．--北京：应急管理出版社，2022

（中国·陕西煤炭名矿志系列）

ISBN 978-7-5020-9285-6

Ⅰ.①黄… Ⅱ.①黄… Ⅲ.①煤炭企业—工业史—陕西—1989-2020 Ⅳ.①F426.21

中国版本图书馆 CIP 数据核字（2022）第 043442 号

黄陵矿业一号煤矿志（1989—2020）

（中国·陕西煤炭名矿志系列）

编　　者　《黄陵矿业一号煤矿志》编纂委员会
责任编辑　曲光宇　赵　冰　孟　楠
责任校对　孔青青　赵　盼
封面设计　罗针盘

出版发行　应急管理出版社（北京市朝阳区芍药居 35 号　100029）
电　　话　010-84657898（总编室）　010-84657880（读者服务部）
网　　址　www.cciph.com.cn
印　　刷　北京盛通印刷股份有限公司
经　　销　全国新华书店

开　　本　889mm×1194mm $^{1}/_{16}$　**印张**　36　**插页**　36　**字数**　933 千字
版　　次　2022 年 4 月第 1 版　2022 年 4 月第 1 次印刷
社内编号　20220115　　**定价**　160.00 元

《黄陵矿业一号煤矿志》编纂委员会

主　　任	卢海峰	薛国华			
常务副主任	李道君				
副 主 任	沈亚洲	符大利	焦稳锋	米广欣	刘　洋
	张　驰	曲志欣	刘茂荣	王　钢	高　亮
	白建军				
委　　员	牛艺强	王星星	张　鹏	杨忠顶	张海博
	白　杰	范建军	张玉良	井振强	王　飞
	向　利	周战民	韦晓虎	段延安	付天河
	孙俊平	李成西	郭锋涛		

《黄陵矿业一号煤矿志》编纂人员

主　　编	卢海峰	薛国华			
副 主 编	李道君				
执行主编	牛艺强				
编　　辑	梁　林	宋昊壕	刘永亮	李小艳	刘　强

《黄陵矿业一号煤矿志》编纂办公室

主　　任	牛艺强	
副 主 任	王　威	
成　　员	赵　萌	刘　强

黄陵矿业一号煤矿企业精神

诚信敬业

追求卓越

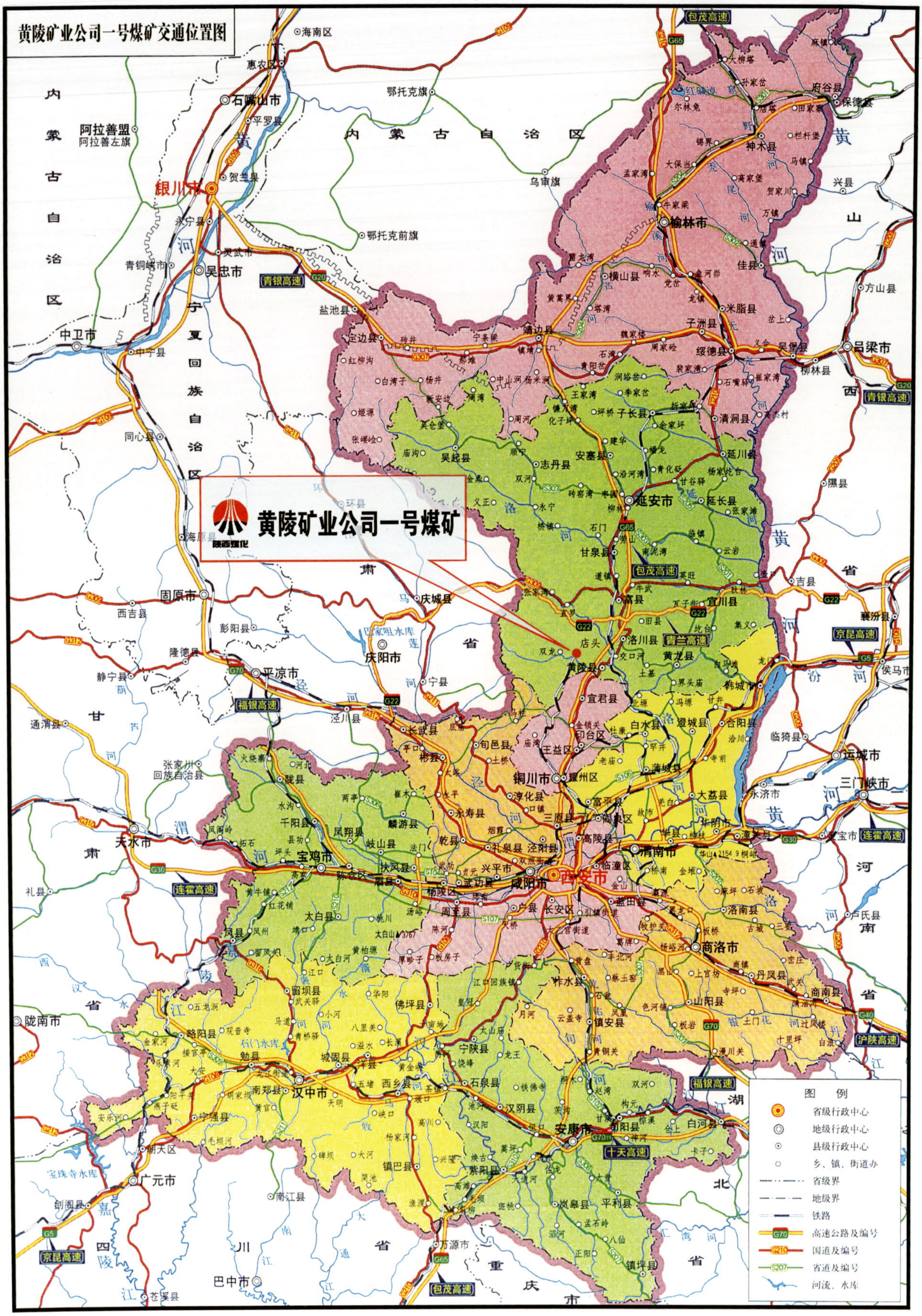

一号煤矿交通位置图（本图来源于《黄陵矿业公司志》）

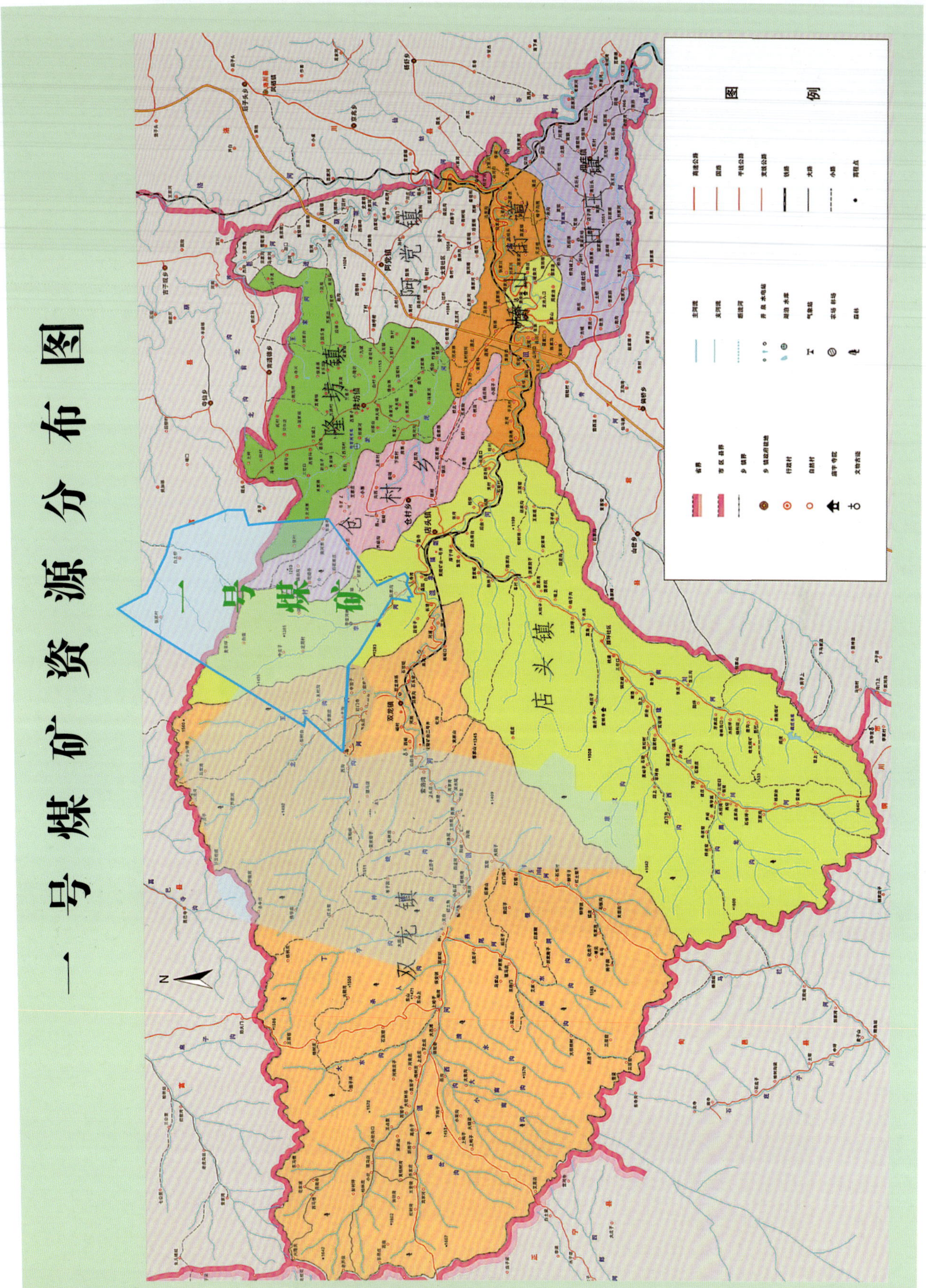

一号煤矿资源分布图（本图来源于《黄陵矿业公司志》）

LEADERSHIP CARE
领导关怀

1990 年 4 月 3 日，陕西省副省长刘春茂（前排左二）到黄陵矿区检查指导工作

1990 年 5 月 1 日，陕西省省长白清才（右三）到黄陵矿区检查指导工作

2006年6月27日，陕西省副省长吴登昌（右一）深入一号煤矿井下，与一线职工交流

2010年3月20日，国家安全生产监督管理总局局长骆琳（前排左二）在陕西省副省长吴登昌（前排左三）等陪同下深入一号煤矿井下检查指导安全生产工作

2010年11月10日，陕西省委书记、省人大常委会主任赵乐际（左二）在一号煤矿指挥控制中心视察两化融合工作

2010年12月15日，国家煤矿安全监察局副局长王树鹤（前排右三）到一号煤矿督查安全生产工作

2011 年 8 月 26 日，陕西省原省长程安东（前排左三）到一号煤矿检查指导工作

2014 年 4 月 16 日，陕西省副省长李金柱（右二）在一号煤矿指挥控制中心一键启动 1001 智能化薄煤层综采工作面设备

2014 年 10 月 16 日，国家安全生产监督管理总局党组副书记、副局长，国家安全生产应急救援指挥中心主任王德学（前排中）在一号煤矿检查指导工作

2015 年 3 月 19 日，国家安全生产监督管理总局党组成员、副局长，国家煤矿安全监察局局长黄玉治（前排左一）在一号煤矿检查指导工作

2015 年 5 月 19 日，国家安全生产监督管理总局党组成员、副局长孙华山（前排右一）在一号煤矿指挥控制中心一键启动综采工作设备

2015 年 5 月 19 日，陕西省副省长姜锋（左二）在一号煤矿 1002 智能化综采工作面检查指导工作

2016 年 1 月 15 日，中国科学院院士何满潮（左一）在一号煤矿 802 智能化工作面检查指导工作

2016 年 7 月 26 日，中国煤炭工业协会会长王显政（前排右一）在一号煤矿检查指导工作

2016 年 9 月 6 日，中国煤炭工业协会名誉会长、原煤炭工业部副部长濮洪九（前排中）在一号煤矿检查指导工作

2018 年 5 月 24 日，陕西省副省长陆治原（前排左三）在一号煤矿指挥控制中心了解地面远程操控采煤情况

2018 年 5 月 24 日，陕西省煤炭生产安全监督管理局局长陈永昌（前排左三）在一号煤矿检查指导工作

2018 年 11 月 13 日，陕煤集团党委副书记、总经理严广劳（左三）深入一号煤矿井下检查指导工作

2019 年 6 月 28 日，陕煤集团党委书记、董事长杨照乾（前排右三）在一号煤矿检查指导工作

2019 年 9 月 18 日，中国煤炭工业协会原副会长姜智敏（前排左三）在一号煤矿检查指导工作

2019年12月4日，延安市委副书记、市长薛占海（第二排右二）在一号煤矿检查指导工作

2020 年 2 月 9 日，陕西省委常委、延安市委书记徐新荣（前排中）在一号煤矿检查疫情防控及复工复产工作

2020 年 3 月 19 日，中办国办复工复产调研组组长、全国政协常委、人口资源环境委员会副主任姜大明（前排右一）在一号煤矿调研督导疫情防控和复工复产工作

2020 年 6 月 8 日，黄陵矿业公司党委书记、董事长雷贵生（前排左二）在井下 1009 掘进工作面检查指导工作

2020 年 7 月 1 日，陕西省委书记胡和平（第二排左二）在一号煤矿指挥调度中心视察工作

2020 年 7 月 16 日，黄陵矿业公司党委副书记、总经理王鹏飞（右二）在井下 625 综采工作面检查指导 NOSA 示范现场创建工作

2020 年 12 月 4 日，陕西省省长赵一德（前排左三）在一号煤矿调研工作，与井下职工通过手机视频通话

黄陵矿业

ENTREPRENEURIAL FOOTPRINT
创业足迹

1989—2001 年

1990 年 3 月 27 日，美国连续采煤机运抵矿区

1991 年 7 月 30 日，一号煤矿选煤厂开工建设

1991 年 12 月 23 日，陕西省原副省长张斌、国家能源投资公司副总经理沈德琛、陕西省煤炭厅厅长王勤功为一号煤矿开工剪彩

建设初期的一号煤矿和选煤厂（1992 年 4 月摄）

1992 年 8 月，一号煤矿 78 名职工从西安矿业学院培训一年归来，部分职工在井口合影

1994 年 9 月，举行一号煤矿高产新闻发布会

1996 年 1 月 25 日，一号煤矿铁路专用线通车

2001 年 11 月 1 日，一号煤矿 100 万吨年生产能力阶段投产仪式

LEAPFROG DEVELOPMENT

跨越发展

2002—2015 年

◎安全篇

2005 年 11 月 24 日，举办“百日安全无事故”活动安全知识竞赛

2007 年 10 月 19 日，在一号煤矿井下现场举办第三届综掘机司机技术比武

2012 年 5 月 4 日，安监员正在井下现场查隐患、查“三违”

2012 年 6 月 1 日，“安全生产月”启动

2012 年 9 月 21 日，举办职工技术比武大赛

2012 年 10 月 19 日，举办第三届岗位练兵技术比武表彰会

2012 年 11 月 22 日，举办事故案例分析竞赛

2013 年 11 月 28 日，承办黄陵矿业公司“双险双控”安全管理交流会

2014 年 6 月 6 日，承办黄陵矿业公司班组建设座谈会

◎管理篇

精细化管理

干部走动式管理（2014 年 7 月 31 日摄）

岗位描述比赛（2011 年 11 月 29 日摄）

列队上岗（2014 年 8 月 1 日摄）

开展“技能功夫”训练（2014 年 8 月 2 日摄）

四项技术应用

编码定置（2011 年 5 月 26 日摄）

标识管理（2015 年 3 月 15 日摄）

定制管理（2015 年 9 月 17 日摄）

看板管理（2015 年 10 月 26 日摄）

加强煤质管理，永葆“黄灵一号”金字招牌（2011 年 6 月 2 日摄）

创建“五精”岗位（2011 年 10 月 15 日摄）

2013 年 6 月 6 日，表彰优秀五星级员工、五星班组长

开展节支降耗，修旧利废工艺品展示区的一角(2015 年6月 11 日摄)

◎科技篇

2008 年 8 月 26 日，召开黄陵一号煤矿煤层自然发火隐患识别及适用性控制技术研究与应用、大跨度煤巷锚索锚杆联合支护试验研究项目鉴定会

全国首个 1001 薄煤层智能化综采工作面正式投入运行（2014 年 3 月 25 日摄）

2011 年 9 月，选煤厂浮选系统投运

2015 年 4 月 23 日，承办黄陵矿业公司智能化综采工作面现场观摩推进会

2015 年 5 月 19 日，全国煤炭自动化开采技术现场会在黄陵矿业公司召开，与会人员深入一号煤矿了解智能化无人开采技术的推广应用情况

◎党建篇

2001 年 9 月 26 日，召开共青团一号煤矿二次团员大会

2011 年 11 月 12 日，召开全国煤炭工业企业文化品牌矿验收评价会议

2012 年 5 月 23 日，黄陵矿业公司召开“感动矿区”十大人物表彰大会，一号煤矿职工肖玉德（左一）、刘永军（左二）、仲照海（左三）获评

2012 年 7 月 16 日，举办“清风杯”演讲比赛

2012 年 11 月 19 日，召开党员领导干部专题民主生活会

2014 年 4 月 3 日，召开党的群众路线教育实践活动部署会议

2014 年 10 月 2 日，重阳节慰问先进职工代表的父母

2015 年 10 月 14 日，举办首届道德讲堂

一号煤矿调度
调度指挥区

HIGH QUALITY DEVELOPMENT

高质量发展

2016—2020 年

安全篇 》

2019 年 1 月 22 日，诺诚公司咨询师深入井下进行 NOSA 专项培训

“四员两长”在井下进行 NOSA 安健环“三三整理”确认（2019 年 5 月 25 日摄）

2019 年 5 月 27 日，开展全员安全培训

2019 年 9 月 11 日，陕煤股份 NOSA 五星安健环风险管理工作推进会在一号煤矿召开

2019 年 10 月 22 日，一号煤矿承办黄陵矿业公司人的安全行为治理工作推进会

2020 年 7 月 16 日，一号煤矿承办黄陵矿业公司 NOSA 现场推进会暨上半年安全工作会

定期组织 NOSA 元素负责人培训（2020 年 8 月 28 日摄）

2020 年 12 月 20 日，一号煤矿顺利通过国家一级煤矿安全生产标准化管理体系验收

科技篇 》

2014 年 5 月，建成全国首个智能化综采工作面

2015 年 8 月，建成全国首个中厚煤层智能化综采工作面

2019 年 10 月 21 日，发布国内首个煤炭行业智能化开采技术标准

2020 年 8 月 25 日，首创“基于动态地质模型大数据融合迭代规划控制策略的智能开采技术”工业试验成功

首创一种矿山人员行为治理体系（AI+NOSA 智能风险管控系统）（2020 年 12 月 13 日摄）

建成全国首个智能管控云平台（2020 年 12 月 25 日摄）

2019 年 8 月 9 日，引进 TDS 智能干选机

大数据智能分析决策平台（2020 年 6 月 3 日摄）

选煤厂洗选集控中心（2020 年 7 月 10 日摄）

变电所机器人巡检现场（2020 年 7 月 27 日摄）

创新推进矿井中厚煤层快速掘进技术与装备研究（2020 年 8 月 7 日摄）

2020 年 9 月 11 日，国内首套自主选型配套快速掘进设备入井

2020 年 9 月 15 日，“基于动态地质模型大数据融合迭代规划控制策略的智能开采技术”项目通过科技成果鉴定

智能装车现场（2020 年 11 月 1 日摄）

党建篇 》

2016 年 5 月 19 日，召开"两学一做"学习教育动员部署会

2016 年 6 月 23 日，举办道德讲堂

2016 年 9 月 8 日，召开中共一号煤矿委员会第一次党员代表大会

2018 年 5 月 14 日，开办“一矿之声”广播站

2018 年 5 月 21 日，开展党员示范岗创建——运输队防爆胶轮车司机“党员先锋号”

2018 年 5 月 24 日，组织干部家属召开家庭助廉倡廉座谈会

2018 年 5 月 25 日，一号煤矿纪委组织党员干部前往红石岩监狱开展警示教育活动

2018 年 7 月 5 日，承办陕煤集团工会工作会暨班组安全建设座谈会

免费为入井职工发放班中餐（2018 年 8 月 4 日摄）

2019 年 1 月 26 日，一号煤矿党委书记卢海峰（右二）慰问困难党员

2019 年 3 月 15 日，矿团委组织开展矸石山植树活动

2019 年 4 月 28 日，举办党支部标准化建设知识竞赛

建成四德教育文化长廊（2019 年 5 月 27 日摄）

2019 年 6 月 24 日，建成廉政文化教育展厅

2019 年 10 月 1 日，庆祝新中国成立 70 周年、公司成立 30 周年

2019 年 11 月 7 日，召开一号煤矿党支部标准化建设推进会

2019 年 11 月 26 日，承办陕煤集团企业文化建设工作会

2019 年 11 月 11 日，陕西省国资委巡视员吴苏平（前排左二）一行对一号煤矿创建省属国有企业文明单位工作进行评审验收

2019 年 12 月 21 日，一号煤矿矿长薛国华（左一）为入井职工送饺子

2020 年 1 月 10 日，召开四届六次职代会、2020 年安全工作会暨先进表彰会

2020 年 1 月 13 日，精准扶贫潮塔村，贴心“年货”送到家

2020 年 1 月 23 日，组织党员为新冠肺炎高风险地区捐款

2020 年 4 月 13 日，召开新闻舆论工作座谈会

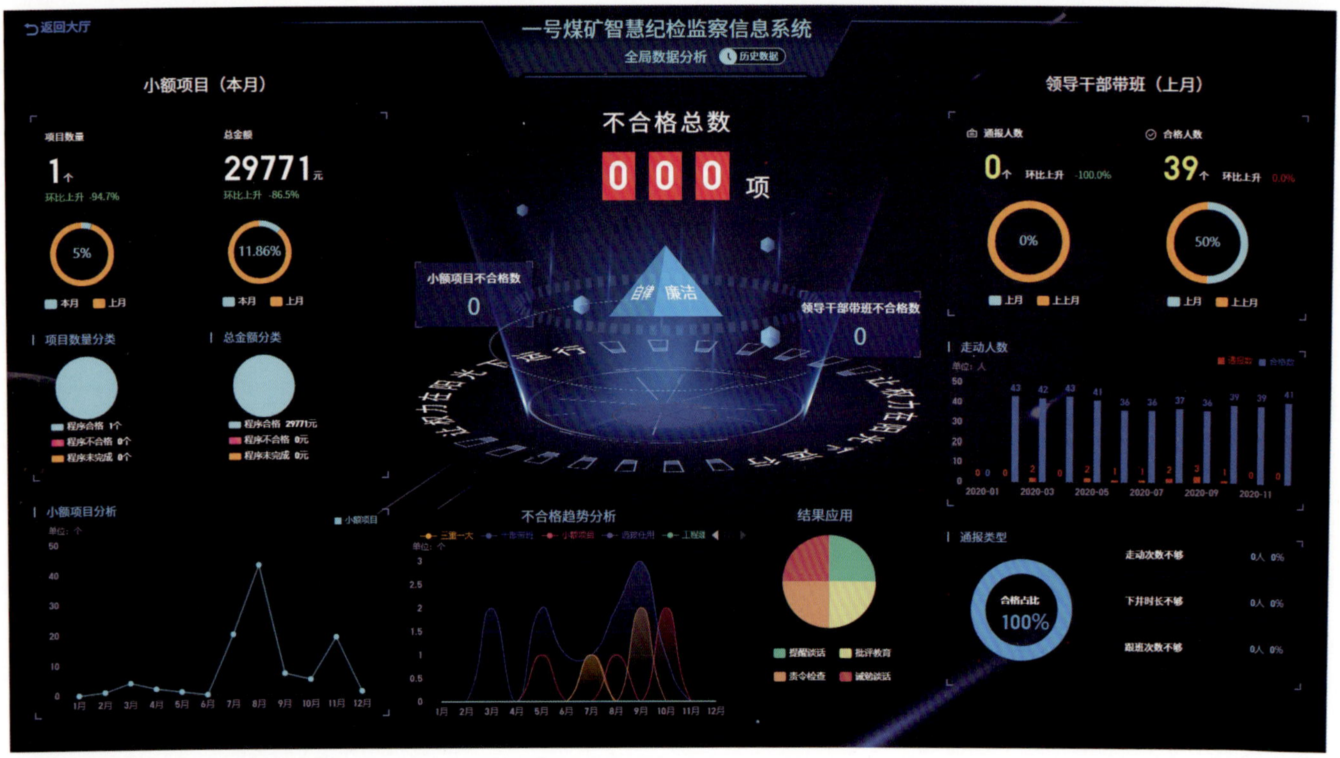

2020 年 4 月，智慧纪检监察信息系统上线运行

基层职工学习领会十九届五中全会精神（2020 年 11 月 3 日摄）

职工绝技绝活展示（2020 年 11 月 16 日摄）

2020 年 12 月 2 日，在陕煤集团党支部标准化建设现场推进会上展示党建成果

环保篇 》

瓦斯精准抽采（2016 年 3 月 21 日摄）

绿色矿区（2016 年 7 月 30 日摄）

井下水复用（2016 年 12 月 7 日摄）

智能环保除尘喷雾机为厂区降尘 (2017 年 9 月 18 日摄）

矸石山填土（2018 年 5 月 22 日摄）

开展节能环保宣传（2018 年 6 月 5 日摄）

2019 年 4 月 24 日，召开落实企业生态环保主体责任工作会

升级改造后处理能力为 600 立方米 / 小时的矿井水处理站（2019 年 5 月 30 日摄）

治理后的排矸场绿草如茵（2019 年 6 月 25 日摄）

2019 年 12 月 4 日，延安市委副书记、市长薛占海（前排中）到一号煤矿排矸场调研环境治理工作

2020 年 6 月 5 日，延安市生态环保局到一号煤矿调研环保工作

陕西煤化
一号煤礦

ENTERPRISE HONOR
企业荣誉

全国五一劳动奖状
中華全國總工會
2009年4月

工人先锋号
中华全国总工会

NOSA
GRADING AUDIT
This is to certify that
陕西陕煤黄陵矿业有限公司一号煤矿
NO.1 COAL MINE OF HUANGLING MINING GROUP
has been assessed by NOSA against the provisions of the
NOSA INTEGRATED FIVE STAR SYSTEM
Occupational Safety, Health and Environmental Management
The Star Rating above and the Seal below, were hereto affixed in the presence of:
Manager
Certificate No:
Date: 21-25 December 2020
Valid until: 20 December 2021
NOSA

授予陕西陕煤黄陵矿业有限公司一号煤矿
国家一级煤矿安全生产标准化管理体系
国家矿山安全监察局

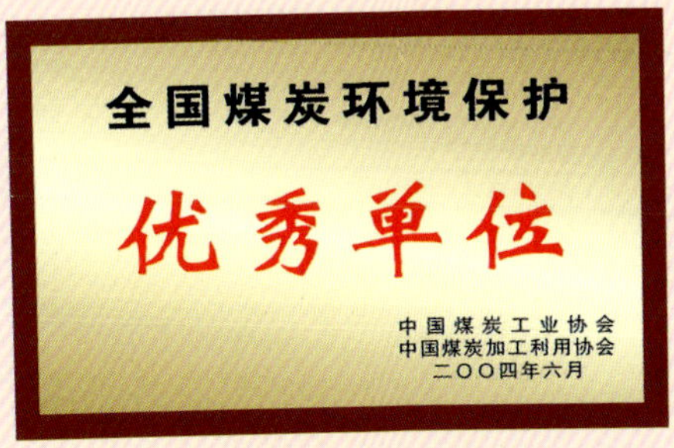
全国煤炭环境保护
优秀单位
中国煤炭工业协会
中国煤炭加工利用协会
二〇〇四年六月

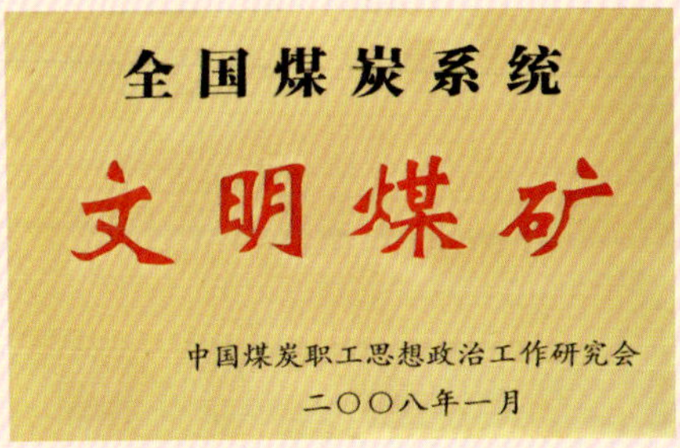
全国煤炭系统
文明煤矿
中国煤炭职工思想政治工作研究会
二〇〇八年一月

五四红旗团委
共青团陕西省国资委工作委员会
二〇〇九年二月

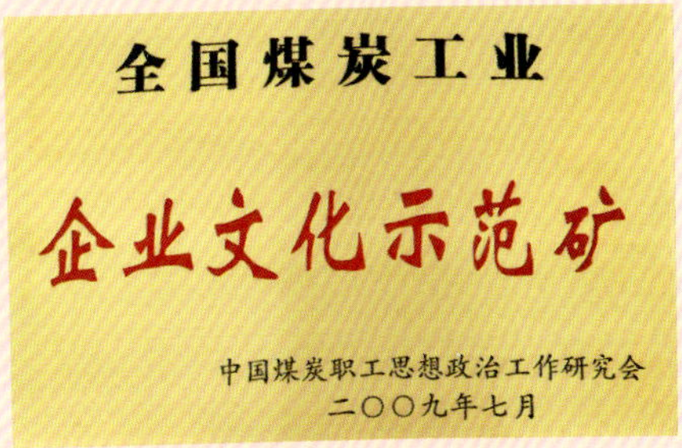
全国煤炭工业
企业文化示范矿
中国煤炭职工思想政治工作研究会
二〇〇九年七月

全国煤炭工业
五精管理样板矿
中国煤炭职工思想政治工作研究会
二〇一〇年八月

煤炭工业
双十佳煤矿
中国煤炭工业协会
二〇一〇年十一月

煤炭工业科技创新
示范矿
中国煤炭工业协会
二〇一一年四月

全国安全文化建设
示范企业
国家安全生产监督管理总局
二〇一一年四月

全国煤炭工业
企业文化品牌矿
品牌名称：“九鼎”文化品牌矿
品牌创建者：陕西陕煤黄陵矿业有限公司一号煤矿
中国煤炭职工思想政治工作研究会
二〇一二年三月

二〇一一年度
国家级安全质量标准化煤矿
国家安全生产监督管理总局
国家煤矿安全监察局
二〇一二年六月

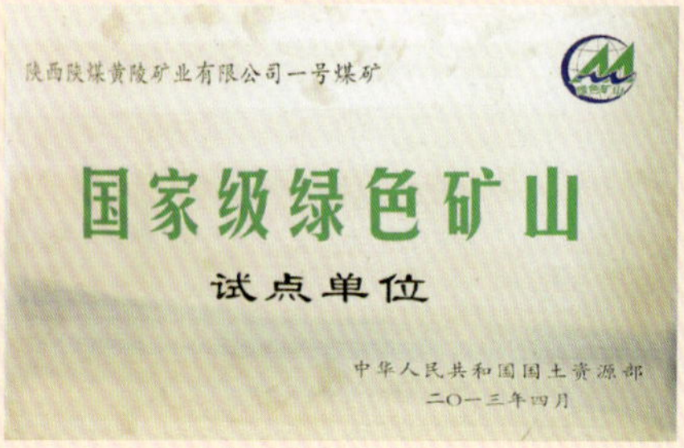
陕西陕煤黄陵矿业有限公司一号煤矿
国家级绿色矿山
试点单位
中华人民共和国国土资源部
二〇一三年四月

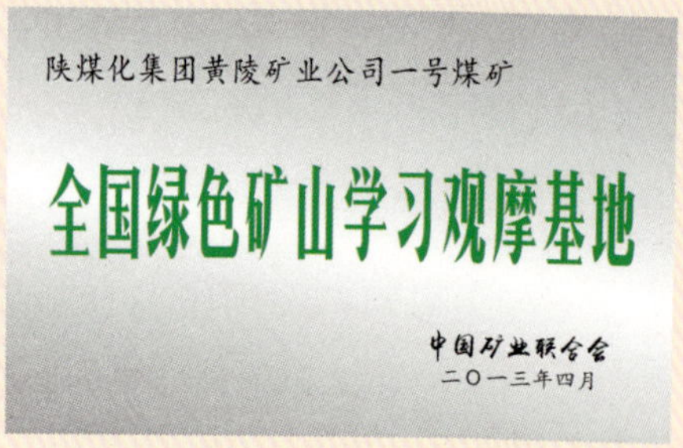
陕煤化集团黄陵矿业公司一号煤矿
全国绿色矿山学习观摩基地
中国矿业联合会
二〇一三年四月

2013-2014年度陕西省“讲理想、比贡献，
奋力实现中国梦”活动
先进集体

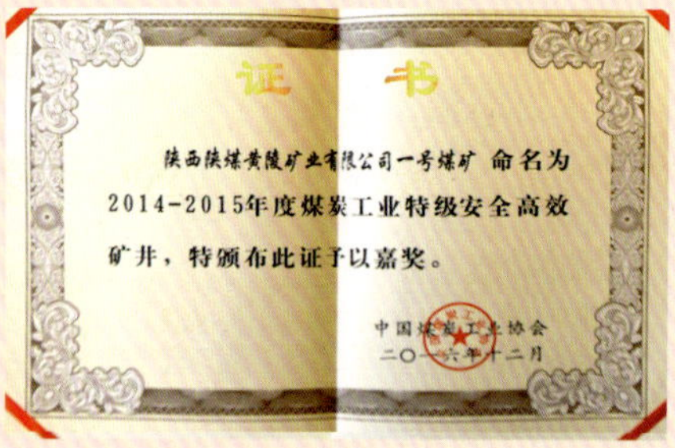
证书
陕西陕煤黄陵矿业有限公司一号煤矿 命名为
2014-2015年度煤炭工业特级安全高效
矿井，特颁布此证予以嘉奖。
中国煤炭工业协会

煤炭工业
先进煤矿
中国煤炭工业协会
二〇一七年三月

授予陕西陕煤黄陵矿业有限公司一号煤矿
煤炭工业先进煤矿荣誉称号
中国煤炭工业协会
二〇一七年三月

授予陕西陕煤黄陵矿业有限公司一号煤矿
煤炭工业先进煤矿荣誉称号
中国煤炭工业协会

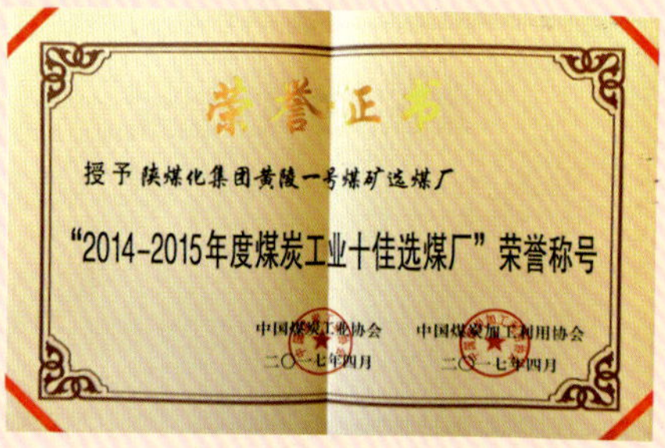
荣誉证书
授予陕煤化集团黄陵一号煤矿选煤厂
“2014-2015年度煤炭工业十佳选煤厂”荣誉称号
中国煤炭工业协会

授予：2015-2016年度
党建工作引领示范单位
中共陕西煤业化工集团有限责任公司委员会
二〇一七年七月

授予：2016-2017年度
模范职工之家
陕西煤业化工集团公司工会
二〇一八年元月

文明单位
中共陕西省国资委委员会
陕西省国资委
二〇二〇年元月

全国煤炭工业
特级安全高效矿井
中国煤炭工业协会
二〇二〇年十一月

煤炭工业
先进煤矿
中国煤炭工业协会
二〇二〇年十二月

授予陕西陕煤黄陵矿业有限公司一号煤矿
国家首批智能化示范建设煤矿
国家能源局 国家煤矿安全监察局
二〇二〇年十二月

党委书记卢海峰（右）、矿长薛国华（左）研究矿井规划（2020 年 12 月摄）

领导班子成员（2020 年 12 月摄）左起：张驰　李道君　米广欣　沈亚洲　薛国华　卢海峰　符大利　焦稳锋　刘 洋　曲志欣

《黄陵矿业一号煤矿志》终审会

评审专家组与会领导前排左起：

李道君　曲志欣　卢海峰　党德民　朱周岐　张志民　张新苗　闫　勃
薛国华　王耀岳　（左四、左六、左八为评审组专家成员）

第二排左起：王　飞　王星星　李小艳　王　霞　刘　鹏　马　普　张　驰　王　威
刘　强　白　杰

第三排左起：张　鹏　任永锋　向　利　牛艺强　张海博　韩小栋　邢光辉　薛　源

第四排左起：甘宝宁　董亚楠　李成西　赵　萌　拓　佳　郭茹梦

序　一

伴随着改革开放的春风，黄陵矿业一号煤矿1991年12月破土动工，先后经历了项目停缓建，克服了重大地质灾害，经受住了市场洗礼等不利影响，全体干部职工在改革中创新、在逆境中奋起、在顺境中前进、在追赶中超越，走出了一条不平凡的创业之路、发展之路。经三十年的艰苦奋斗，一座年产600万吨的大型现代化煤矿在桥山脚下、沮河之畔拔地而起，成为陕西乃至全国煤炭工业一颗璀璨的明珠。

三十年栉风沐雨、流光溢彩；三十年春华秋实、砥砺奋进。作为黄陵矿业的“长子”，一号煤矿参与和见证了黄陵矿区从无到有、从小到大、由弱到强的发展历程，有力支撑了黄陵矿业从一个名不见经传的单一煤矿企业，发展成为多元互补、循环发展的大型现代能源企业。可以说，矿区的每一轮改革、每一次创新、每一项试点，都离不开一号煤矿这片沃土，一号煤矿的发展史就是黄陵矿业创新发展的缩影。

三十年来，一号煤矿始终勇立潮头，争当时代的弄潮儿。建设初期，被确定为全国能源投资体制和煤炭基本建设体制改革试点单位，美国连续采煤机房柱式开采工艺试点单位。进入21世纪，一号煤矿与时俱进、创新管理，深入推进岗位价值精细管理，实现企业管理由粗放管理向精细管理、自主管理转变，成为全国煤炭行业“五精”管理示范矿。特别是在智能化矿井建设方面，一号煤矿勇于第一个吃螃蟹，站在引领行业发展的前沿阵地，改革创新，聚力攻坚，把不可能变为可能，把可能变为现实，圆了几代煤矿人坐在地面采煤的梦想，创造了我国煤炭工业发展史上的奇迹，先后创造了全国“五个第一”，成为全国首批智能化示范矿井，全国唯一一个NOSA四星煤矿……为我国煤炭工业智能化发展贡献了“黄陵经验”“黄陵标准”。这些骄人成就，凝聚着一号煤矿全体干部职工的汗水和智慧，理应载入史册，彪炳后世，启迪后人。

修志存史，功在当代，利在千秋。作为全国煤炭行业名矿志第一部编撰完成的志书，《黄陵矿业一号煤矿志（1989—2020）》既是对一号煤矿三十年发展历史的系统总结，也是对《黄陵矿业志》的丰富和拓展。志书的编撰，有利于黄陵矿业人总结得失、汲取经验、扬长避短、开创新局，对于传承底蕴丰厚的煤矿文化、教育激励煤矿职工、促进煤炭行业发展也具有重要的现实和长远意义，必将激发黄陵矿业公司在建设煤电联产、绿色发展示范园区的道路上迈出更大步伐。

抚今追昔，创业艰难；展望未来，任重道远。站在新起点，进入新时代，我们坚信：三十而立、风华正茂的一号煤矿一定能牢记使命，不负重托，以更加昂扬的斗志、更加辉煌的业绩，续写一号煤矿创新发展的崭新篇章，为煤炭工业的高质量发展作出新的更大贡献！

黄陵矿业党委书记、董事长：

黄陵矿业党委副书记、总经理：

2021年9月23日

序　二

2021年，是中国共产党成立一百周年，也是黄陵矿业一号煤矿成立三十周年。2020年11月，一号煤矿按照陕西省《关于开展煤炭名矿志修编工作的通知》(陕煤局函〔2018〕136号）精神，及时启动《黄陵矿业一号煤矿志》编纂工作。在省煤炭志编纂办公室及黄陵矿业公司和有关单位的大力支持配合下，历经一年多的辛勤编纂，陕西煤炭行业首部名矿志《黄陵矿业一号煤矿志（1989—2020)》终于付梓面世，向建矿三十周年献上了一份厚礼。

一号煤矿是全国首个实现智能化无人综采工作面的煤矿，被确认为在全国煤矿行业具有创新性、开拓性和较大借鉴与推广示范作用，在陕西乃至全国煤炭行业知名度高。一号煤矿是在改革开放的大潮中诞生的，并随着改革开放不断深化的过程中不断成长与壮大。《黄陵矿业一号煤矿志（1989—2020)》就是这三十多年改革开放的一部正史、信史。一号煤矿首个智能化无人综采工作面的成果、成就不是从天上掉下来的，而是全体职工乘改革开放东风，坚持创新、创业创出来的，是艰苦奋斗，用辛勤汗水奋斗出来的。我们为这样一个具有典型意义的煤矿写史修志，对于鼓舞职工斗志，促进当前的工作，传承煤矿精神，开创更加美好未来，意义重大。一号煤矿不单是智能化无人开采技术领先，而且在党的建设、企业管理、文化建设等方面都具有名矿特点，可圈可点。这次编纂的《黄陵矿业一号煤矿志（1989—2020)》,《中国煤炭工业志》编委会领导给予了高度肯定。《中国煤炭工业志》编委会副主任、总纂吴晓煜高度称赞:《黄陵矿业一号煤矿志》是陕西省和全国煤炭行业名矿志系列中的第一部，是首志，在陕西煤炭工业志编纂领导小组、陕西省煤炭工业协会和陕西省煤炭学会的指导下，打响编纂全国煤炭名矿志的第一枪，实现零的突破、从无到有的突破，将起到推动陕西省和全国煤炭名矿志的编纂工作。《中国煤炭工业志》副总纂、编办主任陈昌高度称赞：黄陵矿业一号煤矿高度重视企业文化建设和修志工作，积极响应编修《中国·陕西煤炭名矿志》的号召，果断决策、认真组织、精准推进。编纂人员克难求进，圆满完成《黄陵矿业一号煤矿志》编纂任务；对推动煤炭行业名矿志编纂带了个头，起到了主要的示范作用，这种敢为人先的精神值得赞扬！

《黄陵矿业一号煤矿志（1989—2020)》全面真实地记录了一号煤矿在1989—2020

年间的发展全貌，为我们保留了一份珍贵的历史资料和宝贵的精神财富。该志书不仅展现了一号煤矿发展的丰硕成果和煤炭人艰苦奋斗、乐于奉献的精神风貌，而且深刻总结了发展中的经验教训，对服务矿井当前发展、科学谋划未来提供了有益的借鉴。保存这段珍贵的历史资料，也是以志存史、资治当今、教化后人、功德无量的一件大事好事。

志书是文化传承的重要载体，是历史智慧的记录。《黄陵矿业一号煤矿志（1989—2020）》内容翔实、分类明确、史料丰富、文笔朴实、重点突出，清晰地再现了一号煤矿三十年来极不平凡的发展足迹，具有鲜明的特色和强烈的时代感。阅览全志，严格认真的安全生产、细致入微的精细管理、超前卓著的智能开采，以及立足时代前沿的智慧平台、园林化的地面环境和办公场所、功能齐全的职工学习室、逐年提高的职工收入……一个个鲜活的奋进拼搏形象跃然纸上，一幅幅壮丽的蓬勃发展场景浮现在眼前。

《黄陵矿业一号煤矿志（1989—2020）》编纂成书，是举全矿之力“众手成志”的结果。一号煤矿党政领导对志书的编纂工作高度重视，组建了强有力的编纂机构和队伍，特别是承担具体编纂任务的同志们怀着强烈的政治责任心和历史使命感，为了保证志书的质量，各位编辑和资料提供人员在资料收集方面下了很大的功夫。各类资料务求翔实，避免失实失真。资料主要来源于历史档案和报刊书籍，并走访知情人，召开老职工座谈会，充分发挥“活档案”的作用。编纂人员攻坚克难，众志成城，迎难而上，广征博采，推敲斟酌，数易其稿，仅用一年多时间便完成了编纂任务。在此，我们向参与本志编纂工作的同志们表示崇高的敬意和衷心的感谢！

1989—2020年，正是我国改革开放、经济转型的关键阶段，也是矿井转型升级的重要阶段。历代“一矿人”充分发扬“诚信敬业，追求卓越”的企业精神，坚持科学发展，积极创新管理，不断推进矿井高质量发展。一号煤矿经历了由计划经济到市场经济的重大转变、煤炭管理体制的重大变革，经受了煤炭市场低迷、全行业严重亏损、历史上最困难时期的严重考验，创造了煤炭“黄金十年”大发展、大转型、大提升的辉煌成就。矿井规模不断拓展、经济效益逐年提高、党的建设不断增强、职工收入大幅提升，特别是智能化无人开采技术、NOSA+AI智能风险深度融合安全管理体系等先进技术引领中国煤炭行业的发展。这些成绩的取得，得益于黄陵矿业公司的坚强领导和大力支持，更得益于一号煤矿历代干部职工的共同努力和艰苦创业。

回首过去，我们思绪纷飞，感慨万千。展望未来，我们胸有成竹，信心百倍。在党的十九届历次全会精神和习近平新时代中国特色社会主义思想指引下，我们将不忘初心，牢记使命，按照“创新 协调 开放 发展 共享”五大发展理念和能源革新的要求，以矿业公司“十四五”规划的“012558”主要经济指标为奋斗目标，全力提升煤矿智能化开采新水平，大力推进煤炭产业转型升级、持续安全发展，力争为企业发展提供更超前的理念、更先进的经验。祝愿一号煤矿明天更加美好！

一号煤矿党委书记：

一号煤矿矿长：

2021年9月25日

凡　　例

一、《黄陵矿业一号煤矿志（1989—2020）》编纂工作坚持以马克思列宁主义、毛泽东思想、邓小平理论、“三个代表”重要思想、科学发展观和习近平新时代中国特色社会主义思想为指导，坚持依法修志、实事求是、规范编纂和质量第一的原则，客观、全面、系统地记述本企业的历史与现状，为存史、资政、育人和建设现代化矿山服务。

二、本志书断限起止时限为1989—2020年。对于需要超上限的内容直接记入相关的内容中。如井田地质、矿井建设、智能化开采等篇在记述中按照事物的发端时间记入。

三、本志书体裁采用述、记、志、传（人物荣誉）、图、表、录诸体，以志为主。志的主体内容一律按照记述体和第三人称记述。

四、本志书单位名称及称谓按规范书写。单位名称第一次使用全称，以后一律用规范简称。本志单位名称统一规范称谓为“一号煤矿”“一号矿井”，简称为“矿”，如“矿党委”“矿行政”“矿工会”等。

五、本志书采用公元纪年法，志中涉及的单位名称、机构设立撤并、地名、人名变化采用事件当时发生的称谓。

六、本志书文字表述一律以国家语言文字工作委员会1986年10月公布的《简化字总表》为依据，使用标准的简化字书写。标点符号的使用遵循《标点符号用法》(GB/T 15834—2011)。

七、本志书不设“传”，只设“人物与荣誉”。入志人物以历任矿党政领导正职、省部级以上劳动模范、集团级以上“工匠”，陕煤集团、黄陵矿业公司、一号煤矿劳动模范，副矿级以上管理人员、获得中级以上技术职称人员为录入标准。入志荣誉以公司级以上集体荣誉、陕煤集团级以上个人荣誉为录入标准。

八、本志书中的各类图、表随文设置，图片以反映事物现状为主。图、表序号各采用篇+章+序号三级编号。

九、本志书使用的统计数据资料以黄陵矿业公司主管部门和一号煤矿公布的数据为准。计量单位名称、符号的表示，按照规定标准统一、规范使用。

目 录

序一 …… Ⅰ
序二 …… Ⅲ
凡例 …… Ⅶ
概述 …… 1
大事记 …… 9

第一篇 管理体制与经营机制

第一章 管理体制与机构 …… 55
第一节 矿及机关 …… 55
第二节 生产单位 …… 58
第二章 经营机制 …… 60
第一节 经营机制演化 …… 60
第二节 用工与薪酬、社保 …… 61
第三节 减人提效 …… 62

第二篇 煤 田 地 质

第一章 环境与资源 …… 65
第一节 井田位置及面积 …… 65
第二节 地形地貌及河流 …… 67
第三节 水文气象 …… 68
第四节 资源储量 …… 68
第二章 地质构造 …… 70
第一节 地层 …… 70
第二节 构造 …… 72
第三章 煤层煤质 …… 74
第一节 煤层 …… 74
第二节 煤质 …… 80
第四章 水文地质 …… 96
第一节 地表水系 …… 96
第二节 含水层与隔水层 …… 96

第三节 采空区积水与防治……101
第五章 地质勘探……103
第一节 矿区勘探……103
第二节 盘区补充勘探……106
第三节 地质灾害……108
第六章 开采条件……108
第一节 采空区及小井分布……108
第二节 煤层顶底板……112
第三节 煤层自燃倾向性……113
第四节 煤尘爆炸性……113
第五节 地温……114
第六节 煤与瓦斯突出、冲击地压……114
第七节 村庄压煤……115
第七章 煤共伴生资源……116
第一节 煤层气资源……116
第二节 石油、煤油气……116
第三节 微量元素、放射性元素……117
第八章 矿山测量……118
第一节 测绘机构、技术装备……118
第二节 测量……118

第三篇 矿 山 建 设

第一章 规划与设计……123
第一节 规划……123
第二节 设计……124
第二章 项目投资……125
第一节 矿井建设……125
第二节 铁路专用线……126
第三章 建设投资……129
第一节 资金来源……129
第二节 项目投资……129
第四章 施工管理……129
第一节 施工队伍……129
第二节 施工技术及装备……132
第五章 地面配套工程建设……135
第一节 项目规划……135
第二节 项目投资……136

第三节　生产配套工程建设…… 138
第四节　生活服务设施建设…… 139

第四篇　煤　炭　生　产

第一章　开采方式与产能…… 143
第一节　矿井开采方式…… 143
第二节　矿井产能…… 144
第二章　生产管理…… 144
第一节　调度管理…… 144
第二节　生产技术管理…… 146
第三节　采掘管理…… 150
第四节　“三量”管理…… 151
第五节　生产接续…… 153
第三章　矿井开拓…… 154
第一节　开拓方式…… 154
第二节　巷道布置…… 155
第三节　掘进工艺与装备…… 160
第四节　井巷支护…… 166
第五节　掘进监测及支护检测…… 168
第六节　掘进新技术、装备及工艺…… 170
第四章　采煤…… 172
第一节　采（盘）区布置…… 172
第二节　采煤方法及工艺…… 173
第三节　采煤监测及支护检测…… 188
第四节　采煤作业规程…… 191
第五节　回采率及成效…… 192
第六节　采煤新装备、技术与工艺…… 193
第五章　智能化矿井生产…… 195
第一节　智能化开采技术实施…… 195
第二节　智能化开采技术…… 201
第三节　透明地质大数据精准开采技术…… 209
第四节　智能化开采技术创新成效与荣誉…… 213
第六章　矿井运输…… 215
第一节　机构…… 215
第二节　运输方式及设备…… 215
第三节　矿井提升…… 217
第七章　矿井通风…… 218

第一节 机构……218
第二节 通风方式与主要设备……218
第三节 瓦斯监测与抽采抽放……220
第四节 瓦斯抽采利用……221
第八章 机械动力……222
第一节 机构……222
第二节 供电及设备……222
第三节 设备维修、报废及租赁……224
第四节 采煤机械化设备……226
第九章 辅助系统……230
第一节 矿井排水……230
第二节 井下照明、通信……233
第三节 井下供风、供水及消尘……234
第十章 排矸系统……236
第一节 矸石场及管理……236
第二节 排矸方式……237

第五篇 煤炭加工与运销

第一章 洗选加工……241
第一节 选煤厂……241
第二节 选煤方法……243
第三节 技术创新及设备……245
第四节 洗选产品及储装运……251
第二章 煤质管理……254
第一节 机构……254
第二节 煤质检测……254
第三节 煤炭品牌……256
第三章 煤炭运销……256
第一节 机构……256
第二节 运输与销售……257

第六篇 煤 矿 安 全

第一章 机构、制度……261
第一节 机构沿革……261
第二节 管理职责……261
第三节 管理制度……262
第二章 安全管理……264

第一节　安全管理体系……264
第二节　安全监管……269
第三节　群众监督……270
第四节　安全生产标准化……272
第五节　安全培训……273
第六节　生产安全费用……274
第三章　灾害防治……276
第一节　瓦斯防治……276
第二节　火灾防治……282
第三节　粉尘防治……283
第四节　水害防治……283
第五节　顶板防治……286
第四章　安全避险及应急救援……288
第一节　安全避险……288
第二节　应急救援……289
第五章　安全事故……291
第一节　事故统计……291
第二节　典型事故……292

第七篇　经　营　管　理

第一章　计划管理……297
第一节　机构……297
第二节　计划、规划编制……297
第三节　统计管理……299
第二章　合同管理……300
第一节　机构……300
第二节　合同签订……300
第三节　合同诉讼……301
第三章　人力资源管理……302
第一节　机构、制度……302
第二节　劳动与人事管理……302
第三节　薪酬管理……304
第四节　社会保障……307
第五节　精细化管理……312
第六节　职工培训……315
第四章　财务管理……317
第一节　体制、机构……317

第二节　会计核算……320
第三节　资金管理……322
第四节　资产管理……325
第五节　成本管理……328
第六节　税费……329
第七节　销量、收入、利润……331
第五章　物资供应管理……332
第一节　机构……332
第二节　物资采购……333
第三节　物资消耗定额……335
第四节　仓储管理……336
第五节　井口物资超市……339
第六节　修旧利废……342

第八篇　科技与智能化矿井建设

第一章　煤矿科技……347
第一节　机构……347
第二节　科技推广……347
第三节　研发应用……348
第四节　科技成果……363
第五节　技术专利……384
第二章　智能化矿井建设……387
第一节　矿井数字化建设……387
第二节　矿井信息化建设……393

第九篇　环　境　保　护

第一章　机构、制度……399
第一节　机构设置……399
第二节　管理制度……399
第二章　污染治理……400
第一节　水污染防治……400
第二节　大气污染防治……401
第三节　噪声污染防治……402
第四节　粉尘污染防治……404
第三章　环境监测……405
第一节　地下水监测……405
第二节　工业废水监测……407

第三节　废气监测……407
第四章　生态环境治理……408
第一节　塌陷治理……408
第二节　水土保持……409
第三节　矿区绿化……410
第四节　社会生态文明建设……411

第十篇　行政事务管理

第一章　行政事务……415
第一节　机构……415
第二节　文印、会议管理……415
第三节　档案管理……417
第四节　信访工作……418
第五节　车辆管理……418
第六节　治安保卫与消防……419
第七节　“千企千村”帮扶……421
第二章　土地及房产管理……422
第一节　机构……422
第二节　土地管理……422
第三节　房产管理……424
第三章　后勤管理……426
第一节　机构沿革……426
第二节　职工餐厅、浴室……426
第三节　离退休管理……427
第四章　供暖保障管理……429
第一节　锅炉供暖……429
第二节　电厂热源集中供暖……430

第十一篇　企业文化

第一章　企业文化建设……433
第一节　企业文化建设部署……433
第二节　企业文化实施规划……434
第三节　企业文化体系……436
第二章　企业文化成效……439
第一节　企业文化丛书……439
第二节　企业文化交流……440
第三节　企业文化荣誉……441

第十二篇　党　群　组　织

第一章　党组织建设…………………………………………………………………… 445
　第一节　组织机构…………………………………………………………………… 445
　第二节　党员代表大会……………………………………………………………… 446
　第三节　党委制度建设……………………………………………………………… 447
　第四节　领导班子建设……………………………………………………………… 449
　第五节　干部队伍建设……………………………………………………………… 450
　第六节　党支部建设………………………………………………………………… 451
　第七节　党员教育管理……………………………………………………………… 453
　第八节　党建创新工作……………………………………………………………… 458
第二章　宣传思想政治工作…………………………………………………………… 462
　第一节　机构………………………………………………………………………… 462
　第二节　舆论阵地…………………………………………………………………… 462
　第三节　通讯报道…………………………………………………………………… 463
　第四节　精神文明建设……………………………………………………………… 465
　第五节　思想政治工作研究………………………………………………………… 466
　第六节　意识形态工作……………………………………………………………… 468
第三章　纪检监察……………………………………………………………………… 471
　第一节　机构与历任领导…………………………………………………………… 471
　第二节　制度建设…………………………………………………………………… 472
　第三节　党风廉政…………………………………………………………………… 473
　第四节　案件查处…………………………………………………………………… 475
　第五节　效能监察…………………………………………………………………… 475
第四章　工会与共青团………………………………………………………………… 475
　第一节　工会………………………………………………………………………… 475
　第二节　共青团……………………………………………………………………… 487

人　物　与　荣　誉

一、人物………………………………………………………………………………… 493
二、荣誉………………………………………………………………………………… 505

附　　　录

一、矿区建设发展重要文件…………………………………………………………… 513
二、智能化开采技术经验总结………………………………………………………… 517
三、报刊文章选辑……………………………………………………………………… 522
四、经验交流、论文选登……………………………………………………………… 529

五、文学作品选录…………………………………………………………………………………………………… 540

索　　引

一、表格索引…… 547
二、图片索引…… 552

编纂始末…… 555

概　　述

一号煤矿是陕西煤业化工集团有限责任公司（简称陕煤集团）黄陵矿业有限公司的二级单位，是矿区的主力矿井。黄陵矿区是国家“八五”（1991—1995年）重点建设项目之一。1989年9月5日，中国统配煤矿总公司和国家能源投资公司批准成立黄陵矿区项目建设管理委员会；9月25日，国家计划委员会批准《陕西省黄陵矿区总体设计》方案（计建设〔1989〕1176号），矿区建设从此拉开序幕。1990年，开始实施测量定标、土地征购、改河、关闭小煤窑以及职工培训等基础工作；同年12月，一号煤矿筹备处成立。1991年12月23日，一号煤矿正式开工建设；与一号煤矿配套项目选煤厂同年开工建设，1993年12月竣工，1998年并入一号煤矿管理。2001年11月，矿井开始阶段投产，核定生产能力100万吨/年。2006年，几经扩能改造年生产能力达到500万吨。2010年3月，经过重新核定，生产能力达到600万吨/年。自2010年以来，一号煤矿在原机械化、自动化改造的基础上，逐步开展智能化矿井建设。2013年12月，首个薄煤层智能化工作面完成安装调试，正式进入试验阶段，并在国内首次实现了地面远程操控采煤的常态化。2015年，建成全国第一个中厚煤层智能化采煤工作面，全国首个煤矿智能化开采技术创新中心在黄陵矿业公司挂牌成立，并于2019年发布了煤炭行业首个“智能化无人综采工作面”企业标准。2020年，建成全国首个透明地质精准开采工作面，研发投用全国首个NOSA+AI智能风险管控系统和全国首个智能管控云平台；同年，建成全国首个NOSA四星标准煤矿，形成矿区首套“四治理一优化”与NOSA风险管控相融合的安全管理体系。“十三五”期间，一号煤矿进入高质量发展阶段，累计生产销售煤炭3180.84万吨，营业收入168.93亿元，上缴各类税费62.96亿元，每年超额完成黄陵矿业公司下达的利润指标。高质量发展成果受到行业和社会广泛关注，成为全国煤炭行业智能化矿井建设的标杆，累计接待各类调研、考察、学习、对标交流达1240批次，涉及2万余人，为推动煤炭行业管理模式、生产方式、科技创新等重大变革提供了重要借鉴。同时矿井先后获得“全国五一劳动奖状”“全国双十佳煤矿”“国家级安全质量标准化煤矿”“煤炭工业科技创新示范矿”等荣誉称号，在煤炭工业发展史上留下浓墨重彩的一笔。

（一）

一号煤矿位于陕西省黄陵县店头镇，与黄陵矿业公司总部相邻。南距省会西安190千米，北距延安160千米，省道公路穿越矿区，向西直达甘肃境内，向东28千米至黄陵县城，与210国道、G6522及G65包茂高速公路铜黄段衔接，矿区铁路专用线在黄陵车站与西延铁路接轨。井田面积184.17平方千米，地质储量3.59亿吨，可采储量2.81亿吨。

一号煤矿矿区地势呈西北高东南低，具有典型的黄土高原地貌特征。东北部以黄土塬地形为主，沟谷纵横，塬面支离破碎，切割深度100~200米，沟底标高920~1000米，塬面标高一般为1200米，最高处为西北部双咀梁，海拔1463.80米。西南部山峦起伏，地形复杂。气候属于大陆性半干旱暖温带季风，常年主导风向为西北风和东南风，夏季多为东南风，冬季多为西北风。

一号煤矿井田总体构造为一个具有波状起伏的倾向北西的单斜构造，断层较少，构造简单。井田位于黄陵矿区东部，区内地层平缓，走向北东东，倾向北北西，倾角2°~3°，且构造简单、活动微弱，断层不发育。共含煤4层，除2号煤层全区可采外，其余煤层均不可采。煤层厚度0~5.56米，平均厚2.02米（纯煤）。井田水文地质条件简单，2号煤层中的承压裂隙水是矿井水的主要来源，2号煤层以下无水供给。矿井的经常性补给因素是2号煤层中的地下水，比较单一。煤炭产品有末煤、块煤、混煤、炼焦煤和高炉喷吹煤，属低磷、低灰、低硫、高能量，是良好的气化用煤、配焦煤和优质动力煤，畅销华东、华中、华南等地，并曾出口日本、韩国及东南亚等国。煤炭产品“黄灵一号”被评为陕西省十大著名品牌。

一号煤矿建设初期，采用平硐开拓，建成主平硐、副一平硐、副二平硐，后改为平硐、斜井混合开拓；井下及工业广场位于鲁寺西沟沟口黄陵上畛子公路下方，井口标高+937.5米。为了满足安全生产需要，2006年2月确定采用斜井开拓，先后建设投用了4对风井。矿井原设计使用进口连续采煤机采煤，由于地质等原因和国家投资体制改革，煤炭工业部批复同意一号煤矿优化方案。1996年，委托西安煤炭设计研究院优化设计，将房柱式开采工艺改为长壁式综合机械化开采。2001年11月，矿井实现100万吨/年阶段性投产。后经扩能和设备更新，产能稳步提升，先后建成永久运煤系统，井下运输能力由500吨/小时提高到1500吨/小时；对综采设备进行了提升换代，采煤机功率由500千瓦、730千瓦、920千瓦、1220千瓦升级到1630千瓦，生产能力得到进一步提高。2013年以来，推行矿井智能化开采，先后实现了“薄、中、厚”煤层的全覆盖；矿井的掘进、机电、通风、运输、安检、调度等环节都逐步实施了智能化管理，矿井的生产效率、安全管理等都有大幅度提升。

一号煤矿是黄陵矿区建设的首个国有大矿。与其配套的主要有矿区专用铁路线，于1996年1月与矿井选煤厂仓下联通；选煤厂于1991年开工建设，1993年交付使用；机电修理厂于1991年开工建设，1995年建成；材料库与坑木厂于1991年开工建设，1993年大部分建成投用；其他生活服务设施等与矿区总体方案配套，分期建设。先期开发建设的一号煤矿为整个矿区全面建设奠定了基础，积累了经验。

截至2020年，一号煤矿（含选煤厂）共有员工2109人，其中管理人员184人，高级工987人。矿机关设有17个部室，其中行政管理职能部室15个，党群管理职能部室2个。井下设15个生产区队，地面设选煤厂和机修车间等管理机构。矿领导班子由10人组成，矿长与党委书记分设，另配备5名副总工程师协助工作。2020年全年生产煤炭659万吨（全部洗选加工）；掘进进尺27600米，销售收入34.28亿元，实现利润（按黄陵矿业公司内部核算体系口径）15.64亿元，上缴各种税费11.55亿元，人均工资17.16万元。建矿30年来，特别是阶段投产和智能化矿井建设以来，不仅为矿区的发展作出了贡献，而且在科技工作、管理创新、人才培养、企业文化以及党群工作等方面走在全煤行业前列。据资料统计，2001年阶段投产以来，随着矿井机械化、智能化的不断提升，生产能力大幅度提升，20年来共生产煤炭1.0497亿吨，实现利润达133.90亿元，为国家上缴的各种税费随产量提升而逐年提高，职工收入较阶段投产之前也有很大幅度提升。同时先后向黄陵矿业公司及兄弟单位输送矿处级管理人员50余人，其中，从一号煤矿走上公司（局级）以上高级管理岗位达10余人。

（二）

自1989年筹建以来，一号煤矿先后经历了全面建设、停缓建、阶段投产、产能提升和智能化矿井建设等几个阶段；所属选煤厂、机修车间等单位隶属关系多次调整；管理体制由局矿分设到局矿合一，最后调整为矿井独立管理。回顾30年来的发展历程，大致可分为三个阶段，即矿井建设与停建缓建阶段，阶段投产与产能提升阶段，智能化矿井建设阶段。

1989 年至 2001 年为第一阶段，即矿井建设与停建缓建阶段。矿井建设初期，项目建设处于计划经济时期，建设资金主要来源于国家财政拨款。1994 年国家投资体制改革，实行“拨改贷”，主要通过银行贷款解决建设资金。1997 年，国家开发银行对一号煤矿项目追加最后一次拨款，并要求实施阶段建设方案，即形成 300 万吨/年框架、100 万吨/年生产能力。截至 1999 年底，矿井和选煤厂共完成各类投资达 8.73 亿元。由于投资体制改革，加之东南亚经济危机和煤炭市场供大于求，矿井处于停缓建状态。1999 年 3 月，由于周边小煤窑越界开采，导致一号煤矿发生透水事故，全矿职工在黄陵矿业公司和政府有关部门的大力支持下，排水救灾，恢复井下生产设施，积极组织生产自救，度过了三年特别困难时期。

2001 年 11 月至 2010 年为第二阶段，即阶段投产与产能提升阶段。为了发挥新矿区在煤炭市场的重要作用，在各级政府的大力支持下，黄陵矿业公司全力以赴投入一号煤矿的阶段投产准备工作。通过贷款、债权转股权等措施，先后建起了供电系统的“双回路”；对井下运输、通风、供电等系统进行了完善配套。在全矿干部职工的共同努力下，于 2001 年 11 月 1 日，形成 100 万吨/年生产能力，并通过国家组织的投产验收，达到阶段投产的目标，结束了长达 12 年的基本建设历程，跨入生产矿井行列。此后，根据煤炭市场发展变化，矿井加大投资改造力度，通过更新采掘装备、建设三号风井、提高通风能力、提高供电能力等措施，先后经政府有关部门核定，产能于 2004 年提升到 240 万吨/年，2006 年提升到 420 万吨/年，2010 年提升到 600 万吨/年。选煤厂几经改造升级，入选能力也与矿井生产相匹配，产品由单一电煤增加到配焦用煤、化工用煤等多种品类，并获得省级名牌产品称号。一号煤矿先后获得“全国先进煤矿”“双十佳煤矿”“国家级安全质量标准化煤矿”等荣誉称号。

2011 年至 2020 年为第三阶段，即智能化矿井建设阶段。自 2011 年以来，一号煤矿跟踪国际国内煤炭行业科技发展趋势，以智能化矿井建设为目标，以薄煤层智能化开采为切入点，逐步解决采煤设备、工艺以及相关配套的技术难题，摸索出一套无人化开采的经验。国家煤矿安全监察局等单位于 2014 年组织专家对一号煤矿较薄煤层国产综采装备无人化技术研究与应用项目进行鉴定验收，认为整体技术达到国际领先水平，实现了高产高效、安全生产的目的。在此基础上，一号煤矿大胆探索中厚煤层无人化开采装备、工艺诸多技术，于 2015 年末完成了首个中厚煤层智能化工作面的安装、调试，并顺利投入生产，达到地面监测监控井下生产，实现远程操控采煤的常态化，“薄、中、厚”煤层的全覆盖。智能化开采大幅度提高了工效，薄煤层每工达到 133 吨，中厚煤层每工达到 149 吨。同时下井人数大幅减少，工作面仅人工费每年可节约 500 多万元。同时，极大地改变了煤矿工人的生产安全条件，提高了煤炭资源回收率，实现了智能化开采设备国产化，取得了显著的经济效益和社会效益。在应用智能化开采技术的同时，一号煤矿在矿井原信息化、机械化的基础上，全面推进智能化矿井建设。先后在井下建设工业以太网、人员定位系统、监测监控系统以及供电、运输、通风等辅助生产现场智能化监控系统，实现了井下智能化监控全覆盖。地面选煤厂实现了智能化升级改造，物资供应实现井口超市化管理，调度、财务、劳资、销售等实现即时网上办公，智能化矿井建设取得明显成效。2019 年，主导编制《智能化无人综采工作面设计》等 5 项全国行业标准。矿井先后被评为“煤炭工业科技创新示范矿”、煤炭工业先进煤矿等，并在全煤系统推广一号煤矿智能化无人开采的经验。基于一号煤矿智能化无人开采技术应用，2016 年黄陵矿业公司荣获全国工业大奖，并被授予全国煤炭系统智能化矿区建设示范矿区。

（三）

一号煤矿30年来的建设发展，付出了几代黄矿人的辛劳与智慧，如今已成为全国煤炭行业智能化建设的先行者，成为黄陵矿区智能化矿井建设的开拓者，成为高质量发展的引领者。回顾30年来求新图变的创新之路，有诸多方面值得总结与传承。

——矿井采掘生产与洗选加工进入科学、稳定的良性循环。生产方面先后应用了美国房柱式开采、国产长壁式综采和智能化无人开采等先进采煤技术，极大提高了生产效率。矿井其他生产环节相互配套，同步提升，薄、中、厚煤层实现合理配采，采掘比例合理，有效提高了资源利用率和矿井服务年限。原煤产量稳定在核定范围，自2001年阶段投产以来，累计生产煤炭达到1.0497亿吨。洗选加工设备经过更新改造、工艺改进提升，可生产多种市场需要的煤炭品种，“黄灵一号”获全省著名品牌，极大地提升了煤炭潜在的应用价值，提高了矿区的经济效益。

——智能化矿井建设取得显著成效。坚持科技兴矿，实施创新驱动战略。30年来，围绕矿井生产与安全管理，有上百项科技成果获奖并得以推广应用，申请专利69项，其中“国产装备智能化无人开采技术研究及工程实践”获得中国煤炭工业协会科技成果一等奖。矿井机械化程度达到100%，全员工效位列全国第三。重视发挥各类专业技术人才的作用，涌现出一大批科技创新的带头人，及时解决了矿井生产与安全中遇到的技术难题。高度重视职工队伍的素质提升，先后培养高级技师32人，首席员工28人，有21名一线职工走上管理岗位，涌现出全国劳动模范曲志欣、全国煤炭工业劳动模范鲁军、“大国工匠”符大利，煤炭行业技能大师王军明、褚建勇等，形成了科技兴矿、人才强矿的浓厚氛围。矿井先后被授予省级和国家级首批智能化建设示范煤矿。

——安全与环保基础更加牢靠。矿井在经历1999年“3·24”特别重大透水事故和2004年“6·15”瓦斯爆炸事故后，全矿上下痛定思痛，把安全生产放在首位，坚持装备、责任、培训、奖罚、教育五到位，做到超前防范，警钟长鸣。特别是2018年以来，推行NOSA安健环风险管控措施，使安全置于科学管控之下，矿井先后多次荣获全国安全质量标准化煤矿和煤炭工业特级安全高效矿井称号。矿井把环境保护放在优先位置，在矸石处理、井下疏干水处理以及井下防尘、生产污水处理等方面投入资金，建设永久性工程，从根本上杜绝污染事故的发生，做到了“黑色资源、绿色开采”，先后荣获“国家级绿色矿山”“全国煤炭环境保护优秀单位”“全国绿色矿山学习观摩基地”等荣誉称号。

——管理创新成为矿井发展的驱动力。30年来，始终把转换经营机制、实施管理创新作为主要抓手。在矿井建设期间，率先实行项目业主管理体制，提高了投资效率；在停建缓建时期，积极开展生产自救，减轻债务压力；在矿井发生透水事故后，全矿上下一心治水救灾，700多名职工轮流放假，只发70%的基本工资，干部职工与矿井共命运、渡难关。在试生产以后，逐步推行岗位价值精细化管理，建立内部市场机制，完善以现金流为核心的全面预算管理，形成科学完备的成本控制体系。吨煤成本逐年下降，进入全国行业领先水平，自2001年试生产以来累计实现利润达133.90亿元。强力推行岗效工资制，打破分配上的平均主义，科学实行定员定岗，逐步达到减人提效、机械化换人的目标，人均全员工效跃入国家行业前列。物资供应与市场接轨，成立井口物资超市，适时结算，吨煤物耗大幅下降。工程设计、设备更新等遵循科学先进原则，形成源头管控机制。矿井成为矿区和行业追赶超越的标杆。

——党组织的政治核心作用得到充分发挥。1997年，一号煤矿设立党总支委员会，各基层区队

（车间）设立党支部。2003年一号煤矿党委成立之后，按照黄陵矿业公司党委要求，全面加强党的思想建设、组织建设和作风建设，建立健全党的各项工作制度，逐步形成一整套符合矿井实际的党组织工作规范。完善组织体系，支部设在生产一线；坚持政治思想建设，发挥党员的模范带头作用；健全纪检监察机构，扎紧制度的笼子，做到党组织工作全覆盖，有力地保证了矿井各项工作的顺利进行。矿党委加强对工团工作领导，发挥其在生产、安全以及文化建设中的桥梁纽带作用，有效地调动了工会会员和共青团员的积极性和创造性。矿工会、团委多次获奖，并被中华全国总工会授予“工人先锋号”等荣誉称号；矿党委2017年被陕煤集团命名为“党建工作引领示范单位”。

——企业文化建设落地生根。按照黄陵矿业公司统一安排部署，一号煤矿先后组织开展了创建学习型矿井活动、群防群治的安全教育活动、创建文明煤矿等活动。2002年，根据黄陵矿业公司开展企业文化建设的要求，全力普及企业文化建设知识，系统宣传矿区企业文化建设理念和行业规范，使全矿职工的企业文化意识得到普遍确立。根据矿井实际，2008年以后，大力推行以人为本的精细化管理，开展以岗为主的“手指口述”“岗位描述”活动和以精细、精准、精确、精益、精美（简称“五精”管理）为主要内容的岗位管理文化活动，评选首席员工、五星岗位，打造“三基九力”团队等，使企业文化建设延伸到所有工作岗位。2009年，矿党委在推行岗位管理文化的基础上提出建设“九鼎”文化思路，先后形成独具特色的矿井文化体系，制作专题片、印制宣传册，并开辟设立了文化展示中心，成为对内教育对外交流的文化窗口。2018年以来，一号煤矿根据黄陵矿业公司统一要求，全面聚合“实文化”建设，以“三做一打造”为目标，给矿井文化赋入新的内容，使企业文化与生产安全结合得更加紧密。由于企业文化独具特色，矿井先后荣获“全国煤炭工业企业文化示范矿”“全国安全文化建设示范企业”等荣誉称号。

——文明煤矿建设迈上新台阶。矿党政坚持“两个文明一起抓，两个成果一起要”，着力构建文明煤矿、和谐煤矿。全矿职工遵纪守法意识普遍提高，职业道德、社会公德和家庭美德意识明显增强。职工的收入水平稳步提升，2020年人均收入17万元，处于行业较前位置。职工职业病预防、医疗保健、住房以及子女就业等均得以妥善解决。矿井建有职工食堂、洗浴中心、文体活动馆等配套设施。家属协管和职工文化生活丰富多彩。关心困难职工，定期补助走访慰问；为子女上学提供学费补贴，领导节日赴井下慰问等已成为制度。多数职工有房有车，以矿为家。矿井生产生活秩序井然，职工安居乐业、干部干事创业、全员爱岗敬业已形成良好的发展氛围。矿井先后获得全国煤炭系统文明煤矿、陕西省国资委先进集体等荣誉称号。

（四）

30年风雨兼程，30年铸就辉煌。在各级政府的关心支持下，在陕煤集团和黄陵矿业公司的正确领导下，在历届领导的带领下，经过全矿职工的共同努力，一号煤矿取得了巨大的成功，得到行业的认可。纵观30年的发展历史，既有成功的经验，也有沉痛的教训。这些都对未来发展有着深刻的启示。坚持依法治矿、创新驱动是生产矿井高质量发展的必由之路；坚持科技兴矿、人才强矿是智能化矿井建设的根本途径；坚持以人为本、安全为天是矿井生产的最高目标；坚持党的领导、文化兴矿是建设现代化煤矿的重要保证。在总结成功经验的同时，一号煤矿永远牢记矿井曾发生过的水灾、瓦斯爆炸等重大事故教训，视其为矿井发展史上最沉重的一页，深刻铭记在心。站在十四五新的起点，一号煤矿责任重大，使命光荣。矿井面临的主要问题和挑战是，随着矿井采掘面的延伸，井下生产环境更加复杂，运距长，环节多，井巷维护量加大，增支因素增多；矿井瓦斯、水害、顶板等自然灾害因素增多，治理难度加大。如何在保证安全的前提下稳定产能、延长矿井服务年限，如何在智能化开采过程中最大限度地提高资源回收率，如何在成本因素增加的情况下保持一个较好的经济效益，这些都是需要认真面对和解决的问题。在未来的发展中，一号煤矿将以问题为导向，以目标为引领，积极实施黄陵矿业公司“三做一打造”的发展战略，按照陕煤集团提出的“五个创新”要求，打造绿色发展的示范，智能化矿井建设的典范，管理创新的标杆，高质量发展的样板，党建创新的先进。一号煤矿将以建矿30年为新的起点，上下同心，左右同步，鼓足干劲，争创一流，坚持以科技引领发展，坚持以人才推动发展，坚持以党建促进发展，为黄陵矿业公司和陕煤集团高质量发展作出新的更大的贡献。

大　事　记

1989 年

4 月 15 日　陕西省煤炭工业厅批复《关于黄陵一号井建设管理委员会机构编制的请示》（陕煤厅发〔1989〕第 138 号）文件，一号煤矿开始进入实质性建设阶段。

9 月 5 日　中国统配煤矿总公司、国家能源投资公司印发《关于成立黄陵矿区项目建设管理委员会的批复》[（89）中煤总基字第 450 号]，任命赵利仁为黄陵矿区项目建设管理委员会主任，曹正发为副主任；黄陵矿区项目建设管理委员会负责一号矿井和选煤厂、矿区铁路建设；一号矿井等单项工程不再成立项目建设管理委员会。

9 月 13 日　陕西省人民政府特邀顾问张斌和中国统配煤矿总公司总经理于洪恩在黄陵县召开现场办公会，专题研究黄陵矿区开发建设问题。会议形成《关于加快陕西黄陵矿区建设会议纪要》，要求一号煤矿在 1991 年开工。

9 月 25 日　国家计委印发《关于陕西省黄陵矿区总体设计的批复》（计建设〔1989〕1176 号），开发建设黄陵一号矿井一区（300 万吨），采用连续采煤机房柱式开采方法，二区（120 万吨）采用综合机械化开采。

10 月 5 日　黄陵矿区项目建设管理委员会（简称黄陵矿区管委会）正式成立。

10 月 20 日　黄陵矿区管委会印发《关于黄陵一号煤矿矿井及选煤厂初步设计的预审意见》。

10 月 28 日　依据黄陵矿区管委会文件精神，黄陵县店头镇西北 1. 3 千米处先开发建设一对年生产能力为 300 万吨的黄陵一号矿井，为能源部 1989 年投资计划。要求 1990 年完成地面生产系统的主要工程，1991 年矿井开工，需要征用土地 3163. 8 亩。

11 月中旬　一号煤矿和选煤厂及矿区中心区设计方案审查原则通过。

12 月 4 日　黄陵矿区管委会主任赵利仁等赴美国英格索兰公司考察连续采煤机组设备。

1990 年

1 月 23 日　陕西省煤炭工业厅批复《关于明确黄陵一号矿井建设管理委员会和黄陵矿区项目建设管理委员会为一套机构、两个牌子的请示》文件，同意黄陵一号矿井建设管理委员会和黄陵矿区项目建设管理委员会为一套机构、两个牌子。

1 月 27 日　一号矿井及一号矿井选煤厂签订施工组织设计合同书。

3 月 8 日　中国统配煤矿总公司副总经理张宝明在陕西公司经理刘揆楚、副经理赵定利等有关人员陪同下，到一号矿井井口现场及中心区检查指导。

3 月 27 日　从美国进口的 4 套连续采煤机运抵矿区。

4 月 2 日　陕西省副省长刘春茂在黄陵县主持召开现场办公会议，专题研究加快黄陵矿区一号煤矿建设问题。会后就征地、铁路、公路建设等问题形成并印发 1990 年第 19 次《陕西省人民政府办公会议纪要》。

5 月 16 日　黄陵矿区管委会派出一号煤矿 10 余名技术工人到山西省古交矿区接受梭车驾驶技术培训。

5月20日 美国施明志兰公司国际市场部经理史密斯、美国英格索兰公司远东公司采矿机械部特派代表杨振宗到黄陵矿区一号矿井了解项目进展情况。

7月1日 黄陵矿区管委会印发《关于引进美国成套连续采煤机商检验收工作的安排意见》。

10月4日 中国统配煤矿总公司印发《关于美国英格索兰公司技术服务人员去黄陵矿区的通知》。

12月11日 黄陵一号矿井1991年施工图提交协议书在西安签订。

12月12日 国家能源投资公司办公室作出《关于更改黄陵一号矿井变电所电压等级的批复》，由初设35千伏变电所更改为110千伏变电所。

12月15日 黄陵矿区一号煤矿筹备处成立。王庆武兼任筹备处处长，乔彦鹏任筹备处副处长（正科级），设立培训科和办公室两个办事机构，有职工108人。

1991年

1月1日 黄陵矿区管委会与陕西煤炭建设公司签订黄陵矿区一号煤矿四项工程承包合同。

1月10日 一号煤矿首期职工培训班开学。

1月14日 “黄陵矿区管委会一号煤矿筹备处”印章启用。

3月4日 陕西省人民政府以陕地字〔1991〕第23号文件批准黄陵矿区一号煤矿及中心区附属设施征用土地998.75亩。

3月6日 陕西省计委副主任、黄陵矿区建设协调领导小组组长杨光英到黄陵矿区检查指导工作。

3月31日 美国英格索兰公司的第一批设备运抵矿区。由于矿区无仓库而不具备设备商检验收条件，第二批设备将无法按时抵达矿区。

5月25日 黄陵矿区管委会作出《关于黄陵矿区一号煤矿因供电问题不能按期开工的紧急报告》。

5月27日 黄陵一号煤矿选煤厂工程建设总承包合同签订。

7月5日 黄陵店头鲁寺场外北川公路工程完成竣工。

7月20日 西安煤矿设计研究院、陕西煤炭建设监理咨询公司、宁夏煤炭基本建设公司、黄陵指挥部等单位对黄陵一号煤矿选煤厂主厂房及产品装车仓等工程施工图进行技术交底和图纸会审。

7月30日 黄陵一号煤矿选煤厂（年设计处理原煤能力300万吨）开工。

8月1日 一号煤矿筹备处87名职工赴西安矿业学院进行为期一年的房柱式采煤技术培训。

9月9日 美国施明志兰公司国际市场部经理史密斯及英格索兰公司杨振宗到一号煤矿访问参观。

9月28日 黄陵矿区管委会印发《关于“陕西省黄陵一号煤矿热电车间可行性研究”的预审意见》。

10月13日 一号煤矿工业广场开工建设。

10月25日 经黄陵矿区管委会研究决定，任命乔彦鹏为一号煤矿筹备处处长。

11月17日 中国统配煤矿总公司以中煤总基字〔1991〕第636号文件批复同意黄陵一号矿井1991年12月下旬开工。

12月5日 黄陵县副县长贾永录在黄陵矿区会议室召开县长办公会，研究国家“八五”重点项目黄陵矿区一号煤矿有关建设事宜。

12 月 23 日　黄陵矿区举行一号煤矿开工典礼。中国统配煤矿总公司陕西公司副经理赵定利宣布上级批复文件，陕西省人民政府特邀顾问张斌，国家能源投资公司副总经理、中国统配煤矿总公司基建局局长沈德琛，中国统配煤矿总公司陕西公司经理王勤功为开工剪彩。

1992 年

3 月 24 日　西安煤矿设计研究院作出《要求在黄陵一号井平硐的胶带输送机增设 CST 驱动系统的请示报告》。

3 月 29 日　国家能源投资公司确定，黄陵一号矿井及选煤厂（及其配套工程）为 1992 年国家重点建设项目。

同日　一号矿井副一平硐工程岩巷部分完工，并与一号回风斜井形成系统。

4 月 3 日　陕西煤炭建设公司一处张元、邵蛇娃，黄陵矿区管委会冯崇斌，监理公司康文增参加一号矿井选煤厂轨道移交仪式。

4 月 5 日　一号矿井副一平硐岩巷工程竣工通过验收。

4 月 13 日　黄陵矿区管委会组织黄陵一号煤矿 30 人参加为期 8 周的专业培训。

5 月 10—12 日　中国统配煤矿总公司基建局副局长路耀华等一行 6 人到一号矿井检查工作。

5 月 12 日　国家建筑理事会副理事长王剑英到黄陵矿区指导工作，要求矿区发扬延安精神，坚持改革，把一号煤矿建成高产高效矿井。

5 月 16 日　黄陵矿区管委会作出《关于黄陵矿区一号井矿井支护、岩层控制、安全技术综合研究立项的申请报告》。该项目委托西安矿业学院承担，并由一号煤矿及西安煤矿设计研究院协作，国家投资，项目资金约为 60 万元。

6 月 28 日　美国固本煤炭公司副总裁艾尔等一行 5 人到黄陵矿区一号煤矿考察高产高效采煤技术。

7 月 2 日　黄陵矿区管委会决定，撤销一号煤矿筹备处，成立一号煤矿井巷开拓公司。

7 月 10 日　黄陵矿区管委会印发文件，确定二号风井矿建工程量为 1300 米，其中，两斜井井筒 900 米，井底车场 400 米，总概算为 47173. 81 万元。

7 月 20 日　经黄陵矿区管委会会议研究决定（黄矿建发〔1992〕027 号），任命胡志刚为一号煤矿井巷开拓公司副经理。

7 月 22 日　“黄陵矿区管委会一号煤矿井巷开拓公司”印章启用。

7 月 25 日　中国统配煤矿总公司直属机关党委调研员张广智、总公司直属机关团委书记李德清、地质局团委书记侯慎健到黄陵矿区一号煤矿检查指导工作。

8 月 15 日　西安煤矿设计研究院和黄陵矿区管委会对西安煤矿设计研究院编制的“黄陵一号煤矿热电车间初步设计”进行会审。

同日　美国英格索兰公司专家比尔·布雷丁和西蒙斯、杨振宗及沈勤乙到黄陵矿区一号煤矿进行 1 个月的连续采煤机技术培训及调试维修工作。

8 月 25 日　一号煤矿从美国引进的第一套连续采煤机组设备入井。

9 月 29 日　一号煤矿主平硐（岩巷部分）完工。至此，3 条平硐（岩巷部分）已全部贯通。该工程由陕西煤炭建设公司承建，每条巷道长 1127. 6 米，投资 2081 万元。

12 月 24 日　陕西省煤炭学会矿井建设专业委员会主办的 1992 年度矿建技术研究会在黄陵矿区召开。会议以黄陵矿区一号井建井技术为研讨议题，历时 3 天。

是年　一号煤矿选煤厂主体工程及主要设备安装工程完成，建成储煤系统。

1993 年

1 月 20 日　黄陵一号井及选煤厂（及其配套工程）被列为 1993 年国家重点建设项目。

2 月 13—14 日　一号煤矿召开首届职工代表大会，通过《关于安全生产风险抵押金暂行办法》等 14 项决议，深化工资、奖金、人事制度改革，在职工中全面实行安全风险抵押制度。

3 月 14—18 日　国家能源投资公司办公室副主任韩永年等一行到黄陵矿区调研，并对一号煤矿的基本建设、内部管理等工作进行检查指导。

4 月 1 日　一号煤矿选煤厂 134 名职工分赴邢台、兖州、邯郸选煤厂及秦皇岛港务局进行为期 4 个月的选煤技术学习培训。

4 月 18 日　美国施明志兰公司国际市场部总经理史密斯及杨振宗、沈勤乙到一号煤矿进行技术交流。

5 月 11 日　一号煤矿派员赴北京参加美国英格索兰等公司举办的技术讲座。

6 月 25 日　黄陵矿区管委会印发《关于按照正式生产矿井管理一号煤矿的通知》，一号煤矿按照正式生产矿井管理。

6 月 28 日　经黄陵矿区管委会临时党委会议研究决定（黄矿建管党发〔1993〕001 号），成立一号煤矿井巷开拓公司党支部，乔彦鹏任支部书记。

7 月 7 日　陕西省委常委、组织部部长刘揆楚在延安地委副书记张志清、组织部部长徐胜利陪同下到一号煤矿考察调研。

7 月 31 日　经黄陵矿区管委会研究决定（黄矿建管〔1993〕40 号），将黄陵矿区管委会一号煤矿井巷开拓公司更名为黄陵矿区管委会一号煤矿生产公司。

8 月 10 日　陕西省煤炭工业厅印发《关于"黄陵矿区一号井、选煤厂及配套工程建设监理实施规划"的批复》。

8 月 17 日　一号煤矿选煤厂机构成立，成为黄陵矿区管委会二级单位。选煤厂设计年处理能力 300 万吨，工程投资 5884 万元。该工程由西安煤矿设计研究院设计，宁夏煤炭建设公司承建，1991 年 7 月 30 日开工，1993 年 12 月竣工，1994 年 11 月 1 日移交使用。

9 月 15 日　一号矿井运输系统平硐一号带式输送机开始安装。

10 月 19 日　一号煤矿派员赴山东省肥城矿务局参加煤炭工业质量标准化暨高产高效矿井工作会议。

12 月 12 日　黄陵矿区管委会印发《关于一号井半煤岩地段施工方案的意见》。

1994 年

1 月 12—22 日　国家能源投资公司计划部主任葛广琛到一号煤矿检查指导工作。

3 月 15 日　一号煤矿煤巷施工穿过河床段，顶板条件变好，煤巷掘进速度加快。

4 月 21 日　一号煤矿一号风机正式投运。

5 月 5 日　一号煤矿及选煤厂（配套工程）被确定为 1994 年国家重点建设项目。

5 月 25 日　黄陵矿区管委会组织召开一号煤矿半煤岩巷道准备工作会议。

6 月 14 日　黄陵矿区管委会上报《关于黄陵一号煤矿今年形成一百万吨生产能力的报告》。

6 月 25 日　连续采煤机组进入一盘区生产。

6 月 28 日　一号煤矿生产公司党支部获得中国统配煤矿总公司陕西公司先进党组织荣誉称号。

7 月 7 日　黄陵矿区管委会上报《关于一号煤矿重大事故隐患的汇报》，反映小煤窑越界开采问题，请求关闭越界开采的小煤窑。

9 月 8 日　一号煤矿生产公司发生一起顶板事故，死亡 1 人。

9 月 27—29 日　黄陵矿区管委会和美国朗艾道公司在矿区召开一号煤矿 9 月高产新闻发布会。国家开发银行煤炭石油信贷局、陕西省计委、陕西省煤炭工业局、华能精煤公司、华晋焦煤公司等单位 50 多名代表参加会议。

9 月 30 日　一号煤矿生产公司在黄陵矿区管委会组织的劳动竞赛中，取得单机月成巷 1402.2 米的好成绩，超过澳大利亚、英国及南非等国家的水平。

10 月 17 日　一号煤矿生产公司选派有关人员赴北京参加煤矿“一通三防”管理研讨班。

10 月 23 日　黄陵矿区管委会与西安煤矿设计研究院有关人员对一号煤矿施工中存在的问题进行座谈。

12 月 9 日　黄陵矿区管委会上报《关于再次申请增加 1995 年煤炭运销计划的紧急报告》，申请将一号煤矿 1995 年煤炭铁路计划运量调整到 150 万吨。

1995 年

1 月 13 日　国家开发银行煤炭石油信贷局印发《关于黄陵一号煤矿主平硐胶带输送机引进美国 CST 系统的复函》，同意采用 CST 可控启动系统。

2 月 8 日　黄陵矿区管委会一号煤矿生产公司第一作业层获得 1994 年安全生产先进集体称号。

4 月 8 日　陕西省省长程安东、副省长刘春茂一行到黄陵矿区调研项目建设情况，并深入一号煤矿检查指导工作，黄陵矿区管委会主任暴广胜等陪同。

6 月 6 日　黄陵矿区管委会调整部分机构和人员，撤销一号煤矿生产公司，成立连采一队、连采二队、通风排水队、机电运输队、机械化采煤办公室和调度室。

6 月 10 日　黄陵矿区管委会成立原一号煤矿生产公司财产财务清理领导小组，曹正发任组长。

8 月 7 日　黄陵矿区管委会印发《关于印发〈黄陵矿区一号煤矿安全生产暂行办法〉的通知》。

8 月 26 日　黄陵矿区管委会和带式输送机主机生产厂家沈阳矿山机器厂会同美国道奇（DODGE）公司在北京签订 CTKX/3044MR 合同。

9 月 14 日　黄陵矿区管委会上报《关于成立黄陵矿区一号煤矿验收办公室的请示》，由暴广胜任办公室主任。

10 月 6—7 日　日本丸红公司川原原上一行 4 人到一号煤矿洽谈精煤贸易业务。

11 月 6 日　经黄陵矿区管委会研究决定，免去乔彦鹏一号煤矿生产公司经理职务。

是年　一号煤矿工业广场办公楼、联合建筑、二号风井基本完成。3 条半煤岩巷道竣工，完善了一盘区通风、运输、通信、供电、排水、洒水六大系统，形成了机采工作面。

是年　全矿原煤产量9.47万吨，实现利润-532.12万元。

1996年

1月22日　黄陵矿区管委会决定恢复一号煤矿生产公司机构，成立一号煤矿办公室、生产技术科、机电动力科、财务劳资科、材料管理科等机构。

同日　经黄陵矿区管委会研究决定（黄矿建管发〔1996〕6号），聘任赵林章为一号煤矿生产公司经理，唐恩贤为副经理。

1月25日　一号煤矿铁路专用线通车剪彩，开始装运煤炭。

2月8日　经黄陵矿区管委会研究决定（黄矿建管发〔1996〕17号），聘任王泽为一号煤矿生产公司副经理（正科级）。

3月18日　黄陵矿区管委会印发《关于〈黄陵一号煤矿采煤方法经济比较报告〉的审查意见》，对使用连续采煤机房柱式和综采长壁采煤方法进行经济比较。

3月25日　黄陵矿区管委会工会筹备组批准成立一号煤矿生产公司等10个基层工会委员会，健全工会基层组织。

3月29日　经黄陵矿区管委会研究决定（黄矿建工发〔1996〕001号），任命唐恩贤为黄陵矿区一号煤矿生产公司工会委员会主席。

4月3日　陕西省计委印发《关于黄陵330千伏变电站开工建设的批复》，同意330千伏变电站开工建设。

4月12日　黄陵矿区管委会举行1996年经营承包合同签字仪式，对一号煤矿等11个单位实行经营承包，全面推动内部经营承包责任制。

5月6日　黄陵矿区管委会印发《关于下达一九九六年度生产计划的通知》，计划一号煤矿原煤生产30万吨，掘进进尺13115米。

5月30日　煤炭工业部印发《关于黄陵一号矿井采煤方法方案设计的审查纪要》，要求按审查纪要尽快编制黄陵一号矿井优化初步设计。

6月6日　经黄陵矿区管委会研究决定（黄矿建党发〔1996〕18号），同意成立一号煤矿生产公司团支部，任命韩华东为团支部书记。

6月13日　陕西省煤炭进出口公司印发《关于转达1996年煤炭出口计划的通知》，计划黄陵一号煤矿出口19万吨煤炭。

7月6日　黄陵矿区管委会机关搬入井口办公楼（一号煤矿办公楼）办公。矿区800门程控电话投入使用。

7月9日　黄陵矿区管委会作出《关于将黄陵矿区一号煤矿建成出口煤生产基地的请示》，设想走“矿、路、贸”三体一路，使用自备列联合经营的路子。

8月7日　黄陵矿区管委会申请办理黄陵矿区一号煤矿采矿许可证。

8月8日　黄陵矿区管委会上报《关于关闭一号煤矿井田范围富县境内小煤窑的紧急请示》。

8月16日　一号煤矿生产公司成立安全监察科、生产调度室。

10月15日　黄陵矿区管委会印发《关于开采黄陵矿区一号煤矿边角煤有关费用收取标准的补充通知》，明确一号煤矿范围内申报并批准的小煤窑费用按2.50元/吨收取。

11 月 15 日　黄陵矿区管委会举行劳动合同书签字仪式。管委会主任、党委书记暴广胜（甲方代表）与一号煤矿（乙方代表）签订劳动合同书，并为委托代理人颁发委任书。

11 月 20—23 日　中资能海咨询公司一行 8 人在陕西省煤炭工业局副局长高新民陪同下，到黄陵矿区审定一号煤矿综采方案。

是年　全矿原煤产量 30.99 万吨，实现利润-118.27 万元。

1997 年

1 月 2 日　黄陵矿区管委会决定，将选煤厂所管辖的 270 皮带系统（堆取料机）及煤场连同人员划归一号煤矿生产公司统一管理。

同日　黄陵矿区管委会决定（黄矿建党发〔1997〕02 号），免去赵林章一号煤矿生产公司经理职务，任命王泽为经理（副处级）。

1 月 21 日　陕西省煤炭工业局副局长王家启一行在黄陵矿区管委会副主任曹正发陪同下到一号煤矿调研。

1 月 24 日　一号煤矿生产公司获得黄陵矿区管委会"先进集体"荣誉称号，一号煤矿连采一队、连采二队、机运队检修班、调度室、通排队密闭班获得"先进区队、班组"荣誉称号。

1 月 31 日　煤炭工业部批复《黄陵矿区一号井工程优化初步设计方案》，采煤工艺由原设计的连续采煤机房柱式开采改为长壁式综采。

3 月 10 日　一号煤矿生产公司党支部获得黄陵矿区管委会通讯报道工作先进集体荣誉称号，贾迪、韩华东获十佳业余通讯员荣誉称号。

3 月 21 日　陕西省计委召集西北电业管理局、陕西省煤炭工业局、陕西省电力投资公司、黄陵矿区管委会、延安市计委、延安市供电局、延安炼油厂等单位在黄陵 330 千伏变电站现场召开协调会议，要求加快施工进度，务必确保一号煤矿一期工程按时投产。

3 月 26 日　陕西省煤炭工业局印发《关于对黄陵矿区项目建设管委会选煤厂生产方案问题的批复》，同意选煤厂暂停精煤生产。

4 月 9 日　经黄陵矿区管委会临时党委研究决定（黄矿建党发〔1997〕12 号），成立中共一号煤矿生产公司总支委员会，任命王泽为党总支书记（兼）、张建军为副书记（正科级）。

4 月 11 日　一号煤矿生产公司井下一盘区二号轨道下工作面发生一起顶板事故，死亡 1 人、重伤 1 人。

5 月 16 日　一号煤矿生产公司井下火药库被盗，丢失 2500 发火药雷管。黄陵矿区管委会决定给予主要责任人行政处分，并调离现岗位；对一号煤矿生产公司罚款 3000 元。

5 月 23 日　延安市环保局书记赵田生、副局长梁正畛一行到一号煤矿考察调研。

7 月 10 日　一号煤矿生产公司副经理唐恩贤赴美国学习交流高产高效矿井及村庄下采煤技术。

7 月 17 日　经煤炭工业部批复，黄陵矿区项目建设管理委员会更名为黄陵矿业有限责任公司（简称黄陵矿业公司、矿业公司）。

7 月 31 日　陕西省煤炭工业局印发《关于报送黄陵矿区一号煤矿复核审查意见的函》，同意设计确定井田范围，同意矿山建设占地的地质储量，同意井田开拓方式，同意办理采矿许可证。

9 月 14 日　煤炭工业部基建中心主任路耀华等一行 3 人在陕西煤炭工业管理局局长曹文甫陪同

下到一号煤矿调研。

9 月 17 日 黄陵矿业公司作出《关于一号煤矿一九九七年瓦斯鉴定和二氧化碳测定结果的报告》，明确一号煤矿属于低瓦斯矿井。

10 月 16 日 一号煤矿选煤厂在设备检修过程中发生一起机械事故，死亡 1 人。

10 月 21 日 国家开发银行同意黄陵一号煤矿阶段性建设方案，决定贷款 17300 万元，先期建设二盘区，形成 100 万吨/年生产能力。

11 月 14 日 经黄陵矿业公司研究决定（黄矿建党发〔1997〕23 号），任命王建利为一号煤矿生产公司经理兼党总支书记职务（副处级），免去王泽一号煤矿生产公司经理和党总支书记职务。

是年 全矿原煤产量 40.44 万吨，实现利润-60.13 万元。

1998 年

1 月 9 日 一号煤矿获得陕西省煤炭工业局 1997 年度先进集体称号。

1 月 13 日 一号煤矿发生一起伞檐冒落事故，死亡 1 人。

1 月 16 日 经黄陵矿业公司会议研究决定，一号煤矿生产公司 201 综采工作面进行议标，确定两个施工单位承担施工任务。

1 月 17 日 为贯彻煤炭工业部、陕西省煤炭工业局关于做好春节前后停产压库工作的通知精神，一号煤矿采取了历时 26 天的停产措施，并进行全面检修。

2 月 10 日 经陕西省煤炭工业局同意，一号煤矿 2 月 12 日恢复生产。

2 月 24 日 一号煤矿获得黄陵矿业公司“一九九七年度安全生产先进单位”荣誉称号，王村炮采队、通风队获得“安全先进集体”荣誉称号，一号煤矿生产公司机电队电工检修班等 4 个班组获得“安全先进班组”荣誉称号。

3 月 26 日 一号煤矿生产公司成立煤炭管理科、皮带队。

4 月 2 日 黄陵矿业公司印发《关于表彰 1997 年度宣传报道先进集体先进个人的决定》，一号煤矿贾迪、韩华东获得“先进个人”荣誉称号。

4 月 5 日 一号煤矿生产公司连采二队八点班井下四盘区 402 工作面运输巷开口处架设抬棚过程中，发生一起顶板冒落事故，死亡 2 人、轻伤 1 人。

4 月 24 日 黄陵矿业公司党委印发《关于一号煤矿生产公司党总支委员会组成人员的批复》(黄矿公司党发〔1998〕6 号)，同意由王建利、张建军、周河南组成党总支委员会。

4 月 28 日 经黄陵矿业公司党委研究决定，任命季治文为一号煤矿生产公司党总支书记，免去王建利一号煤矿生产公司党总支书记职务。

7 月 1 日 一号煤矿发生运输事故，死亡 1 人、轻伤 1 人。

7 月 9 日 一号煤矿生产公司群众安全监督检查委员会成立，唐恩贤任主任。

10 月 20 日 黄陵矿业公司同意一号煤矿《关于井下使用防爆柴油机机车的报告》。该机车由西安煤炭设计研究院设计，符合一号煤矿井下生产实际，合乎《煤矿安全规程》要求。

11 月 6 日 陕西煤炭工业管理局印发文件（陕煤管局发〔1998〕322 号），原则同意黄陵矿业公司将一号煤矿井下边角煤由黄陵县政府所属的黄陵县煤炭计量站煤矿、黄陵县苍村乡金咀沟煤矿、黄陵县店头镇七丰沟西煤矿进行规划开采。

12 月 13 日　一号煤矿生产公司井下 201 工作面贯通，标志着一号煤矿 100 万吨生产系统形成。

是年　全矿原煤产量 41.69 万吨，实现利润 26.54 万元。

1999 年

1 月 14 日　一号煤矿在拆除副一平硐第一部带式输送机机头石礅过程中，发生一起坠坑淹溺事故，死亡 1 人。

3 月 24 日　一号煤矿发生特大透水事故。因陕西煤炭建设公司所属的黄陵苍村一号斜井在其西采区越界非法开采，造成黄陵一号煤矿主平硐 100 米的保安煤柱被采通，使沮河水流入一号煤矿，井下涌水在极短的时间内达 800 立方米/小时，积水达 25000 立方米，导致基建、生产全部瘫痪。

3 月 29 日　一号煤矿运输队获得黄陵矿业公司“六好区队”荣誉称号，机电队获得“先进区队”荣誉称号，掘一队张海星班、皮带队孙西平班获得“先进班组”荣誉称号，刘永忠获得“劳动模范”荣誉称号。

4 月 6 日　中共陕西省煤炭工业局党组授予一号煤矿生产公司“文明矿（单位）活动优秀组织单位”荣誉称号，一号煤矿生产公司运输队获得“省级六好区队”荣誉称号。

4 月 10 日至 8 月 31 日　由于一号煤矿发生特大透水事故，矿区 700 余名职工实行轮岗放假。

4 月 28 日　由陕西省劳动厅牵头，陕西省监察厅、煤炭工业局、总工会、公安厅等部门 16 人组成一号煤矿“3・24”特别重大透水事故调查组，初步确定事故原因、经济损失等。

5 月 5 日　黄陵矿业公司召开一号煤矿治水救灾工作专题会议，同意引进陕西省煤田地质局一九四队和煤炭科学研究总院西安分院等单位，采取“探、堵、固、排”方法，治水救灾全面展开。

6 月 28 日　黄陵矿业公司党委作出《关于表彰一九九九年度“两先一优”先进集体、先进个人的决定》，一号煤矿生产公司党总支、机电通风党支部获得“先进集体”荣誉称号，一号煤矿皮带队党小组获得“先进党小组”荣誉称号。

8 月 7 日　黄陵矿业公司上报《关于申请一号煤矿“3・24”特大透水事故治水救灾资金的报告》，力争自筹资金 400 万元；并请陕西省政府帮助解决贷款 500 万~800 万元，国家救济 2500 万元救灾资金。

9 月 25 日　一号煤矿治水救灾结束，全面恢复生产。

10 月 8 日　黄陵矿业公司召开治水救灾表彰大会，一号煤矿机电队获得“先进集体”荣誉称号，季治文等获得“先进个人”荣誉称号。

10 月 12 日　黄陵矿业公司根据一号煤矿煤炭外运不足，不能及时履行合约造成亏损实际，专题上报文件，请求铁路部门给予支持，确保兑现铁路外运计划。

是年　全矿原煤产量 11.51 万吨，实现利润-365.18 万元。

2000 年

3 月 6 日　经黄陵矿业公司研究决定，将选煤厂划归一号煤矿生产公司管理。

3 月 7 日　一号煤矿生产公司获得黄陵矿业公司“一九九九年先进集体”荣誉称号，杨志孝等 7 人获得“安全工作先进个人”荣誉称号。

3 月 14 日　陕西省煤炭工业局印发《关于黄陵一号煤矿、朱家河、玉华矿井生产自救工程明细计划的批复》，决定给一号煤矿拨款5042万元，用于矿井恢复生产。

4月24日 经黄陵矿业公司党委会议研究决定（黄矿司党发〔2000〕12号），同意由季治文、王建利、唐恩贤、李孝波、梅方义组成一号煤矿生产公司党总支委员会。

5月19日 经黄陵矿业公司工会委员会议研究决定（黄矿司工发〔2000〕05号），任命季治文为一号煤矿生产公司工会主席、公司职工代表，梅方义为工会副主席。

6月30日 一号煤矿生产公司党总支被黄陵矿业公司党委评为“先进党总支”，皮带运输队党支部荣获“先进党支部”荣誉称号。

7月5日 中国煤矿工会陕西省委员会印发《关于表彰1999年度群众安全工作先进集体和个人的决定》，一号煤矿获得1999年度安全生产“先进集体”荣誉称号。

7月26日 一号煤矿阶段性建设的标志性工程201综采工作面投入试生产。至此，矿井先期建设100万吨/年生产规模的工程全部完工。

10月30日 黄陵矿业公司向陕西省煤炭工业局上报《关于协调组织对一号煤矿项目工程进行竣工验收的报告》。

12月20—22日 受国家煤炭工业局工程质量监督总站委托，陕西省煤炭工业局工程质量监督中心站对一号煤矿工程进行质量认证。按照批准的阶段建设方案，一号煤矿项目有198个单项工程，竣工182个，认证167个，包括一号煤矿矿井、一号煤矿铁路专用线、110千伏变电站。一号煤矿通过国家质量认证。

是年 全矿原煤产量27.5万吨，实现利润581.21万元。

2001年

5月21日 一号煤矿由于井下双回路供电等问题尚未彻底解决，不符合矿井生产保安要求，黄陵矿业公司决定一号煤矿停产。

5月30日 一号煤矿选煤厂集控室因空调机铜线违规铰接长时间通电发热，导致绝缘胶皮燃烧引燃木质暖气罩从而引发火灾。经过32分钟的奋战，大火被扑灭。事故直接经济损失22880元。

6月25日 一号煤矿职工樊强被陕西省委企业工委授予“优秀共产党员”荣誉称号。

6月26日 经黄陵矿业公司安全生产专项治理整顿工作组织验收，同意一号煤矿恢复生产。

同日 经黄陵矿业公司党委会议研究决定（黄矿司工发〔2000〕05号），授予一号煤矿采掘党支部2001年度“先进党组织”荣誉称号。

6月30日 经黄陵矿业公司党委会议研究决定，免去季治文一号煤矿生产公司党总支书记职务。

9月29日 黄陵矿业公司印发《关于一号煤矿生产公司经营工作有关事项的通知》，取消一号煤矿煤炭销售权。

10月11日 黄陵矿业公司印发通知，将黄陵矿业有限责任公司一号煤矿生产公司更名为黄陵矿业有限责任公司一号煤矿，原一号煤矿生产公司经理、副经理职务改称为矿长、副矿长。

10月28日 黄陵矿业公司工会委员会印发《关于部分基层分会增选工会委员和张建军等同志任职的批复》(黄矿司工发〔2001〕13号)，同意张建军为一号煤矿工会主席，免去季治文一号煤矿生产公司工会委员、主席职务。

11月1—2日 由国家计委组织、陕西省计委、省煤炭工业局、省审计厅、国家开发银行西安分行等政府部门参加，对一号煤矿100万吨/年阶段建设进行竣工验收，并在一号煤矿工业广场举行竣工投产典礼。省计委总工程师、验收委员会主任委员周玉明启动生产按钮，宣布一号煤矿正式投产。

11月6日　黄陵矿业公司决定将一号煤矿投产纪念日定在每年的11月1日。

11月9日　一号煤矿党总支党员代表大会召开。

12月3日　一号煤矿供电二回路送电投入运行。

12月25日　黄陵矿业公司作出《关于实施〈选煤厂全级入洗方案〉的报告》，该设计方案将一号煤矿选煤厂由原+13毫米粒级入洗，-13毫米末煤直接装仓改为0~50毫米全级入洗，并成立一号煤矿选煤厂全级入洗工艺改造领导小组，李孝波任组长。

是年　全矿原煤产量70.88万吨，实现利润186.61万元。

2002年

2月4日　陕西省煤炭工业局印发《关于表彰奖励2001年度安全生产先进集体、先进个人的决定》，一号煤矿等31个先进集体，刘永忠等119名先进个人受到表彰。

2月27日　中国煤矿工会陕西省委员会印发《关于表彰模范职工之家和先进个人的决定》，对一号煤矿等10家单位和任俊平等26人授予陕西省煤炭系统模范职工之家和优秀工会工作者、优秀工会积极分子、优秀工会之友的荣誉称号。

3月5日　黄陵矿业公司印发《关于加快一号煤矿选煤厂技术改造项目有关问题的批复》，要求充分利用原已改造的块煤系统，提高块煤产出率，提高效益。

3月11日　国家给予补贴912.57万元，黄陵矿业公司筹资50万元，共962.57万元，用于一号煤矿重大事故隐患治理项目，根治矿井重大隐患，确保安全生产。

3月19日　一号煤矿设立安全监察处，其日常业务管理受黄陵矿业公司安全生产处领导。

4月15日　一号煤矿矿长王建利前往美国考察煤炭企业经营管理工作。

4月30日　一号煤矿职工樊强被授予陕西省劳动模范荣誉称号。

6月14日　黄陵矿业公司将多种经营公司李章河煤台划归一号煤矿管理。

6月24日　黄陵矿业公司党委作出《关于表彰先进党组织和优秀共产党员、优秀党务工作者的决定》，一号煤矿党总支、一号煤矿机电运输党支部获得先进党组织荣誉称号，王建利、樊强等7人获得优秀共产党员荣誉称号。

8月25日　韩城矿务局建安公司承担的一号煤矿技改工程项目，因不按合同要求施工，工程质量不合格，现场管理混乱，黄陵矿业公司决定其撤出施工，遗留工程由一号煤矿完成。

9月5日　中国能源化学工会委员会印发《关于表彰全国煤炭工业“十佳”和“优秀”采掘队长的决定》，授予一号煤矿综采队唐勇“全国煤炭工业优秀采煤队长”荣誉称号。

9月26日　黄陵矿业公司印发《关于调整一号煤矿生产经营指标的通知》，一号煤矿四季度指标产量63万吨，进尺7970米，完全成本58元/吨，煤炭运销公司超销加收利润15元/吨基数调整为21元/吨，全年经营指标调整为利润总额700万元，全年工资基本核定为1620万元。

9月30日　一号煤矿后勤服务系统移交黄陵矿业生活服务公司管理。

10月16日　黄陵矿业公司上报《关于一号煤矿生产能力核定的报告》，鉴于一号煤矿生产能力已达到350万吨/年，请求陕西省煤炭工业局组织核定。

10月19日 一号煤矿三大技改工程全部结束。

10月21日 黄陵矿业公司会议研究决定（黄矿司发〔2002〕92号），聘任李孝波为一号煤矿代矿长，张维新为一号煤矿总工程师（兼）；解聘王建利一号煤矿矿长职务、李孝波一号煤矿总工程师职务。

11月26日 中国煤矿工会陕西省委员会印发《关于表彰经济技术创新工程和群众安全工作先进单位和先进个人的决定》，一号煤矿工会获得“群众安全工作先进单位”荣誉称号。

12月8日 一号煤矿建成两个日产万吨工作面，实现“一主一辅”生产目标。

是年 全矿原煤产量180.19万吨，实现利润138.02万元。

2003年

2月8日 黄陵矿业公司党委研究决定（黄矿司党发〔2003〕2号），任命张建军为一号煤矿党总支书记（正处级），免去其纪委书记职务，建议不再担任一号煤矿工会主席职务；任命梅方义为一号煤矿党总支副书记、纪委书记（副处级），建议为一号煤矿工会主席人选。

同日 黄陵矿业公司研究决定（黄矿司发〔2003〕5号），聘任李孝波为一号煤矿矿长（正处级），一号煤矿副矿长薛治杰不再兼任安全监察处处长，聘任王联合为一号煤矿副矿长兼安全监察处处长。

3月7日 黄陵矿业公司工会印发《关于表彰二〇〇二年度女工先进单位和三八红旗手的决定》，一号煤矿女工委员会等两个基层工会组织分别获得“先进集体”荣誉称号，刘翠云等获得“三八红旗手”荣誉称号。

3月11日 黄陵矿业公司工会印发《关于表彰二〇〇二年度各类先进的决定》，一号煤矿工会获得“先进职工之家”荣誉称号，综采队工会等3个车间工会获得“先进车间工会”荣誉称号，梅方义、丁增平等获得“优秀工会工作者”荣誉称号，唐恩贤等获得“优秀提案人”荣誉称号，王建刚等获得“工会积极分子”荣誉称号。

3月18日 黄陵矿业公司印发《关于表彰二〇〇二年度安全先进集体、先进个人的决定》，一号煤矿获得“安全先进单位”荣誉称号，安全监察部、掘一队、选煤厂获得“安全生产先进集体”荣誉称号。

3月31日 黄陵矿业公司印发《关于表彰二〇〇二年度先进集体、先进生产（工作）者的决定》，一号煤矿获得“先进单位”荣誉称号，掘进一队、综采一队、皮带队获得“先进区队”荣誉称号，张大勇、周河南、梅方义等31人获得“先进生产（工作）者”荣誉称号。

4月25日 黄陵矿业公司团委印发《关于表彰“优秀团员、团干部”及授牌命名“青年文明号”的决定》，一号煤矿选煤厂机电检修班、综采队检修班、机修车间综采班获得“青年文明号”荣誉称号。

6月18日 黄陵矿业公司党委研究决定（黄矿司党发〔2003〕69号），成立中共黄陵矿业公司一号煤矿委员会和中共黄陵矿业公司一号煤矿纪律检查委员会。同意一号煤矿党委委员由张建军等7人组成，同意一号煤矿纪律检查委员会委员由梅方义等4人组成。

6月24日 中共黄陵矿业公司一号煤矿委员会第一次党员代表大会召开。

6月25日 一号煤矿职工张大勇被陕西省委企业工委授予“优秀共产党员”荣誉称号。

同日 陕西省委企业工委作出《中共陕西省企业工作委员会关于表彰防治非典型肺炎工作先进基层党组织和优秀共产党员的决定》，一号煤矿党总支受到通报表扬。

7月18日 一号煤矿职工王军明荣获“全国煤炭系统优秀班组长”荣誉称号。

10月30日 一号煤矿梅方义荣获省级“优秀工会工作者”荣誉称号。

11月9日 黄陵矿业有限责任公司更名为黄陵矿业集团有限责任公司（简称黄陵矿业集团公司）。

11月12日 黄陵矿业集团公司《创新与思考》一书汇编出版，一号煤矿多篇政研成果被收录其中。

11月26日 中国煤矿工会陕西省委员会印发《关于表彰2003年度工会工作获奖论文的决定》，一号煤矿梅方义、任俊平论文获得二等奖。

11月27日 黄陵矿业集团公司研究决定（黄矿集团发〔2003〕130号），任命高治兴为一号煤矿矿长，免去李孝波一号煤矿矿长职务。

是年 一号煤矿被评选为“全国煤炭工业高产高效矿井”，安全评估达到A级标准。

是年 全矿原煤产量351.59万吨，实现利润1242.15万元。

2004年

2月3日 黄陵矿业集团公司印发《关于表彰二〇〇三年度安全生产先进单位、先进集体和先进个人的决定》，一号煤矿获得“安全生产先进单位”荣誉称号，一号煤矿安全监察处获得“先进安全监察处”荣誉称号，一号煤矿机电队、综采队获得“安全生产先进集体”荣誉称号，袁建平等获得“安全生产先进个人”荣誉称号。

2月9日 陕西省经济贸易委员会印发《关于选煤厂技术改造项目建议书的批复》，原则同意黄陵矿业集团公司为配合一号煤矿生产能力的扩大，对选煤厂进行技术改造。

2月17日 黄陵矿业集团公司印发《关于仓下采样台移交一号煤矿管理的通知》，将原属安全生产处煤质检验中心管理的仓下两个采样台移交一号煤矿管理，并负责日常维护维修工作。

2月21日 陕西省经济贸易委员会印发《关于一号煤矿综采工作面技术改造项目建议书的批复》，同意一号煤矿扩大生产能力提出的综采工作面改造方案。

3月4日 黄陵矿业集团公司党委印发《关于表彰二〇〇三年度先进集体、劳动模范、先进生产（工作）者的决定》，一号煤矿获得“先进集体”荣誉称号，一号煤矿掘进三队、综采队、通风队、机电供应部获得“区队级先进集体”荣誉称号，一号煤矿掘一队生产一班、皮带队机电检修班、准备队机电检修班、选煤厂机电检修班、安检部安检班获得“先进班组”荣誉称号。

3月23日 黄陵矿业集团公司工会印发《关于表彰二〇〇三年度先进工会、优秀工会工作者、优秀会员、工会积极分子的决定》，一号煤矿获得“厂矿级先进工会”荣誉称号，一号煤矿综采队、皮带队、维修车间获得“区队级先进工会”荣誉称号。

4月2日 一号煤矿402综采工作面由于煤层顶板垮落，引起含水层下岩层断裂，积水流入工作面从而引发透水事故。水量由20立方米/小时最高增至1080立方米/小时，工作面被迫停产，治水救灾工作全面展开。

4月6日 一号煤矿成立选煤厂技术改造领导小组，黄陵矿业集团公司副经理赵林章任组长。

4月28日 中国能源化学工会委员会印发《关于表彰全国煤炭工业“双十佳”采掘队长和优秀

队（工）长的决定》，综采队樊强获得全国煤炭工业“十佳采煤队长”荣誉称号，机电队袁建平获得“全国煤炭工业优秀机电队长”荣誉称号。

5月10—11日　陕西省煤炭工业局在黄陵矿区召开一号煤矿402工作面透水治理专题会议，形成解决有关问题的意见。

6月15日　一号煤矿300工作面因积水封顶，造成瓦斯集聚，井下工人摆弄矿灯产生电火花从而造成瓦斯爆炸事故，死亡21人、重伤5人。在事故抢险过程中铜川矿务局救护队2名队员牺牲。陕西省副省长巩德顺，陕西省委常委、延安市委书记王侠，陕西煤矿安全监察局局长刘云涛，陕煤集团有关领导先后到矿区指导抢险救灾工作。

6月25日　一号煤矿201综采工作面安装工作顺利完成，并调试运转正常。

6月27—30日　“6·15”瓦斯爆炸事故救灾工作取得阶段性成果，一号煤矿逐步恢复生产。

7月1号　黄陵矿业集团公司印发《关于表彰先进党组织、优秀共产党员和优秀党务工作者的决定》，一号煤矿综采队党支部、选煤厂党支部获得“先进党支部”荣誉称号，袁建平等12人获得“优秀共产党员”荣誉称号。

7月5日　黄陵矿业集团公司会议研究决定（黄矿集团发〔2004〕75号），王联合主持一号煤矿行政全面工作，不再兼任安全监察处处长；唐恩贤兼任安全监察处处长；免去高治兴一号煤矿矿长职务。

7月16日　黄陵矿业集团公司转发《关于对黄陵矿业集团公司一号煤矿煤质牌号的批复》，确认一号煤矿煤质牌号核定结果为气煤。

8月24日　经过4个多月艰苦奋战，一号煤矿水患治理工作全面结束。

本月　一号煤矿煤炭产品被黄陵矿业集团公司注册为“黄灵一号”“黄灵”商标。

9月6日　在中国能源化学工会委员会《关于表彰全国煤炭系统模范职工之家的决定》中，一号煤矿综采三队工会荣获“模范职工之家”荣誉称号。

9月22日　“黄陵矿业集团公司运输计划专用章”启用，“黄陵一号煤矿煤炭运销专用章”作废。

9月26日　因一号煤矿402工作面发生透水灾害，对矿区煤炭生产、掘进、销售、运输造成不同程度影响，故将一号煤矿商品煤产量调整为370万吨，掘进进尺调整为14000米。

9月30日　黄陵矿业集团公司会议研究决定（黄矿集团发〔2004〕118号），聘任杨宗义为集团驻一号煤矿安全监察处处长（副处级），唐恩贤不再兼任集团驻一号煤矿安全监察处处长。

10月10日　黄陵矿业集团公司印发《关于一号煤矿申请通风系统技术改造建设项目立项的批复》，同意建设三号风井及三号风井工业广场，完善矿井通风系统。

10月19日　一号煤矿综采队发生输送机破碎机事故，致1人死亡。

11月15日　陕西煤矿安全监察局印发《关于贯彻落实国家煤矿安全监察局对黄陵矿业集团公司一号煤矿“6·15”特大瓦斯爆炸事故调查处理意见批复的通知》，给予事故有关责任人撤职、降级、记大过等处分。

12月7日　陕西省国土资源厅印发《一号煤矿采矿权评估结果的确认书》，审查评估拟动用采储量约17640万吨，采矿权价值为65352.52万元。

12月13日　黄陵矿业集团公司上报《关于一号煤矿通风系统技术改造建设用地的请示》，建设一号煤矿三号风井共需要征用土地 210.75 亩。

12 月 22 日 “黄陵矿业集团公司一号煤矿安全监察处”印章启用。

是年 全矿原煤产量 372.51 万吨，实现利润 5262.53 万元。

2005 年

1 月 8 日 黄陵矿业集团公司印发《关于表彰二〇〇四年度安全生产先进单位、先进集体和先进个人的决定》，一号煤矿掘进三队、机电队获得“安全先进集体”荣誉称号，项目部张双楼获得“先进个人”荣誉称号。

3 月 2 日 黄陵矿业集团公司工会印发《关于表彰二〇〇四年度女工先进单位和三八红旗手的决定》，一号煤矿女工委员郑菲、刘翠云等多名女工分别获得“先进单位”“三八红旗手”荣誉称号。

3 月 28 日 黄陵矿业集团公司党委印发《关于表彰二〇〇四年度先进集体、先进生产（工作）者的决定》，一号煤矿掘进三队、综采三队获得“先进区队”荣誉称号，综采一队检修班、选煤厂机电维修班、准备三队机电检修班、通风区消尘密闭班、机修车间电工班获得“先进班组”荣誉称号。

4 月 25 日 黄陵矿业集团公司团委批复同意成立一号煤矿团委。

5 月 18 日 陕西煤矿安全监察局印发《关于对黄陵矿业集团公司一号煤矿建设项目安全设施和条件竣工验收的批复》，黄陵一号煤矿（300 万吨/年）安全设施和条件通过验收。

6 月 21 日 受国家煤矿安全监察局委托，陕西煤矿安全监察局组织对黄陵矿业集团一号煤矿生产系统基本建设移交和生产能力核定进行验收。

6 月 28 日 黄陵矿业集团公司党委印发《关于表彰先进党组织、优秀共产党员和优秀党务工作者的决定》，一号煤矿掘进三队、机修车间、选煤厂党支部获得“先进党支部”荣誉称号，一号煤矿薛治杰等 48 人获得“优秀共产党员”荣誉称号。

7 月 28 日 黄陵矿业集团公司召开一号煤矿三号风井工程现场协调会，对三号风井工程进行检查，协调解决存在的问题。

8 月 1 日 在黄陵矿业集团公司召开保持共产党员先进性活动动员大会上，一号煤矿刘永忠、张晓斌被评树为模范共产党员。

11 月 29 日 一号煤矿及其配套选煤厂、铁路专用线工程通过国家发展改革委竣工验收，移交生产。

12 月 24 日 国家安全生产监督管理总局副局长王显政率国务院安全督查组到一号煤矿督察指导工作。

12 月 30 日 黄陵矿业集团公司转发《关于一号煤矿生产能力核定结果的通知》，一号煤矿核定生产能力为 420 万吨/年。

是年 全矿原煤产量 412.16 万吨，掘进进尺 21683.2 米，实现利润 12264.65 万元。

2006 年

1 月 13 日 黄陵矿业集团公司印发《关于表彰二〇〇五年度安全生产先进矿（公司）、先进集体和先进工作者的决定》，一号煤矿获得“安全生产先进矿”荣誉称号，掘进三队等 4 个区队获得“安全先进集体”荣誉称号，薛治杰、杨宗义等 28 人获得“安全先进工作者”荣誉称号。

1月15日　陕煤集团工会印发《关于表彰2004—2005年度先进基层工会优秀工会工作者的决定》，一号煤矿工会获得“模范职工之家”荣誉称号，一号煤矿运输队工会获得“模范职工小家”荣誉称号。

2月6日　黄陵矿业集团公司研究决定（黄矿集团发〔2006〕18号），聘任王联合为一号煤矿矿长（正处级）。

2月9日　黄陵矿业集团公司副总经理李孝波与生产技术处、机电供应公司、一号煤矿等单位，对一号煤矿三号风井、西大巷开拓工程及辅助运输系统改造进行调研，现场解决问题。

2月22日　中国煤炭工会陕西省委员会印发《关于表彰模范职工之家等先进单位和个人的决定》，一号煤矿通风区工会获得“模范职工之家”荣誉称号。

2月28日　黄陵矿业集团公司工会印发《关于表彰2006年度女职工先进单位和三八红旗手的决定》，一号煤矿女工委员会获得“先进单位”荣誉称号，柴红伟等15人获得“三八红旗手”荣誉称号。

3月1日　中国能源化学工会委员会印发《关于表彰全国煤业系统先进女职工委员会和优秀女工干部的决定》，一号煤矿获得“先进协管会”荣誉称号，一号煤矿准备三队张新亮获得“优秀群监员”荣誉称号，刘翠云获得“优秀协管员”荣誉称号。

4月10日　黄陵矿业集团公司党委印发《关于表彰二〇〇五年度文明煤矿（公司）先进集体、劳动模范和先进生产（工作）者的决定》，一号煤矿获得“文明煤矿（公司）”荣誉称号，一号煤矿掘进三队、机电队、选煤厂获得“先进集体”荣誉称号，掘进一队生产三班、综采三队生产一班等5个班组获得“先进班组”荣誉称号，刘永忠等获得“劳动模范”荣誉称号，王联合等获得“先进生产（工作）者”荣誉称号。

4月12日　黄陵矿业集团公司印发《关于〈一号煤矿选煤厂仓下轨道衡改造的请示〉的批复》，同意对选煤厂仓下轨道衡进行改造。

4月27日　一号煤矿服务队团支部获得陕煤集团团委“五四红旗团支部”荣誉称号，岳丽获得“优秀共青团员”荣誉称号，一号煤矿团委书记张建军获得“优秀共青团干部”荣誉称号。

4月28日　一号煤矿职工刘永忠荣获陕煤集团“2004—2005年度劳动模范”荣誉称号。

5月9日　中国能源化学工会委员会作出《关于全国煤炭系统工会工作理论研究会2005年度论文评选结果通报》，一号煤矿梅方义论文《关于煤矿工亡职工善后处理有关问题的思考》获得“二等奖”，丁增平论文《浅谈煤矿企业如何搞好班组安全建设》、郑斐论文《浅谈煤矿企业家属安全协管工作存在的问题和对策》获“优秀奖”。

5月29日　陕西煤矿安全监察局印发《关于表彰2005年信息调度工作先进单位和先进个人的决定》，一号煤矿调度室获得“先进集体”荣誉称号。

6月8日　一号煤矿西一轨道巷铺轨、二盘区主进风巷地坪工程竣工验收。

6月22日　黄陵矿业集团公司党委印发《关于表彰四好领导班子、先进基层党组织、六好共产党员和优秀党务工作者的决定》，一号煤矿党委获得“先进基层党组织”荣誉称号，掘进队、选煤厂党支部获得“五好党支部”荣誉称号，谭震、王联合等获得“六好党员”荣誉称号，刘永忠等获得“优秀党务工作者”荣誉称号。

6月27—28日　陕西省副省长吴登昌一行到黄陵矿业集团公司考察调研，并深入一号煤矿了解矿井生产情况。

7月27日 黄陵矿业集团公司转发《陕西煤业化工集团有限责任公司关于一号煤矿综采面技术改造项目竣工验收的批复》，一号煤矿综采面技术改造项目经陕西省煤炭工业局组织有关专家通过验收。

8月2日 黄陵矿业集团公司上报《关于申请变更一号煤矿采矿许可证的报告》，同意变更缩小一号煤矿井田面积，划出后一号煤矿井田面积为208.51平方千米。

本月 一号煤矿获得“2005年度全国煤炭工业安全高效矿井”荣誉称号。

10月28日 黄陵矿业集团公司党委印发《关于表彰2006年度政研活动优秀调研成果的通知》，一号煤矿郑裴获得“二等奖”，张建军获得“优秀奖”。

11月10日 陕煤集团党委工作会议在黄陵矿业集团公司举行，与会代表到一号煤矿参观。

12月19日 黄陵矿业集团公司转发陕煤集团批复，同意一号煤矿建设三号进、回风斜井，承担六、七、八盘区的进、回风任务。矿井形成分区式通风系统和抽采式通风方式。

12月28日 黄陵矿业集团公司工会印发《关于表彰优秀会员、优秀工会工作者、先进基层工会等先进个人与先进集体的决定》，卫军等20人获得“优秀会员”荣誉称号，丁增平等5人获得“优秀工会工作者”荣誉称号，王联合等3人获得“优秀工会积极分子”荣誉称号，一号煤矿工会获得“先进基层工会”荣誉称号，一号煤矿获得“群安先进单位”荣誉称号，一号煤矿选煤厂、服务队获得“模范职工小家”荣誉称号，一号煤矿综采三队、掘进三队获得“精品职工小家”荣誉称号。

12月29日 一号煤矿“黄灵一号”“黄灵煤”荣获首届陕西能源矿产行业十大品牌称号。

是年 全矿原煤产量466.21万吨，掘进进尺22404.35米，实现利润19286.65万元。

2007年

1月5日 陕煤集团印发《关于表彰2006年度安全质量标准化先进单位及先进煤矿的决定》，一号煤矿获得“安全质量标准化先进煤矿”荣誉称号，获人民币奖励15万元。

1月11日 黄陵矿业集团公司印发《关于表彰二〇〇六年度安全生产先进单位、先进集体和先进工作者的决定》，一号煤矿获得“安全先进单位”荣誉称号，综采一队、掘进一队、机电队获得“安全先进集体”荣誉称号，薛治杰、孙志国等29人获得“安全先进工作者”荣誉称号。

3月12日 黄陵矿业集团公司印发《关于选煤厂装车系统轨道衡改造工程的批复》，同意由国家轨道衡量站西安分站施工一号煤矿选煤厂轨道衡安装工程。

4月1日 黄陵矿业集团公司党委印发《关于表彰2006年度新闻报道工作先进单位及先进个人的决定》，一号煤矿获得“新闻报道工作先进单位”荣誉称号。

4月5日 一号煤矿303回风巷工作面发生一起爆破事故，导致1人死亡、1人重伤，开始停产整顿。

4月11日 黄陵矿业集团公司组织生产技术处和安全监察处对一号煤矿进行全面检查验收，同意恢复生产。

4月23日 陕煤集团印发《关于表彰首届“十佳青年岗位技术明星”“十佳青年安全岗员”的决定》，一号煤矿机电部孙龙获得“十佳青年岗位技术明星”荣誉称号。

4月30日 一号煤矿职工刘永忠被陕西省委、陕西省人民政府授予“陕西省劳动模范”荣誉称号。

6月27日 黄陵矿业集团公司党委印发《关于表彰先进基层党组织、六好共产党员和优秀党务工作者的决定》，一号煤矿党委获得“先进党组织”荣誉称号，一号煤矿综采一队、选煤厂党支部获得“五好党支部”荣誉称号，张大勇等12人获得“六好共产党员”荣誉称号。

7月9日 陕西省委常委、延安市委书记李希在黄陵矿业集团公司党委书记闫勃、副总经理贾兴平等陪同下到一号煤矿考察调研。

7月17日 黄陵矿业集团公司党委印发《关于表彰安全宣传教育活动优秀组织单位、先进集体及活动积极分子的决定》，一号煤矿获得“优秀组织单位”荣誉称号，一号煤矿综采一队、运输队获得“先进集体”荣誉称号，丁增平等获得“先进个人”荣誉称号。

7月26日 一号煤矿601工作面投产，标志着一号煤矿采掘大接续顺利完成衔接，矿井生产步入新的良性发展阶段。

8月20日 陕西省煤炭工业局核准一号煤矿生产能力为500万吨/年。

9月27日 一号煤矿职工鲁军荣获“全国煤炭工业劳动模范”荣誉称号，并在人民大会堂受到温家宝总理的接见。

10月13日 一号煤矿获得“2006年度全国煤炭工业安全高效矿井”荣誉称号。

10月29日 黄陵矿业集团公司党委印发《关于表彰精神文明建设先进集体和先进个人的决定》，一号煤矿获得“文明办公大院（楼）”荣誉称号，一号煤矿运输队、服务队获得“文明生产服务窗口”荣誉称号。

11月6日 一号煤矿获得“全国矿产资源合理开发利用先进矿山企业”荣誉称号。

11月26日 黄陵矿业集团公司工会印发《关于表彰2007年度群安工作先进集体及先进个人的决定》，一号煤矿唐建平、张明等获得“优秀群监员”荣誉称号，邢玉芝、徐玉芹等获得“优秀协管员”荣誉称号，一号煤矿掘进一队等3个单位获得“群安先进单位”荣誉称号。

是年 全矿原煤产量488.75万吨，掘进进尺34823.85米，实现利润24131.35万元。

2008年

1月2日 陕西煤矿安全监察局批复（陕煤局发〔2008〕2号），黄陵矿业集团公司一号煤矿按高瓦斯矿井管理。

1月3日 一号煤矿获得中煤政研会“全国煤炭系统第六批文明煤矿”荣誉称号。

1月15日 一号煤矿获得黄陵矿业集团公司“安全先进单位”荣誉称号，掘进一队等5个区队获得“安全先进集体”荣誉称号，武光富、刘永军等33人获得“安全先进工作者”荣誉称号。

1月28日 黄陵矿业集团公司党委印发《关于表彰2007年度党风廉政建设先进单位和先进个人的决定》，一号煤矿获得“先进单位”荣誉称号，王联合、郑斐获得“先进个人”荣誉称号。

2月7日 一号煤矿劳动模范鲁军等5人赴澳大利亚悉尼参加陕西文化春节巡游活动。

2月17日 一号煤矿最大工作面603综采工作面建成。工作面采长3000米，采宽261米，采用锚杆锚索支护，是一号煤矿自2001年投产以来最长的工作面。

3月5日 一号煤矿获得“陕西省2007年度煤矿安全生产先进集体”荣誉称号，徐顺利、杨宗义、沈亚洲3人获得“陕西省2007年度煤炭安全生产工作先进个人”荣誉称号。

同日 黄陵矿业集团公司工会印发《关于表彰2007年度三八红旗手及好婆婆好媳妇的决定》，张红新、刘翠云等12人获得“三八红旗手”荣誉称号，一号煤矿矿灯班、洗煤班获得“三八红旗班组”荣誉称号。

3月14日 黄陵矿业集团公司党委印发《关于表彰2007年度先进单位、先进集体、劳动模范、先进生产（工作）者的决定》，一号煤矿获得“先进单位”荣誉称号，一号煤矿综采三队、准备队、选煤厂获得“先进集体”荣誉称号，一号煤矿掘进一队生产二班等5个班组获得“先进班组”荣誉称号。

4月1日 黄陵矿业集团公司印发《关于黄陵一号煤矿三号风井工程建设用地的批复》，同意将收回国有土地使用权的218.70亩土地使用权拨给一号煤矿三号风井项目建设，该用地未经批准不得改变用途。

4月15日 一号煤矿党委副书记、工会主席梅方义被中华全国总工会授予“全国优秀工会积极分子”荣誉称号。

5月12日 一号煤矿组织干部职工为四川汶川地震灾区捐款。

5月20日 一号煤矿获得“陕西煤业化工集团2006—2007年度文明单位”荣誉称号，综采一队队长张大勇获得“陕西煤业化工集团2006—2007年度劳动模范”荣誉称号。

6月5日 一号煤矿新闻报道工作获得黄陵矿业集团公司“先进单位”荣誉称号。

6月19日 英国驻华使馆能源管理处一行8人，在陕西省人民政府商务厅国际联络处弥丽琴、陕煤集团副总工程师种欣睿、黄陵矿业集团公司副总经理李孝波等陪同下到一号煤矿参观访问。

6月25日 黄陵矿业集团公司党委印发《关于表彰先进基层党组织、优秀共产党员、党员安全生产模范示范岗和优秀党务工作者的决定》，一号煤矿党委获得“先进党组织”荣誉称号，综采一队党支部、皮带队党支部获得“五好党支部”荣誉称号，郑斐等12人获得“优秀共产党员”荣誉称号。

7月2日 黄陵矿业集团公司实行财务科长委派制，“黄陵矿业集团公司一号煤矿财务科”印章启用。

7月14日 黄陵矿业集团公司研究决定，成立机电公司，将一号煤矿机修车间划转机电公司管理。

7月25日 陕煤集团团委组织建设现场会在矿区召开，一号煤矿综采一队团支部获得“五四红旗团支部”荣誉称号。

8月24日 陕西省人大常委会环资工委主任李健伟，副主任、省环保局副局长王新荣一行到一号煤矿考察调研。

8月26日 黄陵矿业集团公司申报的“一号煤矿煤层自然发火隐患识别及适用性控制技术研究与应用”科技成果，经过陕西省科技厅专家鉴定，达到国际先进水平。

9月9日 黄陵矿业集团公司根据《煤矿安全规程》矿井瓦斯等级划分规定和《关于呈现2008年度等级鉴定和二氧化碳测定结果的报告》，鉴定一号煤矿为高瓦斯矿井。

9月22日 黄陵矿业集团公司党委研究决定（黄矿集团党发〔2008〕47号），免去梅方义黄陵一号煤矿党委副书记、纪委书记、党委委员、纪委委员职务。

9月27日 黄陵矿业集团公司举行纪念改革开放30周年暨迎国庆《我是黄陵矿业人》歌咏比赛，一号煤矿获得第二名。

10月22日 黄陵矿业集团公司副总经理李孝波主持召开专题会议，重点对一号煤矿综采面方案调整及综采配套等事宜进行研究。

10月25日 黄陵矿业集团公司在一号煤矿召开矿井精细化管理推进会。

10月27日 陕煤集团印发《关于表彰首届（2006—2008年度）科技进步奖、科技论文奖、科技工作先进单位和优秀科技工作者的决定》，“黄陵一号煤矿安全高效矿井建设”项目获得一等奖，“黄陵一号煤矿水灾治理技术研究与应用”“黄陵一号煤矿二号风井与三号风井间高精度贯通测量”项目获得二等奖。

11月10日 黄陵矿业集团公司党委研究决定（黄矿集团党发〔2008〕50号），任命韩华东为一号煤矿党委委员、副书记（主持党委全面工作，副处级）；免去张建军一号煤矿党委委员、书记职务。

11月14日 黄陵矿业集团公司工会研究决定（黄矿集团工发〔2008〕24号），免去梅方义一号煤矿工会主席职务。

11月24日 一号煤矿数字化矿井建设项目启动会在黄陵矿业集团公司二楼会议室召开。

12月23日 黄陵矿业集团公司工会印发《关于表彰2008年度优秀群安员优秀协管员的决定》，一号煤矿熊伟等10人获得“优秀群安员”荣誉称号，邢玉芝等8人获得“优秀协管员”荣誉称号。

12月30日 一号煤矿获得“全国煤炭系统安全高效矿井”荣誉称号，王联合获得“全国煤炭系统优秀矿长”荣誉称号。

是年 全矿原煤产量522.10万吨，掘进进尺26553.15米，实现利润-3829.78万元。

2009年

1月8日 黄陵矿业集团公司印发《关于表彰二○○八年度安全生产先进单位、先进集体和先进工作者的决定》，一号煤矿获得“安全先进单位”荣誉称号，综采三队、掘进一队、运输队、安监部获得“安全先进集体”荣誉称号，牛六喜等36人获得“安全先进工作者”荣誉称号。

1月12日 黄陵矿业集团公司决定，一号煤矿的煤质化验工作由煤炭运销公司负责。

1月20日 “陕西陕煤黄陵矿业有限公司一号煤矿”印章启用。

2月5日 一号煤矿获得“公司新闻报道工作先进单位”。

2月27日 陕西陕煤黄陵矿业有限公司（简称黄陵矿业公司）党委作出《关于表彰2008年度先进单位、先进集体、先进生产（工作）者的决定》，一号煤矿获得“先进单位”荣誉称号，综采三队、选煤厂、生产部获得“先进集体”荣誉称号，综采一队生产一班等5个班组获得“先进班组”荣誉称号，王联合、樊强等获得“先进个人”荣誉称号。

4月3日 黄陵矿业公司上报《关于转让一号煤矿采矿权的申请报告》，一号煤矿采矿权将作为出资转让上市股份公司。

4月7日 黄陵矿业公司党委研究决定，任命韩华东为一号煤矿党委书记（正处级）。

4月28日 一号煤矿获得“全国五一劳动奖状”荣誉称号。

5月26日 陕西省副省长巩德顺一行4人在黄陵矿业公司总经理宋老虎、党委书记闫勃陪同下到一号煤矿考察调研。

6月17日 黄陵矿业公司在一号煤矿召开安全文化建设推进会。黄陵矿业公司总经理宋老虎、党委书记闫勃及机关处室、基层单位负责人现场观摩了一号煤矿岗位描述、手指口述、安全确认、英雄行动及创新成果演示。

6月28日 一号煤矿获得黄陵矿业公司“四好领导班子”荣誉称号，综采一队党支部、选煤厂党支部获得“五好党支部”荣誉称号，王联合等获得“六好共产党员”荣誉称号，韩华东等获得“优秀党务工作者”荣誉称号。

7月20日 一号煤矿被中煤政研会命名为“全国煤炭工业企业文化示范矿”。

9月2日 在黄陵矿业公司成立二十周年纪念活动中，一号煤矿王联合、马玉军、鲁军获得黄陵矿区建设二十周年“十大功臣”荣誉称号。

9月16日 黄陵矿业公司研究决定（黄矿集团发〔2009〕158号），聘任唐恩贤为一号煤矿矿长（正处级）。

9月28日 黄陵矿业公司党委印发《关于表彰“十佳岗位能手”和“安全操作示范岗”的决定》，授予一号煤矿皮带队皮带司机岗为“安全操作示范岗”；一号煤矿赵晶、龚莉、严后水、王俊峰获得“十佳岗位能手”荣誉称号。

11月27日 陕西省副省长吴登昌带领省政府安全生产检查组到一号煤矿进行安全检查。

是年 一号煤矿被国家煤矿安全监察局授予“2009年国家级安全质量标准化矿井”荣誉称号。

是年 全矿原煤产量620.19万吨，掘进进尺23084.9米，实现利润34790.70万元。

2010年

1月6日 黄陵矿业公司印发《关于表彰二〇〇九年安全生产先进单位、先进集体和先进工作者的决定》，一号煤矿获得“安全先进单位”荣誉称号，综采一队、掘进一队、掘进五队、瓦斯抽放队、安监部获得“安全先进集体”荣誉称号，李双民等39人获得“安全先进工作者”荣誉称号。

1月11日 陕煤集团印发《关于表彰2009年度先进集体和先进工作者的决定》，一号煤矿综采一队生产二班获得“安全先进班组”荣誉称号。

1月19日 黄陵矿业公司印发《关于一号煤矿成立数字化中心及机构变更的批复》，同意成立数字化中心以及机电部、物资供应部等三个部室，撤销机电供应部。

1月23日 一号煤矿三号风井及附属工程通过黄陵矿业公司竣工验收。

1月25日 黄陵矿业公司党委印发《关于表彰2009年度新闻报道工作先进单位和先进个人的决定》，一号煤矿获得“2009年度新闻报道宣传工作先进集体”荣誉称号。

2月2日 黄陵矿业公司印发《关于表彰2009年度社会治安综合治理先进单位的决定》，一号煤矿获得“先进单位”荣誉称号。

2月4日 国家能源局煤炭司司长方君实、工程师纪庆磊一行，在陕西省发展改革委副主任张申良、省发展改革委煤电处处长王明华、陕煤集团规划委主任杨新民，黄陵矿业公司领导宋老虎、闫勃、范京道等陪同下到一号煤矿考察调研。

3月1日 黄陵矿业公司工会印发《关于表彰2009年度三八红旗手的决定》，一号煤矿龚莉、史娟等获得“2009年度三八红旗手”荣誉称号。

3月8日 黄陵矿业公司党委印发《关于表彰2009年度先进的决定》，一号煤矿获得“文明单位”荣誉称号，综采三队、准备队、生产技术部获得“先进集体”荣誉称号，唐恩贤获得“劳动模范”荣誉称号，韩华东获得“优秀管理干部”荣誉称号。

3 月 12 日　中国资源综合利用协会秘书长王吉位、副秘书长王书文一行 5 人在黄陵矿业公司总经理宋老虎、副总经理范京道等陪同下，到一号煤矿考察调研。

3 月 20 日　国家安全生产监督管理总局局长骆琳一行在陕西省副省长吴登昌、国家安全生产监督管理总局办公厅主任李万疆、陕西省安全生产监督管理局局长姚炬、陕西省煤炭工业局局长王双明、陕西煤矿安全监察局局长常天明、陕煤集团总经理高仰才，延安市委常委、副市长苏志峰，黄陵矿业公司总经理宋老虎等陪同下，到一号煤矿井下检查安全工作。

3 月 22 日　国家煤矿安全监察局副局长黄毅在陕煤集团党委书记、董事长华炜，黄陵矿业公司党委书记闫勃陪同下，到一号煤矿考察调研。

3 月 23 日　一号煤矿工会获得“陕西煤炭系统模范职工之家”荣誉称号，任俊平获得“陕西煤炭系统优秀工会工作者”荣誉称号，韩华东、唐恩贤获得“陕西煤炭工会积极分子”荣誉称号。

3 月 29 日　陕西省煤炭工业局印发《关于一号煤矿生产能力核定结果的通知》，经审查同意一号煤矿生产能力核定 600 万吨/年。

4 月 13 日　陕煤集团授予一号煤矿调度室“先进集体”荣誉称号。

5 月 19 日　黄陵矿业公司党委印发《关于表彰 2010 年度优秀政研论文的通知》，一号煤矿韩华东获一等奖，任俊平获二等奖。

5 月 31 日　黄陵矿业公司同意一号煤矿对井下定位系统进行重新建设。

6 月 23 日　陕西省煤炭工业局印发《关于表彰 2009 年安全质量标准化矿井的决定》，一号煤矿获得“一级安全质量标准化矿井”荣誉称号。

6 月 30 日　一号煤矿井下实训基地建成并投入使用。

7 月 9 日　国家瓦斯治理工程中心黄陵项目部对一号煤矿进行实地勘察，同意购置 3 台移动式瓦斯抽放泵。

7 月 21 日　一号煤矿组织开展瓦斯灾害事故撤人演练。

7 月 23—24 日　黄陵地区持降暴雨，矿区遭受严重洪涝灾害。一号煤矿发生内涝，矿区安全生产受到威胁。灾情发生后，全矿干部职工上下齐心，赢得了抗洪抢险的全面胜利。

7 月 29 日　一号煤矿撤销计划劳资科，成立人力资源部、企管计划部、机修车间。

8 月 13 日　黄陵矿业公司在一号煤矿召开抗洪抢险表彰大会，一号煤矿获得“抗洪抢险先进集体”荣誉称号。

9 月 6 日　黄陵矿业公司上报《关于一号煤矿北一开拓巷道及附属工程竣工验收的报告》，北一开拓巷道及附属工程于 2010 年 8 月 31 日完工，工程资料齐备，具备竣工验收条件，申请对工程组织竣工验收。

9 月 23—25 日　在河南省平顶山市召开的全国煤炭系统企业文化暨五精管理现场推广会上，一号煤矿被评为“第一批全国煤炭工业五精管理样板矿”。

10 月 13 日　黄陵矿业公司印发批复，同意一号煤矿成立地质测量部。

10 月 26 日　《陕西工人报》长篇报道黄陵一号煤矿创建“六型五化四无”优秀班组文章。

10 月 29 日　黄陵矿业公司印发《关于表彰优秀工运论文和调研报告的决定》，一号煤矿王霞、任俊平获得“优秀工运论文三等奖”。

11 月 9 日 黄陵一号煤矿“四字诀”打造本质安全型班组被《陕西工人报》报道。

11 月 10 日 陕西省委书记、省人大常委会主任赵乐际一行在陕西省委常委、延安市委书记李希，黄陵矿业公司总经理宋老虎、党委书记闫勃等陪同下深入一号煤矿调研。

11 月 12 日 黄陵矿业公司工会印发《关于表彰“先进班组”“优秀班组长”的决定》，一号煤矿通风区瓦检班等 4 个班组获得“先进班组”荣誉称号，高军强、韩胜利等获得“优秀班组长”荣誉称号。

11 月 24 日 陕西省人民政府副秘书长周玉明、省委宣传部副部长刘斌和陕西文化产业投资控股（集团）有限公司总经理王勇一行，在黄陵矿业公司总经理宋老虎、党委书记闫勃等陪同下到一号煤矿调研。

同日 黄陵矿业公司工会印发《关于表彰 2010 年度优秀群监员、家属协管员的决定》，一号煤矿杨先峰等 8 人获得“优秀群监员”荣誉称号，邢玉芝等 4 人获得“优秀协管员”荣誉称号。

11 月 29 日 黄陵矿业公司党委印发《关于表彰 2008—2010 年度精神文明先进集体和先进个人的决定》，一号煤矿办公大院获得“文明大院”荣誉称号，一号煤矿职工餐厅获得“文明服务窗口”荣誉称号，一号煤矿矿灯超市、井下水处理站获得“文明生产服务窗口”荣誉称号，唐恩贤家庭获得“文明家庭”荣誉称号。

12 月 5 日 黄陵矿业公司“十二五”瓦斯治理规划专家评审会在西安召开。中国工程院院士、煤矿瓦斯治理国家工程研究中心主任袁亮带队的 9 人专家组对一号煤矿瓦斯治理规划进行评审，原则通过规划评审，并提出建设性意见和建议。

12 月 17 日 一号煤矿顺利完成反风演习。

12 月 23 日 一号煤矿被国家煤矿安全监察局评为“2010 年国家级安全质量标准化矿井”。

是年 全矿原煤产量 572.26 万吨，掘进进尺 27507.6 米，实现利润 19356.08 万元。

2011 年

1 月 5 日 陕煤集团印发《关于表彰实现安全生产 1000 天以上煤矿的决定》，黄陵矿业公司一号煤矿安全生产 1004 天，受到表彰。同时，一号煤矿获得陕煤集团“2010 年安全质量标准化先进煤矿”“安全先进矿井”等荣誉称号，矿掘进一队生产二班、综采一队生产一班获得“安全先进班组”荣誉称号，唐恩贤等 5 人获得“安全先进工作者”荣誉称号。

同日 黄陵矿业公司印发《关于表彰 2010 年度安全生产先进单位、先进集体和先进工作者的决定》，一号煤矿获得“安全先进单位”荣誉称号，综采队等 5 个区队（部门）获得“安全先进集体”荣誉称号，唐恩贤、谭飞等 39 人获得“安全先进工作者”荣誉称号。

1 月 6 日 黄陵矿业公司印发《缴存一号煤矿矿山地质环境保护与治理恢复保证金承诺书》，预存 533 万元，作为第一年度矿山地质环境治理恢复保证金。

2 月 22 日 在陕西省煤炭安全生产工作会议上，一号煤矿矿长唐恩贤获得 2010 年度“全省煤矿安全先进个人”荣誉称号。

3 月 18 日 中国煤炭思想政治研究会作出《关于表彰全国煤炭系统思想政治工作先进个人的决定》，一号煤矿党委书记韩华东获得“全国煤炭系统思想政治工作先进个人”荣誉称号。

3 月 22 日 黄陵矿业公司印发《关于表彰第二届（2009—2010 年度）优秀科技成果奖、科技工作先进单位、优秀科技工作者、优秀论文奖的通知》，一号煤矿获得二等奖4项、三等奖4项，同时获得“第二届人才科技大会科技工作先进单位”荣誉称号；王建东、黄维明获得“优秀科技工作者”荣誉称号；9篇论文获得“人才科技大会优秀论文奖”。

3月31日 黄陵矿业公司印发《关于一号煤矿307综采工作面初采验收的批复》，307综采工作面已具备试生产条件，同意进行生产。

4月2日 黄陵矿业公司上报《关于申请变更一号煤矿采矿权范围的报告》，申请调整缩小一号煤矿井田范围，调整减少区域面积11.01平方千米，减少地质储量2161.12万吨。

4月5日 一号煤矿实现安全生产四周年。

4月6日 一号煤矿掘进三队生产一班获得“2010年陕西省班组先锋号”荣誉称号。

4月10日 一号煤矿在第七次全国煤炭工业科学技术大会上，荣获“煤炭工业科技创新示范矿”荣誉称号。

5月17日 一号煤矿将正在使用的瓦斯抽放监测系统并入现有矿井监测监控大系统，增加瓦斯超限短信报警功能，并对现有的监测监控进行独立环网改造。

5月26日 国家安全生产监督管理总局副局长、国家煤矿安全监察局局长赵铁锤一行到一号煤矿检查指导工作。

6月13日 黄陵矿业公司党委印发《关于〈一号煤矿综采一队“5+5”岗位管理文化品牌建设实施方案报告〉的批复》，同意一号煤矿综采一队“5+5”岗位管理文化品牌建设实施方案。

6月18日 黄陵矿业公司印发《一号煤矿四号风井工业场地选址方案评审会议纪要》，将一号煤矿四号风井工业场地布置在黄陵县和富县交界处的太平村附近的烧火沟。要求中煤西安设计工程有限公司于2011年底前编制完成《一号煤矿四号风井建设方案》。

6月21日 陕煤集团党委印发《关于表彰2009—2010年度四好领导班子、四强党支部、四优共产党员和优秀党务工作者的决定》，一号煤矿综采一队党支部获得“四强党支部”荣誉称号。

6月24日 黄陵矿业公司党委印发《关于表彰“四好”领导班子、“四优”共产党员和优秀党务工作者的决定》，一号煤矿获得“四好领导班子”荣誉称号，杨忠顶获得“四好共产党员”荣誉称号，韩华东获得“优秀党务工作者”荣誉称号。

7月12日 西安科技大学60名师生到一号煤矿参观交流。

7月22日 一号煤矿308回风巷、北一瓦斯抽放泵站通过黄陵矿业公司验收并受到表彰奖励。

7月27日 延安市人大常委会委员、环资委主任任锦玉一行到一号煤矿井下水处理站调研。

8月3日 一号煤矿获得“国家级安全质量标准化煤矿”荣誉称号。

8月26日 陕西省原省长程安东一行在黄陵矿业公司副总经理李孝波、党委副书记梅方义，黄陵县委书记曹明周、县长呼世杰等陪同下到一号煤矿考察调研。

8月31日 《一号煤矿四号风井可行性研究报告》由中煤西安设计工程有限公司编制完成。

9月14—15日 国家能源局煤炭司副司长严天科一行在黄陵矿业公司领导宋老虎、范京道陪同下到一号煤矿考察调研。

10月19日 一号煤矿在北一盘区建成高标准的井下候车室。该候车室分为候车区、安全宣传教育区和安全心理调适区。

11月1日 黄陵矿业公司党委印发《关于一号煤矿打造九鼎文化品牌矿的批复》，同意一号煤矿建设“九鼎”文化品牌。

11 月 4 日　中共中央党校国际战略研究中心“转变经济发展方式”课题组秦治来教授一行，在陕煤集团党群部副部长封俊，黄陵矿业公司党委副书记、纪委书记梅方义陪同下到一号煤矿考察调研。

11 月 12 日　中煤政研会会长田淮俊一行 4 人在黄陵矿业公司领导范京道、梅方义陪同下到一号煤矿检查指导工作，并现场召开全国煤炭工业企业文化品牌矿验收评价会议。一号煤矿通过全国煤炭工业“九鼎”文化品牌矿验收，进入全国首批企业文化品牌矿行列。

12 月 11 日　黄陵矿业公司上报《关于一号煤矿储煤场及选煤厂技改项目竣工验收的请示》，该项目通过煤炭工业陕西建设工程质量监督中心站的工程质量备案验收，申请陕煤集团对该项目进行竣工验收。

12 月 14 日　黄陵矿业公司工会印发《关于表彰 2011 年度优秀工运论文和调研报告的决定》，一号煤矿任俊平、王霞、张欣的论文获得二等奖。

12 月 16 日　一号煤矿选煤厂技改工程通过竣工验收，并举行投产仪式。

12 月 20 日　陕西省国资委巡视员高新华一行 3 人到一号煤矿调研。

是年　一号煤矿以建设“智能矿井、智慧矿区”为目标，开始进行智能化无人开采技术研究。

是年　全矿原煤产量 541.47 万吨，掘进进尺 20745.7 米，实现利润 132903.35 万元。

2012 年

1 月 5 日　陕煤集团印发《关于表彰 2011 年安全质量标准化安全生产管理标准先进单位和安全质量标准化先进煤矿及 2010 年度国家级安全质量标准化矿井的决定》，一号煤矿获得“安全质量标准化先进煤矿”荣誉称号。

1 月 9 日　黄陵矿业公司印发《关于表彰 2011 年度安全生产先进单位、先进集体和先进工作者的决定》，一号煤矿获得“安全先进单位”荣誉称号，综采等 6 个区队获得“安全先进集体”荣誉称号，马玉军等 34 人获得“安全先进工作者”荣誉称号。

1 月 14 日　一号煤矿综采一队队长仲照海荣获陕西省国资委授予的“2011 年度国有企业优秀员工”荣誉称号。

2 月 3 日　陕煤集团党委印发《关于表彰 2011 年度新闻宣传工作先进集体先进个人和优秀通讯员通知》，一号煤矿获得“新闻宣传工作先进集体”荣誉称号。

2 月 10 日　黄陵矿业公司党委研究决定（黄矿司党发〔2012〕12 号），任命齐安民为一号煤矿党委委员、书记（正处级），免去韩华东一号煤矿党委书记、委员职务。

2 月 16 日　陕西省煤炭生产安全监督管理局印发《关于表彰 2011 年度煤矿安全生产先进集体和先进个人的决定》，一号煤矿获得“安全生产先进集体”荣誉称号，唐恩贤等 2 人获得“安全生产先进个人”荣誉称号。

2 月 20 日　黄陵矿业公司上报《关于一号煤矿四号风井工业广场的立项报告》，申请富县人民政府根据相关政策法律法规对四号风井建设予以立项审批。

2 月 28 日　国家煤矿安全监察局副局长黄玉治带领国务院安委办第五督导组到一号煤矿检查安全工作。

3月2日 陕西省煤炭生产安全监督管理局印发《关于黄陵矿业公司一号煤矿四号风井及附属工程建设方案的批复》，原则上同意一号煤矿四号风井及附属工程建设方案。

3月4日 陕西煤业股份有限公司总经理、黄陵矿业公司党委书记、董事长宋老虎到一号煤矿井下检查指导工作。

3月6日 中煤政研会命名黄陵矿业公司一号煤矿为“九鼎”文化品牌矿。

3月7日 一号煤矿获得黄陵矿业公司“2010—2011年度党风廉政建设先进单位”荣誉称号。

4月1日 一号煤矿成立行政管理部，撤销后勤服务队。

4月2日 陕西省纪委副书记马奔一行在陕西煤业股份有限公司总经理、黄陵矿业公司党委书记、董事长宋老虎陪同下，到一号煤矿考察。

4月5日 一号煤矿实现安全生产五周年，共计1826天。黄陵矿业公司副总经理李孝波等领导出席庆典仪式，并送来贺信和500万元奖金；陕西煤业股份有限公司发来贺信。

4月11日 陕西省委组织部企业干部处处长李宏军一行4人到一号煤矿调研，并深入井下、车间、区队，了解“三问三同”主题实践活动开展情况。

4月24日 一号煤矿获得“陕西煤业化工集团2010—2011年度文明单位”荣誉称号，掘一队队长周占民获得“陕西煤业化工集团2010—2011年度劳动模范”荣誉称号。

4月28日 在陕西省举行的劳动模范、先进工作者和先进集体表彰大会上，一号煤矿综采一队队长仲照海获得“陕西省劳动模范”荣誉称号。

5月2日 黄陵矿业公司团委印发《关于表彰2010—2011年度“五四红旗团委”“五四红旗团支部”“优秀团支部”的决定》，一号煤矿团委获得“五四红旗团委”荣誉称号，综采一队、皮带队团支部获得“五四红旗团支部”荣誉称号。

5月15日 黄陵矿业公司党委印发《关于表彰“感动矿区十大人物”的决定》，综采一队队长仲照海获得“敬业奉献模范”荣誉称号，通风区施工密闭班班长肖玉德获得“孝老爱亲模范”荣誉称号，掘进三队机电副队长刘永军获得“创新创效模范”荣誉称号。

5月24日 陕西省作协副主席莫伸和陕西省青年作家高亚东在陕煤集团企业文化部部长、新闻中心主任孙鹏陪同下到一号煤矿采风。

6月11日 一号煤矿二盘区轨道巷煤机通道处发生一起运输事故，造成1人死亡。

6月20日 黄陵矿业公司党委印发《关于表彰党团员安全生产示范岗的决定》，一号煤矿石永刚、潘静茹、史娟获得“党员安全生产示范岗”荣誉称号，何威获得“团员安全生产示范岗”荣誉称号。

6月26日 黄陵矿业公司党委印发《关于表彰先进基层党组织、四强党支部、四优共产党员和优秀党务工作者的决定》，一号煤矿综采三队党支部获得“四强”党支部荣誉称号。

6月27日 国家安全生产监督管理总局党组副书记、副局长兼国家安全生产应急救援指挥中心主任王德学率国务院安委办督导调研组到黄陵矿区开展安全生产督导调研工作，并在一号煤矿参观调研。

6月29日 黄陵矿业公司工会印发《关于表彰2012年度群安工作“先进集体”“优秀群监员”“优秀家属协管员”的决定》，一号煤矿瓦斯抽放队获得“群安工作先进集体”荣誉称号，尹丹东、何平安等获得“优秀群监员”荣誉称号，张雪爱等获得“优秀家属协管员”荣誉称号。

8月17日 黄陵矿业公司党委研究决定（黄矿司党发〔2012〕50号），任命毛明仓为一号煤矿党委委员，免去毛明仓二号煤矿党委委员职务。黄陵矿业公司研究决定（黄陵矿业发〔2012〕217号），聘毛明仓为一号煤矿矿长，解聘唐恩贤矿长职务。

8月25日 中国矿联高级资政委员、原国土部矿管局副局长傅明珂一行10人到一号煤矿调研。

8月27日 黄陵矿业公司印发《关于表彰奖励安全质量标准化精品工程及精品示范工程的决定》，一号煤矿308综采工作面、310进风巷被评为精品示范工程，一号煤矿北一瓦斯抽放硐室、609综采工作面、安全信息中心被评为精品工程，受到表彰。

10月31日 一号煤矿主要领导随同黄陵矿业公司考察学习组，赴神华宁煤集团、神南红柳林矿业公司考察学习。

11月10—11日 《黄陵一号煤矿选煤厂升级改造技术研究与应用》等10项科技成果通过陕西省煤炭学会组织的专家鉴定，其中4项成果达到国内领先水平，6项成果达到国内先进水平。

12月3日 延安市环保局局长张宇带领黄陵县及店头镇环保站工作人员一行20人，到一号煤矿井下水处理站检查生产废水处理情况。

是年 全矿原煤产量610.15万吨，掘进进尺28591.5米，实现利润104684.81万元。

2013年

1月7日 陕煤集团印发《关于表彰2012年度安全生产先进集体和先进工作者的决定》，一号煤矿掘进一队生产二班获得“安全先进班组”荣誉称号。

同日 一号煤矿被国家煤矿安全监察局评为“2011年度国家级安全质量标准化矿井”。

1月11日 一号煤矿在国家能源局煤炭司和中国能源报社共同主办的“寻找中国最美矿山大型公益活动”中获得“中国最美矿山”荣誉称号。

同日 黄陵矿业公司印发《关于表彰2012年度先进集体、先进班组、先进工作者、优秀五星级员工、优秀管理干部的决定》，对一号煤矿综采三队等7个先进集体、综采一队检修班等15个先进班组、张伟等101名先进工作者、张志等63名优秀五星级员工、符大利等10名优秀管理干部进行表彰。

1月29日 黄陵矿业公司工会印发《关于杨建奇等同志选举结果的批复》(黄矿工发〔2012〕5号)，同意杨建奇为一号煤矿工会委员会主席。

1月30日 一号煤矿获得陕煤集团2012年度瓦斯“零超限”示范矿荣誉称号。

3月1日 一号煤矿掘进一队等10个单位获得黄陵矿业公司“模范职工小家”荣誉称号。

3月28日 陕煤集团党委印发《关于表彰2012年度新闻宣传工作先进集体、先进个人优秀通讯员和优秀网站的决定》，一号煤矿卫庆华获得“优秀通讯员”荣誉称号。

3月30日 一号煤矿获得陕煤集团2012年度“防治水示范矿”荣誉称号。

4月7日 陕西省煤炭生产安全监督管理局印发《关于表彰2012年度煤炭信息调度工作先进集体和先进个人的决定》，一号煤矿调度室获得“先进集体”荣誉称号。

4月8日 陕西煤业股份有限公司命名黄陵一号煤矿为“五百万吨级标杆矿井”，一号煤矿职工雷达获得“先进个人”荣誉称号。

4月10日 中国职业安全健康协会副理事长纪明波、常务理事汤淳、陕西省总工会劳动保护部部长杨景龙、陕西煤矿安全监察局副局长高兴宏一行9人在黄陵矿业公司总经理李孝波陪同下到一号煤矿检查指导工作。

4月19日　在延安市环境执法暨应急管理工作会上，一号煤矿被评为“2012年度环境保护工作先进企业”。

4月24日　一号煤矿党委组织各基层单位开展“情系雅安爱心捐助”活动，全矿职工共向四川灾区捐款17万余元。

5月2日　黄陵矿业公司团委印发《关于表彰第四届黄陵矿业公司十佳青年岗位技术明星、十佳青年安全岗员及2011—2012年度优秀共青团员和优秀共青团干部的决定》，一号煤矿冒薛清、焦稳锋获得“十佳青年岗位技术明星”荣誉称号，张洪阳获得“十佳青年安全岗员”荣誉称号，王玉君、阎鑫获得“优秀团干部”荣誉称号，孙建雷、何晨获得“优秀团员”荣誉称号。

5月7日　在煤炭建设行业创先争优表彰大会上，一号煤矿选煤厂技改项目获得“2012—2013年度煤炭行业优质工程”和“太阳杯”工程荣誉称号。

5月9—10日　中国矿业联合会常务副会长王家华、专职副会长徐田一行27人到黄陵矿业公司开展“下基层进矿山促进绿色矿山生态文明建设活动”，并为一号煤矿颁发“全国绿色矿山学习观摩基地”荣誉奖牌。

5月22日　黄陵矿业公司印发《关于表彰2011—2012年度优秀科技成果、科技工作先进单位、优秀科技工作者、优秀论文、专利获得者荣誉奖的决定》，一号煤矿获得“科技工作先进单位”荣誉称号，“综掘工作面围岩控制支护技术与装备”获得一等奖，“选煤厂升级改造技术研究与应用”获得二等奖，“除尘风机的研究与应用”获得三等奖，“数字化立体实时动态通风系统、矿支护技术研究”获得优秀奖；“九鼎文化的探索与实践”获得三等奖，王建东、符大利等获得“优秀科技工作者”荣誉称号，同时获得优秀论文一等奖3篇、二等奖2篇、三等奖5篇。

6月6日　黄陵矿业公司印发《关于表彰2012年度先进班组和优秀班组长的决定》，一号煤矿掘进一队生产二班、综采三队生产二班、选煤厂原煤二班、皮带队第二机组获得“先进班组”荣誉称号，高军强等9人获得“优秀班组长”荣誉称号。

6月25日　黄陵矿业公司党委印发《关于表彰“四好”领导班子、四强党支部、“四优”共产党员和优秀党务工作者的决定》，矿掘进一队党支部、机电队党支部获得“四强”党支部荣誉称号，白建军、张胜利、李悬等获得“四优”共产党员荣誉称号，卫庆华等获得“优秀党务工作者”荣誉称号。

7月23日　延安地区遭受百年不遇的洪涝灾害，矿区供水中断3天，迫使一号煤矿停产救灾。经过全矿干部职工齐心协力，抗洪救灾，于7月26日恢复生产。

8月5日　黄陵矿业公司印发《关于表彰2013年度优秀职工科技创新成果奖的决定》，评选出优秀职工科技创新成果21项，其中，二等奖3项、三等奖7项、优秀奖11项。

8月8日　国家煤矿安全监察局副局长杨富一行3人到一号煤矿考察调研。

8月13日　陕西省天然气股份有限公司党委书记、副总经理李谦益一行15人在黄陵矿业公司党委副书记梅方义陪同下，到一号煤矿交流学习。

10月14日　安徽、陕西等省市能源化工企业管理干部组成的能源政策与发展高级研修班一行50余人到一号煤矿交流学习。

10 月 15 日　黄陵矿业公司党委书记、董事长范京道，党委副书记、总经理师永贵，副总经理梁平率机关各部门负责人深入一号煤矿检查工作。

10 月 20 日　在河南洛阳举行的 2013 年中国矿业循环经济暨绿色矿山和谐矿区经验交流会上，一号煤矿获得“国家级绿色矿山”荣誉称号。

11 月 25 日　陕西省煤炭生产安全监督管理局印发《关于黄陵矿业公司一号煤矿四号风井及附属工程初步设计的批复》，同意一号煤矿四号风井及附属工程初步设计方案。

11 月 27 日　一号煤矿主要领导随同黄陵矿业公司考察学习组赴陕北红柳林煤矿、张家峁煤矿等单位考察学习。

11 月 28 日　黄陵矿业公司“双险双控”安全管理经验交流会在一号煤矿召开。

12 月 10 日　在黄陵矿业公司第四届“岗位练兵、技术比武”活动中，一号煤矿人力资源部获得“优秀组织奖”，宋健友、付天河获得“优秀裁判员”荣誉称号。

是年　一号煤矿投资 6180 万元用于 1.4~2.2 米煤层国产装备采场无人化项目建设。

是年　全矿原煤产量 630.2 万吨，掘进进尺 28715.45 米，实现利润 77148.24 万元。

2014 年

1 月 6 日　黄陵矿业公司印发《关于表彰 2013 年度安全生产先进单位、先进集体和先进工作者的决定》，一号煤矿获得“安全先进单位”荣誉称号，安监部等 6 个部门获得“安全先进集体”荣誉称号，毛明仓等 34 人获得“安全先进工作者”荣誉称号。

1 月 8 日　黄陵矿业公司印发文件（黄陵矿业发〔2014〕43 号），对一号煤矿职工曹超见义勇为火海救人的事迹通报表彰。

1 月 10 日　黄陵矿业公司研究决定，同意一号煤矿在职人员实行全员安全风险抵押。

1 月 20 日　黄陵矿业公司党委研究决定（黄矿司党〔2014〕6 号），任命马玉军为一号煤矿党委书记（正处级），任命雷达、徐建军为一号煤矿党委委员；免去齐安民一号煤矿党委书记、委员职务，免去袁建平一号煤矿党委委员职务。

1 月 24 日　陕煤集团党委印发《关于表彰 2013 年度新闻宣传工作先进集体、先进个人优秀通讯员和优秀网站的决定》，一号煤矿党群部宣传干事张颢获得“优秀通讯员”荣誉称号。

同日　黄陵矿业公司党委印发《关于表彰 2013 年度新闻宣传报道工作先进集体、先进个人和优秀通讯员的决定》，一号煤矿获得“新闻宣传先进集体”荣誉称号，李小艳等获得“优秀通讯员”荣誉称号。

3 月 11 日　陕西煤矿安全监察局党组成员、总工程师樊西洋，铜川分局局长冯武林一行 9 人到一号煤矿检查指导工作。

3 月 29 日　国家煤矿安全监察局副局长李万疆一行到一号煤矿调研督导安全生产工作，先后到矿安全文化展厅、核算中心、物资超市、井口信息站等实地了解情况，在调研会上对一号煤矿安全管理工作给予了充分肯定。

3 月 31 日　一号煤矿 1001 智能化综采工作面顺利通过黄陵矿业公司验收。

4 月 16 日　陕西省副省长李金柱到一号煤矿调研，并在一号煤矿指挥控制中心通过操作平台一键启动采煤机。

4月23日 黄陵矿业公司国产设备综采工作面现场观摩推进会在一号煤矿召开。

4月30日 黄陵矿业公司授予一号煤矿机电部、综采一队、皮带队“先进集体”荣誉称号。

5月4日 一号煤矿调度大屏幕信号传输改造工程开工，5月15日竣工。

5月5日 黄陵矿业公司印发（黄陵矿业发〔2014〕156号）文件，决定对承担一号煤矿1001智能化综采工作面安装投运的单位与个人予以奖励。

5月16日 陕煤集团副总经理尚建选带领专家组一行10余人对一号煤矿薄煤层开采智能化技术进行验收，北京天玛公司、西安煤矿机械有限公司等单位参加。

5月25日 中国煤炭工业协会组织专家对黄陵矿业一号煤矿“较薄煤层（1.4~2.2米）国产综采装备无人化技术研究与应用”项目进行成果鉴定。认为该项目首次实现了地面调度指挥中心远程操控，整套生产系统实现常态无人化，稳定可靠，具备年产200万吨生产能力，达到国际领先标准。

8月26日 黄陵矿业公司印发《关于表彰2013—2014年度优秀科技成果、科技工作先进单位、优秀科技工作者、优秀论文和专利成果的决定》，一号煤矿获得“科技工作先进单位”荣誉称号，获得优秀科技项目特等奖1个、一等奖1个、二等奖2个、三等奖3个、优秀奖4个，获得科技优秀研究成果二等奖1个、三等奖1个，徐建军、符大利、钱竹响等获得黄陵矿业公司第四届人才科技大会“优秀科技工作者”荣誉称号，获得优秀论文一等奖4篇、二等奖5篇。

9月5日 陕西省煤炭工业协会会长曹文甫到一号煤矿考察调研。

9月12日 黄陵矿业公司党委书记、董事长范京道到一号煤矿1003进风巷检查“五精”岗位（现场）创建工作。

9月24日 陕西煤矿安全监察局党组书记、局长张学常一行5人在黄陵矿业公司副总经理、总工程师唐恩贤陪同下，到一号煤矿考察调研。

10月16日 国家安全生产监督管理总局党组副书记、副局长，国家安全生产应急救援指挥中心主任王德学，国家安全生产监督管理总局党组成员、总工程师王树鹤，国家煤矿安全监察局副局长李万疆一行到黄陵矿业公司考察调研，并到一号煤矿数字化调度中心，听取较薄煤层国产综采装备无人化技术研究与应用情况介绍，与井下工作的综采三队跟班队长鲁学利通话。

11月17—18日 国家煤矿安全监察局行业管理司司长曹安雅、处长赵玉坤一行到一号煤矿井下1001智能化无人开采工作面调研。

12月4日 延安市委常委、副市长马宏玉带领延安市煤炭工业局、黄陵县相关负责人到一号煤矿调研生产经营工作。

12月8日 由陕西省委宣传部巡视员张宏科任组长的全国文明单位复查考评组一行4人到一号煤矿就“全国文明单位”工作进行复查。

12月9—11日 中煤政研会副秘书长李演珍到一号煤矿调研企业文化建设工作。

12月11日 国家安全生产监督管理总局、国家煤矿安全监察局印发《关于印发陕煤化集团黄陵公司一号煤矿智能化无人开采技术经验材料的通知》，推广一号煤矿智能化无人开采技术具体的做法与成功经验。

12月25日 国家安全生产监督管理总局规划科技司司长施卫祖、国家安全生产监督管理总局信息研究院副院长何国家带领陕西煤矿安全监察局、中国煤炭科工集团科技发展部、天地科技股份有限公司技术专家一行到一号煤矿调研智能化开采技术应用情况。

是年　生产原煤 601.56 万吨，掘进进尺 27936.96 米，实现利润 41074.84 万元。

2015 年

1 月 4 日　一号煤矿荣获陕煤集团 2014 年度瓦斯“零超限”生产矿井称号。

1 月 9 日　黄陵矿业公司党委书记、董事长范京道实地检查一号煤矿四盘区探巷掘进进展情况。

2 月 16 日　黄陵矿业公司党委书记、董事长范京道到一号煤矿综采三队进行春节慰问。

3 月 2 日　塔吉克斯坦工业部煤炭司司长阿布杜拉希莫夫·巴赫里金一行 3 人就煤炭开采技术和循环经济建设等问题到黄陵矿业公司考察，并到一号煤矿参观无人化开采指挥控制中心。

3 月 19 日　国家安全生产监督管理总局党组成员、副局长，国家煤矿安全监察局局长黄玉治一行到黄陵矿区调研，并到一号煤矿井下实地察看 1002 智能化综采工作面的安全管理、设备运行、人员管理、瓦斯治理和“一通三防”工作。

3 月 25 日　国家安全生产监督管理总局监管一司司长王铃丁一行在黄陵矿业公司总经理师永贵、副总经理梁平陪同下到一号煤矿井下 1002 智能化无人综采工作面考察。

3 月 30 日　一号煤矿获得由人力资源社会保障部、国家发展改革委、科技部、国家安全生产监督管理总局联合授予的“全国煤矿瓦斯防治先进集体”荣誉称号。

4 月 27 日　国家煤炭安全监察局安全监察司处长郝管虎一行 9 人到一号煤矿井下进行实地考察，在调度指挥中心对智能化无人采煤进行了一键启动。

5 月 19 日　全国煤矿自动化开采技术现场会在黄陵矿业公司召开。国家安全生产监督管理总局党组成员、副局长孙华山，国家安全生产监督管理总局党组成员、副局长，国家煤矿安全监察局局长黄玉治，陕西省人大常委会副主任李金柱，陕西省副省长姜锋，国家煤矿安全监察局副局长宋元明，中国煤炭工业协会副会长彭建勋出席会议。陕煤集团董事长杨照乾、总经理严广劳、副总经理闵龙，黄陵矿业公司党委书记、董事长范京道，总经理、党委副书记师永贵参加会议。随后在一号煤矿参观了井口信息站、1002 智能化综采工作面、地面控制指挥中心、核算中心和职工创新成果展览。

5 月 25 日　在北京举行的全国劳动模范和先进工作者表彰大会上，一号煤矿综采三队队长曲志欣获得“全国劳动模范”荣誉称号。

6 月 1 日　国家煤矿安全监察局安全监察司巡视员刘志军一行 20 余人，在黄陵矿业公司党委书记、董事长范京道及相关部门负责人陪同下深入一号煤矿核算中心、物资超市、调度指挥中心调研。

6 月 11 日　陕西林业集团公司党委书记方有为、纪委书记王小龙一行 12 人在黄陵矿业公司副总经理刘文陪同下到一号煤矿交流学习。

7 月 1 日　陕西省人大常委会法工委副主任贾治国、省环保厅副厅长李敬喜一行，就进一步做好《陕西省固体废物污染环境防治条例（草案）》的立法修改工作，对黄陵矿业公司循环经济建设中固废产生、处置、利用和污染防治等情况进行调研，黄陵矿业公司副总经理刘文及相关单位领导陪同，并到一号煤矿选煤厂、粉煤灰砖厂，实地听取了矿区循环经济产业园区建设规划和进展情况。

同日　黄陵矿业公司印发《关于表彰 2013—2014 年度四好领导班子、四强党支部、四优共产党员和优秀党务工作者的决定》，一号煤矿领导班子获得“四好”领导班子荣誉称号，综采一队、机电队获得“四强”党支部荣誉称号。

7 月 28 日　鉴于一号煤矿在全国率先建成国产设备智能化无人综采工作面，并成功承办全国煤矿自动化开采技术现场会，同时荣获2014年全国瓦斯治理先进集体，黄陵矿业公司决定给予一号煤矿奖励150万元。

8月4日 由安徽省煤矿石化工会副主任杨建军带领的全国煤矿群众安全工作省际互查小组一行8人到一号煤矿，通过井下和地面两个小组分别对群安工作进行了专项检查。

同日 陕西省国资委副巡视员杜芳军一行5人在黄陵矿业公司领导范京道、刘文陪同下，到一号煤矿检查指导工作。

8月19—20日 一号煤矿申报的四号风井进风斜井及瓦斯斜井两项工程初步通过煤炭行业优质工程及“太阳杯”工程的复查验收。

9月11日 大唐集团陇东能源有限公司总经理蒋利、党委书记张明江一行20余人到一号煤矿交流学习。

9月14日 塔吉克斯坦国经济部部长科尼克玛图洛左达·涅玛图洛一行3人到一号煤矿就精细化管理、智能化开采技术进行考察参观。

9月24日 一号煤矿选煤厂浮选药剂自助添加系统工程开工，该项目于10月18日竣工。

9月30日 在国家安全生产监督管理总局开展的“机械化换人、机器人作业、自动化减人”科技强安专项活动中，一号煤矿被确定为全国煤矿智能化无人开采技术的试点示范单位。

10月10日 澄合矿业公司副总经理白永明一行6人到一号煤矿交流学习。

10月29日 一号煤矿召开第四届人才科技大会。

11月11日 一号煤矿四号风井锅炉房、井下水处理中、热交换站、瓦斯抽采泵房等12项单项工程竣工并通过黄陵矿业公司验收。

11月20日 黄陵矿业公司党委书记、董事长范京道到一号煤矿802智能化综采工作面检查指导工作。

11月26日 一号煤矿621回顺掘进工作面“长压短抽”综合除尘设备通过黄陵矿业公司验收。

11月27日 中国中煤能源集团副总裁、总工程师祁和刚一行4人到一号煤矿井下就智能化无人开采技术进行考察交流。

11月30日 陕煤集团党委印发《关于表彰2015年度“最美员工”的决定》，一号煤矿综采三队曲志欣获得“敬业奉献”荣誉称号，机电队电钳工曹超获得“见义勇为”荣誉称号。

是年 全矿原煤产量583.35万吨，掘进进尺29208.06米，实现利润17572.87万元。

2016年

1月4日 陕煤集团印发《关于表彰2015年安全生产标准化先进单位、先进煤矿和先进厂（公司）的决定》，一号煤矿获得“安全质量标准化先进煤矿”荣誉称号。

1月9日 黄陵矿业公司印发《关于表彰2015年度安全生产先进单位先进集体和先进工作者的决定》，一号煤矿获得“安全质量标准化先进矿井”“安全先进单位”荣誉称号，安监部等8个区队（车间、工段、部门）获得“安全先进集体”荣誉称号。

1月15日 中国科学院院士何满潮带领其科研团队，在陕煤集团副总经理尚建选，北京天玛公司董事长张良，宁夏天地奔牛集团党委委员、总会计师杜耀波陪同下到一号煤矿参观创新成果展。一行人先后到802智能化工作面了解各项技术参数，听取安全管理、生产经营、科技创新、精细化管理等方面工作情况介绍。何满潮通过操作平台按下一键启动按钮，启动了802工作面采煤机。

1月24日 陕西日报刊发《和谐陕西 品牌盛典》通讯，一号煤矿生产的“黄灵一号”“黄灵煤”被评为陕西十大著名品牌。

2月25日 黑龙江省龙煤集团安全生产部部长胡本鹏一行6人到一号煤矿学习参观智能化无人开采技术的研究与应用。

2月26日 陕煤集团印发《关于表彰2015年度“项目建设管理先进单位”“优质工程”“文明工地”获奖单位的通知》，一号煤矿四号进风斜井掘砌工程、四号瓦斯斜井掘砌工程获得“太阳杯”工程荣誉称号。

3月31日 一号煤矿创建劳模工作室。

4月14日 国家安全生产监督管理总局规划科技司监察专员施卫祖一行7人，在黄陵矿业公司党委书记、董事长范京道，党委副书记、纪委书记、工会主席梅方义陪同下，到一号煤矿调研“机械化换人、自动化减人”工作开展情况。

4月26日 在北京举办的“冀中能源杯·感动中国的矿工”颁奖仪式上，一号煤矿综采三队曲志欣获得“十大杰出矿工”荣誉称号。

4月28日 一号煤矿被评为“陕西煤业化工集团2014—2015年度文明单位”。

5月11日 国家能源局煤炭司处长刘涛、陕西省发展改革委能源局煤电处处长刘凯带领国家煤炭去产能第二督察组到一号煤矿检查五一节期间的停产放假执行情况，了解岗位价值精细化管理体系，参观物资超市和调度指挥中心。

6月24日 重庆能源集团科技公司总经理黄昌文一行20余人到一号煤矿参观交流。

6月27日 陕西省人大常委会委员、环资工委副主任张文若一行14人到一号煤矿考察。

7月26日 中国煤炭工业协会会长王显政到一号煤矿考察调研，在核算中心了解了员工岗位价值核算体系及实际应用情况和效果，并在调度控制指挥中心通过操作平台远程操控，一键开启采煤机，与在井下跟班的综采三队队长、全国劳动模范曲志欣进行视频通话。

8月8日 陕西省煤炭工业协会印发《关于表彰第八届（2014—2015年）陕西煤炭工业先进科技成果和优秀科技工作者的决定》，一号煤矿符大利获得“优秀科技工作者”荣誉称号。

8月30日 中国煤炭工业协会印发《中国煤炭工业协会关于表彰2016年度煤炭工业两化融合先进集体和先进个人的决定》，一号煤矿获得“2016年度煤炭工业两化融合示范煤矿”荣誉称号，机电部副部长张玉良获得“2016年度煤炭工业两化融合先进个人”荣誉称号。

9月6日 中国煤炭工业协会名誉会长、原煤炭工业部副部长濮洪九一行在黄陵矿业公司党委书记、董事长范京道，副总经理赵小兵陪同下到一号煤矿考察，在调度指挥中心与井下带班作业的综采一队副队长张志进行视频通话。

9月8日 中共陕西陕煤黄陵矿业公司一号煤矿委员会党员代表大会召开。

9月28日 国家能源局煤炭司副司长李豪峰在陕煤集团副总经理孙喜民，黄陵矿业公司总经理师永贵、副总经理王鹏飞等陪同下，到一号煤矿考察调研。

9月29日 国家能源局副局长李仰哲一行在陕煤集团党委书记、董事长杨照乾，副总经理孙喜民，黄陵矿业公司党委书记、董事长范京道陪同下，到一号煤矿考察调研。

10月10日 黄陵矿业公司党委印发《一号煤矿党委报送第一次党员代表大会选举结果的报告的

批复》，同意一号煤矿马玉军、毛明仓等22人出任中国共产党黄陵矿业公司第二次代表大会代表。

10月13日 全国人大财政经济委员会副主任委员李学勇到黄陵矿业公司考察工作，并到一号煤矿调度指挥中心，与在井下跟班的综采一队副队长张志进行视频通话。

10月26日 黄陵矿业公司党委印发《关于马玉军等同志职务任命的通知》(黄矿司党发〔2016〕130号)，任命马玉军为一号煤矿党委书记，毛明仓为一号煤矿党委副书记（兼），杨建奇为党委副书记兼纪委书记。

11月10日 一号煤矿“机械化换人、自动化减人”试点示范企业顺利通过国家安全生产监督管理总局组织的现场考核验收。

11月24日 一号煤矿四号风井水土保持建设项目通过延安市水土保持监督站验收。

12月7日 在浙江嘉兴召开全国煤炭行业共青团工作会议暨全煤团指委二届四次全委会上，一号煤矿综采三队团支部获得2015年度“全国青年安全生产示范岗”荣誉称号。

12月8日 经陕西省饮用水产品质量监督检验站检验，一号煤矿井下复用的采空区水水样化验结果符合矿井生产用水标准。

12月14日 在煤炭工业技术委员会三届二次会议暨中国煤炭学会七届理事会第四次会议上，一号煤矿矿长毛明仓获得“杰出工程师”煤炭行业提名奖荣誉称号。

是年 生产原煤598.77万吨，掘进进尺25673.25米，实现利润65232.49万元。

2017年

1月3日 陕煤集团授予一号煤矿“安全质量标准化先进煤矿”荣誉称号。

2月15日 陕西能源集团财务管理部主任雷永泉一行13人到一号煤矿考察交流财务管理。

2月16日 一号煤矿生产部梁林、掘进四队成飞获得2016年“全国煤炭建功立业优秀大学毕业生”荣誉称号。

2月22日 一号煤矿辅助运输配套改造综合设备库工程被评为省级（单位）优质工程。

2月28日 陕煤集团授予一号煤矿“先进集体”荣誉称号。

4月13日 在北京召开的中国煤炭工业协会四届理事会第六次会议上，一号煤矿获得“全国煤炭工业先进煤矿”“全国煤炭工业特级安全高效矿井”荣誉称号，选煤厂获得“全国煤炭工业十佳选煤厂”荣誉称号，矿长毛明仓获得“全国煤炭工业双十佳矿长”荣誉称号。

4月21日 陕西省煤炭生产安全监督管理局批复（陕煤局复〔2017〕31号），同意一号煤矿四号风井及附属工程项目进行联合试运转。

5月11日 贵州省毕节市安全生产监督管理局副局长向阳一行11人到一号煤矿交流学习。

6月6日 黄陵矿业公司党委书记、董事长雷贵生，副总经理梁平到一号煤矿检查指导工作，并对下半年工作提出了具体要求。

6月8日 一号煤矿获得黄陵矿业公司2017年“安康杯”职工篮球赛男子组第四名，女子组第四名。

6月22—23日 陕西省煤炭生产安全监督管理局组织验收一号煤矿安全生产标准化工作。

6月26日 黄陵矿业公司印发《关于表彰2015—2016年度四好领导班子、四强党支部、四优共产党员和优秀党务工作者的决定》，分别授予一号煤矿领导班子，机电队和掘进三党支部“四好领导班子”“四强党支部”荣誉称号。

6月28日 一号煤矿四号风井单项工程质量认证通过验收。

7月10日 黄陵矿业公司上报《关于黄陵县集贤煤矿越界开采威胁一号煤矿安全生产的报告》，请求黄陵县政府对集贤煤矿越界开采进行查处，确保一号煤矿安全生产。

7月11日 陕煤集团党委授予一号煤矿“党建工作引领示范单位”荣誉称号。

7月20日 陕西上市公司协会常务副会长徐子睿带领24家协会所属上市公司负责人到黄陵矿业公司交流，并到一号煤矿考察调研。

8月3日 中国煤炭工业协会副会长姜智敏一行在陕煤集团副总经理王增强、省煤炭运销协会会长张福来，黄陵矿业公司党委书记、董事长雷贵生，党委副书记、总经理师永贵，副总经理、总工程师唐恩贤陪同下到一号煤矿考察调研。

8月24—25日 一号煤矿通过国家一级安全生产标准化矿井验收，达到一级安全生产标准化矿井要求。

9月5日 河南省登封市副市长陈治龙带领登封市煤矿安全监察局及金丰煤业集团、登电煤业等相关负责人一行33人，在黄陵矿业公司副总经理、总工程师唐恩贤陪同下，到一号煤矿就智能化无人开采技术进行考察交流。

9月7日 黄陵矿业公司印发《关于表彰2015—2016年度优秀科技成果、科技工作先进单位、优秀科技工作者、优秀论文和专利成果的决定》，一号煤矿获得科学技术类一等奖2项、二等奖4项、三等奖3项，获得管理创新类三等奖1项；获得“2015—2016年度科技工作先进单位”荣誉称号；获得2015—2016年度优秀论文一等奖5篇、二等奖5篇、三等奖9篇。

9月14—15日 作家莫伸、商子雍等20余人组成的陕西作家代表团在黄陵矿业公司党委副书记、纪委书记孙鹏，陕煤集团职工作协主席亚东陪同下，到一号煤矿参观采风。

9月21日 中国煤炭工业协会副会长解宏绪，陕西省煤炭工业协会秘书长宁新民，陕煤集团董事、党委副书记尤西蒂，共同出席在黄陵矿业公司举办的“走进陕煤　感受黄陵”会议，并与神华、中煤、开滦等20余家单位代表到一号煤矿考察。

10月17日 蒲白矿业公司党委副书记、纪委书记党亚明一行在黄陵矿业公司党委副书记、纪委书记孙鹏陪同下到一号煤矿交流学习。

11月7日 国家能源投资集团党组成员、副总经理李东，煤炭生产部总经理赵永峰等一行7人就智能化无人综采工作面管理工作来黄陵矿业公司座谈交流，并在陕煤集团董事、副总经理、陕西煤业股份有限公司总经理闵龙，黄陵矿业公司党委书记、董事长雷贵生陪同下到一号煤矿考察。

11月9日 陕西煤矿安全监察局党组成员、总工程师樊西洋带领省、市级安全文化示范矿验收考核小组成员，在黄陵矿业公司副总经理王鹏飞陪同下到一号煤矿检查验收安全文化示范矿创建工作。

11月29日 一号煤矿选煤厂被中国煤炭加工利用协会评为“2015—2016年度全国优质高效选煤厂”“2015—2016年度行业级质量标准化选煤厂”，副矿长兼选煤厂厂长缑新学被授予“2015—2016年度全国优质高效选煤厂厂长”荣誉称号。

11月30日 一号煤矿被评为“国家一级安全生产标准化矿井”。

12月6日 国家质量考核组组长、国家质检总局总检验师张际文一行在省、市、县相关领导，黄陵矿业公司党委副书记、总经理师永贵，副总经理梁平陪同下到一号煤矿考察调研。

12月26日 一号煤矿最长中厚煤层智能化工作面安装调试成功。

是年 生产原煤628.79万吨，掘进进尺27452.05米，实现利润185500.49万元。

2018年

3月22日 全国人大代表、铜川矿业公司职工徐群贤一行4人，在黄陵矿业公司党委副书记、纪委书记孙鹏陪同下到一号煤矿调研交流。

4月13日 陕西省煤炭安全生产监督管理局总工程师蔡选良带领煤矿安全攻坚行动第六督导组对一号煤矿安全攻坚行动落实开展情况进行专项督查。

4月25日 华润电力控股有限公司副总裁王林一行15人来黄陵矿业公司走访座谈，并在黄陵矿业公司党委书记、董事长雷贵生，党委副书记、总经理师永贵陪同下到一号煤矿交流学习。

5月9日 黄陵矿业公司印发《关于毛明仓等同志职务聘免的通知》(黄陵矿业〔2018〕173号)，聘马玉军为矿长（正处级)，解聘毛明仓矿长职务；黄陵矿业公司党委研究决定（黄矿司党发〔2018〕40号)，任命卢海峰为一号煤矿党委委员、书记，免去马玉军一号煤矿党委委员、书记职务。

5月14日 一号煤矿“安全治理 一矿之声”广播站正式开播。

5月24日 陕西省副省长陆治原带领陕西省发展改革委、省工信厅、省煤炭安全生产监督管理局相关负责人在黄陵矿业公司党委书记、董事长雷贵生，副总经理王鹏飞、刘文陪同下到一号煤矿考察调研。

同日 陕西省煤炭生产安全监督管理局局长陈永昌、副局长问永忠一行5人在黄陵矿业公司党委书记、董事长雷贵生，副总经理王鹏飞陪同下到一号煤矿调研。

7月9日 一号煤矿职工孙建雷等3人获得黄陵矿业公司“安全行为标兵”荣誉称号，一号煤矿623综采工作面等采掘工作面获得安全生产环境治理“样板工程”荣誉称号。

8月30日 榆北煤业党委书记、董事长肖绪才一行20余人在黄陵矿业公司党委书记、董事长雷贵生，党委副书记、总经理师永贵陪同下，到一号煤矿交流学习。

8月31日 陕西省国资委系统廉政文化建设示范点专项检查组到一号煤矿对廉政文化建设工作进行检查验收。

9月3日 黄陵矿业公司党委书记、董事长雷贵生到一号煤矿对井口物资超市运行情况、选煤厂诺莎（NOSA）安全健康环保风险管理体系试运行情况进行检查指导。

9月28日 一号煤矿召开“人的安全行为治理”示范岗和选煤厂推行NOSA管理体系对标推进会。

10月9日 黄陵矿业公司印发《关于表彰财务管理先进单位、优秀财务管理干部及财务先进工作者的通知》，一号煤矿获得“财务工作先进单位”荣誉称号，杨忠顶获得“优秀财务管理干部”荣誉称号，赵彩萍等获得“财务先进工作者”荣誉称号。

10月10日 中纪委驻应急部纪检组组长、部党组成员艾俊涛，副组长丁毅一行在陕西煤矿安全监察局局长、党组书记田光雄，陕煤集团党委副书记、总经理严广劳，副总经理王世斌，陕西煤矿安全监察局铜川分局局长贾云海及黄陵矿业公司党委书记、董事长雷贵生，党委副书记、总经理师永贵陪同下到一号煤矿调研。

10 月 16 日　在北京召开的全国煤炭工业先进集体、劳动模范、先进工作者表彰大会和中国煤炭工业协会第五次会员代表大会上，一号煤矿获得“全国煤炭工业先进集体”荣誉称号。

是年　全矿原煤产量 629.01 万吨，掘进进尺 28250.8 米，实现利润 226649.64 万元。

2019 年

2 月 27 日　陕煤集团物流事业部副部长高志兴、陕西煤业股份有限公司财务部副经理朱炜、物资集团副总经理杨宸一行在黄陵矿业公司副总经理唐恩贤陪同下到一号煤矿检查指导工作。

3 月 27 日　延安市副市长王军营带领市、县等相关部门负责人到黄陵矿业公司调研工业经济运行情况，并在黄陵矿业公司副总经理梁平陪同下到一号煤矿考察调研。

4 月 11 日　陕西省总工会常务副主席张仲茜一行 3 人在陕煤集团党委委员、工会主席李向东，黄陵矿业公司党委副书记、总经理师永贵，副总经理、工会主席唐恩贤陪同下到一号煤矿考察调研。

5 月 7 日　黄陵矿业公司党委书记、董事长雷贵生到一号煤矿检查指导安全生产工作。

5 月 29 日　一号煤矿矿长马玉军撰写的《关于一号煤矿“四员两长”“3536”管理模式的探索与实践》论文在陕西煤业股份有限公司举办的“四员两长”管理论文交流评比活动中获得一等奖。

5 月 30 日　一号煤矿四号风井正式投入使用。

6 月 24 日　黄陵矿业公司党委副书记、纪委书记孙鹏，一号煤矿党委书记卢海峰为一号煤矿廉政文化教育展厅揭牌。一号煤矿领导班子成员、兄弟单位纪委书记、纪委副书记、矿中层领导干部 80 余人出席了揭牌仪式。

6 月 28 日　重庆市经济信息委副主任涂兴永、总经济师杨正华及重庆市重点发电企业负责人在黄陵矿业公司党委书记、董事长雷贵生陪同下到一号煤矿考察调研。

7 月 10 日　黄陵矿业公司党委书记、董事长雷贵生到一号煤矿开展“不忘初心、牢记使命”主题教育专题座谈会。一号煤矿班子成员、基层管理人员和职工代表共 40 余人参加。

同日　一号煤矿微电影《心愿Ⅱ》首映。

7 月 17 日　黄陵矿业公司印发《关于薛国华等同志职务聘免的通知》（黄陵矿业发〔2019〕252 号），聘任薛国华为一号煤矿矿长（中层正职），解聘马玉军矿长职务。

8 月 6—7 日　陕西省应急管理厅煤矿安全监督管理处处长赵化龙率专家组 13 人到一号煤矿进行为期两天的现场考核验收，一号煤矿以 95.76 分的成绩顺利通过省级一级安全生产标准化矿井初审验收。

8 月 8 日　在中国企业文化研究会举办的“班组文化建设与班组管理——2019 全国班组管理论坛”会上，一号煤矿综采一队检修班获得“中国企业文化建设与管理先进班组”荣誉称号。

9 月 11 日　陕西煤业股份有限公司在一号煤矿召开 NOSA 五星安健环风险管理工作推进会。陕煤集团煤炭事业部副经理、陕西煤业股份有限公司副总经理张森，陕西煤业股份有限公司安全监察部经理王西才，诺诚公司项目经理刘洋，各单位分管安全工作的领导，试点煤矿分管领导、NOSA 管理体系试点办公室主任及相关负责人代表共 30 余人参加了会议。会后，观摩了一号煤矿独具特色的 NOSA 风险管理“123456”工作模式成果展，到一号煤矿井下 1008 工作面、805 工作面现场观摩 22 个岗位 NOSA 工作开展成果。

9 月 18 日　中国煤炭工业协会原副会长姜智敏一行 7 人，在黄陵矿业公司总经理王鹏飞、副总经理周志群的陪同下到一号煤矿考察。

9月30日 一号煤矿综采一队焦飞获得“陕煤杯”全国职业技能竞赛综采维修电工组一等奖。

10月10日 黄陵矿业公司党委副书记、总经理王鹏飞到一号煤矿检查指导无煤柱“110工法”开采试验工作。

10月31日 国家自然资源部第四调研组组长、国土资源部咨询研究中心咨询委员、原国土资源部财务司司长赖文生一行4人，在陕西省自然资源厅副巡视员席孟刚，黄陵县自然资源局副局长崔和平，黄陵矿业公司副总经理刘建伟陪同下到一号煤矿调研。

11月7日 陕西省生态环境厅副厅长张育奎在延安市相关领导及黄陵矿业公司副总经理赵小兵陪同下到一号煤矿排矸场调研环保工作。

11月11日 陕西省国资委巡视员吴苏平、宣传处副处长申洪建一行4人在陕煤集团总政工师、巡查办主任李永刚，党委宣传部部长、新闻中心主任梅方义，黄陵矿业公司党委书记、董事长雷贵生，党委副书记、总经理王鹏飞，纪委书记马玉军陪同下，到一号煤矿对创建省属国有企业文明单位工作进行评审验收。

11月20日 延安市副市长王军营一行6人在黄陵矿业公司党委书记、董事长雷贵生，副总经理刘文陪同下到一号煤矿调研。

11月30日 一号煤矿技术中心李东升被评为“全国煤炭行业技能大师”。

12月4日 延安市委副书记、市长薛占海在黄陵矿业公司副总经理、总工程师唐恩贤，副总经理赵小兵陪同下到一号煤矿排矸场调研环保工作。

12月5日 一号煤矿达到诺诚公司NOSA安健环三星级标准，成为全国煤炭行业第一家推行NOSA安健环管理的三星级单位。

12月10日 陕西省国资委副巡视员张黎、政策法规处处长贺煜一行4人，在陕煤集团企管部经理杜平，黄陵矿业公司党委书记、董事长雷贵生，党委副书记、总经理王鹏飞陪同下到一号煤矿考察调研。

12月16日 西安科技大学教授杨梅忠、陕西地矿集团公司教授王振福、长安大学教授郑书彦、机械工业勘察设计研究院教授李忠明，在黄陵县自然资源局局长白云、黄陵矿业公司规划部相关人员陪同下，到一号煤矿对矿山地质环境治理恢复与土地复垦基金工程进行检查验收。

是年 一号煤矿建成矿区首个智能装车系统，实现了运煤车辆从预定、入场到自动装车的全过程智能控制。

是年 全矿原煤产量657.25万吨，掘进进尺34242.65米，实现利润218950.21万元。

2020年

1月13日 黄陵县店头镇潮塔村党支部书记麻园林将绣有“真情帮扶暖人心，扶贫济困送温暖”的锦旗送到一号煤矿，感谢一号煤矿对该村扶贫帮困工作的大力支持。

1月14日 延安市委常委、常务副市长孙矿玲，市人大常委会副主任裴小元，在黄陵县委书记孟中华，黄陵矿业公司党委书记、董事长雷贵生，副总经理赵小兵陪同下到一号煤矿调研。

1月20日 黄陵矿业公司党委书记、董事长雷贵生到一号煤矿慰问全国劳动模范曲志欣。

1月28日 黄陵矿业公司印发《新型冠状病毒肺炎疫情防控工作方案》，一号煤矿成立新型冠状病毒肺炎疫情防控工作领导小组。

2月1日　黄陵矿业公司党委书记、董事长雷贵生到一号煤矿对新型冠状病毒肺炎疫情防控工作进行检查指导。

2月19日　陕西省应急管理厅煤矿灾害防治指导处副处长权万才、陕西省政府瓦斯治理督导组第四组组长周连池一行在黄陵矿业公司副总经理周志群陪同下到一号煤矿检查新型冠状病毒肺炎疫情防控期间复工复产情况。

3月2日　黄陵矿业公司印发《关于表彰2019年度社会治安综合治理及信访稳定工作先进单位和先进工作者的决定》，一号煤矿获得“社会治安综合治理先进单位”“信访稳定先进单位”荣誉称号，牛艺强获得“社会治安综合治理及信访稳定先进工作者”荣誉称号。

3月11日　一号煤矿1006工作面沿空留巷工业试验取得阶段性成果，沿空留巷良好，实现了巷道“切得开、下得来”的效果。

3月19日　中办国办复工复产调研组组长、全国政协常委、人口资源环境委员会副主任姜大明，在陕西省发展改革委主任张晓光，延安市委副书记、市长薛占海，黄陵矿业公司党委书记、董事长雷贵生陪同下到一号煤矿调研复工复产工作。

4月17—19日　陕西煤矿安全监察局二处监察专员强春林带队到一号煤矿开展“一通三防”专项监察。

6月5日　渭化集团党委副书记、工会主席冯晓宏一行5人到一号煤矿对标交流。

6月17日　韩城矿业公司党委副书记、工会负责人申峰一行8人在黄陵矿业公司党委副书记、工会主席孙鹏陪同下到一号煤矿交流学习。

6月29日　黄陵矿业公司财务对标交流会暨“五化”财务精细管理模式推进会在一号煤矿召开。

7月1日　陕西省委书记胡和平在延安市领导和陕煤集团党委书记、董事长杨照乾，黄陵矿业公司党委书记、董事长雷贵生陪同下到一号煤矿生产调度指挥中心了解“智慧矿山”建设运行情况，并与井下检修人员视频连线。

7月13日　西安科技大学党委书记周孝德、党委副书记李明一行6人在黄陵矿业公司党委书记、董事长雷贵生，党委副书记、工会主席孙鹏，副总经理刘建伟陪同下到一号煤矿考察调研。

7月16日　黄陵矿业公司NOSA现场推进会暨上半年安全工作会在一号煤矿召开，黄陵矿业公司领导雷贵生、王鹏飞、马玉军、李尚红、周志群、张新苗出席会议，机关部室、公司所属各单位负责人及受表彰的先进个人代表参加会议。一号煤矿获得“2020年度上半年人的安全行为治理先进单位”荣誉称号，刘永亮等获得“人的安全行为治理优秀工作者”荣誉称号，舒林、张伟等人分别获得“安全行为标兵”“优秀四员两长”荣誉称号。

8月12日　陕西省文明委第十检查组组长、省统计局二级巡视员葛小伟一行到黄陵矿业公司督导检查全国文明单位创建工作，并到一号煤矿检查。

8月20日　由宝鸡市总工会副主席王为君带队，宝鸡市总工会、陕西省交通运输工会、水电三局工会、水电十五局工会、陕煤集团工会相关人员组成的全省企业民主管理调研检查组到一号煤矿，察看厂务公开民主管理成果展示和全员创新成果展示。

同日　陕煤集团基本建设管理部副经理王建立、陕西煤业股份有限公司安全环保监察部经理王西才带领相关部门组成的专家组，到一号煤矿对四号风井及附属工程项目进行竣工验收。

8月26日 一号煤矿“基于动态地质模型大数据融合迭代规划控制策略的智能开采技术”项目通过陕西煤业股份有限公司验收。

9月11日 国内首套自主选型配套快速掘进设备顺利入井，标志着一号煤矿在综采工作面实现智能化后，快速掘进正式进入设备自动化、操作智能化新阶段。

9月15日 一号煤矿“基于动态地质模型大数据融合迭代规划控制策略的智能开采技术”项目通过中国煤炭工业协会验收。

9月24日 陕煤集团工会副主席杨永红一行在黄陵矿业公司党委副书记、工会主席孙鹏陪同下到一号煤矿检查指导工作。

9月29日 陕煤集团环保监察部经理石尚龙带领集团环保检查组到一号煤矿对矿井水处理站和排矸场治理进行检查指导。

10月12日 全国政协常委、经济委员会主任、原中国银监会主席尚福林，全国政协经济委员会副主任、全国妇联原党组书记、副主席、书记处第一书记宋秀岩，全国政协常委、经济委员会副主任、北京大学新结构经济学研究院院长林毅夫带领全国政协经济委员会一行17人，在陕西省政协经济委员会主任姚炬，黄陵矿业公司党委书记、董事长雷贵生陪同下，到一号煤矿考察调研。

10月15日 中国知名作家采风团一行30余人到黄陵矿业公司开展“中国知名作家看黄陵”采风活动，并在黄陵县委书记孟中华，黄陵矿业公司副总经理张新苗，总政工师、党委工作部部长赵应升陪同下到一号煤矿参观。

同日 《黄陵矿业安全生产管理体系规范》企业标准初稿交流会在一号煤矿召开。

10月26日 陕西能源职业技术学院校长刘予东一行5人到一号煤矿参观。

11月3日 一号煤矿成立以党委书记卢海峰、矿长薛国华为主任的《一号煤矿志》编纂委员会。启动《一号煤矿志》编纂工作。一号煤矿2012年在全国第一个实现薄煤层综采无人智能化开采和技术管理创新，具有示范性、引领性，于2018年11月被列为省煤炭行业第一批名矿志编纂单位。

11月18日 一号煤矿在中国煤炭工业协会第五届理事会第四次会议上获得“煤炭工业先进煤矿”荣誉称号。

11月30日 陕西煤矿安全监察局党组成员、副局长高红斌一行到黄陵矿业公司应急救援中心检查指导工作，并在一号煤矿开展了调度室设置的井下水灾事故“双盲”演练。

12月1日 一号煤矿选煤厂11月生产精煤20.55万吨，刷新了建矿以来单月精煤产量的新纪录。

12月2日 一号煤矿掘进三队等18个党支部在黄陵矿业公司召开的陕煤集团党支部标准化建设现场推进会上被授予“陕煤集团党支部标准化建设示范点”。

同日 一号煤矿新建区队办公楼和污水处理站升级改造项目完成，通过黄陵矿业公司验收。

12月3日 陕煤集团党委副书记、董事尤西蒂，董事、党委工作部（组织部）部长王俐俐，黄陵矿业公司党委书记、董事长雷贵生，集团所属各单位相关领导、党群部长以及主管专干140余人参加在黄陵矿业公司召开的陕煤集团党支部标准化建设现场推进会，与会人员到一号煤矿进行参观交流。

12月4日 在陕西煤业股份有限公司煤炭产供销全过程财务实时管理典型案例交流评比会上，一号煤矿《数据支撑架构，智慧引领转型——业财融合的“12456”采掘准备优化法应用实证分析》获得二等奖。

12 月 5 日　陕西省省长赵一德，省委常委、延安市委书记徐新荣，在黄陵矿业公司副总经理刘建伟、张新苗陪同下到一号煤矿调研。了解一号煤矿智能化无人开采技术发展历程和安全管理体系，观看岗位价值精细管理运行模式，听取智能化无人开采技术汇报和“三网一张图”协同管理、基于动态地质模型大数据融合迭代规划控制策略的智能开采技术经验介绍，并通过视频电话与井下一线职工亲切交谈，随后一键启动采煤机。

12 月 7 日　在国家能源局、国家煤矿安全监察局印发的《关于开展首批智能化示范煤矿建设的通知》中，一号煤矿被命名为“国家首批智能化示范建设煤矿”。

12 月 16 日　中国工程院院士王双明，陕西省煤炭工业协会会长朱周岐，陕西省煤炭生产安全监督管理局原副局长、陕西省煤炭学会常务副理事长张志民一行 4 人到一号煤矿考察调研智能化煤矿建设工作。

12 月 20 日　一号煤矿顺利通过国家一级煤矿安全生产标准化管理体系验收。

12 月 22 日　《黄陵矿业一号煤矿志》名矿志编纂工作推进会在一号煤矿三楼会议室召开。《陕西省煤炭工业志》副总纂、《中国煤炭工业志》编纂委员会专家组成员党德民作专题辅导。

同日　国家安全科学与工程研究院副院长，中国矿业大学（北京）应急管理与安全工程学院院长、教授博导朱红青一行 3 人到一号煤矿调研。

12 月 25 日　一号煤矿 NOSA 安健环风险管理达到“四星”标准，成为全国首个 NOSA 四星级煤矿。

是年　一号煤矿获得 2019 年度“陕西省国有企业文明单位”荣誉称号。

是年　全矿原煤产量 659.07 万吨，掘进总进尺 27600 米，实现利润 156395.63 万元。

第一篇
管理体制与经营机制

1989年以来，一号煤矿在体制与机制改革中，不断合理调整机构，使得生产管理逐年迈进质量化矿井，先后经历和推行了体制划转、减人提效等体制改革过程。在这期间，机关、基层机构设置也随着改革而变化，屡次撤销、撤并和重新组建。随着黄陵矿业公司体制与机制改革变化，一号煤矿形成了机关科室机构设置转换为部室，基层采煤队、掘进队设置转换与通风队、瓦斯抽放队等并存模式；一号煤矿在公司化管理体制下，布局合理、协调，实现了首家智能化开采，煤炭产量逐年提高、效益逐年增长，职工收入逐年提高，管理制度在运行过程中不断规范、健全和完善。截至2020年，全矿职工核定定员2427人，平均工效19.27吨/工。

第一章　管理体制与机构

第一节　矿　及　机　关

一、矿级体制沿革

1989年，国家计委印发《关于陕西省黄陵矿区总体设计的批复》(计建设〔1989〕1176号)，确定一号煤矿为陕西省黄陵矿区总体设计中的先期建设项目，列为国家“八五”(1991—1995年)重点建设项目和20项兴陕工程之一。1990年12月15日，一号煤矿筹备处成立，设立培训科和办公室两个办事机构，筹备处的主要职责是培训连续采煤机组的维修和使用人员。1991年12月23日，一号煤矿正式开工建设，由西安煤炭设计研究院设计，陕西煤炭建设公司、中煤二十九处等单位承建，原设计年生产能力420万吨。1992年7月2日，成立一号煤矿井巷开拓公司，撤销一号煤矿筹备处。1993年7月31日，经黄陵矿区管委会研究决定，将一号煤矿井巷开拓公司改为黄陵矿区管委会一号煤矿生产公司；同年8月，一号煤矿选煤厂成立管理机构，为黄陵矿区管委会二级单位。1995年6月6日，黄陵矿区管委会调整部分机构和人员，撤销一号煤矿生产公司，成立连采一队、连采二队、通风排水队、机电运输队、机械化采煤办公室和调度室。1995年，一号煤矿工业广场办公楼、联合建筑及二号风井基本建成。1996年1月22日，黄陵矿区管委会恢复一号煤矿生产公司机构，成立一号煤矿办公室、生产技术科、机电动力科、财务劳资科、材料管理科等机构。2000年3月，黄陵矿业公司研究决定，将选煤厂归并一号煤矿生产公司管理。2001年10月11日，黄陵矿业公司印发文件，将黄陵矿业有限责任公司一号煤矿生产公司更名为黄陵矿业有限责任公司一号煤矿。2003年11月9日，黄陵矿业有限责任公司更名为黄陵矿业集团有限责任公司，随即印发《关于启用“黄陵矿业集团有限责任公司一号煤矿”等印章的通知》，即日起启用“黄陵矿业集团有限责任公司一号煤矿”印章。2008年7月14日，黄陵矿业集团公司决定，将一号煤矿机修车间划归新成立的机电公司管理。2009 年，因陕煤集团上市需要，黄陵矿业集团公司重组更名为陕西陕煤黄陵矿业有限公司，一号煤矿更名为陕西陕煤黄陵矿业有限公司一号煤矿。截至 2020 年，一号煤矿矿级管理体制再未有变化。2020 年一号煤矿组织机构图如图 1-1-1 所示，2020 年一号煤矿副总工程师以上管理人员见表 1-1-1。

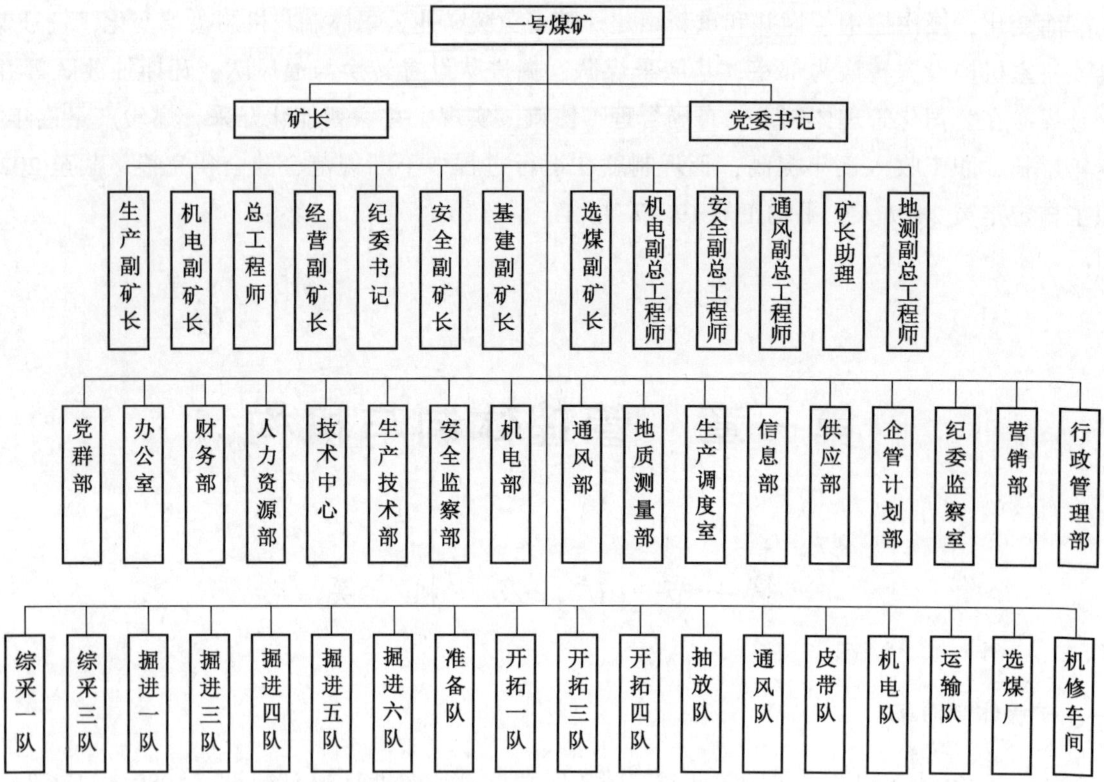

图 1-1-1　2020 年一号煤矿组织机构图

表 1-1-1　2020 年一号煤矿副总工程师以上管理人员表

姓名	性别	出生年月	籍贯	主要职务	任职时间
卢海峰	男	1971 年 3 月	陕西靖边	党委书记	2018 年 5 月—
薛国华	男	1976 年 8 月	陕西绥德	矿长	2019 年 7 月—
沈亚洲	男	1972 年 8 月	陕西富平	副矿长	2014 年 1 月—
符大利	男	1976 年 12 月	陕西佳县	副矿长	2015 年 12 月—
米广欣	男	1971 年 11 月	陕西铜川	副矿长	2014 年 2 月—
刘　洋	男	1984 年 11 月	山东枣庄	副矿长	2019 年 11 月—
张　驰	男	1983 年 4 月	陕西华县	副矿长	2019 年 11 月—
曲志欣	男	1968 年 8 月	河南唐河	副矿长	2020 年 4 月—
李道君	男	1985 年 4 月	四川南充	纪委书记	2020 年 9 月—
焦稳锋	男	1983 年 10 月	陕西富平	总工程师	2018 年 2 月—
刘茂荣	男	1974 年 9 月	陕西绥德	副总工程师	2017 年 5 月—
王　钢	男	1975 年 8 月	陕西大荔	副总工程师	2019 年 11 月—
高　亮	男	1984 年 8 月	山西临汾	副总工程师	2019 年 11 月—
白建军	男	1974 年 4 月	陕西佳县	矿长助理	2019 年 11 月—

二、机关体制沿革

1990年，一号煤矿筹备处成立，设立培训科和办公室两个科室。1992年，在机制转变中成立经营部、生产部、调度室等科室。1996年1月22日，黄陵矿区管委会恢复一号煤矿生产公司机构。成立一号煤矿办公室、生产技术科、机电动力科、财务劳资科、材料管理科等机构。1996年8月16日，一号煤矿生产公司成立安全监察科、生产调度室。1998年3月26日，成立一号煤矿生产公司煤炭管理科、皮带队。1999年5月，成立一号煤矿机电供应部。2000年3月6日，黄陵矿业公司党政联席会议研究决定，将选煤厂归并一号煤矿生产公司管理。2001年11月5日，根据工作需要矿党委成立党群工作部。2002年3月19日，一号煤矿设立安全监察处，其日常业务管理受黄陵矿业公司安全生产处领导。2003年2月11日，一号煤矿党政联席会议研究决定成立一号煤矿生产技术部。根据《关于各部（室）、基层单位业务划分的通知》（黄司矿发〔2003〕37号）规定，生产技术部负责矿井的工程技术管理工作、“一通三防”管理工作、地质测量技术管理工作及各种图纸资料的收集存档工作，生产技术部由矿总工程师分管，下设地测组、采掘组。2010年1月20日，一号煤矿撤销机电供应部，成立机电部、供应部、数字化中心；同年7月29日，一号煤矿撤销计划劳资科，成立人力资源部、企管计划部、机修车间；同年10月，根据工作需要，成立地质测量部。2012年4月1日，一号煤矿成立行政管理部，撤销后勤服务队。2012年10月19日，根据工作需要一号煤矿通风科更名为通风部，财务科更名为财务部，数字化中心更名为信息部。2015年11月3日，成立一号煤矿营销部。2018年9月，成立一号煤矿纪委监察室。2019年4月3日，成立一号煤矿技术中心。

截至2020年底，一号煤矿共设置17个部室，分别为办公室、党群部、纪委监察室、财务部、人力资源部、企管计划部、机电部、供应部、生产技术部、生产调度室、安全监察部、通风部、地质测量部、行政管理部、营销部、信息部、技术中心。2020年一号煤矿机关各部室负责人见表1-1-2。

表1-1-2 2020年一号煤矿机关各部室负责人表

姓名	部门、职务	任职时间
王星星	党群部部长	2020年9月—
赵益勋	党群部副部长	2018年10月—
张　鹏	纪委监察室主任	2020年9月—
杨忠顶	财务部部长	2019年7月—
赵彩萍	财务部副部长	2017年5月—
张海博	人力资源部部长	2010年7月—
张　毅	人力资源部副部长	2011年1月—
闫　东	人力资源部副部长	2020年7月—
牛艺强	办公室主任	2012年11月—
白　杰	企管计划部副部长（主持工作）	2020年2月—
胡文斌	企管计划部副部长	2020年2月—
范建军	行政管理部部长	2012年4月—
白建礼	行政管理部后勤支部书记	2013年5月—

表 1-1-2（续）

姓名	部门、职务	任职时间
廉艳玲	行政管理部副部长	2020 年 2 月—
张玉良	机电部部长	2020 年 10 月—
李　悬	机电部副部长	2017 年 5 月—
韩小涛	机电部副部长	2020 年 4 月—
井振强	供应部部长	2010 年 3 月—
刘　喆	供应部副部长	2020 年 7 月—
王　飞	生产技术部部长	2020 年 2 月—
梁　林	生产技术部副部长	2020 年 3 月—
向　利	地质测量部副部长（主持工作）	2020 年 6 月—
周战民	生产调度室主任	2014 年 2 月—
鲁　军	生产调度室副主任	2016 年 8 月—
刘建纯	生产调度室副主任	2018 年 5 月—
韦晓虎	信息部副部长（主持工作）	2020 年 7 月—
段延安	安全监察部部长	2020 年 2 月—
谭　飞	安全监察部副部长	2014 年 12 月—
刘永亮	安全监察部副部长	2020 年 2 月—
付天河	通风部副部长（主持工作）	2019 年 12 月—
孙俊平	营销部部长	2017 年 6 月—
程建军	营销部副部长	2019 年 4 月—
李成西	技术中心主任	2020 年 2 月—
王　霞	技术中心副主任	2017 年 5 月—
王仁祥	技术中心副主任	2019 年 4 月—

第二节 生 产 单 位

一、采掘区队

1992 年 7 月 2 日，黄陵矿区管委会撤销一号煤矿筹备处，成立一号煤矿井巷开拓公司，同时成立一号煤矿第一作业层、第二作业层、第三作业层、机电维修层。1993 年 9 月，机电维修层增设车间；同年 10 月，机电维修层增设皮带组。1995 年 6 月，成立连采一队、连采二队、通风排水队、机电运输队。1998 年 3 月，成立一号煤矿掘进一队；同年 8 月，成立一号煤矿掘进三队，主要承担一号煤矿井下巷道掘进工作。1998 年 4 月，成立一号煤矿皮带队。2002 年 2 月，根据工作需要成立准备队，主要承担全矿综采工作面安装、回撤及各类大型设备的运输任务。2003 年 9 月，成立通风队，主要负责矿井通风设施维护及瓦斯抽采工作。2004 年 2 月，组建综采一队、综采三队，主要负责一号煤矿原煤回采工作。2008 年 10 月，因工作需要成立瓦斯抽放队。2013 年 8 月，根据工作需要成立掘进四队、掘进五队，主要承担一号煤矿井下巷道掘进工作。2020 年 7 月，根据工作需要成立掘进六队，主要承担一号煤矿井下巷道掘进工作。

截至 2020 年底，一号煤矿共设 2 个综采队、5 个掘进队、8 个辅助区队。2020 年一号煤矿区队负责人见表 1-1-3。

表 1-1-3　2020 年一号煤矿区队负责人表

姓名	单位、职务	任职时间
杨晓勇	综采一队队长	2020 年 9 月—
张　志	综采一队书记	2019 年 8 月—
阎　鑫	综采三队队长	2020 年 2 月—
高海超	综采三队书记	2017 年 5 月—
宋万龙	掘进一队队长	2018 年 2 月—
李亚斌	掘进一队书记	2020 年 7 月—
冒薛清	掘进三队队长	2015 年 8 月—
贺小锐	掘进三队书记	2013 年 9 月—
成　飞	掘进四队队长	2020 年 9 月—
管　苏	掘进四队书记	2014 年 3 月—
任　超	掘进五队队长	2020 年 2 月—
徐胜利	掘进五队书记	2020 年 9 月—
倪　军	掘进六队队长	2020 年 7 月—
薛振江	掘进六队书记	2020 年 1 月—
钱竹响	抽放队队长	2018 年 7 月—
吝　柏	抽放队书记	2020 年 7 月—
鲁学利	准备队队长	2018 年 2 月—
吕　璐	准备队书记	2019 年 4 月—
李龙国	通风队队长	2012 年 11 月—
郭彬彬	通风队书记	2020 年 7 月—
王宏伟	机电队队长	2016 年 1 月—
卞新华	机电队书记	2018 年 10 月—
常李军	运输队队长	2020 年 5 月—
郝继章	运输队书记	2017 年 3 月—
牛占海	皮带队队长	2012 年 11 月—
褚建勇	皮带队书记	2012 年 4 月—
武俐杰	机修车间主任	2014 年 9 月—
张小龙	机修车间书记	2020 年 9 月—
郭锋涛	选煤厂厂长	2020 年 2 月—
何　晨	选煤厂书记	2020 年 1 月—

二、选煤厂

1989年10月20日，黄陵矿区管委会印发《关于黄陵一号煤矿矿井及选煤厂初步设计的预审意见》(黄矿建管发〔1989〕字003号)。1989年11月，选煤厂设计初设方案审查原则通过。1990年1月，一号矿井选煤厂施工组织设计合同书签订。1991年5月27日，黄陵一号煤矿选煤厂工程建设总承包合同签订。1991年7月30日，黄陵一号煤矿选煤厂开工建设。1992年3月29日，国家能源投资公司办公室印发文件（能投办〔1992〕第126号），确定黄陵一号井及选煤厂（及其配套工程）为1992年国家重点建设项目。1993年1月20日，黄陵一号井及选煤厂（及其配套工程）被列为1993年国家重点建设项目。1993年8月17日，黄陵矿区管委会成立选煤厂机构，选煤厂成为矿区直属单位。1993年10月17日，启用"黄陵矿区管委会选煤厂"印章。1997年1月2日，黄陵矿区管委会印发文件（黄矿建管〔1997〕01号），将原选煤厂所管辖的270皮带系统（堆取料机）及煤场连同人员划归一号煤矿生产公司统一管理。2000年3月6日，黄陵矿业公司党政联席会议研究决定，将选煤厂归并一号煤矿生产公司管理；同年3月，选煤厂隶属一号煤矿管理。

第二章 经 营 机 制

第一节 经营机制演化

1989年以来，一号煤矿在企业改制中，根据公司发展战略的每个阶段实际情况，制定出台、实施相应管理措施，并在运行过程中不断规范完善。1990年10月，黄陵矿区全面开工建设，项目建设实行监理制、业主责任制和工程设计总承包制等建设管理体制，所有工程项目委托监理咨询公司监理，监理公司主要在工程的"质量、投资、工期"三控制上实施监理，直接向黄陵矿区管委会负责。内部管理实行"生产、生产服务、生活服务"三条线管理的原则，设立管理机构和基层单位。职能部门根据管理职能、计划安排对基本建设进行组织、协调、监督；各经营公司之间是经济合同关系；各经营公司全部签订承包合同，全面推行承包责任制。1993年2月，黄陵矿区管委会深化工资、奖金、人事制度改革，全面实行安全风险抵押制度。1996年4月，对基层12个单位实行经营承包，全面推行内部经营承包责任制，逐步建立起经营承包、内部银行、区队核算、经营调度"四位一体"的经营管理机制。2002年开始，黄陵矿业公司全面推行利润经营模式和自负盈亏机制，形成了三级管理、三级核算管理体制。黄陵矿业公司为一级核算体，以资本运营、资金管理为重点，负责资本的保值增值；黄陵矿业公司所属各单位为二级核算体，以盈亏管理为重点，负责生产经营和管理，实现利润经营；区队、车间（班组）为三级核算体，以实体核算为重点，实行成本核算。根据所属二级单位的不同经营性质，将二级单位分为利润经营型、放开经营型和费用控制型三种类型，实施分类管理，一号煤矿实行利润经营。2008年，黄陵矿业集团公司成立全面预算管理委员会，推行以现金流为核心的全面预算管理，实行财务科长委派制，清理零散银行账户；实行目标成本管理，形成科学完备的成本控制体系；实施流程再造，实行“人单合一”的订单式管理，完善内部市场机制，推行岗位价值精细化管理；改革薪酬分配制度，实行岗效工资制，打破国有企业平均主义大锅饭的分配模式，达到“岗位增值、企业增效、员工增收、保证安全”的“三增一保”目的。成立重大决策咨询委员会和煤炭价格决策领导小组，提高决策的科学性，降低企业经营风险。一号煤矿根据黄陵矿业公司实行二级法人管理体制，黄陵矿业公司具有授权经营国有资产和直接从事生产经营活动的双重职能，对一号煤矿通过聘任的方式委派管理干部从事生产经营等工作。黄陵矿业公司聘任的基层班子成员，直接对黄陵矿业公司负责，对授权支配的国有资产有保值增值的义务。黄陵矿业公司负责把握国家产业政策分析和煤炭行业发展的趋势，研究制定企业中长期发展规划和年度发展计划，并分阶段对计划目标的实施情况进行对比分析和绩效评价。黄陵矿业公司采取内外部绩效评审相结合的方法，对黄陵矿业公司年度经营结果，通过职代会的方式向职工代表通报。下属单位年度经营管理绩效评价，依据年初下达的预算报告和黄陵矿业公司出台的薪酬考核管理办法进行。对黄陵矿业公司领导班子评价主要通过陕煤集团年度目标责任考核进行。同年，随着岗位精细化管理不断开展，各项管理逐渐进入精细管理阶段，管理工作以服务矿区、服务员工为主，打造文明窗口，使企业管理更加科学系统。

2010—2020 年，不断提高管理水平和经济工作运行质量，结合矿井生产和经营实际情况，修订完善了《一号煤矿职工奖惩管理办法》《一号煤矿劳动工资管理办法》《一号煤矿培训管理办法》《一号煤矿请销假管理办法》等管理制度，各项制度紧紧围绕黄陵矿业公司及一号煤矿各项安全生产经营目标开展工作，细化了人事、薪酬、培训、社保、职业健康等各项工作，加强了人力资源管理工作，创造了良好的用人环境，真正做到人尽其才，促进了人力资源的优化配置。同时，在工资结算中严格按划分业务范围结算零星工程，减少了工资重复支付，降低了工资成本，提高了各单位工作效率，坚持“按劳分配、多劳多得”的分配原则，营造了良好的竞争机制。培训工作不断做好煤矿“三项”岗位人员、其他从业人员的培训，确保职工 100% 持证上岗，并且按照煤矿安全培训规定“一人一档”“一期一档”的要求，健全了从业人员安全培训档案。

截至 2020 年，一号煤矿在现代企业制度运行下，矿井“四化”建设不断深入推进，不但实现了煤矿智能化技术开采，而且多方面工作朝智能化方向迈进，各项工作蓬勃向上向好。

第二节 用工与薪酬、社保

一、劳动用工

1989 年，一号煤矿成立时，用工制度沿袭省内国有煤炭企业的管理形式，分为干部、固定工和全民合同制职工。调入的职工按调入前原企业的身份确定，接收的大中专毕业生为固定工，因征地等原因招收的人员为全民合同制职工。一号煤矿开工建设后，在矿井采掘岗位也招聘了部分农民协议工。2011 年起，对短期用工、临时性用工等辅助岗位使用劳务派遣工，建立了派遣用工合作关系，使一号煤矿临时用工管理更加科学化、规范化。截至 2020 年 12 月 30 日，一号煤矿核定定员 2427 人，其中管理人员定员 216 人。

二、薪酬管理

截至 2020 年，一号煤矿按照陕煤集团和黄陵矿业公司的工资调控目标、要求，结合矿井自身安全生产经营状况，按照效益优先、按劳分配、兼顾公平的原则，合理调整职工工资待遇。

在薪酬分配方面向脏、险、苦、累岗位和管理与技术岗位倾斜。允许基层区队实行灵活多样的分配形式，设立科学合理的奖金，充分调动职工的工作积极性。在薪酬管理方面，大胆创新，建立以岗位为最小核算单元的薪酬分配模式。实施岗位效益工资，颠覆传统的薪酬分配模式，最大限度地挖掘开发岗位价值，使职工由劳动者转变为经营者，为矿井绩效考核和薪酬分配探索了一条新路子。

三、社会保障

1989 年 9 月，矿区开始实施养老保险，实行省级行业养老统筹，建立个人养老保险账户。1997 年 1 月，开始实施住房公积金缴纳政策，用于职工住房建设。同时建立住房公积金管理台账，住房公积金管理实行单位内部统筹。1998 年 8 月起，由省煤炭行业统筹管理，封闭运行，基金实行差额缴拨管理。1999 年，根据《国务院关于实行企业职工基本养老保险省级统筹和行业统筹移交地方管理有关问题的通知》(国发〔1998〕28 号）规定，煤炭行业养老保险工作整体下放到陕西省，实行省级统筹管理。1999 年 10 月，养老保险金移交陕西省社会保障局管理。矿区成立之日起开始实施工伤保险、医疗保险，实行内部统筹。2000 年 1 月，开始实施失业保险，同时建立失业保险信息库。2006 年 1 月，企业年金作为养老保险的一种补充形式开始实施，实行集团内部统筹管理，根据《黄陵矿业集团有限责任公司企业年金实施细则》，建立了企业年金基本信息数据库，每月由经办人依据增减变化情况核定各单位的应缴企业年金人数和金额，通过工资对职工个人实施企业年金代扣缴业务，每月以报表的形式向黄陵矿业公司社保管理中心申报一次人员增减变化情况，并足额上缴企业年金。

第三节 减 人 提 效

截至 2020 年，一号煤矿紧密围绕“做精做优、求实创新、绿色开采，打造美丽和谐、平安智慧新矿山”的发展规划，不断深化矿井“四化”建设，提高岗位工作效率，降低岗位作业人数。

（1）智能化采煤工作面：实现地面调度指挥中心、顺槽监控中心远程集控，生产期间工作面人员每班减少 7 人。

（2）主运输系统：实现远程集控，岗位工变为巡视工，岗位减员 24 人。

（3）供电系统：实现无人值守、有人巡视，减少岗位工 12 人。

（4）通风系统：局部通风系统实现远程集控，岗位工改为巡视工，岗位减员 10 人。

（5）瓦斯抽采系统：远程集控进行试运行，调试完成后，可减员 8 人。

（6）智能装车系统：智能化装车系统进行试运行，调试完成后，可实现装车全过程自动化、智能化，减员 18 人。

精减人员经过转岗培训学习，分别安置到技术岗位和辅助单位工作。

第二篇
煤田地质

黄陵矿区属中等切割区，侵蚀构造地形。1957—2020年，陕西省煤田地质局物探测量队等多家单位对矿井进行了多次补充勘探，提交了大量地质资料。黄陵一号煤矿地质工作者在矿井生产中又进一步对矿井地层、地质构造、煤层开采技术条件进行资料收集和分析研究，基本摸清了矿井煤系地层、构造及其变化规律，为矿井设计、建设、生产和灾害治理提供了大量翔实的技术基础资料。

第一章 环境与资源

第一节 井田位置及面积

一、井田位置、交通

黄陵矿业公司一号煤矿地处陕西省黄陇侏罗纪煤田黄陵矿区之东北部，位于陕西省黄陵县店头镇，行政区划隶属黄陵县店头镇、双龙镇、隆坊镇、桥山街道办事处及富县寺仙镇、张村驿镇管辖。其地理坐标为东经108°55′33″~109°07′58″，北纬35°39′23″~35°50′36″。

西安—延安铁路支线即秦家川—店头铁路支线为矿区运煤专线，黄畛（黄陵—上畛子）公路东西向从本区南部穿过，在黄陵县城与210国道、G6522及G65包茂高速公路铜黄段衔接，距离约28千米，东达黄陵县城，南达铜川、西安等地。一号煤矿距延安160千米，距铜川118千米，距西安190千米。区内林区简易公路遍布，交通便利。一号煤矿矿区交通位置图如图2-1-1所示。

二、井田范围

一号煤矿井田位于陕北侏罗纪煤田黄陵矿区东北部，井田东部以苍村平硐为界，东南以仓村斜井为界（煤层露头为界），南以2号煤层可采边界为界，西北部与二号煤矿相邻，北以2号煤层可采边界为界。南北长约23千米，东西宽约13千米，倾斜宽11~16千米，面积约184.17平方千米，形状不规则。一号煤矿井田范围遥感影像如图2-1-2所示。

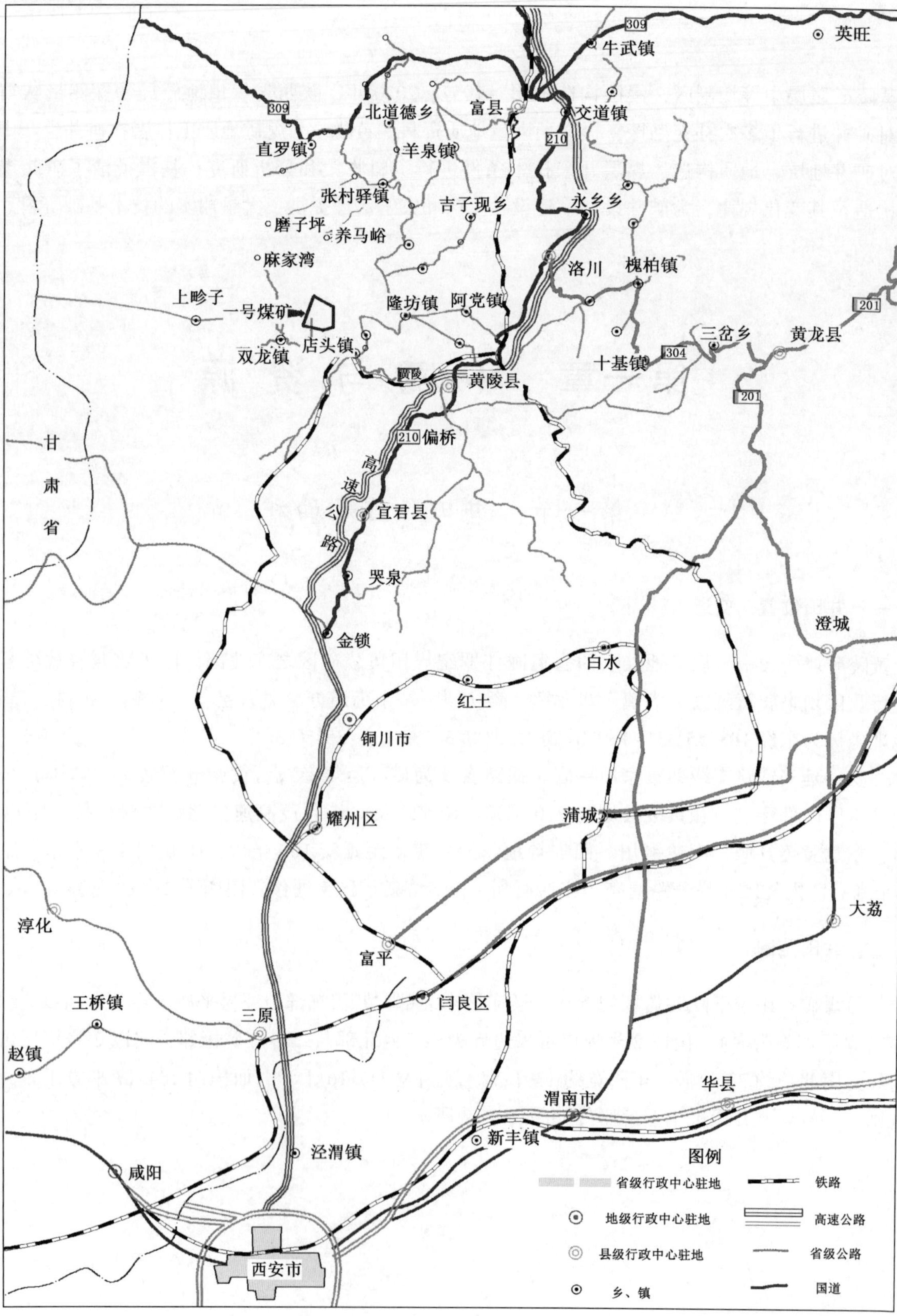

图 2-1-1 一号煤矿矿区交通位置图

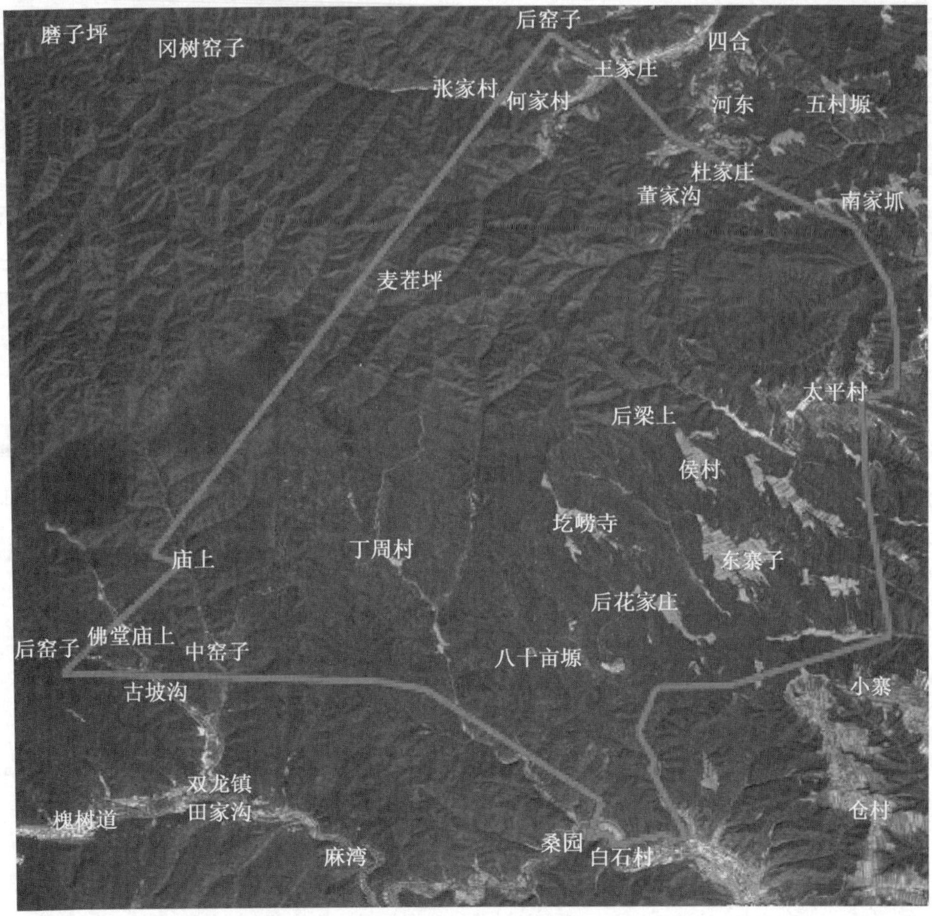

图 2-1-2 一号煤矿井田范围遥感影像图

第二节 地形地貌及河流

一、地形地貌

一号煤矿地处陕北黄土高原南部，属中等切割区，侵蚀构造地形。地势呈西北高东南低，具典型的黄土高原地貌特征。东北部以黄土塬地形为主，沟壑纵横，塬面支离破碎，切割深度 100~200 米，沟底标高 920~1000 米，塬面标高一般为 1200 米，最高处为西北部双咀梁，海拔 1463.80 米。西南部山峦起伏，地形复杂。

二、河流

辖区内树枝状水系较发育，属洛河水系。常年流水的有矿区北界的葫芦河，横贯矿区中部的沮河，南部的南川河以及东部的郑家河。葫芦河由西北流向东南，在交河口附近汇入洛河，全长 200 千米。沮河为区内最大水系，由西向东流经矿区，于黄陵县东注入洛河，全长 128 千米，流量一般为 1.2 立方米/秒，店头镇观测流量0.192~6.814立方米/秒，平均 2.07 立方米/秒，中铁第一勘察设计院计算百年一遇洪流量 216 立方米/秒。上述两条河流均发源于西部子午岭东麓。南川河发源于财神梁分水岭以北童家山一带，由南向北流经矿区，全长 44 千米，流量 0.275～4.602 立方米/秒，平均 1.44 立方米/秒，经计算百年一遇洪峰流量 130 立方米/秒，最高洪水位平均高出地面 2～3 米。郑家河由北西向东南流经矿井中部，于黄陵县注入洛河，全长约 27 千米，流量 0.192～0.298 立方米/秒；该河上游建一水库，面积 1 平方千米，设计正常水位标高 1031.35 米，水库容量 200 万立方米。由于受大陆性季风气候影响，流量随季节变化较大。

第三节 水 文 气 象

黄陵矿区属大陆性半干旱暖温带季风气候。据上畛子农场水文站和黄陵气象局资料，丰水年最大降水量 1036.8 毫米（1976 年），枯水年最小降水量 306.0 毫米（1978 年），多年平均降水量 775.2 毫米，多年平均蒸发量 1472.0 毫米。雨季多集中在 8—10 月，日最大降水量 82.1 毫米。冰雹多集中在 6—8 月。辖区内多年平均气温 8.5 摄氏度，1 月平均气温-4.8 摄氏度，最低-23.1 摄氏度；7 月平均气温 20.1 摄氏度，最高气温为 35.4 摄氏度。无霜期 191 天，冰冻期为 11 月至次年 3 月。最大积雪厚度 240 毫米，冻土层厚度 660 毫米。恒温带深度 25 米左右，温度 9.5 摄氏度。常年主导风向为西北风和东南风，夏季多为东南风，冬季多为西北风；年平均风速 3.3 米/秒，最大风速为 25 米/秒。

第四节 资 源 储 量

1989 年初步设计及 1996 年矿井优化设计井田面积 242.5 平方千米，地质储量 64361.67 万吨，可采储量 45993.5 万吨。1998 年 6 月 18 日，国家计委将一号煤矿三岔口块段的部分煤炭资源划归延安地区规划建设（计交能〔1998〕1138 号），划出面积 18.5 平方千米，储量 1684 万吨。2000 年 6 月 9 日，陕西省地质矿产厅将一号煤矿东南边界的部分煤炭资源划归黄陵县 13 个小煤矿开采（陕地函发〔2000〕19 号），共划出面积 6.66 平方千米，储量 1523.3 万吨。2006 年 6 月 30 日，根据国土资源管理部门的意见，陕煤集团同意将一号煤矿东南边界的部分煤炭资源划归黄陵县两个小煤矿开采（陕煤司发〔2006〕193 号），共划出面积 1.35 平方千米，储量 294.7 万吨。

根据 2008 年 5 月国土资源部《关于〈陕西省黄陇侏罗纪煤田黄陵矿区一号煤矿资源储量核实报告〉矿产资源储量评审备案证明》(国土资储备字〔2008〕99 号)，核定井田面积共减少 7.47 平方千米。截至 2008 年末，井田面积 208.52 平方千米，井田保有储量 49952 万吨，其中，探明的（可研）经济基础储量（111b）27247 万吨，控制的经济基础储量（122b）7616 万吨，推断的内蕴经济资源量（333）15089 万吨。

2011 年 3 月 23 日，依据陕煤集团《关于调整黄陵一号煤矿及陕西瑞能煤业有限公司一号斜井采矿权边界的建议》(陕煤化司函〔2011〕19 号)，黄陵矿业公司和陕西煤炭建设公司签订了调整矿权边界协议，同时黄陵县、延安市国土资源局分别作出《关于调整陕西陕煤黄陵矿业有限公司和陕西瑞能煤业有限责任公司煤矿矿区范围的请示》(黄国土资字〔2011〕11 号)(延国土资矿发〔2011〕09 号）向上级申报；陕西省人民政府《关于陕西煤业化工集团煤炭资源整合方案的批复》(陕政函〔2011〕237 号)，同意陕西煤业化工集团黄陵矿业有限责任公司一号煤矿与陕西瑞能煤业有限公司一号斜井采矿权边界调整。2011 年 5 月 23 日，陕西省国土资源厅为一号煤矿颁发了变更后的采矿证，划出面积 11. 01 平方千米，划出资源 2161. 12 万吨。采矿许可证证号为 C1000002009091120038234，有效期为 2011 年 5 月 23 日至 2031 年 11 月 23 日，开采方式为地下开采，开采矿种为煤炭，批准的矿区面积为 197. 51 平方千米，开采标高+1200～+800 米，煤矿采矿许可范围由 37 个拐点圈定。

2017 年 10 月，由陕西省国土资源厅批准的黄陵一号煤矿采矿许可范围由 28 个拐点圈定，矿区东西宽约 13 千米，南北长约 23 千米，形状不规则，批准矿区面积 184. 18 平方千米，批准开采标高+980～+800 米。与 2011 年 5 月批准的采矿许可范围相比，拐点减少了 9 个，面积减少了 13. 33 平方千米，主要是解决与黄陵矿业公司所属的双龙煤矿矿权重叠问题。

一号煤矿矿权设置及四邻关系如图 2-1-3 所示。

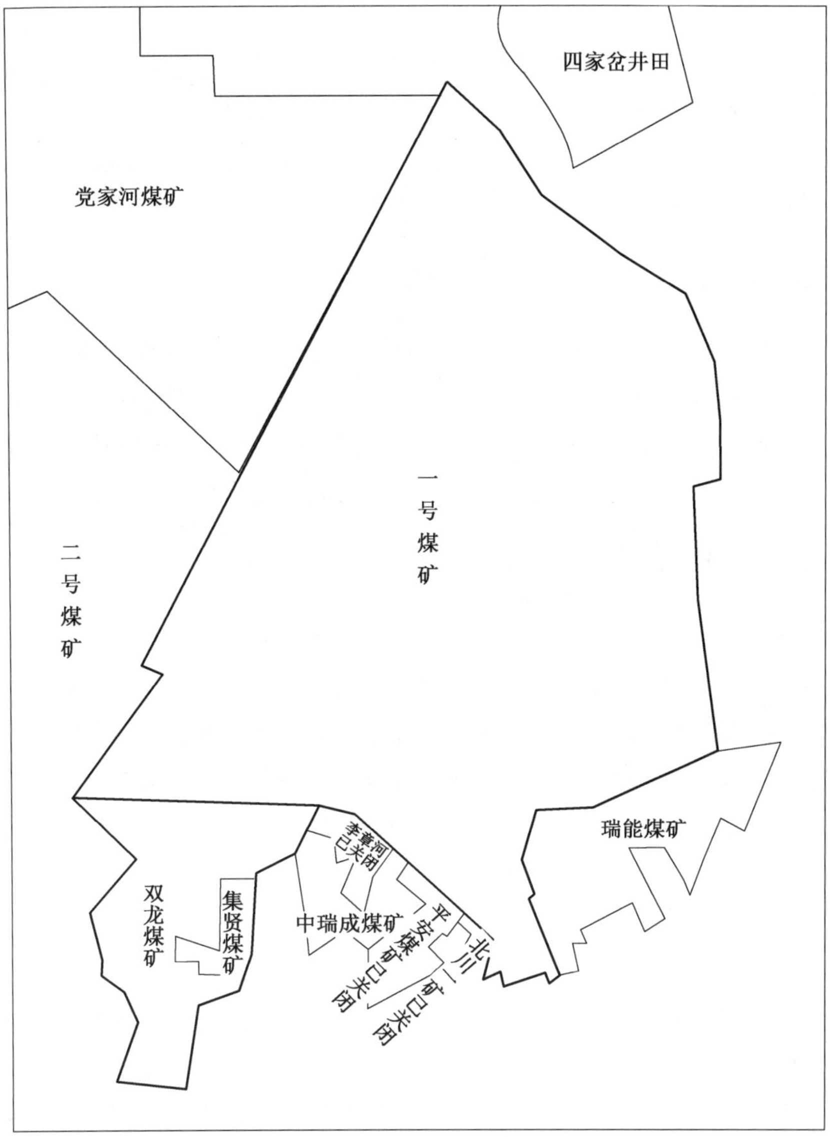

图 2-1-3 一号煤矿矿权设置及四邻关系

经过多年开采，截至 2020 年底，矿井地质储量 35904. 87 万吨，其中，探明的（可研）经济基础储量（111b）16439. 94 万吨，控制的经济基础储量（122b）4375. 93 万吨，推断的内蕴经济资源量（333）15089 万吨；可采储量 28080. 80 万吨。

第二章 地 质 构 造

第一节 地 层

一号煤矿井田位于黄陵矿区东北部，据地表出露和钻探、井巷工程揭露的地层由老到新有：三叠系上统永坪组（T_3y），侏罗系下统富县组（J_1f），侏罗系中统延安组（J_2y）、直罗组（J_2z）及安定组（J_2a），白垩系下统洛河组（K_1l）、华池组（K_1h），新近系上新统保德组（N_2b），第四系上更新统马兰组（Q_3m）和全新统冲洪积层（Q_4）。

一、三叠系上统永坪组（T_3y）

该组地层出露于本区东南部的沮河、鲁寺、白石一带，为侏罗系含煤岩系之基底。岩性以灰白、灰绿、黄绿色中、细粒长石石英砂岩为主，夹深灰、灰绿色泥岩，粉砂岩及薄煤层，属河湖相沉积。砂岩碎屑成分中石英含量大于80%，长石占10%，分选性中等—差，次棱角状，孔隙式—接触式钙泥质胶结。个别钻孔含油迹，具直线型或收敛型斜层理，泥岩具水平层理。

二、侏罗系下统富县组（J_1f）

该组地层为延安组含煤地层之下伏地层，区内未见出露，除南部缺失外均有分布。岩性下部为灰绿、灰白色中—粗粒砂岩，成分中石英含量约占80%，长石约占10%。分选性差，次棱角状，胶结为孔隙式—基底式，泥质胶结。偶见含油，分布不稳定。中上部为紫杂色、灰绿色泥岩，粉砂岩夹薄层细粒砂岩。泥岩中含菱铁质鲕粒，呈团块状，无生物化石，为残积相沉积。厚度0~70.00米（X57），平均21.02米。区内由南向北逐渐增厚。该组地层较稳定，分布较普遍，岩性特殊，物性特征明显，为区域性标志层K1。与下伏地层呈假整合接触。

三、侏罗系中统延安组（J_2y）

该组地层为本区含煤地层，全区分布。断续出露于沮河、鲁寺一带。从下至上可分为4段6个沉积旋回。各旋回底部以灰白色砂岩开始，向上为深灰色粉砂岩及灰黑色泥岩。含煤4层，自上而下编号为0、1、2、3号煤层，主采的2号煤层及零星可采的3号煤层（组）位于第一旋回的中、下部。岩相特征从下部的河流相到最后以湖滨三角洲相结束。厚度50.64~150.81米，平均92.29米，北厚南薄，西厚东薄，南部一般60米，往北依次增加至80~150米。与下伏富县组地层呈假整合接触。

四、侏罗系中统直罗组（J_2z）

该组地层全区分布，地表在李章河支流石窑子沟和塘峪沟及王村沟两侧零星出露其上部地层。全组为一套灰绿、紫红色泥岩，砂质泥岩和中—粗粒砂岩，化石稀少，属半干旱气候之冲积相沉积。厚度 123.05～196.00 米，平均 171.47 米，区内西薄东厚，向斜厚，背斜隆起部位薄，变化规律明显。与下伏地层呈假整合接触。该组地层可划分为上下两段。

五、侏罗系中统安定组（J_2a）

该组地层分布于本区西北部，在石灰沟、养马峪及李章河沟脑零星出露。底部为灰黑色块状泥岩或油页岩，中部为紫灰、浅黄色泥岩夹紫灰色、桃红色白云质泥灰岩和钙质粉砂岩，上部为紫、紫灰色白云质泥灰岩与黄色钙质泥岩互层，为一套干旱气候条件下的湖相沉积。厚度 0～37.5 米，平均 25.32 米。与下伏直罗组地层整合接触。

六、白垩系下统洛河组（K_1l）

该组地层全区大部分布，在区内石窑子沟和塘峪沟、王村沟支沟等河谷两岸出露，地貌呈陡坎状。岩性单一，为一套紫红、棕红色巨厚层状中粒长石石英砂岩。碎屑成分中石英占 75%，长石占 15%，其他占 10%，分选性较好，次棱角状，接触式泥质胶结，较松散，发育大型板状、楔状交错状层理。中夹紫红色泥岩、粉砂岩和紫灰色砾岩薄层。属风成砂丘沉积。厚度 8.10～222.72 米，平均 84.37 米，由西向东厚度渐变薄。与下伏地层假整合接触。

七、白垩系下统华池组（K_1h）

该组地层多已剥蚀，区内未见出露。有 4 个钻孔揭露该地层（SK22、X26、SK29、SK30）。下部为紫灰色薄层细粒砂岩夹粉砂岩与泥岩；上部以紫灰、紫红色粉砂岩为主，中夹同色泥岩和细粒砂岩。泥岩和粉砂岩具水平层理，层面多含白云母片，易风化，呈板状或薄片状、鳞片状。细粒砂岩中两组节理发育，含硅化木，裂隙常被方解石充填。厚度 15.0～38.7 米，平均 29.75 米。为一套半干旱气候条件下的湖相沉积。与下伏地层整合接触。

八、新近系上新统保德组（N_2b）

该组地层岩性为浅红色—棕红色黏土，砂质黏土夹钙质结核层。底部为杂褐色复杂成分砾石。胶结松散，零星出露于本区北部。与下伏地层呈不整合接触。厚度0～60.13米，一般 30～60 米。

九、第四系上更新统马兰组（Q_3m）

该组地层主要出露于山梁、山坡地带。岩性以灰黄色亚黏土、亚砂土为主，中夹多层钙质结核层和古土壤层，厚度 0～203.20 米，平均 66.46 米。与下伏地层不整合接触。

十、第四系全新统冲洪积层（Q_4）

该冲洪积层分布于李章河、王村沟等及各大支流沟谷地带，属冲洪积层沉积。岩性下部为砂砾石层，分选性极差，粒径大小不一，大者可达 20 厘米左右。上部岩性以灰褐色亚沙土、沙土为主，厚度 0～8.87 米，平均 5.73 米。与下伏地层不整合接触。

第二节 构 造

一号煤矿位于黄陵矿区东北部，井田总体构造为一个具有波状起伏的倾向北西的单斜构造，断层较少，地层倾角一般在 1°~5°，构造简单。依各部位构造发育情况，划分为两个区段。一号煤矿构造纲要图如图 2-2-1 所示。

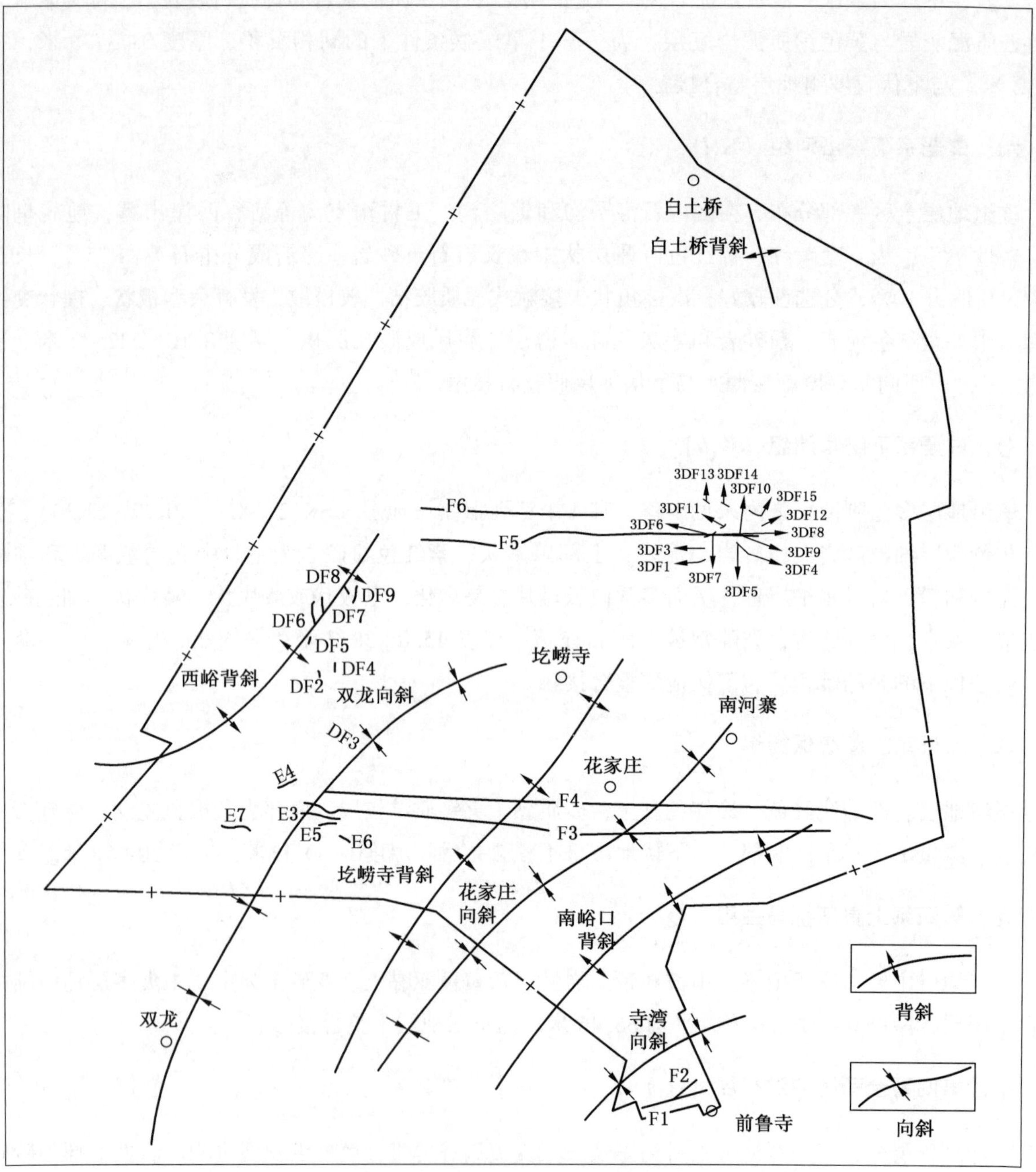

图 2-2-1 一号煤矿构造纲要图

一、中—南部宽缓波状起伏区

从一号煤矿南部边界开始，向北经双龙、双咀梁，到前柏树店（即 X39、X42、X44、L88 等钻孔连线）以南长约 15 千米的范围内，由西向东相间约 3 千米依次发育着西峪背斜、双龙向斜、圪崂寺背斜、花家庄向斜、南峪口背斜、寺湾向斜 6 个宽缓的波状起伏。上述背斜、向斜控制煤系地层和煤层的赋存状况，一般背斜部位煤系地层和煤层较薄，向斜部位较厚。背斜、向斜轴向均为北东向，皆由勘探工程严密控制。

（一）西峪背斜

西峪背斜位于本区西部，为一走向北东的宽缓马鞍状背斜，背斜轴从沮河北岸西峪村三叠系隆起开始，向北东经 X71 号孔至 L72 号孔呈倾伏状，72 号孔为鞍心部位，继续向北东延展并再次低幅度翘起至 S16 号孔，然后向北东至 L86 号孔以北逐渐消失。轴线全长约 10 千米，隆起端两翼幅度 40 余米，鞍心部位仅 10 米，倾伏端幅度 20 余米，两翼地层倾角 1°~3°。

（二）双龙向斜

双龙向斜位于本区中西部，为区内主要赋煤构造，从双龙东南约 4 千米的 L1 号孔开始，轴向以北北东向延展至 X26 与 L44 号孔之间，然后转为北向至 X55 号孔逐渐消失。轴线长 13 千米，宽 4~5 千米，东翼幅度 90 余米，地层倾角 3°~4°。西翼幅度 40 余米，地层倾角 1°~2°。为一开阔平缓而不对称的向斜。该向斜控制了区内主采的 2 号煤层的厚度及分布规律。

（三）圪崂寺背斜

圪崂寺背斜位于本区中部，为一西南向隆起，向北东倾伏的宽缓背斜，其西南端起始于沮河南岸麻湾村南的 P36 号孔，该孔为三叠系隆起，煤系地层变薄为 31.05 米，煤层尖灭。轴向北东向进入本区后经 S11、S74、S85 号孔至屹崂寺东北 S136 号孔渐趋消失，轴线总长 13 千米，西翼宽 3 千米，幅度 90 余米，东翼宽 1 千米，幅度 30 米左右，两翼地层倾角为 2°~3°。

（四）花家庄向斜

花家庄向斜位于本区中部，为一轴向北东的宽缓向斜，属区内主要赋煤构造。起于本区南部的 S132 号孔，经 S3 号孔进入本区后经 S20、S60、502 号孔至 601 号孔至南河寨消失。轴向长约 9 千米，宽 3~4 千米，南窄北宽，西翼幅度 30 米左右，地层倾角 2°~3°，东翼幅度约 60 米，地层倾角 1°~2°。此处部分区段发育了 F3、F4 正断层，并组成了地堑构造。

（五）南峪口背斜

南峪口背斜位于本区东部，南起本区外的西峪—南峪口隆起构造区，进入本区后经 S15、S24、S50、S73 各钻孔到 P27 号孔的渐趋消失。轴线长约 8 千米，宽 2~4 千米，两翼幅度 70~90 米，地层倾角 1°~2°。

（六）寺湾向斜

寺湾向斜位于本区东南角，轴向北东，轴线从区外 P6 号孔开始北东向进入本区经寺湾村南 P2、206、S27 号孔至区外 306 号孔消失。轴长 6 千米左右，宽 2~3 千米，两翼幅度 20~40 米，地层倾角 1°~2°，轴部出露延安组及直罗组上部地层。

二、北部单斜构造区

从 X39、X42、X44、L88 等钻孔连线以北至一号煤矿采矿权边界，长约 8 千米，为一简单的走向北东、向北西缓倾的单斜构造，地层倾角1°左右。在北部围绕X6号孔，有一走向北东东的宽缓小型隆起（亦称白土桥背斜）。轴线长约4.5千米，宽约2千米，波幅30米，两翼地层倾角1°~3°，围绕背斜形成一个薄煤区。

三、断层

矿井勘探期未发现断层。据煤矿开采资料，矿井井巷中揭露6条断层，编号为F1、F2、F3、F4、F5、F6，各断层均为正断层，走向近东西向，倾向北或南，倾角60°~85°，断距小于10.0米。一号煤矿矿井断层特征见表2-2-1。

表2-2-1 一号煤矿矿井断层特征表

断层性质及编号	断层特征				断层位置	揭露长度（千米）
	落差(米)	走向(°)	倾向(°)	倾角(°)		
F1 正断层	10	93	183	60	一盘区主进风巷、主轨道巷、主皮巷带巷	1.1
F2 正断层	9.5	79	169	70	一盘区主进风巷、主轨道巷、主皮巷带巷	0.3
F3 正断层	7.0	82	172	80	二、八盘区轨道巷、皮巷带、回风巷	11
F4 正断层	9.8	91	181	85	三盘区、八盘区北一大巷、西一大巷	11
F5 正断层	8	163	253	77	六盘区、十盘区、北一大巷、北二大巷	5.2
F6 正断层	8	84	174	50	六盘区、北一大巷、北二大巷	3.4

四、隆起及冲刷

各勘查阶段资料显示，本区未见隆起及冲刷现象。但矿井生产中，在601工作面发现隆起无煤区，无煤区面积为0.03026平方千米。在六盘区发现宽1~10米、深1.0米的冲刷薄煤区；在1001工作面进风巷中，发现有无煤区段，但范围均较小。总之，区内未见岩浆岩，断层稀少，地层倾角1°~5°，地层总体倾向北西西，本区构造形态为平缓而简单的波状起伏及单斜构造。

第三章 煤 层 煤 质

第一节 煤 层

一、含煤性

黄陵一号煤矿的含煤地层为侏罗系中统延安组，全组厚度50.64~150.81米，平均104.53米，共含煤4层（组），自上而下依次编号为0号煤层、1号煤层、2号煤层和3号煤层（组），含煤系数2.98%。其中，2号煤层为可采煤层，见煤点数、煤厚、层位和分布情况如下：

0 号煤层位于延安组第三段即第Ⅴ旋回。煤矿区内只有 L42、L52 两个钻孔见到，厚度 0.01 米，属极不稳定的不可采煤层。

1 号煤层位于延安组第二段第Ⅱ旋回中部 K2 砂岩（七里镇砂岩）之上。主要分布在煤矿区的中部，占全区面积的 69.9%。见煤点 257 个，占区内钻孔的 78%。煤层厚度 0.10（X22）~1.75 米（L75），平均 0.39 米。可采点 4 个（L75、C55、L76、X64），在煤矿区西南部的 L75、L76、X64 号孔连片呈条带状分布，可采厚度 0.92（L76）~1.35（L75）米，可采面积约 1.30 平方千米，属分布较稳定的不可采煤层。

2 号煤层位于延安组第一段第Ⅰ旋回中上部，K2 标志层以下，全区分布，为区内主要可采煤层。

3 号煤层（组）位于延安组第一段第Ⅰ旋回中下部，K1 标志层之上。以相对孤立的区块分布于煤矿区西北部，区内有 121 个见煤点，仅有 4 个可采点且不连片，属不可采煤层。其中 3^{-1} 号煤层见煤点 97 个，厚度 0.02~1.83 米，平均 0.45 米，2 个点（502、L94）可采，可采厚度 0.80、0.85 米。3^{-2} 号煤层见煤点 19 个，厚度 0.03~1.12 米，平均 0.45 米，2 个点（302、601）可采，可采厚度 0.86、1.03 米。3^{-3} 号煤层见煤点 3 个（L85、L92、L91），3^{-4} 号煤见煤点为 2 个，均不可采。综上所述，3 号煤层（组）局部分布，仅有 4 个可采点且不连片，因此，该煤层（组）属局部分布的不可采煤层。

二、可采煤层

（一）层位、厚度及可采范围

2 号煤层位于延安组第一段（J_2y^1）中上部，K2 标志层以下，层位稳定，分布面积 184.05 平方千米，占矿区面积的 99%。在 288 个钻孔中（共 290 个钻孔，SK10、SK16 号孔各有一个辅孔）有 287 个见煤钻孔，厚度 0.30（S24）~4.84 米（L68），平均 2.36 米。可采点 281 个，煤层可采性指数 K_m=0.98。计量厚度 0.80（S23）~4.69 米（L68），平均 2.18 米。煤层埋深 120~460 米，底板标高 +800~+980 米。可采面积 180.82 平方千米，属大部分可采煤层。

（二）煤层厚度变化规律

2 号煤层厚度多在 1.30~3.50 米之间，主要赋存于区内向斜区。可采范围内煤层厚度虽横跨薄（0.80~1.30 米）、中厚（1.30~3.50 米）及厚（>3.50 米）3 个分级，但其变化规律明显，即沿向斜向两侧基底隆起区逐渐由厚变薄。3.50 米以上的厚煤带完全集中在向斜区，而 1.30 米以下的薄煤层均分布于隆起和背斜顶部。2 号煤层厚度有一定变化，但规律性较明显。

2 号煤层 287 个可采见煤点中薄煤层 36 个点，中厚煤层 222 个点，厚煤层 23 个点，煤厚变异系数 γ=38%。以中厚煤层为主，中厚煤层约占全区的 77%。2 号煤层厚度见表 2-3-1，2 号煤层厚度等值线图如图 2-3-1 所示，2 号煤层厚度占比如图 2-3-2 所示。

表 2-3-1　2 号煤层厚度表

煤层厚度（米）	可采厚度以下	薄	中厚	厚	合计
	0.80 以下	0.80~1.30	1.30~3.50	3.50~8.00	
见煤点数（个）	6	36	222	23	287

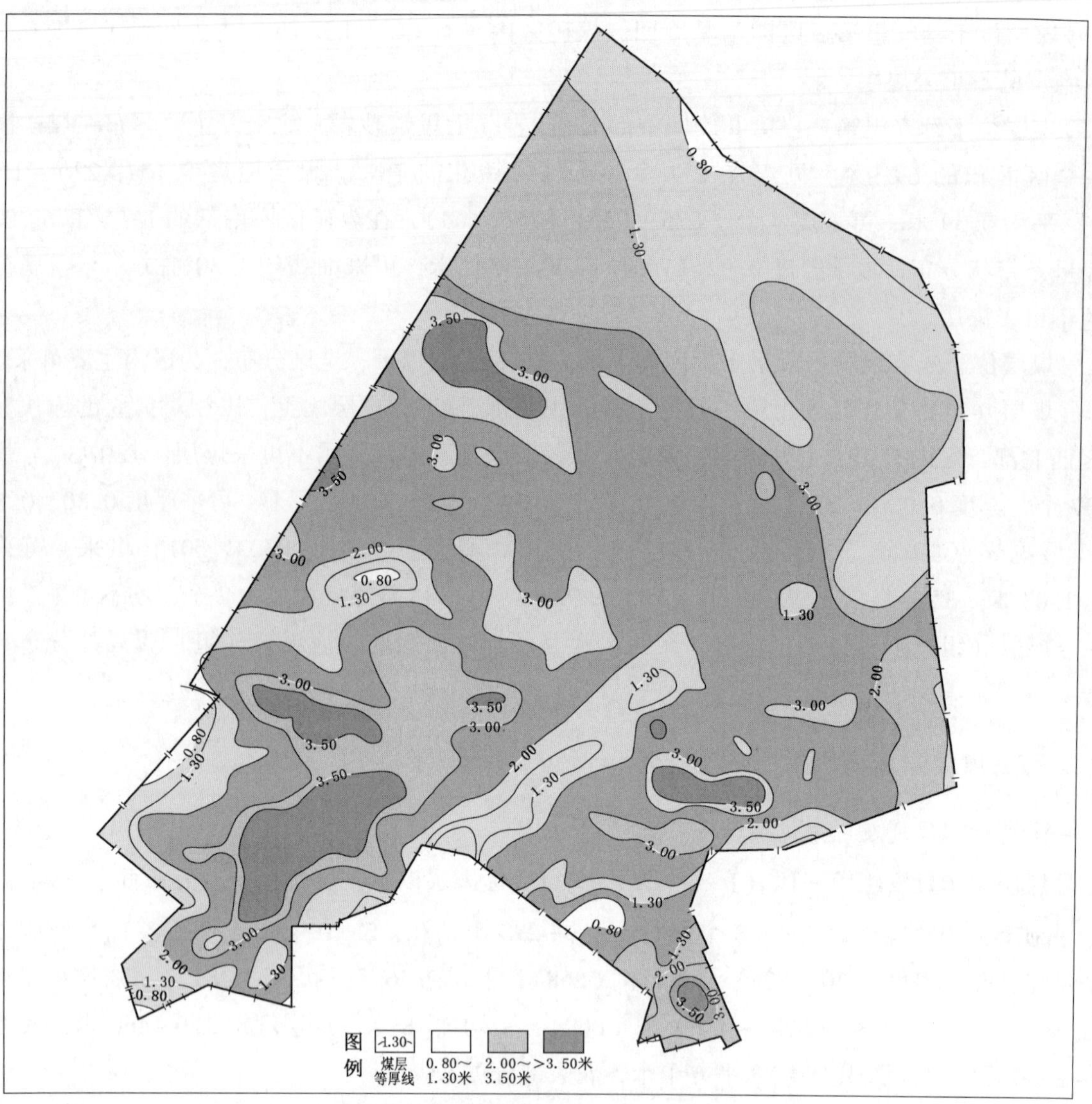

图 2-3-1 2号煤层厚度等值线图

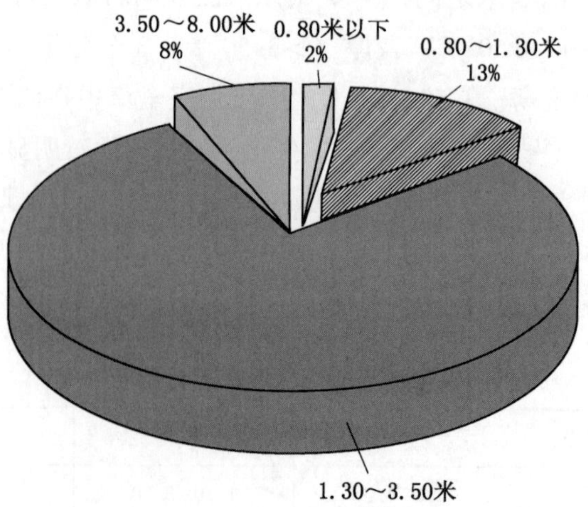

图 2-3-2 2号煤层厚度占比

（三）煤层结构及变化规律

2号煤层为结构简单的中厚煤层，含夹矸0~7层，大部分0~1层。区内见煤钻孔中不含夹矸或含一层较稳定夹矸的有212个点，占全部见煤点的73.9%。2号煤层以不含夹矸或含一层夹矸为主，结构简单。夹矸岩性以泥岩为主，局部为炭质泥岩和粉砂岩，厚度0.01~0.75米，一般多在0.10~0.20米。2号煤层夹矸统计见表2-3-2。

表2-3-2 2号煤层夹矸统计表

含夹矸层数	钻孔点数(点)	占见煤点的百分比(%)
不含夹矸	112	39.0
1层	100	34.8
2层	43	15.0
3层及以上	32	11.2
合计	287	100

（四）煤层顶底板

2号煤层顶板按岩性、层位、厚度及采掘垮落情况可分为基本顶、直接顶和伪顶。

伪顶主要为薄层状泥质粉砂岩或砂质泥岩，个别钻孔为炭质泥岩，厚度均在0.5米以下，有时与直接顶在岩性上不易区分，但以其薄层状及随采随落为特征。

直接顶岩性变化较大，以黑色泥岩为主，局部为粉砂岩或细粒砂岩，呈厚层状，有时与煤层直接接触，厚度0.7~20.6米不等，一般9米左右，为不稳定、易冒落顶板。

基本顶以块状灰白色中—细粒岩屑石英砂岩为主，俗称七里镇砂岩，为本区K2标志层，有时相变为粉细砂岩互层或粉砂岩。岩性较坚硬，厚层状，不易垮落。全区分布，层位稳定。厚度0.9~28米，一般3~11.96米。

2号煤层直接底主要为一套厚度较薄的灰色团块状粉砂质泥岩，有时含粉砂质、硅质、钙质、菱铁矿鲕粒，顶部含根系化石，俗称根土岩，呈团块状结构，遇水膨胀，易发生底鼓。厚度一般0.38~5米，一般1~2米，具有向斜部位、厚度较大、向两侧减薄的变化规律。

（五）控煤因素分析

印支运动末期，本区处于隆起和侵蚀期，三叠系虽然经过夷平作用和富县组沉积（填平补齐），形成了延安组地层的沉积基底（古地形）。基底（古地形）对2号煤层的聚集和展布方向起着明显的控制作用。主要表现为：2号煤层的展布方向及空间位置与向斜和背斜的走向一致。向斜是2号煤层中厚—厚煤带聚集区，煤层厚度由向斜中心向两侧依次变薄。背斜带为本区薄煤带分布区，煤层厚度由两侧向背斜顶部依次减薄。

三、煤层对比

本区延安组含煤地层为内陆碎屑河、湖沼相沉积，垂向沉积层序清楚，煤层自身特征明显。据此利用沉积旋回以及沉积韵律，采用煤层间距，煤层自身特征、标志层、测井地球物理特征等综合手段进行煤层对比。

（一）煤层间距及底板标高逐点追索对比法

区内各钻孔地层层序正常，可采煤层间距由于沉积环境的差异而有一定变化，但多为渐变关系，且遵循着基底隆起区煤层间距小，向斜地段含煤地层厚度增加，煤层间距加大的变化规律。反映在图上为底板等高线平滑顺畅，摆布方向大体一致。因此，利用煤层间距和底板标高逐点进行煤层追索对比，方法简便、直观、可靠。

（二）沉积旋回对比

黄陵矿区几十年来勘探实践证明，延安组地层沉积旋回结构明显，易于划分和对比，是煤层对比行之有效的方法之一。经分析对比，区内延安组含煤地层自下而上可划分为 4 段 6 个沉积旋回，除第四段即第Ⅵ旋回分布范围小、不完整外，其他各段各旋回广泛分布，且较为完整。

0 号煤层位于延安组第三段即第Ⅴ旋回。煤矿区内只有 L42、L52 两个钻孔见到。

1 号煤层区内大部分布，位于第二段Ⅱ旋回上部的泥岩或粉砂岩之中下部，K2 标志层（俗称七里镇砂岩）之上。

2 号煤层全区分布，位于第一段Ⅰ旋回中上部。

3 号煤层区内局部分布，位于第一段Ⅰ旋回中下部。

（三）标志层对比

本区岩性特点突出，层位较稳定，共划分 4 个标志层。由下而上编号分别为 K1、K2、K3、K4。

K1 标志层为富县组（J_1f）顶部的花斑泥岩，其颜色、岩性特征明显，层位稳定，分布广泛，位于延安组地层之下，在隆起和背斜顶部缺失沉积。3 号煤层和 2 号煤层位于其上，是该两煤层对比确定的可靠标志。

K2 标志层为延安组第二段（J_2y^2）第Ⅱ旋回底部的七里镇砂岩。该砂岩为中—细粒砂岩，层面含云母片、黄铁矿结核及植物化石碎片等，局部相变为粉砂岩或细粒砂岩夹粉砂岩薄层，层位稳定，全区分布，其本身岩性特征明显，易于对比，为 2 号煤层的基本顶或直接顶。2 号煤层位于其下，1 号煤层位于其上。K2 砂岩是对比 2 号煤层及 1 号煤层的重要标志。

K3 标志层为延安组第二段（J_2y^2）顶部（即第Ⅳ旋回顶部）的厚层状湖相泥岩，其为整个陕甘宁盆地延安组湖相发育鼎盛期的产物，在区内分布广泛，且稳定，厚度较大，在含煤地层组段及旋回划分中起重要作用。为鄂尔多斯盆地的 A 标志层。

K4 标志层为直罗组下段（J_2z^1）下部厚层状、灰白色长石石英中—粗粒砂岩，且底部含砾，是划分延安组与上部地层的重要标志。广泛分布，厚度大，层位稳定，俗称直罗砂岩。

（四）测井曲线对比法

本区各旋回地层、煤层及围岩的物性反应异常明显，自然伽马曲线对解释、划分岩层非常有效，是岩层层位对比的重要依据；电阻率电位曲线则是各煤层的定性，岩层厚度解释及层位对比的有力工具。还有其他测井曲线可以与以上两条重要曲线相配合使用，使地球物理测井在岩煤层对比上起到应有的作用。

2 号煤层是本区主要的可采煤层，大多数含有一层夹矸，其岩性多为泥岩、粉砂岩，且层位稳定，物性特征明显。4 条曲线形态组合为“一高二低一负”，即高电阻率、低密度、低自然伽马、负自然电位，电阻率曲线“高峰林立”，而自然伽马、密度曲线均呈“低凹箱”形。位于 2 号煤层之上有一层细粒砂岩，俗称七里镇砂岩（标志层 K2），在本区内层位稳定，物性特征明显。与上下围岩相比，其电阻率值较高，密度值略低，而自然伽马、自然电位两条曲线明显低于围岩。

位于七里镇砂岩以上的煤层为 1 号煤层，其物性特征明显，各参数曲线均呈“小尖峰”状，且幅值较大，而位于 2 号煤层以下的煤层为 3 号煤层，其物性特征类似于 1 号煤层，但幅值较小。

（五）煤层对比可靠性评价

本区煤层层数较少，0、1、3 号煤层（组）均不可采，2 号煤层属较稳定型的中厚煤层，以 2 号煤层为对比基线，上为 1 号煤层，下为 3 号煤层（组），对比直观，易于识别，煤层对比基本可靠。

用以上方法进行综合对比，煤层对比方法得当、成果可靠。

四、煤层风氧化、火烧情况

截至 2020 年，区内煤层未见风氧化、火烧现象。

五、煤层稳定程度评价

2 号煤层为一号煤矿唯一可采煤层。本次煤层稳定性评价依据区内 287 个见煤点成果，以煤层变化规律和可采性划分，采用定性和定量指标结合的方法进行确定。

（一）煤层定性指标

2 号煤层厚度 0. 30（S24）~4. 84 米（L68），平均 2. 36 米。计量厚度 0. 80（S23）~4. 69 米（L68），平均 2. 18 米。中厚煤层约占煤层可采面积的 77%，以中厚煤层为主。可采范围内煤层厚度虽横跨薄（0. 80~1. 30 米）、中厚（1. 30~3. 50 米）及厚（>3. 50 米）3 个分级，但其变化规律较明显，即呈现沿向斜向两侧基底隆起区逐渐由厚变薄之变化趋势。3. 50 米以上的厚煤带完全集中在向斜区，而 1. 30 米以下的薄煤层均分布于隆起和背斜顶部。

2 号煤层见矸点 175 个，含夹矸 0~7 层。夹矸岩性以泥岩为主，局部为炭质泥岩和粉砂岩，厚度 0. 01~0. 75 米，一般多在 0. 10~0. 20 米，含 0~1 层夹矸点数占全部见煤点的 73. 9%，煤层结构简单。

2 号煤层煤类主要以 RN(32) 为主，QM(34) 及 1/2ZN(33) 少量且不连片。

2 号煤层位于延安组第一段（J_2y^1）中上部，K2 标志层以下，层位稳定，分布面积 184. 05 平方千米，分布范围占煤矿区面积的 99%；可采面积 180. 82 平方千米，属大部分可采煤层。

（二）煤层定量指标

煤层可采性指数 K_m 计算公式为

$$K_m = \frac{n'}{n}$$

式中　K_m——煤层可采性指数；

n——参与煤层厚度评价的见煤点总数；

n'——煤层厚度大于或等于可采厚度的见煤点数。

本区参与煤层厚度评价的见煤点为 287 个，即 $n=287$；煤层厚度大于或等于可采（本区可采按 0. 80 米）厚度的见煤点有 282 个，即 $n'=282$。经过计算，2 号煤层 $K_m=0.98$。

煤厚变异系数 γ 计算公式为

$$\gamma = \frac{S}{M} \times 100\%$$

$$S=\sqrt{\frac{\sum_{n=1}^{n}(M_1-\overline{M})^2}{n-1}}$$

式中 γ——煤厚变异系数；

M_1——每个见煤点的实测煤层厚度，米；

$\overline{M}$——煤矿的平均煤层厚度，米；

n——参与评价的见煤点数；

S——均方差值，米。

经过计算，2 号煤层 $\gamma=38\%$。

本区 2 号煤层为中厚煤层，依据《煤矿地质工作规定》，2 号煤层主要指标 $25\%<\gamma\leqslant 40\%$，辅助指标 $K_m\geqslant 0.98$，定量综合评定为较稳定煤层。

综上所述：采用定性定量指标分析，黄陵矿业公司一号煤矿 2 号煤层煤厚变异系数 38%，厚度有一定变化，但规律性较明显，结构简单；煤类主要以 RN(32) 为主，QM(34) 及 1/2ZN(33) 少量且不连片；可采性指数 $K_m=0.98$，大部分可采。可采范围内厚度和煤质变化不大，为较稳定煤层。

依据《煤矿地质工作规定》，煤层稳定程度属中等类型。

六、煤层控制研究程度评价

2 号煤层为本区的主要研究对象，以往勘查工作通过对不同级别的煤层采用相应的工程密度进行控制，对煤层赋存及展布规律均进行了较为详尽的研究。

一号煤矿自 2001 年投产至 2020 年的采掘活动证实，煤矿生产过程揭露的 2 号煤层，无论是赋存范围，还是煤层的厚度、结构以及煤类变化情况，均与原勘查报告结论基本一致。2 号煤层层位稳定，大部可采；厚度有一定变化，但规律性较明显，不含夹矸或含一层夹矸，结构简单。确定为较稳定型的中厚煤层是适宜的。

第二节 煤 质

一、煤的物理性质和煤岩特征

(一) 煤的物理性质

区内 0、1、2、3 号煤层呈黑色，条痕为褐色及褐黑色；沥青及玻璃光泽；阶梯状、参差状断口；条带状、线理状结构；具层状、块状构造；质硬而脆，内、外生裂隙较为发育并为方解石及黄铁矿薄膜等充填。另外，煤层中还含有少量黄铁矿结核及菱铁质鲕粒等。煤易燃、烟浓，具有熔融膨胀现象。

(二) 宏观煤岩特征

(1) 宏观煤岩组分。区内各煤层均由亮煤、暗煤、丝炭及镜煤所组成，但以镜煤、亮煤为主，次为暗煤、丝炭。2 号煤层中丝炭含量相对较高，反映了成煤环境为弱氧化环境。

(2) 宏观煤岩类型。2 号煤层的中上部以半亮及半暗型煤为主，中下部以半暗及暗淡型煤为主。

(三) 显微煤岩特征

一号煤矿煤岩显微含量及反射率测定情况见表2-3-3，2号煤层显微组分测定情况见表2-3-4。

表2-3-3 一号煤矿煤岩显微含量及反射率测定情况表

%

煤层	有机显微组分				有机显微组分					镜质组最大反射率
	镜质组+半镜质组	半丝+丝质组	稳定组	有机总量	黏土类	硫化物	碳酸盐类	氧化物	其他	
2号（双龙勘探）	$\frac{34.6\sim56.2}{45.1(18)}$	$\frac{36.1\sim57.8}{44.4(18)}$	$\frac{0.5\sim2.2}{1.3(18)}$	$\frac{71.3\sim98.7}{90.8(18)}$	$\frac{0.2\sim27.0}{5.2(18)}$	$\frac{0\sim2.7}{0.4(18)}$	$\frac{0\sim11.9}{2.5(18)}$	$\frac{0\sim1.9}{0.4(18)}$	$\frac{0\sim10.7}{1.0(18)}$	$\frac{0.710\sim0.800}{0.715(16)}$
2号（详查）	$\frac{71.9\sim86.4}{80.5(13)}$	$\frac{1.30\sim21.7}{16.4(13)}$	$\frac{0.6\sim5.1}{2.3(13)}$		$\frac{0.1\sim3.3}{1.5(10)}$	$\frac{0\sim1.5}{0.7(10)}$	$\frac{0\sim6.4}{1.45(10)}$			
十盘区	$\frac{48.4\sim58.4}{50.7(5)}$	$\frac{27.9\sim46.1}{49.0(5)}$	$\frac{1.6\sim3.4}{2.2(5)}$	$\frac{87.3\sim97.2}{92.5(5)}$	$\frac{0.6\sim8.1}{3.2(5)}$	$\frac{0.2\sim0.9}{0.6(5)}$	$\frac{1.2\sim5.5}{2.9(5)}$			$\frac{0.69\sim0.78}{0.73(5)}$

表2-3-4 2号煤层显微组分测定情况表

%

组分	镜质组+半镜质组	半丝+丝质组	稳定组	有机总量	黏土类	硫化物	碳酸盐类	氧化物	其他	镜质组最大反射率
最小值	34.6	1.30	0.5	71.3	0.2	0	0	0	0	0.69
最大值	86.4	57.8	5.1	98.7	27.0	2.7	11.9	1.9	10.7	0.80
平均值	59.9	31.0	1.7	90.8	5.3	0.4	2.5	0.4		

(四) 煤的变质程度

区内各井田勘查时期不一，横跨20世纪60年代到80年代，勘查程度为精、详、普查等阶段，再加上样品测试单位不一，表现在成果上有所差异。

详查资料表明，1、2、3号煤层均以镜质组+半镜质组为主，含量62.5%~86.4%，平均值分别高达80.0%、80.5%、77.7%；半丝+丝质组次之，含量1.3%~31.3%，平均值分别为15.7%、16.4%、18.4%；稳定组平均含量分别为3.4%、2.3%、3.1%。无机组分主要为黏土矿物、黄铁矿、方解石及石英等。

原双龙井田及一号煤矿六、七盘区生产补充勘探资料表明，主采的2号煤层有机组分含量较高，平均可达90.8%。其中，镜质组+半镜质组含量在34.6%~56.2%之间，平均为45.1%。半丝+丝质组含量在36.1%~57.8%之间，平均为44.4%。稳定组含量在0.5%~2.2%之间，平均为1.3%。一号煤矿十盘区2号煤层的变质程度相对较低，镜质组最大反射率介于0.69%~0.78%之间。各组分均经反射率测定，准确可靠。

无机组分中则以黏土类、碳酸盐类矿物为主，硫化物少量。其中，碳酸盐类的方解石矿物多以薄膜状充填于煤层外生裂隙中。黄铁矿及菱铁质以原生结核或鲕粒状形态存在于煤层中，而硫化物主要以硫铁矿呈星点状分布于煤层中。

综上所述：煤矿区2号煤层的镜质组+半镜质组含量在34.6%~86.4%之间，平均为59.9%；半丝+丝质组含量在1.30%~57.8%之间，平均为31%；稳定组含量在0.5%~5.1%之间，平均为1.7%。镜质组最大反射率介于0.69%~0.80%之间，变质程度相对较低，属Ⅱ类变质阶段之烟煤，即弱黏煤至气煤范畴。

二、煤的化学性质及工艺性能

（一）煤的化学性质

1. 工业分析

2号煤层煤的工业分析情况见表2-3-5。

表2-3-5 2号煤层煤的工业分析情况表 %

煤别	M_{ad}	A_d	V_{daf}
原煤	0.83~5.47 2.56(327)	4.21~39.57 15.95(327)	30.37~43.03 36.06(327)
浮煤	1.29~5.72 3.09(319)	2.55~13.25 6.46(319)	26.88~40.98 35.40(319)

（1）水分（M_{ad}）。区内2号煤层原煤水分变化在0.83%~5.47%之间，平均为2.56%。反映了低变质阶段烟煤水分含量的基本特征。浮煤水分变化在1.29%~5.72%之间，平均为3.09%。

（2）灰分（A_d）。区内2号煤层原煤灰分变化在4.21%~39.57%之间，平均为15.95%。以低灰煤为主，占89%。2号煤层原煤灰分变化占比如图2-3-3所示。

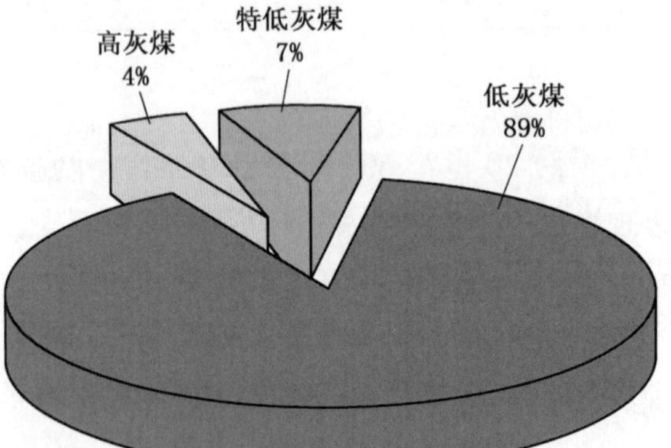

图2-3-3 2号煤层原煤灰分变化占比

区内大部分布低灰煤，一般与煤层厚度呈反相关关系，煤层厚度处以低灰煤为主，煤薄处则以中灰煤为主，高灰煤零星分布。区内2号煤层浮煤灰分变化在2.55%~13.25%之间，平均为6.46%。2号煤层灰分等值线图如图2-3-4所示。

（3）挥发分（V_{daf}）。区内2号煤层原煤干燥无灰基挥发分变化在30.37%~43.03%之间，平均为36.06%。浮煤干燥无灰基挥发分变化在26.88%~40.98%之间，平均为35.40%。属中高挥发分煤，仅少数为高挥发分煤（占3%）。区内仅原双龙井田按《煤的工业分析方法》(GB/T 212—1977）规定

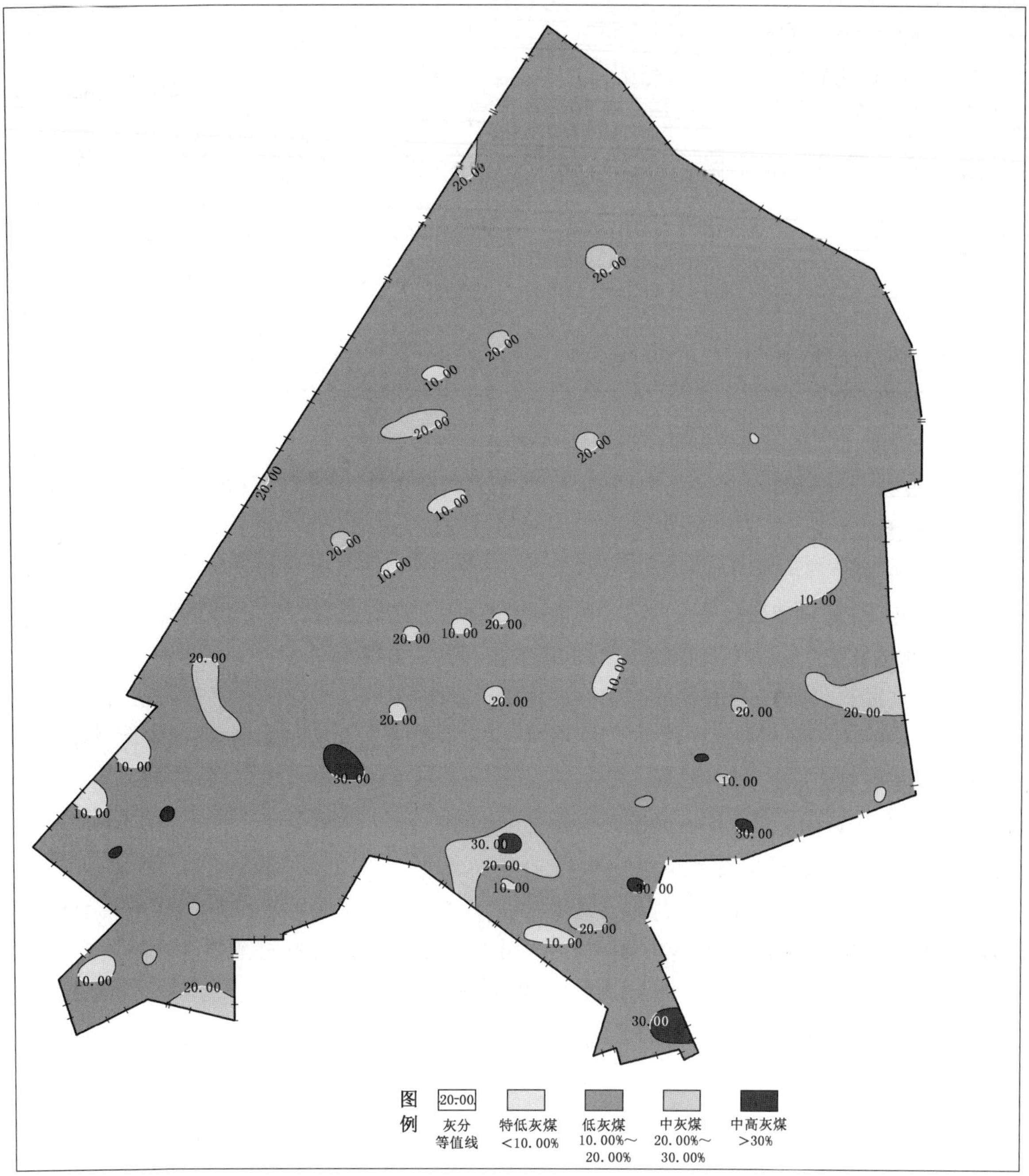

图 2-3-4 2号煤层灰分等值线图

测定温度为900摄氏度的挥发分，而以往资料及其他井田的测定温度均为850摄氏度，故本次采用双龙精查报告中的换算公式将以往资料全部换算成900摄氏度测定的挥发分。换算公式（陈文敏公式）为

$$V_{\text{daf 900摄氏度}} = V_{\text{daf 850摄氏度}} \times 1.004 + 0.844$$

900摄氏度的挥发分基本反映了低变质烟煤挥发分产率的基本特征。一般情况是原煤挥发分大于浮煤挥发分；但有个别钻孔的煤层浮煤挥发分高于原煤挥发分，其主要原因与煤岩组分中丝质组含量

的高低有关。

2. 煤中有害组分

2020年2号煤层煤中有害组分情况见表2-3-6。

表2-3-6 2号煤层煤中有害组分情况表

煤别	$S_{t,d}$（%）	P_d（%）	Cl（%）	As（微克/克）	F（微克/克）
原煤	0.07~2.98 / 0.69(265)	0.006~0.672 / 0.110(190)	0.005~0.153 / 0.079(85)	0~64.0 / 7.5(93)	37.2~390 / 179(81)
浮煤	0.12~1.22 / 0.45(262)	0.01~0.188 / 0.071(79)	0.068~0.230 / 0.119(32)	0~24.0 / 3.3(32)	50~282 / 149(32)

（1）硫分（$S_{t,d}$）。区内2号煤层原煤全硫变化在0.07%~2.98%之间，平均为0.69%。以特低硫煤为主，占52.9%；低硫煤次之，占33.0%；中—中高硫煤少量，且零星分布。2号煤层原煤全硫占比如图2-3-5所示。经1.4密度液洗选后，2号煤层浮煤全硫变化在0.12%~1.22%之间，平均为0.45%。2号煤层硫分等值线图如图2-3-6所示。2号煤层煤中不同硫含量见表2-3-7。

区内2号煤层原煤中硫酸盐硫（$S_{s,d}$）平均为0.029%，硫化铁硫（$S_{p,d}$）平均为0.373%，有机硫（$S_{o,d}$）平均为0.393%，以有机硫和硫化铁硫为主，硫酸盐硫少量。

（2）磷分（P_d）。区内2号煤层原煤磷分变化在0.006%~0.672%之间，平均为0.110%。以中—高磷分煤为主，其中，高磷分煤占47.8%，中磷分煤占34.2%，次为低磷分煤，占17.4%，特低磷煤仅在X39号孔出现。

（3）氯（Cl）。区内2号煤层原煤氯含量变化在0.005%~0.153%之间，平均为0.079%。以低氯煤为主，占82%；特低氯煤少量，占18%。

（4）砷（As）。区内2号煤层原煤砷含量变化在0~64.0微克/克之间，平均为7.5微克/克。以一级含砷煤为主，占73.5%，二级含砷煤占12.5%，一、二级含砷煤符合酿造和食品加工业燃烧用煤要求。三、四级含砷煤分别占10.9%、3.1%，零星分布。

（5）氟（F）。区内2号煤层原煤氟含量变化在37.2~390微克/克之间，平均为179微克/克。含量较低，与神木煤相当。

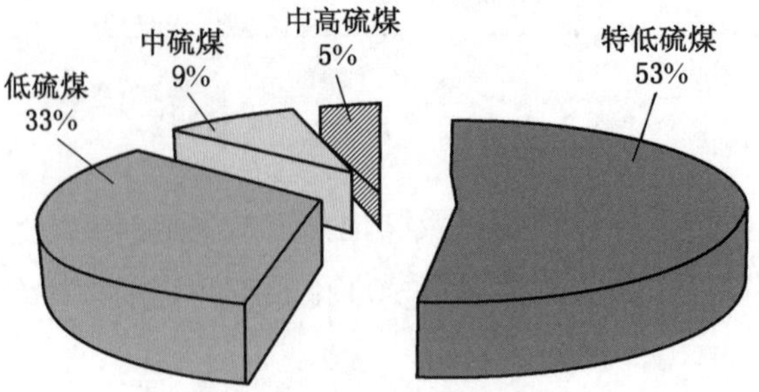

图2-3-5 2号煤层原煤全硫占比

图 2-3-6 2 号煤层硫分等值线图

表 2-3-7 2 号煤层煤中不同硫含量表

%

煤别	硫酸盐硫 $S_{s,d}$	硫化铁硫 $S_{p,d}$	有机硫 $S_{o,d}$
原煤	$\frac{0 \sim 0.11}{0.029(72)}$	$\frac{0.018 \sim 1.40}{0.373(72)}$	$\frac{0.05 \sim 1.67}{0.393(71)}$
浮煤	$\frac{0 \sim 0.05}{0.018(43)}$	$\frac{0.01 \sim 0.36}{0.111(43)}$	$\frac{0.15 \sim 0.69}{0.334(43)}$

3. 煤的元素分析

2 号煤层煤中元素分析情况见表 2-3-8。

表 2-3-8 2 号煤层煤中元素分析情况表

%

煤别	C_{daf}	H_{daf}	N_{daf}	O_{daf}
原煤	78.75~85.69 / 83.18(75)	4.37~5.51 / 5.08(75)	0.76~2.00 / 1.19(39)	5.45~13.76 / 9.53(39)
浮煤	80.90~88.33 / 84.70(153)	4.47~5.82 / 5.27(153)	0~2.00 / 1.32(129)	4.79~11.00 / 8.12(125)

区内 2 号煤层原煤、浮煤元素含量变化不大，总的特征是碳含量较高且稳定。其中：浮煤 C_{daf}变化在 80.90%~88.33%之间，平均为 84.70%；H_{daf}变化在 4.47%~5.82%之间，平均为 5.27%；N_{daf}变化在 0~2.00%之间，平均为 1.32%；O_{daf}变化在 4.79%~11.00%之间，平均为 8.12%。

（二）煤的工艺性能

1. 煤的黏结性和结焦性

2 号煤层煤的黏结性和结焦性情况见表 2-3-9。

表 2-3-9 2 号煤层煤的黏结性和结焦性情况表

煤别	黏结指数 $G_{R.I}$	焦渣特征(1~8)	罗加指数 R.I	胶质层指数 Y(毫米)
原煤		2~6 / 4~5(298)		
浮煤	4~78	3~7 / 4~6(290)	18.2~74.0 / 44.04(9)	0~18.5 / 10.4(220)

（1）黏结指数（$G_{R.I}$）。2 号煤层浮煤黏结指数根据煤矿区西部原双龙井田范围内测试成果，及十盘区测定成果，变化在 4~78 之间。以弱、中黏结煤为主，分别占 38%、32%；中强黏结煤占 25%；少数强黏结及不黏结煤次之，分别占 7.6%、1.9%。

（2）罗加指数（R.I）。区内 2 号煤层罗加指数变化在 18.2~74.0 之间，平均44.04。属强—中等黏结煤，少数弱黏结煤。

（3）胶质层指数（Y）。区内 2 号煤层胶质层指数变化在 0~18.5 毫米之间，平均为 10.4 毫米。属中等黏结性煤，占 54%，弱黏结性煤占 46%。体积曲线类型以平滑下降为主，次为微波型—波型，少量平滑斜降。

（4）焦渣特征。区内 2 号煤层原煤焦渣特征一般为 4~5，浮煤焦渣特征一般为 4~6。

从以上特征得出，区内 2 号煤层的黏结性和结焦性均属弱—中等。

2. 煤的发热量

2 号煤层煤的发热量情况见表 2-3-10。

区内 2 号煤层原煤 $Q_{gr,d}$变化在 18.84~37.94 毫克/千克之间，平均为 28.35 毫克/千克，以高发热量煤为主，占 58%，特高发热量煤次之，占 33%，少量中、低发热量煤。原煤 $Q_{net,d}$变化在 18.19~32.48 毫克/千克之间，平均为 27.40 毫克/千克。2 号煤层原煤发热量占比如图 2-3-7 所示。

表 2-3-10 2 号煤层煤的发热量情况表 毫克/千克

煤别	$Q_{gr,d}$	$Q_{net,d}$
原煤	18.84~37.94 28.35(262)	18.19~32.48 27.40(262)
浮煤	28.41~35.50 32.15(88)	27.38~34.46 33.13(88)

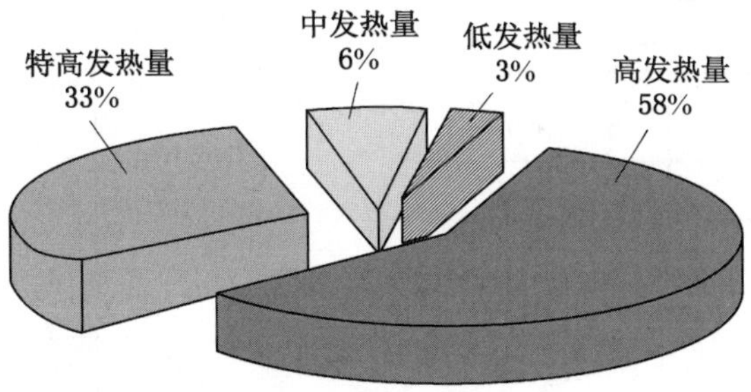

图 2-3-7 2 号煤层原煤发热量占比

影响区内 2 号煤层发热量变化的主要因素是煤岩组分和原煤灰分。低变质阶段烟煤中镜质组分与丝质组分的发热量不同，镜质组分高，发热量高，丝质组分高，发热量相对变低。此外，发热量与灰分含量呈负相关关系，即灰分高发热量低，灰分低则发热量高。

3. 煤的气化指标

2 号煤层煤对 CO_2 反应性测试情况见表 2-3-11。

表 2-3-11 2 号煤层煤对 CO_2 反应性测试情况表 %

煤别	煤层温度(摄氏度)			抗破碎强度
	850	950	1100	
原煤	1.1~28.7 12.0(32)	7.5~62.7 30.0(32)	47.5~84.3 66.7(32)	73~87 80(2)

（1）煤对 CO_2 反应性。区内 2 号煤层温度为 950 摄氏度时，其 CO_2 反应性变化在 7.5%~62.7%之间，平均为 30.0%。当升温至 1100 摄氏度时，其 CO_2 反应性变化在 47.5%~84.3%之间，平均为 66.7%。因此，2 号煤层属化学反应性较强的煤。

（2）热稳定性（TS_{+6}）。本区共采集的 32 个气化测试样品中，热稳定性测试的结果多为烧后黏结成块。仅有 4 个样品测得 TS_{+6}变化在 83.8%~97.6%之间，平均为 92.3%。属高热稳定性的煤。热稳定性试验只宜用于褐煤、贫煤、无烟煤和天然焦等不黏结煤。2 号煤层煤的气化测试情况见表 2-3-12。

表 2-3-12 2 号煤层煤的气化测试情况表 %

煤别	热稳定性(%)		
	TS_{+6}	TS_{6-3}	TS_{-3}
原煤	83.8~97.6 92.3(3)	1.1~14.2 6.2(4)	1.2~2.1 1.5(4)

（3）抗破碎强度。根据在一号煤矿采样及钻孔采样测试结果，2 号煤层煤的抗破碎强度平均值为 80%，属高强度煤。

（4）煤的结渣性。2 号煤层煤的结渣性测试情况见表 2-3-13。

表 2-3-13 2 号煤层煤的结渣性测试情况表

孔号	鼓风强度（米/秒）	大于 6 毫米灰渣平均结渣率（%）	A_d（%）	ST（摄氏度）	Al_2O_3（%）
SK4	0.1	27.0	12.67		0
	0.2	25.0			
	0.3	19.0			
SK9	0.1	33.0	19.52	1160	13.58
	0.2	33.0			
	0.3	29.0			
SK11	0.1	52.5	21.24	1240	16.89
	0.2	40.5			
	0.3	51.0			
SK17	0.1	26.5	12.07	1275	18.92
	0.2	29.5			
	0.3	29.0			
SK19	0.1	31.0	13.31		
	0.2	27.5			
	0.3	27.5			
SK22	0.1	30.0	14.00	1340	22.16
	0.2	32.5			
	0.3	34.5			
SK26	0.1	80.0	29.33	1335	25.12
	0.2	77.0			
	0.3	82.0			
SK32	0.1	30.0	8.79		
	0.2	28.0			
	0.3	31.0			
SK36	0.1	56.0	22.42	1240	19.45
	0.2	52.0			
	0.3	64.0			
HK3	0.1	0	21.93		
	0.2	0.9			
	0.3	1.9			
HK4	0.1	0	10.00		
	0.2	1.7			
	0.3	3.3			

表 2-3-13（续）

孔号	鼓风强度（米/秒）	大于 6 毫米灰渣平均结渣率（%）	A_d（%）	ST（摄氏度）	Al_2O_3（%）
HK5	0.1	0	16.15		7.14
	0.2	0			
	0.3	0			
HK15	0.1	0	36.12		5.97
	0.2	0			
	0.3	0			
HK21	0.1	0	34.87		5.64
	0.2	0			
	0.3	1.3			
HK27	0.1	0	17.83		9.04
	0.2	0			
	0.3	0			

区内 2 号煤层由于煤灰熔融性，灰黏度、灰成分的差异性，使得平均结渣率差异较大，灰熔融性较低的煤易结渣；煤中硫含量越高，灰熔融性越低，相应之下煤的结渣性也随之升高；有些煤虽然灰熔融性较高，但灰黏度小，也易结渣。灰成分中 Al_2O_3 含量小的比 Al_2O_3 含量大的煤易结渣。

区内 2 号煤层当鼓风强度为 0.1 米/秒时，大于 6 毫米灰渣平均结渣率变化在0~80.0%之间，属不易—强结渣煤，以不结渣煤为主。当鼓风强度为 0.2 米/秒时，大于 6 毫米灰渣平均结渣率变化在 0~77.0%之间，属不易—中等结渣煤，以不结渣煤为主。当鼓风强度为 0.3 米/秒时，大于 6 毫米灰渣平均结渣率变化在 0~82.0%之间，属不易—强结渣煤，以不易结渣煤为主，中等结渣煤次之。

4. 低温干馏及焦型测试

2 号煤层煤的低温干馏及焦型测试情况见表 2-3-14。

表 2-3-14 2 号煤层煤的低温干馏及焦型测试情况表 %

煤别	低温干馏				焦型
	Water. ad	Tar. ad	CR. ad	气体	
原煤	3.17~7.5 4.91(95)	3.9~13.9 9.42(95)	49.80~88.05 79.51(95)	1.90~10.00 5.75(95)	B~D (43)

区内 2 号煤层焦油产率（Tar. ad）变化在 3.9%~13.9%之间，平均为 9.42%，以富油煤为主，占 88.1%，少量含油煤及高油煤，分别占 7.1%、4.8%。半焦（CR. ad）变化在 49.80%~88.05%之间，平均为 79.51%。气体变化在 1.90%~10.00%之间，平均为 5.75%。

5. 煤灰成分、煤灰熔融性及灰黏度

（1）煤灰成分。区内 2 号煤层煤灰成分以 SiO_2 和 Al_2O_3 为主，次为 CaO、SO_3 和 Fe_2O_3，其他成分均为少量。其中，SiO_2 含量变化在 19.25%~65.70%之间，平均为 47.37%；Al_2O_3 含量变化在 2.16%~30.95%之间，平均为 20.85%；CaO 含量变化在 0.16%~42.92%之间，平均为 13.69%；SO_3

含量变化在 0.73%~14.23%之间，平均为 6.29%；Fe_2O_3 含量变化在 1.67%~29.63%之间，平均为 5.96%。2 号煤层煤灰属高硅铝型煤灰。2 号煤层煤灰成分测定情况见表 2-3-15。

表 2-3-15 2 号煤层煤灰成分测定情况表 %

煤别	Fe_2O_3	Al_2O_3	CaO	MgO	SiO_2	SO_3	K_2O	Na_2O	TiO_2
原煤	$\frac{1.67\sim29.63}{5.96(127)}$	$\frac{2.16\sim30.95}{20.85(127)}$	$\frac{0.16\sim42.92}{13.69(127)}$	$\frac{0.12\sim4.22}{1.14(127)}$	$\frac{19.25\sim65.70}{47.37(127)}$	$\frac{0.73\sim14.23}{6.29(61)}$	$\frac{0.23\sim2.24}{0.89(35)}$	$\frac{0.15\sim0.83}{0.44(33)}$	$\frac{0.38\sim1.08}{0.81(35)}$

（2）煤灰熔融性。2 号煤层煤灰熔融性情况见表 2-3-16。

表 2-3-16 2 号煤层煤灰熔融性情况表 摄氏度

煤别	变形温度(DT)	软化温度(ST)	流动温度(FT)
原煤	$\frac{1020\sim1410}{1268(126)}$	$\frac{1035\sim1460}{1294(125)}$	$\frac{1150\sim1480}{1327(126)}$

区内 2 号煤层 ST 变化在 1035~1460 摄氏度之间，平均为 1294 摄氏度。以中等软化温度灰为主，占 47.7%；次为较低软化温度灰，占 30.3%；较高软化温度灰少量，占 21.1%。

煤灰成分中 SiO_2 和 Al_2O_3 含量与灰熔融性成正变关系，Al_2O_3 和 SiO_2 含量越高，灰熔融性越高，而 Fe_2O_3、CaO 和 MgO 含量越高，灰熔融性越低。通常以系数 K 来表示煤灰成分与灰熔融性的关系。

采用施特诺公式计算 K 值：

$$K=\frac{C(SiO_2)+C(Al_2O_3)}{C(Fe_2O_3)+C(CaO)+C(MgO)}$$

经过计算，区内 2 号煤层 $K=3.28$（注：$K<1$ 者为易熔灰，$K>5$ 者为难熔灰）。

（3）灰黏度。所谓黏度（动力黏度）即内摩擦系数。在固定床煤气炉中，为使炉渣顺利排出，灰黏度应小于 5 帕・秒。粉煤化过程中，灰黏度应小于 25 帕・秒。在液态排渣锅炉中，要求正常黏度范围是 5~10 帕・秒，最高不超过 25 帕・秒。2 号煤层煤灰黏度特性试验情况见表 2-3-17。

表 2-3-17 2 号煤层煤灰黏度特性试验情况表

孔号	温度(摄氏度)/黏度(帕・秒)				孔号	温度(摄氏度)/黏度(帕・秒)			
SK4	$\frac{1350}{1.3}$	$\frac{1300}{6.8}$	$\frac{1250}{30.2}$	$\frac{1200}{120.0}$	SK22	$\frac{1550}{1.5}$	$\frac{1500}{25.0}$	$\frac{1470}{160.0}$	
SK9	$\frac{1300}{1.5}$	$\frac{1250}{38.0}$	$\frac{1230}{150.0}$		SK26	$\frac{1150}{1.2}$	$\frac{1120}{11.0}$	$\frac{1100}{131.0}$	
SK11	$\frac{1450}{1.5}$	$\frac{1400}{17.0}$	$\frac{1350}{150.0}$		SK32	$\frac{1300}{1.3}$	$\frac{1250}{23.0}$	$\frac{1230}{150.0}$	
SK17	$\frac{700}{1.8}$	$\frac{1650}{5.8}$	$\frac{1600}{25.0}$	$\frac{1550}{148.0}$	SK36	$\frac{1500}{1.5}$	$\frac{1450}{5.0}$	$\frac{1400}{26.0}$	$\frac{1370}{135.0}$
SK19	$\frac{1400}{1.3}$	$\frac{1350}{28.0}$	$\frac{1330}{138.0}$		HK4	$\frac{1250}{1.1}$	$\frac{1220}{8.2}$	$\frac{1200}{178.0}$	
HK15	$\frac{1200}{1.1}$	$\frac{1170}{12.0}$	$\frac{1150}{213.0}$		HK27	$\frac{1300}{1.2}$	$\frac{1270}{13.0}$	$\frac{1250}{208.0}$	

(4) 煤灰特征指数。2 号煤层煤灰特征指数见表 2-3-18。

表 2-3-18　2 号煤层煤灰特征指数表

煤别	碱性矿物总量(%)	酸性矿物总量(%)	碱酸比	铁钙比	硅铝比	含硅率	结渣指数(Si)	结污指数(Fi)
	$Fe_2O_3+CaO+MgO+K_2O+Na_2O$	$SiO_2+Al_2O_3+TiO_2$	碱性矿物总量/酸性矿物总量	$\frac{Fe_2O_3}{CaO}$	$\frac{SiO_2}{Al_2O_3}$	$\frac{SiO_2}{SiO_2+Fe_2O_3+CaO+MgO}$	碱酸比×$S_{t,d}$	碱酸比×Na_2O
原煤	22.12	69.03	0.32	0.43	2.27	0.69	0.22	0.14

区内 2 号煤层结渣指数为 0.22，属低度结渣；结污指数为 0.14，属低度结污。

6. 煤的其他特征

2 号煤层煤的其他特征见表 2-3-19。

表 2-3-19　2 号煤层煤的其他特征表

煤别	视密度(ARD)(克/厘米)	浮煤回收率(%)		碳酸盐(%)	可磨性指数
		1.4	1.5		
原煤	$\frac{1.16\sim1.58}{1.32(139)}$	$\frac{13\sim95}{62.4(244)}$	$\frac{24\sim100}{67(40)}$	$\frac{0.24\sim3.85}{1.79(27)}$	$\frac{53\sim81}{63.8(24)}$

(1) 视密度。区内 2 号煤层共测试 50 个视密度样，其值变化在 1.16~1.58 克/立方厘米之间，算术平均值为 1.32 克/立方厘米。

(2) 浮煤回收率。2 号煤层 1.4 比重液浮煤回收率变化在 13%~95%之间，平均为 62.4%，以良、优等为主，分别占 43.3%、35.8%；中、低等次之，分别占 10.7%、10.2%。

有 40 个煤样选用 1.5 比重液，其浮煤回收率变化在 24%~100%之间，平均为 67%，以优等为主，占 55%；良等次之，占 22.5%；少数中、低等，分别占 12.5%、10%。

(3) 煤中碳酸盐。区内 2 号煤层碳酸盐含量变化在 0.24%~3.85%之间，平均为 1.79%。

(4) 可磨性。区内 2 号煤层可磨性指数变化在 53~81 之间，平均为 63.8。属中等可磨性煤，占 55.5%；较难磨煤次之，占 38.9%；个别易磨煤，占 5.6%。

(5) 煤中微量元素。区内 2 号煤层煤中微量元素锗 Ge、镓 Ga、铀 U 均达不到一般工业品位要求。2 号煤层煤中微量元素见表 2-3-20。

表 2-3-20　2 号煤层煤中微量元素表　微克/克

煤别	Ge	Ga	U
原煤	$\frac{0\sim12.3}{2.2(150)}$	$\frac{0\sim20}{5.7(150)}$	$\frac{0\sim16}{1.7(150)}$

(6) 2 号煤层顶底板及夹矸石情况见表 2-3-21。

表 2-3-21 2 号煤层顶底板及夹矸情况表

类别	M_{ad}(%)	A_d(%)	$S_{t,d}$(%)	P_d(%)	真密度（克/立方米）	$Q_{net,d}$（兆焦/千克）	$Q_{b,d}$（卡/克）
顶底板及夹矸	1.15~4.99 3.28(48)	45.70~97.15 73.92(50)	0.01~2.18 0.21(32)	0.002~0.126 0.030(29)	2.35~2.83 2.74(10)	0.12~12.38 3.71(8)	50~3692 2399(26)

注：1 卡=4.18 焦。

2 号煤层顶底板及夹矸水分（M_{ad}）变化在 1.15%~4.99%之间，平均值为 3.28%；灰分（A_d）变化在 45.70%~97.15%之间，平均为 73.92%；硫分（$S_{t,d}$）变化在 0.01%~2.18%之间，平均为 0.21%；磷分（P_d）变化在 0.002%~0.126%之间，平均为 0.030%；真密度值变化在 2.35~2.83 克/立方厘米之间，平均为 2.74 克/立方厘米；干燥基发热量（$Q_{net,d}$）变化在 0.12~12.38 兆焦/千克之间，平均为 1.71 兆焦/千克。发热量（$Q_{b,d}$）变化在 50~3692 卡/克，平均为 2399 卡/克。对一些发热量较高的低热值炭质泥岩，可考虑作为矸石电厂燃料。

2 号煤层顶底板及夹矸中的微量元素测定数值相差不大，Ge 平均值变化在 0.8~1.1 微克/克之间，Ga 平均值变化在 19.6~24.3 微克/克之间，U 平均值变化在 2.5~3.1 微克/克之间。Ge、U 均达不到一般工业品位要求；Ga 大部分也达不到工业品位要求，仅有部分（约占 14.5%）样品超过 30 微克/克，其平均值仅为 32.25 微克/克，工业价值不大。2 号煤层顶底板及夹矸微量元素见表 2-3-22。

表 2-3-22 2 号煤层顶底板及夹矸微量元素表 微克/克

类别	项目		
	Ge	Ga	U
顶板	0~6 1.1(31)	2.5~35 19.6(31)	0~12 2.9(28)
夹矸	0~4 0.8(20)	4.0~35.5 24.3(20)	0~14 3.1(20)
底板	0~4 1.1(37)	1.2~40.0 20.6(38)	0~14 2.5(36)

7. 炼焦试验

（1）结焦性能。根据原双龙井田范围内 2 号煤层镜煤最大反射率，换算出 2 号煤层的组分平衡指数 CBI 为 0.42，强度指数 SI 为 1.93，而炼焦用煤的 CBI 应在 0.6~1.5 之间，SI 应在 3.5~4.1 之间。区内 2 号煤层这两项指标均达不到炼焦的最佳值。

（2）配煤炼焦试验。区内 2 号煤层虽不宜单独炼焦，但煤层具灰分、硫分较低的优点，且具有一定黏结性能。2 号煤层炼焦配比见表 2-3-23。

表 2-3-23 2 号煤层炼焦配比表 %

配煤比			焦炭质量		干燥或捣固		未干燥或捣固	
李家塔	黄陵	汾西霍县	A_d	S_d	M40	M10	M40	M10
30	50	20	12.49~12.55	1.21~1.42	67.6	12.6	55.6	16.2
30	50	20	12.40	0.98	72.4	12.2	64.4	14.0
30	40	30	12.57	0.90	78.6	10.0	66.6	13.4

要提高黄陵配煤比，则需要将配好的煤进行深度干燥（水分4%±0.5%）或捣固装炉处理，才能明显改进焦炭强度。

（3）200千克焦炉试验。2004年，在黄陵矿区一号煤矿西南侧的双龙斜井采取了200千克焦炉试验样品，经山西省神州煤电焦化股份有限公司焦化厂中心化验室测试，煤质分析结果见表2-3-24。

表2-3-24 200千克焦炉试验样品煤质分析结果表

A_d(%)	V_{daf}(%)	$S_{t,d}$(%)	$G_{R.I}$	Y(毫米)	X(毫米)	体积曲线
6.04	35.04	0.36	45	12.0	56.5	平滑下降型

从表2-3-24中可以看出，此种煤具有灰分、硫分较低等优点，而其缺点是$G_{R.I}$、Y（毫米）值较低。这样的煤若单独炼焦，不会得到质量较好的焦炭。

对所采煤样进行小焦炉炼焦试验，并对其所炼焦炭进行了质量分析，分析结果分别见表2-3-25、表2-3-26。

表2-3-25 小焦炉试验样品煤质分析结果表 %

A_d	V_{daf}	$S_{t,d}$	FC_d
8.02	1.72	0.32	88.88

表2-3-26 一号煤矿焦炭筛分机械强度分析结果表

筛分试验					机械强度	
>60毫米	60~40毫米	40~25毫米	25~10毫米	<10毫米	M40	M10
49.1	21.8	6.7	7.3	15.1	55	26

此煤可在炼焦过程中配入使用，不可单独炼焦。试验焦炭结果表明：焦炭灰分、硫分低是优点，但M40较低，而M10较高。

8. 煤的可选性

（1）简易可选性评定。本区共采集2号煤层简易可选性试验样品13个，按《煤炭可选性评定方法》（GB/T 16417—2011）进行评定。采用分选密度±0.1含量法进行评定。

选用分选密度级为1.5和1.6两个级别进行评定。其中，1.6级扣除沉矸后±0.1含量在1.15%~19.72%之间，属易选煤—中等可选煤，浮煤回收率均为优等。1.5级扣除沉矸后±0.1含量在5.93%~31.44%之间，属易选—难选煤，以中等可选煤和较难选煤为主，浮煤回收率以优等为主，个别为良。2号煤层简易可选性试验成果见表2-3-27。

（2）可选性大样。一号煤矿东南侧的苍村平硐于1977年采取2号煤层可选性大样，评价用中煤含量法。浮沉试验结果表明，用1.4比重液进行精选，各粒级精煤数量大于60%，精煤回收率属良等，灰分最大值为7.30%；中煤数量23.71%~29.70%，中煤灰分最高26.02%，属难选煤。用1.5比重液进行精选，中煤数量10.10%~15.57%，精煤回收率可增高至70%以上，属优等，精煤灰分最大增高至8.91%，仍低于10%，可选性属中等。苍村平硐2号煤层各粒级煤浮沉试验结果见表2-3-28。

表 2-3-27 2 号煤层简易可选性试验成果表

孔号	分选密度±0.1		扣除沉矸后±0.1 含量	可选性	浮煤回收率	级别	浮煤灰分 A_d
	密度	产率(%)	(%)	等级	(%)		(%)
SK10	1.5	24.34	25.56	较难选	81.20	优	7.75
SK19		17.08	18.00	中等可选	83.49	优	7.46
SK22		29.06	30.72	难选	81.46	优	7.74
SK25		29.08	31.44	难选	75.36	优	10.70
L20+21		16.81	17.56	中等可选	86.32	优	7.74
L36		24.26	27.61	较难选	66.02	良	9.59
L79+X79		20.30	21.84	较难选	78.22	优	8.48
L74		14.12	14.70	中等可选	90.93	优	7.86
L81		10.18	11.24	中等可选	83.09	优	6.77
HK17		8.64	10.22	中等可选	60.00	良	
HK23		9.06	10.58	中等可选	62.00	良	
HK25		8.16	9.41	易选	52.00	良	
HK26		5.75	5.93	易选	70.00	良	
SK10	1.6	10.50	11.02	中等可选	87.95	优	9.33
SK19		8.00	8.43	易选	90.02	优	9.02
SK22		9.00	9.51	易选	89.68	优	9.47
SK25		11.00	11.89	中等可选	84.14	优	12.51
L20+21		8.93	9.33	易选	91.93	优	9.01
L36		17.33	19.72	中等可选	76.83	优	12.29
L79+X79		10.43	11.22	中等可选	84.34	优	9.86
L74		3.96	4.12	易选	93.71	优	8.45
L81		5.60	6.18	易选	86.79	优	7.68
HK17		5.23	17.35	中等可选	60.00	良	
HK23		5.54	6.47	易选	62.00	良	
HK25		4.98	1.15	易选	52.00	良	
HK26		3.87	3.99	易选	70.00	良	

表 2-3-28 苍村平硐 2 号煤层各粒级煤浮沉试验结果表 %

粒级	以比重 1.4~1.8 产品为中煤产率计算				以比重 1.5~1.8 产品为中煤产率计算		
	精煤数量	精煤灰分 A_d	中煤数量	中煤灰分 A_d	精煤数量	精煤灰分 A_d	中煤数量
25~50	60.85	7.07	27.96	26.02	73.24	8.91	15.57
13~25	65.58	7.30	24.52	25.19	76.92	8.79	13.18
6~13	68.23	5.70	23.71	23.64	81.13	7.49	10.81
3~6	66.27	4.93	25.17	21.64	81.34	6.86	10.10
1~3	60.75	4.33	29.70	19.50	79.52	6.42	10.93

一号煤矿西南侧的双龙斜井于 2000 年采取 2 号煤层可选性大样。该样品属中灰、低硫、中等可磨、高强度、中高热值的 1/2ZN(33)。双龙斜井 2 号煤层可选性大样试验结果见表 2-3-29。采用分

选密度±0.1 含量法进行评定。其中，1.6 级扣除沉矸后±0.1 含量为7.49%，属易选煤，浮煤回收率为优等；1.5 级扣除沉矸后±0.1 含量为 15.03%，属中等可选煤，浮煤回收率为优等。

表 2-3-29 双龙斜井 2 号煤层可选性大样试验结果表

分选密度±0.1		扣除沉矸后±0.1含量(%)	可选性等级	级别	浮煤灰分 A_d(%)
密度	产率%				
1.5	12.89	15.03	中等可选	优	6.83
1.6	6.42	7.49	易选	优	7.90

综上所述，矿井中可选性大样与钻孔中简易可选性样品试验结果基本一致。选用分选密度为 1.5 级别，可选性等级以中等可选为主；选用分选密度为 1.6 级，可选性等级以易选为主。

（3）安氏泥化试验。一号煤矿安氏泥化试验结果见表 2-3-30。

表 2-3-30 一号煤矿安氏泥化试验结果表

孔号	泥化比平均值(%)	泥化程度
SK3	4.79	一般泥化
SK4	1.10	一般泥化
SK9	2.15	一般泥化
SK10	2.48	一般泥化
SK22	2.41	一般泥化
SK25	8.79	一般泥化
HK17	0.95	一般泥化
HK19	0.32	一般泥化
HK23	0.60	一般泥化
HK24	0.66	一般泥化
HK25	1.61	一般泥化
HK16	1.35	一般泥化
双龙斜井	2.92	一般泥化

本区共采集安氏泥化试验样品 13 个，经测试，泥化比平均值在 0.32%～8.79%之间，均属一般泥化。

（三）煤类及主要用途

1. 煤类

根据《中国煤炭分类》(GB 5751—1986)，以浮煤干燥无灰基挥发分（900 摄氏度）和浮煤黏结指数为依据进行分类。区内西部原双龙井田范围内 2 号煤层煤类主要以 RN(32）为主，QM(34)、1/2ZN(33）少量且不连片。

区内中部、东部资料均属 20 世纪六七十年代的资料，且部分钻孔采用无芯钻进，无煤质测试资料。采用《中国煤炭分类方案》(1958 年颁发）划分，煤类以气肥煤一号为主，弱黏煤二号次之，呈孤立的片状分布。

现行煤类划分采用《中国煤炭分类方案》(1986 年颁发)。由于 1958 年与 1986 年的分类标准评价指标不统一，而换算指标当时未进行测试，因此，通过相应公式可计算 Y 值与黏结指数的关系，运用到本区 V_d 为 28%~37% 及 Y 以 8~13 毫米范围内，按公式计算黏结指数多在 16.28~27.3 之间，均属弱黏煤 RN(32)。

一号煤矿在生产过程中对 2 号煤层采集了两个样品进行测试，测试成果显示，2 号煤层煤类为 RN(32)。因此，本区煤类主要以 RN(32) 为主，QM(34) 及 1/2ZN(33) 少量且不连片。

2. 煤的工业用途评述

区内 2 号煤层属低中灰，中高挥发分，特低—低硫，中—高磷，特高—高发热量，弱—中等黏结性，化学反应性较强，高热稳定性，抗破碎强度高，中等—较低灰融熔性的富油煤，是良好的动力及民用煤，也可作为气化、配焦、低温干馏、高炉喷吹用煤。

第四章 水 文 地 质

第一节 地 表 水 系

黄陵矿区井田内水系属北洛河水系，沮河为区内最大水系，属洛河第二大支流。沮河发源于陕甘交界的子午岭东麓，由西向东经上畛子、双龙、店头、河腰至黄陵县以东注入洛河，全长 128 千米。1976—1978 年，一八六地质队在寺湾附近观测该河流量为 0.52~3.40 立方米/秒，一般在 1.20~2.07 立方米/秒。1987 年，一九四地质队在双龙段观测流量为 0.58~11.11 立方米/秒，平水期一般在 3 立方米/秒左右。中铁第一勘察设计院计算百年一遇洪峰流量为 216 立方米/秒。最高洪水位高出河床 3 米左右。河床坡度约 6‰，其水质为 HCO_3-Ca · Mg 型淡水。

一号煤矿井田内分布的西沟、北沟、王村沟、李章河均属沮河常年性沟流。郑家河由北西向东南流经一号煤矿中部，先汇入沮河，再注入洛河，流量为 0.19~0.29 立方米/秒，全长 27 千米。

第二节 含水层与隔水层

一、一号煤矿含水层

井田范围共有 8 个含水层。

（一）第四系河谷砂砾石孔隙潜水含水层（Q_4）

该含水层主要分布于沮河河谷中，由近代河流冲、洪积物组成。岩性以灰黄色含泥沙的卵砾石和亚黏土、砂质黏土为主，厚度 0~8.87 米，平均厚度 5.73 米。卵砾石为含水层，砾径一般为 2~8 厘米，大者 10 厘米以上，圆—次棱角状，分选差，含大量泥沙，常见零星漂石，一般厚度 5 米左右。富水性及渗透性的好坏与亚黏土、砂质黏土的厚度和卵砾石中的泥砂含量在空间的变化呈反比关系。

省水文一队对该层进行了抽水试验，结果为水位深度0.62~2.00米，含水层厚度5.58~6.41米，钻孔涌水量0.43~10.78升/秒，单位涌水量0.10~4.66升/(秒·米)，渗透系数8.25~85.17米/天。该含水层水位动态变化随季节而异，2月、3月水位最低，8月、9月水位最高，年变化幅度约0.5米。该层地下水补给充沛，除降水渗入外，尚可从河水和基岩含水层得到大量经常性的补给。由于补给因素复杂，水质因地而异，矿化度0.33~0.56毫克/升，水质多为HCO_3-Ca·Mg型淡水。

（二）第四系黄土含水层（Q_3）

该含水层在全井田大面积分布，一般塬区厚、山梁处薄，岩性为具垂直节理含钙质结核及古土壤层的淡黄色和浅红色亚黏土、砂质黏土及亚砂土，底部砂砾石或亚砂土含水，钙质结核及黏土层为其隔水层，总厚度一般为0~203.20米，平均厚度66.46米。该层水位较深，是塬区人畜用水的主要来源，泉水流量0.01~0.87升/秒。井水流量不大，旱时尚难满足当地居民需求，富水性微弱。该层以大气降水渗入为主要补给来源，矿化度一般0.31毫克/升，水质属HCO_3-Ca·Mg型淡水。

据郑家河水库管理站观测资料：黄土地下水总排泄量16.19~29.00升/秒，形成了以周围塬、梁区补给，郑家河村集中排泄的独立的黄土地下水单元。

（三）白垩系下统华池组砂岩裂隙含水层（K_1h）

该含水层仅分布于井田北部X26、SK22、SK29、SK30号孔附近，岩性上部以暗紫色、紫灰色粉砂岩为主，下部为紫色细粒砂岩，夹粉砂岩、泥岩，砂岩中两组节理发育，裂隙中常被方解石充填，厚度15.00~38.70米，平均厚度29.75米。砂岩裂隙极为发育，多被沟谷切割至底界以下，地下水大部分以泉的形式泄出地表，流量0.003~0.26升/秒。据省煤田水文队抽水试验资料：水位埋深4.66~15.73米，钻孔涌水量0.60~5.35升/秒，单位涌水量0.025~0.22升/(秒·米)，渗透系数0.03~0.82米/天，矿化度0.30~1.73毫克/升，水质属HCO_3-Ca·Na及SO_4-Na·Mg型微咸水。该层属富水性弱—中等的裂隙潜水含水层。

（四）白垩系下统洛河组砂岩孔隙裂隙含水层（K_1l）

该含水层分布于井田西部，岩性以棕红色中粒长石石英砂岩为主，偶夹同色粉砂岩、泥岩薄层，下部变粗，局部含漂砾，泥质胶结，疏松易风化，巨型交错层理发育，厚度8.10~222.72米，平均厚度84.37米。

该层泉水出露广泛，流量一般为0.10~1.18升/秒，最大为3.42升/秒。钻探施工中，每当钻进至洛河砂岩时，孔内严重漏水，孔口不返水，漏失量达15立方米/小时，给钻探施工带来很大困难。据抽水试验资料：水位埋深8.66~153.37米，钻孔涌水量0.018~14.90升/秒，单位涌水量0.0071~2.377升/(秒·米)，渗透系数0.00818~8.4586米/天，划为富水性强的含水层。据水质分析，该水层矿化度0.172~0.571毫克/升，水质为HCO_3-Ca·Mg型、HCO_3·SO_4-Na·Ca型淡水。

（五）侏罗系中统安定组泥灰岩局部含水层（J_2a）

该含水层分布于井田西北部，以灰紫色白云质泥灰岩为主，夹同色或黄色薄层泥岩，厚度0~37.50米，一般厚度25米左右，厚度小，零星分布。该层沟谷中有泉水出露，流量0.15~0.60升/秒。

据SK23号孔对洛河组、洛河组与安定组分别进行了抽水试验，洛河组单层抽水时，钻孔涌水量0.61~1.52升/秒，降深4.60~14.80米，平均单位涌水量0.12升/(秒·米)；与安定组混合抽水时，钻孔涌水量0.91~1.82升/秒，降深7.62~22.92米，平均单位涌水量0.10升/(秒·米)，单位涌水量较为接近。从Q-S曲线上看，两条曲线相吻合，由水质分析结果看，K_1l含水层水质为HCO_3-Ca·Mg型，矿化度 0.41 毫克/升，混合水水质亦为 HCO_3-Ca · Mg 型，矿化度 0.42 毫克/升，两者水质类型及矿化度极为接近，由此说明安定组地层富水性弱，基本不含水。该层接受洛河组砂岩含水层补给，地下水矿化度较低，为 0.26~0.42 毫克/升，水质属 HCO_3-Ca · Mg、HCO_3 · SO_4-Ca · Mg 型淡水。

（六）侏罗系中统直罗组下段砂岩含水层（$J_2z^{下}$）

该含水层广布全井田，岩性以灰白色、灰绿色中粒砂岩为主，底部多为细砾岩或含砾粗砂岩，呈巨厚层状，厚度30.43~174.7米，平均厚度 56.89 米。具北北西和北北东两组构造裂隙，密度不大，但张开性和延展性较好，浅部风化裂隙较发育，故富水性变化较大。泉水流量 0.10 ~1.91升/秒，据钻孔抽水试验资料：钻孔涌水量 0.12~5.36 升/秒，单位涌水量0.0006~0.19升/(秒 · 米)，渗透系数 0.0007~0.74 米/天。该层水矿化度 1.11~14.23 毫克/升，水质可分为两个带：浅部水交替积极带，为 HCO_3-Na · Ca 型淡水；中部水交替滞缓带，为 SO_4 · Cl-Na · Ca 型、SO_4 · Cl-Na 型微咸水、咸水或盐水，常有浓烈的 H_2S 气味。

井田内有 8 个钻孔在钻到该层时水头涌出地面，最高者达 9 米以上。钻探施工中，位于山梁上的钻孔钻至该层时渗水严重，漏失量达 15 立方米/小时。

该含水层一般 q、k 值较小，仅个别孔稍大，但该层厚度大、分布广、出露多、易于补给，在受古剥蚀作用造成直罗组上段隔水层缺失的区域，该层地下水可接受上层水的天窗式补给，富水性明显增强，水质明显改善，故属富水性弱—中等的含水层。一号煤矿中北部直罗组下段含水层等厚线图如图 2-4-1 所示。

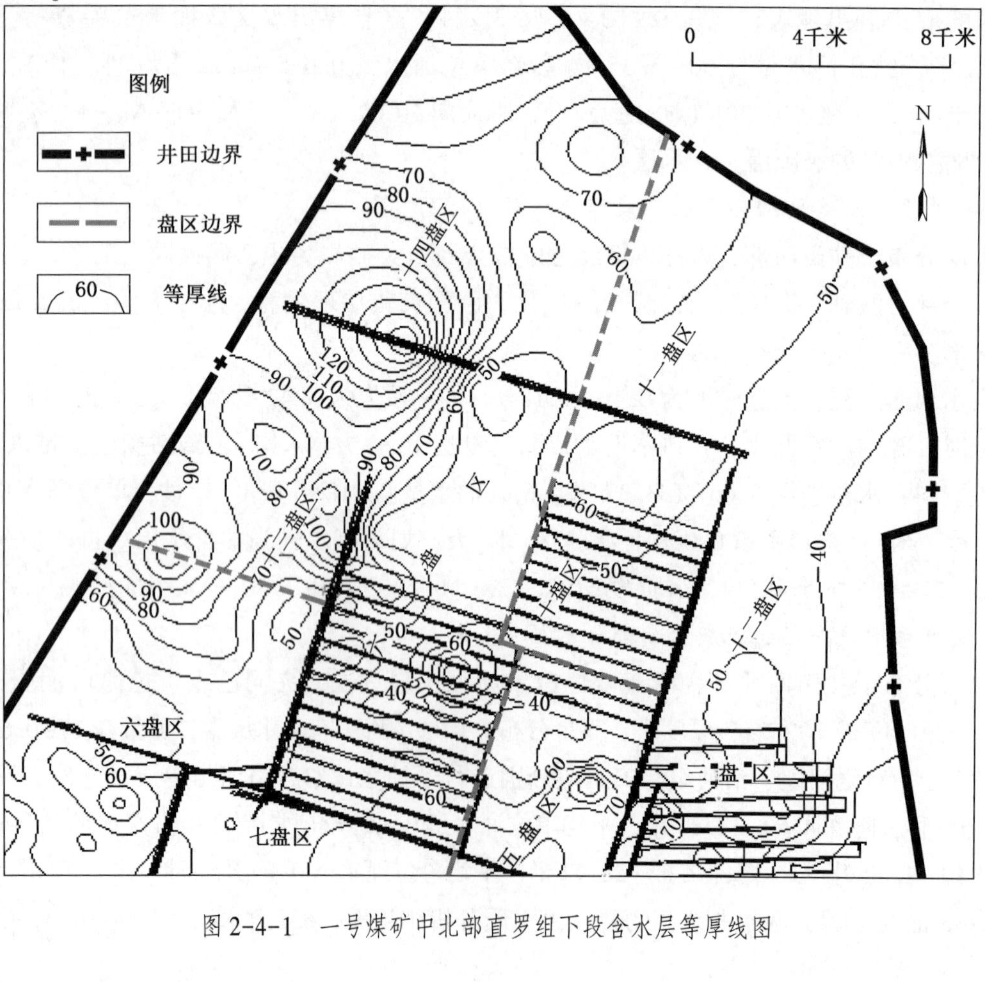

图 2-4-1 一号煤矿中北部直罗组下段含水层等厚线图

（七）侏罗系中统延安组中部含水层（$J_2y^{中}$）

该含水层在全井田分布，主要由2号煤层及其基本顶七里镇砂岩组成，总厚度5.32~30.10米。2号煤层呈黑色，沥青—玻璃光泽，内生裂隙发育，但裂隙被方解石、石膏充填或部分充填，厚度0~5米，一般厚度2.50米左右。顶板七里镇砂岩岩性以灰白色中—细粒石英砂岩为主，局部相变为粉砂岩，粒度南细北粗，厚度1.00~20.17米，一般厚度6米左右。L32号孔钻至该层时，水、气涌出孔口，高达钻塔顶端，气体遇火燃烧，涌水、涌气长达2小时。L97号孔钻进至该层，钻孔出现涌水，涌水水头高出地面2.27米，涌水量甚微，从套管头出现渗出状，流量无法观测。据以往钻孔抽水试验资料：涌水量0.0007~0.11升/秒，单位涌水量0.0000073~0.006升/(秒·米)，渗透系数0.0000045~0.25米/天，矿化度0.35~143.02毫克/升，水质属Cl-Na型盐水或卤水。该层属富水性弱的含水层。

（八）三叠系上统永坪组砂岩裂隙含水层（T_3y）

该含水层为含煤地层的基底岩层，钻探施工终孔层位，从钻孔揭露情况看，岩性以灰绿色、灰色泥岩及粉砂岩为主，中夹细粒砂岩，故划为含水层。该层在浅埋区泉水出露较多，富水性相对较强。据以往钻孔抽水试验资料，涌水量0~7.05升/秒，单位涌水量0~0.187升/(秒·米)，矿化度可达4.56毫克/升，水质属HCO_3-Ca·Mg、HCO_3-Na型咸水。

该层随埋深增加，富水性递减，X57号孔对该层抽水时无水。L32号孔对该层与延安组进行混合抽水时与延安组单层抽水时抽水试验成果几乎完全相同。该层属富水性弱的含水层。L32号孔抽水试验情况见表2-4-1。

表2-4-1　L32号孔抽水试验情况表

抽水层段	水位降深（米）	涌水量（升/秒）	单位涌水量［升/(秒·米)］	抽水孔径（毫米）	抽水机械
J_2y	108.23	0.1144	0.001057	110	17/7压风机
J_2y+T_3y	109.63	0.1145	0.001044	110	17/7压风机

二、一号煤矿隔水层

井田范围内共有4个隔水层。

（一）新近系上统保德组局部隔水层（N_2b）

该隔水层仅出露于烧火沟等地，岩性俗称红土，由褐红色亚黏土、砂质黏土及黏土组成，含钙质结核，岩化程度甚低，厚度0~60.13米，为局部隔水层。

（二）侏罗系中统直罗组上段隔水层（J_2z^2）

该隔水层除本井田东南部缺失外，全井田大面积分布，以棕黄、紫杂色泥岩，砂质泥岩、粉砂岩为主。中下部常夹有中细粒砂岩透镜体，全段厚度52.36~144.03米，平均厚度72.51米，为煤矿井田内较稳定、普遍的隔水层。一号煤矿侏罗系中统延安组上部相对隔水层等厚线图如图2-4-2所示。

（三）侏罗系中统延安组上部相对隔水层（$J_2y^{上}$）

该隔水层全井田分布，为七里镇砂岩以上的延安组地层，厚度26.88~164.7米，一般厚度60米左右。岩性以深灰、灰黑色泥岩，灰色粉砂岩为主，中夹中细粒砂岩，含1号煤层。钻孔施工中，延安组地层顶部存在发育深度约 12 米的微风化裂隙，岩体不甚完整，据一号井堵水施工的 Z30 号孔取芯观察，裂隙面具铁红色水锈，曾被地下水浸染，深部一般未见明显裂隙，简易水文皆无异常现象，钻孔冲洗液消耗量均小于 0.5 立方米/小时，回次水位一般 0~5 米。抽水试验资料显示：原仓村井田 5~2 号孔单位涌水量 0.0038 升/(秒·米)；李章河井田 206 号孔单位涌水量 0.0045 升/(秒·米)，渗透系数0.009 米/天。故该层为相对隔水层。

（四）侏罗系延安组下部及富县组相对隔水层（$J_2y^{下}+J_1f$）

该隔水层主要由 2 号煤层以下延安组及富县组地层组成，2 号煤层底板以下延安组地层岩性主要由灰黑色泥岩、粉砂岩组成，厚度一般小于 10 米；富县组以花斑状泥岩为主，夹粉细砂岩，厚度 0~75.50 米（L94 号孔），厚度变化呈南薄北厚的变化趋势，据原仓村井田 5~2 号孔抽水试验资料，单位涌水量 0.004 升/(秒·米)，渗透系数 0.003 米/天。

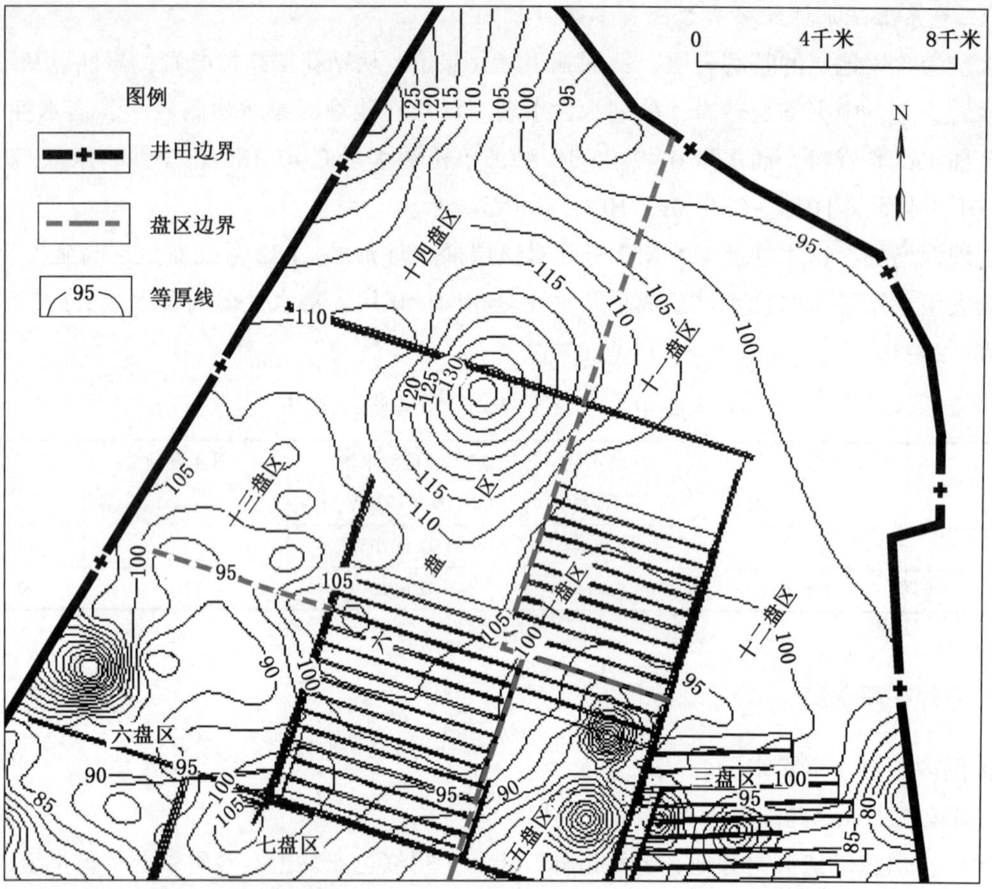

图 2-4-2 一号煤矿侏罗系中统延安组上部相对隔水层等厚线图

三、地下水补给、径流、排泄条件

2 号煤层上覆含水层为第四系孔隙潜水含水层、白垩系下统洛河组砂岩含水层、侏罗系中统直罗组下段砂岩裂隙含水层（$J_2z^{下}$）和侏罗系中统延安组砂岩裂隙含水层（J_2y），其中侏罗系中统直罗组下段砂岩裂隙含水层对开采影响较大。主要含水层地下水补给、径流及排泄条件如下。

（一）第四系孔隙潜水含水层

该层主要分布于河谷地段，与地表水水力联系密切，丰水期主要接受河水的侧向补给，同时接受大气降水的入渗补给，由地势高处向地势低凹处径流，在适宜位置排出地表，补给地表水或下渗补给基岩含水层；丰水期水位相对较高，主要补给地表水，对地表水水量、水质起到一定的调节作用。

（二）白垩系下统洛河组砂岩含水层

一号煤矿总体位于陇东陕北承压水盆地东部排泄区，白垩系下统洛河组含水层在井田内遭受沟谷强烈的侵蚀切割，洛河砂岩水多以泉的形式排出地表，补给地表水。

（三）侏罗系砂岩裂隙含水层

一号煤矿位于陕北斜坡南部，是东部承压水单斜组成部分，侏罗系中统直罗组下段砂岩裂隙含水层（J_2z^1）厚度变化大，受上覆隔水层（J_2z^2）影响，其富水性、补给、径流条件在不同地段差异较大，J_2z^2 缺失或变薄区域，J_2z^1 含水层构造开启性好，与外界及大气降水交替条件好，主要接受第四系孔隙潜水含水层和大气降水补给，钻孔最大涌水量 10～100 吨/天。但在其他地段，该含水层富水性一般，补给、径流条件受砂岩裂隙发育程度的制约，地下水主要在露头区接受大气降水补给，顺层向深部流动，水质交替缓慢，常含浓烈的硫化氢气味。该层水矿化度从上向下逐渐增高，直罗组下段地下水矿化度 10.95～14.23 毫克/升，延安组地下水矿化度 14.39 毫克/升，L97 号孔高达 45.18 毫克/升，成为高矿化卤水。

一号煤矿顶板水以静储量为主，对 2 号煤层开采可能会造成短时期的突发性影响，而延安组含水层处于较为封闭的地质环境，其富水性和补给、径流条件较差，对煤层开采影响不大。

2010 年 8 月，西安科技大学编制完成了《黄陵矿区一号煤矿水文地质类型划分报告》，经陕煤集团组织专家评审通过，黄陵一号煤矿水文地质类型确定为“极复杂”类型。

根据《煤矿防治水细则》规定，一号煤矿于 2013 年、2016 年进行了两次水文地质类型划分，其中 2013 年划分矿井水文地质类型为“极复杂”，2016 年划分矿井水文地质类型为“复杂”。

2019 年 9 月，一号煤矿再次委托西安科技大学对黄陵一号煤矿进行第四次矿井水文地质类型划分。一号煤矿受采掘破坏或者影响的含水层主要为直罗组下段砂岩裂隙水，该层地下水可接受上层水的天窗式补给，富水性较强，但未来 3 年布置的工作面不存在天窗威胁，最大单位涌水量 0.1858 升/(秒·米)。矿井南部边界外小煤矿多，具体位置、分布范围大部分已勘察清楚，东南边界有小窑越界开采的威胁，在未来 3 年，开采区域距小煤窑破坏区警戒线较远，开采时威胁较小。矿井正常涌水量 427.48 立方米/小时，最大涌水量 585.09 立方米/小时，最大突水量 1086 立方米/小时。矿井采掘工程受水害威胁，但不影响矿井安全。矿井防治水实施到位，易于进行。对照《煤矿防治水细则》，综合考虑，最终将黄陵一号煤矿水文地质类型确定为“复杂”类型。

第三节 采空区积水与防治

一、大气降水

煤矿区属半干旱地区大陆性气候，年平均降水量 775 毫米，蒸发量 1300 毫米，雨水多集中在 7 月、8 月、9 月，由于地形起伏较大，沟谷切割严重，地表泄水畅通，不利于大气降水在地表的滞留，但本区地处林区，地表植被茂密，有利于大气降水蓄积下渗。因此，大气降水对地下含水层有一定的补给作用。

二、地表水

沮河为区内最大河流，流量0.52~11.111立方米/秒，一般3立方米/秒左右。该河流量大，补给充足，中铁第一勘察设计院计算百年一遇洪峰流量216立方米/秒，最高洪水位高出河床3米左右。

三、老空区积水

自20世纪80年代以来，沮河沿岸小煤矿密布，特别是沮河河谷河浦村至本矿井口一带，先后有20余个小煤窑开采2号煤层。由于开采不规范，且多已串通，1998年7月、8月，大多数已被水淹废弃。由于部分小煤矿开采了沮河河床下的保安煤柱，且煤层埋藏浅（40米左右），造成河床开裂、塌陷，河水渗漏，将沮河水引入地下，成为造成矿井水害的主要因素。

采空区积水由于受沮河水补给，不仅具有较大的静储量，而且具有极大的动储量，是对未来矿井开采威胁最大的充水水源。

随着开采的延伸，生产区域已经远离井田边界，受老窑水害威胁较小。但矿井生产自身形成的采空区积水面积逐渐增大，影响矿井生产安全。

四、地下水

直罗组砂岩含水层浅部风化裂隙较发育，富水性变化较大，泉水流量0.1~0.45升/秒，据钻孔抽水试验资料，钻孔涌水量0.118~5.36升/秒，单位涌水量0.0038~0.1858升/(秒·米)，渗透系数0.01880~0.227683米/天。该层厚度大、分布广、出露多，地层孔隙发育，在低凹处易形成局部积水，易于补给矿井形成水害。另外，受古剥蚀作用影响，直罗组上段隔水层缺失区域，该层地下水还可接受上层水（如第四系孔隙水、大气降水、地表水）的天窗式补给，富水性明显增强，水质有明显的改善，为富水性中等的含水层。

大气降水及沮河水为本矿井间接充水水源，主要补给地下水及周边老空区积水，而老空区积水及直罗组下段含水层地下水构成矿井主要充水水源，开采中应特别注意防范。

五、导水通道

矿井导水通道有古风化裂隙、断层及构造裂隙、巷道及采空区、煤层开采后的导水裂隙。

（一）古风化裂隙

延安组上部地层在300、402工作面区域遭受风化作用，地层风化裂隙发育，风化裂隙充水带厚度20米左右，在采煤形成的导水裂隙带与风化裂隙连通并沟通直罗组含水层的情况下，直罗组含水层地下水可导入矿井。

（二）断层及构造裂隙

本区未见大的断层，仅在主大巷及三、四、八盘区发现F1、F2、F3、F4、F5、F6小型东西展布的断层。根据F1、F2、F3、F4、F5断层井下探放水结果，断层带宽度均小于1米，除F4、F5断层有少量水涌出之外，其余无水，而F6断层规模较小，推断导水性亦较弱。但是，也要注意防范小型构造裂隙密集带导水。

（三）巷道及采空区

黄陵一号煤矿沮河沿岸以往生产矿井较多，现多已废弃，巷道系统及采空区大多已积水，未来矿井开采期间，应防止沟通造成矿井突水。

（四）煤层开采后的导水裂隙

本区第四系、白垩系洛河组砂岩含水层均在直罗组上段隔水层以上，该层厚度百米左右，稳定而普遍，其上各含水层距煤层较远，不参与矿井水补给。直罗组下段砂岩含水层为侏罗系地层中富水性最强的岩层，其下至2号煤层以上为延安组隔水层和相对隔水层，全厚32~101.29米，平均厚度88.16米。因此，直罗组下段砂岩含水层能否成为矿井充水水源，取决于煤层开采后导水裂隙带最大高度能否沟通该含水层。

第五章 地 质 勘 探

第一节 矿 区 勘 探

黄陵矿区以2号煤层零点边界为界，自东向西依次划分为苍村井田、李章河井田、双龙井田、二号井田。矿区从20世纪50年代至2020年，进行过各种不同程度的地质工作，获得了丰富的地质资料，为研究区内地层、构造、沉积环境、煤层，开采技术条件等创造了有利条件。

一、主要地质勘查工作

一号煤矿位于李章河井田、双龙井田大部分范围和苍村井田部分区域，与之相关的煤田地质勘查工作主要有：

（1）1957年3月至1959年9月，陕西省煤炭工业局地质勘探公司延安勘探队进行黄陵矿区普查工作，完成了1：2.5万地质填图440平方千米；施工钻孔21个，计3576.71米；测井2孔，计360实测米；施工探槽21个，计1817.7立方米，探井1个，工程量24.3米；提交了《陕西黄陵七里镇煤田地质普查报告》，该报告未进行正式审批。获得B级储量184.74万吨，C1级储量8632.05万吨，C2级储量17731.23万吨，共计26548.02万吨。

该普查工作在一号煤矿范围内施工钻孔2个（P16、P21），工程量352.67米，均未测井，采集煤样2个。

（2）1960年至1966年11月、1962年至1967年2月，原贺兰山煤炭地质勘探分公司一八五队分两个阶段进行陕北侏罗纪煤田黄陵店头矿区仓村井田精查勘探，提交了《陕北侏罗纪煤田黄陵店头矿区仓村井田地质勘探最终（精查）报告》，经贺兰山煤炭地质勘探分公司审查批准。勘查共完成1：1万地形、地质测量42平方千米；槽探56.77立方米；钻探44孔，计7628.40米；测井计605实测米。批准精查储量8741.60万吨，其中，2号煤层6506.70万吨，3-1号煤层126.80万吨，3-2号煤层2108.10万吨；甲级4642.3万吨，乙级4099.3万吨。表外118.0万吨。

仓村井田勘探工作在一号煤矿范围内施工钻孔 4 个（C1、C2、8-3、8-4），钻探进尺 883.18 米，进行了测井工作，采集煤样 4 个，自燃倾向样 1 个。

（3）1961 年至 1970 年 5 月，陕西省煤田地质勘探公司一八五队进行黄陵煤产地店头矿区普查工作。1961—1962 年，施工普查控制性钻孔 5 个，钻探进尺 959.41 米。1967—1970 年，施工普查钻孔 46 个，计 13959.57 米；测井 27 孔；完成 1：5 万地质填图检查及 1：5 万水文地质填图约 1000 平方千米。获得工业储量 126706.9 万吨，远景储量 56043.2 万吨，共计 182750.1 万吨。提交了《陕北侏罗纪黄陵煤产地店头矿区普查勘探报告》。

黄陵煤产地店头矿区普查工作在一号煤矿范围内施工钻孔 12 个，钻探进尺 4402.80 米，测井 7 个孔，采集煤样 18 个。

（4）1970 年 5 月至 1971 年 12 月，陕西省煤田地质勘探公司一九四队进行陕北侏罗纪煤田店头矿区寺湾井田精查勘探，完成 1：1 万地质测量 60 平方千米；槽探 266 立方米；施工钻孔 24 个，进尺 4696.48 米；测井 1769 实测米，获得储量 15261 万吨。提交了《陕北侏罗纪煤田店头矿区寺湾井田精查地质勘探报告》，报告由陕西省革命委员会燃料化学工业局以（72）陕煤地生字第 3 号文批准。

本次勘查工作在一号煤矿范围内施工钻孔 16 个，钻探进尺 3433.39 米，14 个钻孔进行了测井工作，采集煤样 26 个，瓦斯样 2 个，顶底板夹矸样 7 组。

（5）1970 年 9 月至 1971 年 8 月，陕西省地质局第一水文地质队在黄陵店头双龙河谷地区进行地下水资源调查。完成 1：1 万水文地质调查 40.46 平方千米；施工钻孔 23 个，计 1248.95 米；抽水试验 34 个层次。获潜水开采储量 1139 立方米/天。

（6）1974 年 5 月至 1975 年 12 月，陕西省煤田地质勘探公司一九四队进行陕北侏罗纪煤田黄陵店头矿区详查勘探。完成 1：2.5 万地质、水文地质填图 660 平方千米；施工钻孔 108 个，进尺 35542.52 米，测井 101 孔，计 24286 实测米。提交了《陕北侏罗纪煤田黄陵店头矿区详查地质报告》，报告由陕西省革命委员会煤炭局以陕革煤基发（77）05 号文审查批准，批准详查地质储量 B+C1+C2 级共 57776.6 万吨，其中，B 级 15514.0 万吨，C1 级 30935.9 万吨，C2 级 10766.8 万吨。表外储量 559.9 万吨。

黄陵店头矿区详查勘探工作在一号煤矿范围内施工钻孔 59 个，钻探进尺 21843.58 米，57 个钻孔进行了测井工作，采集煤样 81 个，瓦斯样 9 个，油样 30 个，稀散元素样 54 个。

（7）1975 年 9 月至 1976 年 9 月，陕西省煤田地质勘探公司一九四队进行店头矿区仓村井田（补充）扩大精查勘探。完成钻孔 75 个，进尺 15741.44 米；地球物理测井 9572 实测米；采集各种样品 76 个（组）。提交了《黄陇煤田黄陵店头矿区仓村井田（补充）扩大精查勘探地质报告》，报告由陕西省革命委员会煤炭局以陕革煤基发（77）09 号批准，批准 A+B+C 级地质储量 14614.37 万吨（2 号煤层 12514.85 万吨），其中，A 级 3332.25 万吨，B 级 5423.13 万吨，C 级 5858.99 万吨。表外 1307.16 万吨。扣除原仓村精查报告提交的 2 号煤层储量 6506.70 万吨后，实际新增 2 号煤层储量 6008.15 万吨。

仓村井田（补充）扩大勘探工作在一号煤矿范围内施工钻孔 12 个，进尺 3156.59 米，7 个钻孔进行了测井工作，采集煤样 11 个，自燃倾向样 1 个。

（8）1975 年 11 月至 1978 年 9 月，陕西省煤田地质勘探公司一八六队在双龙南部、东部及外围李章河至寺湾区 230 平方千米范围内进行李章河井田精查地质勘探。施工钻孔 138 个，计 35954.60

米，水文孔2个（S46、S119），抽水试验4层次，测井137个钻孔，计28840.79实测米。经陕西省煤田地质勘探公司审查批准A+B+C级精查储量43174.20万吨，其中，A级10088.9万吨，B级14661.1万吨，C级18424.2万吨。表外储量1206.2万吨。扣除与双龙井田精查重叠区储量20566.00万吨后，实际获得地质储量22608.20万吨。提交了《陕西省黄陵县店头矿区李章河井田精查地质报告》。

李章河井田精查地质勘探工作在一号煤矿范围内施工钻孔107个，进尺29870.66米，抽水试验4层次，106个钻孔进行了测井工作，采集煤样94个，瓦斯样6个，顶底板夹矸样21组，自燃倾向样1个，煤尘爆炸样1个，油样36个，煤岩样14个。

（9）1983年6月至1987年8月，陕西省煤田地质勘探公司一九四队进行黄陵矿区双龙井田精查勘探。施工钻孔98个（其中水文孔3个），计34209.64米；测井98孔，计32155.4实测米。提交了《陕西省黄陵矿区双龙井田精查地质报告》，报告经陕西省矿产储量委员会以陕储决字〔1988〕6号文评审通过，批准A+B+C级储量31381万吨，其中，储量A级6441万吨，B级9801万吨，C1级15139万吨。本次新增储量C1级1918万吨。

双龙井田精查勘探工作在一号煤矿范围内施工钻孔69个，钻探进尺25169.85米，均进行了测井工作，采集煤样91个，瓦斯样26个，稀散元素样58个，岩矿样37个，油样30个，煤岩样3个。

（10）2004—2005年，陕西省煤田地质局一九四队进行黄陵一号煤矿范围内五至八盘区地质勘查工作，提交了《陕西省黄陇侏罗纪煤田黄陵矿区一号煤矿生产勘探地质报告》，报告由陕煤集团审查批准。该项目共施工钻孔38个，进尺16102.68米，其中，探煤孔33个，进尺14785.88米；抽水试验钻孔5个（SK12、SK19、SK23、SK10′、SK16′），总进尺计1316.80米，共抽水6层次；地球物理测井36个钻孔；采集各类样品146个（组）。

（11）2004年1月，陕西省地质矿产勘查开发局地质矿产勘查院编制了《陕西省黄陵矿区一号煤矿2号煤层资源储量说明书》。该说明书2003年12月16日由陕西省国土资源规划与评审中心进行了审查，以陕国土资评储发〔2004〕12号文批准通过，陕西省国土资源厅以陕国土资储备（2004）13号文备案。批准资源储量51425.15万吨，其中，探明的内蕴经济资源量（331）14101.53万吨，控制的内蕴经济资源量（332）17379.45万吨，推断的内蕴经济资源量（333）19944.17万吨。

（12）2006年11月，陕西省煤田地质局一九四队编制了《黄陵矿业集团一号煤矿三号风井及其配套工程压覆矿产资源储量评估报告》。该报告2006年12月20日由陕西省国土资源规划与评审中心进行了审查，以陕国土资评储发（2007）002号文批准通过，陕西省国土资源厅以陕国土资储备（2007）115号文备案。批准资源储量72.60万吨，全部为控制的内蕴经济资源量（332）。

（13）2008年2月，陕西省煤田地质局一九四队编制了《陕西省黄陇侏罗纪煤田黄陵矿区一号煤矿资源储量核实报告》。该报告2008年5月30日由国土资源部资源储量评审中心进行了审查，以国土资矿评储字〔2008〕49号文批准通过，并以国土资储备字〔2008〕99号文备案。批准煤炭（弱黏煤）保有资源储量49952万吨，其中，探明的经济基础储量（111b）27247万吨，控制的经济基础储量（122b）7616万吨，推断的内蕴经济资源量（333）15089万吨。

（14）2008年7月，陕西省煤田地质局一九四队编制了《陕西省黄陇侏罗纪煤田黄陵矿区一号煤矿生产矿井地质报告》。该报告对煤矿各个勘查时期，特别是生产过程中揭露的地质资料进行了全面总结，修改并完善了矿井的主要地质图件，并重新计算了资源量/储量。

(15) 2010年8月，西安科技大学编制了《黄陵矿区一号煤矿水文地质类型划分报告》。该报告对一号煤矿的文地质条件进行了详细的分析和评述，划分了矿井水文地质类型，并提出防治水工作建议。

二、主要物探工作

(1) 2010年5月，陕西省煤田地质局物探测量队在一号煤矿六盘区开展了二、三维地震勘探。二维地震物理点1249个，测线长29.56千米；三维地震物理点3103个，控制面积5.28平方千米。二维、三维地震勘探记录甲级率67.03%，合格率99.89%。其中，二维记录甲级率69.70%，合格率99.83%；三维记录甲级率66.03%，合格率99.9%。

(2) 2011年3月，陕西省煤田地质局物探测量队在一号煤矿六、十盘区开展了二、三维地震勘探。二维地震物理点2109个，测线长51.2千米；三维地震物理点2407个，控制面积4平方千米，一次覆盖面积5.70平方千米，施工面积7.04平方千米。二维、三维地震勘探记录甲级率58%，合格率99.89%，其中，二维记录甲级率59.35%，合格率99.90%；三维记录甲级率56.59%，合格率99.87%。

(3) 2012年12月，陕西省煤田地质局物探测量队在一号煤矿八盘区开展了三维地震勘探。共完成地震测线14束，完成物理点3654个，甲级率57.07%，合格率99.62%，满覆盖面积5.92平方千米。

(4) 2013年10月，陕西省煤田地质局物探测量队在一号煤矿四号风井开展了三维地震勘探。共完成地震测线16束，完成物理点3382个，甲级率56.81%，合格率99.05%，满覆盖面积2.21平方千米。

第二节 盘区补充勘探

一、一号煤矿六、七盘区生产补充勘探

2004年11月至2005年11月，陕西省煤田地质局一九四队按期提交了勘探报告。本次补充勘探完成的主要工程量有施工钻孔38个，钻探进尺16102.68米，抽水6层次，地球物理测井实测15863.40米，声速测井7150.80米，采集各类样品146个（组）。获得总资源量为14156万吨，其中探明的内蕴经济资源量（331）13668万吨，推断的内蕴经济资源量（333）488万吨。勘探范围如图2-5-1所示。

二、一号煤矿六盘区二、三维地震勘探

2010年5月21日至9月12日，黄陵矿业公司委托陕西省煤田地质局物探测量队测量，共获得地震物理点4352个，记录甲级率67.03%，合格率99.89%。其中，二维地震物理点1249个，测线长29.56千米，二维勘探面积约14.06平方千米；三维地震物理点3103个，三维控制面积5.28平方千米。

二维地震采用96道接收，中点激发，炮间距20米，道间距10米，20米偏移距，96道接收，24次叠加。三维观测系统采用10线（48道）8炮规则束状观测系统，接收点线距为40米×20米，炮点

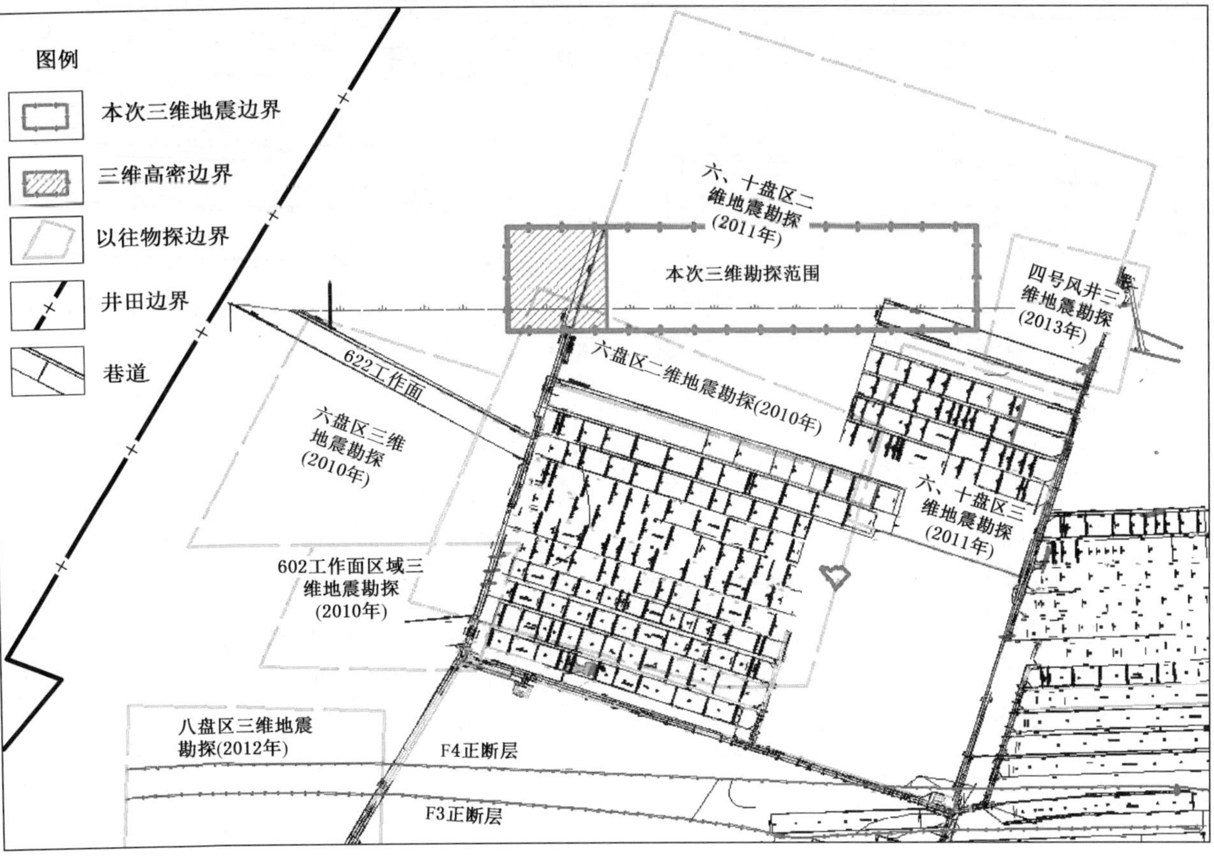

图 2-5-1 勘探范围

距为 20 米×80 米，纵向采用中间激发观测系统。

经过地震勘探，查明三维勘探区内落差大于或等于 5 米的断层 1 条，解释出小于 5 米的断层 5 条。在二维区未发现大于 10 米的断层。查明三维区内 2 号煤层的赋存形态，控制二维区内 2 号煤层的底板形态，并绘制本次地震勘探全区 2 号煤层底板等高线平面图。对三维区内 2 号煤层的厚度变化趋势进行了预测。对三维区内的覆盖层厚度变化趋势进行了解释。本次三维地震勘探，在区内未发现古河床、古隆起、岩浆、陷落柱对煤系地层的影响。

2010 年 10 月 26 日，《陕西陕煤黄陵矿业有限公司一号煤矿六盘区二、三维地震报告》经黄陵矿业公司组织的专家评审组评审通过。该报告荣获陕西省第六届优秀地质成果二等奖。

三、一号煤矿十盘区补充勘探

一号煤矿十盘区补充勘探由陕西省煤田地质局一九四队负责施工，勘查面积 41. 8 平方千米，2011 年 1 月提交勘探报告，本次补充勘探施工钻孔 29 个，钻探总进尺 15164. 06 米，抽水 4 层次，封孔质量检查孔两个 1138 米，地球物理测井常规 15085. 43 实测米，采集各种样品 163 个（组）。获得煤炭资源量为 6636 万吨。

2019 年 1 月 22 日，陕西省煤田物探测绘有限公司编写完成了《陕西陕煤黄陵矿业有限公司一号煤矿六、十盘区三维地震勘探设计》。本次三维地震勘探区位于六、十盘区，勘探面积 5. 6 平方千米；北二大巷延伸段进行高密度三维地震勘探，勘探面积 1. 17 平方千米。

第三节 地 质 灾 害

一、地震烈度

据国家地震局兰州地震大队1973年资料，黄陵矿区在1599年发生过6级地震。1556年华县大地震、1815年山西平陆地震、1820年宁夏海原大地震和2008年汶川大地震均波及该区或有震感。黄陵矿区地震烈度为Ⅵ度，动峰值加速度为0.05伽（1伽=1厘米/秒^2）。

二、地表塌陷、滑坡

一号煤矿位于黄土高低中山区，属于滑坡多发、地质灾害严重地段。矿井开采常引起地表沉陷，加剧了地质灾害的发生，常引起边坡垮塌，山体滑坡。为防止或减少地表塌陷危害的发生，一号煤矿在盘区、工作面布置中与沟谷或陡坡走向呈垂直方向布置，以减轻开采沉陷对地表的影响；要求专业技术人员定期调查地表沉陷、滑坡危害情况，对已发生或有潜在危险的地表塌陷体标绘在井上下对照图上，如果这些地表塌陷危及工业场地的安全则需治理，对危及农舍的滑坡设置警示牌或令其搬迁，避免造成人员伤亡。

第六章 开 采 条 件

第一节 采空区及小井分布

一、采空区分布

截至2020年底，矿井范围内回采形成采空区面积共计26.77平方千米。各采空区分布概述如下：

一盘区：东与主平硐相邻，南到F1、F2断层，北和701工作面相邻，平均采宽770米、采长870米。采用连采机、房柱式开采，宽度30米，房柱串巷随房柱回采结束均及时永久封闭。盘区于1996年开始回采，1999年回采结束，采空区面积0.73平方千米。盘区西高东低，底板最低高程+915米，最大高程+930米，采空积水顺势自流汇入一号泵房水仓排至地面。2012年，将一盘区所有砖质采空闭墙进行了采空防水闸墙技术改造，进一步提升了矿井防灾、抗灾能力，消除了盘区水患威胁。

二盘区：东接盘区回风巷，北与西一大巷相邻，布置有201~210共10个工作面，采用长壁式布置、综采工艺开采，工作面宽度200米，顺槽长度2000米，面间煤柱30米。盘区于2001年7月开始回采，2006年11月回采结束，采空区面积3.21平方千米。二盘区煤层赋存较为平缓，仅有204、

209 两个工作面采空区有积水涌出，盘区正常涌水量 10～15 立方米/小时。采空区无大的水体灾害威胁。

三盘区：位于北一大巷东侧，采用长壁式布置、综采工艺开采，工作面宽度 200～235 米，顺槽长度平均 3000 米，面间煤柱 30 米。盘区于 2005 年 2 月开始回采，到 2020 年，300～311 等 12 个工作面已回采结束，采空区面积 6.30 平方千米。三盘区东高西低，煤层底板最低高程+892 米，最大高程+943 米，中部低洼区采空积水聚集量大，水体面积约为 0.22 平方千米。采空积水自东向西自流排出汇入北一一号泵房水仓排至地面。三盘区正常涌水量约为 100 立方米/小时，盘区涌水量占矿井涌水比例最大。盘区各采空区全部实施了防水闸墙工程，并在三盘区进风巷、北一水仓汇水入口处安装了水情动态监测系统，实时监测涌水变化情况，水患得到了有效预防和治理。

四盘区：位于进风巷东侧、三盘区南部，401 工作面采用长壁式布置、炮采后退式工艺开采，402、404、406 工作面采用长壁式布置、综采工艺开采，工作面宽度 200～235 米，顺槽长度平均 3000 米，面间煤柱 30 米。401 工作面于 1998 年 6 月开始回采，2000 年 7 月回采结束，402、404、406 工作面自 2004 年 4 月开始回采，2007 年 7 月回采结束，采空区面积 1.69 平方千米。盘区正常涌水量约为 10 立方米/小时，盘区采空区实施了防水闸墙工程，无大的水体灾害威胁。

六盘区：位于北二大巷东翼，采用长壁式布置、综采工艺开采，工作面宽度 235 米，顺槽长度 3000 米，面间煤柱 30 米。盘区于 2007 年 7 月开始回采，到 2020 年，601、603、605、607、609、611、613 等工作面已回采结束，采空区面积 9.17 平方千米。盘区正常涌水量约为 22 立方米/小时，盘区各工作面采空区均实施了防水闸墙工程，无大的水患灾害威胁。

八盘区：位于井田西南部，南为井田边界，北邻六盘区，西为井田边界，东邻二盘区，煤层由东部向西部逐渐变薄。八盘区以盘区边界为界，划定范围长 9.2 千米，宽 3.9 千米，面积约为 28.92 平方千米，采空区面积 2.59 平方千米。八盘区设计 4 条开拓大巷，分别为八盘区辅助运输巷、八盘区皮带巷、八盘区回风巷、八盘区进风巷、八盘区开拓大巷，服务于八盘区，形成两翼开采方式。八盘区计划布置 13 个工作面，801 工作面为首采工作面。八盘区内由王村沟支流等汇聚至一号煤矿边界南部沮河，王村沟支流全长约 14 千米，流量在 691.2～1072.8 立方米/小时，流量由于受大陆性季风气候影响，随季节变化较大。

十盘区：位于井田北部偏东位置，北临十一盘区，西接六盘区，东面是十二盘区，南接五盘区，煤层由西向东逐渐变薄。十盘区内有郑家河由北西向东南流经盘区中部，全长 27 千米，注入洛河，流量 0.192～0.298 立方米/秒。由于受大陆性季风气候影响，流量随季节变化较大。其余地表径流条件良好。

二、矿井周边生产小井采空区分布

（一）小井采空区分布

一号煤矿范围内无其他生产矿井。矿井南侧为黄陵县地方煤矿开采区。地方煤矿资源整合前，矿井范围及周边分布着 15 个小煤矿，其中，矿井范围内 2 个（四号风井塬庄煤矿、苍斜老窑），矿井南部周边 13 个（双龙王满煤矿、石岔砭花家庄煤矿、多营李章河煤矿、李章河二矿、金穗煤矿、七丰六组煤矿、双龙裕村煤矿、寺湾村办二矿、店头镇老虎嘴沟煤矿、黄陵县苍村乡金嘴沟煤矿、黄陵县煤炭计量站煤矿、黄陵县店头镇七丰沟西煤矿、仓村平硐）。一号煤矿周边小煤矿见表 2-6-1。

表2-6-1 一号煤矿周边小煤矿表

序号	名 称	生产能力（万吨）	开拓方式	开采煤层	瓦斯等级	备 注
1	四号风井塬庄煤矿	5	一对斜井	2	低	已关闭
2	苍斜老窑	5	一对斜井	2	低	已关闭
3	双龙王满煤矿	6	一对斜井	2	高	已整合为集贤煤矿，生产
4	石岔砭花家庄煤矿	6	一对斜井	2		
5	多营李章河煤矿		一对斜井	2	低	已整合为李章河二矿，停产
6	李章河二矿	6	一对斜井	2	低	
7	金穗煤矿	6	一对斜井	2	低	已整合为中瑞成煤矿
8	七丰六组煤矿	5	一对斜井	2	低	已整合为平安煤业，停产
9	双龙裕村煤矿	6	一对斜井	2	低	
10	寺湾村办二矿	6	一对斜井	2	低	已关闭，不相邻
11	店头镇老虎嘴沟煤矿		一对斜井	2	低	现为北川一矿，已关闭
12	黄陵县苍村乡金嘴沟煤矿	6	一对斜井	2	低	属瑞能煤业井田范围，生产
13	黄陵县煤炭计量站煤矿	6	一对斜井	2	低	属仓村煤业井田范围，整合后为东方煤矿，生产
14	黄陵县店头镇七丰沟西煤矿		一对斜井	2	低	
15	仓村平硐	30	一对平硐	2	低	陕西煤炭建设公司，已关闭

按照当地政府安排，2019年初，黄陵矿业公司不再对周边小煤矿托管。截至2019年6月底，一号煤矿周边小煤矿生产现状为：中瑞成煤矿、双龙集贤煤矿生产，其他均已关闭。一号煤矿小煤矿分布图如图2-6-1所示。

上述各煤矿都与一号煤矿相邻，老窑采空区具体分布位置不详，在一号煤矿开采到南部时对矿井的正常生产和安全有不同程度的影响。2009年10月结束的一盘区采空区对应地面电磁法探查探明，在一盘区的西南边缘存在4个异常区，均为煤矿周边小窑的采空区。

（二）小井积水

2013年，陕西省煤田地质局物探测量队在四号风井老窑地面开展了高密度三维地震勘探工作，并提交了《陕西陕煤黄陵矿业有限公司一号煤矿四号风井老窑采空区范围高密度三维地震勘探报告》，圈定了老窑开采和积水范围，对老窑井筒进行启封、水位探查和排水，消除老窑水患。该老窑水患已排除。四号风井老窑地面高密度三维地震勘探图如图2-6-2所示。

2014年，中煤科工集团西安研究院在八盘区王满煤矿老窑地面开展了瞬变电法物探工作，并提交了《陕西陕煤黄陵矿业有限公司王满煤矿瞬变电法物探报告》，圈定了老窑开采和积水范围，提出在此区域从事生产活动时应进行防范和给予治理。

通过普查，矿井范围内老窑采空区面积0.2平方千米，矿井范围周边小煤矿开采影响采空区面积约为3.8平方千米。为防治老窑水患：①及时对小煤矿的生产情况进行了摸底调查；②及时向有关部门通报情况，严禁其越界开采，保证了矿井的正常生产和安全；③在南部生产时，加强了探水工作，防止采空区、老窑突水事故的发生。

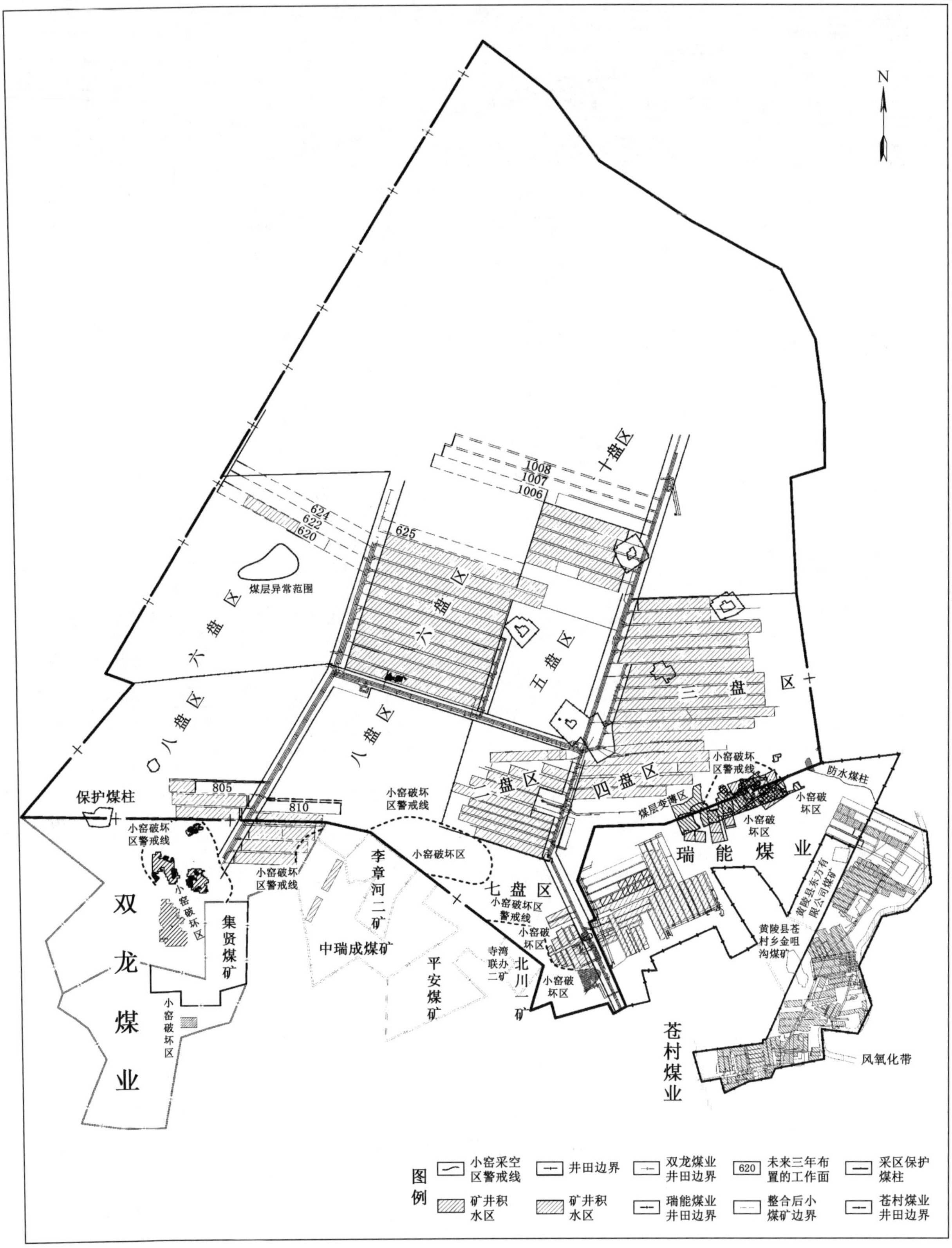

图 2-6-1 一号煤矿小煤矿分布图

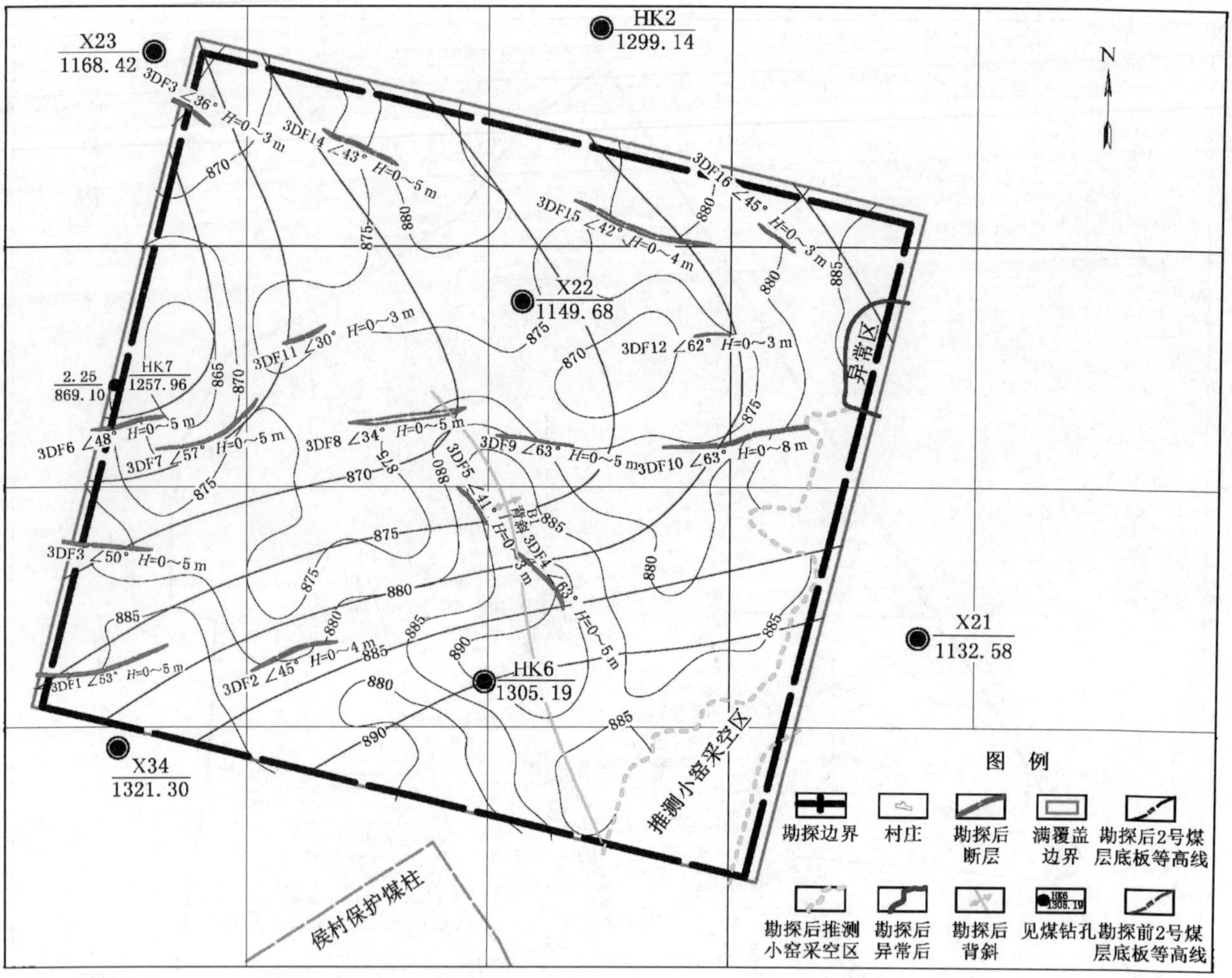

图 2-6-2 四号风井老窑地面高密度三维地震勘探图

第二节 煤 层 顶 底 板

一、顶板

2 号煤层顶板在一号煤矿井田内可分为三种类型。第一种为砂岩顶板，中—细粒或粗粒砂岩，钙质胶结，坚硬，主要分布于矿区南部区域，厚度一般小于 10 米，属中等冒落之顶板。第二种为中、细砂岩—粉砂岩—泥岩组成的互层顶板，主要分布于矿区南部区域，其中一号井一盘区较为典型。厚度 0.92~19.90 米，平均厚度 7.50 米。第三种为泥岩顶板，分布普遍，厚度 0.60~26.21 米，以厚度小于 10 米为多，属易冒落顶板。

二、底板

2 号煤层直接底岩性：区内几乎全部为砂岩、砂质泥岩，也有少量炭质泥岩。全区分布，层位稳定，该层遇水易膨胀。厚度 0.50~9.43 米不等，一般在 1~2 米。具有向斜部位厚度较大、两侧较薄的变化规律，直接底下有细砂岩的基本底存在。

第三节 煤层自燃倾向性

黄陇侏罗纪煤田地质勘探从“二五”时期（1958—1962年）开始，由陕西省煤田地质勘探公司一八六、一九四队以普查为主，部分详、精查，“三五”时期（1966—1970年）至“七五”时期（1986—1990年），一九四、一八六队对黄陵矿区进行精查，做了专门的水文地质勘探和地面地震勘探、电法勘探以及磁法勘探工作。1975年12月，一九四、一八六队共同提交了《店头矿区详查勘探报告》，探查精度达到矿区总体设计要求。为满足矿区生产建设需要，从1980年开始，以一九四队为主的勘探队伍在矿区内做了大量的普查、详查、精查以及补充勘探工作，共施工钻孔582个，形成并提交各类地质勘探报告20余份。根据陕西省煤田地质勘探公司一九四队及一八六队采样，煤炭科学研究总院抚顺研究院分析，矿区煤层属自然发火二类煤层。

2012年8月7日，委托中煤科工集团重庆研究院编制《一号煤矿2号煤层、609综采工作面煤样最短自然发火期实验报告》。鉴定结果为2号煤层、609综采工作面煤样自燃倾向性等级属自燃，最短自然发火期为52天。409综采工作面煤样自燃倾向性等级属自燃，最短自然发火期为52天。矿区内煤层属易燃煤层。

2019年11月4日，委托中煤科工集团重庆研究院编制《煤自燃倾向性鉴定报告》，重新对2号煤层进行鉴定。鉴定结果为自燃倾向性等级为二类，属自燃煤层。一号煤矿煤层自燃倾向性鉴定情况见表2-6-2。

表2-6-2 一号煤矿煤层自燃倾向性鉴定情况表

检测项目	符号	单位	结果
水分	M_{ad}	%	1.48
灰分	A_d	%	10.50
挥发分	V_{daf}	%	31.46
全硫	$S_{t,d}$	%	
真相对密度	*TRD*		1.40
吸氧量	V_d	厘米/克	0.68

第四节 煤 尘 爆 炸 性

2012年1月17日，一号煤矿委托陕西煤矿安全装备检测中心对煤尘爆炸性进行鉴定，鉴定结果为有煤尘爆炸性，爆炸指数为33.65。

2019年11月8日，一号煤矿再次委托中煤科工集团重庆研究院对一号煤矿煤尘爆炸性进行鉴定，鉴定结果为有煤尘爆炸性，爆炸指数为35.74。一号煤矿煤尘爆炸性鉴定情况见表2-6-3。

表 2-6-3 一号煤矿煤尘爆炸性鉴定情况表

检测项目	符号	单位	结果	执 行 标 准
水分	M_{ad}	%	1.48	《煤的工业分析方法 仪器法》(GB/T 30732—2014)
灰分	A_d	%	10.50	《煤的工业分析方法 仪器法》(GB/T 30732—2014)
挥发分	V_d	%	28.16	《煤的工业分析方法》(GB/T 212—2008)
	V_{daf}	%	31.46	《煤的工业分析方法》(GB/T 212—2008)
火焰长度		毫米	>400	《煤尘爆炸性鉴定规范》(AQ 1045—2007)
最低岩粉添加量		%	80	《煤尘爆炸性鉴定规范》(AQ 1045—2007)

第五节 地 温

依据勘探报告，一号煤矿区域孔底最低温度 12.7 摄氏度，最高 30 摄氏度，一般 16~24 摄氏度。地温梯度最小 0.6 摄氏度/百米，最大 6.3 摄氏度/百米，平均 2.3 摄氏度/百米。梯度异常点多零星分布于圪崂寺背斜及西峪背斜翼部。通过近似稳态测温，预计当地恒温带深度 20~25 米之间，温度 9~9.5 摄氏度之间。截至 2020 年，本区未发现地热异常，基本属于地温正常区，无热害。

第六节 煤与瓦斯突出、冲击地压

一、瓦斯及煤与瓦斯突出

一号煤矿北部为北东向缓倾单斜，围绕 SK6 号孔有一北东东向宽缓隆起，即白土桥背斜，轴长 4.5 千米，宽约 2.0 千米，两翼倾角 1°~3°，为瓦斯富集带，瓦斯含量在 1.00~3.02 立方米/吨，平均 2.02 立方米/吨。

矿区普遍存在瓦斯分布不均现象。一号煤矿东南部二、四盘区为低瓦斯区，瓦斯含量小于 1.0 立方米/吨，其他区域瓦斯含量均大于 1.0 立方米/吨。三、六盘区及北部单斜区为瓦斯富集区，瓦斯含量均大于 1.0 立方米/吨，局部（HLC-01 号孔附近）瓦斯含量达 4.31 立方米/吨。中西部及西南部为另一富集区，瓦斯含量达 4.13 立方米/吨，该富集区南部边界附近瓦斯含量均大于 3 立方米/吨。矿井南部煤层埋藏浅，瓦斯含量均小于 1.0 立方米/吨。在中部和东部出现了两个瓦斯异常带，一个在中东部，瓦斯含量在 1.01~5.63 立方米/吨，平均 2.35 立方米/吨，井下测得瓦斯含量最高 7.17 立方米/吨；另一个在东北部，以 R126 号孔为中心，瓦斯含量 5.47 立方米/吨。在西北部受煤层埋藏深度的影响，形成瓦斯富集区和瓦斯异常区，平均 3.50 立方米/吨。矿区内矿井瓦斯涌出量主要来源于采空区。

黄陵矿区香坊详查区的北部有面积约 220 平方千米的油气煤共生区，其中富集区面积 139.30 平方千米。陕西省煤田地质局一九四队进行香坊普查时，在 F28 号孔中也发现有气体喷出。根据该区 11 个出气孔资料统计，延安组中上部第三段储气层有 6 个孔，其中，F28 号孔喷气量达 1 万立方米/天，喷出压力达 4~5 标准大气压（1 标准大气压=101.325 千帕），气体样品分析结果为：瓦斯含量为 87.33%，氮气含量为 10.88%，二氧化碳含量为 0.33%，乙烷以上重烃含量为 0.52%。喷出层位还有三叠系瓦窑堡组及侏罗系直罗组等。

2008 年，矿井被评定为高瓦斯矿井。2001—2020 年一号煤矿矿井瓦斯等级鉴定和二氧化碳测定情况见表 2-6-4。

表 2-6-4 2001—2020 年一号煤矿矿井瓦斯等级鉴定和二氧化碳测定情况表

年份	绝对涌出量(立方米/分钟)		相对涌出量[立方米/(吨·天)]	
	瓦斯	二氧化碳	瓦斯	二氧化碳
2001	2.63		1.15	2.20
2002	2.46		0.67	1.12
2003	6.93	6.97	2.06	2.07
2004	5.92	6.06	1.41	1.44
2005	17.01	7.22	2.47	1.04
2006	30.92	9.66	2.94	1.03
2007	23.54	8.48	2.49	0.90
2008	43.93	13.62	3.64	1.13
2009	69.78	22.42	7.17	2.30
2010	89.17	21.92	7.70	1.89
2011	125.90	15.36	10.88	7.53
2012	115.64	15.26	10.00	7.60
2013	117.93	14.78	10.19	1.28
2014	130.68	17.90	11.33	1.55
2015	149.07	15.24	12.93	1.32
2016	160.82	15.85	12.68	1.25
2017	159.65	14.94	12.41	1.16
2018	143.98	12.67	11.19	0.99
2019	162.67	20.66	12.65	1.61
2020	152.38	17.55	11.85	1.36

二、冲击地压

2020 年 6 月，经西安科技大学对一号煤矿 2 号煤层进行冲击倾向性鉴定，结论为一号煤矿 2 号煤层及顶底板岩样冲击倾向性类别均为无冲击倾向性。

第七节 村 庄 压 煤

截至 2020 年，一号煤矿井田上覆地面有自然村庄 9 个，村庄压煤面积 4224832 平方米，压煤储量 1260.8 万吨。开采过程中，对井田内所有村庄留设了村庄保护煤柱。矿井开采过程中造成了复杂的环境地质问题和安全隐患，尤其是严重威胁村民的生命安全。因此，在开采过程中加强对压煤村庄地质灾害防治技术措施的研究，工程措施的实施以及日常管理也是矿井安全开采面临的技术问题。

第七章 煤共伴生资源

第一节 煤层气资源

根据2010年中煤科工集团西安研究院对黄陵矿区煤层气的研究，在9对生产矿井中，仅黄陵一号煤矿规模较大，局部含气量较高；其余矿井规模小、煤层气含量低，多数资源濒临枯竭，不参与储量计算。北部预留区及深部预测区面积较大，但多处于林区和煤气油共生区，总体呈西倾平缓单斜，有少量钻孔资料，2号煤层平均厚度1.70米，可作为潜在资源量区，故本次仅对黄陵一号煤矿及北部预测区和深部预留区煤层气资源量进行估算。2号煤层在一号煤矿含气面积163.47平方千米，含气量2.18立方米/吨。

第二节 石油、煤油气

一号煤矿石油赋存特点为直罗组下段砂岩储油条件好，但其围岩生油条件差；延安组及富县组砂岩储油条件较差，但有一定的生油岩层；永坪组地层储油、生油条件较好，但未形成大面积连续的富油层段或富油区，无工业开采价值。

矿区内71个钻孔有石油矿藏显示，经层位对比共有16个含油层段，从上而下分别编号为z_1、z_2、z_3、z_4，y_1、y_2、y_3、y_4、y_5、y_6，f_1、f_2、f_3和c_1、c_2、c_3。各含油层段的含油层位、岩性特征、含油程度分析如下。

一、直罗组（J_2z）含油层

矿区内31个钻孔在直罗组有油层显示，共含油36层次。其中：直罗组下段z_3、z_4共含油26层次，岩性以中—粗粒砂岩为主，少量含砾粗砂岩，含油程度微含油—饱和含油；直罗组上段z_1、z_2共含油10层次，岩性为中—细粒砂岩，含油程度油迹—均匀含油。

二、延安组（J_2y）含油层

矿区内27个钻孔在延安组有石油显示，均为零星分布，共含油39层次。其中：延安组第一段y_5、y_6含油14层次，岩性以中—粗粒砂岩为主（七里镇砂岩），含油程度油迹—饱和含油；延安组第二段y_3、y_4含油19层次，岩性为细—中粒砂岩，含油程度微含油—饱和含油；延安组第三段y_1、y_2含油6层次，含油程度油迹—外渗。

三、富县组（J_1f）含油层

矿区内5个钻孔在富县组下部地层有3个含油层段，即f_1、f_2、f_3，共含油14层次，岩性以灰白

色中—粗粒砂岩为主，次圆—次棱角状，分选性差—好，孔隙—接触式胶结含油程度微含油—外渗。

四、永坪组（T_3y）含油层

矿区内8个钻孔在永坪组有石油显示，共含油18层次，均为零星分布，岩性以细粒砂岩为主，含油程度油迹—饱和含油。

一号煤矿范围内以往勘查阶段71个钻孔有石油矿藏显示，SK16、L32号孔发现气体异常和喷出。区内有延长石油（集团）有限责任公司施工的油井11口，其中1口为生产井。三盘区、六盘区、八盘区在掘进施工中均出现过不同程度石油渗出，渗出量尤以三盘区进风巷最为突出。随着矿井开拓开采，油、气可能直接流入或侵入矿井，导致瓦斯、油、气耦合，组成复合气体，瓦斯成分、燃爆特性发生重大变化。油、煤耦合导致煤的自燃倾向性变化。水、气耦合形成气液两相流，导致瓦斯涌出异常，增加矿井瓦斯涌出量，对矿井开拓开采和安全生产造成严重威胁。

2020年，针对矿井煤、油、气共生耦合灾害特征及致灾机理，一号煤矿建立了煤油气共生矿井耦合灾害协同防控技术体系，提高安全管理水平，保障煤矿安全生产。

第三节　微量元素、放射性元素

一、微量元素

截至2020年，一号煤矿各勘探阶段采集的2号煤层及顶底板微量元素样品测试成果表明：锗、镓、铀含量除个别点达最低工业品位外，一般达不到最低工业品位要求，无工业开采价值。

二、放射性元素

通过自然伽马测井发现一号煤矿直罗组砂岩中含放射性异常。经查阅以往各阶段地质勘查资料，一号煤矿放射性异常区域主要分布在西南部L74、L75、L76钻孔连线以南，以L60钻孔为轴心向南延伸至双龙煤矿内。放射性异常层位有两个：其一在直罗组上段底部砂岩中，厚度不大、强度不高，放射性异常量最大4032伽马米（L18），最小43.9伽马米（L54）；其二在直罗组下段砂岩中，厚度0.6~2.4米不等，放射性异常量最大7542伽马米（L60），最小94.5伽马米（L31）。经陕西核工业208研究所认定为放射性铀（U）元素。但该层皆为零星分布，厚度很薄，品位很低，无经济价值，含铀层位距2号煤层距离较远，一般对人体无害。

根据《煤田地球物理测井规范》规定：当$H>0.70$米，自然伽马最大值达651.74安/英寸（1安/英寸=39.37安/米）时，视为放射性异常；当$H<0.70$米，自然伽马最大值乘以厚度（H）达452.6安/英寸时，视为放射性异常。该次异常值均为测井曲线反映值或换算值，无采样化验实测值，有无工业价值，尚需进一步验证。

第八章 矿 山 测 量

第一节 测绘机构、技术装备

一、测绘机构

一号煤矿前期地面大型控制、陀螺定向等测量、测绘工作主要委托陕西省煤田地质局完成，生产技术部测量组负责井上下日常放线工作。2010 年 10 月，一号煤矿成立了地质测量部，负责矿井日常测量工作，并逐步配齐技术人员和测量仪器，基本满足矿区日常测量需要。

二、测绘技术装备

20 世纪 90 年代，煤炭系统采用常规办法进行测绘工作，煤田测绘控制测量一般只进行三、四等三角测量和水准测量，常用仪器为经纬仪和水准仪。

2003 年，一号煤矿购入尼康 DTM-352 全站仪一台，集经纬仪、测距仪及计算为一体，打破了常规测量的模式，减轻了作业者的劳动强度，提高了测量精度，为井下导线测量、贯通测量提供了可靠的保障。随着 GPS 定位技术的日益成熟，为方便一号煤矿进行地面基础测量，2010 年一号煤矿购置了一套天宝 EPOCH 35 RTK 设备，适用于对空通视条件稍差的作业环境，可不受天气和地域影响进行全天候作业。其静态平面精度 5 毫米+0.5×10^{-6}，高程精度 5 毫米+1×10^{-6}；RTK 平面精度 10 毫米+1×10^{-6}，高程精度 20 毫米+1×10^{-6}，满足高精度控制测量、施工放样、地形测量等各种工程项目要求。

第二节 测 量

一、矿区控制网

1989 年，在矿区建设初期，建设工程主要集中在矿区中心区、一号煤矿工业广场和一号风井，受当时测量仪器等技术手段限制，矿区控制成果采用了原西安煤矿设计研究院测设的一等导线作为矿区控制基准。该导线网以该院测设的 5 秒级小三角点 X2、X3 为起算基准点，按照一等导线测设要求测量，采用 WildT2 仪器测角，DI4-L 红外测距仪测距，导线布置形式为闭合导线，导线全长 8.23 千米，平均边长 657 米，共实测导线点 13 个，采用 PC1500 袖珍计算机按照附有未知数的条件平差法进行整体平差。

矿区地面及井下测量系统采用 1954 年北京坐标系，多为 3°带第 36 带成果，中央子午线经度为

108°，部分小比例尺图采用 6°带第 19 带，中央子午线经度为 111°，高程采用 1956 年黄海高程系。

二、航空测绘

2007 年、2008 年，黄陵矿业公司委托煤航（集团）实业发展有限公司完成了一号煤矿地形图航空测量，测图基本比例尺为 1∶2000，在此基础上缩编完成了 1∶5000、1∶1 万、1∶2.5 万和 1∶5 万地形图，并制作完成矿区中心区、一号煤矿工业广场影像图。两次测绘成果均形成两套成果，分别是 1954 年北京坐标系配 1956 年黄海高程系，1980 年西安坐标系配 1985 年国家高程基准。

三、地形、地貌测量

2007 年 10 月 15 日，黄陵矿业公司委托西安煤航信息产业有限公司航摄分公司开始航摄，2008 年 3 月完成航摄。像幅为 23 厘米×23 厘米真彩色影像，摄影比例尺为 1∶1 万，影像质量清晰良好。该航测工程共测绘制作 1∶2000 比例尺地形图 268 幅，合计面积 268 平方千米，其中工业广场全野外实测 1∶500 地形图 23 幅。全测区缩编 1∶5000 地形图 82 幅，缩编 1∶1 万地形图 27 幅，缩编 1∶2.5 万地形图 1 幅，缩编 1∶5 万地形图 1 幅。同时制作了 1∶1.5 万黄陵一号煤矿井田区域正射影像、1∶5000 黄陵一号煤矿中心区正射影像图等。

测图基础控制按照 E 级 GPS 测量规范进行作业，联测的高等级控制点有：一等三角点寺仙镇，二等三角点长墙，三等三角点蔡家坡和陈家岭，另外还联测了二等水准点黄彬 7-1，作高程拟合用。根据设计要求，外业按对点和三点方式布设，共选埋并施测 E 级 GPS 点 25 个，分为 12 组。从北向南以 HL01～HL25 顺序编号。GPS 测量采用 6 台 TOPCONHIPERGD 型接收机依静态快速定位方式施测，仪器标称精度指标为水平 5 毫米$+1\times10^{-6}$，高程 6 毫米$+1.5\times10^{-6}$。E 级 GPS 网共观测基线 107 条，其中，重复基线 5 条，构成同步闭合环 10 个、异步闭合环 3 个。GPS 基线解算和网平差均采用随机软件（Pinnacle）处理。1954 年北京坐标系二维约束平差精度为 X 方向最弱点中误差 14.3 毫米，Y 方向最弱点中误差 14.0 毫米，检测点陈家岭的平差值和已知值的较差 X 为 0.094 米，Y 为 0.024 米。1980 年西安坐标系二维约束平差的精度为 X 方向最弱点中误差 8.3 毫米，Y 方向最弱点中误差 8.2 毫米，检测点陈家岭的平差值和已知值的较差 X 为 0.044 米，Y 为 0.016 米。

高程控制 E 级点在平丘地使用等外水准，起算点是带水准的三角点或水准点，所联测的三角点蔡家坡、长墙和寺仙镇均为四等水准高程，黄彬 7-1 为二等水准点。水准观测采用 TOPCONDL-101 数字水准仪观测，水准仪标称精度每千米往返测高程中误差 0.4 毫米，共施测水准附合路线两条，路线长 3.75 千米，共施测等外水准点 6 个，分别为 HL18、HL19、HL22、HL23、HL24 和 HL25，联测的水准起算点有Ⅱ黄彬 6、Ⅱ黄彬 7-1 和Ⅲ直店 29，水准内业计算采用 SZWPC.EXE 进行严密平差，以观测距离定权，平差模型为间接平差，平差后的最弱点高程中误差 6.2 毫米。GPS 控制网内高程采用高程拟合，拟合前先以蔡家坡、长墙、寺仙镇、黄彬 7-1 和 HL19 模拟本区大地水准面，对其余水准高程点作检核，平差后的精度为高程最弱点中误差 26.2 毫米。另外，在 GPSE 级控制网的基础上共施测测图像控点 140 个。

四、井上控制网

一号煤矿建设初期，地面控制测量采用与矿区中心区一致的成果，为一等导线，成果精度相对较低。1992 年 10 月，由黄陵矿区管委会工程组负责，完成一号煤矿主井至二号风井之间的地面控制测量。该项控制测量以国家二等三角点长墙和三等三角点陈家岭为起算基准点，按照国家四等导线要求进行施测，采用瑞士 T1600+DI1600 组合式全站仪测角量边，导线布置形式为原点闭合导线，导线全长 14.718 千米，平均边长 2453 米，共实测四等导线点 5 个、一等导线点 3 个，高程采用测距三角高程，平差采用严密平差法，平差后测角中误差±3.2 秒，最弱边方位角中误差±3.0 秒，最弱点点位中误差±0.44 米。最终成果投影到高斯平面上。本次控制测量也是一号煤矿主井至二号风井之间贯通测量的一部分。

2005 年 4—7 月，黄陵矿业公司生产技术部和一号煤矿共同完成三号风井地面控制测量。本次测量采用 AshtechProMark2 型全球定位系统测量接收机 4 台（套），按照国家 D 级 GPS 网测量要求施测，以长墙、蔡家坡和陈家岭 3 个国家二、三等三角点为起算基准，布设控制点 3 个，施测同步四边形 5 个，测量基线向量 31 条，最长 10.3 千米，最短 267 米，平差后相对精度最高 1/300 万，最低 1/13 万，点位误差最大 18 毫米，最小 3 毫米。

2012 年，为实现四号风井与北一大巷的准确贯通，由西安科技大学完成了地面控制测量。本次测量在主井、二号、三号和四号风井之间建立了 D 级 GPS 控制网，测量采用 6 台套中海达 H82000E 仪器，共施测 D 级 GPS 控制点 4 个。在 D 级控制之下，建立 GPSE 级控制网，共施测 E 级 GPS 点 14 个，所有 D 级控制点及部分 E 级控制点采用三等水准测量的要求进行了联测，其他 E 级控制点在三等水准的基础上，采用 GPS 高程拟合或三角高程测量的方法，建立高程控制系统。

五、工程测量

一号煤矿主井与二号风井间贯通测量地面控制以 1992 年 10 月完成的四等附合导线为起算基准，沿主平硐和二号风井筒施测 7 秒级导线，共测导线点 52 个。测量仪器采用瑞士 T1600+DI1600 组合式全站仪测角量边，高程控制采用测距三角高程，贯通导线方位角闭合差 4 秒，导线全长相对闭合差 1∶2.7 万，三角高程全长闭合差 0.25 米。

一号煤矿二号风井与三号风井间贯通测量地面控制以 2005 年完成的三号风井地面控制为基准，进行了地面四等支导线复测，复测导线点 8 个，斜井及井下按照 5 秒级导线测量规范的要求进行施测。采用仪器为日本索佳公司产 SOKKIASET210 型，根据贯通工程需要，在井下加测陀螺边 3 条，陀螺边测量采用仪器为瑞士产 WILDGAK-1 型陀螺仪，标称精度为一次测定中误差±20 秒。高程测量为测距三角高程。2007 年 3 月 28 日贯通，贯通精度为横向误差±28 毫米，纵向误差±169 毫米，高程误差±52 毫米。

第三篇
矿 山 建 设

1989年，一号煤矿筹建以来，主要经历了规划审批、全面建设、停缓建和快速发展四个阶段。经过多年的发展，矿区面貌发生了翻天覆地的变化。从2003年开始，一号煤矿落实新发展理念，坚持稳中求进，推动企业高质量发展，结合产业结构实际、行业发展趋势和宏观经济趋势，大力推进智能化矿井建设，煤炭生产实现从机械化、自动化到智能化的跨越发展，成为陕煤集团和全省同行业追赶超越的标杆煤矿。

第一章 规划与设计

第一节 规 划

一号煤矿是国家“八五”重点建设项目，20项兴陕工程之一，1989年正式筹建。建设过程一波三折，主要经历了规划审批、全面建设、停缓建和快速发展四个阶段。

1989—1990年，为规划审批阶段。1989年9月25日，国家计委印发《关于陕西省黄陵矿区总体设计的批复》(计建设〔1989〕1176号)；同年，国家能源投资公司批复《陕西省黄陵一号煤矿及选煤厂初步设计》(能投煤技〔1989〕369号)，同意开发建设黄陵一号煤矿。1990年12月15日，黄陵矿区一号煤矿筹备处成立。其间，完成了土地征购、小煤窑关闭、测量定标和施工队伍组建等工作。

1991—1996年，为全面建设阶段。1991年12月17日，中国统配煤矿总公司批复《陕西省黄陵矿区一号煤矿开工报告》(中煤总基字〔1991〕第636号)，同意黄陵一号煤矿开工建设；同年12月23日，黄陵一号煤矿正式开工建设。至1992年9月29日，一号煤矿3条平硐全部贯通，每条巷道长度1128米，总投资6243万元，同步建设的一号煤矿选煤厂于1994年11月建成交付使用。至1996年，投运了一号风井风机、铁路专用运输线路，形成了主平硐一号带式输送机运输、辅助运输、通风、供电、供排水等简易生产系统；同时，随着黄陵矿区水、电、路、生产以及生活附属设施等工程建成投用，一号煤矿初步形成现代化矿井雏形。1996年，全矿原煤产量30.99万吨。

1997—2000年，为停缓建阶段。受东南亚金融危机波及、国家实施宏观调控政策、煤炭市场供大于求以及铁路运输制约等因素的影响，一号煤矿发展停滞。1997年5月，矿区向上级提出阶段建设方案，并提交《一号煤矿阶段建设经济评价报告》，经国家计委、煤炭工业部及国家开发银行评审后同意实施；国家开发银行同意对一号煤矿追加最后一次拨款1.73亿元，要求黄陵一号煤矿实施阶段建设方案，即在一号煤矿形成300万吨/年骨架、100万吨/年生产能力，其余项目投资中断。1999年3月24日，因小煤矿越界开采导致一号煤矿发生特大透水事故，迫使矿井停产，700多名职工放假长达5个月；经矿区职工全力救灾，专业治水队伍施工，于9月25日恢复生产。1997—2000年，全矿原煤产量累计98.58万吨。

2001—2020年，为快速发展阶段。2000年以后，随着国家西部大开发和陕西省能源战略北移的实施，加之煤炭市场回暖，一号煤矿迎来新的发展机遇。本着“边生产边基建”的基本原则，一方面恢复基本建设，另一方面扩大生产规模。2001年11月1日，一号煤矿阶段性投产，形成100万吨/年生产能力。2005年11月29日，一号煤矿300万吨/年及配套项目通过国家验收。2010年，一号煤矿经过技改产能提升到600万吨/年。本着“管理、装备、素质、系统”四要素并重的发展原则，一号煤矿不断加大新技术、工艺及装备投入，2011年9月，一号煤矿成功应用综掘工作面围岩控制支护装备。2013年12月，一号煤矿首个薄煤层智能化工作面进入工业试验阶段，并在国内首次实现了地面远程采煤操控的常态化。2015年10月，实现智能化开采全覆盖。2020年9月，一号煤矿将智能化开采水平发展到基于“三维空间感知、智能规划和自主截割”的3.0阶段；同年10月，智能化快速综掘工艺进入工业试验阶段。

第二节 设 计

一号煤矿设计时间早，变更次数多。1983年7月22日，国家计委批复《陕西省黄陵矿区总体设计任务书》(计燃〔1983〕1044号)，确定北川区和建庄区为国家统配煤矿规划区，黄陵矿区辅助、附属企业、行政福利设施等工程统一纳入黄陵矿区总体设计。同年，煤炭工业西安设计研究院按照国家计委计燃字〔1983〕1044号文批复意见，编制了《陕西省黄陵矿区总体设计》，经陕西省煤炭工业局及煤炭工业部评审，国家计委以计鉴〔1984〕8号文审批，要求按“改革矿井开拓布置，集中出煤，井下巷道以煤巷为主”等技术原则重新编制一号煤矿总体设计。

1986年，煤炭工业部经过招标、选标，确定由美国固本公司和凯撒工程建设公司共同编制《陕西省黄陵一号煤矿可行性研究报告》。该报告考虑到我国煤层赋存条件的多样性，为填补我国连续采煤机房柱式开采工艺的空白，推荐并经国家同意将黄陵一号煤矿按照美国连续采煤机房柱式开采工艺进行试点。

1989年9月25日，国家计委印发《关于陕西省黄陵矿区总体设计的批复》(计建设〔1989〕1176号)，批准黄陵矿区规划建设规模660万吨/年，分期建设，其中，一号煤矿分期建设，一期300万吨/年，二期120万吨/年。同年12月18日，国家能源投资公司批复《陕西省黄陵一号煤矿及选煤厂初步设计》(能投煤技〔1989〕369号)，同意设计确定的井田境界，全井田划分为4个开采区进行分区开采，一区设计生产能力为300万吨/年，二区设计生产能力为120万吨/年，三区和四区为生产接续区。先建设一区，采用连续采煤机房柱式开采工艺。矿井采用平硐开拓方式，井口位于鲁寺西沟沟口、黄陵至上畛子公路下方，以3条平硐、一组（8条）主要煤层巷道及盘区方式开拓全区。

1990年9月13日，对一号煤矿及其配套选煤厂施工组织进行预审。10月6日，中国统配煤矿总公司陕西公司对“关于陕西省一号煤矿中心区规划及一号煤矿供水等初步设计及一号煤矿、一号煤矿选煤厂施工组织”提出审查意见。

2005年5月，黄陵矿业公司委托西安煤炭设计研究院编制了《黄陵矿业有限责任公司开采区总体规划》。规划一号煤矿建设规模为420万吨/年，均衡生产时间为75年左右。结合一号煤矿开发实际情况，煤炭洗选加工一号煤矿选煤厂规模420万吨/年。矿区排水设计将一号煤矿和矿区中心区的辅助、附属企业的生产废水和生活污水均纳入一号煤矿污水处理厂统一处理，一号煤矿井下废水经井下水处理站处理后用于选煤厂洗煤用水，选煤厂的洗煤用水采取闭路循环。

第二章 项 目 投 资

第一节 矿 井 建 设

一号煤矿于1991年12月23日开工建设，由煤炭工业部西安设计研究院设计，陕西煤炭建设公司、中煤二十九处、澄合建井处等单位承建，设计生产能力420万吨/年。历时长达十余年的筹建，2000年7月底，除三盘区准备巷道及回采巷道未施工外，基本完成。该单项工程阶段性移交的矿建、土建和安装工程，共完成投资38618.3万元，完成井巷工程37859米，建筑面积105807平方米，安装设备570台/套，架空线路32.79千米，矿井铁路专用线4.01千米，完成了平硐、主要大巷、一号风井、二号风井等主要工程，形成了一、二盘区，装备了201综采等回采工作面，形成了运输、供电、通风、排水及相适应的消防、环保等各系统，达到了优化设计阶段性移交标准。2000年9月1日，西安煤炭建设监理中心提交了阶段性监理工作报告书。2001年，黄陵矿业公司先后筹集资金1000万元，对一号煤矿井下通风系统进行改造，建起了双回路供电，完成了投产验收的各项准备工作；同年12月20日，包含一号煤矿矿井、一号煤矿铁路专用线以及110千伏变电站在内的259个单位工程，通过国家质量认证，实现年产100万吨阶段性投产。

2002年以后，随着煤炭市场的好转和国家西部大开发战略的实施，黄陵矿业公司抢抓机遇，先后投资3450万元，为一号煤矿更换了一部1.2米宽，具有3×500千瓦驱动能力的大型带式输送机，建成永久运煤系统。投资3000多万元对选煤厂进行全级入选工艺改造，年入选能力由140万吨提高到240万吨，原煤年处理能力由300万吨提高到500万吨。投资300万元对装车系统全面改造，一次装车数量从34节增加到48节，满足1800吨/小时的快速装车要求。先后引进11套现代化综采设备，采煤机的功率由500千瓦提升到1620千瓦，实现了安全高效开采。截至2003年底，一号煤矿一期300万吨/年及其配套工程建设项目已按优化设计内容全部建成，矿建、土建、安装共计完成308个单位工程，项目总投资205360.17万元（含2001年已交付使用的资产38618.3万元），形成了配套的运输、通风、给排水、提升、供电、安全监测监控等各大系统及安全设施、消防设施等，建成了两个年产150万吨的综采工作面，且配套的选煤厂及铁路专用线已建成投运，达到了300万吨/年的生产能力。2005年，国家煤矿安全监察局委托陕西煤矿安全监察局对一号煤矿一期300万吨/年的建设工程进行了安全设施验收；同年11月29日，国家发展改革委委托陕西省发展改革委对一号煤矿一期300万吨/年及其配套工程建设项目进行了竣工验收，并印发了《黄陵矿业集团一号煤矿一期300万吨/年及其配套工程建设竣工验收鉴定书》(陕发改能源〔2006〕38号)。

2006年，黄陵矿业集团公司从运输、通风、给排水、洗选、供电等各大生产系统对一号煤矿生产能力进行了重新核定，并上报陕西省煤炭工业局、国家发展改革委进行核准，确定矿井生产能力为

500万吨/年；当年原煤产量466.21万吨，全员工效达到14吨/工，位列全国前三，成为全国煤炭工业高产高效矿井。经过进一步技改和投入，2010年，黄陵矿业公司委托陕西省煤炭科学研究院编制《黄陵一号煤矿生产能力核定报告书》，并上报陕西省煤炭工业局、国家发展改革委进行核准；同年3月，陕西煤炭工业局印发《关于黄陵一号煤矿生产能力核定结果的通知》(陕煤局发〔2010〕64号)，核定矿井生产能力为600万吨/年。

第二节 铁路专用线

一、规划与设计

一号煤矿铁路专用线与黄陵矿区铁路专用线同步规划和设计。1985年，陕西省计委以陕计发〔1985〕632号文委托铁道部第一勘测设计公司开展勘察设计，编制包含一号煤矿铁路专用线在内的秦家川至七里镇铁路专用线可行性研究报告。1986年10月13日，陕西省煤炭工业局以陕煤局发(86)484号文上报黄陵矿区铁路专用线设计任务书。

1987年3月4日，铁道部第一勘测设计公司第四勘测总队编制《发送黄陵矿区铁路专用线（秦家川至七里镇）初步设计文件》。3月13日，陕西省煤炭工业局呈报《黄陵矿区铁路专用线项目建议书》[陕煤局发（1987）77号]。3月20日，煤炭工业部上报国家计委《关于黄陵矿区铁路专用线项目建议书的报告》[煤计字（1987）第134号]。6月27日至7月1日，由煤炭工业部主持，陕西煤炭工业管理局、省计委、省经委、西安铁路局、延安地区行署等有关单位部门对铁道部第一勘测设计公司提出的黄陵矿区铁路专用线初步设计进行审查后，煤炭工业部以煤基字〔1987〕393号文批准黄陵矿区铁路专用线建设。12月9—10日，陕西省煤炭工业厅组织计划、基建、运销、黄陵铁路筹建处及西安煤矿设计研究院，并邀请省计委、黄陵县政府对黄陵矿区一号煤矿铁路专用线初步设计进行了初审。

1991年10月31日，《关于黄陵矿区铁路专用线（秦七线）调整概算》(中煤总陕发〔1991〕408号）同意按照调整后概算列入计划投资。

1992年1月14日，国家能源投资公司《关于对黄陵矿区铁路专用线（秦七线）预审意见的批复》(能投煤技〔1992〕第13号）同意黄陵矿区铁路专用线按照设计方案实施。2月25日，陕西地方铁路公司《关于秦七线在秦家川车站接轨的复函》(陕地司字〔1992〕09号）同意在秦家川车站接轨。

2004年，黄陵矿业集团公司委托中铁郑州勘察设计咨询院对秦七铁路专用线进行技改工程可行性研究。11月17日，黄陵矿业集团公司组织召开铁路专用线技改工程可行性研究评审会（2004技改会议纪要）。郑州铁路勘察设计研究院于2005年3月完成全部设计方案。改造后铁路等级达到国铁Ⅱ级，运能达到1800万吨/年。

二、专用线建设

黄陵矿区铁路专用线上行接西（安）延（安）铁路秦家川站（现黄陵车站），下行至黄陵二号煤矿双龙车站，途经黄陵西站、七里镇中心站、李章河车站，线路总长89.2千米，其中正线长50.2

千米，站线折合39千米（含地方煤台、陕建煤台、张湾等专用装煤线，红石岩煤矿专线、曹家峪焦化园专线）。其中：七里镇车站中心位于秦七线K27千米+477米处，下设红石岩、地方煤台、陕建煤台和张湾煤台4个装车点，站内共有11股道，8条装车线，日装车4～5列，日接发列车14～16对；李章河车站中心位于秦七线K32千米+181米处，共有7股道，2条装车线，2个装车点；双龙车站地处黄陵县双龙镇境内，中心位于秦七线K46千米+630米处，站场北端为二号煤矿煤1、煤2两条装车线，站内有6股道，其中1、3、4道长度均为852米，2道长863米，5、6道长均为851米；黄陵西车站有站线3股道，1、2道长均为860米，3道长852米。

一号煤矿铁路专用线先于矿井及选煤厂开工建设，由国家投资。

（一）秦七铁路专用线（秦家川—七里镇）

该线是黄陵矿区铁路运输主干道，上接秦家川车站（黄陵车站），下至七里镇车站，设有黄陵西和七里镇2个车站。1986年开始筹建，由铁道部第一勘测设计公司西安分院勘察初步设计，设计全长30.1千米，运能近期600万吨／年，远期1000万吨／年，等级为工业企业Ⅰ级，采用蒸汽机车为动力牵引，区间闭塞行车。

该线于1989年9月开工建设，1992年5月5日建成运营，总投资2.34亿元。线下工程（包括路基、桥涵、隧道）于1989年9月全面开工，1991年3月5日竣工，由陕西煤炭建设公司、铁道部第一工程局、四川煤炭建设公司施工。其中，DK0+000～DK8+580由铁道部第一工程局承建施工，DK8+580～DK12+660由四川煤炭建设公司承建施工，DK12+660～DK30+100由陕西煤炭建设公司承建施工。线上工程于1991年3月5日开工，1992年5月5日竣工，除七里镇车站由陕西煤炭建设公司承担外，其余均由铁道部第一工程局施工。站后工程1989年9月开工，1996年11月10日完工，黄陵、七里镇站后工程由陕西煤炭建设公司施工，秦家川车站改扩建工程由铁道部第一工程局施工。铁路通信、信号、电力工程于1990年7月5日开工，1993年11月25日完工。七里镇、黄陵及区间电力、通信工程由陕西煤炭建设公司机电安装公司施工，其余由铁道部第一工程局施工。黄陵矿区质量监督站负责所有工程进行质量监理。1996年11月30日，由黄陵矿区铁路运输公司组织对276个单位工程进行了竣工验收。

全线共铺正线轨道工程29.61千米，站线11.49千米；土石方286.6万立方米，改河7处，计长3.9千米，挡护墙15处，圬工4.0万立方米，平均每千米土石方9.5万立方米。其中，秦家川站设到发线兼交接线3股，包括现有5股道，共计8股道，铺轨2080米，土石方填105450立方米，挖方12400立方米。黄陵西站设到发线3股（含正线），100人旅客站房，800平方米站台，铺轨1680米，土石方填254130立方米，挖方114500立方米。七里镇站设5股到发线兼存车线，预留3股编组线，200人旅客站房，1200平方米站台，铺轨8233米，土石方填390260立方米，挖方294100立方米。钢轨采用P50型25米标准轨，轨枕采用钢筋混凝土枕，每千米1600根，加强地段1680根，长度大于1000米隧道铺设混凝土宽枕，每千米1760根，扣板式扣件，桥梁采用木枕，道钉、垫板固定。道床采用碎石道床，全线土质路基，双层道床，面层0.2米，垫层0.2米。区间路基直线地段非渗水土路堤6.2米、路堑5.8米，岩石、渗水土路堤5.2米、路堑5.2米。线路纵断面设计相邻坡度代数不大于12‰。

（二）一号煤矿铁路专用线（七里镇—李章河）

该线属于一号煤矿配套项目，由国家投资。1990年6月由西安煤矿设计研究院负责勘察设计，线路全长3.624千米，工程由陕西煤炭建设公司铁路工程处施工，陕西煤炭建设监理咨询公司负责监理。1991年6月开工建设，1993年8月与黄陵矿区专用线七里镇站接轨，建成李章河车站。1996年1月10—13日，由黄陵矿区管委会、监理公司、陕煤三处、黄陵矿区铁路运输公司、黄陵矿区运销公司组成验收组对专用线进行竣工验收；同年1月20日，一号煤矿铁路专用线通过竣工验收并移交铁路运输公司代管，1月25日正式通车。

（三）黄陵矿区铁路专用线（秦七线）二期

随着二号煤矿、曹家峪焦化园区建成投产，通过企业自筹，先后建设投运了二号煤矿铁路专用线（李章河—双龙）、红石岩煤矿铁路专用线（七里镇—红石岩煤矿）、曹家峪焦化园铁路专用线。在二号煤矿铁路专用线建设过程中，同步建设了李章河信号楼869平方米，运转及货运室485平方米，变电间140.3平方米，食堂、库房166.32平方米，轨道衡控制室179.8平方米。至此，包含一号煤矿铁路专用线在内黄陵矿区铁路专用线全部建成投运，且全线交由铁路运输公司代管。

三、专用线改扩建

随着矿区生产规模不断扩大，黄陵矿区铁路专用线运量接近饱和，原有线路设计标准低，不能满足远期煤炭外运的要求，特别是2003年特大水害对专用线的破坏，导致线路几何尺寸变形较大，路基病害严重。为缓解铁路运力对黄陵矿区发展的制约，1994—1996年，黄陵矿区对秦家川车站站场进行了改扩建。2005—2007年，黄陵矿区对包含一号煤矿铁路专用站线在内的黄陵—双龙站线进行了升级改造，其中，七里镇车站改扩建工程投资2389.47万元，李章河车站工程投资263万元，技改工程病害整治、线路加强工程、机车及其附属设施、通信、信号、电力同步投资升级改造。技改后线路等级达到国铁Ⅱ级标准，行车时速可达70千米，车站信号采用微机连锁系统，行车调度采用数字调度电话、视频监控系统，车号识别、货运制票采用TMIS系统，轴温监测采用红外线轴温监测系统，通信采用光纤通信，年运输能力2000万吨，可以开行4500吨重载列车。2005—2007年一号煤矿铁路专用线七里镇、李章河车站技改工程内容及工作量见表3-2-1。2013年8—12月，黄陵矿区对包含一号煤矿铁路专用线在内的黄陵—双龙站进行了机械养护。

表3-2-1 2005—2007年一号煤矿铁路专用线七里镇、李章河车站技改工程内容及工作量表

项目	涉及内容	技改工作量
七里镇站	站场、路基、桥涵、房建、水暖、室内电力、车辆	征地7.6亩，改移道路0.3千米，填方28497立方米，抛填片石1040立方米，M7.5浆砌片石护坡1844立方米，M10浆砌片石挡墙252立方米，M5浆砌片石水沟902立方米，渗水土657立方米，新铺单开道岔12组，新铺交叉渡线1组，拆铺单开道岔4组，拆铺交叉渡线1组，新铺线路5.695千米，拆铺线路0.439千米，补充轨枕3266根，补充钢轨0.631千米，扒筛道砟8764立方米，新铺道砟14804立方米，新铺垫层8843立方米，劳保碴7248立方米，盖板排水沟1800千米，穿股道排水槽120米，信号楼795.4平方米，红外线探测站13平方米×2座，变电站120平方米，车务段综合楼563.76平方米，工务段综合楼924.37平方米，汽车库77.2平方米，运转候班楼414.7平方米，道岔清扫17平方米×2座
李章河站	房建、水暖、室内电力	信号楼519.98平方米，运转及货运室220.6平方米，装卸技术检修所124.76平方米，变电间129.73平方米，工务工区454.31平方米

第三章　建　设　投　资

第一节　资　金　来　源

一号煤矿建设初期处于计划经济时期，建设资金来源主要为国家财政拨款，国家能源投资公司根据建设计划下拨建设资金。1994 年开始，国家实施投资体制改革，投资形式由国家财政拨款改为政策性贷款和商业贷款，即硬贷和软贷。一号煤矿资金来源合计 163918.59 万元，其中，国家资本金 37500.71 万元，基建拨款 7042 万元，基建借款 117364.77 万元，其他来源 2011.11 万元。

第二节　项　目　投　资

1990 年，一号煤矿正式开工建设。1997 年，国家开发银行同意对一号煤矿追加最后一次拨款 1.73 亿元，要求一号煤矿实施阶段建设方案，即一号煤矿形成 300 万吨/年骨架、100 万吨/年生产能力。2001 年 11 月，一号煤矿实现了 100 万吨/年的阶段性投产，转入生产经营。1990—1999 年一号煤矿建设项目投资情况见表 3-3-1。

表 3-3-1　1990—1999 年一号煤矿建设项目投资情况表

项目名称	设计规模（万吨/年）	批准概算（至 1999 年完成）（万元）					
		合计	矿建	土建	安装	设备	其他
一号煤矿及选煤厂	300	52924	11355	8610	2987	16826	13146
		87266	19350	16590	4884	18411	28031

第四章　施　工　管　理

第一节　施　工　队　伍

一、施工单位

1990 年，参加一号煤矿建设的施工人员在 1992 年三季度高峰时达 5400 人，1993 年底施工人数约4300人，1994年6月施工人数约3800人，1995年10月施工人数约2500人，1996年以后每年施工人数维持在400人左右。主要施工力量有陕西煤炭建设公司一、二、三处、安装公司，韩城矿务局建安公司，蒲白矿务局建井处，中煤二十九工程处，四川煤炭建设公司，宁夏煤炭建设公司，省建六公司，省煤田水文队，一号煤矿生产公司等14个处（公司）。一号煤矿建设初期招中标工程情况见表3-4-1。

表3-4-1 一号煤矿建设初期招中标工程情况表

序号	工程名称	招标时间	中标单位
1	一号煤矿选煤厂	1991年7月	宁夏煤炭建设公司
2	一号煤矿工业广场	1991年10月	陕西煤炭建设公司一处
3	二号风井矿建	1992年10月	陕西煤炭建设公司二处
4	一号煤矿供水工程	1993年7月	省内五单位
5	主要回风巷	1993年	澄合建井处
6	主要运输巷	1993年	中煤二十九工程处
7	污水处理厂土建	1995年5月	陕西煤炭建设公司一处

二、专业施工单位

（一）土建施工队伍

截至2020年，一号煤矿土建工程主要为地面建筑工程，参加地面建筑施工的单位主要有陕西龙源建筑安装公司、陕西煤炭建设公司、韩城矿务局建安公司、澄合矿务局建安处、澄合矿务局建井处、四川煤炭建设公司、陕西省机械化施工公司、陕西省第六建筑工程公司、宁夏煤炭建设公司、陕西省第二建筑工程公司第三分公司、中天建设集团有限公司、中建三局、西北电建四公司、陕西天工建设工程公司、陕西恒基建筑工程公司、西安煤炭设计研究院、深圳市中深建装饰设计工程有限公司、西安贝尔高林建筑景观设计有限公司等。一号煤矿主要土建工程完成情况见表3-4-2。

表3-4-2 一号煤矿主要土建工程完成情况表

工程名称	起止时间	招议标	施工单位
三号风井工业广场设施工程	2007年5月1日至11月30日	议标	陕西龙源建筑安装公司
三号风井滑坡治理工程	2007年5月1日至11月30日	议标	陕西龙源建筑安装公司
煤场大门、门房及道路工程	2008年10月至11月15日	招标	陕西恒基建筑工程公司
三号风井通风机房工程	2008年5月10日至9月30日	议标	陕西龙源建筑安装公司
职工教育培训中心主体工程	2008年5月10日至2009年3月10日	议标	陕西龙源建筑安装公司
矿口机修车间、五库区二库房、二号风井瓦斯抽采站等工程	2009年2月20日至2010年5月30日	议标	陕西龙源建筑安装公司
选煤厂技改工程	2009年4月5日至2011年9月26日	招标	西安煤炭设计研究院
三号风井瓦斯抽采站工程	2010年5月1日至2011年10月5日	议标	陕西龙源建筑安装公司
三号风井公路改造	2010年11月30日至2011年4月20日	议标	陕西龙源建筑安装公司

表 3-4-2（续）

工程名称	起止时间	招议标	施工单位
四号风井前期土建建设工程	2012 年 2 月 20 日至 2013 年 11 月 1 日	议标	陕西龙源建筑安装公司
三号风井水土保持恢复工程、三号风井空气加热室等工程	2012 年 2 月 20 日至 11 月 12 日	议标	陕西龙源建筑安装公司
储煤场煤棚及挡风墙工程、无轨胶轮车库等工程	2012 年 3 月 20 日至 2013 年 4 月 15 日	议标	陕西龙源建筑安装公司
二号风井公路改造工程	2012 年 3 月 10 日至 7 月 30 日	议标	陕西龙源建筑安装公司
选煤厂地销仓瓦斯治理工程、水处理工程	2014 年 8 月 15 日至 11 月 15 日	议标	陕西龙源建筑安装公司
副二平硐路面改造工程	2015 年 5 月 5 日至 5 月 14 日	议标	陕西龙源建筑安装公司
矿山环境治理与恢复工程	2016 年 8 月 3 日至 12 月 31 日	议标	陕西龙源建筑安装公司
停车场改造工程	2017 年 3 月 14 日至 9 月 12 日	议标	陕西龙源建筑安装公司
矿口物资库房改造	2018 年 10 月 7 日至 12 月 7 日	议标	陕西龙源建筑安装公司
水处理站升级改造及优化项目合同	2019 年 11 月 11 日至 2020 年 2 月 28 日	议标	陕西龙源建筑安装公司
选煤厂技术升级改造设备安装项目	2020 年 9 月 28 日至 11 月 28 日	议标	陕西龙源建筑安装公司

（二）安装施工队伍

截至 2020 年，一号煤矿安装施工队伍主要有煤炭科学研究总院太原分院、内蒙古雁达矿业建筑安装公司、韩城矿务局建安公司、陕西煤炭建设公司机电安装公司、陕西送变电工程公司西安电力安装工程处、陕西天工建设公司、陕西宇厦建设公司、陕西正大锅炉技术开发公司、西北电力建设一公司、四川电力建设二公司、九冶建设公司、北京国电环保工程公司、天地（常州）自动化股份有限公司、铜川易源电力工程公司、西安郑锅中光锅炉公司、延安通和电业公司、宜兴市建工建筑安装公司、陕西根德实业公司、上海宝信软件公司、江苏源泰环保设备公司、陕西思宇信息技术公司、煤炭科学研究总院沈阳研究院等单位。

（三）矿建施工队伍

截至 2013 年，一号煤矿矿建工程中标单位主要有中煤第三建设（集团）有限责任公司、中鼎国际工程有限责任公司；地面配套设施工程设计中标单位主要为中煤西安设计工程有限责任公司，施工中标单位主要为陕西龙源建筑安装公司、陕西天工建设有限责任公司；矿井、地面配套设施安装工程中标单位主要为陕西煤化机电安装有限公司、陕西中煤建设有限责任公司。一号煤矿主要工程招中标情况见表 3-4-3。

表 3-4-3　一号煤矿主要工程招中标情况表

工 程 名 称	招中标时间	中标单位
三号风井工程（二标/回风）	2005 年 4 月 12 日	中煤第三建设（集团）有限责任公司
三盘区进回风巷（二期）工程	2005 年 11 月 14 日	华煤建设工程有限公司
三号风井后续工程	2006 年 8 月 23 日	中煤第三建设（集团）有限责任公司
六盘区大巷工程	2007 年 4 月 10 日	江苏华美建设有限公司

表3-4-3（续）

工 程 名 称	招中标时间	中标单位
北二大巷等工程	2007 年 9 月 27 日	中煤第三建设（集团）有限责任公司
数字化建设工程	2008 年 11 月 1 日	上海宝信软件股份有限公司
选煤厂技术改造工程	2010 年 1 月 28 日	中煤西安设计工程有限责任公司
北二进风巷掘进工程	2011 年 2 月 24 日	中鼎国际工程有限责任公司
北二轨道巷、皮带巷、1 号回风巷及 2 号回风巷掘进工程	2011 年 4 月 11 日	中煤第三建设（集团）有限责任公司
北一 1 号回风巷落底工程	2013 年 8 月 7 日	中煤第三建设（集团）有限责任公司
北一进风巷、北一辅助运输巷掘进工程	2014 年 5 月 12 日	中鼎国际工程有限责任公司
四号风井进风斜井及井底换装硐室地坪工程	2016 年 1 月 4 日	中煤第三建设（集团）有限责任公司
北二开拓大巷延伸工程（二期）	2018 年 8 月 16 日	中煤第三建设（集团）有限责任公司
北一开拓大巷延伸工程（三期）	2019 年 4 月 22 日	中鼎国际工程有限责任公司

第二节　施工技术及装备

一、矿井施工

（一）一号煤矿开拓布局

采用平硐、斜井混合开拓方式，单水平布置，盘区式开采，全井田划分为 14 个盘区，每个盘区布置若干个回采工作面，首采一盘区 101 面；2020 年，开采设计优化后，全井田划分为 12 个盘区。全井田布置 6 组大巷，即中央大巷一组，北翼、西翼各两组，南翼一组，每组大巷布置 4 条巷道，即进风巷、轨道巷、皮带巷、回风巷，开拓大巷均沿煤层底板掘进，2004 年，形成“一井两区、一区一面”的生产规模。

（二）井筒施工及特征

1990 年，一号煤矿设计在工业场地布置 3 条平硐，分别为主平硐、副一平硐、副二平硐，在鲁寺西沟布置一号回风斜井，形成“三进一回”通风方式。2001 年，对矿井系统优化时封闭一号回风斜井，形成“四进一回”通风方式，即 3 条平硐、二号进风井为进风，二号回风井为回风。2001 年底实现阶段性投产。

1. 主平硐

1990 年 6 月 1 日开工建设，1992 年 10 月 30 日竣工，担负全矿煤炭提升任务，兼作矿井进风和安全出口。设计总长 1127. 658 米。井筒断面为直墙半圆拱形，净宽 3. 7 米，净高 3. 3 米，直墙 1. 45 米，净断面 10. 7 平方米。巷道支护形式有 4 种：①混凝土墙拱结构；②混凝土拱、料石墙；③全混凝土结构，并带府拱；④混凝土墙结构，墙为穿靴结构。砌碹厚度 350 毫米，地坪为 150 毫米厚混凝土地坪，混凝土浇带盖板水沟。井筒内铺设一条强力钢芯带式输送机，额定运输能力 1300 吨/小时，型号 DTL120/450×3，带宽 1. 2 米，带速 3. 5 米/秒。主平硐内铺设有井下洒水消尘和通信、照明管线。

2. 副一平硐

1990年8月1日开工建设，1992年3月31日竣工，担负全矿辅助运输卡轨机车和无轨胶轮车运料任务，兼作矿井进风和安全出口。设计总长1127.7米。井筒断面为直墙半圆拱形，净宽4.5米，净高3.75米，直墙1.5米，净断面14.7平方米。巷道支护形式与主平硐相同。砌碹厚度350毫米，地坪为460毫米厚混凝土地坪，混凝土浇带盖板水沟。井筒内铺设双向30千克/米轨道。

3. 副二平硐

1990年8月1日开工建设，1992年6月30日竣工，担负全矿辅助运输人员任务，兼作矿井进风和安全出口。设计总长1128米。井筒断面为直墙半圆拱形，净宽5.0米，净高4.0米，直墙1.5米，净断面15.9平方米。巷道支护形式与主平硐相同。砌碹厚度350毫米，地坪为300毫米厚混凝土地坪，混凝土浇带盖板水沟。

4. 一号回风斜井

位于西沟，1990年8月1日开工建设，1992年3月31日竣工，主要承担矿井回风任务，兼作安全出口。设计总长76米，支护采用料石混凝土碹支护。在二号风井投入使用后，于2001年10月9日封闭。

5. 二号进风斜井

位于柳树沟，1993年3月1日开工建设，1995年7月竣工，担负全矿辅助运输、排矸任务，兼作矿井进风和安全出口。设计总长459.4米，倾角23°，方位角108°。井筒断面为直墙半圆拱形，净宽5.0米，净高4.0米，直墙1.5米，净断面17.3平方米。该工程分为井口表土段和基岩段两部分，表土段长103米，采用混凝土碹支护，厚度400毫米；基岩段长度为356.4米，采用锚网喷支护，混凝土强度不小于150号。安装JK-2.5×2/20E型单卷筒提升绞车1台，单钩提升，井内敷设供电缆线。

6. 二号回风斜井

位于柳树沟，1993年3月1日开工建设，1995年7月竣工，主要承担矿井回风任务，兼作安全出口。设计总长438.4米，倾角26°，方位角108°。井筒断面为直墙半圆拱形，净宽4.8米，净高3.7米，直墙1.3米，净断面17.3平方米。该工程分为井口表土段和基岩段两部分，表土段长100米，采用混凝土碹支护，厚度400毫米；基岩段长度为338.4米，采用锚网喷支护，混凝土强度不小于150号。井内敷设有井下消防、洒水管路，铺设有3趟瓦斯抽放管路。

一号煤矿井筒特征见表3-4-4。

表3-4-4 一号煤矿井筒特征表

序号	井筒名称	井口标高（米）	井筒倾角（°）	井筒长度（米）	水平标高（米）	断面积（平方米）		用途
						净面积	掘进	
1	主平硐	+937.5		1128	+920	10.7	14.9	运煤、进风、安全出口
2	副一平硐	+937.5		1128	+920	14.7	20.6	辅助运输、进风、安全出口
3	副二平硐	+937.5		1128	+920	15.9	21.3	行人、进风、安全出口
4	一号回风斜井	+963.00	20	76	+937	13.8	17.4	回风、安全出口
5	二号进风斜井	+1087.0	23	479	+920	17.3	21.3	辅助运输、排矸、进风、安全出口
6	二号回风斜井	+1095.0	26	445	+920	17.3	19.0	回风（两条井筒）、安全出口

二、施工方法、工艺及装备

（一）平硐施工

一号煤矿建井初期，设备少而简单，主平硐前期开挖以机械为主、人工为辅，配备有一台挖掘机、多台排矸车和488蓄电池铲车等设备。进入基岩段后采用光面爆破法掘进，孔深2.5米，每循环爆破掘进2.2米，锚喷临时支护紧跟迎头。根据围岩稳定情况，砌筑料石碹或架设碹胎，稳模后进行混凝土浇灌永久支护。1992年8月，主、副平硐进入煤层后采用LN-800B-43S、440千瓦美国连续采煤机掘进主要煤层巷道组，由于矿建过程中实际揭露的煤层厚度和顶底板岩性与地质报告有一定的出入，工程施工进度较慢。

（二）斜井施工

明槽施工以机械为主、人工为辅，配有一台臂长9.9米、斗容1立方米的CAT320B型挖掘机和多台自卸汽车。挖掘至设计值时，施工人员根据测量所放中线、腰线，铺设300毫米厚片石砂浆垫层，待底板硬化达到相应强度后开始绑扎钢筋、架设碹胎、稳内模、组立外模，进行混凝土浇灌作业，每段立模浇灌长度为6米。最后在井筒外露部分的碹拱表面涂刷沥青聚氨酯防水涂料，厚度不小于50毫米。

表土段施工采用CX55B型超短尾回转小型挖掘机挖掘，人工使用风镐及高效风铲配合，JYB-60×1.25型绞车牵引装载机排土。施工0.9米后，挖掘至设计值，停止挖掘。不稳定地带采用架U29钢棚加强支护，施工人员根据测量所放中线、腰线，先对基础铺设300毫米片石砂浆垫层，待基础底板硬化达到相应强度后，及时喷射混凝土支护，喷射厚度120毫米，强度C20，最大空顶距离不能超过900毫米。掘进6米后开始绑扎钢筋、架设碹胎，稳模后进行混凝土浇灌永久支护。混凝土由地面集中搅拌站搅拌，HBT-30型输送泵送入模板，采用附壁式与插入式振动器捣固混凝土。

风化基岩段掘进采用CX55B型超短尾回转小型挖掘机挖掘，人工使用风镐及高效风铲配合，JYB-60×1.25型绞车牵引装载机排矸，每8小时完成一个正规循环。支护方式同表土段，单循环进尺0.5米，每天完成3个正规循环，日进尺1.5米。

基岩段掘进采用普通钻爆法施工，井口向里100米之内用JYB-60×1.25型绞车牵引装载机排矸，100米之外用挖掘机配合箕斗装矸，JK-2/11.5型绞车提升排矸，每8小时完成一个正规循环。炮眼深度2.3米（掏槽眼2.5米），采用菱形直眼、中空眼进行掏槽。爆破采取毫秒延期电雷管全断面一次爆破方式。单循环进尺1.8米，临时支护紧跟工作面，永久支护采用锚杆+金属网+喷混凝土联合支护，每天完成3个正规循环，日进尺5.4米。

（三）创新成果

一号煤矿自建矿之日起，积极推广应用新技术、新工艺、新设备，先后使用和推广了巷道围岩控制支护技术与装备应用等20多项新技术和工艺，创下三号进风斜井井筒月单进204米的纪录，回采巷道月进尺680米的纪录。2008年该工程获得部级优质工程和煤炭行业“太阳杯”优质工程。

（四）井下安装工程施工

井下设备安装工程主要包括带式输送机、井下变电所、井下排水泵房、供排水管路和供电线路等的安装。

带式输送机安装工程由公司统一对成套带式输送机以及带式输送机控制、保护等设备进行招标采购，施工单位主要对机头、机尾底座施工，并提供非标件的加工制作和安装。带式输送机电控采用国内先进的 KTC101 综合保护装置，可以实现带式输送机连锁、闭锁、语音通话、集控等功能。带式输送机安装重点是机头找正、机尾找正、二次浇注和输送带接头的硫化。机头大件入井通过进口多功能搬运车运输。制作输送带接头的硫化设备采用无锡富达硫化机制造有限公司生产的国内较为先进的 DQB1600×620 硫化机。制作输送带硫化接头使用的胶料由原来的国产胶料更改为进口胶料，采用进口胶料制作的接头软且熔接比较好，整体强度较高。带式输送机机头溜煤斗由原来的井下现场焊接加工变为在井下测量实际尺寸后，在地面加工好用螺栓连接，便于维护更换，杜绝井下使用电气焊。

井下变电所配电设备采用矿用隔爆高压真空配电装置，变电所采用双回路供电，分列运行。

井下排水泵房采用接力排水方式进行排水，水泵房安装矿用多级耐磨离心泵及配套排水管路。主要安装工作是泵和电机找平找正，找平找正、调联轴器间隙采用百分表，水泵抽真空采用先进的真空射流泵抽真空。水泵出口闸阀采用电动闸阀，开启灵活方便。水泵开停采用综合自动化控制方式，可以远程开停设备。

井下供排水管路安装采用槽钢托梁明装敷设，管路每隔 500 米安装一个闸阀，间隔 100 米安装一个洒水支管。以前施工的管道，槽钢托梁间距 3 米，采用焊接钢管，法兰连接。2012 年以后，管道管材一般采用涂塑钢管，不容易锈蚀，防火、抗静电，耐用且美观，间距改为 4 米，减少了焊接、除锈、打磨、刷漆等工序。

电缆敷设采用人工绞磨钢丝绳牵引电缆。电缆每下 10 米摆放一组地滑轮减少摩擦力，使吃力均匀，不容易损伤电缆。

第五章 地面配套工程建设

第一节 项 目 规 划

1989 年，根据国家能源投资公司批复的《陕西省黄陵一号煤矿及选煤厂初步设计》（能投煤技〔1989〕369 号），一号煤矿主要地面建设规划为：

（1）工业场地行政、公共建筑总建筑面积核定为 8095 平方米。其中，行政办公综合楼建筑面积为 3160 平方米（含矿井办公室 870 平方米、选煤厂办公室 260 平方米、化验室 300 平方米、通信中心 1000 平方米，中心区合建、生产安全监测室 480 平方米）；接待室、灯房、浴室联合建筑面积为 4410 平方米。

（2）工业场地辅助生产及库房总建筑面积核定为 3616 平方米。其中，材料库 750 平方米，机电维修及综采设备临时存放间 1665 平方米。

（3）工业场地设置一座蒸汽锅炉房，满足一号矿井、选煤厂居住区、矿区中心、辅助及附属企业等用户用热需要。

第二节 项 目 投 资

截至2020年，一号煤矿地面建设总投资约35331.57万元。一号煤矿项目投入资金情况见表3-5-1。

表3-5-1 一号煤矿项目投入资金情况表

编号	地面建筑名称	资产类别	开始使用日期	使用年限（年）	项目投入资金（万元）
1	一号煤矿配件及电钳工作室	010103/生产用固定资产/房屋/钢筋混土砖混结构	2001年5月1日	25	0.31
2	一号煤矿材料库	010103/生产用固定资产/房屋/钢筋混土砖混结构	2001年5月1日	25	7.80
3	井下水处理间	010101/生产用固定资产/房屋/钢结构	2001年12月31日	40	173.93
4	一号井办公楼	010102/生产用固定资产/房屋/钢筋混土结构	2001年12月31日	35	724.10
5	联合建筑	010102/生产用固定资产/房屋/钢筋混土结构	2001年12月31日	35	886.72
6	材料库	010102/生产用固定资产/房屋/钢筋混土结构	2001年12月31日	35	37.86
7	一号井井口驱动机房	010102/生产用固定资产/房屋/钢筋混土结构	2001年12月31日	35	148.05
8	井口联合建筑	010102/生产用固定资产/房屋/钢筋混土结构	2001年12月31日	35	339.77
9	2号风井绞车房	010103/生产用固定资产/房屋/钢筋混土砖混结构	2001年12月31日	25	23.96
10	浴室更衣室	010103/生产用固定资产/房屋/钢筋混土砖混结构	2001年12月31日	25	39.98
11	二号风井信号房	010103/生产用固定资产/房屋/钢筋混土砖混结构	2001年12月31日	25	8.69
12	调度绞车房	010103/生产用固定资产/房屋/钢筋混土砖混结构	2001年12月31日	25	43.91
13	空压机房	010103/生产用固定资产/房屋/钢筋混土砖混结构	2001年12月31日	25	15.92
14	推土机房	010103/生产用固定资产/房屋/钢筋混土砖混结构	2001年12月31日	25	12.77
15	一号井大门、门卫接待室	010103/生产用固定资产/房屋/钢筋混土砖混结构	2001年12月31日	25	57.28
16	二号风井值班室	010103/生产用固定资产/房屋/钢筋混土砖混结构	2001年12月31日	25	5.05
17	二号风井信号房	010103/生产用固定资产/房屋/钢筋混土砖混结构	2001年12月31日	25	2.51
18	二号风井主要通风机房	010103/生产用固定资产/房屋/钢筋混土砖混结构	2001年12月31日	25	188.97
19	一号煤矿设备库	010103/生产用固定资产/房屋/钢筋混土砖混结构	2001年12月31日	25	7.55
20	卡轨机车库	010103/生产用固定资产/房屋/钢筋混土砖混结构	2001年12月31日	25	42.63
21	贮煤厂拉紧间	010103/生产用固定资产/房屋/钢筋混土砖混结构	2001年12月31日	25	14.91
22	选煤厂主厂房	010103/生产用固定资产/房屋/钢筋混土砖混结构	2001年12月31日	25	1264.50
23	二号风井广场工程	01020201/生产用固定资产/建筑物/地面建筑物/露天建筑	2001年12月31日	25	21.66
24	二号风井工业广场	01020201/生产用固定资产/建筑物/地面建筑物/露天建筑	2001年12月31日	25	42.92

表 3-5-1（续）

编号	地面建筑名称	资　产　类　别	开始使用日期	使用年限（年）	项目投入资金（万元）
25	二号风井场区设施	01020201/生产用固定资产/建筑物/地面建筑物/露天建筑	2001 年 12 月 31 日	25	35.24
26	浓缩车间	01020201/生产用固定资产/建筑物/地面建筑物/露天建筑	2001 年 12 月 31 日	25	321.94
27	一号井自行车棚	01020201/生产用固定资产/建筑物/地面建筑物/露天建筑	2001 年 12 月 31 日	25	12.84
28	60 吨地磅房	010103/生产用固定资产/房屋/钢筋混土砖混结构	2002 年 5 月 1 日	25	24.56
29	销售煤样室	010103/生产用固定资产/房屋/钢筋混土砖混结构	2002 年 5 月 1 日	25	19.80
30	井下水处理缓冲池	01020101/生产用固定资产/建筑物/矿井建筑物/矿井建筑	2008 年 11 月 18 日	25	145.27
31	三号风井绞车房	01020101/生产用固定资产/建筑物/矿井建筑物/矿井建筑	2008 年 11 月 30 日	25	108.21
32	三号风井锅炉房	01020101/生产用固定资产/建筑物/矿井建筑物/矿井建筑	2008 年 11 月 30 日	25	312.60
33	35 千伏变电所	01020201/生产用固定资产/建筑物/地面建筑物/露天建筑	2008 年 11 月 30 日	25	431.62
34	三号风井	01020101/生产用固定资产/建筑物/矿井建筑物/矿井建筑	2008 年 12 月 31 日	25	5201.22
35	综合楼	01020201/生产用固定资产/建筑物/地面建筑物/露天建筑	2008 年 12 月 26 日	25	4.60
36	联合建筑	01020201/生产用固定资产/建筑物/地面建筑物/露天建筑	2008 年 12 月 31 日	25	43.29
37	鲁寺 110 千伏变电站—2 号风井—3 号风井 35 千伏输电线路	01020201/生产用固定资产/建筑物/地面建筑物/露天建筑	2009 年 12 月 31 日	25	928.68
38	三号风井瓦斯抽采站	01020101/生产用固定资产/建筑物/矿井建筑物/矿井建筑	2010 年 8 月 31 日	25	5602.35
39	二号风井瓦斯抽采站	01020101/生产用固定资产/建筑物/矿井建筑物/矿井建筑	2010 年 8 月 31 日	25	712.92
40	一号煤矿培训中心综合楼一期	010102/生产用固定资产/房屋/钢筋混土结构	2010 年 12 月 31 日	35	891.53
41	通风实验室	010103/生产用固定资产/房屋/钢筋混土砖混结构	2011 年 12 月 31 日	25	140.00
42	三号风井瓦斯抽采站	01020201/生产用固定资产/建筑物/地面建筑物/露天建筑	2011 年 12 月 31 日	25	3502.05
43	井口机修车间、五库区	01020201/生产用固定资产/建筑物/地面建筑物/露天建筑	2011 年 12 月 31 日	25	377.93

表 3-5-1（续）

编号	地面建筑名称	资 产 类 别	开始使用日期	使用年限（年）	项目投入资金（万元）
44	二号风井瓦斯抽采站	01020201/生产用固定资产/建筑物/地面建筑物/露天建筑	2011 年 12 月 31 日	25	860. 77
45	自行车棚、摩托车棚	01020201/生产用固定资产/建筑物/地面建筑物/露天建筑	2011 年 12 月 31 日	25	203. 62
46	储煤场室建筑环境工程	01020202/生产用固定资产/建筑物/地面建筑物/洗（选）建筑	2011 年 12 月 31 日	25	302. 58
47	电控楼	01020202/生产用固定资产/建筑物/地面建筑物/洗（选）建筑	2011 年 12 月 31 日	25	343. 67
48	三号风井空气加热室	010103/生产用固定资产/房屋/钢筋混土砖混结构	2012 年 12 月 31 日	25	124. 40
49	铲车房	010103/生产用固定资产/房屋/钢筋混土砖混结构	2012 年 12 月 31 日	25	149. 84
50	无轨胶轮车库	010103/生产用固定资产/房屋/钢筋混土砖混结构	2012 年 12 月 31 日	25	399. 82
51	职工浴室	010103/生产用固定资产/房屋/钢筋混土砖混结构	2015 年 12 月 29 日	25	1298. 49
52	四号风井（工业建筑等配套土建工程）	01020201/生产用固定资产/建筑物/地面建筑物/露天建筑	2016 年 12 月 15 日	25	4795. 48
53	污水处理车间		2020 年 6 月 30 日	50	2541. 36
54	新区队办公楼		2020 年 8 月 30 日	50	1383. 64
合计					35331. 57

第三节 生产配套工程建设

1990 年以后，随着矿井安全生产的发展需求，矿井改扩建工程、矿井产业升级改造项目的实施，关闭了部门闲置的安全生产设施，相继建立了大量的安全生产、环境保护等方面的生产设施。至 2020 年，矿井地面生产设施主要分布在一号煤矿内部厂区、三号风井工业广场、一号煤矿排矸场等地。

一、一号煤矿地面污水处理站扩建工程

1994 年，一号煤矿地面污水处理站开工建设。2006 年 4 月，对污水处理厂设备进行了大修。由于设备使用年限已久，污泥脱水机、污泥泵等设备严重老化，设计处理量为 300 立方米/小时，截至 2020 年，实际水处理量为 260 立方米/小时；随着开采规模的扩大，矿井最大涌水量最高增至 700 立方米/小时，因设施处理能力较小，经常有废水满负荷溢流情况发生，故需要增加 300 立方米/小时处理量的水处理设施。

二、三号风井污水处理站污水处理工艺优化改造工程

2016 年 3 月，三号风井污水处理站投产运行，设计水处理能力 200 立方米/小时。由于井下水水

质本身存在一定的波动性，污水处理站运行中实际进水水质与设计进水水质存在偏差，调节预沉池沉淀效果较差，导致一体式净水器运行负荷高于设计值，水帽堵塞严重，反洗频率增加，处理效率不能达到设计水平，且出水不能完全稳定达标排放；同时高频次的设备清洗恢复，消耗大量的人力、物力。因上述技术缺陷的存在，故需对三号风井污水处理站进行工艺优化改造，增加混凝沉淀系统，提高污水处理站的处理效率，保证出水稳定达标排放及复用。

三、一号煤矿选煤厂技术升级改造项目

1991 年 12 月，一号煤矿选煤厂开工建设，2001 年 11 月 1 日正式投产，属于矿井生产配套建设项目。一号煤矿选煤厂是陕西境内最大的炼焦煤选煤厂，占地面积约 129.64 亩。

选煤厂原设计能力 240 万吨/年，选煤工艺为+13 毫米块煤跳汰，煤泥不浮选。2005 年 1 月，天地科技股份有限公司唐山分公司对选煤厂工艺系统进行了部分技术改造，改造完成后入选能力达到 300 万吨/年，选煤工艺为+50~25 毫米跳汰分选，煤泥浮选。2009 年 5 月，中煤西安设计工程有限责任公司对选煤厂进行全入选改造，改造完成后入选能力达到 600 万吨/年，选煤工艺为无压三产品重介旋流器+TBS+煤泥浮选联合工艺，主导产品为精煤，副产品有中煤、煤泥等，大大提升了一号煤矿选煤厂的洗选能力。

2012—2020 年一号煤矿生产服务类地面建设项目情况见表 3-5-2。

表 3-5-2　2012—2020 年一号煤矿生产服务类地面建设项目情况表

项目名称	工程类别	建成时间	实际投资(万元)	备注
无轨胶轮车库工程	新建	2012 年 12 月 31 日	930.80	
二号风井公路改造工程	改造	2012 年 12 月 31 日	1878.41	
四号风井及附属工程	新建	2015 年 11 月 15 日	48720.72	包含矿建、土建、安装共 72 个单位工程
矿山环境治理与恢复工程	改造	2016 年 12 月 31 日	320.00	三号风井排矸场治理
沥青路面改造及附属工程	改造	2017 年 5 月 8 日	587.83	
排矸山治理项目	改造	2018 年 11 月 15 日	3998.58	一号排矸场治理
井口广场维修改造项目	改造	2018 年 12 月 9 日	425.13	
井口物资库房改造项目	改造	2019 年 2 月 9 日	395.00	物资超市
矿井水处理站升级改造及优化工程	改扩建	2020 年 12 月 2 日	2746.74	
选煤厂技术升级改造项目	改造	2020 年 12 月 30 日	10738.50	

第四节　生活服务设施建设

随着一号煤矿矿区职工队伍的壮大，原区队办公楼已不能满足各区队日常工作，2019 年开始建设新区队办公楼。新建区队办公楼项目占地面积 1514 平方米，使用面积 1066.06 平方米，设计内容包括区队办公楼主体部分与室外工程两部分。其中，办公楼主体部分包括 1 个中型会议室、5 个区队学习室以及日常办公室、值班室、配电室；室外工程包括室外给排水、室外电气、室外热力管网等，满足正常办公需求。

1992 年以来，矿工业厂区、办公楼先后交付使用。1995 年，一号煤矿选煤厂投产。2012—2020

年一号煤矿生活服务类地面建设项目情况见表3-5-3。

表3-5-3 2012—2020年一号煤矿生活服务类地面建设项目情况表

项目名称	工程类别	建成时间	实际投资(万元)	备注
浴室扩建工程	扩建	2015年12月31日	1195.76	来宾浴室
浴室改造工程	改造	2017年5月10日	160.00	
停车场改造工程	改扩建	2017年9月12日	278.00	
新建区队办公楼项目	新建	2020年9月30日	1337.00	3号区队楼
新建职工浴室项目	新建	2020年11月15日	470.00	选煤厂浴室

第四篇
煤炭生产

一号煤矿是黄陵矿业公司的特大型矿井。1991 年设计生产能力 420 万吨/年，2006 年核定矿井生产能力 500 万吨/年，2010 年核定矿井生产能力 600 万吨/年。矿井煤质为低灰、低硫、低磷、高发热量的气煤 QM(34）和 1/2 中黏煤1/2ZN(33)，是优质的动力用煤和配焦煤。一号煤矿在生产管理中坚持落实“管理、装备、素质、系统”四个要素并重原则，依靠科技和管理创新不断加强矿井安全生产基础建设，大力改造通风、运输、机械化等生产系统以及瓦斯监测、自动化控制等，实现了智能化开采。矿井先后荣获国家“特级安全高效矿井”“煤炭工业科技创新示范矿”和“中国最美矿山”等荣誉称号，2020 年 11 月，矿井入选国家首批智能化示范煤矿建设名单。

第一章　开采方式与产能

第一节　矿井开采方式

一、传统开采方式

一号煤矿建设初期采用平硐开拓。2001 年 11 月投产后，随着矿井不断开拓延伸，为满足安全生产需要，开始建设接续风井，开拓方式优化为平硐、斜井综合开拓。1996 年，黄陵矿业公司委托西安煤炭设计研究院优化设计，优化了采煤方法及开拓巷道布置方式，并将房柱式开采工艺优化为综合机械化长壁开采。2001 年 11 月，矿井实现 100 万吨/年阶段性投产。2002 年以后，黄陵矿业公司先后引进 11 套现代化综采设备，采煤机功率由 500 千瓦不断升级到 730 千瓦、920 千瓦、1220 千瓦、1630 千瓦，生产能力进一步提高。2005 年 11 月，矿井生产能力达到 300 万吨/年。随后，一号煤矿对矿井通风系统、供电系统、采掘设备、运输系统、采煤工作面布局等方面进行了两次升级改造，2006 年核定产能达到 500 万吨/年。2008 年 10 月，三号风井建成投运。2019 年 5 月，四号风井建成投运，形成“六进两回”通风方式。三、四号风井双风机联合运转，分区通风，通风方法为抽出式。矿井原设计分为 4 个开采区，后优化为盘区式开采布置方式。全井田共分为 12 个盘区，每个盘区布置若干个回采工作面。主要大巷沿煤层布置，截至 2020 年底，完成一至五盘区、八盘区大巷开拓工程。一盘区采用连续采煤机房柱式采煤工艺开采完毕，二、三盘区采用综合机械化长壁采煤工艺开采完毕，八、十盘区为生产盘区，六盘区为准备盘区。回采工作面长度 201 米、235 米、261 米，顺槽长度 3000 米左右。

二、智能化开采试点、应用

一号煤矿作为黄陵矿业公司煤炭自动化、智能化开采的“试验田”，先后承担了房柱式开采以及智能化开采的试点工作。2012 年，一号煤矿将国产综采装备智能化开采技术研究与应用项目提上议事日程。2013 年 1 月，一号煤矿开始创新实施国产综采装备智能化开采技术研究与应用项目；同年 12 月，一号煤矿首个薄煤层智能化工作面完成安装、调试，正式进入工业试验阶段，并在国内首次实现了地面远程采煤操控的常态化。2014 年 5 月，中国煤炭工业协会组织专家对该项目进行了鉴定，认为项目整体技术达到国际领先水平。2015 年 10 月，一号煤矿首个中厚煤层智能化工作面完成安装、调试。至此，一号煤矿实现区内薄、中厚煤层国产综采装备智能化开采全覆盖。一号煤矿国产综采装备智能化开采技术的成功应用，开创了煤炭行业智能化开采的先河。2017 年 2 月，一号煤矿中厚煤层国产综采装备智能化无人开采技术研究与应用荣获陕西省科学技术一等奖。2020 年 9 月，随着“基于动态地质模型大数据融合迭代规划控制策略的智能开采技术”的成功应用，一号煤矿将智能化开采技术由基于记忆割煤的 1.0 阶段发展到三维空间感知、智能规划和自主截割的 3.0 阶段。一号煤矿智能化开采技术为全国煤矿智能化建设提供了示范和模板。

第二节 矿 井 产 能

2001 年 11 月 2 日，一号煤矿按 100 万吨/年的生产能力投入生产。2005 年 11 月，经陕西省发展改革委对矿井验收，按 300 万吨/年的生产能力进行生产。2006 年，黄陵矿业集团公司对一号煤矿的生产能力进行了核定，并上报陕西省煤炭工业局、国家发展改革委进行了核准，确定矿井生产能力 500 万吨/年。2010 年 3 月，核定矿井生产能力 600 万吨/年。

第二章 生 产 管 理

第一节 调 度 管 理

一、机构

1992 年，一号煤矿生产调度室建立。初期办公地址在一号煤矿机关办公楼。2008 年，根据智能化矿山建设要求，将调度指挥中心搬迁到区队办公楼二楼，于 2020 年 7 月进行升级改造，实现矿井决策指挥、安全生产、综合集控、智能巡检、经营管理智慧一体化运行。至 2020 年 12 月，一号煤矿生产调度室共有专职工作人员 12 人，其中，调度主任 1 人，副主任 2 人，技术员 1 人，调度员 7 人，统计员 1 人。另有司磅员 11 人。

二、职责

截至 2020 年，一号煤矿调度室主要负责煤炭产量、销量、库存、掘进进尺等经济指标日、月、年的统计与上报，进行生产安全调度统计分析；利用安全监测监控系统及工业电视系统，做好生产安全工作。负责矿级领导带班下井、值班管理监督、考核工作。负责区队跟班、值班汇报考核工作。负责矿井雨季“三防”（防洪、防雷电、防排水）、冬季“三防”（防冻、防火、防煤气中毒）工作。发生突发事件时，根据应急预案的规定及应急救援指挥部的决定，组织开展抢险救灾工作。按照生产计划，负责日常生产的调度组织、协调指挥。按照月度生产作业计划，分班、分日随时了解掌握生产任务完成情况。及时询问各采掘面的安全生产情况，认真填报报表、台账，做好原始记录，做到文字清洁整齐，数字准确无误。在生产过程中保证通风系统、运输系统、供电系统、瓦斯抽采系统、排水系统等五大系统的正常运转，不允许出现系统维护维修不到位而发生影响生产的现象。随时掌握矿井生产动态，明确每天重点工作和生产进度，组织好调度会、专题会、协调会，及时解决作业计划执行中存在的问题，盯住安全生产关键问题的落实整改。对生产系统运行过程中出现的各类问题及重大安全隐患，准确迅速做好上情下达、下情上报工作。在第一时间协调各职能部室及时解决生产过程中出现的各类问题，消除生产运行中的薄弱环节，确保生产系统运行安全可靠。建立健全原始记录、台账，及时提供生产调度日报和生产事故日、旬、月报表及生产经营活动分析简报等资料，为领导决策提供依据。对安全生产中出现的重大问题，及时向有关领导汇报，并监督有关部门迅速处理。发生重大事故，按照事故汇报程序逐级汇报，并协助领导积极组织抢救，把事故损失降到最低。

三、工作流程

截至2020年，调度、指挥流程如下。

（一）日常指挥工作流程

接班→查看上班生产和交接班记录→查看上班生产中存在问题→上班生产任务完成情况→询问各生产辅助区队当班生产计划→“四员两长”（“四员”即技术员、安监员、瓦检员、工程质量验收员，“两长”即跟班副队长、班组长）开工安全确认→班中询问生产完成情况和存在问题→解决其他单位汇报的生产问题→下班前统计各班生产任务完成情况→外运商品煤情况→对当班生产进行总结→完善生产台账和各种记录→做好交接班记录和存在问题统计→汇报生产完成情况→打扫卫生交班。

（二）重大事故救援工作流程

接到事故汇报后，问清事故发生的时间、地点、灾区作业点人数、危害程度、波及范围及现状趋势→通知当班人员及影响范围内的作业人员，由当班负责人带领撤至安全地点，并采取相应措施→汇报值班领导并请求救护队、医院派人赶赴现场抢险救灾→按照事故汇报程序汇报有关领导和部室及上级部门→按照领导指示通知有关人员赶赴现场查看灾情，研究抢险救灾措施→迅速在事故地点附近的安全地带安设临时电话，专人留守，保证井下通信畅通→通知受灾区队查清当班出勤人数、现场遇灾人数和可能所处的位置→按照抢险指挥部指示，调度人力、物力迅速展开抢救，并掌握事故抢救的进展情况，做好详细记录，及时向有关领导及部门汇报。

四、调度装备

1992年一号煤矿调度室成立时，设备比较简陋，通信主要靠人工交换机和井下防爆电话联络。2000年以后，逐渐更新调度室装备，配有内部电话、电信公司电话各一部。电脑、传真机、打印机各1台。2005年，一号煤矿对调度室进行了数字化升级改造，建立集监控指挥系统、视频监控系统、监测数据传输分析报警系统、井下人员定位系统、大屏及工业电视显示系统、调度通信系统、应急广播系统为一体的调度监控指挥平台。2020年一号煤矿调度室装备见表4-2-1。

表4-2-1 2020年一号煤矿调度室装备表

设备名称	规格型号	时间	数量	备注
安全监测系统	KJ95N	2009年9月	1套	
人员定位系统	KJ69J	2010年12月	1套	
调度通信系统	KJJ10J	2009年9月	1套	
大屏显示系统	中达DVS-67-XGA	2009年9月	1套	48台DLP大屏，12台LED显示屏
打印机	HP Laserjer 5200LX	2011年2月	1台	
工业环网核心交换机	赫斯曼MACH4002	2009年9月	2台	
视频监测系统	VS2000	2009年9月	1套	井下26台摄像机，地面10台摄像机
计算机	研华工控机	2009年9月	16台	
服务器	IBM Systemx 3650	2009年9月	8台	
安全监测系统	KJ95X	2019年	1套	
大屏显示系统	微创70寸DLP拼接屏	2020年	1套	
人员定位系统	KJ761	2020年	1套	

第二节 生产技术管理

一、生产技术管理体系

1989—1991年，矿井处于规划、筹备期。2001年以后，随着矿井投产，生产技术管理逐步得到加强和完善。至2009年，一号煤矿形成了较为健全的生产技术管理体系，并成立了生产技术管理领导小组，领导小组办公室设在生产技术部。一号煤矿总工程师担任组长，各专业副总工程师担任副组长，成员由各生产部室负责人、技术管理人员，厂、车间、区队负责人、技术管理人员组成。截至2020年，生产技术管理工作主要包括矿井中长期发展规划、年度生产作业计划及灾害预防处理与应急救援计划等编制，专项工程和专业系统等设计，作业规程、操作规程和专项安全生产技术措施的编制、审批、复审及贯彻管理，采掘、“一通三防”、地测防治水、自然发火等专业技术管理，新技术、装备及工艺的推广应用，各种技术资料的存档、保管、借阅、保密、登记及销毁，技术培训和技术人才培养，及其他生产技术管理工作。2020年一号煤矿安全生产技术管理体系图如图4-2-1所示。

二、管理职责

截至2020年，生产技术管理体系职责如下。

（一）组长、副组长职责

组长在矿长的领导下，全面负责矿井生产技术管理工作，行使技术决策、技术指挥等职权，加强安全生产技术管理；积极组织开展技术攻关与科研工作，研究解决制约矿井发展的技术问题。副组长在总工程师领导下对分管范围内的技术工作负责。

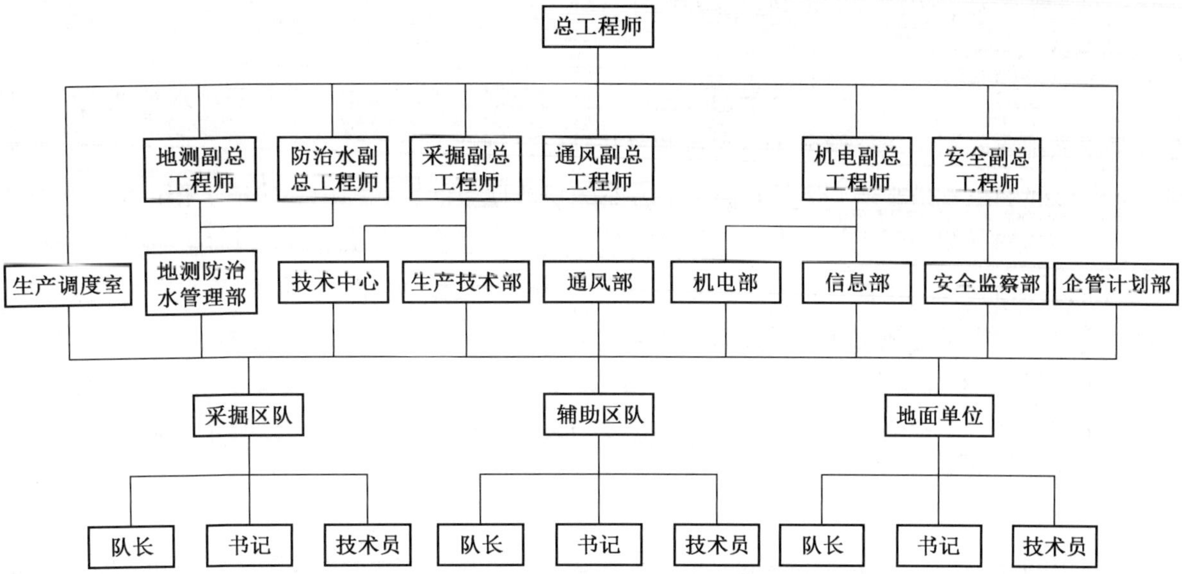

图 4-2-1 2020 年一号煤矿安全生产技术管理体系图

（二）生产技术部职责

负责全矿年度生产接续计划；负责《矿井灾害预防和处理计划》《生产技术管理制度》等技术管理制度的编制、修订工作；负责矿井采掘工程设计以及相关图纸资料的收集存档工作；负责组织采掘、安装、回撤及其他矿建工程作业规程会审及矿建工程相关的安全技术措施审批管理工作；负责采掘工程质量监督检查工作，及时组织竣工验收；负责矿井采掘工程技术、科技管理工作，每月组织召开生产技术例会、科技例会及接续例会；负责矿井矿压监测设备的位置及安装深度的设计，并负责矿压监测点设置工作，矿压监测主机使用、数据收集整理分析以及矿压报表编制工作；负责组织召开井下巷道贯通会，组织各业务部室进行现场贯通监管工作；负责牵头编制综采工作面后评价报告；负责牵头组织开展生产技术管理、生产接续管理、作业规程（措施）评比等专项活动。

（三）地测防治水管理部职责

1. 测量管理职责

负责矿井测量技术管理，完成全矿井上下控制测量、采区导线测量、巷道中腰线标定测量等工作；负责组织开展地表移动观测工作，收集、总结矿区岩层位移规律，为矿区各保安煤柱留设提供可靠参数；负责地表塌陷管理工作，确保各类图纸、台账、图表齐全；负责编制矿井大型贯通工程测量方案设计及技术总结，为指导矿井测量工作有效实施提供技术保障；负责开展周边小煤矿采掘动态现状调查，及时了解小煤矿对矿井安全生产影响程度，为矿井生产提供安全保障；负责矿图的绘制、存档、保管，确保矿图种类齐全、内容规范标准、翔实，矿图保管完好，并做好保密工作；负责测量仪器的使用和保管，定期对测量仪器进行校检工作，建立检校台账，保证仪器使用正常、状态良好；负责测量原始记录及成果台账管理，测量各类台账应齐全、完善。

2. 储量管理职责

负责储量图纸的绘制、存档、保管，确保种类齐全、内容规范标准、翔实，图纸保管完好，并做好保密工作；负责矿井储量管理工作，储量各类报告、总结、台账齐全、完善；负责矿山储量年报编制工作；负责矿井安全生产标准化储量部分达标管理工作。

3. 防治水组职责

负责矿井防治水管理工作；负责编制防治水中长期规划、年度计划及矿井防治水管理工作；负责填绘各类水文地质矿图，建立健全防治水台账及基础资料管理；负责防治水技术方案、设计、措施的编制、组织会审和技术措施落实工作；负责矿井水灾事故应急演练、组织、评估工作；负责矿井水情监测及水文地质的预测预报工作，完善地质及水情水害预报制度；负责矿井安全生产标准化煤矿防治水标准化部分达标管理工作；负责组织并参加防治水专项检查，监督、指导防治水方案的落实和实施；负责矿井防治水工程施工期间工程质量和文明生产监管工作；负责防治水设施的巡检工作，做好防治水设施前后10米范围内文明生产监管工作；负责超前探查钻孔布置设计方案及实施监管工作；负责每月组织召开一次地测防治水例会，做好会议记录，整理会议内容，印发会议纪要；配合人力资源部负责做好矿井地测防治水专业技术培训工作。

4. 地质组职责

负责矿井煤田地质、水文地质管理工作；负责矿井地质和地质写实描述工作；负责按期完成采矿许可证的延续、年检、变更换证工作；负责填绘各类地质矿图，建立健全地质基础资料管理；负责矿井地质勘探及矿井隐蔽致灾因素的普查和防治工作，对矿井隐蔽致灾因素排查工作进行规范化、流程化管理；负责采区地质说明书、回采工作面地质说明书和掘进工作面地质说明书的编制工作；负责矿井安全生产标准化地质灾害防治及煤矿地质标准化部分达标管理工作；负责矿井地质类型划分报告的编制工作；负责本部门及分管专业的NOSA安健环风险管理体系实施工作。

（四）机电部职责

负责全矿机电、运输技术管理和相关图纸设计、图文资料（包括电子资料、影像资料）的存档管理工作；负责全矿机电设备大、中、小修，机加工和技术升级革新管理工作；负责作业规程、操作规程、操作流程及机电类安全技术措施审批工作。

（五）生产调度室职责

根据《矿井灾害预防和处理计划》，出现险情或发生事故时，下达撤人指令，并要向上级部门报告事故信息，按程序启动应急预案，跟踪现场处置情况并做好记录。

（六）安全监察部职责

负责监督检查作业规程、操作规程和安全技术措施贯彻落实的工作。

（七）通风部职责

负责矿井“一通三防”灾害治理工作；负责矿井通风能力核定、矿井风量分配、通风系统调整；负责分管范围内的“一通三防”及瓦斯治理材料计划、日常管理、审核工作；负责审批作业规程、操作规程及各种安全技术措施；负责“一通三防”相关图纸绘制、审批、上报工作；负责下达“一通三防”工作计划，每月组织召开一次通风例会；负责“一通三防”设施工程质量的监督检查和组织竣工验收工作；负责通风系统优化及“一通三防”设施完善的管理工作；负责通风队、抽采队所辖区域文明生产的检查管理工作；负责矿井反风演习的组织工作；负责通风设施、挡水墙（主要是通风队）建工材料使用计划的审批和管理工作；负责井下风门等设备小型配件的审批和上报管理工作；负责北一、北二永久避险硐室的日常监管工作；负责瓦斯基础参数测定、甲烷检测仪的标校以及瓦斯实验室的管理，做好瓦斯精准抽采管理工作；负责全矿抽采能力核定、瓦斯灾害演练和瓦斯等级鉴定的组织工作；负责安排年度瓦斯灾害治理工作，及瓦斯地质预报和钻孔快报制度的执行落实工作；负责全矿抽采管路及附件的建档管理工作；负责矿井瓦斯地质图修订和瓦斯地质预测预报工作；制定采掘工作面瓦斯治理方案，负责巷道从开始掘进至回采结束瓦斯治理的建档及评估工作。

（八）信息部职责

负责全矿通信联络系统、4G无线通信系统、工业电视系统、矿压监测系统、监测监控系统、应急广播的安装、维护及管理工作；负责全矿安全监测监控系统分站及传感器的标校工作，并建立标校管理台账；负责全矿抽采监测系统的维护与管理工作，并负责各类高浓传感器的更换和标校工作；负责用于监测瓦斯抽采管道内气体参数的各类传感器的维护与管理工作（瓦斯、流量、负压、一氧化碳等）；负责全矿各监测点双闭锁装置的设置、维护、试验工作；负责全矿调度电话大巷缆线的敷设和放号工作，负责无线通信设备的安装工作；负责全矿智慧化矿山及矿井各类监控系统的物资发放、回收、建账等管理工作；负责全矿井主要安全监测监控设备、缆线的安全生产标准化管理工作；负责全矿监测监控系统、车辆定位、人员位置定位、4G通信、调度通信系统图纸的绘制工作；负责“监测监控专电”配电点日常维护管理（不含移动变电站）；负责地面安防系统、广播系统的维护管理工作，同时负责地面办公室电脑的简单维护工作；负责矿井自动化控制系统万兆交换机以上部分的使用与管理工作；负责矿井智能化开采系统传输网络的维护与管理工作（智能控制系统总光端机到地面交换机）；负责电度计量相关网络传输设备的日常维护工作；负责本部门人的安全行为治理工作；负责皮带称重系统的信号采集维护，称体校正与日程使用由调度室负责，称体的日常巡检与管理由皮带队负责；负责“三网一张图”（安全信息共享平台）相关信息录入与后台运维管理，并负责“三网一张图”使用情况的监督管理工作，具体业务信息录入由相关部门负责落实。

（九）技术中心职责

负责科技创新、科技管理的日常管理工作；负责《科技创新管理制度》等相关制度的编制、修订工作（相关部门配合）；负责劳模创新、技能大师、青年创新创效三个二级工作室的日常管理工作；定期组织召开工作例会，技术培训、专题讲座、业务交流等工作；负责上级检查、工作室日常接待、讲解工作；负责管理创新和制度创新，立足岗位提炼卓越管理法，指导基层区队改进日常管理方式方法；负责矿井全员创新成果的收集、验收、审核、评定及考核工作；负责督促工作室成员立足岗位，积极参与区队科技攻关、技术改造等工作；负责检查督促新装备、新技术、新工艺的推广应用工作；负责矿井日常科技管理和专业技术人员素质提升考核工作，组织召开科技例会和人才科技大会；负责牵头完成矿井科技项目的立项、实施、进度验收工作，矿井专利申报工作，以及论文收集工作；负责加强职工思想教育工作，弘扬劳动模范和“大国工匠”精神，做好青年职工“传、帮、带”，深挖职工潜力，帮助职工岗位成长、成才；负责劳模创新工作室和技能大师工作室的命名申报工作。

（十）企管计划部职责

负责包含新技术、工艺及装备推广应用在内的全矿专项资金计划的编制上报和结算管理，定期组织召开专项资金例会，督促落实并考核；负责土建工程的设计审核、施工管理、验收等工作；负责矿井中长期规划编制、监督落实工作；成员区队（厂、车间）。

（十一）生产技术管理职责

各基层区队负责人对本单位技术管理工作负全面领导责任，必须按规定配备技术负责人，专职负责技术管理工作；各级区队技术负责人须积极组织贯彻有关技术规范、规程和措施，并能够根据生产现场条件变化及时制定针对性的技术措施，保证作业规程和技术措施贯彻落实到位；各采掘区队负责人为工程质量第一责任人，技术负责人具体主管工程质量管理工作，班组设专职质量验收员，每班进行验收并做好记录，现场工程质量隐患要及时进行整改。

第三节 采 掘 管 理

一、采掘管理制度

截至2020年，一号煤矿根据矿井生产任务和采掘接续安排，坚持每年制定配套的生产技术管理制度和办法，先后制定的主要制度有《生产管理制度》《煤质管理制度》《机电管理制度》《一通三防管理制度》《生产运输系统管理办法》《作业规程和施工安全措施的编制及审批管理规定》《采煤工作面安全生产标准化管理体系考核办法》《综掘机司机操作规程》等，涉及矿井采、掘、机、运、通各个方面。矿井推行全面质量管理，严格执行煤矿安全生产标准化，建立健全检查、考核、验收制度，制定和组织实施标准化达标规划。根据年度生产接续计划安排，合理调配施工队伍，按照重点工程“重点管理、区别对待”的原则，制定相应的激励约束机制，确保施工进度和工程质量。按照煤质管理办法，从开采设计到作业规程的编制，坚持质量第一，制定保证煤质、提高煤质的措施和方案，严抓细管生产、运输、加工、装车、化验等各个环节，落实责任，确保“黄灵一号”名牌产品质量。

二、采掘队伍管理

1989年以来，一号煤矿在矿井建设初期，主、副井及风井井筒都由外委矿建单位施工，随着井筒施工的完成，逐步成立自有的采掘及辅助队伍，进行回采巷道的掘进和采煤，但井下新延伸的井底车场、主运输、主通风、主排水、主要机电硐室等开拓工程仍由外委单位施工。参与矿建的外委单位主要有陕西煤炭建设公司，中煤第三建设（集团）有限责任公司第二十九工程处、第三十工程处、第七十一工程处、第三十六工程处，江西中鼎国际工程有限责任公司、重庆煤炭建设公司、福建省土木建设实业有限公司寺河项目部等单位。

1992年8月，黄陵矿区管委会撤销了一号煤矿筹备处，成立一号煤矿井巷开拓公司，同时成立一号煤矿第一作业层、第二作业层、第三作业层、机电维修层，每个作业层配备20多人，主要负责主大巷掘进。1995年6月，一号煤矿成立连采一队、连采二队，负责对一盘区巷道掘进和煤柱回收。1996年，采煤方法改为长壁式综采后，到1998年12月先后成立综采队、掘进一队、掘进三队、炮采队和准备队等采掘队伍，满足矿井安全生产需要。2001年，随着矿井100万吨/年阶段性投产和2002年三大技改的实施，矿井产量逐年翻番，综采队生产管理由一个工作面增加到两个工作面。为加强安全生产管理，2004年2月，综采队分为综采一队和综采三队，基本满足矿井生产能力的要求。2013年8月，根据工作需要成立掘进四队、掘进五队，主要负责井下回采巷道掘进工作。2019年4月，根据工作需要成立开拓一队、开拓三队、开拓四队，主要负责井下开拓巷道掘进工程。2020年7月，根据工作需要成立掘进六队，主要负责井下回采巷道掘进工作。截至2020年底，一号煤矿共设采掘队伍10个，另配备1个准备队。

第四节 “三 量”管 理

一、“三量”管理职责

截至2020年，一号煤矿地质测量部是煤炭资源管理的主管监督部门，负责全矿回采率的测算和考核，对提高回采率或丢煤的单位和个人提出奖罚意见，提交可靠的地质资料。其职责为：参加审查采区设计及采掘作业规程，编制和审查年、季、月度生产计划及回采率计划；根据《防范煤矿采掘接续紧张暂行办法》(煤安监技装〔2018〕23号）规定要求，开拓煤量、准备煤量和回采煤量分别不低于5年、14个月、5个月；对设计、巷道布置、采煤方法、煤柱的留设、煤层配采、工作面、采区损失率指标等多方面进行详细了解，对于违反规定的设计，提出改进意见；在回采阶段，经常深入现场，对煤层厚度、采高、顶底煤厚度等，进行调查和丈量；发现不符合规程要求或即将丢煤的现象，及时发放“通知单”限期整改并进行复查，减少煤炭损失；每旬对采掘区队的资源回收及其台账进行2~3次检查，掌握区队的管理情况；督查各部室、采煤队按照技术政策进行的采掘活动，依据考核办法进行奖罚；负责岩移观测及研究，合理留设煤柱，减少矿井压煤损失，延长服务年限。

二、“三量”变化分析

（一）开拓煤量

截至2020年，一号煤矿开拓煤量是在矿井可采储量范围内已完成设计规定的主井、副井、风井、井底车场、主要采（盘）区大巷、回风大巷、主要硐室和煤仓等开拓掘进工程后，形成矿井通风、排水等系统所圈定的煤炭储量，减去开拓区内地质及水文地质损失、设计损失量和开拓煤量可采期内不能回采的临时煤柱及其他开采量。

至2020年末，一号煤矿采区、采煤工作面以及巷道布置的损失煤量均符合要求，无地质及水文地质损失。

（二）准备煤量

准备煤量是在开拓煤量范围内已完成了设计规定的采（盘）区主要巷道掘进工程，形成完整的采（盘）区通风、排水、运输、供电、通信等生产系统后，且煤与瓦斯突出煤层煤巷条带区域无突出危险的煤层中，各区段（或倾斜条带）可采储量与回采煤量之和。

（三）回采煤量

回采煤量是准备煤量范围内，已按设计完成工作面进风巷、回风巷等回采巷道及开切眼掘进工程所圈定的，且瓦斯抽采和防治水的效果已达到工作面安全回采要求的可采储量，即正在回采或只要安装设备后，便可进行正式回采的工作面可采煤量之和。

一号煤矿防治水的效果已达到工作面安全回采要求的可采储量的煤量，无大的水灾威胁，工作面完成掘进后即可划分为防治水效果达标煤量。

三、“三量”管理及资源回收率管理目标

（一）管理目标

截至2020年，一号煤矿坚持做到：

(1)“三量”计算可靠，数据真实，能反映矿井实际情况。

(2) 经过接续调整，矿井“三量”可采期符合下列规定：开拓煤量可采期不少于5年，准备煤量可采期不少于14个月，回采煤量可采期不少于5个月。

(3) 杜绝设计煤量损失以及接续原因引起的资源损失。

(4) 2号煤层综采工作面平均浮煤厚度低于0.02米，构造地段低于0.05米，工作面回收率不低于98%，采区回收率不低于85%。

(5) 2号煤层综采工作面一般不得留顶底煤，确因地质构造等因素留顶底煤，采煤队必须编制专项措施报矿总工程师批准。采掘面无违反规程和设计规定的留顶底煤及多留煤柱的损失。

(6) 开采设计无违反国家煤炭资源回收法规要求。造成2000吨以上损失，由生产技术部专题报告黄陵矿业公司；超过50000吨以上损失，报省级资源管理部门。

(7) 加强2号煤层掘进期间的顶底煤厚度探测，数据要求及时可靠。

(二)“三量”管理可采期统计

截至2020年，一号煤矿“三量”及可采期逐年统计如下。

1. 2015年末“三量”及可采期统计

开拓煤量总计6339万吨，可采期限6339/600=10.56年，符合不少于4年的国家规定；准备煤量总计969万吨，可采期限969/50=19.38个月，符合国家规定的不少于14个月；回采煤量396万吨，可采期限396/50=7.92个月，符合国家规定的不少于5个月。

2. 2016年末“三量”及可采期统计

开拓煤量总计5632万吨，可采期限5632/600=9.39年，符合不少于4年的国家规定；准备煤量总计608万吨，可采期限608/50=12.16个月，符合国家规定的不少于14个月；回采煤量279万吨，可采期限279/50=5.58个月，符合国家规定的不少于5个月。

3. 2017年末“三量”及可采期统计

开拓煤量总计6510万吨，可采期限6510/600=10.25年，符合不少于4年的国家规定；准备煤量总计6510万吨，可采期限6510/50=130.20个月，符合国家规定的不少于14个月；回采煤量395万吨，可采期限395/50=7.90个月，符合国家规定的不少于5个月。

4. 2018年末“三量”及可采期统计

开拓煤量总计5977万吨，可采期限5977/600=9.96年，符合不少于4年的国家规定；准备煤量总计5977万吨，可采期限5977/50=119.54个月，符合国家规定的不少于14个月；回采煤量516万吨，可采期限516/50=10.32个月，符合国家规定的不少于5个月。

5. 2019年末“三量”及可采期统计

开拓煤量总计5437万吨，可采期限5437/600=9.06年，符合不少于4年的国家规定；准备煤量总计5437万吨，可采期限5437/50=108.74个月，符合国家规定的不少于14个月；回采煤量542万吨，可采期限542/50=10.84个月，符合国家规定的不少于5个月。

6. 2020年末“三量”及可采期统计

开拓煤量总计4993万吨，可采期限4993/600=8.32年，符合不少于4年的国家规定；准备煤量总计4993万吨，可采期限4993/50=99.86个月，符合国家规定的不少于14个月；回采煤量523万吨，可采期限 523/50=10.46 个月，符合国家规定的不少于 5 个月。

2015—2020 年一号煤矿期末“三量”统计情况见表 4-2-2。

表 4-2-2 2015—2020 年一号煤矿期末“三量”统计情况表

年份	开拓煤量				准备煤量				回采煤量			
	数量（万吨）	可采期(年)		计算可采期的产量（万吨）	数量（万吨）	可采期(月)		计算可采期的产量（万吨）	数量（万吨）	可采期(月)		计算可采期的产量（万吨）
		规定	实际			规定	实际			规定	实际	
2015	6339	5	10.56	600	969	14	19.38	50	396	5	7.92	50
2016	5632	5	9.39	600	608	14	12.16	50	279	5	5.58	50
2017	6510	5	10.25	600	6510	14	130.20	50	395	5	7.90	50
2018	5977	5	9.96	600	5977	14	119.54	50	516	5	10.32	50
2019	5437	5	9.06	600	5437	14	108.74	50	542	5	10.84	50
2020	4993	5	8.32	600	4993	14	99.86	50	523	5	10.46	50

注：1989—2014 年数据未统计。

第五节 生 产 接 续

2001 年，矿井投产以来，黄陵矿业公司每年组织一次年度生产和接续安排，年中组织一次生产接续调整，确保采掘接续动态平衡。一号煤矿按照“一井两面”生产模式组织生产。截至 2020 年底，矿井生产接续正常，“四量”符合规定，灾害治理达标，各生产系统稳定可靠。

一、盘区接续

（1）一盘区→二盘区→六盘区→八盘区→七盘区→九盘区。

（2）四盘区→三盘区→十盘区→十一盘区→十二盘区→五盘区。

二、工作面接续

（1）一盘区回采顺序：1101 工作面→1107 工作面→1105 工作面→1103 工作面→1110 工作面→1108 工作面→1106 工作面→1104 工作面→1102 工作面。

（2）二盘区回采顺序：201 工作面→205 工作面→202 工作面→207 工作面→210 工作面→206 工作面→204 工作面→208 工作面→209 工作面。

（3）三盘区回采顺序：300 工作面→301 工作面→302 工作面→303 工作面→304 工作面→305 工作面→306 工作面→308 工作面→309 工作面→310 工作面→311 工作面。

（4）四盘区回采顺序：401 工作面→402 工作面→404 工作面→406 工作面。

（5）六盘区回采顺序：601 工作面→603 工作面→605 工作面→607 工作面→609 工作面→611 工作面→613 工作面→617 工作面→619 工作面→621 工作面→623 工作面→620 工作面→625 工作面→624 工作面（准备）。

（6）八盘区回采顺序：802 工作面→804 工作面→806 工作面→801 工作面→808 工作面→803 工

作面→805 工作面→810 工作面→807 工作面→812 工作面（准备）。

（7）十盘区回采顺序：1001 工作面→1002 工作面→1003 工作面→1004 工作面→1005 工作面→1006 工作面→1007 工作面→1008 工作面。

其中，1107 工作面、1104～1106 工作面、1103 工作面、1108 工作面、1110 工作面、1102 工作面、401 工作面、701 工作面通过炮采回采完毕，1101 工作面通过房柱式回采完毕，1109 工作面、201～209 工作面、402 工作面、404 工作面、406 工作面、300～311 工作面、601 工作面、603 工作面、605 工作面、607 工作面、609 工作面、611 工作面、613 工作面、617 工作面、619 工作面、621 工作面、623 工作面、625 工作面、620 工作面、801～806 工作面、808 工作面、810 工作面、1001～1006 工作面通过综采回采完毕，1007 工作面、807 工作面正在开采，812 工作面、624 工作面为准备工作面。

第三章 矿 井 开 拓

第一节 开 拓 方 式

1989 年，一号煤矿建设初期采用平硐开拓，建成主平硐、副一平硐、副二平硐，井口及工业广场位于鲁寺西沟沟口黄陵—上畛子公路下方，井口标高+937.5 米。矿建完成后，随着煤炭高科技智能化开采推进，为适应智能化生产及接续需要，在延长主要巷道的同时，开始建设接续风井，开拓方式优化为平硐、斜井综合开拓。截至 2020 年底，一号煤矿共开凿 11 条井筒，分别为主平硐、副一平硐及副二平硐，一号回风斜井，二号进风斜井、回风斜井，三号进风斜井、回风斜井，四号进风斜井、回风斜井及瓦斯管道斜井，其中一、二号回风斜井完成服务任务，已永久封闭。主平硐、副一平硐、副二平硐、一号回风斜井、二号进风斜井、二号回风斜井井筒及特征在第三篇有详细叙述。其余在用井筒及特征如下。

一、三号进风斜井

井筒斜长 624 米，倾角 22°，方位角 108°，直墙半圆拱形，净宽 5.0 米，净高 3.7 米，直墙 1.5 米，净断面 17.3 平方米，砌碹/锚网索喷支护；安装 JK-3.5×1.8/30E 型单卷筒提升绞车 1 台，单钩串车提升，井筒内铺设有供排水、压风、消防洒水管路，同时从定周变电所向井下供电，电缆线从三号进风斜井进入；承担矿井辅助运输任务；为矿井主要进风井筒，兼作安全出口。

二、三号回风斜井

井筒斜长 624 米，倾角 22°，方位角 108°，直墙半圆拱形，净宽 5.0 米，净高 4.0 米，直墙 1.5 米，净断面 17.8 平方米，砌碹/锚网索喷支护；井筒内铺设有井下消防洒水管路及瓦斯抽采管路；为矿井主要回风井筒，兼作安全出口。

三号风井场地位于黄陵县店头镇寺湾村李章河沟内，2005 年 7 月 1 日开工建设，其中进风斜井于 2006 年 11 月 20 日竣工，回风斜井于 2006 年 11 月 30 日竣工。

三、四号进风斜井

井筒斜长 737 米，倾角 20°，方位角 349°，直墙半圆拱形，净宽 5.4 米，净高 4.3 米，直墙 1.6 米，净断面 20.1 平方米，砌碹/锚网索喷支护；安装 JK-3.5×1.8P 型单绳缠绕式提升绞车一台，单钩串车提升，井筒内铺设有供排水、压风、消防洒水管路，同时从侯庄变电所向井下供电，电缆线从四号进风斜井进入；为矿主要进风井筒，兼作安全出口。

四、四号回风斜井

井筒斜长 730 米，倾角 20°，方位角 349°，直墙半圆拱形，净宽 5.4 米，净高 4.3 米，直墙 1.6 米，净断面 20.1 平方米，砌碹/锚网索喷支护；为矿井主要回风井筒，兼作安全出口。

五、四号瓦斯管道斜井

井筒斜长 715 米，倾角 20°，方位角 349°，直墙半圆拱形，净宽 5.4 米，净高 4.3 米，直墙 1.6 米，净断面 20.1 平方米，砌碹/锚网索喷支护；井筒内铺设有消防洒水管路及瓦斯抽采管路；为矿井主要回风井筒，兼作安全出口。

四号风井场地位于富县寺仙镇太平村烧火沟川道内，2012 年 10 月 30 日开工建设，其中进风斜井、瓦斯管道斜井于 2014 年 6 月 5 日竣工，回风斜井于 2014 年 7 月 23 日竣工。

第二节 巷 道 布 置

1989 年，一号煤矿最初设计划分为 4 个开采区，井工开采，主大巷为 8 条巷道。1996—2020 年期间，随着采掘新装备、新工艺及新技术的不断推广应用，加之井下地质及水文地质条件不断发生变化，矿井开采设计经过多次优化，优化后为单水平、盘区式布置，全井田布置 6 组大巷，即中央大巷一组，北翼、西翼各两组，南翼一组，每组大巷布置 4 条巷道，即进风巷、轨道/辅运巷、皮带巷、回风巷。

一、开拓巷道（准备巷道）

（一）主大巷

1992 年 8 月，主平硐、副一平硐、副二平硐进入煤层后，采用连续采煤机掘进主要煤层巷道组。主大巷沿着平硐方向继续布置，初期是 8 条巷道，后经优化设计为 4 条主大巷，均为直墙半圆拱巷道，沿煤层平行布置。主大巷布置、特征及用途如下。

1. 主皮带巷

设计长度 2522 米，已施工至设计位置，净断面 10.3 平方米，净高度 3.25 米，净宽度 3.6 米。安装有带式输送机，担负煤炭运输任务，兼作进风。

2. 主轨道巷

设计长度 2522 米，已施工至设计位置，净面积 15.6 平方米，净高度 3.95 米，净宽度 4.5 米。铺设 30 千克/米轨道并进行了混凝土硬化处理，安装有供排水、压风、消防洒水管路，采用防爆无轨胶轮车担负材料、设备等辅助运输任务，兼作进风。

3. 主回风巷

设计长度 2522 米，已施工至设计位置，净面积 15.6 平方米，净高度 3.95 米，净宽度 4.5 米。专作矿井回风之用。

4. 主进风巷

设计长度 2522 米，已施工至设计位置，净面积 17.8 平方米，净高度 4.1 米，净宽度 5.0 米。铺设沥青路面，采用防爆无轨胶轮车担负全矿井人员运输任务，兼作进风。

（二）二盘区大巷

1997 年，完成设计并开始掘进，主要由二盘区皮带巷、二盘区轨道巷、二盘区回风巷、二盘区进风巷组成，均为直墙半圆拱巷道，采用锚杆+钢筋网+喷混凝土支护。4 条大巷沿煤层平行布置，大巷间留设 20 米保护煤柱，该组巷道与主大巷成 137°夹角对应连接，大巷方位角 18°，主要功能是服务于二盘区、四盘区回采。二盘区大巷布置、特征及用途如下。

1. 二盘区皮带巷

设计长度 2400 米，已施工至设计位置，净面积 10.1 平方米，净高度 3.2 米，净宽度 3.6 米。安装有带式输送机，担负运煤任务，兼作进风。

2. 二盘区轨道巷

设计长度 2400 米，已施工至设计位置，净面积 11.2 平方米，净高度 3.4 米，净宽度 4.55 米。铺设 30 千克/米轨道并进行了混凝土硬化处理，安装有供排水、压风、消防洒水管路，担负材料、设备等辅助运输任务，兼作进风。

3. 二盘区回风巷

设计长度 2400 米，已施工至设计位置，净面积 13.7 平方米，净高度 3.65 米，净宽度 4.3 米。专作矿井回风之用。

4. 二盘区进风巷

设计长度 2400 米，已施工至设计位置，净面积 16.6 平方米，净高度 3.4 米，净宽度 4.5 米。铺设沥青路面，采用防爆无轨胶轮车担负全矿井人员运输任务，兼作进风。

（三）西一大巷

2007 年，完成设计并开始掘进，主要由西一皮带巷、西一轨道巷、西一回风巷、西一进风巷组成，均为直墙半圆拱巷道，除西一进风巷采用锚杆+锚索+钢筋网+喷混凝土支护外，其余采用锚杆+钢筋网+喷混凝土支护。4 条大巷沿煤层平行布置，大巷间留设 20 米保护煤柱，该组巷道与二盘区大巷呈 90°夹角对应连接，大巷方位角 108°，主要功能是服务于六盘区、七盘区、八盘区回采。西一大巷布置、特征及用途如下。

1. 西一皮带巷

设计长度 5950 米，已施工至设计位置，净面积 11.1 平方米，净高度 3.25 米，净宽度 3.6 米。安装有带式输送机，担负六盘区、七盘区、八盘区运煤任务，兼作进风。

2. 西一轨道巷

设计长度5950米，已施工至设计位置，净面积11.95平方米，净高度3.6米，净宽度4.5米。铺设30千克/米轨道并进行了混凝土硬化处理，安装有供排水、压风、消防洒水管路，采用防爆无轨胶轮车担负材料、设备等辅助运输任务，兼作进风。

3. 西一回风巷

设计长度5950米，已施工至设计位置，净面积15.6平方米，净高度3.95米，净宽度4.5米。盘区专用回风巷。

4. 西一进风巷

设计长度6000米，已施工至设计位置，净面积19.3平方米，净高度4.4米，净宽度5.0米。铺设沥青路面，采用防爆无轨胶轮车担负六盘区、七盘区、八盘区人员运输任务，兼作进风。

（四）六盘区大巷

2008年，完成设计并开始掘进，主要由六盘区皮带巷、六盘区回风巷、六盘区进风巷组成，均为直墙半圆拱巷道，采用锚杆+锚索+钢筋网+喷混凝土支护。3条大巷沿煤层平行布置，开口处位于西一大巷起始位置向里2238~2305米段，大巷间留设20米保护煤柱，该组巷道与西一大巷呈90°夹角对应连接，大巷方位角18°，主要功能是服务于六盘区回采。六盘区大巷布置、特征及用途如下。

1. 六盘区皮带巷

设计长度1800米，已施工至设计位置，净面积15.6平方米，净高度3.95米，净宽度4.5米。安装有带式输送机，担负六盘区运煤任务，兼作进风。

2. 六盘区回风巷

设计长度1800米，已施工至设计位置，净面积15.6平方米，净高度3.95米，净宽度4.5米。盘区专用回风巷。

3. 六盘区进风巷

设计长度1800米，已施工至设计位置，净面积15.6平方米，净高度3.95米，净宽度4.5米。铺设30千克/米轨道并进行了混凝土硬化处理，采用防爆无轨胶轮车担负材料、设备等辅助运输任务，兼作进风。

2014年6月，六盘区大巷完成服务任务，已永久封闭。

（五）北二大巷

2009年，完成设计并开始掘进，主要由北二皮带巷、北二辅运巷、北二1号回风巷、北二2号回风巷、北二进风巷组成，均为直墙半圆拱巷道，采用锚杆+锚索梁+钢筋网+喷混凝土支护。5条大巷沿煤层平行布置，大巷间留设25米保护煤柱，该组巷道与西一大巷成90°夹角对应连接，大巷方位角18°，主要功能是服务于六、七、九盘区回采。北二大巷布置、特征及用途如下。

1. 北二皮带巷

设计长度7300米，施工至H15联巷，仍在开拓延伸。净面积15.6平方米，净高度3.95米，净宽度4.5米。安装有带式输送机，担负六、七、九盘区运煤任务，兼作进风。

2. 北二辅运巷

设计长度7300米，施工至H15联巷，仍在开拓延伸。净面积19.3平方米，净高度4.4米，净宽度5.0米。底板采用混凝土地坪硬化处理，H1-H7铺设有30千克/米轨道，安装有供排水、压风、消防洒水管路，采用防爆无轨胶轮车担负材料、设备等辅助运输任务，兼作进风。

3. 北二1号回风巷

设计长度7300米，施工至H15联巷，仍在开拓延伸。净面积19.3平方米，净高度4.4米，净宽度5.0米，安装有瓦斯抽采管路。专作六、七、九盘区回风之用。

4. 北二2号回风巷

设计长度7300米，施工至H7以里425米，仍在开拓延伸。净面积15.6平方米，净高度3.95米，净宽度4.5米。盘区专用回风巷。

5. 北二进风巷

设计长度7300米，施工至H15联巷，仍在开拓延伸。净面积19.3平方米，净高度4.4米，净宽度5.0米。底板采用混凝土地坪硬化处理，采用防爆无轨胶轮车担负六、七、九盘区人员运输任务，兼作进风。

（六）北一大巷

2009年，完成设计并开始掘进，主要由北一皮带巷、北一辅运巷、北一1号回风巷、北一2号回风巷、北一进风巷组成，均为直墙半圆拱巷道，采用锚杆+锚索梁+钢筋网+喷混凝土支护。5条大巷沿煤层平行布置，大巷间留设20米保护煤柱，该组巷道沿着二盘区大巷方向继续布置，大巷方位角18°，主要功能是服务于三、五、十、十二盘区回采。北一大巷布置、特征及用途如下。

1. 北一皮带巷

设计长度9700米，施工至H21联巷，仍在开拓延伸。净面积15.6平方米，净高度3.95米，净宽度4.5米。安装有带式输送机，担负北一区域运煤任务，兼作进风。

2. 北一辅运巷

设计长度9700米，施工至H21联巷，仍在开拓延伸。净面积19.3平方米，净高度4.4米，净宽度5.0米。底板采用混凝土地坪硬化处理、H1-H5铺设有30千克/米轨道，安装有供排水、压风、消防洒水管路，采用防爆无轨胶轮车担负材料、设备等辅助运输任务，兼作进风。

3. 北一1号回风巷

设计长度9700米，施工至H21联巷，仍在开拓延伸。净面积19.3平方米，净高度4.4米，净宽度5.0米，安装有瓦斯抽采管路。专作三、五、十、十二盘区回风之用。

4. 北一2号回风巷

设计长度9700米，施工至H9以里305米，仍在开拓延伸。净面积19.3平方米，净高度4.4米，净宽度5.0米。盘区专用回风巷。

5. 北一进风巷

设计长度9700米，施工至H21联巷，仍在开拓延伸。净面积19.3平方米，净高度4.4米，净宽度5.0米。底板采用混凝土地坪硬化处理，采用防爆无轨胶轮车担负三、五、十、十二盘区人员运输任务，兼作进风。

（七）八盘区大巷

2012年，完成设计并开始掘进，主要由八盘区皮带巷、八盘区辅运巷、八盘区回风巷、八盘区进风巷组成，均为直墙半圆拱巷道，采用锚杆+锚索+钢筋网+喷混凝土支护。4条大巷沿煤层平行布置，大巷间留设 20 米保护煤柱，该组巷道与西一大巷呈 103°夹角对应连接，大巷方位角 149°，主要功能是服务于八盘区回采。八盘区大巷布置、特征及用途如下。

1. 八盘区皮带巷

设计长度 4600 米，已施工至设计位置，净面积 15.6 平方米，净高度 3.95 米，净宽度 4.5 米。安装有带式输送机，担负八盘区运煤任务，兼作进风。

2. 八盘区辅运巷

设计长度 4600 米，已施工至设计位置，净面积 19.3 平方米，净高度 4.4 米，净宽度 5.0 米。底板采用混凝土地坪硬化处理，安装有供排水、压风、消防洒水管路，采用防爆无轨胶轮车担负材料、设备等辅助运输任务，兼作进风。

3. 八盘区回风巷

设计长度 4600 米，已施工至设计位置，净面积 19.3 平方米，净高度 4.4 米，净宽度 5.0 米，安装有瓦斯抽采管路。专作八盘区回风之用。

4. 八盘区进风巷

设计长度 3400 米，已施工至设计位置，净面积 19.3 平方米，净高度 4.4 米，净宽度 5.0 米。底板采用混凝土地坪硬化处理，采用防爆无轨胶轮车担负八盘区人员运输任务，兼作进风。

八盘区采用后退式开采，2019 年 12 月，H10 以里八盘区大巷完成服务任务，已永久封闭。

二、回采巷道

1991 年，一号煤矿开始生产时，一盘区采用房柱式和炮采采煤法，四盘区采用炮采采煤法，二盘区采用走向长壁综合机械化采煤法。根据多年的回采经验积累，已形成比较固定的回采巷道布置方式，达到安全、经济、资源回收率高的目的。回采巷道布置有回风巷、进风巷及开切眼，每一个工作面回采巷道特征类似，开切眼设计长度 201、235、261 米，顺槽设计长度 2500~3000 米，均采用综合机械化掘进工艺施工。

（一）回采巷道断面及尺寸

工作面回风巷为矩形断面，巷道宽 5.2 米，高 2.8/3.0 米。进风巷为矩形断面，巷道宽 5.0 米，高 2.8/3.0 米。沿煤层底板掘进，当煤层厚度不足 2.7 米时，采用落底或挑顶方式施工，保证巷道高度不低于设计高度，巷道坡度小于 3°。顺槽施工时落底或挑顶、临时水仓开挖、巷道冒落矸石，采用防爆无轨胶轮车运至地面矸石山。

（二）回采工作面开切眼断面及尺寸

开切眼设计为矩形断面，高 2.8 米，宽 6.6/7.2 米，巷道分两次成巷，一次巷施工宽度 4.8 米，回采设备安装前再扩宽一次巷至 6.6/7.2 米，扩帮后施工一组（两个）采煤机窝子，两个采煤机滚筒窝子中心距 14 米，每个采煤机窝子掘进尺寸均长×高×深=6.5 米×2.8 米×1.5 米。

（三）硐室断面及尺寸

（1）移动变电站硐室、临时水仓一般每 500 米施工一个，均采用综掘机沿顺槽掘进方向，与顺槽中心线夹角 37°进刀，向顺槽主帮进行扩帮，以垂直巷道的断面结束扩帮，其横断面均为直角梯形。其中，移动变电站硐室掘进尺寸为长×高×深=5.5 米×2.8 米×1.5 米，临时水仓硐室掘进尺寸长×高×深=3.65 米×2.0 米×1.5 米。

（2）瓦斯抽采钻场一般每 60 米施工一个，采用综掘机沿顺槽掘进方向，与顺槽中心线夹角 37°进刀，向顺槽主帮进行扩帮，以垂直巷道的断面结束扩帮，掘进尺寸长×高×宽=4.5 米×2.8 米×2.0 米。

（3）倒车硐室一般每 500 米施工一个，采用综掘机沿顺槽掘进方向，与顺槽中心线夹角 40°进刀，向顺槽主帮进行扩帮，以垂直巷道的断面结束扩帮，另一侧抹角，抹角半径均为 4 米，掘进尺寸宽×高×深=4.0 米×2.8 米×5.5 米。

（4）临时避难硐室间隔不超过 1000 米施工 1 组，每组 2 个，主副帮各 1 个，两个硐室间距 20 米，均采用综掘机施工，掘进尺寸长×高×深=3.5 米×2.8 米×3.5 米。

（5）中间驱动硐室一般距回风巷溜煤斗不超过 1750 米施工 1 个，采用综掘机沿顺槽掘进方向，与顺槽中心线夹角 40°进刀，向顺槽主帮进行扩帮，以垂直巷道的断面结束扩帮，掘进尺寸长×高×深=16.0 米×2.8 米×1.5 米。

第三节 掘进工艺与装备

1991—2020 年，一号煤矿掘进工艺经历连续采煤机组掘进工艺、炮掘工艺、综合机械化掘进工艺以及智能化快速综掘工艺 4 个阶段。智能化快速综掘、综合机械化掘进和房柱式掘进工艺主要适用煤巷施工，炮掘工艺既适用煤巷施工也适用岩巷施工。

1990 年，一号煤矿在建矿初期，从美国引进 4 套连续采煤机组（从英国引进 8 台梭车），进行房柱式开采。连续采煤机既是采煤设备，也是掘进设备。一号煤矿的主要巷道、一盘区巷道、回采巷道采用连续采煤机进行掘进，其主要配套设备有连续采煤机、梭车、破碎机、锚杆机、铲车、DSP-1080/1000 带式输送机，月平均掘进进尺 200 米左右。1994 年 9 月，黄陵矿区管委会组织一号煤矿生产公司、陕煤二处、中煤二十九处、澄合建井处等单位进行劳动竞赛，创造单机月成巷 1402.2 米的好成绩，超过澳大利亚、英国及南非等国的水平。1996 年，将采煤方法改为综合机械化采煤，巷道掘进主要采用炮掘工艺，开拓巷道月平均掘进进尺 100 米左右，回采巷道月平均掘进进尺 500 米左右。2001 年下半年开始，采用国产 ELMB-75C 型、EBZ-132 型掘进机进行机械化掘进，经过一年多的试用，两种机型均不适合井下掘进，巷道掘进又恢复为炮掘。2003 年 6 月，掘进三队创造了 681 米的炮掘纪录。2007 年，回采巷道掘进设备选用国产 EBZ160 型悬臂纵轴式掘进机，月平均掘进进尺 450 米左右；开拓巷道掘进设备选用国产 EBZ200 型悬臂纵轴式掘进机，月平均掘进进尺 200 米左右。2020 年，一号煤矿引进以掘锚机+可弯曲带式输送机+自移机尾+跨骑式四臂锚杆（索）钻车+多功能巷道修复机为主的首套智能化快速综掘装备；同年 8 月，完成装备地面组装联调；同年 9 月，完成入井安装和调试工作；同年 10 月，正式进入智能化快速综掘工艺工业试验阶段，工业试验期间，掘进一队创造了 565 米的快掘纪录。2020 年底，全矿配套智能化快速综掘装备 1 套，4 台 EBZ160 型掘进机，3 台 EBZ200 型掘进机，服务于 5 个掘进工作面。

掘进设备的更新换代，不仅提高了掘进速度和工程质量，而且降低了工人的劳动强度，大幅度降低了顶板事故的发生。

一、智能化快速综掘工艺和设备

截至 2020 年，一号煤矿采用 EBZ200M-2 型掘锚机沿煤层掘进并自行完成装煤运煤。掘锚机采用横向往复式截割，由巷道下部开口进刀，割出横槽，然后由下向上截割，进刀深度 0.8 米。

工艺流程为：交接班及安全检查→开机检查→掘锚机截割→刷帮清浮煤→敲帮问顶→连网及临时支护→永久支护（掘锚机截割时，四臂锚杆钻车在后巷平行支护作业）→下一循环→文明生产→现场交接班。

一号煤矿首套智能化快速综掘工艺正规循环作业图如图 4-3-1 所示，首套智能化快速综掘装备及工器具配备见表 4-3-1。

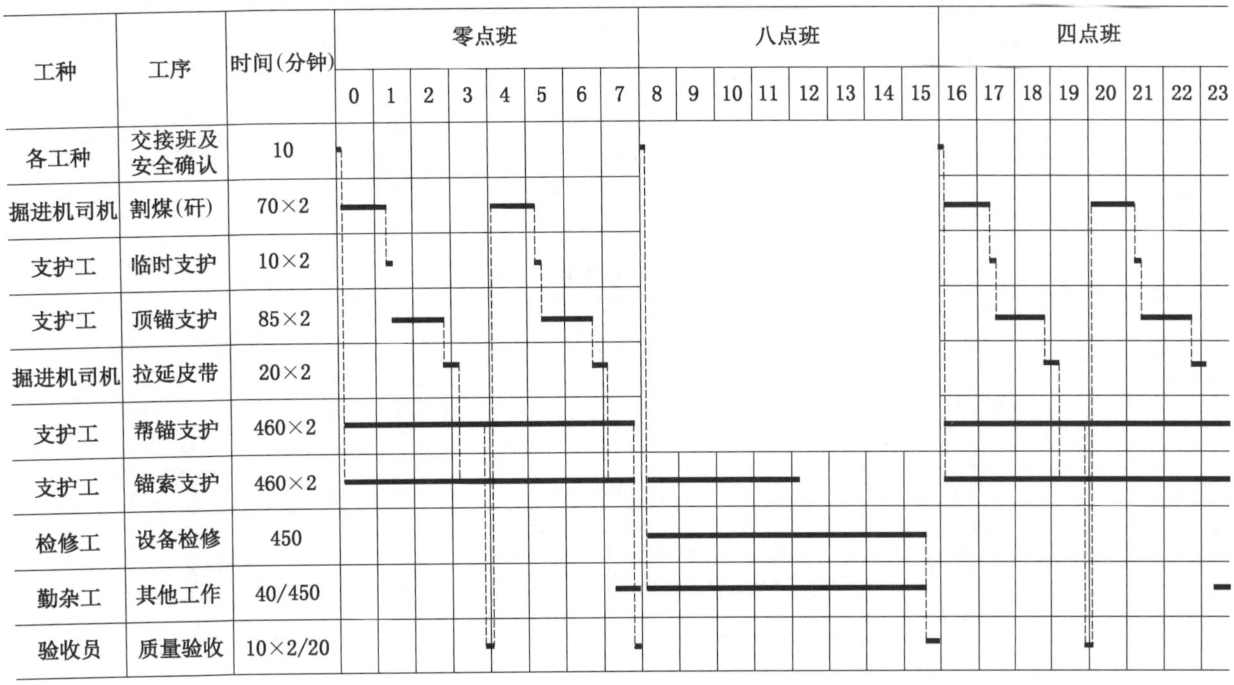

图 4-3-1 一号煤矿首套智能化快速综掘工艺正规循环作业图

表 4-3-1 一号煤矿首套智能化快速综掘装备及工器具配备表

序号	机械名称	型号规格	功率(千瓦)	单位	数量
1	掘锚机	EBZ200M-2	235	台	1
2	掘进超前支护	ZJC2X800/21/30		台	1
3	局部通风机	FBDYNO-7.1/2×45KW	2×45	台	1
4	泡沫除尘装置			台	1
5	坑道钻机	CMS1-4000/55	55	台	2
6	刮板输送机	SGZ620/40T	55	部	2
7	带式输送机	DSP-1040/800	2×55	部	3
8	煤矿用带式转载机	DZY80/120/135	135	部	1
9	乳化液泵站	BRW80/20	37	台	2
10	气动锚杆钻机	MQT-130/2.8J 型		台	3
11	风动手持式钻机	ZQS-50 型		台	2
12	带式输送机用自移机尾	DWZY800/1500	45	部	1
13	四臂锚杆钻车	MJH-350/580	94	台	1

表 4-3-1（续）

序号	机械名称	型号规格	功率(千瓦)	单位	数量
14	风镐	G10		台	2
15	轮胎式防爆装载机	ZL20EFB	50	台	1
16	水泵	BQS80-15-7.5	7.5	台	2
17	水泵	BQS100-30-18.5	18.5	台	3
18	绞车	JH-20	22	台	3
19	信号、照明综保	ZBZ-10		台	2
20	移动变电站	KBSGZY-630/10		台	2
21	移动变电站	KBSGZY-1250/10		台	1
22	馈电开关	KBZ-400		台	2
23	电磁启动器	QJZ-120		台	10
24	电磁启动器	QJZ-300		台	2
25	电磁启动器	QJZ-80		台	3
26	手动葫芦	3T		台	4
27	手动葫芦	5T		台	2
28	锚索张拉千斤顶	MD18-250/38S		台	1
29	锚索张拉千斤顶	MD22-250/38S		台	1
30	移溜器	YT4-8A		台	5
31	锚索拉力计	LMS-18/300		台	1
32	锚杆拉力计	LDZ-200		台	1
33	扭矩扳手			把	1
34	洋镐			把	2
35	铁锹			个	6
36	锚杆钻杆	B19-2.5 米/2.1 米		根	8
37	锚索钻杆	B19-1.0 米		根	27
38	注锚器			个	3
39	钻杆	ϕ73 毫米		根	180

2020 年，首套智能化快速综掘装备应用于 1009 辅运巷（回采巷道），处于工业试验阶段。

二、综合机械化掘进工艺和设备

（一）开拓大巷

截至 2020 年，开拓大巷工艺流程、综掘机截割工艺及设备配备如下。

1. 工艺流程

工艺流程为：交接班→安全检查（敲帮问顶、瓦斯、工程质量、传感器位置等)→截割（出煤)→临时支护→安装金属网→联网→打顶（帮）部锚杆（锚索）眼→安装顶（帮）部锚杆（索)→喷射混凝土。

2. 综掘机截割工艺

将截割头调至巷道中，由巷道下中部开口进刀，左右摆动，割出横槽，然后由下向上截割，进刀深度600~800毫米，在巷道内水平来回摆动截割，周边留下300~400毫米厚的边煤，每水平摆动截割一次，抬高800~1000毫米，按照截割运行曲线示意图连续摆动截割至初步成形，截割完一个循环进度后，修整周边达到设计要求。切割的煤落入综掘机铲板的收集头上，收集头上的圆盘耙爪连续运转将煤运入综掘机一运、二运转载输送机，转运至综掘机后的刮板输送机（或带式输送机）。退出综掘机进行支护，支护工作完成后开始进行下一个循环。开拓大巷截割顺序如图4-3-2所示。

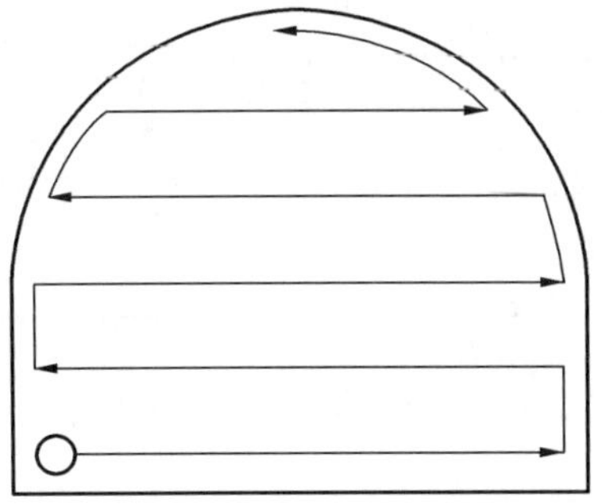

图4-3-2　开拓大巷截割顺序

3. 设备配备

2006年，一号煤矿开始逐步采用EBZ200型综掘机掘进、DSP-1080/800带式输送机运输，锚杆钻装机打装锚杆（索），喷浆机喷射混凝土。施工过程中，锚网喷紧跟迎头。2020年一号煤矿开拓大巷主要设备配备见表4-3-2。

表4-3-2　2020年一号煤矿开拓大巷主要设备配备表

序号	设备工具名称	型号规格	单位	数量	用途
1	局部通风机	FBD-No. 6. 3/60	台	2	工作面供风
2	带式输送机	DSP-1080/800	部	1	运煤（渣）
3	电机车	8t	台	4	运输
4	风钻	YT-28	台	3	打检查孔
5	风动锚杆钻机	MQT-85J31	台	6	打锚杆（索）眼
7	掘进机	EBZ200	台	1	掘进煤岩
8	风镐	03-11	台	6	修整巷帮
9	喷浆机	转-Ⅶ型	台	2	喷混凝土
10	激光指向仪	YBJ-800	台	2	给定中线
11	锚杆拉力计	MLJ-10	台	1	做拉力试验
12	移动变压器	KBSGZY-630/6	台	2	供电

（二）回采巷道

截至2020年，回采巷道工艺流程、综掘机截割工艺及设备配备如下。

1. 工艺流程

工艺流程为：交接班→安全检查（敲帮问顶、瓦斯、工程质量、探头位置等）→截割（出煤）→临时支护→安装金属网→联网→打顶（帮）部锚杆眼→安装顶（帮）部锚杆（索）。

2. 综掘机截割工艺

掘进机采用横向往复式截割，截割时将截割头调至巷道中下部，由巷道下部开口进刀，割出横槽，然后由下向上截割，进刀深度为0.8米，若截割断面与设计尺寸有一定差别，可进行二次修整。回采巷道截割顺序如图4-3-3所示。

图4-3-3 回采巷道截割顺序

3. 设备配备

一号煤矿回采巷道采用EBZ200型掘进机沿煤层底板掘进，巷道内安装刮板输送机和DSP-1080带式输送机运输，锚杆钻装机打装锚杆（索）。施工过程中，锚杆+金属网紧跟迎头，锚索紧跟临时支架尾部。2020年一号煤矿回采巷道主要设备配备见表4-3-3。

表4-3-3 2020年一号煤矿回采巷道主要设备配备表

序号	设备名称	型号规格	单位	数量	备注
1	掘进机	EBZ-200	台	1	
2	带式输送机	DSP-1040/800	部	3	
3	信号综保	ZBZ-4.0	台	3	
4	风动锚杆钻机	MQT-130型	台	4	
		MQT-55型		2	
5	泵站	BRW80/20	台	2	
6	风动手持式钻机	ZQS-35型	台	3	
7	局部通风机	FBD-No7.5 2×45千瓦	台	2	1台备用
8	装煤机	ZMCV-60R	台	1	
9	绞车	JH-20	台	2	
10	刮板输送机	40T	部	1	

三、炮掘工艺及设备

截至2020年，一号煤矿炮掘工艺、标准规范及设备配备如下。

（一）工艺流程

工艺流程为：打眼前准备→打眼→检查瓦斯→装药→连线→检查瓦斯→撤人放警戒线→爆破→检查瓦斯→临时支护→挂网连接→锚杆（索）支护→出煤矸→初喷封闭围岩。

（二）标准规范

1. 打眼

由质量验收员和班长检查校对激光，然后按设计要求画好巷道轮廓线，并点出眼位；严格按炮眼布置规定的眼位、角度、数量及深度打眼，采用光面爆破施工。使用7655型风钻钻眼，2.2米长中空六角钢杆，ϕ42毫米的"一"字形合金钻头，工作面布置3~5台风钻同时进行湿式钻眼。

2. 装药

按照爆破说明书规定装药，炸药选用煤矿安全许用三级乳化炸药，规格ϕ35毫米×200毫米，重200克。雷管选用1~5段毫秒延期电雷管，炮眼内必须用黏土炮泥封实，封泥长度不得少于规定值，采用正向装药结构。

3. 爆破

严格执行"一炮三检"和"三人连锁爆破"制度。采用MFB-200型发爆器，ϕ6毫米两芯胶质专用爆破电缆作爆破母线，母线长度不得小于150米，连线方式为串并联。爆破时，爆破员必须最后离开爆破地点。由班组长清点人数，将所有人员撤至警戒线以外有掩体的安全地点，并在可能进入爆破地点的所有通路上设置警戒。严禁任何人进入爆破区域，确认无误后，由每班班长下达爆破命令，爆破员大喊三声，至少再等5秒后方可爆破。

4. 敲帮问顶

爆破后，等炮烟散尽，由班长负责进行敲帮问顶，认真清除浮岩、活石、伞檐等一系列安全隐患，确认安全后方可进行下一道工序。

5. 支护

工作人员进入迎头后，必须坚持敲帮问顶，撬尽危岩浮石，前移前探梁，检查掘进断面尺寸，确认掘进断面尺寸符合设计后，利用爆破后的煤矸作为脚手架，及时按设计钻装拱部锚杆（索）及挂网工作，锚杆钻装采用MQT-120J33型气动锚杆机。待确认煤（矸）出完后，立即按设计钻装帮部锚杆。

6. 运输

破落的煤由工作面刮板输送机、巷道内DSP-1080带式输送机、主运输系统（胶带大巷）运至地面。矸石用侧翻式防爆装载机装矸至防爆车中运至地面矸石山。喷浆料在地面按配合比配好，用防爆车运往工作面，利用喷浆机喷射混凝土。

（三）设备配备

2020年一号煤矿炮掘工作面设备及工具配备见表4-3-4。

表4-3-4 2020年一号煤矿炮掘工作面设备及工具配备表

序号	设备、工具名称	规格型号	单位	数量
1	喷浆机	ZP-VI型	台	1
2	装岩机	18B	台	1
3	风钻	7655	台	10
4	风镐		台	5
5	控制开关	BQZ-120	台	6
6	馈电开关	KBZ-400F	台	3
7	综保		台	1
8	锚杆钻机	WQT-120	台	3

表 4-3-4（续）

序号	设备、工具名称	规格型号	单位	数量
9	电话		台	1
10	铁锹		把	20
11	镐		把	15
12	锤		把	2
13	激光指向仪		台	1
14	局部通风机		台	2

第四节 井 巷 支 护

一、井筒支护

1989—2020 年，一号煤矿共开凿 11 条井筒，分别为主平硐、副一平硐及副二平硐，一号回风斜井，二号进风斜井、回风斜井，三号进风斜井、回风斜井，四号进风斜井、回风斜井及瓦斯管道斜井，其中一号回风斜井、二号回风斜井完成服务任务，已永久封闭。一号煤矿的井筒支护，根据使用功能不同，断面选择各有不同，但支护形式基本分为三种类型：

（1）明槽段采用混凝土支护，内外模整体连续浇筑混凝土，待混凝土凝固后拆外模回填。

（2）井筒表土段在金属网+U 型钢+喷混凝土联合支护的基础上增加钢筋混凝土砌碹支护，保证表土段围岩稳定。

（3）基岩段采用锚杆+金属网+锚索+喷混凝土联合支护。

二、大巷支护

1992—2020 年，一号煤矿完成了 4 条主大巷组、4 条二盘区大巷组、4 条西一大巷组、3 条六盘区大巷组、4 条八盘区大巷组掘进施工，掘进延伸了 5 条北一大巷组、5 条北二大巷组，其中 3 条六盘区大巷组完成服务任务，已永久封闭。一号煤矿所掘进大巷组，根据巷道使用功能不同，各大巷组巷道断面尺寸有所不同，但均为直墙半圆拱形巷道。根据地质条件不同及支护技术发展进程，各大巷组临时支护使用移溜器或前探梁支护，永久支护形式经历混凝土墙（料石墙）架梁挂网锚喷支护、架棚锚喷支护、锚杆+金属网+喷混凝土联合支护、锚杆+金属网+锚索+喷混凝土联合支护，其中锚杆+金属网+锚索+喷混凝土联合支护在 2007 年 3 月西一大巷组开口掘进时开始应用，沿用至今。锚杆+金属网+锚索+喷混凝土联合支护形式具体参数描述如下。

采用 $\phi20$ 毫米×2500 毫米左旋无纵筋螺纹钢锚杆，菱形布置，间排距 800 毫米×800 毫米，每根锚杆消耗长 350 毫米树脂 3 卷，树脂型号为 MSK2335。锚索梁采用长 4200 毫米 T140 型弧形钢带，一梁四索，北一、八盘区采用 $\phi17.8$ 毫米×10300 毫米钢绞线，排距为 800/1000/1600 毫米，北二采用 $\phi17.8$ 毫米×10300 毫米防腐钢绞线，部分巷道采用 $\phi21.8$ 毫米×10300 毫米防腐钢绞线，排距为 800/1200 毫米，每根锚索消耗长 700 毫米树脂 3 卷，树脂型号为 MSK2370。采用 $\phi6$ 毫米金属网，规格为

1000 毫米×2000 毫米，网格为 100 毫米×100 毫米，相邻两块金属网之间用 14 号铁丝绑扎，接茬 100 毫米，连接点均匀布置。喷射混凝土厚度为 100 毫米，强度 C20。

三、回采巷道支护

1996 年以来，根据巷道使用功能不同，一号煤矿回采巷道断面尺寸有所不同，但均为矩形巷道。根据地质条件不同及支护技术发展进程，回采巷道临时支护经历移溜器加半圆木支护、机载式支护、ZJC2X800/21/30 型交错迈步式超前支架支护，其中 ZJC2X800/21/30 型交错迈步式超前支架于 2011 年 9 月开始应用，永久支护经历架棚支护、锚杆支护、锚杆+塑钢网联合支护、锚杆+锚索梁+塑钢网联合支护，锚杆+锚索+塑钢网联合支护形式为一号煤矿回采巷道目前所用支护形式，具体参数描述如下。

（一）顶板支护

回采工作面巷道顶板均采用锚杆+锚索梁+塑钢网联合支护。锚杆规格为 ϕ20 毫米×2500 毫米左旋无纵筋螺纹钢锚杆，间排距为 800 毫米×800 毫米，每孔用长 350 毫米树脂药卷 3 卷，树脂型号为 MSK2350，矩形布置；T140 型锚索梁长 4. 2 米，一梁四索，采用 ϕ17. 8 毫米×8300/10300 毫米钢绞线，部分巷道采用 ϕ21. 8 毫米×10300/12300 毫米钢绞线，排距 800/1600 毫米，每孔用长 700 毫米树脂药卷 3 卷，树脂型号为 MSK2370；挂塑钢网，规格为 5400 毫米×2400 毫米，网格为 50 毫米×55 毫米，相邻两块塑钢网之间用尼龙绳绑扎，接茬 200 毫米，连接点均匀布置。

2019 年 9 月，配合智能化快速综掘工艺，顶板优化使用“走向梁”支护，T140 型锚索梁长 3. 4 米，一梁四索，平行于巷道掘进方向布置，间距 600 毫米，采用 ϕ21. 8 毫米×10300 毫米钢绞线，每孔用长 700 毫米树脂药卷 3 卷，树脂型号为 MSK2370。

（二）两帮支护

均采用锚杆+塑钢网支护。主帮采用玻璃钢锚杆+塑钢网支护，副帮采用金属锚杆+塑钢网支护，锚杆规格均为 ϕ20 毫米×2500 毫米，间排距 700 毫米/1000 毫米×1000 毫米（玻璃钢锚杆除使用配套托板以外还增加 350 毫米×200 毫米×50 毫米木托板一块，局部巷道金属锚杆配套使用 T140 钢带），每孔用长 350 毫米树脂 3 卷，树脂型号为 MSK2350；挂塑钢网，规格为 3000 毫米×10000 毫米，网格为 50 毫米×55 毫米，相邻两块塑钢网之间用尼龙绳绑扎，接茬 200 毫米，连接点均匀布置。

（三）开切眼支护

开切眼顶板支护，一次巷采用锚杆+锚索梁+塑钢网联合支护。顶锚杆支护采用 ϕ20 毫米×2500 毫米左旋无纵筋螺纹钢锚杆，每孔用长 350 毫米树脂 3 卷，间排距为 800 毫米×800 毫米，矩形布置；T180 型锚索梁长 4. 4 米，排距为 800 毫米，采用 ϕ21. 8 毫米×10300 毫米防腐钢绞线，每孔用长 700 毫米树脂 3 卷，树脂型号为 MSK2370；挂塑钢网，规格为 5400 毫米×2400 毫米，网格为 50 毫米×55 毫米。二次巷顶板采用锚杆+锚索梁+塑钢网联合支护，锚杆规格、布置形式与一次巷一致，T140 型锚索梁长 3/4. 2 米，一梁三/四索，排距为 1600 毫米，采用 ϕ17. 8 毫米×10300 毫米防腐钢绞线，每孔用长 700 毫米树脂 3 卷，树脂型号为 MSK2370；挂塑钢网，规格为 5400 毫米×2400 毫米，网孔 50 毫米×55 毫米。

开切眼两帮支护，一次巷主帮采用玻璃钢锚杆+塑钢网支护，副帮采用金属锚杆+塑钢网支护，金属锚杆规格 ϕ20 毫米×2500 毫米左旋无纵筋螺纹钢锚杆，玻璃钢锚杆规格 ϕ20 毫米×2100 毫米，间排距 1000 毫米×1000 毫米（玻璃钢锚杆除使用配套托板外，还增加 350 毫米×200 毫米×50 毫米木托板一块），玻璃钢锚杆每孔用长 350 毫米树脂 2 卷，金属锚杆每孔用长 350 毫米树脂 3 卷，树脂型号为 MSK2350；挂塑钢网，规格为 3000 毫米×10000 毫米，网格为 50 毫米×55 毫米。二次巷主帮采用玻璃钢锚杆+塑钢网进行支护，规格、布置形式与一次巷一致。

（四）硐室支护

临时避难硐室、移动变电站硐室、临时水仓、瓦斯抽采钻场等硐室顶板均采用锚杆+锚索梁+塑钢网联合支护。锚杆采用 ϕ20 毫米×2500 毫米左旋无纵筋螺纹钢锚杆，间排距 800 毫米×800 毫米，矩形布置，每孔消耗长 350 毫米树脂 3 卷，树脂型号为 MSK2350；T140 型锚索梁，排距 800 毫米，钢绞线规格与所在巷道钢绞线一致，每孔用长 700 毫米树脂 3 卷，树脂型号为 MSK2370。帮锚杆为 ϕ20 毫米×2500 毫米玻璃钢锚杆，间排距 700/1000 毫米×1000 毫米，矩形布置，每孔消耗长 350 毫米树脂 3 卷，树脂型号为 MSK2350，除使用配套托板外还增加 350 毫米×200 毫米×50 毫米木托板一块；全断面挂塑钢网，网孔 50 毫米×55 毫米。

第五节 掘进监测及支护检测

一、矿压监测系统

2005 年，一号煤矿引进山东尤洛卡 KJ216 矿压监测系统，该系统将计算机检测技术、数据通信技术和传感器技术融为一体，实现了复杂环境条件下对煤矿顶板的自动监测、分析和预警。2013 年，一号煤矿对 KJ216 矿压监测系统进行了升级，升级后，系统主要由计算机、防雷器、KJ216-J 矿用数据通信接口、KJ216-Z 矿用本安型监测主站、KJ216-F2 矿用本安型分站、KJ216-F 矿用本安型顶板压力监测分站、GYW300 围岩移动传感器、GYM400 锚杆（索）应力传感器、GYW25 围岩应力传感器、GJJ10 矿用本安型激光测距传感器及其他必要设备组成，监测内容为综采工作面支架工作阻力、两顺槽围岩松动收敛量、围岩应力、锚杆（索）应力、掘进工作面顶板离层量。

至 2020 年，井下传感器监测数据实时上传至地面 KJ216 矿压监测系统，由监测系统实时分析、预警，指导生产实际中的围岩活动规律研究及顶板管控；每月底由生产技术部通过地面 KJ216 矿压监测系统生成矿压监测报表，报总工程师审批后整理归档，为综采工作面支架优化选型、巷道支护优化设计以及顶板维护提供依据。

二、掘进工作面矿压监测

（一）巷道顶板离层量观测

截至 2020 年，矿井顶板离层监测仪未发出报警时，由施工单位每周至少巡查一次，并填写顶板离层监测牌板，做好巡查记录；顶板离层监测仪发出报警时，由施工单位立即通知生产技术部，制定顶板维护方案，并由施工单位依据方案维护顶板；顶板离层监测仪出现故障时，由施工单位立即通知信息部维护。2020 年一号煤矿掘进工作面顶板离层量监测装备配备见表 4-3-5。

GYW300 围岩移动传感器的使用管理如下：

（1）在顺槽矩形断面起掘位置，安装第一台 GYW300 围岩移动传感器，以后每隔 100 米安装一台。

表 4-3-5 2020 年一号煤矿掘进工作面顶板离层量监测装备配备表

序号	设备名称	安装说明
1	KJ216F2-LC 型顶板压力监测分站	顺槽开口位置，一般一台
2	CYW300 围岩移动传感器	根据顺槽长度确定安装数量
3	KDW16A 本质安全电源	顺槽开口位置，一般一台

（2）GYW300 围岩移动传感器安装有两个测量基点，*A* 基点为深部基点，深 8/10 米，*B* 基点为浅部基点，深 2.4 米。报警值为大于或等于 100 毫米。

（3）GYW300 围岩移动传感器安装方法：①每隔 100 米采用 $\phi28$ 毫米合金钻头在顶板上施工一对安装孔；②用安装杆将 A、B 两个基点的锚爪推到所需的深度；③将离层监测仪的固定管推入钻孔，分别拉紧两个基点的钢丝绳并将紧固螺钉固定，以确保读数的准确性；④将信号线与总线接线盒连接；⑤接通电源后，用编程测试仪将传感器校零并编号；⑥悬挂离层监测管理牌板。GYW300 围岩移动传感器安装如图 4-3-4 所示。

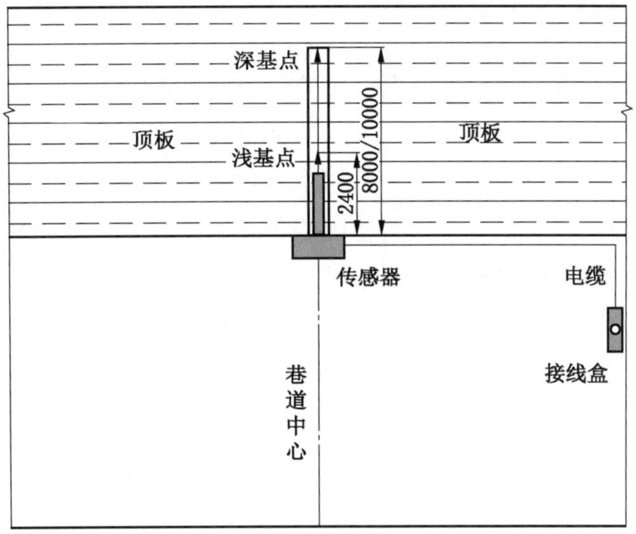

图 4-3-4 GYW300 围岩移动传感器安装

（二）围岩观测

截至 2020 年，矿井巷道围岩观测采用十字布点法。巷道每 200 米布置一组观测点，分别布置于巷道两帮及顶板完好处，底部不设点。观测时采用布线尺量方式观测，顶板报警值为大于或等于 100 毫米，两帮报警值为大于或等于 200 毫米；若围岩变形出现异常，由施工单位立即通知生产技术部，制定维护方案，并由施工单位依据方案维护。

三、支护质量检测

锚杆拉拔力、锚索预应力：巷道掘进过程中，使用锚杆拉力计检测顶、帮锚杆拉拔力，使用锚索拉力计检测锚索预应力，每个掘进面配备锚杆、锚索拉力计各一台，扭矩扳手两把。2020 年，一号煤矿引进无损检测技术及装备，完成锚杆拉拔力、锚索预应力检测。截至 2020 年底，全矿配备无损检测装备3套，配合锚杆（索）拉力计进行试验。

四、掘进工作规程

根据各掘进工作面实际状况，由专业技术人员编制现场作业的规范性文件。其主要内容一般包含有巷道用途、概况、地面位置及水文地质、巷道断面布置及支护参数、施工工艺、各生产系统、劳动组织及主要经济技术指标、安全技术措施、灾害预防处理及避灾路线等。

截至2020年，在作业规程制定中，根据生产实际，坚持对具体施工的巷道支护形式及断面、各类施工工艺流程以及对运输、通风、瓦斯防治、综合防尘、防灭火、监控、供电、供排水、通信安全技术措施等生产系统的技术质量、安全技术措施提出具体要求，对劳动组织和主要经济技术指标作出具体说明确保了作业进度和安全。

第六节 掘进新技术、装备及工艺

一、综掘工作面围岩控制支护装备

为解决机载式临时支护存在的结构强度低、支护面积小、适应性差、与拉移机尾工序相互影响等问题，2011年9月，一号煤矿在掘进一队施工的309进风巷综掘工作面成功应用了综掘工作面围岩控制支护装备（交错式迈步式超前支架），并创造了单月562米的综掘进尺纪录。2012年8月，项目通过中国煤炭工业协会鉴定，专家组一致认为，该装备具有投资少、机动灵活、适应性强、效率高、安全性好等优点，并代表了中国煤矿回采巷道掘进临时支护工艺的发展方向，为回采巷道快速掘进提供了借鉴和基础；研究成果在锚杆支护条件下达到国际先进水平，填补了中国煤炭行业掘进巷道临时支护支架形式的空白，对促进煤炭工业发展具有重大意义，具有较好的推广应用前景。2013年11月，项目荣获2013年度陕西省科技进步奖三等奖。综掘工作面围岩控制支护装备地面组装调试如图4-3-5所示，综掘工作面围岩控制支护装备井下应用如图4-3-6所示。

图4-3-5 综掘工作面围岩控制支护装备地面组装调试

图 4-3-6 综掘工作面围岩控制支护装备井下应用

截至 2012 年底，综掘工作面围岩控制支护装备在一号煤矿回采巷道施工中实现了全覆盖。2020 年一号煤矿综掘工作面围岩控制支护装备主要技术参数见表 4-3-6。

表 4-3-6 2020 年一号煤矿综掘工作面围岩控制支护装备主要技术参数表

序号	指标	单位	技术参数
1	支架高度	米	2.2~3.5
2	支架长度	米	7.26
3	支架宽度	米	4.1/4.4
4	额定工作阻力	兆帕	28
5	初撑力	兆帕	15
6	支护强度	兆帕	0.13
7	对底板比压	兆帕	3.62
8	推移步距	毫米	1000
9	适应巷道倾角	(°)	0~12

二、智能化快速综掘工艺

为进一步加快智慧化矿山、智能化矿井建设步伐，提升综掘工作面单进水平，2019 年初，一号煤矿开始规划实施智能化快速综掘工艺装备研究，并于 2020 年 10 月在掘进一队施工的 1009 辅运顺槽开始实施首套智能化快速综掘工艺装备研究与应用工业试验，取得成效。

第四章 采 煤

第一节 采(盘)区布置

1989年以来，一号煤矿在建矿初期初步设计采用房柱式开采方式，将井田划分为4个开采区。一区年生产能力300万吨，服务年限35年；二区年生产能力120万吨，服务年限46年，达到设计生产能力后两个开采区综合服务年限为38年；三、四区作为接续区域。1996年，西安煤炭设计研究院编制《黄陵一号矿井优化初步设计》，主要将房柱式采煤方法改为长壁式综采，取消4个开采区的分界线，重新划分盘区范围，全井田划为15个盘区，各分区内划分2~3个盘区，盘区尺寸（长×宽）由（1.0~3.0）千米×1.0千米扩大到（3.9~6.6）千米×(2.5~4.8）千米。

2001年，随着国内长壁综采生产技术的迅速发展，改为高产高效开采后原优化设计的盘区尺寸偏小。2002年9月，黄陵矿业公司委托西安煤炭设计研究院编制《黄陵一号矿井二期建设工程可行性研究报告》，重新进行盘区划分，加大盘区尺寸，全井田划为14个盘区。

随着矿井不断开采延伸，井田内揭露F3、F4、F5、F6断层，落差均达到8米以上，东西贯穿井田，对矿井生产布局造成较大影响。为确保矿井生产布局科学合理、生产系统稳定可靠，2020年6月，黄陵矿业公司委托中煤西安设计工程有限责任公司编制《黄陵一号煤矿开采优化设计》，重新进行盘区划分，盘区大巷尽量与井田边界重合，减小煤炭资源损失，全井田划为12个盘区。其中一盘区主要由主大巷组开采，二、四盘区主要由二盘区大巷组开采，三、五、十、十二盘区主要由北一大巷组开采，六盘区、七盘区、九盘区主要由西一大巷组和北二大巷组开采，八盘区主要由西一大巷组和八盘区大巷组开采，十一盘区主要由西二大巷组开采。2020年一号煤矿各盘区尺寸见表4-4-1。

表4-4-1 2020年一号煤矿各盘区尺寸表

盘区名称	面积（平方千米）	盘区尺寸（千米×千米）	盘区名称	面积（平方千米）	盘区尺寸（千米×千米）
一盘区	4.58	2.1×3.1	七盘区	17.17	6.3×3.0
二盘区	9.67	3.6×3.9	八盘区	22.47	3.3×7.4
三盘区	18.63	4.1×5.4	九盘区	16.63	3.2×5.3
四盘区	8.19	1.8×5.0	十盘区	13.46	3.4×4.8
五盘区	5.29	2.1×2.7	十一盘区	14.33	3.7×6.9
六盘区	51.26	8.4×7.2	十二盘区	8.00	3.1×3.1

截至2020年底，一、二、四盘区已开采完，八、十盘区为生产盘区，六盘区为生产准备盘区。其中，八盘区布置1个综采工作面、3个综掘工作面，十盘区布置1个综采工作面、2个综掘工作面，六盘区布置3个综掘工作面。2020年一号煤矿各盘区煤炭储量见表4-4-2。

表 4-4-2 2020 年一号煤矿各盘区煤炭储量表

盘区名称	地质储量(万吨)	可采储量(万吨)	设计生产力(百万吨/年)	服务年限(年)
一盘区	573.82	448.72	1.50	3.0
二盘区	1041.79	814.86	1.50	5.4
三盘区	1877.36	1539.52	1.50	10.3
四盘区	1241.74	968.51	1.50	6.5
五盘区	1340.64	866.13	1.50	5.8
六盘区	6221.32	4330.35	2.10	20.6
七盘区	6818.54	5727.57	2.10	27.3
八盘区	6433.82	5147.11	2.10	24.5
九盘区	4277.44	3507.06	2.10	16.7
十盘区	2023.18	1760.12	2.10	8.4
十一盘区	2362.62	1753.53	2.10	8.4
十二盘区	1692.60	1217.32	2.10	5.8
合计	35904.87	28080.80		48.18

第二节 采煤方法及工艺

1989 年以来，一号煤矿在采煤方法上设计采用美国连续采煤机房柱式开采方法，因矿井地质条件及进口设备维护费用高、生产效率低等因素影响，无法达到原设计目的。1994 年、1996 年由西安煤炭设计研究院先后进行两次优化设计，除施工巷道外，先将原设计的 8 条巷道改为 4~5 条，并缩减连续采煤机工作面产量，增加两套长壁综采工作面。后因连续采煤机备品、备件价格高，采购周期长，无法满足生产需要，加之底板为泥页岩，很难组织生产，1997 年，经煤炭工业部批准将连续采煤机房柱式开采工艺优化为综合机械化长壁开采工艺。

2013 年初，根据黄陵矿业公司规划，一号煤矿开始实施薄煤层智能化开采技术研究与应用，年底完成首个智能化工作面安装工作，全部垮落法控制顶板。2015 年 10 月，首个中厚煤层智能化工作面完成安装，至此，实现区内薄—中厚煤层智能化开采全覆盖。2020 年，一号煤矿在原有智能化开采技术装备的基础上，开始实施“基于动态地质模型大数据融合迭代规划控制策略的智能开采技术”研究与应用；同年 9 月，项目通过中国煤炭工业协会验收，达到国际领先水平。至此，一号煤矿将智能化开采水平发展到了基于“三维空间感知、智能规划和自主截割”的 3.0 阶段，2020 年 10 月，智能化快速综掘工艺进入工业试验阶段。

一、房柱式开采巷道布置和采煤工艺

（一）巷道布置

1991—1996 年，矿井房柱式开采巷道布置一般分为主大巷、副大巷和盘区巷道，主大巷、副大巷和盘区巷道均为多平巷组成，沿煤层掘进。在矿井建设期间即出煤，建设期限短。

1. 主大巷布置

主大巷位于井田的中部，沿煤层的主要延展方向布置，由若干条平巷组成的多平巷系统，担负着矿井的运输、通风、排水及管线敷设等任务。主大巷的平巷数目通常为6~9条。

主大巷由8条平巷组成，其中1、2号和7、8号平巷为回风巷，3号平巷为带式输送机巷，4号平巷为轨道巷，5、6号平巷为进风巷。平巷的巷道中心距为25米，联络横巷的巷道中心距为30米，平巷与联络横巷的宽度为5米，高度为煤层的厚度，煤柱尺寸为25米×20米。

在回风巷和胶带巷、轨道巷与胶带巷以及进风巷与回风巷之间的联络横巷中均砌筑混凝土块永久风墙。混凝土块使用砂浆粘结，风墙壁抹上砂浆以减少漏风。巷道每前进30米，打风墙一组，每隔4个联络横巷在永久风墙上设置一组人行门，数量为3个，以便人员行走，通向回风巷进行检查、处理紧急情况和喷撒岩粉，进行巷道维护。皮带巷与回风巷和轨道巷相邻，并安装供水管路，用于防火、降尘。在进风巷安设排水管路，与轨道巷相邻，以便管道安装和检修。材料轨道巷与皮带巷相邻，以便维修带式输送机。主要巷道与盘区巷道相接处，构筑3~5座风桥，以便形成通风系统。一号煤矿主大巷布置如图4-4-1所示。

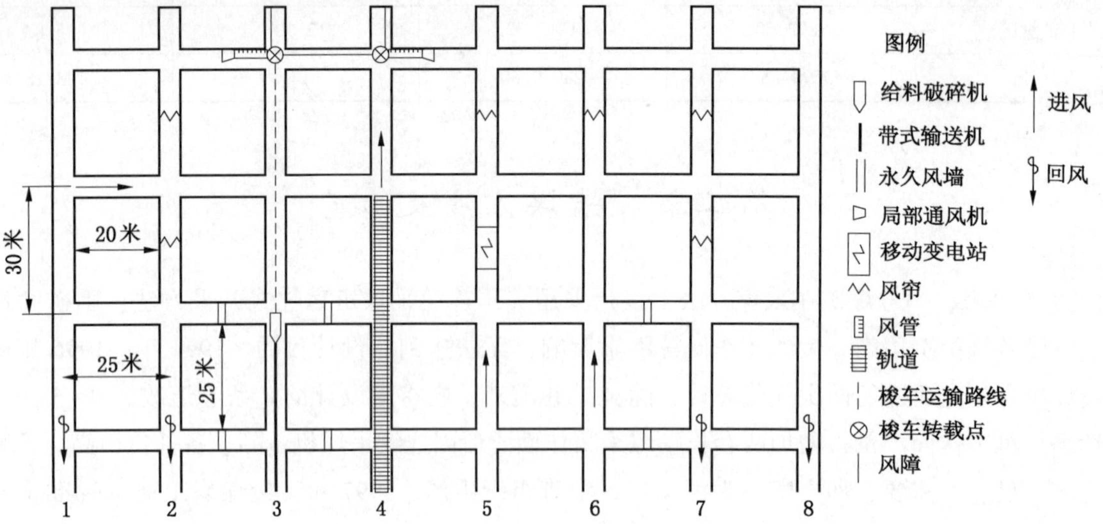

图4-4-1 一号煤矿主大巷布置

2. 副大巷布置

副大巷布置在主大巷的一侧或两侧，一般与主大巷垂直，是连接盘区与主大巷的通道，由若干条平巷组成的多平巷系统，通常平巷的数目为5~8条。

副大巷由7条平巷组成，其中1、2号和6、7号平巷为回风巷，3号平巷为带式输送机巷，4号平巷为轨道巷，5号平巷为进风巷。平巷之间和联络横巷之间的巷道中心距均为20米，平巷和联络横巷的宽度均为5米，煤柱尺寸为15米×15米的方形煤柱。

皮带巷设置在靠近该盘区回采巷道一侧第三条巷道中，不和轨道巷隔离，因进风风速比主大巷低，不致产生煤尘，供水管路安设在皮带巷中，排水管路安设在紧靠轨道巷的进风巷中，隔离回风巷的风墙用实心混凝土块和砂浆抹缝砌成。两侧每隔5个风墙设行人门1个，以便人员行走，维护巷道，进行检修和喷撒岩粉。轨道巷与皮带巷相邻，铺设24千克/米单轨，作为检修使用。在盘区巷道和回采巷道相交处设2座风桥，以便通风。副大巷煤柱在该区域回采后可后退回收。一号煤矿副大巷布置如图 4-4-2 所示。

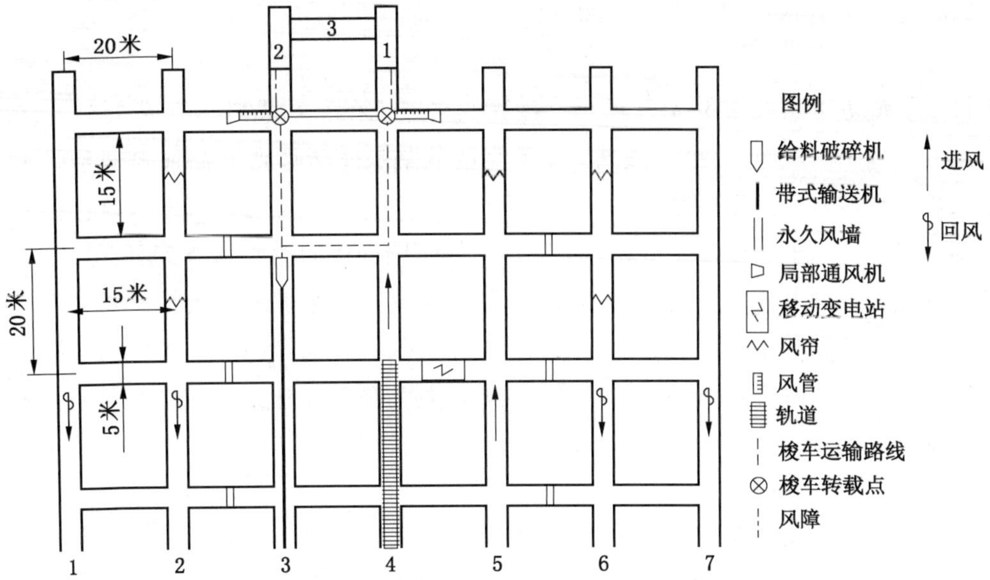

图 4-4-2　一号煤矿副大巷布置

3. 盘区巷道布置

盘区布置在副大巷的一侧或两侧，垂直于副大巷，采用后退式房柱式采煤方法。

盘区巷道由 6 条平巷组成（即房柱式采煤工作面）。其中 1、6 号平巷为回风巷，2、5 号平巷为进风巷，3 号平巷为轨道巷（兼进风），4 号平巷为带式输送机巷。平巷的巷道中心距为 20 米，联络横巷的巷道中心距为 30 米。平巷和联络横巷的宽度均为 5 米，煤柱尺寸为 25 米×15 米。

6 条巷道为前进采煤，后退回收煤柱。高度为煤层可采高度，金属锚杆支护。胶带巷布置在 6 条巷道中部，以便梭车到外侧平巷的运输距离基本相等。材料轨道巷位于胶带巷的旁边，铺设 24 千克/米单轨，以便检修带式输送机和移动设备材料。一号煤矿盘区巷道布置如图 4-4-3 所示。

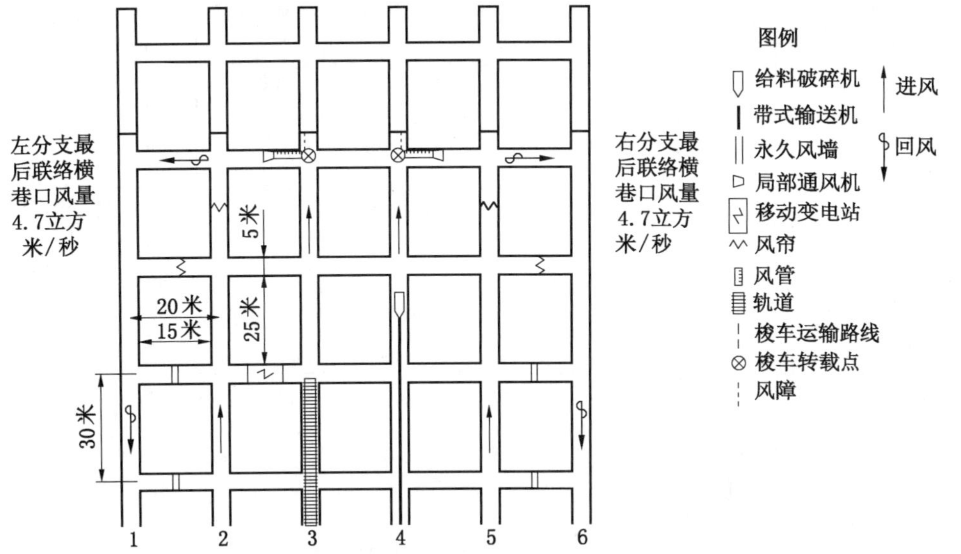

图 4-4-3　一号煤矿盘区巷道布置

（二）房柱式采煤工艺

1991—1996 年，矿井房柱式采煤工艺如下。

1. 掘进工艺

循环锚杆支护掘进工艺如图 4-4-4 所示，当连续采煤机在一号截割巷截割 5.5~6 米时（司机在有锚杆支护的安全范围内工作），停止截割，按预定的截割顺序转移到下一条截割巷截割，随后锚杆机进入连续采煤机刚转移出的截割巷打眼和安装锚杆，以后所有截割巷都将进行这种截割和顶板锚杆支护。这种掘进工艺适用于顶板条件不好的情况。双摇臂锚杆机如图 4-4-5 所示。

非循环锚杆支护掘进工艺参阅图 4-4-4 及其文字说明。当连续采煤机按上述长度完成截割后，停止截割，按预定的截割顺序转移到下一条截割巷截割，随后，锚杆机进入连续采煤机刚转移出的截割巷打眼和安装锚杆，以后所有截割巷都将进行这种截割和顶板锚杆支护。这种掘进工艺在顶板条件好的情况下采用。

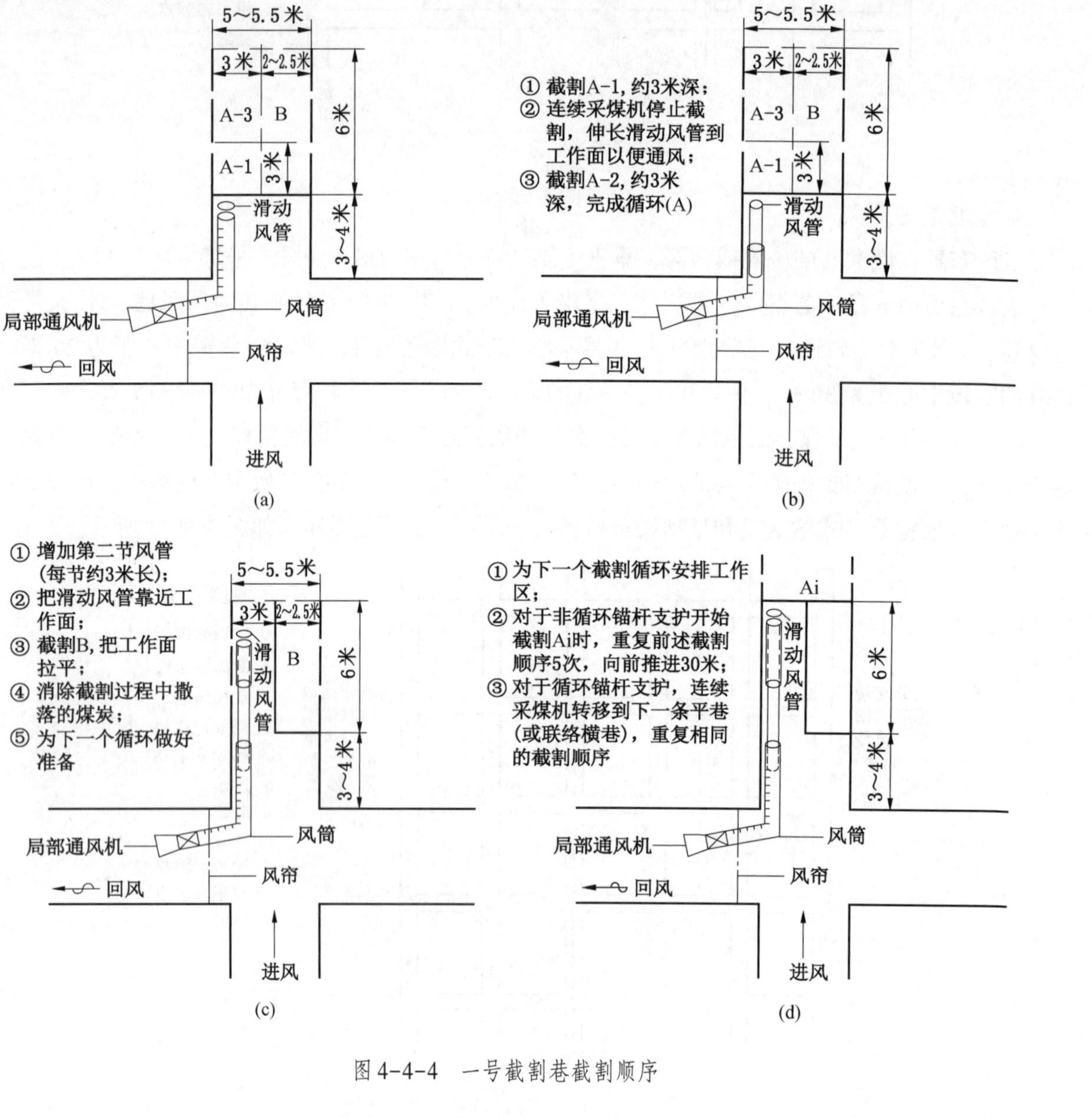

图 4-4-4　一号截割巷截割顺序

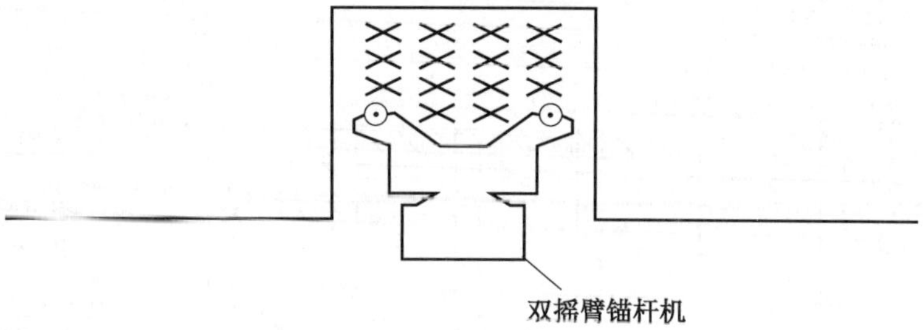

图 4-4-5　双摇臂锚杆机

无论哪一种掘进工艺，都是一个连续采煤机变换工作区域的掘进系统。该系统中连续采煤机在某一条截割巷向前截割一定长度后，就转移到预定的另一条截割巷截割，随后锚杆机进入采煤机刚转移出的截割巷进行打眼和安装锚杆。连续采煤机进行截割时，在靠近风筒的巷道左侧切割出一条 3~3.3 米宽的巷道，采煤机掘进 6 米后退出截割巷，再采掉右侧剩余的 2~2.7 米的宽度，以便拉平巷道正头。这样重复多次，直至 30 米长的截割巷切割完。完成后，连续采煤机从该截割巷撤出进入相邻截割巷作业，锚杆机进入上一截割巷进行锚杆安装，梭车跟在连续采煤机后，在两截割巷交汇区内调车。上述截割循环重复进行，直至掘完整条巷道及联络巷。

2. 采煤工艺

煤柱回收顺序：当盘区巷道掘进到边界时，使用原掘进设备进行煤柱回收。如图 4-4-6 所示，在相邻的盘区之间，在盘区巷道掘进期间用隔离煤柱隔开，在盘区后退煤柱回收期间，隔离煤柱要按联络横巷的位置掘出横巷。这样上一个盘区剩下的隔离煤柱的一行煤柱和隔离煤柱都被回收出来，以此类推回收下一排煤柱。

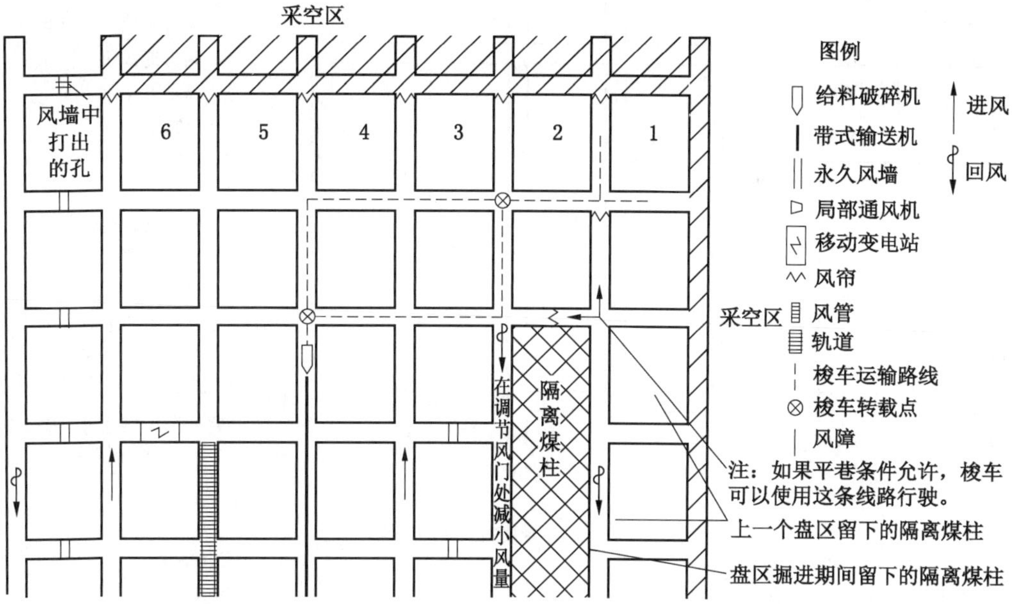

(a) 1号煤柱回收布置图

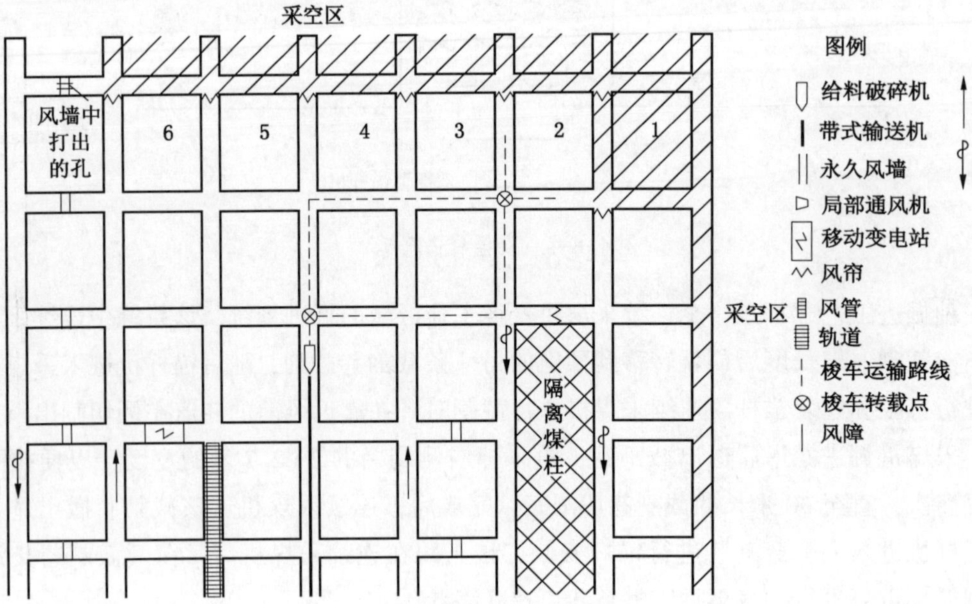

(b) 2号煤柱回收布置图

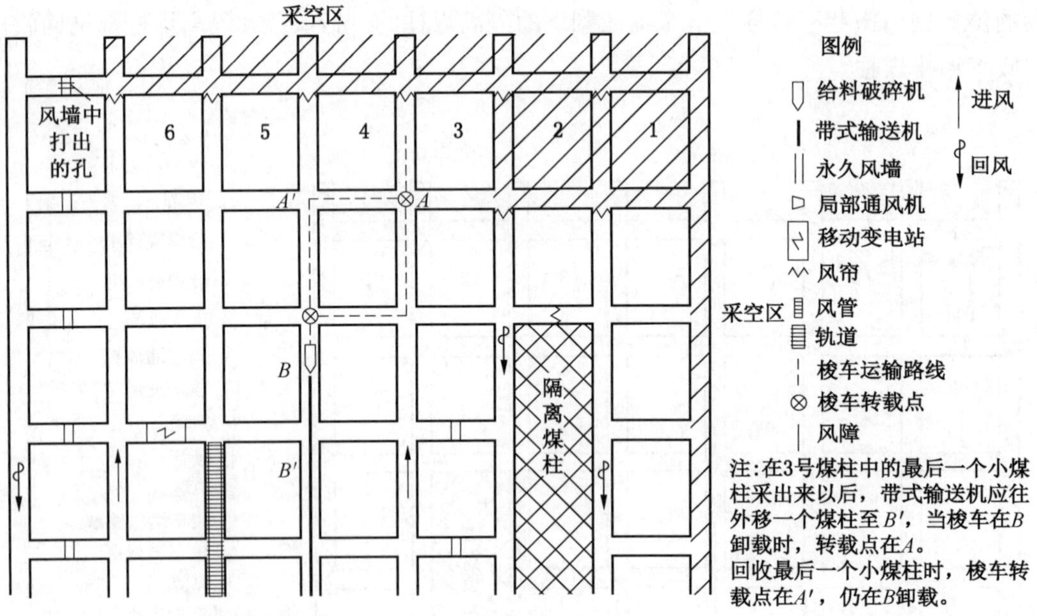

(c) 3号煤柱回收布置图

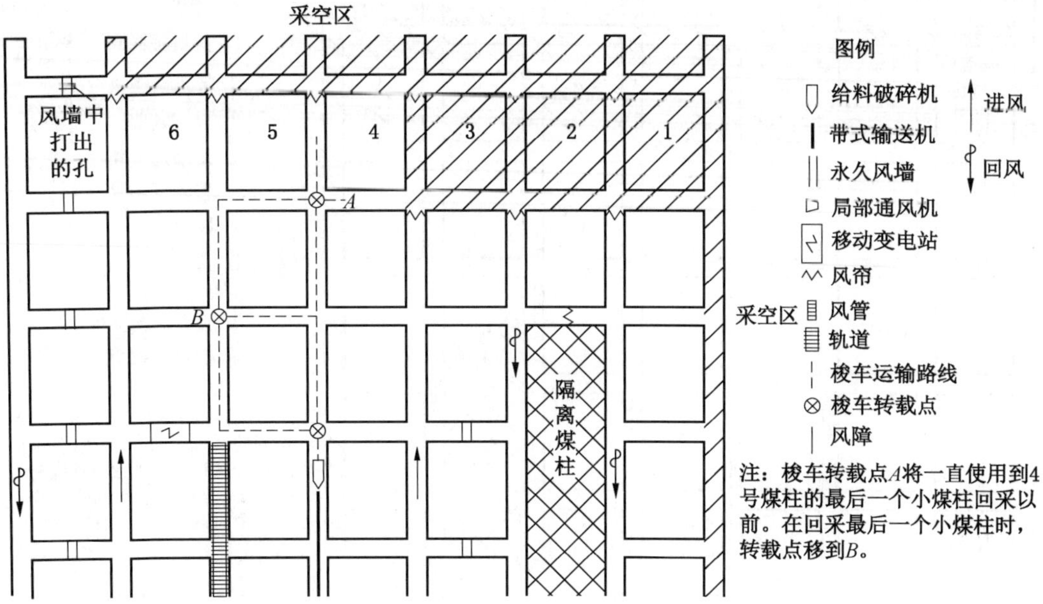

(d) 4号煤柱回收布置图

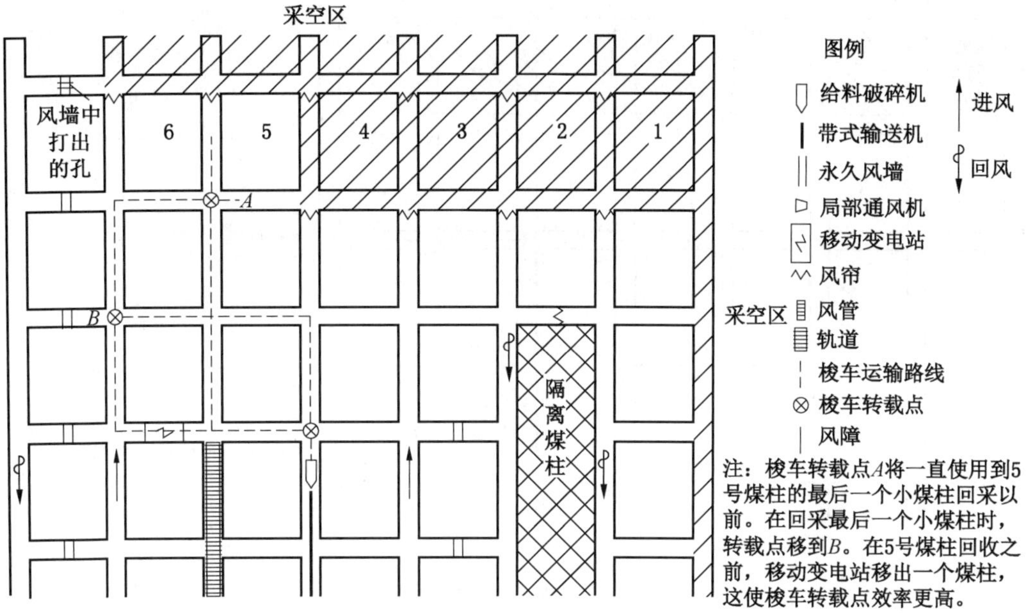

(e) 5号煤柱回收布置图

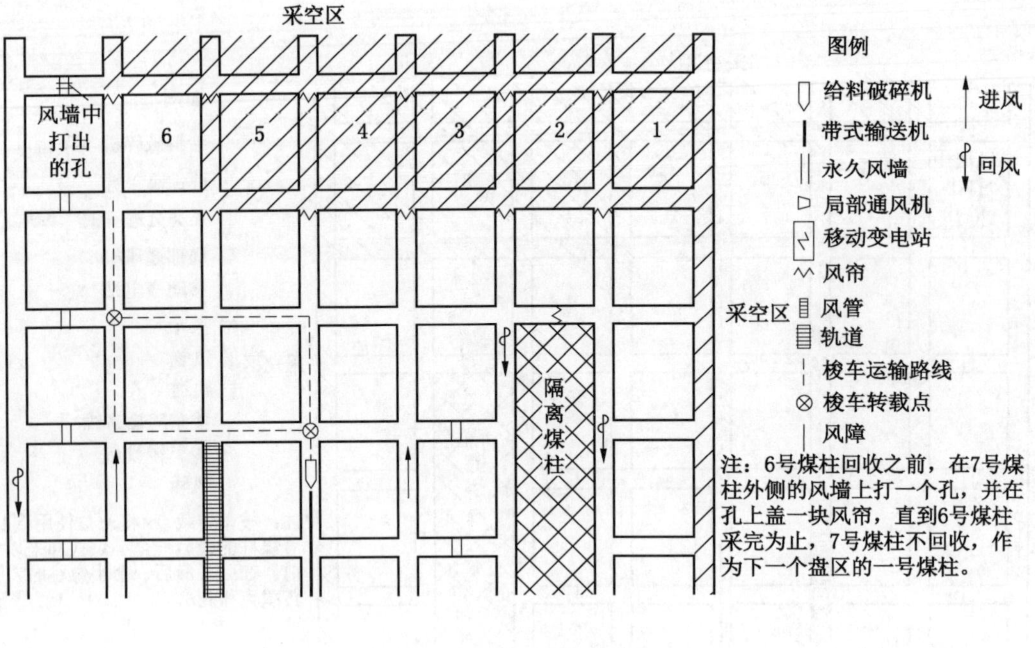

(f) 6号煤柱回收布置图

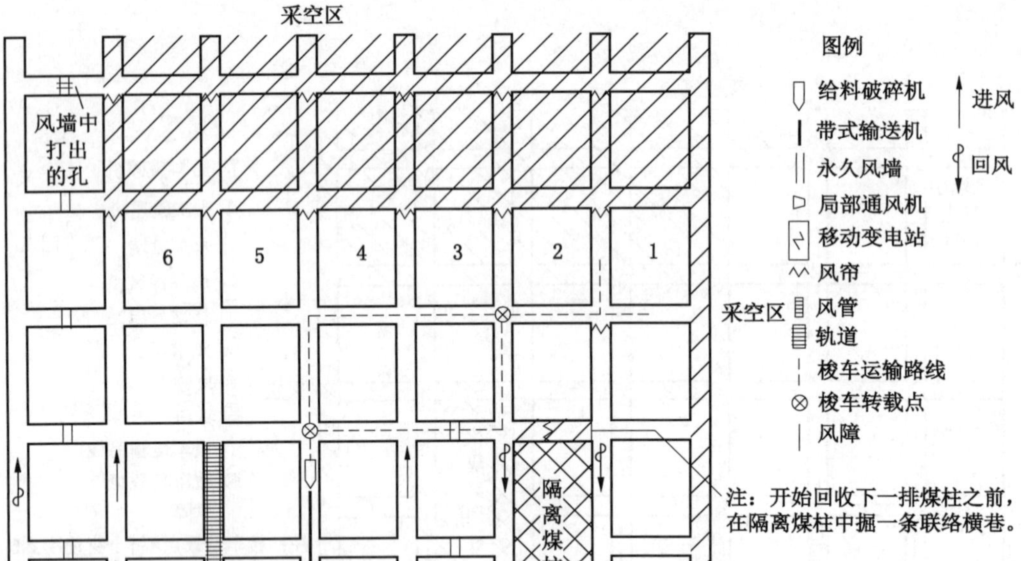

(g) 下一排煤柱回收布置图

图 4-4-6 盘区后退式回收煤柱顺序

3. 煤柱回收工艺

房柱式采煤法煤柱回收工艺有无锚杆支护单煤柱回收、非循环锚杆支护单煤柱回收、循环锚杆支护双煤柱交替回收、循环锚杆支护单煤柱回收等。一号煤矿采用循环锚杆支护、双煤柱、单袋式侧翼回收法。循环锚杆支护双煤柱后退式交替分割顺序如图 4-4-7 所示。

4. 顶板支护

在煤柱掘进通路时，一般采用 $\phi 18$ 毫米圆钢，长 1800 毫米全锚锚杆支护，当顶板比较破碎时，加钢带支护。在回收煤柱时，切顶柱、斜向柱采用单体支柱或木支柱支护顶板，也可以起到信号柱的作用。

5. 放顶

当煤柱回收后，必须跟在后面放顶，以减少顶板对煤柱的压力。

(1) 尽量全部回收支护的切顶柱、斜向柱。

(2) 尽可能地完全回收煤柱，有利于顶板的冒落。如果采空区顶板不冒落，采取措施强制放顶；否则，过大的压力可能产生底鼓、局部冒顶、煤柱片帮或破裂等现象，给完整的煤柱回收带来困难。

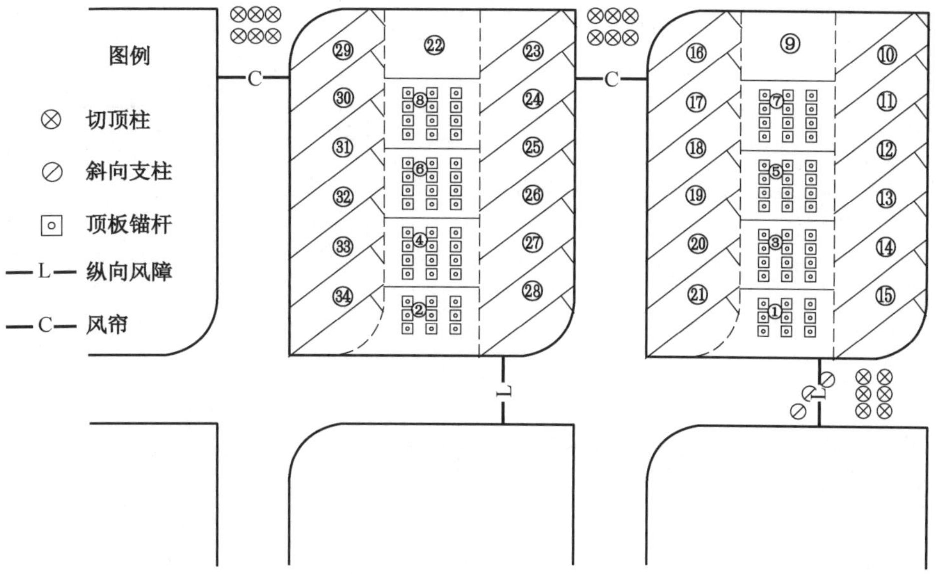

(a)

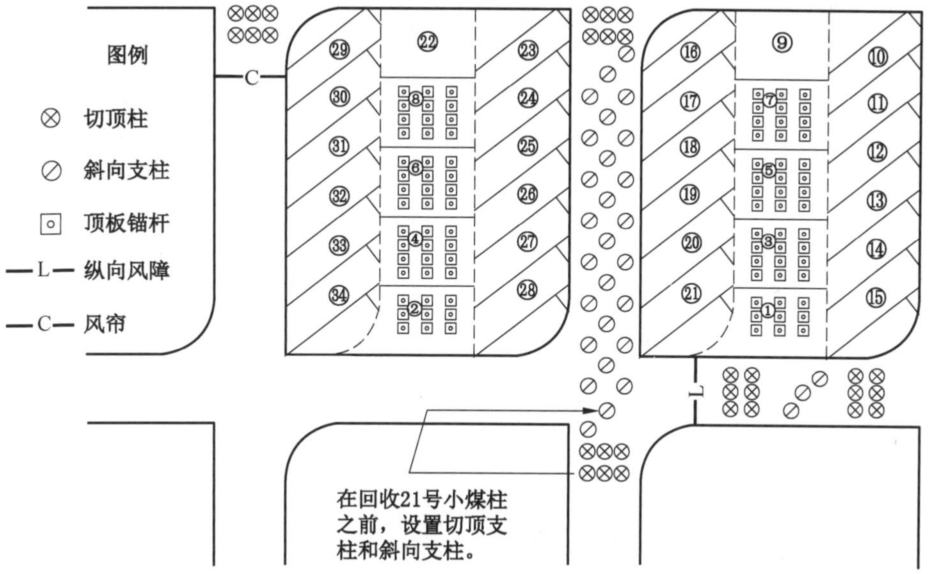

(b)

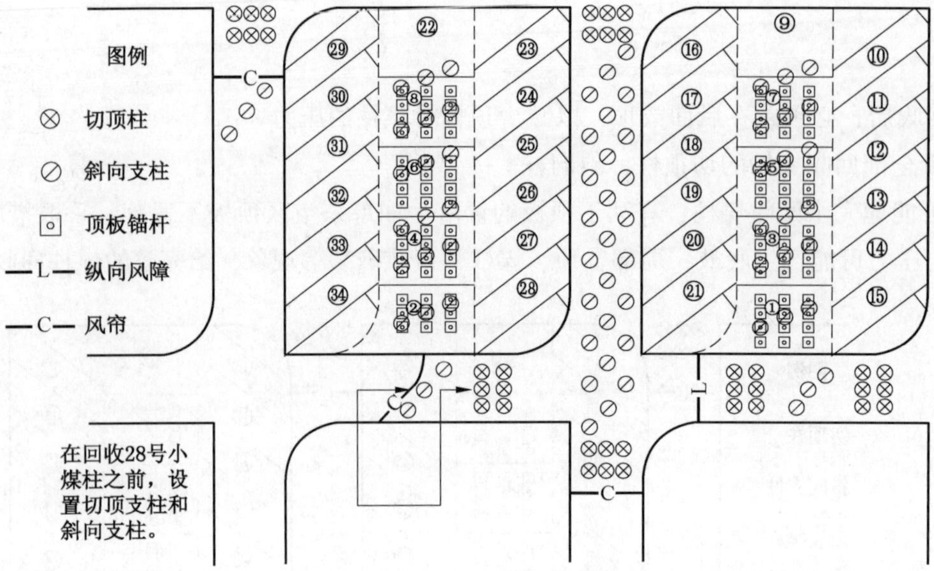
图例
切顶柱
斜向支柱
顶板锚杆
—L— 纵向风障
—C— 风帘
在回收28号小煤柱之前，设置切顶支柱和斜向支柱。
L
C
C
C
22
29
23
30
24
31
25
32
26
33
27
34
28
9
16
10
17
11
18
12
19
13
20
14
21
15

(c)

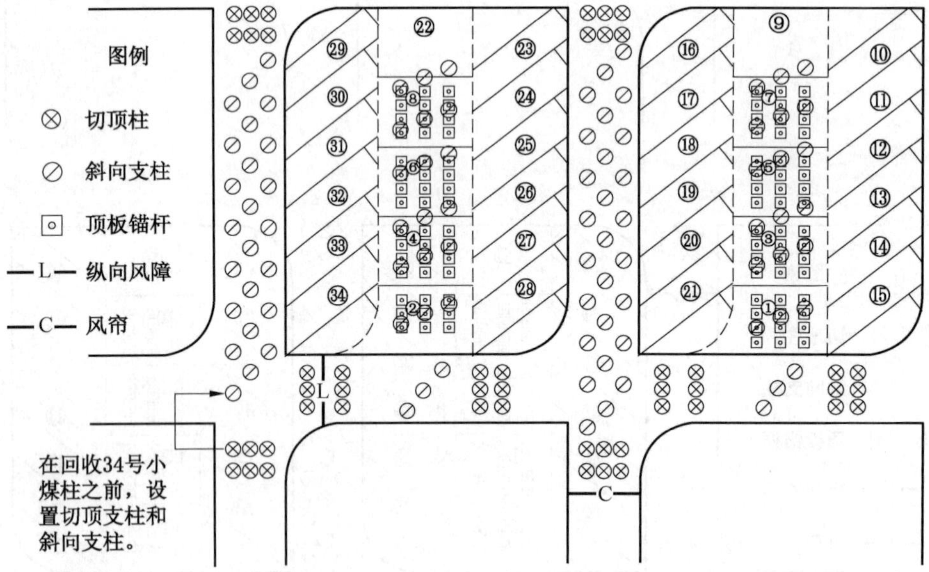
图例
切顶柱
斜向支柱
顶板锚杆
—L— 纵向风障
—C— 风帘
在回收34号小煤柱之前，设置切顶支柱和斜向支柱。
L
C
22
29
23
30
24
31
25
32
26
33
27
34
28
9
16
10
17
11
18
12
19
13
20
14
21
15

(d)

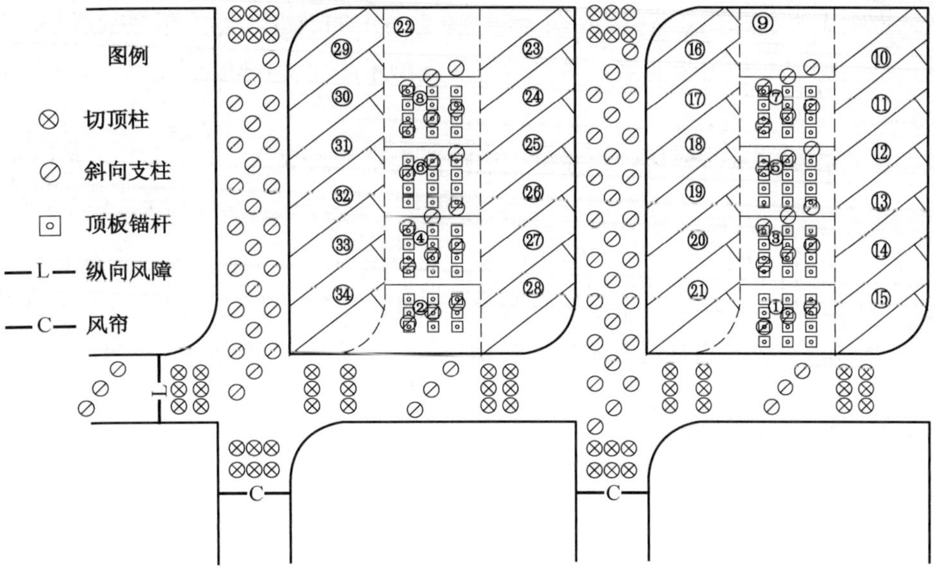

(e)

图 4-4-7　循环锚杆支护双煤柱后退式交替分割顺序

二、炮采工艺

1996 年，一号煤矿在使用连续采煤机采煤的同时，引进澄合矿务局王村煤矿炮采队。1997 年，引进韩城矿务局象山煤矿炮采队，工作面长度在 100～150 米之间。1997—1999 年，利用供销社小煤窑井筒对一盘区边角煤及一盘区部分大巷煤柱进行残采。1999 年，一号煤矿成立炮采队，对原七盘区 701 工作面进行部分炮采。由于炮采效率低、安全管理难度大、职工劳动强度高，2000 年 7 月开始，引进综合机械化采煤工艺，逐步淘汰炮采工艺，有效提高了矿井采煤效率。

20 世纪 90 年代，一号煤矿炮采工作面使用 DZ-2.5 单体支柱支护和 40T 型刮板输送机，一般采用两班生产，一班检修准备。其采煤工序为打眼→装药→爆破→装煤→支护（临时)→推移输送机→支护和回柱放顶→设备试运转→检查验收等。一般要求一日两个循环，循环进度 0.8～1.0 米，由于多种因素的影响，工人经常延点。

（一）爆破落煤

爆破落煤包括打眼、装药、填炮泥封孔、连线及爆破。爆破落煤效果与炮眼的角度和装药量有关。

（二）装煤

爆破后有 1/4～1/3 的煤落于靠近煤壁的刮板输送机内，其余落到刮板输送机两侧的煤用人工装到刮板输送机内。

（三）运输

工作面采用 SGW40T 型或 SGW-150G 型可弯曲刮板输送机运输，顺槽采用 1080 带式输送机运输到矿井主运输系统直到地面。

（四）支护

落煤后，悬空顶板必须及时支护。先挂上铰接顶梁，插上板销，然后攉煤、清煤后挖柱窝打贴帮柱，一梁一柱，梁沿工作面推进方向布置，工作面刮板输送机移完后，支设固定柱。支护形式多采用齐梁直线柱式，排距1米，柱距0.6~0.8米。支柱要有一定的戗度和迎山角。刮板输送机机头采用4对八根工字钢长梁支护，交替迈步前移。两顺槽超前支护不少于20米。

（五）推移输送机

当工作面煤清完后，用推溜器从机头或机尾依次分段推移输送机。

（六）回柱放顶

工作面采用三、四排管理，最大控顶距3.6米，最小控顶距2.8米，放顶步距0.8米。老空切顶线采用密集支柱切顶，再打上戗柱，加强支护强度。回柱采用回柱器或者回柱绞车。回柱后，悬顶在10平方米以上未垮落时，要人工打眼爆破强制放顶。

三、综合机械化采煤工艺

截至2012年，矿井综合机械化采煤工艺如下。

（一）工艺流程

工艺流程为：采煤机割煤→装煤→移架支护（放顶）→推移输送机。采用MG650/1630-WD型采煤机落煤装煤，端部斜切进刀方式，进刀距离不小于35米，割煤深度为0.8米，前进方向的滚筒始终为上行割煤，另一个则为下行割煤，一次采全高，不留顶底煤。同时使用采煤机滚筒及输送机靠煤壁侧铲煤板，借助采煤机牵引力和支架为输送机提供推力，自动装煤，片帮及割煤过程中洒落在挡煤板外的煤由人工用锹及时装入输送机。

（二）支护方式

工作面配置160台ZY6400/17/35型掩护式液压支架，中心距离为1.5米。两端头各配置3台ZY6400/17/35型端头液压支架支撑顶板。移架遵循收回侧护板→降柱→提架→拉架→升柱→伸出侧护板的顺序。在采煤机滚筒过后6架外进行，顺序移架，追机作业方式，放顶步距为800毫米。工作面采用全部垮落法管理顶板。

顺槽超前支护从煤壁算起，进风、回风超前支护距离不小于50米。进风巷、回风巷一般采用2.5米、2.8米或3.15米单体和1.2米铰接顶梁进行支护，四、三排单体维护，一梁一柱，遇到顶板压力大时，采用一梁两柱支护。安全出口及各类行走巷道必须留人行道，出入工作面走机头、机尾外侧，严禁跨越机头、机尾，安全出口高度不低于1.8米，人行道宽度不低于0.7米，在转载机机尾架设过桥。工作面两端头最大、最小控顶距为5.36米、4.56米，放顶步距为0.8米。

四、智能化综采工艺

一号煤矿薄煤层占全矿区总储量的36.19%。为确保矿井稳产高效，实现“薄厚、肥瘦”配采，2013年初，根据黄陵矿业公司规划，一号煤矿实施了“较薄煤层国产综采装备无人化技术研究与应用”，将1001工作面作为首个智能化开采的试点工作面。2013年初，黄陵矿业公司委托天地科技股份有限公司对工作面采煤工艺及设备选型进行设计。按照设计方案，由黄陵矿业公司、北京天地玛珂电液控制系统有限公司、西安煤矿机械有限公司和天地科技股份有限公司共同研究开发，确定国产综采装备的选型配套方案，引进国内先进的智能化综采设备，年底完成工作面设备安装。

2020年，一号煤矿在原有智能化开采技术装备的基础上，实施了“基于动态地质模型大数据融合迭代规划控制策略的智能开采技术”研究与应用，将810工作面作为首个基于“规划截割”的智能化开采的试点工作面。同年3月，设备到货开始安装和调试工作；5月，项目进入工业性试验阶段；8月5日，黄陵矿业公司对项目进行了验收；8月26日，陕西煤业股份有限公司对项目进行了验收；9月15日，中国煤炭工业协会对项目进行了鉴定，认为整体技术达到国际领先水平。

（一）矿井1001工作面“记忆截割”智能化综采工艺

1. 工作面采煤工艺

采用采煤机双向自动化记忆割煤，刮板输送机、转载机、可伸缩带式输送机联合运煤，两柱掩护式液压支架支护顶板。具体流程为割煤→装煤→移架支护→推移输送机。

2. 割煤

（1）割煤方式：采用MG2×200/925-AWD型电牵引采煤机双向自动记忆割煤（控制地设定“记忆截割”，控制模式设定“记忆模式”、允许在线修改），每次割煤深度（截深）为0.8米，采煤机前进方向的滚筒始终为上行割煤，另一个为下行割煤，一次采全高，不留顶底煤。

（2）进刀方式：采用端部斜切进刀方式，进刀距离不得小于35米，割煤采用机头、机尾双向进刀。

（3）装煤方式：使用采煤机滚筒及输送机靠煤壁侧铲煤板，借助采煤机牵引力和支架为输送机提供推力，自动装煤。

（4）质量控制标准：割平顶底板，煤壁平直，且与顶底板垂直。平均采高2.16米，机头、机尾的顶底板要与巷道顶底板过渡平稳，不得出现高低差。

（5）割煤工序：回采工艺一个循环共分为22个工序。第一工序：采煤机左滚筒割顶煤，右滚筒割底煤，由机尾向机头割煤。第二工序：采煤机左滚筒落下至水平，由机头向机尾割顶煤，右滚筒升起，直至机尾滚筒把采煤机机身的底煤割完。第三工序：采煤机右滚筒降下割底煤，向机头方向牵引，清理浮煤。第四工序：采煤机向机尾方向牵引，清理浮煤。第五工序：采煤机向机头方向牵引，清理浮煤。第六工序：采煤机左滚筒降下割底煤，右滚筒升起至水平，向机尾方向斜切进刀。第七工序：采煤机左滚筒升起割顶煤，右滚筒降下割底煤，向机头方向割三角煤。第八工序：采煤机左滚筒降至水平，右滚筒升起向机尾割顶煤。第九工序：采煤机右滚筒降下，向机头方向清理浮煤。第十工序：采煤机向机尾方向清理浮煤。第十一工序：采煤机向机头方向清理浮煤。第十二工序：采煤机向机尾方向正常割煤。第十三至第二十二工序与第二至第十一工序相对称。

（6）安全注意事项：割煤时前滚筒前方5米和后滚筒下方30米范围内严禁任何人员在架前作业、行走或逗留。采煤机割煤距上、下出口15米时，必须安排专人在两端头设置警戒绳，并悬挂“正在回刀、严禁行人”的警示牌，严禁人员通过。

3. 移架

配置160台ZY6800/11.5/24D型掩护式液压支架，采用电液控制，对工作面顶板进行自动跟机移架支护。

（1）移架方式和方法：移架在采煤机后滚筒过后6架外（向机尾方向行驶距发射器后10架，向机头方向行驶距发射器后9架）进行，顺序移架，追机作业方式。移架步距为800毫米。移架遵循收回侧护板→降柱→提架→拉架→升柱→伸出侧护板的原则。

（2）支架的移设质量标准：操作工必须持证上岗；初撑力不低于规定值的80%；支架要排成一条直线，其偏差不得超过±50毫米，跟机移架时工作面安排专人找直，支架中心距为1500毫米，其偏差不得超过±100 毫米；支架要垂直于顶底板，做到迎山有力，顶梁上无浮矸浮煤，与顶板接触严密，不准空顶；支架顶梁与顶板平行支设，其最大仰俯角小于 7°；要移架及时，端面距最大值不大于 340 毫米；相邻支架间不得有明显错差，错差不得超过侧护板高的 2/3，支架不挤不咬，架间空隙不超过 200 毫米；遇到顶板破碎时，移架采用带压擦顶移架，移架时让支柱仍保持一定的工作阻力，使顶梁贴着顶板前移，减轻移架时顶板岩层的活动，减少顶板破坏。因顶板破碎、移架工作跟不上时，应停止采煤机，待移架跟上后再割煤。

（3）注意事项：工作面设一名支架工巡视，移架采用跟机顺序自动移架，每次移一架。如有丢架或支架拒动时，由工作面支架工邻架操作，将支架移到位。机头 158~160 号架拉移顺序为：先移 160 号架，后移 158 号架，再移 159 号架。

4. 推移输送机

在采煤机后滚筒后 16 架（采煤机发射器过后 20 架）外进行，自动跟机推移输送机，一次推 3 架，输送机停止运转时，禁止推移（机头、机尾除外）。推移机头、机尾前，必须把前方的浮煤杂物清理干净，对前方超前支护进行改替加固后再推移。移后的机头、机尾必须平缓且直，移过的输送机必须成直线，其偏差不超过±100 毫米。自动化移架时工作面安排专人找直。输送机在推移过程中，要单向顺序平衡推移，严禁出现底鼓、钻底现象。

5. 带式输送机机尾移动方式

DSJ120/150/4×315 型带式输送机使用 ZY2700/1200 自移式机尾，当采煤机割 3 刀煤后，带式输送机机尾前移。

6. 采高及回采率

1001 工作面煤层厚度不均匀，平均采高 2. 16 米，一次采全高，不留顶底煤，割煤时应根据顶底板起伏变化情况及时抬刀、落刀，做到不破顶、不破底，保证原煤的煤质。设计原煤的回采率必须达到 98% 以上。

7. 劳动组织

实行“三八”制，一班检修，两班生产，检修实行包机制，责任明确，分工协作，生产班实行追机作业。2020 年一号煤矿智能化综采工作面人员配备情况见表 4-4-3，主要技术指标见表 4-4-4。

表 4-4-3 2020 年一号煤矿智能化综采工作面人员配备情况表

序号	工种	生产一班	生产二班	检修班	合计
1	班长	2	2	3	7
2	验收员	1	1	1	3
3	液压岗	1	1	1	3
4	三机岗	2	2	3	7
5	支护岗	4	4	4	12
6	采煤机岗	2	2	2	6
7	皮带岗	2	2	4	8
8	电工岗	1	1	5	7
9	跟班队长	1	1	1	3
10	工作面巡视工	1	1	0	2
合计		17	17	24	58

表 4-4-4　2020 年一号煤矿智能化综采工作面主要技术指标表

序号	项目	单位	数量	序号	项目	单位	数量
1	工作面长度	米	235	11	月循环率	%	90
2	采高	米	2.2	12	月产量	吨	218880
3	煤层倾角	(°)	<30	13	可采期	月	8.3
4	循环进度	米	0.8	14	回采工效	吨/天	128.7
5	循环产量	吨	547.2	15	月推进度	米	320
6	班循环	个	8	16	回采率	%	98
7	班产量	吨	4377.6	17	坑木消耗	立方米/万吨	0.3
8	日进度	米	12.8	18	油脂消耗	千克/万吨	180
9	日产量	吨	8755.2	19	乳化油消耗	千克/万吨	360
10	月工作天数	天	25	20	截齿消耗	个/万吨	5

（二）矿井 810 工作面“规划截割”智能化综采工艺

截至 2020 年，一号煤矿在原有智能化开采技术装备的基础上，采用地质探测与建模技术、“CT”切片技术、空间导航定位技术等构建了高精度智能开采截割模型；建立了可“预测、预判、预控”的综采大数据智能决策平台，利用综采自动化技术和大数据分析决策技术对截割模型进行实时修正。生产过程中，采煤机按照大数据智能分析决策中心下发的截割模型进行自主规划截割，液压支架根据规划控制工艺自主跟机移架，形成了 22 道规划截割工艺和液压支架 14 道规划控制工艺实现了全工作面规划截割，智能精准开采，截割全过程无须人工干预。

（1）割煤方式：采用双向采煤工艺，往返一次为两个循环，每个循环截深为 0.8 米，进刀方式采用端部斜切进刀割三角煤，采煤机自开缺口，缺口长 45 米，其中斜切进刀段长度大于或等于 50 米。

（2）割煤工序：为了提高工作面截割作业装煤效果，保证刮板输送机推移工程质量，在开采工艺中重点增加三角煤区域割底、清浮等工艺。2020 年一号煤矿采煤机 22 道规划截割工艺参数见表 4-4-5。

表 4-4-5　2020 年一号煤矿采煤机 22 道规划截割工艺参数表

工艺阶段	开切眼位置	方向	工艺名称	开始位置（米）	结束换向位置（米）	左滚筒高度（米）	右滚筒高度（米）	采煤机速度（米/分钟）
1	中部	右牵	右牵引机头	0.02	248.1	曲线高度		7
2	机头	左牵	一次割底	248.1	241.6	2.3	实时 h-0.4	4
3	机头	右牵	二次割底	241.6	248.1	2.3	实时 h-0.4	4
4	机头	左牵	一次清煤	248.1	241.6	2.3	1.8（线性）	4
5	机头	右牵	二次清煤	241.6	248.1	2.3	2.0（线性）	4
6	机头	左牵	斜切进刀	248.1	213.1	2.3	12 号工序规划曲线高度	6.5
7	机头	右牵	割三角煤	213.1	248.1	2.3	01 号工序规划曲线高度	6.5
8	机头	左牵	一次割底	248.1	241.6	2.3	实时 h-0.6	4
9	机头	右牵	二次割底	241.6	248.1	2.3	实时 h-0.2	4

表 4-4-5（续）

工艺阶段	开切眼位置	方向	工艺名称	开始位置（米）	结束换向位置（米）	左滚筒高度（米）	右滚筒高度（米）	采煤机速度（米/分钟）
10	机头	左牵	一次清煤	248.1	241.6	2.3	1.8（线性）	4
11	机头	右牵	二次清煤	241.6	481.1	2.3	2（线性）	4
12	中部	左牵	左牵引中部	248.1	0.02	曲线高度		7
13	机尾	右牵	一次割底	0.02	6.5	实时 h-0.4	2.3	4
14	机尾	左牵	二次割底	6.5	0.02	实时 h-0.2	2.3	4
15	机尾	右牵	一次清煤	0.02	6.5	1.8（线性）	2.3	4
16	机尾	左牵	二次清煤	6.5	0.02	2（线性）	2.3	4
17	机尾	右牵	斜切进刀	0.02	35.0	01 号工序规划曲线高度	2.3	6.5
18	机尾	左牵	割三角煤	35.0	0.02	12 号工序规划曲线高度	2.3	6.5
19	机尾	右牵	一次割底	0.02	6.5	实时 h-0.4	2.3	4
20	机尾	左牵	二次割底	6.5	0.02	实时 h-0.2	2.3	4
21	机尾	右牵	一次清煤	0.02	6.5	1.8（线性）	2.3	4
22	机尾	左牵	二次清煤	6.5	0.02	2（线性）	2.3	4

（3）移架方式和方法：为了精准配合采煤机规划截割工艺，提高自动跟机工程质量，专门设计了液压支架 14 道规划控制工艺，见表 4-4-6。

表 4-4-6　2020 年一号煤矿液压支架 14 道规划控制工艺表

序号	支架动作(项目)	序号	支架动作(项目)
1	上行斜切进刀	8	下行斜切进刀
2	上行割三角煤	9	下行割三角煤
3	割底煤	10	割底煤
4	清底煤	11	清底煤
5	上行中部跟机	12	下行中部跟机
6	割底煤	13	割底煤
7	清底煤	14	清底煤

第三节　采煤监测及支护检测

一、采煤工作面矿压监测

2005 年，一号煤矿引进山东尤洛卡 KJ216 矿压监测系统，该系统将计算机检测技术、数据通信技术和传感器技术融为一体，实现了复杂环境条件下对煤矿顶板的自动监测、分析和预警。2013 年，一号煤矿对 KJ216 矿压监测系统进行了升级。截至 2020 年，一号煤矿采煤工作面矿压主要监测内容有支架工作阻力、围岩活动收敛量、围岩应力、锚杆（索）应力。根据矿压监测数据，研究采煤工作面来压步距和周期来压规律、两顺槽围岩应力和收敛量、锚杆（索）应力。2020 年一号煤矿采煤工作面矿压监测设备配备见表 4-4-7。

表 4-4-7 2020 年一号煤矿采煤工作面矿压监测设备配备表

序号	设备名称	安装说明
1	KJ216-Z 型顶板压力监测分站	机头硐室安装
2	KDW660/18B 矿用隔爆兼本安型直流稳压电源	机头硐室安装
3	KDW16A 本质安全电源	机头硐室安装
4	KJ216-2F 型顶板压力分机	每 8 台支架安装 1 台
5	TMDYLC(GPD60)型矿用压力传感器	每台支架配套 1 台
6	GYW300 围岩移动传感器	两顺槽每 100 米安装 1 台
7	GJJ10 矿用本安型激光测距传感器	“110 工法”尾巷每 30 米安装 2 台
8	GYM400 锚杆(索)应力传感器	“110 工法”尾巷每 30 米安装 1 台
9	GYW25 围岩应力传感器	“110 工法”尾巷每 30 米安装 1 台
10	KJ743-KS50 煤层钻孔测力计(机械)(9 米)	“110 工法”尾巷每 30 米安装 1 台

(一) 采煤工作面矿压监测系统安装位置

截至 2020 年，采煤工作面矿压监测系统安装位置如下：

采煤工作面共安装 20 台 KJ216-2F 型顶板压力分机，编号为 1~20 号，与支架同步安装，分别位于 4 号、12 号、20 号、28 号、36 号、44 号、52 号、60 号、68 号、74 号、82 号、90 号、98 号、106 号、114 号、122 号、130 号、138 号、146 号、154 号立柱内侧。

两顺槽中线部位 GYW300 围岩移动传感器沿用掘进工作面设备，“110 工法” 开采条件下，切缝侧（主帮侧）顶部每 30 米增加一台 GYW300 围岩移动传感器，副帮侧每 30 米增加一台 GYW300 围岩移动传感器。

“110 工法” 增补矿压监测系统，采煤工作面沿空留巷巷道内分组安装围岩应力、激光测距、锚杆（索）应力传感器，每 30 米安装一组，除激光测距传感器每组安装 3 台外，其余每组均安装一台。

采煤工作面矿压监测传感器安装如图 4-4-8 所示。

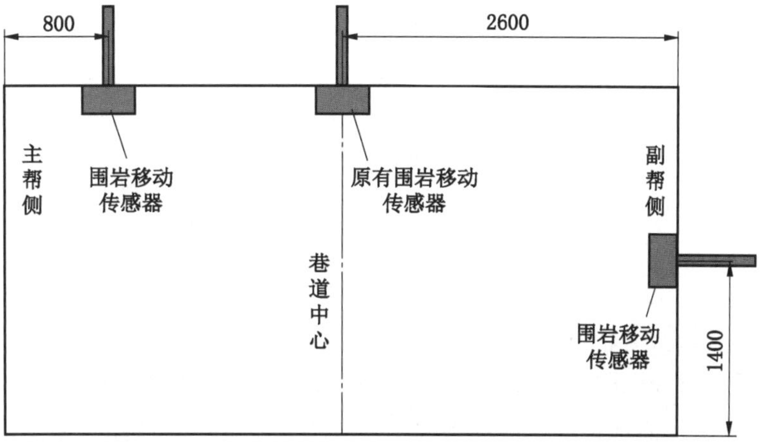

(a) 围岩移动传感器安装

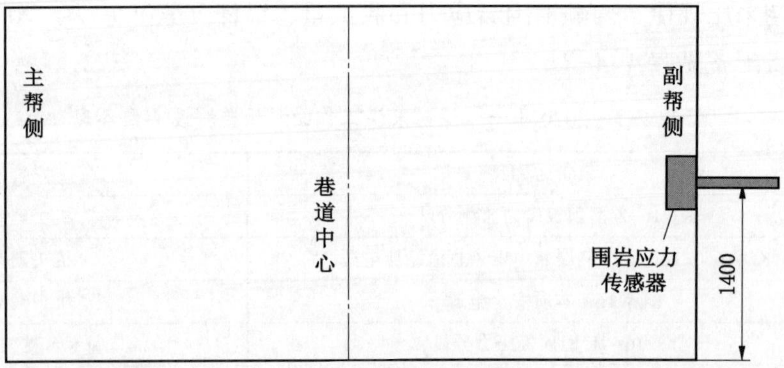

(b) 围岩应力传感器安装

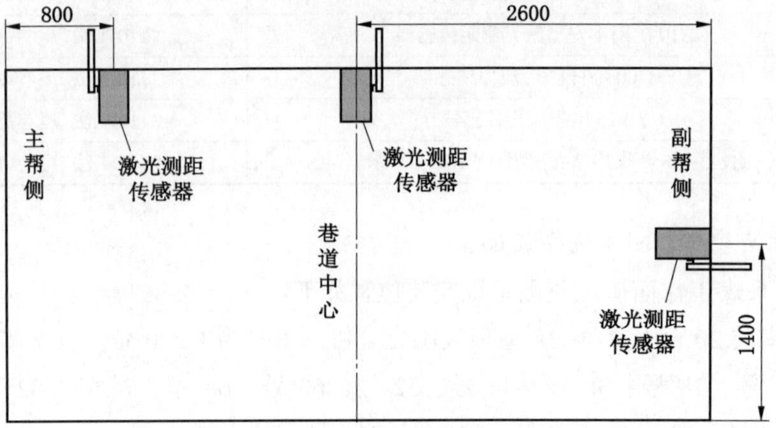

(c) 激光测距传感器安装

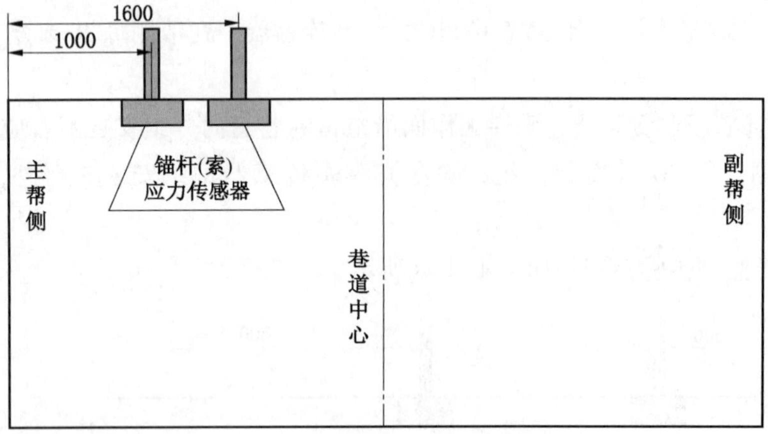

(d) 锚杆(索)应力传感器安装

图 4-4-8 采煤工作面矿压监测传感器安装

（二）设备用途

截至 2020 年，矿井监测设备用途如下：

KJ216-2F 型顶板压力分机用于评价采煤工作面支架对采场顶板活动适应性。通过该矿压监测数据的上传、分析，研究工作面顶板围岩活动规律，预警支架异常工作状态，便于及时维护，指导工作面支架配套优化。1006 工作面三维应力分布云图如图 4-4-9 所示。

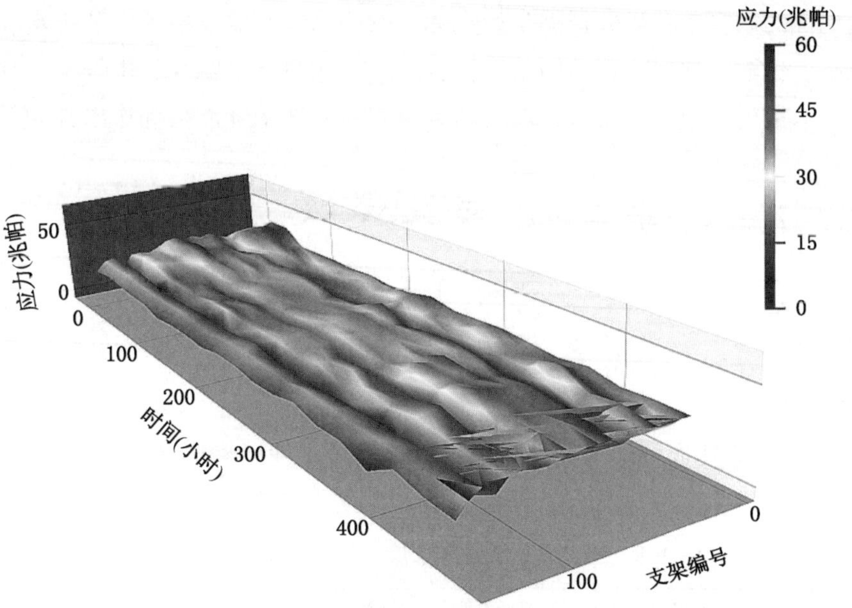

图 4-4-9　1006 工作面三维应力分布云图

GYW300 围岩移动传感器用于监测顶板离层下沉量。

GJJ10 矿用本安型激光测距传感器用于监测“110 工法”开采条件下切缝侧、实体侧顶底板收敛和值，监测“110 工法”开采条件下两帮收敛和值。通过该矿压监测数据的上传、分析，预警围岩活动收敛异常情况，便于及时维护，同时指导巷道断面参数的确定。

GYM400 锚杆（索）应力传感器用于监测顶板锚杆（索）应力变化。通过该矿压监测数据的上传、分析，预警支护是否满足安全生产需要，发生异常时便于及时维护，同时指导巷道顶板支护优化设计。

GYW25 围岩应力传感器、KJ743-KS50 煤层钻孔测力计用于监测帮部围岩应力变化。通过该矿压监测数据的上传、分析，预警围岩活动收敛异常情况，便于及时维护，同时指导巷道帮部支护优化设计。

二、支护质量检测

截至 2020 年，一号煤矿每天由施工单位验收员对采煤工作面、两端头、两超前、尾巷（“110 工法”开采条件下）液压支架支护质量进行动态检查，检查内容包括支架初撑力、煤壁片帮情况、端面距、采高及端头顶板冒落情况、超前支护质量、单体支柱初撑力等，并填写记录；发现异常，由施工单位及时汇报生产技术部，制定维护方案，并由施工单位依据维护方案及时维护。

第四节　采煤作业规程

截至 2020 年，矿井采煤作业规程一般包含概况、开采技术条件、采煤方法、顶板控制、生产系统、劳动组织及主要经济技术指标、煤质管理、安全技术措施、灾害应急措施及避灾路线等具体内容。

在采煤作业规程的制定中，矿井根据生产实际，按照采煤方法及各类工艺规定，以及对设备配置及参数、顶板控制、运输、通风、瓦斯防治、综合防尘、防灭火、电气、供排水、煤质等生产系统的技术质量、安全技术措施提出具体要求，对劳动组织和主要技术经济指标作出具体说明。

第五节 回采率及成效

一、回采率统计

（一）工作面回采率分析

截至2020年，矿井工作面回采率均符合国家有关规定，即厚煤层大于或等于93%，中厚煤层大于或等于95%，薄煤层大于或等于97%。2020年一号煤矿采煤工作面回采率统计情况见表4-4-8。

表4-4-8 2020年一号煤矿采煤工作面回采率统计情况表

工作面名称	开采工艺	平均煤层厚度（米）	工作面平均采高（米）	计算产量（万吨）	工作面损失量（万吨）	工作面动用储量（万吨）	工作面回采率（%）
625工作面	综采	2.3	2.3	243.61	5.84	249.45	97.7
805工作面	综采	2.9	2.9	18.40	0.32	18.72	98.3
810工作面	综采	2.7	2.7	73.11	2.15	75.26	97.1
1006工作面	综采	2.25	2.25	54.12	1.47	55.59	97.4

（二）采区回采率分析

截至2020年，矿井采（盘）区回采率均符合《生产煤矿回采率管理暂行规定》（国家发展改革委第17号令）中有关规定，即厚煤层大于或等于75%，中厚煤层大于或等于80%，薄煤层大于或等于85%。2020年一号煤矿各采（盘）区回采率统计情况见表4-4-9。

表4-4-9 2020年一号煤矿各采（盘）区回采率统计情况表

工作面名称	煤层厚度（米）	面间摊销煤柱（万吨）	采区永久煤柱摊销（万吨）	工作面内损失量（万吨）	采区出煤量（万吨）	采区动用储量（万吨）	采区回采率（%）
六盘区	2.3	31.10	0	5.84	243.61	280.55	86.8
八盘区	2.8	11.68	0	2.47	91.51	105.66	86.6
十盘区	2.2	20.96	0	4.46	164.27	189.69	86.6
全矿		63.74	0	12.77	499.39	575.9	86.7

二、提高回采率措施及成效

截至2020年，一号煤矿为了合理开采煤炭资源，提高煤炭资源回采率，保持矿井可持续发展，根据不同盘区煤层、地质构造赋存特征及生产系统布置方式等因素，主要采取以下措施：

（1）根据不同盘区煤层、地质构造赋存特征及生产系统布置方式等因素，结合临近盘区回采实际，由生产技术部从安全、经济、资源回收率高、生产系统简单实用及工作面开采工艺等方面入手，合理编制三套盘区或工作面开采设计方案，通过会审比较，最终确定最优盘区或者工作面开采设计方案，确保最大限度回收煤炭资源，且指标符合规定。

（2）工作面顺槽掘进期间，定期安排专人进行地质写实，准确掌握不同盘区煤层变化情况，为工作面回采收集第一手地质资料。回采期间，要求综采队严格按照回采作业规程，控制工作面采高，不留顶底煤，每班交班前及时清理工作面落煤，确保最大限度回收采煤工作面煤炭资源，且指标符合规定。

（3）积极推广应用智能化无煤柱开采工艺，消除传统“121 工法”开采工艺留设煤柱的弊端，降低万吨巷道掘进率，同时，最大限度回收盘区煤炭资源，且指标符合规定。

（4）制定严格的煤炭资源回收管理办法，奖优罚劣，将煤炭资源回收率的提高与作业人员工资分配的提高挂钩，全员煤炭资源回收意识由“要我提高”转变为“我要提高”，真正做到了“资源回收，人人有责”。2018—2020 年一号煤矿生产效率对照情况见表 4-4-10。

表 4-4-10　2018—2020 年一号煤矿生产效率对照情况表

年份	项目			
	全员工效(吨/工)	回采工效(吨/工)	机械化采煤程度(%)	智能化采煤程度(%)
2018	16.91	90.24	100	100
2019	21.21	96.97	100	100
2020	27.85	108.72	100	100

第六节　采煤新装备、技术与工艺

一、连续采煤机生产设备

1990 年 3 月 27 日，从美国进口的 4 套连续采煤机生产设备运抵一号煤矿。一号煤矿房柱式采煤装备配置见表 4-4-11。

表 4-4-11　一号煤矿房柱式采煤装备配置表

序号	设备名称	型号	单位	数量
1	连续采煤机	LNBOOB-41	台	4
2	梭车	ESC412	台	8
3	锚杆机	TD2-43	台	4
4	蓄电池铲车	488	台	4
5	转载破碎机	1030	台	4
6	局部抽出式风机	CF-6	台	2

二、综合机械化采煤设备

1999 年，201 综采工作面设备配置为 ZZ4400/14.5/29 支撑掩护式液压支架、SGZ764/400 型刮板输送机、SZZ764/160 型转载机、PLM1000 型破碎机、DSJ1000/3×315 型顺槽带式输送机；首套综采设备选用山西太原煤机厂生产的 AM500 型采煤机。经一个工作面的使用，发现该采煤机故障多，后改为上海煤科院生产的MG300/700-WD型无链电牵引采煤机。

2005年，一号煤矿300万吨/年正式投产后，先后对各系统进行两次升级改造。2006年核定产能达到500万吨/年，综采设备配置为MG500/1130-WD及MG550/1220-WD型无链电牵引采煤机、ZZ5000/14.5/29支撑掩护式液压支架、SGZ-800/800型刮板输送机、SZZ830/250型转载机、PLM1500型破碎机、DSJ1200/4×315型带式输送机。2010年3月，核定产能达到600万吨/年，2012年底，矿井根据不同煤层高度配有5套综采设备，其中，井下2套装备工作面生产在用，地面1套设备检修备用，2套可采厚煤层设备备用。一号煤矿综采装备配置见表4-4-12。

表4-4-12 一号煤矿综采装备配置表

序号	设备名称	设备型号	单位	数量	生产厂家
1	采煤机	MG620/1660-WD	台	2	西安煤矿机械有限公司
		MG2×200/925-AWD	台	1	
		MG650/1630-WD	台	1	
		MG650/1620-WD	台	1	天地科技股份有限公司上海分公司
2	输送机	SGZ800/1050	台	1	宁夏天地西北煤机有限公司
		SGZ1000/1710	台	4	中煤张家口煤矿机械有限责任公司
3	转载机	SZZ830/250	台	1	宁夏天地西北煤机有限公司
		SZZ1000/400	台	2	
		SZZ1000/525	台	2	中煤张家口煤矿机械有限责任公司
4	液压支架	ZY6400/17/35	套	2	山西平阳重工机械有限责任公司
		ZY6800-11.5/24D	套	1	
		ZY7800-15/30D	套	2	西安重装铜川煤矿机械有限公司
5	超前支架	ZTC28560/19/32A	套	2	山西平阳重工机械有限责任公司
		ZTC1764/19/32B	套	2	
		ZQL2×3200/18/35	套	3	沈阳天安科技股份有限公司
		ZQL2×5000/21/40	套	3	
6	破碎机	PLM3000	台	4	宁夏天地西北煤机有限公司
		PCM200	台	4	中煤张家口煤矿机械有限责任公司
7	带式输送机	DSJ100/120/4×400	套	2	煤炭科学研究总院上海分院
		DSJ100/120/4×315	套	2	
8	乳化液泵站（三泵两箱）	RBP400/31.5	套	2	南京六合煤矿机械有限责任公司
		RBP500/31.5	套	2	
9	喷雾泵站（两泵一箱）	HPB-315/10	套	2	
		HPB-400/16	套	2	

三、“110工法”开采技术

2020年3—5月，一号煤矿在1006智能化综采工作面实施了“110工法”开采技术工业试验，成功留巷300米。根据黄陵矿业公司无煤柱开采技术研究与应用整体规划，2020年3月，一号煤矿逐步在十盘区推广应用薄煤层“110工法”智能化无人开采技术。截至2020年，一号煤矿掘进、采煤通过运用新技术，进尺、产量逐年提高。2020 年全矿开拓进尺 5015. 15 米，原煤产量 659. 07 万吨。2002—2020 年一号煤矿开拓进尺、煤炭产量见表 4-4-13。

表 4-4-13　2002—2020 年一号煤矿开拓进尺、煤炭产量表

年份	开拓进尺		原煤产量	
	计划(米)	实际完成(米)	计划(万吨)	实际完成(万吨)
2002		3246. 00	100	180. 19
2003		3483. 00	350	351. 59
2004		1623. 20	350	372. 51
2005		6482. 80	350	412. 16
2006		6706. 25	420	466. 21
2007		14799. 45	420	488. 75
2008		997. 85	500	522. 10
2009		6457. 80	500	620. 19
2010	6500	8998. 50	600	572. 26
2011	6000	7548. 80	600	541. 47
2012	6000	8017. 90	600	610. 15
2013	6500	10180. 05	600	630. 20
2014	6000	6060. 00	530	601. 56
2015	5600	6343. 06	530	583. 35
2016	2100	7519. 25	504	598. 77
2017	5000	3976. 25	600	628. 79
2018	6000	6147. 50	600	629. 01
2019	7600	8339. 70	600	657. 25
2020	5000	5015. 15	600	659. 07

第五章　智能化矿井生产

第一节　智能化开采技术实施

一、实施背景

2011 年，一号煤矿为了提高资源利用率，实现矿井的可持续发展，开始实施“薄厚、肥瘦”配采。但是，薄煤层综采存在诸多问题和不便，如工作面空间低狭，操作人员多、跟机作业难、劳动强度大，生产环境恶劣，容易造成生产安全事故、引发职业病。如果沿袭传统的生产方式，就必须加快

工作面推进速度来保障矿井的稳产高效，势必会激化生产和安全的矛盾，陷入“生产任务无法完成—增加人员追赶进度—不安全因素增加—事故多发”的恶性循环。因此，黄陵矿业公司决定在一号煤矿 1001 工作面实施智能化无人开采技术研究。

（一）1001 工作面地质条件

该工作面为十盘区第一个工作面，十盘区位于一号煤矿北一大巷西侧，南与五盘区相接，北邻十一盘区，东接十二盘区，向西为六盘区。1001 工作面对应上部地表以低山林区为主，沟壑纵横，终采线对应地表北部为侯村。地表径流为太阳沟支流，太阳沟支流为间歇性小支流，径流不太发育，上覆岩层厚度 250~429 米。

（二）智能化无人开采可解决的问题

1. 矿区可持续发展的问题

一号煤矿薄煤层储量较多，矿井实施“薄厚”搭配开采，既可以有效解决较薄煤层长期呆滞问题，又能最大限度开发利用资源，保障矿井可持续发展。

2. 煤矿安全发展的问题

一号煤矿薄煤层开采存在跟机作业难、劳动强度大、生产环境恶劣等诸多问题，容易造成生产安全事故、引发职业病。依靠科技进步、装备升级，可把矿工从艰苦危险的环境和高强度体力劳动中解放出来，并使矿井安全生产得到保障。

3. 企业高效发展的问题

传统的综采工作面开采技术用人多、效率低、成本高。依靠科技进步，采用先进的智能化开采技术和装备，能够实现煤炭企业高效绿色发展。

因此，探索智能化无人开采技术，是黄陵矿业公司一号煤矿绿色安全高效发展的必然选择。

二、技术研究主要阶段

截至 2020 年，黄陵矿业公司一号煤矿智能化综采技术研究先后经历了调研论证、设计及统一标准、选型配套与设备制造、地面组装调试、井下工业性试验及联合攻关、推广应用、创新提升等阶段。

（一）调研论证阶段

2008 年 6 月至 2011 年 3 月，通过参观、查阅文献和现场调研，深入了解智能化无人综采相关技术及其可行性，确立了实施智能化开采的目标和研究方向。

（二）设计及统一标准阶段

2011 年 4 月至 2012 年 12 月，黄陵矿业公司委托中国煤炭科工集团煤炭开采设计事业部就一号煤矿智能化装备进行整体设计。规范统一了设备制造的技术标准和通信协议，解决了制约智能化集中控制的通信壁垒，形成了设备购置技术规范，为设备选型配套、安装调试奠定了基础。

（三）选型配套与设备制造阶段

2013 年，在陕煤集团、黄陵矿业公司的大力支持下，一号煤矿智能化无人开采项目正式进入实施阶段。针对一号煤矿 2 号煤层的地质条件，首先确立了较薄煤层全国产综采装备的设计选型思路，并要求充分引进国内知名煤机装备先进的制造工艺和控制技术，在确保整套装备性能的同时，大力提升综采自动化、智能化控制水平。经过反复研讨和论证，最终选择了北京天地玛珂电液控制系统有限公司、西安煤矿机械有限公司等国内著名煤机装备研发制造单位的先进产品，为智能化开采技术的成功实践奠定了装备基础。较薄煤层智能化装备配置 ZY6800/11.5/24D 型电液控液压支架 161 台，MG2×200/925-AWD 型采煤机 1 台，SGZ800/2×525 型刮板输送机 1 台，SZZ800/250 型转载机 1 台，PCM200 型破碎机 1 台，BRW400/31.5 型三泵两箱乳化液泵 3 台，BPW400/16 型三泵两箱喷雾泵 3 台，DSJ120/100/4×315 型带式输送机 1 部，SAC 电液控制系统 1 套，SAP 集成供液控制系统 1 套，SAM 自动化集成控制系统 1 套，SAS 采煤机自动化控制系统 1 套，KTC101 语音通信系统 1 套。

（四）地面组装调试阶段

2013 年 10—11 月，在地面进行设备组装调试，消除设备缺陷，制定井下安装方案。

（五）井下工业性试验及联合攻关阶段

2013 年 12 月至 2014 年 5 月，全面进行井下设备安装、调试及工业性试验全过程，开展技术攻关，研究解决存在的技术难题。

（六）推广应用阶段

2015 年 2 月至 2016 年，在首套智能化设备成功完成 2 个综采工作面回采基础上，2015 年 10 月第二套中厚煤层智能化设备在黄陵矿业公司一号煤矿 802 工作面投入使用，于 2016 年 6 月 30 日顺利完成回采任务。一号煤矿形成了“一井两面”的智能化开采格局。

（七）创新提升阶段

2017—2020 年，黄陵矿业公司联合产学研单位开展了“基于动态地质模型大数据融合迭代规划控制策略的智能开采技术”项目研究，旨在解决以往“可视化远程干预型”智能开采技术应用过程中存在的远程干预频繁、自主调整能力差、智能化程度低等问题。该技术的成功实践应用，将基于记忆截割的智能开采 1.0 阶段升级为基于透明地质规划截割的智能开采 3.0 阶段，实现由传统的记忆割煤向三维空间感知和自动截割的技术跨越，具有很强的适应性和实用性。该项目于 2020 年 8 月完成井下工业性实验，9 月通过中国煤炭工业协会科技成果鉴定，达到国际领先水平。

三、科学组织安装

2013 年，一号煤矿投资 6180 万元完成 1.4~2.2 米煤层国产装备采场无人化项目的建设。该项目于 2013 年 11 月底开始安装、调试、试验。为了能“一炮打响”，开创智能化开采技术的先河，一号煤矿集全矿力量，科学组织，成立由矿长总体负责，机电副矿长分管负责，机电部、综采队、厂家技术人员联合组成的攻关队伍，负责整套设备安装、调试及技术攻关。

在设备安装前期，邀请厂家技术人员对机电部、综采队职工进行系统性理论培训，让参与安装的人员对智能化开采技术的设备和功能有了基础了解。在安装调试期间，一号煤矿将培训课堂搬到井下现场，并始终坚持以现场实操培训为主、地面理论培训为辅的培训方式，依据设备调试的轻重缓急及难易程度有计划地安排厂家对职工进行培训，确保了培训效果，进一步为智能化开采技术的成功实现奠定了人才基础。

在设备安装过程中，攻关小组成员始终坚持参加每天早班会，有计划地安排当天安装、调试任务，集体攻关安装调试过程中暴露出来的问题，出现问题现场研讨解决方案，有效促进了设备调试进度。同时升井后对本日安装工作进行总结分析，做好次日材料、配件的准备工作，确保安装工作正常进行。黄陵矿业公司董事长、总经理多次到一号煤矿了解智能化工作面建设情况并深入井下现场指导，充分肯定一号煤矿取得的成绩，不断鼓励职工要敢于探索、敢为人先，并作出不减福利、不减工资待遇的承诺。

通过3个月的不懈努力，高质量、高标准地完成了智能化工作面的建设。顺利实现了工作面采煤机自动记忆截割、地面调度室指挥中心和顺槽监控中心对工作面所有设备全面自动化控制和“一键”启停、工作面液压支架自动跟机移架、推移输送机及三机的远程自动化控制功能。并在全国首次实现在地面调度室指挥中心和顺槽监控中心利用全覆盖视频远程操控工作面所有设备及远程采煤作业的常态化，实现了“以工作面自动控制为主、监控中心远程干预为辅”的自动化生产模式，探索出了一套完整的较薄煤层自动化采煤工艺和流程，达到了“无人跟机作业、有人安全值守”的目的，实现了高产高效、安全生产、采场无人化的目标。

四、安全调试

由于1001工作面所配套的国产装备智能化成套设备在应用上无任何经验借鉴，2013年末，一号煤矿结合过去普通综采工作面的安装经验，充分参考“四项技术”和“质量标准化”等标准，先后制定了《智能化开采技术手册》《智能化无人综采工作面安装、验收标准》，详细规范了设备安装规范、标准及要求，设备拆除先后顺序、分解程度及编号原则等内容，确保了设备安装和拆除过程中的无缝对接。

2014年12月4日，一号煤矿顺利完成了首个智能化工作面1001工作面回采工作。累计回采进尺1537米，回采原煤104.8万吨。2014年12月18日，将该套设备由1001工作面直接向1002工作面搬家倒面，并于2015年1月7日将主要设备安装完毕，2015年1月17日完成了所有设备的联合调试。在此次拆除安装过程中，综采三队参考手册、标准提前对所有缆线、摄像仪、控制器等设备进行编码管理，对主要设备、缆线等进行包扎保护。要求准备队严禁“野蛮”操作，运输过程中加强设备保护，有效提高了设备的完好程度，减少了设备的损坏。通过近一年的生产与维护，综采三队基本掌握了各设备的性能、操作规范和各设备间相互协调运转的规律。在本次调试过程中，现场管理规定区队必须坚持“谁拆除、谁编号、谁安装、谁检查”的原则，做到设备一次性成功安装，避免出现返工现象。规定了现场缆线保护以及小件、材料等管理规定，避免出现丢失或损坏。同时还完成了《机电岗位操作规程》《机电岗位作业标准》《智能化设备维护手册》的编制工作，对智能化设备的操作、维护等内容进行了梳理，规范职工操作，进一步为职工提供第一手参考依据。综采三队基本把握住了设备的调试重点，减少了粗放管理现象，大大提高了设备调试的效率，自安装完成到基本功能调试成功，综采三队仅仅用了5天时间，实现快速安装调试和自动化系统一次性对接。

2015年8月25日，第二套智能化工作面802综采工作面开始安装、调试，相较第一套安装体现出了4个方面优势：

（1）2015年，一号煤矿先后两次组织机电部、综采一队、综采三队技术人员前往北京天玛公司进行培训。详细学习智能化开采技术各大系统，熟悉自动化监控软件的组成以及修改；同时前往生产基地熟悉各器件组成，并亲自动手完成自动化主机、控制器等重要部件的拆除与组装，为802工作面的安装打下了良好的基础。

（2）在设备地面调试期间，及时组织技术人员完成监控中心设备安装、特殊缆线的制作、泵站传感器等设备的安装工作。并根据提前绘制的工作面自动化设备安装布置图，提前完成摄像仪、综合接入器、信号转换器等设备程序及参数配置和编号、缆线整理打包等准备工作，进一步提高 802 工作面安装整体进度。

（3）借鉴第一套智能化工作面安装及使用经验，在做好人员理论及实践培训的基础上，有计划进行安装、调试。安装过程中，由机电部提前编制安装调试日志，详细制定自动化系统设备的安装程序和步骤，并组织厂家技术人员每天早晨 7 时按时参加综采一队班前会，部署当天工作任务。升井后，在机电部召开总结会，汇报当天任务完成情况、存在问题，制定解决办法，并详细制定次日工作任务。

（4）现场所有自动化设备安装不依赖厂家人员指导。机电部每班至少安排两名工程技术人员，依据设备接线图，现场指导职工进行设备安装及缆线连接。先后完成了井下监控中心所有监控设备和通信设备、工作面电液控系统电源箱、环网设备、185 台电液控设备的安装和近 3000 根通信缆线的连接，其中长的有 20 米，短的有 200 毫米，需一一对接组装 640 个传感器等设备的安装工作，未出现返工现象，有效巩固了所学的知识，为今后的维护保养工作奠定了基础。

通过努力，历时 35 天完成了一号煤矿首个中厚煤层智能化工作面的安装、调试工作，达到了预期的设计目标，具备在地面监控中心和顺槽监控中心远程操控采煤作业的常态化，实现了安全高效、稳定运行。

五、项目验收、鉴定

2014 年 3 月 31 日，黄陵矿业公司组织各部门对一号煤矿“较薄煤层国产综采装备无人化技术研究与应用”项目进行了验收。5 月 16 日，陕煤集团科技发展部组织专家进行了科技项目验收。5 月 25 日，中国煤炭工业协会组织专家对该项目《1. 4~2. 2 米煤层国产综采装备无人化技术研究与应用》进行了科技成果鉴定，鉴定认为整体技术达到国际领先水平。11 月，国家煤矿安全监察局行业管理司、陕西省煤炭生产安全监督管理局、陕西煤矿安全监察局对一号煤矿智能化无人开采的具体做法和经验成效进行了调研，并总结提炼了以“五新（理念创新、技术创新、装备创新、管理创新、培训创新）、六高（安全可靠性高、工程质量高、企业效益高、资源利用率高、队伍素质高、技术装备国产化率高）、七到位（思想解放到位、顶层设计到位、灾害治理到位、地质保障到位、管理到位、系统配套到位、人员培训到位）”为主要内容的黄陵一号煤矿国产综采装备智能化无人开采技术经验材料，在全国煤炭系统进行宣传和推广。

六、推广应用

截至 2020 年，一号煤矿推广应用了 5 套智能化成套装备：

（1）2013 年，购置第一套薄煤层智能化综采设备，已经平稳高效地回采 1001、1002、1003、1004、620 智能化工作面，推进长度 9638 米，完成原煤产量 667 万吨。

（2）2015 年，购置第二套中厚煤层智能化综采设备，已平稳高效完成 802、621、623、625 工作面回采任务，推进长度 12342 余米，完成原煤产量 870. 15 万吨。

（3）2017 年，完成一套 6400 设备支架电液控改造；2019 年，完成该套设备自动化改造。该套设备已完成 801、805、808、810 工作面回采任务，推进长度 4560 米，完成原煤产量 486 万吨。

（4）2018 年，新购置一套中厚煤层智能化综采成套设备，已回采完 1005、1006、1007 工作面，推进长度 6129 米，完成原煤产量 426 万吨。

（5）2020 年，对另外一套 6400 支架配套设备进行了自动化配套改造，安装到 807 工作面进行回采，并实现了所有智能化开采技术要求功能。

一号煤矿智能化装备配置情况见表 4-5-1。

表 4-5-1 一号煤矿智能化装备配置情况表

年份	设备	采煤机	支架	刮板输送机	泵站	带式输送机	自动化	VOIP
2013	ZY6800 型配套	MG2×200/925-AWD 型采煤机	ZY6800/11.5/24D 型电液控液压支架	SGZ800/2×525 型刮板输送机	BRW400/31.5 型三泵两箱乳化液泵	DSJ120/100/4×315 型带式输送机	SAM 自动化控制 SAC 电液控制、SAP 集成供液	KTC101 语音通信系统
2015	ZY7800 型配套	MG620/1660-WD 型采煤机	ZY7800/15/30D 型电液控液压支架	SGZ1000/2×855 型刮板输送机	BRW500/31.5 型乳化液泵	DSJ120/200/G4×400 型带式输送机	SAM 自动化控制 SAC 电液控制、SAP 集成供液	KTC101 语音通信系统
2017	ZY6400 型配套	MG650/1630-WD 型采煤机	ZY6400/17/35 型电液控液压支架	SGZ1000/2×855 型刮板输送机	BRW400/31.5 型乳化液泵	DSJ120/150/3×315 型带式输送机	SAM 自动化控制 SAC 电液控制、SAP 集成供液	KTC101 语音通信系统
2018	ZY7800 型配套	MG620/1660-WD 型采煤机	ZY7800/15/30D 型电液控液压支架	SGZ1000/2×855 型刮板输送机	BRW500/31.5 型乳化液泵	DSJ120/200/G2×400 型带式输送机	SAM 自动化控制 SAC 电液控制、SAP 集成供液	KTC101 语音通信系统
2020	ZY6400 型配套	MG650/1620-WD 型采煤机	ZY6400/17/35 型电液控液压支架	SGZ1000/2×855 型刮板输送机	BRW400/31.5 型乳化液泵	DSJ120/150/3×315 型带式输送机	SAM 自动化控制 SAC 电液控制、SAP 集成供液	KTC101 语音通信系统

七、获得的效益

（一）生产效益

截至 2020 年，智能化综采装备应用的工作面在地质条件差、煤层分布不均且时有夹矸现象的情况下，实现了单班（8 小时）无人化连续推进 8 刀 30 架的最高纪录，较薄煤层月生产能力达到 17 万吨以上，中厚煤层月生产能力达到 23 万吨以上。与传统开采相比，生产期间工作区域由原来 9 人联合操作（采煤机司机 3 人、支架工 5 人、输送机司机 1 人）减至 1 人巡视，仅此一项每年可节约 500 多万元，薄煤层开采人工工效达到 133 吨/工，中厚煤层开采人工工效达到 149 吨/工。通过智能化无人综采工作面两顺槽超前支架升级改造，由原来的 24 人单体支护减至 12 人遥控操作，并且具备自动化远程控制功能，每年可节约 300 万元。通过两次升级改造，生产班每年节约人工成本 800 万元以上。

（二）社会效益

截至 2020 年，智能化开采技术实施获得的主要社会效益如下：

（1）实现了“两解放”，即把矿工从艰苦危险的环境中解放出来，保护了从业人员安全健康；把矿工从超强度体力劳动中解放出来，采煤司机在地面远程操控煤炭开采。

（2）对较薄煤层区域煤层的开采，提高了煤炭资源回收率，减少了开采区域资源浪费。

（3）全国产化设备开创了国产成套装备智能化开采的先河，对智能化开采较薄及中厚煤层起到引领、示范作用。

第二节 智能化开采技术

一、智能化开采技术与功能

（一）技术简介

一号煤矿在传统综采技术基础上，采用具有感知能力、决策能力和执行能力的液压支架、采煤机、刮板输送机等开采装备，以自动化控制系统为核心，以可视化远程监控为手段，实现工作面采煤全过程“无人跟机作业，有人安全巡视”的安全高效开采技术。该技术是信息化与工业化深度融合基础上煤炭开采技术的深刻变革，构建了煤矿创新发展、安全发展、可持续发展的全新技术体系，带来了煤矿生产方式、组织方式、管理方式的深刻变革。

（二）关键技术

1. 首创智能化无人开采地面操控采煤模式，实现地面操控采煤常态化

以实现综采工作面常态化无人作业为目标，以采煤机记忆截割、液压支架自动跟机及可视化远程监控为基础，以生产系统智能化控制软件为核心，实现在地面（顺槽）综合监控中心对综采设备的智能监测与集中控制，确保工作面割煤、推移输送机、移架、运输、灭尘等智能化运行，达到工作面连续、安全、高效开采。

（1）突破从工作面跟机作业到顺槽监控中心远程采煤，再到地面采煤。

（2）实现“一键启停”，实现地面控制采煤常态化。

2. 研制成功首套智能化无人开采国产成套装备

（1）研制开发了以“自动控制为主、远程干预为辅”的综合自动化控制系统，结合视频可视化技术、远程实时控制技术、数据自动推送技术等，实现在地面或顺槽监控中心对综采设备的远程监控。

（2）研制了高强度、高可靠、具有自主定位的智能型采煤机。

① 改变材质及优化铸造、加工工艺，采煤机机械强度提高 40%。

② 研制了采煤机自主定位装置，实现采煤机割煤过程的全自动控制。

③ 具有恒功率自调节功能，使截割功率始终维持在额定功率的 0.9~1.1 倍之间。

④ 研制采煤机电缆槽防脱装置，有效地解决了电缆折返过程中脱槽的问题。

（3）研制了具有自动调斜的液压支架。利用支架侧护板油缸对支架进行调斜（侧护板一般由顶梁侧护板、尾梁侧护板构成，其收缩、伸出状态由 3~4 只顶梁小油缸完成，并有弹簧缓冲；油缸常规的安装方法是几只油缸进出油管方向一致，顶梁尾梁数个油缸同伸同缩），将顶梁油缸管路反接，使一台支架上的侧护板形成前后一伸一缩、一缩一伸的状态，进而完成支架调斜工作。

（4）研制了以电液控驱动和视频实时监控方式为主的超前支架。通过对工作面超前支架承压力

及其巷道状况的分析，研发了以电液控驱动和视频实时监控方式为主的超前支护装置，实现超前支架的遥控控制、远程控制和自动化控制；并在支架顶梁上设计多个伸缩单元，减少移动次数，避免了反复支撑对顶板完整性的破坏，降低了劳动强度，提高了工作效率。

（5）研发了超前支架远程实时控制系统。在 Longwallmind 3.0 控制系统的基础上，开发了以“视频+模型+控制”的远程监控系统，实现超前支架的远程监测和控制，并根据超前支架的实际移架顺序，在程序上进行合理编排，达到“一键移架”的高级功能，大大提升了实际应用效果。

（6）研发了“一键启停随动视频安全确认”系统。在“一键启停”控制系统的基础上，创造性地加入“一键启停随动视频安全确认界面”，当系统处于“一键启停”状态时，采煤机主机会自动切换为“带式输送机+刮板输送机+转载机+采煤机滚筒”的顺序视频监控画面，实时为远程操控人员提供现场画面，达到设备启动过程中安全管理覆盖无死角的目的；同时精心对自动化语音延时程序进行调整，实现监控中心天玛语音预警和皮带巷华宁语音预警的完美契合，为远方操作人员及时提供语音信息，确保了“一键启停”的安全。

（7）研制了基于 VOIP 的井上下语音通信系统。

① 使地面操控员能够全方位掌握工作面现场及巡视人员动态情况，便于对话，确保了地面采煤作业的安全性。

② 实现调度指挥中心与工作面沿线通话。

③ 实现调度指挥中心实时接收综采装备启动预警声音。

3. 首创较薄煤层智能化采煤工艺

（1）创新研究了 22 道智能采煤工序。研发适合黄陵一号煤矿生产实际的斜切进刀、割三角煤等 22 道工序，有效解决了回刀扫煤不彻底、三角煤截割及端头支架自动跟机移架、推移输送机等难题。

（2）创新研究了前滚筒割底煤、后滚筒割顶煤工艺。创新改进前滚筒割底煤、后滚筒割顶煤工艺，大大降低了工作面的煤尘，提高了可视化效果。

（3）首次实现超前支架、转载机与端头支架的连锁自移。通过分析端头支架与转载机的动作逻辑和时间差，优化控制程序，实现端头支架与转载机的连锁自移控制，解决了采煤机在割三角煤时自动跟机移架、推移输送机的难题。

4. 制定出智能化无人开采技术和管理标准

制定出智能化无人开采技术和管理标准（企业标准 Q/SMHLKY 0001—2019），即《智能化综采工作面手册》。该手册共分为 5 个部分：第一部分设计，规范了智能化综采工作面巷道、设备选型、控制系统设计、配套生产系统设计的要求；第二部分安装验收，规范了智能化综采工作面巷道验收、设备及控制系统安装验收、配套生产系统验收的要求；第三部分运行质量，规范了智能化综采工作面巷道运行质量、设备及控制系统运行质量、配套生产系统运行质量的要求；第四部分操作，规范了智能化综采工作面监控中心操作、工作面巡检的要求，适用于智能化综采工作面的操作；第五部分回撤，规范了智能化综采工作面配套的智能化设备设施回撤的要求，适用于智能化综采工作面的回撤。

5. 建立了高瓦斯矿井环境下无人开采综合安全保障体系

1）瓦斯防治技术

研发了瓦斯监测数据实时在线分析与预警系统，集成区域预抽、本煤层预抽、高位裂隙抽采和上隅角埋管抽采的立体综合治理技术，实现瓦斯“零超限”。

2）通风保障技术

研发了矿井通风三维实时跟踪分析与动态诊断预警技术，实现了对通风系统潜在薄弱环节的跟进式诊断，保障矿井通风安全。

3）顶板防治技术

通过应用超前支架、顶板离层监测系统，优化巷道支护参数、调整巷道支护顺序、提高巷道支护强度，实现顶板灾害防治。

4）无尘化开采技术

在矿井无尘化开采的基础上，智能化工作面通过摇臂二次负压除尘改造，前滚筒割底煤、后滚筒割顶煤的采煤工艺改进，及工作面架间喷雾等措施，既强制降尘，也确保了可视化效果。

5）火灾防治技术

建成煤矿自然发火光纤综合在线监测系统，实施“提高回采率控制遗煤量、阻化剂防灭火、以注凝胶为主的应急灭火”等措施，形成了矿井防灭火技术体系。

6）水害防治技术

（1）坚持“预测预报、有掘必探、先探后掘、先治后采”的原则。

（2）实施地质补充勘探及二、三维地震勘探，探明盘区水文地质条件、地质构造和煤层赋存情况。

（3）开展矿井隐蔽致灾因素探查，根据不同灾害类型制定治理规划，消除隐蔽致灾隐患。

（4）施工泄水孔工程，将工作面采空积水通过泄水钻孔疏放至临近顺槽，有效治理采空积水。

6. 构建了精细化管理保障体系

智能化无人综采技术的应用促进了企业管理水平的不断提升。实施矿井岗位精细化管理，以岗位为载体，以信息化、制度化为手段，以降低成本、提高效益为目标，通过制度的约束，规范职工行为，提高职工素质，实施岗位自主管理，达到“三增一保”目的。重点开展精细化管理六项修炼，即开展干部走动式管理、“双述”活动、“三功两素”修炼、“四项技术”应用、“5E”全生命周期管理、“6S”管理。

（三）主要功能

截至2020年，一号煤矿智能化开采技术的主要功能如下：

（1）实现地面指挥控制中心和井下顺槽监控中心对综采工作面所有设备的“一键启停”和“一键启停”随动视频安全确认功能。

（2）实现地面指挥控制中心和井下顺槽监控中心对综采工作面主要设备及围岩环境的无盲区实时视频监控。

（3）实现地面指挥控制中心和井下顺槽监控中心对综采工作面采煤机、液压支架、运输设备（刮板输送机、转载机、破碎机、带式输送机）、进回风巷超前支架、供液设备（包括乳化液泵、喷雾泵、远程供液系统及相关电气开关、电磁阀等）、供电设备（移动变电站、组合开关、变频器等）的运行工况监测、远程操控及自动化控制。

（4）实现采煤机自动记忆截割功能，包括中部和三角煤区域记忆截割。

（5）实现液压支架自动跟机功能，包括中部和三角煤区域自动跟机。

（6）实现在地面指挥控制中心和顺槽监控中心利用视频和数据等监测信息对综采工作面主要设

备的快捷远程干预控制，形成了“以工作面自动控制为主、监控中心远程干预为辅”的自动化生产模式，达到远程采煤作业常态化。

二、系统组成与控制

（一）系统组成

在本系统内，可分成3个层次。第一层次为单机设备层，第二层次为集中控制层（监控中心），第三层次为地面层。

单机设备层主要由各子系统完成设备的独立控制，包括采煤机子系统、供电子系统、支子系统（包括电液控制系统）、输送机系统（三机控制系统及皮带机控制系统）、集成供液系统（泵站系统）、网络及信息系统（包括工作面以太网、视频及三维系统）。各子系统提供通信接口，并向综采自动化系统开放通信协议，综采自动化系统可通过通信接口实现对各子系统的数据采集及反向控制启停功能。

集中控制层主要在监控中心内完成，在监控中心内综采自动化系统将电液控系统、采煤机系统、三机集中控制系统、泵站集中控制系统、工作面视频系统及数据上传系统等系统有机结合在一起，实现对工作面设备的远程与集中控制。

地面层实现对综采工作面设备的远程数据监测，实时掌握工作面各设备的工况。

自动化工作面集成控制系统主要设备有监控中心、综合接入器、摄像仪、光电转换器、隔爆主机、本安显示器、信号转换器、采煤机远程操作台、支架远程操作台、视频显示器、本安交换机、路由交换机、工作面电源箱等。自动化工作面集成控制系统如图4-5-1所示。

（二）控制系统

1. 采煤机控制系统

通过网络平台对采煤机进行采高、位置、记忆截割等数据实时监测和远程控制。

（1）采高定位。通过调高油缸行程传感器，实时计算出摇臂的高度。

（2）位置定位。在采煤机牵引部安装位置传感器，精确对采煤机实现位置定位。

（3）记忆截割。人工就地操作采煤机进行示范刀的学习，实现在下个循环自动割煤。

（4）数据传输。通过采煤机通信模块和供电电缆的监控芯线，实现数据的采集和传输。

（5）远程控制。通过远程控制台向顺槽监控计算机发布控制指令，来控制采煤机各种动作；利用视频及数据监控信息随时远程控制工作面采煤机运行。

2. 支架电液控制系统

利用网络平台传输控制命令，通过电液控制液压元件驱动液压支架油缸动作，完成液压支架的动作控制。

（1）液压支架自动跟机。在采煤机上安装红外线发送器，发射数字信号，每台支架上安装1个红外线接收器，接收红外线发射器发射的数字信号，来监测采煤机的位置和方向信息，依据现场不同环境条件下对应采煤工艺，开发液压支架跟机自动化软件。

系统通过对采煤机位置及运行方向的识别，实现工作面液压支架跟随采煤机作业的自动化控制功能，包括跟机自动移架、自动推移输送机、跟机喷雾等控制，从而达到液压支架动作与采煤机运行位置的动态耦合的目的。

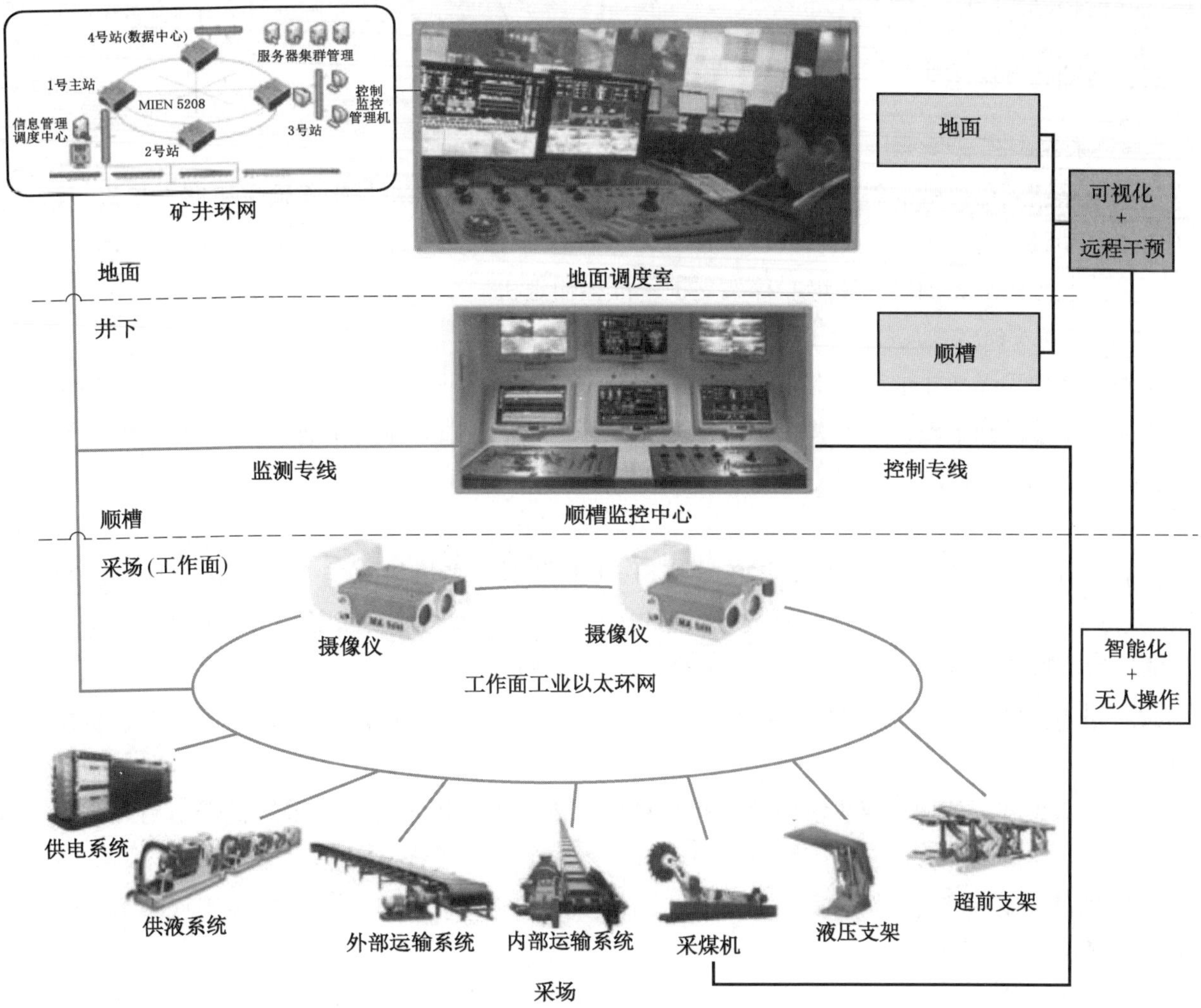

图4-5-1 自动化工作面集成控制系统

(2) 远程控制。通过远程控制台来控制液压支架的升柱、降柱、抬底、推移输送机等动作，利用视频及数据监控信息随时远程控制工作面液压支架。

3. 视频监控系统

通过视频监控系统传送工作面图像，操作人员根据煤层变化情况、滚筒截割情况、支架状态等信息，必要时对采煤机进行远程干预。通过远程干预可以避免在地质条件变化或煤层变化时采煤机切割到顶底板等情况的发生。视频图像自动跟机实时切换，操作司机通过视频画面随时了解现场情况，及时进行远程干预。

4. 集成供液系统

通过在顺槽口集中设置水处理系统和自动配比系统，完成对工作面乳化液的自动配比和远程供液。

5. 超前支架系统

在电液控制原理的基础上，利用“视频+模型+控制”来实现两顺槽超前支架的远程控制。

6. 运输及泵站控制系统

通过将刮板输送机、转载机、破碎机、带式输送机和泵站控制系统进行集成，实现对工作面运输设备的智能控制。

三、智能化开采工艺

（一）采煤工艺流程

工作面采用采煤机端部斜切进刀双向割煤，刮板输送机、转载机、带式输送机联合运煤，掩护式液压支架自动跟机支护顶板。

具体工艺流程为：割煤—装煤—移架支护—推移输送机。

（二）采高及循环进度

工作面平均采高 2.2 米，一次采全高，不留顶底煤，割煤时应根据顶底板起伏变化情况及时抬刀、落刀，尽量做到不破顶、不破底，保证煤质。工作面循环进度为 800 毫米。

（三）工艺说明及要求

1. 割煤

（1）割煤方式。工作面采用 MG620/1660-WD 型电牵引采煤机双向自动记忆割煤（控制设定“记忆截割”，控制模式设定“记忆模式”、允许在线修改），每次割煤深度（截深）为 800 毫米，采煤机前滚筒割顶煤、后滚筒割底煤，一次采全高，不留顶底煤。

（2）进刀方式。采用端部自动斜切进刀方式，进刀距离不得小于 35 米，采用机头、机尾双向进刀。

（3）装煤方式。使用采煤机滚筒及刮板输送机靠煤壁侧铲煤板，借助采煤机牵引力和支架为刮板输送机提供的推力自动装煤。

（4）质量控制标准。割平顶底板，煤壁平且与顶底板垂直。机头、机尾的顶底板必须与巷道顶底板过渡平稳。

（5）割煤工序（左右滚筒均以面向煤壁为区分标准）。回采工艺一个循环共分为 22 个工序，具体如下：

第一工序：采煤机右滚筒割顶煤，左滚筒割底煤，由机头向机尾割煤。

第二工序：采煤机左滚筒升至水平，右滚筒下降，由机尾向机头割底煤，直至右滚筒把采煤机机身的底煤割完。

第三工序：采煤机向机尾方向牵引，清理浮煤。

第四工序：采煤机向机头方向牵引，清理浮煤。

第五工序：采煤机向机尾方向牵引，清理浮煤。

第六工序：采煤机左滚筒升起割顶煤，右滚筒割底煤，向机头方向斜切进刀。

第七工序：采煤机右滚筒升起割顶煤，左滚筒降下割底煤，向机尾方向割三角煤。

第八工序：采煤机左滚筒升至水平，右滚筒降下向机头割底煤。

第九工序：采煤机向机尾方向清理浮煤。

第十工序：采煤机向机头方向清理浮煤。

第十一工序：采煤机向机尾方向清理浮煤。

第十二工序：采煤机向机头方向正常割煤。

第十三至第二十二工序与第二至第十一工序相对称。智能工作面割煤工序如图 4-5-2 所示。

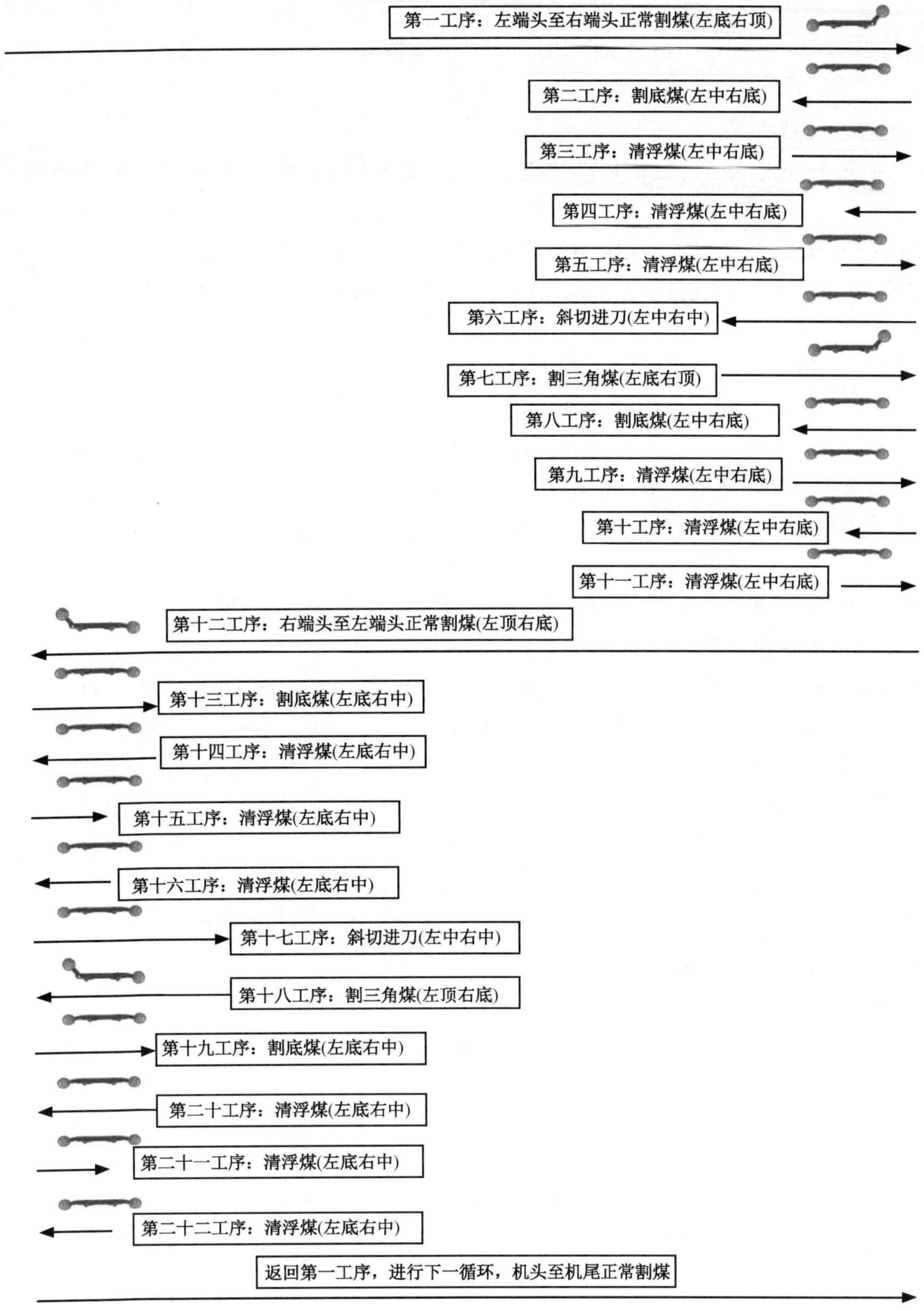

图 4-5-2　智能工作面割煤工序

（6）注意事项。割煤时前滚筒前方 4 架和后滚筒后方 20 架范围内严禁任何人员（巡视工除外）在架前作业、行走或逗留。

2. 移架

工作面配置 ZY7800/15/30D 型液压支架（端头支架型号为 ZYT7800/17/32D），采用电液控系统控制，对工作面顶板进行自动跟机移架支护。

1）移架方式和方法

移架在采煤机后滚筒过后 2 架外（向机尾方向行驶距发射器后 7 架，向机头方向行驶距发射器后 7 架）进行，顶板破碎时移架在采煤机后滚筒过后 1 架进行，顺序移架，追机作业方式，移架步距为 800 毫米。当移架工作跟不上导致超过规定移架距离时或者发生冒顶时，必须停止采煤机，待移架跟上或冒顶处理完毕后方可继续割煤。移架遵循收回侧护板—降柱—提架—拉架—升柱—伸出侧护板的步骤。

2）支架的移设质量标准

（1）初撑力不低于泵站出口压力的 80%（24 兆帕）。

（2）支架成一条直线，其偏差不得超过±50 毫米，跟机移架时工作面安排专人（巡视工）找直。

（3）支架中心距为 1500 毫米，其偏差不得超过 100 毫米。

（4）支架要垂直于顶底板，歪斜角度不大于 5°，做到迎山有力，顶梁上无浮矸浮煤，接顶严实，严禁空顶。

（5）支架活柱行程不小于 200 毫米，严禁支架超高使用。顶梁与顶板平行，最大仰俯角不大于 7°。支架前梁梁端至煤壁顶板垮落高度不大于 300 毫米。

（6）端面距不大于 340 毫米。工作面伞檐长度大于 1 米时，最大突出部分不超过 200 毫米；工作面伞檐长度小于 1 米时，最大突出部分不超过 250 毫米。

（7）相邻支架间错茬不得超过侧护板高度的 2/3，支架不挤不咬，架间空隙不超过 100 毫米。

（8）遇到顶板破碎时，移架采用带压擦顶移架，移架时让支柱仍保持一定的工作阻力，使顶梁贴着顶板前移，减轻移架时顶板岩层的活动，减少顶板破坏。因顶板破碎，移架工作滞后时，必须停止采煤机，待移架跟上后方可继续割煤。

（9）注意事项：移架采用自动跟机顺序移架，每次移一架，如有丢架时，由监控中心支架操控员进行手动远程补架。操作程序：选架—降架—移架—升架。

3. 推移输送机

（1）推移输送机在采煤机后滚筒过后 12 架（采煤机发射器过后 17 架）外进行，自动跟机、推移输送机，一次推 3 架，输送机停止运转时，禁止推移（机头、机尾除外）。

（2）推移后的输送机机头、机尾必须平缓且直，移过的输送机必须成直线，其偏差不超过±100 毫米。

（3）输送机在推移过程中，必须单向顺序推移。

（4）在推移过程中，输送机与液压支架之间的人行通道严禁任何人员在此行走或逗留。

4. 带式输送机机尾移动方式

本工作面选用 DSJ120/200/G2×400 型带式输送机，使用 1200MT 型自移式机尾，采煤机每割 3 刀煤移动 1 次带式输送机机尾。

5. 回采率

加强工作面工程质量管理，原煤回采率达到 98% 以上。

第三节　透明地质大数据精准开采技术

一、项目基本情况

（一）项目实施背景

2013年以来，黄陵矿业公司一号煤矿首创地面远程操控采煤模式，实现了国产综采成套装备智能化开采技术在复杂地质条件下的常态化应用。但是智能化开采技术水平仍处于初级阶段，在生产实践中依然存在着记忆截割技术无法常态化精准应用和远程干预频繁，综采工作面大数据融合应用率低，煤岩识别等关键技术难题尚未攻克。

2019年以来，黄陵矿业公司联合中煤科工集团西安研究院、西安重装集团、西安合智宇信息科技有限公司等单位在一号煤矿开展了“基于动态地质模型大数据融合迭代规划控制策略的智能开采技术”项目研究。该项目采用地质探测与建模技术、“CT”切片技术、空间导航定位技术等构建了高精度智能开采截割模型。首创了可“预测、预判、预控”的综采大数据智能决策平台，利用综采自动化技术和大数据分析决策技术对截割模型进行实时修正。采煤机按照大数据智能分析决策中心下发的截割模型进行自主截割，无须人工干预截割过程，实现了智能精准开采。

（二）项目建设

该项目是在原有智能化开采技术装备的基础上，投资2329万元先后对综采工作面煤层进行了探查，构建了三维地质模型，建设了井下精准控制中心和地面大数据分析决策中心。2020年3月，设备到货开始安装和调试工作。同年5月，进入工业性试验阶段；8月5日，黄陵矿业公司组织各部门进行了验收；8月26日，陕西煤业股份有限公司组织专家进行了科技项目验收；9月15日，中国煤炭工业协会组织专家对该项目“基于动态地质模型大数据融合迭代规划控制策略的智能开采技术”进行了科技成果鉴定，认为整体技术达到国际领先水平。该项目首创透明地质的智能化综采工作面规划截割方法，形成了22道规划截割工艺和液压支架14道规划控制工艺。生产过程中，采煤机按照大数据智能分析决策中心下发的截割模型进行自主规划截割，液压支架根据规划控制工艺自主跟机移架，实现了全工作面规划截割，截割全过程无须人工干预。

（三）项目实施工作面

该项目实施地点为810智能化综采工作面，位于井田八盘区西翼，北邻812进风巷，西接八盘区辅助运输大巷，南为808工作面采空区，东为井田边界。工作面上覆地表为低山林区，沟壑纵横。工作面可采长度1950米，宽度261米，煤层厚度1.3~3.0米，平均厚度2.72米，可采储量167万吨。810进风巷为工作面辅助运输及进风巷，北侧为812进风巷；812回风巷为工作面主运输及回风巷，靠工作面外侧为实体煤柱，内侧布置带式输送机。一号煤矿810工作面主要巷道技术参数见表4-5-2。

表4-5-2　一号煤矿810工作面主要巷道技术参数表

巷道名称	巷道用途	断面	净宽(米)	净高(米)	净断面(平方米)	支护形式
进风巷	辅助运输、进风	矩形	4.6	3	13.8	锚网索联合支护
回风巷	主运输、回风	矩形	5	3	15	锚网索联合支护
开切眼	设备安装	矩形	7.2	2.7	19.44	锚网索联合支护

（四）工业性实验

2020年3月8日至4月30日，利用巷道测量、钻孔综合探测、槽波地震勘探等地质探查技术，完成了工作面静态地质模型构建工作，精度符合设计标准。同年5月20日至8月20日，为项目工业性试验阶段。工业性试验期间，导航定位系统、大数据分析智能决策平台和精准控制中心运行稳定、可靠，采煤机按照大数据智能分析决策中心下发的截割模型进行自主截割，液压支架根据规划控制工艺跟机移架，实现了全工作面规划截割，无须人工干预截割过程。一号煤矿无人干预截割阶段性试验情况见表4-5-3。

表4-5-3 一号煤矿无人工干预截割阶段性试验情况表

阶段号	时间	工业试验效果
第一阶段	2020年5月20日至6月20日	实现全工作面设备规划启停，工作面中部采煤机、液压支架、泵站根据规划截割模型进行规划截割及精准控制，现场4人干预作业
第二阶段	2020年6月20日至7月20日	实现全工作面（包括三角煤区域）根据规划截割模型自主规划截割，现场2人干预作业
第三阶段	2020年7月20日至8月20日	实现全工作面高效根据规划截割模型自主截割，无人干预作业

二、设备配套

一号煤矿810智能化工作面配置MG650/1630－WD型采煤机、ZY6400/17/35型液压支架、SGZ1000/2×855型刮板输送机、26功能电液控制系统一套、IMS精准控制系统一套、透明地质数字孪生系统一套、大数据智能分析决策中心一套等。一号煤矿810智能化工作面主要设备配套明细见表4-5-4。

表4-5-4 一号煤矿810智能化工作面主要设备配套明细表

序号	名称	型号	数量	关键参数	生产厂家
1	采煤机	MG650/1630-WD	1台	采高2240~4200毫米，机身高1616毫米	西安煤矿机械有限公司
2	液压支架	ZY6400/17/35	177台	支撑高度1700~3500毫米	山西平阳重工机械有限责任公司
3	刮板输送机	SGZ1000/2×855	1套	槽内宽1000毫米	中煤张家口煤矿机械有限责任公司
4	转载机	SZZ1000/400	1台	槽内宽1000毫米，功率大于或等于525千瓦	宁夏天地奔牛实业集团有限公司
5	破碎机	PLM3000	1台	功率大于或等于315千瓦	
6	自移机尾	DY1200	1部	适应输送带宽度1200毫米，移动步距大于或等于2700毫米	
7	带式输送机	DSJ120/150/3×315	1台		煤炭科学研究总院上海分院
8	乳化泵	BRW400/31.5	3台	额定流量大于或等于400升/分钟，功率大于或等于250千瓦	南京六合煤矿机械有限责任公司
9	喷雾泵	BPW315/10	3台	额定流量大于或等于315升/分钟	
10	电液控制系统		1套	26功能	北京天玛公司
11	精准控制系统	IMS	1套		西安煤矿机械有限公司

表 4-5-4（续）

序号	名称	型号	数量	关键参数	生产厂家
12	透明地质数字孪生系统		1 套		中煤科工集团西安研究院
13	大数据智能分析决策中心		1 套		西安合智宇信息科技有限公司
14	惯性导航系统		1 套		西安科技大学

三、关键技术与主要功能

（一）关键技术

1. 综采工作面动态三维地质模型构建技术

利用多源数据融合系统，实现钻探、物探、测量数据的耦合分析。基于隐式迭代三维建模技术构建高精度多属性动态地质模型。通过规划截割系统对三维模型进行“CT”剖切，提供规划截割曲线。通过数字孪生系统，搭建三维虚拟场景配准地质与设备模型，将真实开采工况映射至赛博空间。

2. 智能精准开采控制技术

通过流程管控、精准开采控制、自动化控制、规划参数控制等系统，根据规划截割模型控制采煤机自主完成截割高度、运行方向、运行速度、折返换向点的精准执行；液压支架自主完成中部与三角煤部分的规划控制精确跟机移架、推移输送机，实现全工作面设备根据规划截割模型生产循环的自主执行。综采工作面精准控制中心如图 4-5-3 所示。

3. 综采大数据智能分析决策技术

根据透明地质模型“CT”切片、开采工艺、设备工况等数据分析决策出最优的生产信息，建立规划截割模型并传递至智能精准控制系统。通过大数据运营、地质数据分析、采煤工艺决策、采煤机规划、电液控规划等系统指导全工作面设备自主规划截割。大数据智能分析决策平台如图 4-5-4 所示。

图 4-5-3　综采工作面精准控制中心

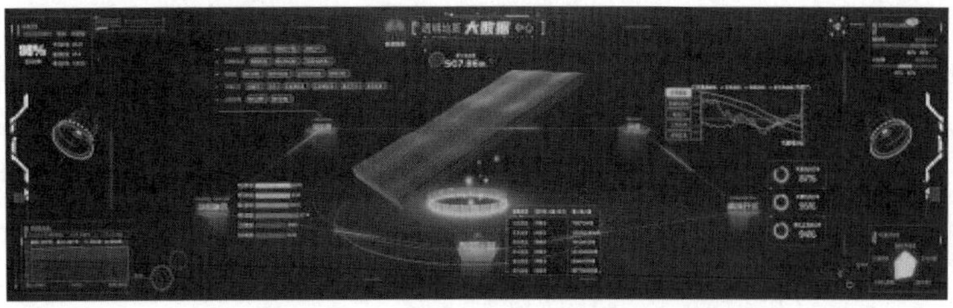

图 4-5-4　大数据智能分析决策平台

（二）主要功能

（1）实现精准控制中心对工作面设备的工况监测与远程控制功能，并可以按照逆煤流顺序“规划”启停。

（2）实现利用隐式迭代建模、动态更新算法等技术对工作面静态三维地质模型的动态更新。

（3）实现利用“CT”切片技术生成规划切割曲线功能，切割曲线包括有等间距网格点的煤层厚度、顶底板倾角、俯仰角等信息；并根据反馈的当前工作面开切眼实际位置，自动生成之后10刀的规划曲线。

（4）实现根据透明地质模型和综采设备的工况监测数据和开采工艺，利用大数据机器学习、数据聚合、插值、补偿、无界流等算法对规划截割模型进行实时修正，形成高精度的规划截割模型。

（5）利用惯性导航技术、雷达测距技术和大数据有关算法，实现综采工作面在三维地质模型中的精准导航、定位和工作面自动找直。

（6）实现利用数字孪生系统，对工作面主要设备以及虚拟巷道进行实时展示。

四、经济与社会效益

（一）经济效益

（1）工作面减人增效成绩显著。该技术成功应用后，工作面实现了无人开采，井下监控中心无须设人进行远程监视和干预，彻底将工作面1名巡检人员和井下1名远程监控员解放出来，每个生产班（三八制组织，八点班检修，四点班和零点班为生产班）减少作业人员2人，每日减少作业人员4人，综采队可减少配置生产作业人员6人（4人×1.5休班系数），每年可节约人工成本费用180万元（包含工资、福利、保险、安全投入等成本，每人30万元/年）。

（2）产能大幅度提高。采用该技术后，生产过程中大大减少了干预控制和调整作业时间，生产效率提升约30%，每年可多产煤炭90万吨（25万吨/月×0.3×12月），按照当时煤炭价格500元/吨，年增加产值45000万元（90万吨×500元/吨）。

（3）截至2020年，每年实现经济效益45180万元（节约人工成本180万元+增加产值45000万元）。

（二）社会效益

（1）真正实现全工作面无人化精准开采，彻底将职工从危险环境中解放出来，从艰苦的体力劳动中解放出来，体现了“以人为本、安全健康”的发展理念。

（2）增加了智能控制系统的“自动分析、提前预测和自主控制”功能，全面提升智能开采技术在复杂地质条件下的自适应调整能力，具有很强的推广应用价值。

（3）首次实现大数据分析决策技术在煤矿综采作业中的应用，为高科技技术在煤矿生产决策中的深度应用进行了有益探索。

（4）实现了由传统的记忆截割向三维空间感知、智能规划和自主截割的技术跨越，对推动煤炭行业智能化开采技术进步具有重要意义和引领、示范作用。

第四节　智能化开采技术创新成效与荣誉

一、创新改造及成果

一号煤矿在较薄煤层智能化综采设备安装调试过程中，先后完成了转载机自移系统改造、采煤机电缆防脱槽改造、煤壁视频盲区改造、远程供液泵站过滤站改造、采煤机红外线发射器 12 V 电源改造及采煤机二次喷雾改造等创新改造，大大消除了设备缺陷。在调试运行过程中解决各类故障难题 66 个，取得创新成果 12 项，获得专利 8 项，其中发明专利 6 项，实用新型专利 2 项。

一号煤矿在中厚煤层智能化无人工作面安装调试期间，科学组织、详细部署、自主完成了井下监控中心所有监控设备、通信设备、电源箱和环网设备等安装工作，累计包含 185 台电液控设备、3000 余根通信缆线、640 个传感器，对暴露出来的问题积极响应，集体攻关，做到“问题不过夜、隐患不越过”，有效促进了设备调试进度。同时先后完成了一键启停随动视频安全确认系统研究与应用、超前支架远程控制系统研究与应用、运输机减速箱透气塞改进、工作面扩音电话改进、遥控接收天线改进、采煤机摇臂连接架注油孔改进、液压支架反冲洗改进、液压支架配液板改进、摄像仪位置改进、转载机封底板等创新改造。其中一键启停随动视频安全确认系统研究与应用，是在 Longwallmind 3. 0 自动化软件的基础上开发了一套重点部位视频监控系统，当控制台处于一键启停状态时，采煤机主机会自动切换为胶带机+运输机、转载机+采煤机滚筒的一键启停随动视频安全确认视频监控画面，实时显示操作设备的现场状况。截至 2020 年，在该项目调试运行过程中解决各类故障难题 35 个，取得创新成果 14 项，其中 3 项成果正在申请专利。

二、技术创新成效

（一）“五个创新”

截至 2020 年，一号煤矿“1. 4~2. 2 米煤层国产综采装备无人化技术研究与应用”取得了“五个创新”。

（1）理念创新：树立“采场零伤害”的安全目标，实现了“无人则安”，确立了“两解放、两提高”的安全理念。

（2）技术创新：结合自身实际，跳出传统思维，创新技术、攻关思路，瞄准综采智能化、无人化的目标，建立了工作面“有人巡视、无人操作”的技术路线。

（3）装备创新：实现了全工作面设备联动控制，建立了智能化无人开采控制系统，完成了 11 项技术改造。

（4）管理创新：针对新的生产模式，及时调整管理思路和工作重点，实现“三个转变”。

（5）培训创新：一号煤矿采取把建设智能化工作面变成学习新知识、掌握新技术的“大课堂”；把工作面安装过程变成了实际操作技能培训的“练兵场”；把工作面调试过程变成了技术会诊的“研究所”。

（二）“六高”成效

截至 2020 年，一号煤矿智能化无人开采工作面与相同开采条件和生产能力的综采工作面相比，具有“六高”成效特点。

（1）安全可靠性高：实现了工作面无人跟机作业，现场仅 1 人巡检，达到了“少人则安、无人则安”目标。

（2）工程质量高：工作面真正达到了“三直、一平、两畅通”等一级质量标准化要求，确保了工作面动态达标。

（3）企业效益高：工作面作业人员由 9 人减至 1 人，仅此一项每年可节约 500 多万元。

（4）资源利用率高：综采工作面煤炭资源回收率达 98% 以上，提高了资源利用率。

（5）队伍素质高：截至 2020 年，一号煤矿有大专以上学历 346 人，助理工程师以上职称 95 人，高级技师 6 人，技师 24 人。

（6）装备水平和国产化率高：成套装备自动化率达 95% 以上，设备国产化率为 100%。

三、获得荣誉

2014 年 5 月 25 日，中国煤炭工业协会组织专家对“1. 4~2. 2 米煤层国产综采装备无人化技术研究与应用”进行了科技成果鉴定，鉴定认为整体技术达到国际领先水平。

2014 年 11 月，国家煤矿安监局行管司、陕西省安全监管局、陕西煤矿安监局对一号煤矿智能化无人开采的具体做法和经验成效进行了调研，并总结提炼了以“五新、六高、七到位”为主要内容的黄陵一号煤矿国产综采装备智能化无人开采技术经验材料，在全国煤炭系统产生了广泛而深远的影响。

2015 年 5 月 19 日和 6 月 29 日，一号煤矿作为主会场，分别承办了全国煤矿自动化开采技术现场会、陕煤集团自动化开采技术现场会。同时“智能化无人开采在黄陵一矿实现”入选了 2014 年度煤炭行业十大新闻和六大技术创新，“综采自动化成套装备联合运行成功”入选了 2015 年煤机十大科技创新成果。

2016 年 12 月 11 日，黄陵矿业公司在全国诸多高端企业和高科技项目中脱颖而出，荣获中国工业大奖。

2017 年 2 月，“中厚煤层国产综采装备智能化无人开采技术研究与应用”项目获得陕西省科学技术奖一等奖。

2019 年 3 月，“中厚煤层智能化综采工作面超前支护技术装备技术研究与应用”项目获得陕西省科学技术奖三等奖。

2020 年 9 月 15 日，“基于动态地质模型大数据融合迭代规划控制策略的智能开采技术”项目顺利通过中国煤炭工业协会科技成果鉴定。

第六章 矿 井 运 输

第一节 机 构

1999 年之前，一号煤矿井下运输由机运队负责。1999 年 5 月，一号煤矿细化机运队业务，成立皮带队和服务队，下设 4 个班组，负责原煤运输及主运输系统的维护。2012 年 4 月 1 日，将原服务队运输业务划归运输队管理，下设 5 个班组，负责除原煤运输以外的所有物料运送、回收及辅助运输系统的维护、人员升入井的运送工作。

截至 2020 年，全矿矿井运输业务由机电部统一管理，共有职工 33 人，负责一号煤矿运输专业技术管理、技术资料、施工管理、安全管理及电气防爆检查工作。

第二节 运输方式及设备

一、主运输系统

（一）带式输送机运输

1991 年，一号煤矿矿井主运输通过主平硐及主要巷道设置的钢丝绳芯带式输送机运输。在主带式输送机未安装之前，井下运输均由设在与主平硐平行的相邻轨道巷内的 DSP1080/1000 型钢丝绳芯带式输送机及 SZD730/90 型转载机临时运输。主要巷道的带式输送机随着巷道的延伸逐步向前铺设，在各盘区口带式输送机搭接处均设容量为 1000 吨的煤仓。

2002 年 8 月，公司对主运输设备进行升级，将原 DSP1080/1000 型一、二号带式输送机改造为 STJ120/3×450 型和 STJ120/4×500 型，有效提高了矿井运输能力。随着井巷的开拓延伸，运输线路不断延长，主运输系统不断扩大。截至 2013 年，从地面至井下共有 8 部带式输送机，运输长度达 21.31 千米。

2020 年，一号煤矿主运输系统从地面至井下共有 11 部带式输送机，总运输长度约 23000 米。2020 年一号煤矿主运输系统各部带式输送机特征见表 4-6-1。

表 4-6-1 2020 年一号煤矿主运输系统各部带式输送机特征表

序号	名称	规格型号	运输能力（吨/小时）	宽度（米）	速度（米/秒）	总功率（千瓦）	电压（伏）	铺设长度（米）
1	101 带式输送机	STJ140/200	1500	1.4	3.15	200	6000	66
2	一号主带式输送机	STJ120/3×450	1300	1.2	3.5	3×450	6000	3650

表 4-6-1（续）

序号	名称	规格型号	运输能力（吨/小时）	宽度（米）	速度（米/秒）	总功率（千瓦）	电压（伏）	铺设长度（米）
3	二号主带式输送机	STJ120/4×500	2000	1.2	4	4×500	6000	2400
4	西一上山带式输送机	DSJ120/4×500	2000	1.2	4	4×500	6000	2700
5	西一二部主带式输送机	DSJ120/4×500	2000	1.2	4	4×500	10000	2850
6	北一一部带式输送机	DSJ120/4×500	2000	1.2	4	4×500	6000	2950
7	北一二部带式输送机	DTL120/160/4×500	2000	1.2	4	4×500	1140	3100
8	北二上山带式输送机	DSJ120/4×500	2000	1.2	4	4×500	10000	3000
9	八盘区主带式输送机	DTL120/160/4×500	2000	1.2	4	4×500	1140	2950
10	八盘区二部带式输送机	DSJ120/120/2×315	1500	1.2	3.15	2×315	1140/660	260
11	北二二部带式输送机	DSJ120/120/2×315	1500	1.2	3.15	2×315	1140/660	780

（二）综采工作面带式输送机运输

十盘区运输路线：工作面刮板输送机→转载机→巷道带式输送机→北一皮带→三号煤仓→二上山皮带→二号煤仓→主皮带→101 皮带→地面煤仓。

六盘区运输路线：工作面刮板输送机→转载机→巷道带式输送机→北二皮带→四号煤仓→西一皮带→三号煤仓→二上山皮带→二号煤仓→主皮带→101 皮带→地面煤仓。

八盘区运输路线：工作面刮板输送机→转载机→巷道带式输送机→八盘区皮带→四号煤仓→西一皮带→三号煤仓→二上山皮带→二号煤仓→主皮带→101 皮带→地面煤仓。

（三）掘进原煤运输

掘进工作面巷道带式运输机—盘区带式输送机—盘区煤仓—给煤机—主大巷主带式输送机—煤仓—给煤机—主平硐提升带式输送机。

二、辅助运输系统

1989 年，一号煤矿辅助运输最初设计采用轨道运输，选用 JX40KB 型柴油机车 8 台，每台柴油机车牵引 8 辆 1 吨固定矿车或材料车，或牵引 6 辆 PRC-12 型车。主要设备和材料运输由有轨防爆柴油机车牵引运输，沿副一平硐经主运轨道巷运至井底各使用地点。1996 年 8 月，将 JX40KB 型柴油机车改为 CK-66 型和 CK-112 型胶套轮齿轨机车，提高了运输效率。1996—2006 年，矿井辅助运输主要采用有轨运输，配有 2 辆 JCP-8/600 型和 1 辆 CK-66 型防爆低污染柴油机胶套轮齿轨机车。井下矸石及部分材料运输由有轨防爆柴油机车和 4 台 CDXT-8T 型蓄电池电机车负责，速度 7.8 千米/小时。每台蓄电池车每次牵引 1 吨矿车、6 辆材料车，平均运输距离 7.6 千米。人员运输采用 WRC20/2J 型防爆无轨胶轮车，由副二平硐运至各盘区口，每台车辆额定载人数为 22 人。

2006 年以后，随着矿井核定产能的增加，设备、材料运输量不断增大，原有的辅助运输设施不能满足矿井正常生产的需求。截至 2012 年，井下物料运输由 15 台 KCQ80J（A）型机械卡轨车承担，沿副一平硐运至井底各使用地点。小型设备及材料由 20 辆 WC6.0（A）型无轨胶轮车运送，井下作业人员由 24 辆 WC22R 型防爆柴油机无轨胶轮车运送。综采设备采用 4 台 WC40Y（B）型支架搬运车，2 台 WC40E 型铲板式运输车及 1 台 WJ-7FB 型防爆柴油铲运机来完成安装与拆除的运输工作。

工作面巷道运送人员采用 WRC3Y 型防爆无轨胶轮车或 SD-700 型无极绳绞车，将人员从巷道口运至工作面作业地点。截至 2013 年底，一号煤矿全部实现无轨化运输。

2020 年，辅助运输设备采用吉林长城机械有限公司和湖北塞弗精工科技有限公司生产的 WC22R 型防爆无轨胶轮车运送人员，共 55 辆；采用吉林长城机械有限公司和湖北塞弗精工科技有限公司生产的 WC6.0（A）型防爆无轨胶轮车运送物料，共 45 辆。北一路线：地面→副一平硐→二盘区轨道巷→北一进风巷→作业工作面进风巷、回风巷→工作面；北二路线：地面→副一平硐→二盘区轨道巷→西一进风巷→北二进风巷→作业工作面进风巷、回风巷→工作面；八盘区路线：地面→副一平硐→二盘区轨道巷→西一进风巷→八盘区进风巷→作业工作面进风巷、回风巷→工作面。升井时沿入井路线原路返回到达地面。

截至 2020 年，矿井采用山西煤科院生产的 WC40Y 型支架搬运车 6 辆，莱州亚通重型装备有限公司生产的 WC40E 型铲板式搬运车 2 辆，WJ-7FB 型多功能车 2 辆。

第三节 矿 井 提 升

1989 年以来，一号煤矿采用斜井提升，提升设备安装在风井，主要承担矿井部分提升任务。2005 年，一号煤矿对矿井提升系统进行升级改造，改造后二号进风斜井基本功能没变，井筒内敷设 30 千克/米、600 毫米轨距单轨，安装 1 台 JK-2.5×2/20E 型单滚筒提升机，单钩提升，每钩 4 辆 1 吨固定式矿车，每车载矸石 1.02 吨，提升速度 2.2 米/秒，提升一次循环时间 740 秒。

三号进风斜井斜长 627 米，倾角 22°，混凝土砌碹支护，铺设轨型 30 千克/米，轨距 600 毫米单轨道。井口安装 1 台 JK-3.5×1.8/30E 型单滚筒提升机，单钩提升，卷筒直径 ϕ3.5 米，滚筒宽度 1.8 米，减速比 30，提升速度 3.02 米/秒。钢丝绳型号为 40NAT6×19S+FC1570ZS380829590GB8918-2006，公称直径 ϕ40 毫米，公称抗拉强度 1570 兆帕，最小钢丝破断力总和 1006.406 千牛。天轮直径 ϕ2.5 米。电机型号为 YPT500L5-12T，电压 660V，功率 560 千瓦。控制系统为 BPDK-ZN-01SP 型智能化变频提升机电控系统。其主要用于提升矸石，每钩 6 辆 1 吨固定式矿车，每车载矸石 1.02 吨；提升设备时，每次提升一辆重型平板车，最大件重量 30 吨，平板车重量 3 吨；井口车场安装有手动阻车器，斜巷变坡点下安装有手动常闭式挡车栏，斜巷下部安装有雷达测速常开式挡车装置。

2020 年，三号风井进风斜井安装 1 台 RJDKY55-25/1800 型煤矿用单向大坡度可摘挂抱索器架空乘人装置，运行速度 1.12 米/秒。钢丝绳型号为 2-6×31WS+FC-1670。减速机型号为 V3SV9-63。减速比 $i=63$。其主要担负三号风井场地人员运送任务。该设备于 2020 年 10 月由中煤第三十六工程处负责安装，于 2020 年 12 月安装完成并投入使用。

四号进风斜井斜长 737 米，巷道宽 5.4 米，高度 4.3 米，净断面 20.1 平方米，倾角 20°。井口安装 1 台 JK-3.5×1.8P 型单绳缠绕式矿井提升机，单钩提升，卷筒直径 ϕ3500 毫米，滚筒宽度 1.8 米。行星齿轮减速机型号为 ZZL1250A，减速比 30，最大提升速度 3.02 米/秒，最大提升高度 745 米。钢丝绳型号为 6V×37S+FC，公称直径 ϕ38 毫米，公称抗拉强度 1770 兆帕，钢丝破断力总和 461.32 千牛。天轮直径 ϕ2.5 米。电机型号为 YPT500L5-12MT，电压 660V，电流 645A，功率 560 千瓦。控制系统为西门子智能化变频提升机电控系统。

2020 年一号煤矿各风井提升机配备见表 4-6-2。

表 4-6-2 2020 年一号煤矿各风井提升机配备表

台

矿井名称	安装地点	提升机型号	安装时间	数量
一号煤矿	一号回风斜井	JT1600/1223G110 千瓦	1992 年（已拆除）	1
	二号进风斜井	JK-2.5×2/20E315 千瓦	2001 年（已停用）	1
	三号进风斜井	JK-3.5×18/30E560 千瓦	2008 年	1
	四号进风斜井	JK-3.5×1.8P	2016 年	1

第七章 矿井通风

第一节 机　　构

一、机构设置

2003 年 9 月，一号煤矿成立通风队，通风人员配备相对较少。2007 年 8 月，一号煤矿成立通风科，负责矿井日常通风管理，在机关设专职人员负责日常通风监管工作。2008 年，矿井被鉴定为高瓦斯矿井后，通风队伍得到加强。2008 年 10 月，一号煤矿成立瓦斯抽放队，与通风队配合，负责矿井通风设施维护及瓦斯抽采工作。2012 年，一号煤矿通风科更名为通风部，对管理人员进行了扩充。

二、职责

截至 2020 年，通风部的基本任务是贯彻落实有关煤矿“一通三防”法律法规和上级有关文件精神；拟定本矿“一通三防”管理制度，会同安监部门对制度的落实情况监督检查；会同生产技术部门合理确定矿井、采区、采掘工作面的通风系统，提出矿井采掘工作面及其他用风地点的风量分配计划并组织实施，定期测定矿井风量；组织开展矿井通风质量标准化活动；组织“一通三防”专项检查，跟踪处理职责范围以内的“一通三防”隐患；参与采掘工作面作业规程及有关安全技术措施的审查；提出通风工程计划，通风技术装备购置计划及相关的安全技术措施；组织实施通风设施构筑物、监测监控、防尘、防爆方面的工作；负责有关排放瓦斯、巷道贯通方面的具体工作，及时处理瓦斯超限、瓦斯积聚等事故隐患；负责矿井掘进工作面的局部通风管理；参与煤矿伤亡事故的抢救工作。

第二节 通风方式与主要设备

一、矿井通风方式

一号煤矿采用混合分区式通风方式，通风方法为抽出式。

1991年1月，矿井委托西安煤矿设计研究院开始设计一号风井。同年4月，由陕西煤炭建设公司施工，总投资约1150万元，服务区域为一盘区，设计服务年限为10年。

1992年3月，副一平硐和一号回风斜井贯通。同年9月，三条平硐全部贯通，至此一号风井正式投运，形成“三进一回”的通风格局。

三条进风井筒为主平硐、副一平硐、副二平硐。一条回风井筒为一号风井回风斜井，总回风量为4500立方米/分钟，负压1150帕。2000年6月，矿井通风系统全部完善，洒水消防系统改造完成，达到投产条件。

2000年初，随着矿井开拓不断延伸，通风线路不断延长，一号风井不能满足矿井生产需要，委托西安设计院开始设计二号风井，主要服务二盘区的10个工作面和四盘区的3个工作面，设计“一进两回”三条井筒，服务年限10年。同年4月，中煤二十九处开始施工，总投资约1900万元，2001年10月建成投用，总回风量为9126立方米/分钟，负压1820帕。同年，一号风井被封闭，通风方式由中央分列式改为中央分列与中央并列混合式通风，形成“四进两回”通风格局。

2007年4月，为进一步扩大矿井产能，形成“一井两区、一区一面”的生产格局，委托中煤科工集团西安研究院开始设计三号风井，主要承担北二、八盘区开拓回采通风任务。同年8月，由中煤三十处和重庆煤炭建设公司开始施工，总投资约2500万元，2008年10月建成投用，总回风量为9500立方米/分钟，负压1350帕。同时，与西安科技大学合作对矿井通风网络进行了解算，制定出优化改造矿井通风系统的方案，通过改造实现二、三号风井双风机联合运转分区通风，形成北一与北二独立回风系统。

2012年，二号风井实际服务年限已经超过设计，加之三盘区回采至尾声，通风路线长，阻力大，二号风井负压达2800帕，接近规定上限，又委托中煤科工集团西安研究院进行四号风井设计，主要服务于北一区域。同年10月，正式开工建设“一进两回”三条井筒，设计回风能力16000立方米/分钟，服务年限10年。进风井筒由陕煤建承包施工，瓦斯井和回风井由中煤三十六处承包施工。2017年4月，各项工程完成施工。2019年5月30日，四号风井投入使用，矿井实现二、三、四号风井联合稳定运转。2019年10月，完成四盘区隔离，二号风井停用，矿井实现三、四号风井联合稳定运转。

2020年11月，三、四号风井主要通风机联合运行情况良好，全矿井总回风量为26361立方米/分钟，其中三号风井回风13407立方米/分钟，四号风井回风12954立方米/分钟，总进风量为26164立方米/分钟，矿井有效风量为25242立方米/分钟；矿井有效风量率为96.48%；三号风井负压为2390帕，四号风井负压为1420帕；全矿井等积孔为11.95平方米，三号风井等积孔为5.44平方米，四号风井等积孔为6.82平方米。矿井现有进风井筒6条，回风井筒2条，三号风井安装两台FCZNO 26.5/1600（I）型轴流式通风机，电机型号YB35604-6GW，电机功率1600千瓦，最大额定风量24000立方米/分钟，主要服务矿井北二、八盘区。四号风井安装2台FBCDZNO36/2×1250型轴流式对旋风机，电机型号YBF800M1-10，电机功率2×1250千瓦，最大额定风量21600立方米/分钟，主要服务矿井北一区域。

二、矿井通风设备

矿井采煤工作面均采用“U”型通风方式，即采取进风巷进风，回风巷回风，回风经风桥汇入盘区回风大巷，采煤工作面配风量在1800~2500立方米/分钟，风速符合相关规定。掘进工作面通风方式采用对旋风机压入式通风，配风量为400~600立方米/分钟。2007年以前，均采用11千瓦、28千瓦单旋局部通风机，之后，根据行业规范要求，在全矿推广应用对旋局部通风机，局部通风机型号分为2×15千瓦、2×22千瓦2种，使用风筒以ϕ600毫米、ϕ800毫米和ϕ1000毫米3种型号为主。2008年以后，掘进工作面瓦斯涌出量逐步增大，为此引进2×30千瓦、2×45千瓦大功率局部通风机，将掘进工作面供风量增加至600~1000立方米/分钟。2005年，矿井局部通风机全部实现“双风机、双电源、自动切换、自动分风”，风机供电系统全部达到双“三专”供电。

2014年11月，矿井引进智能变频轴流式风机，于2015年投入使用。该风机以工作面掘进长度的变化为主要参数来调节风机转速，实现了风电闭锁、主备机自动切换、精确调节风量、远程监控等功能，实现了按需供风的效果。

截至2020年底，井下已安装使用10套智能变频轴流式风机，包括FBDYNO7. 1/2×45型智能变频轴流式风机4套和FBDYNO6. 3/2×30型智能变频轴流式风机6套。一号煤矿2020年通风设备型号参数见表4-7-1。

表4-7-1 2020年一号煤矿通风设备型号参数表

地点	三号风井	四号风井
风机型号	FCZNO26. 5/1600(Ⅰ)型 轴流式通风机	FBCDZNO36/2×1250型 轴流式对旋风机
电机型号	YB35604-6GW	YBF800M1-10
电机功率(千瓦)	1600	2×1250
设计最大风量 (立方米/分钟)	24000	21600
目前风量 (立方米/分钟)	13742	12703
负压(帕)	2650	1360
等积孔(平方米)	5. 39	6. 83
服务区域	八盘区、北二区域	北一区域

第三节 瓦斯监测与抽采抽放

一、瓦斯监测监控

2004年，在一号煤矿第一套自动化系统开工建设的同时，设计建设了安全监测系统和主要通风机房的数据监测。该项目为2004年国债项目，总投资1100万元，由天地科技常州自动化公司承建，2005年正式投运。2007年，由重庆梅安森有限责任公司承建，在一号煤矿二号风井建成第一套瓦斯抽采监测系统，系统名称为KJ60型，总投资210万元。2011年，由重庆煤科分院设计并承建，完成三号风井瓦斯抽采监测系统安装，总投资110万元。2012年，由重庆煤科院设计并承建四号风井抽采监测系统，总投资130万元。2019年10月，二号风井抽采系统停用，同时监测监控停止运行。同年，依据国家监测监控系统升级要求，对三号、四号风井抽放技术进行了优化提升，全部采用“威力巴”流量测量技术，总投资210万元，至此矿井两座风井的抽采泵站全部实现了监测监控。

一号煤矿于2019年3月底完成安全监控系统升级改造工作，所使用的系统为天地（常州）自动化股份有限公司设计生产的KJ95X型。系统中心站设置于一号煤矿调度指挥中心，并实现双回路供电，供电电源配备了UPS后备电源和防雷设施，机房地板采用防静电材料。其中，中心站配置2台监控主机（主备机各1台），2台环网核心交换机，共铺设环网光缆50千米左右，分别由主平硐与副一平硐敷设至井下各个监测点，形成千兆的监测监控专用工业环网。截至2020年，现场安装监测分站、电源箱、各类传感器共894台。各采掘工作面以及监测点传感器的设置和断电范围全部符合《煤矿安全规程》及《煤矿安全监控系统及监测仪器使用管理规范》(AQ 1029—2019）的要求。

二、瓦斯抽采抽放

截至2019年11月，一号煤矿建成2座地面瓦斯抽采泵站、2组井下移动瓦斯抽采泵站。三、四号风井地面瓦斯抽采泵站均配置3套高低压抽采系统，每套系统均安装2台2BEC72型瓦斯抽采泵，单泵抽采能力为505立方米/分钟，矿井地面泵站总抽采能力为3030立方米/分钟。瓦斯抽采主系统采用DN710/DN630型聚乙烯管路延伸至井下各盘区，分支系统采用DN355型聚乙烯管路延伸至采掘工作面。截至2020年，三号风井地面瓦斯抽采泵站服务北二、八盘区的本煤层及高位裂隙抽采，四号风井地面瓦斯抽采泵站服务十盘区的本煤层、上隅角及高位裂隙抽采。井下北二、八盘区移动瓦斯抽采泵站分别安装1套ZWY260/315G型和1套ZWY200/250G型瓦斯抽采泵，合计抽采能力为460立方米/分钟，主要承担北二、八盘区采煤工作面上隅角瓦斯抽采任务。

三、瓦斯实验室

2011年，矿井成立瓦斯实验室，专门负责矿井瓦斯基础参数的测定工作。2020年一号煤矿瓦斯实验室设备仪器配备见表4-7-2。

表4-7-2 2020年一号煤矿瓦斯实验室设备仪器配备表

仪器设备名称	主要功能	型号
煤层残存瓦斯含量测定装置	测定残存瓦斯含量	
红外快速煤质分析仪	分析煤、焦炭中的空干基水分、灰分及挥发分等指标	5E-MACⅢ
瓦斯含量直接测定装置	测定煤层原始可解吸瓦斯含量	DGC
瓦斯压力测定仪	测定煤层瓦斯压力	WYY-Ⅱ型
气相色谱仪	气体成分分析	3420A

第四节 瓦斯抽采利用

2013年7月，陕西华泰汇丰能源科技有限公司与陕西省煤气层开发利用有限公司签署了战略合作协议，共同开发一号煤矿煤层气资源。

2015年，矿井在二号地面瓦斯抽采泵站工业广场建成瓦斯发电站一座。同年12月1日，正式并网发电。该项目占地1.39亩，总投资2500万元，总装机容量为3.5兆瓦，年发电2520万千瓦，实现了低浓度瓦斯的综合利用。

2016年9月，矿井在三号地面瓦斯抽采泵站建成瓦斯发电站一座，项目位于一号煤矿三号地面瓦斯抽采泵站西侧，占地18亩，于2016年4月开工建设，2016年9月底建成并网发电。三号风井地面瓦斯抽采泵站瓦斯电厂一期安装了12台发电机组，机组总功率8.4兆瓦，年发电量约6720万千瓦时，实现节能效益2573余万元，年产值3575余万元，具有良好的经济效益。

2019年4月15日，矿井四号地面瓦斯抽采泵站正式启用，同时二号地面瓦斯抽采泵站与瓦斯发电站停用。2016—2020年一号煤矿瓦斯抽采利用量见表4-7-3。

表4-7-3 2016—2020年一号煤矿瓦斯抽采利用量统计表

万立方米

年份	瓦斯抽采利用量	年份	瓦斯抽采利用量
2016	261	2019	2843
2017	2305	2020	1938
2018	3245		

注：1989—2015年，瓦斯抽采无利用量，未统计。

第八章 机 械 动 力

第一节 机 构

截至2020年，机电部有职工33人，主要负责全矿机电、运输、提升设备管理，及供电、供排水、压风、设备修理、节能、修旧利废等管理工作。机电队共有员工102名，下设三个班组，负责供电、供排水、矿灯房、主通风机房、压风机房的管理与维护工作。

第二节 供电及设备

一、一号煤矿矿井及选煤厂供电

截至2020年，一号煤矿采用分列式供电，其电源均引自矿区鲁寺110千伏变电站。

（一）地面供电系统

截至2020年，矿井采用110千伏供电，地面工业广场建有鲁寺110/35/6千伏变电站一座，两回路电源以LGJ-240架空线路引自黄陵矿区煤矸石热电厂110千伏两段独立母线，距离0.7千米，两段母线分列运行，互为备用，担负矿井全部负荷。鲁寺110/35/6千伏变电站安装2台FSZ-40000/110/

35/6 千伏主变压器，一用一备。其中，以 35 千伏双回路向二号风井花家庄 35/6 千伏变电所、三号风井工业场地 35/10 千伏变电所、四号风井工业场地 35/10 千伏变电所；以 6 千伏双回路向驱动机房、选煤厂、井下一盘区临时变电所和生活用电系统供电。

（二）井下 6 千伏供电系统

截至 2020 年，其供电系统分别包括以下几项：

（1）矿井一盘区 6 千伏双回路电源引自工业广场鲁寺 110/35/6 千伏变电站，解决一盘区排水、实训基地及临时施工用电。

（2）二号风井花家庄 35 千伏变电站入井电缆四趟分别引入三号变电所和 1 号中央变电所。

（三）井下 10 千伏供电系统

截至 2020 年，其供电系统分别包括以下几项：

（1）三号风井定周 35 千伏变电站入井电缆四趟引入 2 号中央变电所。

（2）四号风井侯庄 35 千伏变电站入井电缆两趟引入 3 号中央变电所

二、采煤掘进工作面供电

截至 2020 年，一号煤矿井下各采掘工作面高压供电采用 MYPTJ-8.7/10kV-3×50+1×16+3/3×25+JS 型橡套屏蔽高压电缆从各变电所引向采掘工作面，后采用 KBSGZY 矿用移动变电站降压后，供各用电设备。

三、供电设备

截至 2020 年，矿区供电设备管理从日常巡视、包机、维护、试验、检修、消缺等各方面形成了一整套规范化的管理制度，并严格执行，做到每台设备专人管理维护、保养、检查、消缺，同时定期检查、考核供用电设备完好率，建立完善设备运行台账等，保证矿区供用电的安全可靠。2020 年一号煤矿各变电站主要设备配置及型号见表 4-8-1。

表 4-8-1 2020 年一号煤矿各变电站主要设备配置及型号表

使用地点	设备名称	设备型号	数量
鲁寺变电站	变压器	SFSZ10-M-40000/110/35/6	2 台
	站用变压器	S11-80/6.3	2 台
	110 千伏断路器	GW4-126DDW	8 台
	35 千伏高压开关柜	JYN1-35	9 面
	6 千伏高压开关柜	GG-1AF2	54 面
花家庄变电站	变压器	SFZ10-M-12500/35/6	2 台
	站用变压器	SF-500/6.3	2 台
	35 千伏高压开关柜	JBC-35JF	13 面
	6 千伏高压开关柜	GG-1AF	30 面
定周变电站	变压器	SFZ10-M-16000/38.5/10	2 台
	35 千伏高压开关柜	KYN60-40.5	10 面
	10 千伏高压开关柜	KYN-28A	28 面

表 4-8-1（续）

使用地点	设备名称	设备型号	数量
侯庄变电站	变压器	SZ11-16000/35/10	2 台
	35 千伏高压开关柜	KYN61-40.5	10 面
	10 千伏高压开关柜	KYN28A-12	34 面

第三节 设备维修、报废及租赁

一、机电设备维修

截至 2020 年，机电部负责设备维修，定期检查、督促设备使用单位限期升井，对本单位设备建立技术档案，对设备的大修、试验、技术性能测定、事故状态等进行记载；建立设备总台账，分类建立设备在用、闲置、待修、在修、待报废、借出、借入、调入设备及库存的账卡。各区队所管辖区域设备各种维护保养必须严格执行煤矿机电设备质量标准，并做好检修保养记录。机电部机电管理人员不定期地对各基层单位设备维护保养情况进行检查。

二、机电设备报废

截至 2020 年，机电部负责设备报废工作，对设备长期运行使用、老化、不断磨损，生产效率及安全可靠性不断下降的设备依照报废标准条件进行报废处理。设备报废后，认真处理残体，回收残值。对于危险性和危险性大的设备，如锅炉、压力容器、起重设备等，除按一般报废程序办理外，还办理报废申报与注销手续。经检验评定判废的设备，坚持由检验单位出具书面报告，并报送该设备使用登记的安全监察机构。同时，对已不适应公司生产要求的设备坚持做好闲置封存工作。对于封存设备的启用，坚持先填写《设备封存（启用）申请表》，经生产副总审核，总经理批准后方可启用，其使用成本及折旧费用计入机电部管理成本。

三、设备租赁

2005 年以后，公司生产进入快速发展期，煤矿设备也进入更新换代期，公司在机电供应公司成立设备租赁站，制定印发《设备租赁管理（修订）实施细则》和《机电设备租赁管理办法（试行）的通知》，对主要生产设备实行租赁管理。设备租赁站是公司设备租赁业务管理部门。租赁流程是设备租用单位根据本单位下年度生产计划的安排，每年十月前以租用设备计划的形式（在计划中注明设备的型号、数量、使用地点等）向设备租赁站报送下年度工作面接续和计划。设备租赁站通过审核各单位申报的租用设备计划，于当年 11 月编制出下年度租赁设备计划，并上报矿业公司相关部门和分管领导，经研究审批后开始实施。设备租赁费由设备基本折旧费、大修理费及租赁管理费 3 部分组成。租赁价格按照《机电设备租赁管理办法（试行）的通知》内容计算得出，租赁费按月计收。租赁设备的主要范围为采煤机、刮板输送机、桥式转载机、破碎机、液压支架、可伸缩带式输送机、乳化液泵站、喷雾泵站、组合开关、移动变电站、掘进机、卡轨机车等。

2011 年 9 月，设备租赁业务划归一号煤矿按固定资产进行管理。一号煤矿机电部根据外协单位所承建工程，结合自身实际情况，租赁生产设备给外协单位，实行有偿服务。设备在租赁期间的所有权属于一号煤矿。在租赁期内，各外协单位享有设备的使用权，但不得转让或作为财产抵押，未经一号煤矿同意亦不得在设备上增加或拆除任何部件和迁移安装地点。

四、设备大修

2008 年以前，一号煤矿机修车间负责设备修理。2008 年以后，机修车间划归矿业公司机电公司管理。设备大修实行计划管理，各个设备使用应根据下年度生产计划和设备的技术状况按时编制大修计划。机电部根据承修单位编制的大修计划，结合设备折旧费的提取情况和大修周期、设备的性能状况、库存数量等合理安排大修资金，并于每年 11 月提出大修专项基金。大修计划报机电部审核，由机电部上报相关部门及领导，大修计划包括大修设备名称、设备型号、大修时间安排、单台设备大修资金总额、大修内容等。大修计划经审核批准后，机电部和承修单位应做好大修前的准备工作，必须按审核批准后的大修计划按时开工，不得随意推迟或提前开工。特殊情况须提前一个月审批，变更大修内容、单台设备大修资金总额需经机电部及主管领导批准。设备大修施工计划安排的设备承修单位必须具有相应的技术装备、技术力量和完善可靠的并达到国家或行业标准的测试手段，对承修综采、综掘等设备必须有煤矿设备检修许可证，对承修防爆电器设备的厂家必须有上级或专业管理机关批准的防爆合格证，无证者不得给予安排大修业务。承修单位在大修竣工之后，应持竣工报告向机电部等单位申请进行验收，进行组装试运转，由生产技术部、机电部、企管部、承修单位和使用单位共同组成验收小组进行验收。验收应以原定修理质量要求为依据。设备大修质量执行《煤矿机电设备检修质量标准》，不得随意降低质量标准或改变其结构性能。设备大修竣工后，由承修单位、机电部和矿业公司有关部门按修理质量标准逐项严格验收，验收合格后填写《竣工验收报告》，经各单位共同签字后方可办理出厂结算手续。机电部将《大修合同》《大修预检报告》《大修开工报告》《竣工验收报告》和零配件统计明细表等资料汇总后，根据大修预算严格审定各项费用的实际发生金额做出决算资料，经有关领导签字后，报计划处审核，经矿业集团公司分管领导签字后，转财务处批转资金。2020 年一号煤矿设备大修情况见表 4-8-2。

表 4-8-2 2020 年一号煤矿设备大修情况表

序号	项目名称	工程结构及内容（或设备规格）	单位	数量	计划金额（万元）
一、	综 采 设 备				
1.	805 工作面综采设备				616
（1）	液压支架（含 22 台超前支架）	ZY6400/17/35	台	182	250
（2）	刮板输送机	SGZ1000/1710	套	1	80
（3）	采煤机	MG650/1620-WD	套	1	100
（4）	转载机	SZZ1000/400	套	1	50
（5）	破碎机	PLM3000	套	1	10
（6）	带式输送机	DSJ120/150/2×315+2×315	套	1	40

表 4-8-2（续）

序号	项目名称	工程结构及内容（或设备规格）	单位	数量	计划金额（万元）
(7)	矿用移动变电站	KBSGZY-2500/10 1 台 KBSGZY-1000/10 1 台 KBSGZY-1250/10 1 台	台	3	10
(8)	组合开关	KBZ-800/3300-6 2 台 KBZ-2400/1140-10 1 台 KBZ-800/3300-4 1 台	台	4	10
(9)	乳化液泵站	BRW400/31.5	套	1	8
(10)	喷雾泵站	BPW400/10	套	1	8
(11)	自动化		套	1	50
2.	803 工作面综采工作面设备				1650
(1)	液压支架（含 8 台超前支架）	ZY6400/17/35	台	168	1310
(2)	刮板输送机	SGZ1000/1710	台	1	110
(3)	转载机	SZZ1000/400	台	1	50
(4)	破碎机	PLM3000	台	1	10
(5)	采煤机	MG650/1620-WD	台	1	50
(6)	液压泵站	BPW400/16 BRW400/31.5	套	1	20
(7)	带式输送机	DSJ120/150/4×315	套	1	30
(8)	移动变电站	KBSGZY-2500/10 1 台 KBSGZY-1250/10 1 台 KBSGZY-1000/10 1 台	台	3	30
(9)	组合开关	QJZ-1140-10 1 台 QJZ-3300-6 2 台	台	3	30
(10)	皮带自移机尾	ZY2700	台	1	10
二、	掘 进 设 备				
(1)	掘进机	EBZ-160	台	2	200
三、	其 他				
(1)	防爆无轨胶轮车（人车）	WC22R	台	5	38
(2)	防爆无轨胶轮车（料车）	WC5J（B）	台	5	33
(3)	多功能车维保修理		项	1	916

第四节 采煤机械化设备

一、采煤机械化工作面

截至 2020 年 3 月，一号煤矿井下布置有 2 个采煤工作面，分别是 807 工作面、1008 工作面，均为智能化开采，覆盖率 100%。

二、采煤机械化工作面主要设备

(一) 1008 工作面主要设备配套情况

2020 年一号煤矿 1008 工作面主要设备配套见表 4-8-3。

表 4-8-3 2020 年一号煤矿 1008 工作面主要设备配套表

序号	名 称	型 号	数量	备 注
1	电牵引采煤机	MG620/1660-WD	1 台	
2	液压支架	ZY7800/15/30D 中部支架	151 架	160 架
		ZYT7800/17/32D 端头支架	9 架	
		ZTC63528/19/32A 进风巷超前支架	1 套	6 组
		ZTC28560/19/32B 回风巷超前支架	1 套	4 组
		ZQL2×3200/18/30 切顶支架	1 组	端头异形支架
3	刮板输送机	SGZ1000/2×855	1 台	240 米
4	桥式转载机	SZZ1000/525	1 台	60 米
5	破碎机	PLM3000	1 台	
6	自移机尾	DY1400	1 部	
7	带式输送机	DSJ120/200/G4×400	2 部	3035 米
8	输送机变频器	BPJV-/1000/2×1. 905	2 台	
9	移动变电站	KBSGZY—3150/10/3. 45	1 台	煤机、转载、破碎
10	移动变电站	KBSGZY—1250/2×1. 905	2 台	刮板输送机
11	移动变电站	KBSGZY—1600/10/1. 2	1 台	泵、照明
12	组合开关	QJZ1-800/3300-4-400	1 台	泵站
13	监控中心	TMDJKZX	1 套	煤机、支架
14	PLC 控制柜	泵站智能控制	1 套	
15	照明综保	ZBZ2-10	2 台	设备列车、工作面
16	喷雾泵	BPW400/16	3 台	水箱 2 台
17	电磁启动器	QJZ-80N	1 台	绞车
	馈电开关	KBZ11-400	1 台	
18	乳化泵站	BRW500/31. 5	3 台	泵箱 1 台
19	组合开关	QJZ1-1600/3300-6-400	1 台	煤机、转载、破碎
20	组合开关	QJZ1-2400/1140-12-400	1 台	运输
21	阻化泵	BZ4/15-G	1 台	泵箱 1 台
22	高压过滤站	TMGLZ (2500/37. 5/25) D	1 台	
	回液过滤站	GLZ2000/2. 5/60	1 套	
	蓄能装置	TMBZCNQ (126/31. 5)	1 套	
23	清水过滤站		1 套	
24	绞车	JH-14	1 台	
25	移动变电站	KBSGZY-630/10/0. 69	4 台	进风巷抽水
26	移动变电站	KBSGZY-1250/10/1. 2	2 台	皮带机头、中驱动
27	移动变电站	KBSGZY-630/10/0. 69	2 台	回风巷抽水
28	远程供液站		1 套	

2002 年 1008 工作面顺槽及地面监控中心主要设备配套见表 4-8-4。

表 4-8-4 2020 年一号煤矿 1008 工作面顺槽及地面监控中心主要设备配套表

序号	名 称	型 号	数量
1	工作面监控中心	TMDJKZX	1 台
2	矿用隔爆兼本质安全型监控主机	TMDFBZ(KJC127/12)[ZDYZ-127Z]	3 台
3	矿用本安型显示器	TMDXSQ(XH12)	6 台
4	矿用本安型键盘	TMDSR[SAC-P/K(0.06/5)/A]	6 件
5	矿用本质安全型综采综合接入器	TMDJRQ[KJJ18(A)/3C]	1 台
6	矿用本安型云台摄像仪	TMDSXY[KBA12(A)]	2 台
7	矿用隔爆兼本质安全型稳压电源	TMDFBD(KDW127/12/2.0)	7 台
8	矿用本安型操作台	TMDCZT[TH12(B)]	1 台
9	矿用本安型操作台	TMDCZT(TH12I)	1 台
10	4x 型铜头连接器	conm/4×250s	12 根
11	矿用本安型信号转换器	TMDSRSC(KZC12/B1.2/S3.0)	1 件
12	矿用本安型交换机	TMDLYJH[KJJ12(A)]	1 台
13	矿用本安型网络交换机	TMDJHJ(KJJ12)	2 台
14	矿用本质安全型光电转换器	TMDGDZH(KZG12)	2 台
15	矿用本安型 LED 照明灯	TMDSL[DHC10/12L(A)/10A]	2 台
16	矿用本安型扩音电话(带出线喇嘴)	KTC102.3-1-AL	1 台
17	本质安全型双音频输入输出	KJS101-OH	1 台
18	自动化主机软件	LM-SAM	1 套
19	采煤机主机软件	LM-SAS	1 套
20	视频主机软件	LM-SAV	1 套
21	隔爆 UPS 电源	KDY3 1KWH	1 台

（二）807 工作面主要设备配套情况

2020 年一号煤矿 807 工作面主要设备配套见表 4-8-5。

表 4-8-5 2020 年一号煤矿 807 工作面主要设备配套表

序号	名 称	型 号	数量	备 注
1	电牵引采煤机	MG650/1620-WD	1 台	
2	液压支架	ZY6400/17/35 中部支架	153 架	
		ZYT6400/17/35 端头支架	7 架	
3	刮板输送机	SGZ1000/2×855	1 台	240 米
4	桥式转载机	SZZ1000/400	1 部	47 米
5	破碎机	PLM3000	1 部	
6	自移机尾	DY1200	1 部	
7	带式输送机	DSJ120/150/3×315	2 部	2390 米
8	移动变电站	KBSGZY-2500/10/3.3	2 台	煤机、刮板输送机

表 4-8-5（续）

序号	名　称	型　号	数量	备　注
9	移动变电站	KBSGZY-1250/10/3.3	1 台	转载、破碎机
10	移动变电站	KBSGZY-1000/10/0.69	1 台	泵、照明
11	组合开关	QJZ1-800/3300 4-400	1 台	泵站
12	监控中心	TMDJKZX	1 套	煤机、支架
13	照明综保	ZBZ2-10	2 台	设备列车、工作面
14	乳化泵站	BRW400/31.5	3 台	泵箱 1 台
15	喷雾泵	BPW315/10	3 台	水箱 2 台
16	组合开关	3300/2×630	1 台	采煤机
17	组合开关	3300/6×400	1 台	转载、破碎机
18	组合开关	3300/2×630	1 台	输送机
19	馈电开关	KBD9-200	4 台	
20	阻化泵	BZ4/15-G	1 台	泵箱 1 台
21	高压过滤站	TMGLZ(2500/37.5/25)D	1 台	
	回液过滤站	GLZ2000/2.5/60	1 套	
	蓄能装置	TMBZCNQ(126/31.5)	1 套	
22	反冲洗装置	GLZB1000	1 台	
23	回柱绞车	JH-14	1 台	
24	移动变电站	KBSGZY-630/10/0.69	2 台	进风巷抽水
25	移动变电站	KBSGZY-1250/10/1.2	2 台	皮带机头、中驱动
26	移动变电站	KBSGZY-630/10/0.69	2 台	回风巷抽水
27	进风巷超前支架	ZQL2×5000/22/42	1 套	6 组
28	回风巷超前支架	ZQL2×3200/18/35	1 套	5 组
29	异性切顶支架	ZQL2×3200/18/3	1 组	进风巷端头
30	注氮泵	DMJ-600/1.0	1 套	空压机 1 台
31	远程供液站		1 套	

2002 年一号煤矿 807 工作面顺槽监控中心主要设备及地面监控中心设备配套见表 4-8-6。

表 4-8-6　2020 年一号煤矿 807 工作面顺槽监控中心主要设备及地面监控中心设备配套表

序号	名　称	型　号	数量
1	工作面监控中心	TMDJKZX	1 台
2	矿用隔爆兼本质安全型监控主机	TMDFBZ(KJC127/12)	3 台
3	矿用本安型显示器	TMDXSQ(XH12)	6 台
4	矿用本安型键盘	TMDSR[SAC-P/K(0.06/5)/A]	6 件
5	矿用快速插接光缆	GYD18T4SN-GYD18T4SN-C10×4-SL10	6 根
6	4d 型双绞屏蔽连接器	conm/4d1000	8 根
7	矿用本质安全型综采综合接入器	TMDJRQ[KJJ18(A)/3C]	1 台
8	矿用本安型云台摄像仪	TMDSXY[KBA12(A)]	2 台
9	矿用网线	conm/4n500	2 根

表 4-8-6（续）

序号	名 称	型 号	数量
10	4d 型双绞屏蔽连接器	conm/4d500	2 根
11	矿用隔爆兼本质安全型稳压电源	TMDFBD(KDW127/12/2.0)	1 台
12	4d 型双绞屏蔽连接器	conm/4d300s	1 根
13	矿用本安型操作台	TMDCZT[TH12(B)]	1 台
14	矿用本安型操作台	TMDCZT(TH12I)	1 台
15	矿用隔爆兼本质安全型稳压电源	TMDFBD(KDW127/12/2.0)	1 台
16	4x 型铜头连接器	conm/4×250s	2 根
17	矿用本安型信号转换器	TMDSRSC(KZC12/B1.2/S3.0)	1 件
18	矿用本安型交换机	TMDLYJH[KJJ12(A)]	1 台
19	矿用隔爆兼本质安全型稳压电源	TMDFBD(KDW127/12/2.0)	1 台
20	4x 型铜头连接器	conm/4×250s	2 根
21	矿用本安型网络交换机	TMDJHJ(KJJ12)	2 台
22	矿用隔爆兼本质安全型稳压电源	TMDFBD(KDW127/12/2.0)	2 台
23	4x 型铜头连接器	conm/4×250s	4 根
24	矿用本质安全型光电转换器	TMDGDZH(KZG12)	2 台
25	矿用隔爆兼本质安全型稳压电源	TMDFBD(KDW127/12/2.0)	2 台
26	4x 型铜头连接器	conm/4x250s	4 根
27	矿用本安型 LED 照明灯	TMDSL[DHC10/12L(A)/10A]	2 台
28	矿用本安型扩音电话(带出线喇嘴)	KTC102.3-1-AL	1 台
29	电缆	MHYBV-7-1-X05	1 根
30	本质安全型双音频输入输出	KJS101-OH	1 台
31	自动化主机软件	LM-SAM	1 套
32	采煤机主机软件	LM-SAS	1 套
33	视频主机软件	LM-SAV	1 套
34	隔爆 UPS 电源	KDY3 1KWH	1 台

第九章 辅 助 系 统

第一节 矿 井 排 水

一、井下主排水系统

截至 2020 年，一号煤矿最大涌水量为 480 立方米/小时，正常涌水量为 385 立方米/小时。主排水系统以 1、2 号中央泵房为主，盘区泵房为辅，采用接力式排水。

（一）主排水系统

截至2020年，一号煤矿井下排水以1号中央泵房、2号中央泵房为主，以1号水泵房、北一1号水泵房、北一2号水泵房、北二1号水泵房、北二2号水泵房、八盘区水泵房为辅。

1. 1号中央泵房

1号中央泵房安装MD280-43×9型矿用耐磨多级离心泵3台，排水垂高61米。矿井正常涌水时，1台工作、1台备用、1台检修；最大涌水时，2台同时工作，1台备用。单台水泵工况额定流量280立方米/小时，扬程387米。配套电机电压6千伏，功率450千瓦。2趟排水管路采用ϕ273毫米×9毫米无缝钢管，沿二盘区轨道巷、副一平硐敷设至工业广场地面污水处理站。正常涌水时，1趟工作，1趟备用；最大涌水时，2趟同时工作。

2010年，402工作面封闭采区出水时，在1号中央泵房后水仓安装2台BQ-132型潜水泵，排量150立方米/小时，扬程150米，配套电机功率132千瓦。主排水管路布置：从水泵房至地面铺设两趟ϕ219毫米管道，沿二盘区轨道巷、副一平硐敷设至工业广场污水处理厂。应急情况下，可通过西一大巷5000米ϕ219毫米管道排至三号风井底2号中央泵房，通过2号中央泵房排至三号风井污水处理站。2008年、2012年先后将地面污水厂至1号中央泵房13500米ϕ219毫米管道更换为ϕ273毫米高频喷塑管道，提高了矿井排水系统的能力和可靠性。

排水任务及路线：主要承担北一盘区、二盘区、四盘区及三盘区采空区自流水；利用各盘区排水管排至1号中央泵房，由1号中央泵房ϕ219毫米排水管排至二盘区回风巷ϕ273毫米排水管，然后经过副一平硐排至一号井地面工业广场污水处理厂。

2. 2号中央泵房

2号中央泵房安装MDM450/60×6型矿用耐磨多级离心水泵5台，配套电机电压10千伏，功率710千瓦。单台水泵流量450立方米/小时，扬程360米。矿井正常涌水时，2台工作、2台备用、1台检修，排水能力为1118.6立方米/小时；最大涌水时4台同时工作，排水能力为1800立方米/小时。排水管道选用2趟ϕ273毫米×9毫米，沿3号进风斜井敷设至三号风井地面工业广场。正常涌水时，1趟工作、1趟备用，排水能力为465立方米/小时；最大涌水时2趟同时工作，排水能力为830立方米/小时。

排水任务及路线：主要承担北八盘区、北二盘区、西一采空区自流水及工作面排水；利用各盘区排水管排至2号中央泵房，由ϕ273毫米排水管排至三号风井污水处理厂。

3. 3号中央泵房

3号中央泵房位于四号风井底附近，主要承担北一盘区排水任务，其水仓容积为12000立方米。3号中央泵房安装MDM450/60×5型矿用耐磨多级离心水泵5台，配套电机电压10千瓦，功率710千瓦。单台水泵流量450立方米/小时，扬程300米。矿井正常涌水时，2台工作、2台备用、1台检修，排水能力为900立方米/小时；最大涌水时，4台同时工作，排水能力为1800立方米/小时。

排水任务及路线：主要承担北一盘区生产污水及采空区自流水、工作面排水；利用各盘区排水管排至3号中央泵房，由ϕ273毫米排水管排至四号风井地面污水处理站（调试正常未投运）。

4. 1号泵房

1号泵房安装MD280-43×9型离心泵2台，配套电机电压660/1140伏，功率450千瓦，单台水泵流量280立方米/小时，扬程380米；安装BQS150-150-132N型潜水泵3台，配套电机电压660/

1140 伏，功率 132 千瓦，单台水泵流量 150 立方米/小时，扬程 150 米。矿井正常涌水时，2 台工作、1 台备用，排水能力为 300 立方米/小时；最大涌水时 4 台同时工作，排水能力为 600 立方米/小时。

排水任务及路线：承担一盘区涌水排水任务；一盘区采空区 ϕ108 毫米排水管排至 1 号泵房（两趟管路），1 趟 ϕ159 毫米排水管排至一号风井河沟，另 1 趟 ϕ219 毫米排水管排至一号井地面工业广场。

5. 北一区域泵房（北一 1 号、北一 2 号泵房）

北一 1 号泵房设在北一辅助运输巷 2400 米处（位于辅助运输巷与皮带巷中间），北一 2 号泵房设在北一辅助运输巷 3700 米处（位于辅助运输巷与皮带巷中间）。2 个泵房共安装 8 台潜水泵，其型号为 BQS200-45-45/N，配套电机电压 660/1140 伏，功率 45 千瓦，单台水泵流量 200 立方米/小时，扬程 45 米。矿井正常涌水时 2 个泵房 3 台泵同时工作，1 台备用，排水能力为 600 立方米/小时。

排水任务及路线：承担北一盘区涌水排水任务；利用 ϕ108 毫米排水管排至北一 9 横川泵房，由 ϕ219 毫米排水管排至北一 1 号泵房（6 横川），然后由 ϕ219 毫米排水管排至 1 号中央泵房。

6. 北二区域泵房（北二 1 号、北二 2 号泵房）

北二 1 号泵房设在北一辅助运输巷 750 米处（位于辅助运输巷与北二 2 号回风巷中间），北二 2 号泵房设在北一辅助运输巷 1200 米处（位于辅助运输巷与皮带巷中间）。2 个泵房共安装 7 台潜水泵，北二 1 号泵房安装 BQS80-70-45/N 型潜水泵 3 台，配套电机电压 660/1140 伏，功率 45 千瓦，单台水泵流量 80 立方米/小时，扬程 70 米；矿井正常涌水时 2 个泵房 2 台泵同时工作，1 台备用，排水能力为 160 立方米/小时。北二 2 号泵房安装 BQS200-45-45/N 型潜水泵 4 台，配套电机电压 660/1140 伏，功率 45 千瓦，单台水泵流量 200 立方米/小时，扬程 45 米；矿井正常涌水时 2 个泵房 2 台泵同时工作，2 台备用，排水能力为 400 立方米/小时。北二两个泵房的 7 台水泵在矿井正常涌水时排水能力为 560 立方米/小时，最大涌水时北二区域泵房的排水能力为 1040 立方米/小时。

排水任务及路线：承担北二盘区涌水排水任务；ϕ108 毫米排水管排至北二 2 号泵房，由 ϕ219 毫米排水管→北二 1 号泵房 ϕ219 毫米排水管排至 2 号中央泵房，然后利用 ϕ273 毫米排水管排至三号风井污水处理厂。

7. 八盘区泵房

八盘区泵房位于八盘区辅助运输巷 6 横川，安装 BQS150-70-55/N 型潜水泵 4 台，配套电机电压 660/1140 伏，功率 55 千瓦，单台水泵流量 150 立方米/小时，扬程 70 米。矿井正常涌水时 2 个泵房 2 台泵同时工作，1 台备用，1 台检修用，排水能力为 150 立方米/小时；最大涌水时 4 台同时工作，排水能力为 600 立方米/小时。

排水任务及路线：承担八盘区采掘工作面排水任务；八盘区采掘面 ϕ108 毫米排水管排至八盘区六横川水泵房，由 ϕ219 毫米排水管排至 2 号中央泵房，利用 ϕ273 毫米排水管排至三号风井污水处理厂。

（二）应急排水系统

截至 2020 年，井下除以上排水系统外，若遇非正常涌水时，矿井投入应急排水系统包括以下几项。

1. 1 号中央泵房

1 号中央泵房安装 BQS-150-150-132N 潜水泵 2 台，流量 150 立方米/小时，扬程 150 米，配套电机电压660V，功率132千瓦，排水管路利用主排水管路，沿二盘区大巷、一盘区大巷铺设至地面工业场地。最大涌水时2台同时工作，排水能力为500立方米/小时。矿井正常涌水时1号泵房的排水管路排水能力为350立方米/小时，最大涌水时排水能力为850立方米/小时。

2. 1号泵房

1号泵房设在副二大巷1700米处，安装BQS150-150/N型潜水泵2台，水泵流量150立方米/小时，扬程150米，配套电机电压660/1140伏，功率132千瓦。同时为了应急一盘区排水系统，现给1号泵房增设了2台MD280-43×4型耐磨离心泵，水泵流量185立方米/小时，扬程188米，配套电机电压660伏，功率220千瓦，排水管路3趟，采用焊接钢管，1趟ϕ159毫米×6毫米沿副一大巷铺设至地面工业场地。2趟ϕ219毫米×7毫米，沿一盘区进风巷铺设从1号风井引出至地面河道。

3. 2号中央泵房铺设的应急排水管路

1号中央泵房与2号中央泵房铺设1趟ϕ219毫米管路，沿西一轨道巷铺设至1号中央水仓，实现这两个水仓之间的相互排水。应急情况下，可将该管路当作排水管路使用，管路排水能力300立方米/小时。

4. 应急强排水系统

截至2020年，已根据矿井最大突水情况购置单泵能力550立方米/小时的潜水泵3台，共计排水能力1650立方米/小时，满足防灾要求。

二、地面排水系统

截至2020年，一号煤矿建有处理能力为600立方米/小时的矿井水处理站。井下正常涌水量为200立方米/小时，最大涌水量为280立方米/小时，生活污水量为80立方米/天，风井工业场地生产、生活污水量为30立方米/天。矿井工业场地生产、生活污水直接排放至中心区污水处理厂，采用CAST生物处理法，处理能力1000立方米/天，处理后的中水用于矿区绿化灌溉、大学生公寓及新建家属楼冲厕及中心区休闲景观用水。一号煤矿建有井下水处理站，处理能力300立方米/小时，处理站预处理后的矿井水经过超滤及反渗透深度处理后，用于发电公司锅炉补给水。多余的预处理水用于井下消防、降尘、选煤厂洗煤补充用水及厂区绿化灌溉。

第二节 井下照明、通信

一、井下照明

1989年，一号煤矿建矿初期，照明灯具选用KBY-20型矿用隔爆荧光灯和KBb-60型矿用隔爆白炽灯。2007年后，矿用照明灯更换为安全系数更高的YZ20RR型矿用隔爆荧光灯。2009年后，矿用照明灯逐步更换为矿用隔爆型LED灯。

截至2020年，一号煤矿主进风大巷、主运输大巷、主皮带巷的照明系统总长度约4.6万米，电源引自就近永久性负荷电源，采用ZBZ-10型和ZBZ-12.5型照明综保以及DGS10/127L（B）型防爆灯。主进风大巷照明灯间距8米，主运输大巷照明灯间距4米，主皮带巷照明灯间距20米。主支电缆使用6平方毫米橡套电缆，负荷线使用2.5平方毫米橡套电缆。照明灯每10盏串联与主支电缆线用接线盒连接。硐室照明采用 DGS10/127L（B）型防爆灯，每 1 米设 1 盏，使用 2.5 平方毫米橡套电缆。综采工作面支架照明使用 DGS24/127（A）矿用隔爆型 LED 巷道灯，每 10 台支架 1 盏，电源引自设备列车 ZBZ-10 型照明综保。

1989 年，建矿初期选用河南济源矿灯厂生产的 KS5LM 型铅酸电池矿灯。2004 年后，逐步更换为渭南永泰矿用设备有限责任公司生产的 KL5LM（D）型 LED 矿灯。该矿灯为 LED 冷光源和锂离子蓄电池照明矿灯，配有 2390 余盏。2016 年后，逐步更换为西安重装矿山电器设备有限公司生产的 KL5LM（A）型 LED 矿灯。该矿灯为 LED 冷光源和锂离子蓄电池照明矿灯，配有 1809 余盏。2020 年，逐步更换为深圳翌日矿用设备有限责任公司生产的 KL6LM（A）型 LED 矿灯。该矿灯为 LED 冷光源和锂离子蓄电池照明矿灯，电池部分具备 4G 定位功能，配有 1725 余盏。

二、井下通信

截至 2020 年，矿井行政通信引自黄陵矿业集团公司通信中心交换机，全矿地面安装 145 门，分别位于各行政办公室、盘区办公室、驱动机房和地面各变（配）电所等地。矿井调度电话采用 IP 网络调度电话通信系统和 KTJ4H 数字程控调度系统，2 套通信系统相互备用。在井下变电所、皮带机头、永久避难硐室、水泵房、井底车场及各采掘工作面等地设有 186 门 KTH3 型本安电话机。矿井安装了 KXT23 型语音广播系统，在北一盘区辅运巷、北二盘区辅运巷、八盘区辅运巷均布置有语音广播分站及终端，实现地面井下双向通信。

第三节　井下供风、供水及消尘

一、供风

1989 年，一号煤矿自建矿起，在井下采掘工作面巷道措施巷布置空气压缩机站，辅助管路采用 ϕ108 压风管给各采掘面供风。矿井采用的空气压缩机是阜新金昊空压机有限公司生产的 MOGF-21/8G 型空气压缩机，电压 660 伏/1140 伏，流量 21 立方米/分钟，排气压力 0.8 兆帕。2010 年，一号煤矿开始建设地面永久压风自救系统。同年 12 月，一号煤矿二、三号风井建成投运。四号风井压风系统于 2020 年 6 月建成投运。

截至 2020 年，一号煤矿压风自救系统由地面空气压缩机站（空气压缩机）及井下压风管路组成。主压风系统主要为采掘工作面供风及压风自救。其中，北一系统压风机站设在 2 号风井地面广场，安装 2 台 MOGF20/8G 型单螺杆空气压缩机，一备一用。主管路为 $\phi159\times6$ 高频喷塑管，由 2 号风井进风斜井进入，经井底车场绕道进入二盘区轨道巷，再进入北一轨道巷。共铺设管路 4500 米，每隔 500 米设一个主闸阀，间隔 200 米安设一组支管及三通，供大巷局部压风自救装置用风，在巷道口配手动闸阀，控制风量。北二系统压风机站设在三号风井地面广场，安装 5 台 TKL-315-Ⅱ-10 千伏型空气压缩机及 1 台 TKBP-315F-Ⅱ-10 千伏变频空气压缩机，三备三用。主管路为 $\phi325\times6$ 高频喷塑管道，由三号风井进风斜井进入，经井底车场绕道进入西一轨道巷，再进入北二轨道巷。管路铺设共 4500 米，每隔 500 米设一个主闸阀，间隔 200 米安设一组支管并安设阀门，供大巷局部压风自救装置用风。井下紧急避险硐室、各工作面移动救生舱及各巷道内安设的压风呼吸装置的压风都来自主压风系统。

四号风井地面压风机站安装 SEF1420Z 型空气压缩机 5 台。管路采用 $\phi325\times6$ 高频喷塑管，沿四号风井进风斜井铺设至北一辅运巷，由北一辅运巷辅助压风系统分别给各个采掘工作面供风。

2020 年一号煤矿压风机技术参数特征见表 4-9-1。

表 4-9-1 2020 年一号煤矿压风机技术参数特征表

系统	压风机型号	数量(台)	技术参数
三号风井	TKL-315-Ⅱ-10	5	容积流量 62 立方米/分钟，排气压力 0.8 兆帕，电机功率 315 千瓦，电压 10 千伏，外形尺寸 5300 毫米×2250 毫米×2461 毫米
	TKBP-315F-Ⅱ-10	1	容积流量 62 立方米/分钟，排气压力 0.8 兆帕，电机功率 315 千瓦，电压 10 千伏，外形尺寸 5300 毫米×2250 毫米×2461 毫米
辅助系统	MOGF-20/8G	1	容积流量 21 立方米/分钟，排气压力 1 兆帕，电机功率 90 千瓦，电压 660/1140 伏，外形尺寸 3300 毫米×1200 毫米×1620 毫米，重量 2500 千克
	MOGF-21.5/8	2	容积流量 21.5 立方米/分钟，排气压力 0.8 兆帕，电机功率 132 千瓦，电压 660/1140 伏，外形尺寸 3300 毫米×1200 毫米×1620 毫米
四号风井	SEF1420Z	5	容积流量 40 立方米/分钟，排气压力 0.8 兆帕，电机功率 250 千瓦，电压 10 千伏，外形尺寸 3420 毫米×2200 毫米×2130 毫米

二、供水及消尘

截至 2020 年，一号煤矿矿井水源由上畛子引至地面工业场地高位水塔，容积 15000 立方米，高度 45 米，依靠静压供给地面各用水点。主管路采用 $\phi273$ 毫米×9 毫米焊接管，沿副一平硐入井经二盘区轨道巷到西大巷口共铺设 6000 米。从西大巷口通过 $\phi219$ 毫米管道分别向西一轨道巷、北一轨道巷及三盘区轨道巷供水。主大巷每隔 100 米设一个 $\phi219$ 毫米变 $\phi108$ 毫米的三通及阀门，用于主大巷的消防洒水。

在二、三号风井进风斜井井底各安装 2 台管道泵，通过 $\phi108$ 毫米管道向风井地面供水。北一轨道巷共铺设 $\phi219$ 毫米供水管 2700 米，向北一各采掘面供水。西一轨道巷铺设 $\phi219$ 毫米供水管 6000 米。六盘区轨道巷共铺设 $\phi219$ 毫米供水管 1300 米。北二轨道巷共铺设 $\phi219$ 毫米供水管 1200 米，向北二系统各个掘进面供水。所有皮带巷、回风巷、采掘面巷道全部铺设 $\phi108$ 毫米供水管，共 32050 米。皮带巷每隔 100 米设一洒水支管；回风巷和巷道每隔 50 米设一洒水支管。

第十章 排 矸 系 统

第一节 矸石场及管理

一、排矸场

1988年，《陕西省黄陵矿区环境影响报告书》由煤炭工业设计院编制完成；1989年4月，国家环境保护局作了批复（环监字第130号）。2009年1月，委托西安地质矿产研究所编制了《一号煤矿及洗煤厂排矸场建设项目环境影响报告书》，同月延安市环境保护局对《一号煤矿及洗煤厂排矸场建设项目环境影响报告书》进行了批复。2018年12月，按照国家矿山环境恢复治理相关政策要求，结合排矸场现状，对排矸场进行二期治理，对排矸场截排水设施进行维修、监测系统进行完善、排矸道路延伸硬化，并对新堆砌体、边坡山体进行综合治理。2019年10月，通过了黄陵县自然资源局、环境保护局组织的相关验收。主要服务一号煤矿、电厂、焦化园、瑞能煤业；二号风井排矸场位于二号风井工业广场东部支沟内西侧，占地面积144亩，容积144万立方米，服务年限20年；三号风井排矸场设在三号风井工业广场东南800米的李章河道内，占地面积49.5亩，容积40万立方米，服务年限10年，主要承担北二、六盘区、八盘区大巷掘进矸石及生产中少量硐室矸石排放。2018年7月根据生产需求，对三号风井排矸场进行扩容立项，已编制完成了《黄陵矿业有限责任公司一号煤矿三号风井排矸场扩容工程设计方案》，主要有上下游拦矸坝、渗淋液收集系统、截排水系统、排洪管涵、清场平地、坡面及平台的绿化防护。项目概算静态总投资为2014.74万元。

一号煤矿及选煤厂排矸场位于陕西省黄陵县店头镇鲁寺村北雨沟内，距工业场地以北约1.5千米处，排矸公路总长约3.11千米，征地面积450亩，现用面积大约60亩，总库容量860万立方米。截至2020年，矸石堆存量270万立方米，占总库容的31.4%，剩余库容量590万立方米。恢复后的排矸场如图4-10-1所示。

二、排矸场治理

（一）矸石填埋、覆土、绿化

截至2020年，一号煤矿排矸方法采取由上到下、分层推平碾压、边排边治的工作原则，表面最终覆土种草、种树。排矸场考虑泄洪措施，排矸沟下方设拦渣坝。排矸场内排水采用盲管及暗涵，通过泄洪洞排出，并引入下游沟道内。排矸场填满后，顶面覆土、碾压、整平，进行造林或植草绿化。为防止矸石因暴露自燃或雨水渗入造成污染，每一段堆放结束时，表面覆土两层，第一层为阻隔层，覆20厘米厚的黏土并压实，防止雨水渗入矸石堆体内；第二层为覆盖层，覆30厘米厚的天然土壤，以利于植物生长。排矸场内生活垃圾定点收集暂存后，由排矸场工作人员送至垃圾暂存点后由环卫部

图 4-10-1　恢复后的排矸场图

门统一处置。矸石分层填筑，碾压、覆土、绿化。排矸场第一、第二、第三平台及护坡均已覆土，表土绿化，绿化面积约 100 亩。平台种植美国黑麦草和高羊茅，用格桑花打成不规则的花带，形成明显美化对比，达到场地环境复绿和土壤改良的需求。护坡按 3∶3∶1 种植美国黑麦草、高羊茅和紫花苜蓿，达到护坡环境复绿和土壤改良的需求。一号煤矿制定了排矸场生态治理方案（2019—2023 年），计划每年投资 50 万元进行生态治理及恢复，采用滴灌方式。

（二）排矸场投资

1989 年 12 月 18 日，国家能源局有偿调拨 450 亩地，用于一号煤矿选煤厂排矸使用。2018 年，对平台斜坡覆土、边坡修整、防火通道建设、排洪管道建设、围墙门房修建、截排水沟建设、排矸道路硬化等方面进一步优化，项目总投资 4500 万元，环保投资 4500 万元。一号煤矿每年投入资金用于排矸场维护管理及场内生态恢复。

（三）排矸场环境风险防范措施

2018 年，一号煤矿根据设计方案在排矸场建设了排洪涵洞、排水沟、截水沟、急流槽及消力池等风险防范设施。排水沟、截水沟和急流槽采用浆砌片石砌筑，排洪涵洞采用混凝土结构。矸石场下游永久坡面表层采用干砌片石护坡，下层采用不小于 6.0 米厚沙砾土防护。在运营管路上，排矸场加强经常性监测检查，发现滑坡、坍塌及开裂现象，及时处理。一号煤矿制定了《排矸场隐患排查制度》及《排矸场遇雷电、暴雨等恶劣天气期间的撤人管理制度》。

第二节　排　矸　方　式

截至 2020 年，一号煤矿井下各采掘工作面排矸方式有两种。第一种是采用防爆无轨胶轮车直排至地面矸石山，第二种是采用防爆无轨胶轮车排至三号风井底矸石换装硐室，换装至井底 1 吨固定式矿车内。一号煤矿采用 JK-3.5×1.8/30E 型单卷筒提升机单钩串车提升至三号风井地面，通过地面翻矸机倒运至排矸车，运输至三号风井矸石山；三号风井单卷筒提升机每钩 6 辆矿车，卷筒直径 3.5 米，卷筒宽度 1.8 米，减速 30%，提升速度 3.02 米/秒，钢丝绳型号 40NAT6×19S+FC1570ZS380829590GB8918-

2006，直径40毫米，公称抗拉强度1570兆帕，最小钢丝破断力总和1006.41千牛。天轮直径2.5米。电机型号YPT500L5-12T，电压660伏，功率560千瓦。控制系统为BPDK-ZN-01SP智能化变频提升机电控系统。

第五篇
煤炭加工与运销

1991 年 7 月，一号煤矿选煤厂建成后，因生产需要，经过几次技术改造，增加了末煤洗选和提升了选煤厂准备系统的灵活性，使原煤准备系统既是一个具有筛分、破碎、捡矸、生产多级产品煤的独立系统，又是能为水洗系统准备合适原料的原煤准备系统。2019 年 11 月按照智能化矿井建设要求，对选煤厂工艺系统进行技术改造，实现了同国内先进选煤厂生产及管理接轨。煤炭质量检验中心严把煤炭质量关，在煤炭采制样，煤炭化验方面落实责任，层层把关，完成了历年煤炭装车、计量及外运任务。

第一章 洗 选 加 工

第一节 选 煤 厂

一、机构

1993 年 8 月，黄陵矿区管委会成立一号井选煤厂，成为矿区直接管理的生产单位。截至 2000 年 3 月，选煤厂机关下设办公室、生产科、经营科、技术科、劳资科。1997 年 1 月，黄陵矿区管委会将选煤厂所管辖的 270 皮带系统（堆取料机）及煤场连同人员划归一号煤矿生产公司统一管理。2000 年 3 月 6 日，黄陵矿业公司党政联席会议研究决定，将选煤厂整体归并一号煤矿生产公司管理，同时取消选煤厂机构，选煤厂成为一号煤矿最大的区队。1999 年选煤厂机构如图 5-1-1 所示，2020 年选煤厂机构如图 5-1-2 所示。

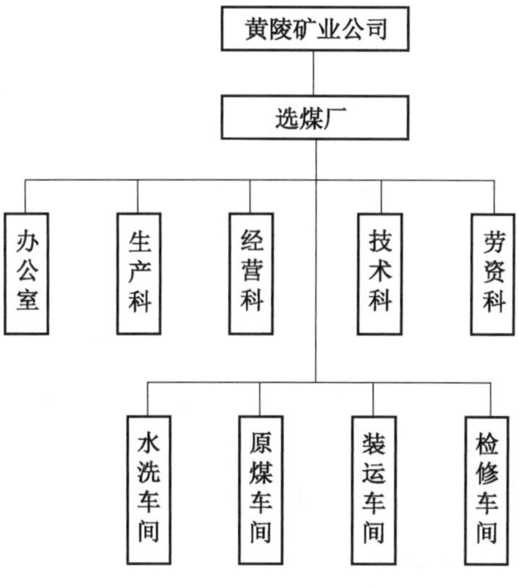

图 5-1-1 1999 年选煤厂机构图

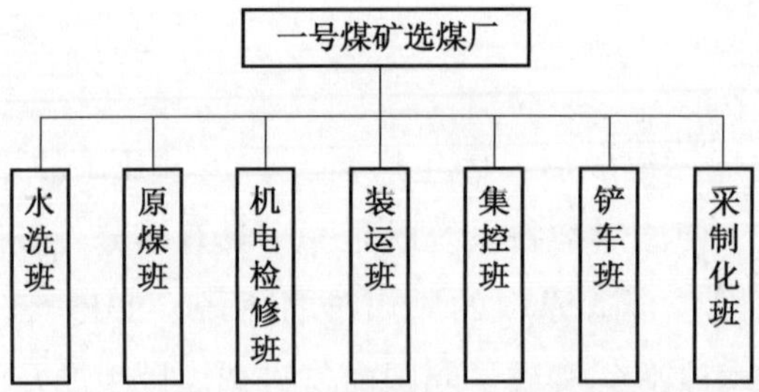

图 5-1-2 2020 年选煤厂机构图

二、改扩建

1991 年 7 月，一号煤矿选煤厂由煤炭工业部西安设计研究院设计，宁夏煤炭建设公司承建。该项目于 1993 年 12 月竣工，1994 年 11 月 1 日移交使用。选煤厂设计年处理能力 300 万吨，工程投资 5884 万元，选煤工艺为+13 毫米块煤跳汰洗选，煤泥不浮选。

2000 年 3 月，黄陵矿业公司投资 4300 万元，由中煤科工集团西安研究院对一号煤矿选煤厂进行技术改造、设计，增加末煤洗选，实现原煤 0～50 毫米全部入洗，增加主厂房面积和部分设备，使选煤厂能力增加到 420 万吨/年，2005 年投运。选煤方法仍采用跳汰排矸，不设浮选。粗煤泥采用煤泥离心机回收。细煤泥采用压滤回收。

2002 年 12 月，中煤科工集团西安研究院对一号煤矿选煤厂二期工程进行设计，提升了选煤厂准备系统的灵活性，使原煤准备系统既是一个具有筛分、破碎、捡矸、生产多级产品煤的独立系统，又是能为水洗系统准备合适原料的原煤准备系统。选煤厂根据不同用户，调整产品结构，生产 25～50 毫米洗块煤，13～25 毫米洗中块及 0～13 毫米末煤，或生产 13 毫米以下、13～25 毫米、25～50 毫米和 50 毫米以上 4 种产品煤。

2004 年 5 月 1 日，黄陵矿业公司投资 5000 余万元，由天地科技股份有限公司唐山分公司对选煤厂工艺系统进行了部分技术改造，设计能力 500 万吨/年。同年 12 月 23 日完成改造。2005 年 1 月 25 日，该项目验收竣工。选煤工艺为 25～50 毫米跳汰分选，煤泥浮选，留有煤泥不浮选的可能性。浮选精煤选用加压过滤机脱水，尾煤二次浓缩。煤泥采用沉降过滤离心机和压滤机脱水回收。

为扩大选煤厂洗原煤用途，将低黏结精煤作为炼焦配煤品种，提高产品附加值。2008 年 9 月，由中煤西安设计工程有限责任公司承担该项目的设计、安装、调试、施工。本次技术改造在原有工业场地进行，占地 5.94 公顷，投资 4.30 亿元。2009 年 9 月 1 日正式开工建设，2010 年 12 月 26 日原煤系统一次带煤运转成功。原煤系统实现了上煤速度 1800 吨/小时，快速装车系统装运能力达 5000 吨/小时。2011 年 9 月 8 日，水洗系统一次带煤调试成功，2011 年 9 月 26 日正式投产。

2008 年，选煤厂改造采用无压三产品重介旋流器分选+煤泥重介旋流器分选+煤泥浮选工艺，浮选精煤选用加压过滤机脱水，浮选尾煤采用沉降离心机加快开压滤机脱水。技改利用原有设施，新增筛分准备车间、选煤车间主厂房、原煤储煤仓、地销成品煤仓、压滤车间、浓缩车间、原煤铁路快速装车站。原煤处理能力与矿井生产能力相同，通过技术改造，原煤筛分破碎车间年处理原煤 800 万吨/年，选煤厂洗选能力达到 600 万吨/年，洗后精煤为炼焦配煤，洗后中煤、矸石进入矸石电厂使用。

2019 年 11 月，为了满足智能化矿区建设的要求，同时与国内先进选煤厂生产及管理接轨，实施了一号煤矿选煤厂技术升级改造项目，建设项目总投资 9498.89 万元。

三、煤质管理措施

选煤厂制定了煤质管理责任制和考核标准，利用智能干选机，加大了筛分煤的除矸、除杂力度，劣质煤实行分装、分运，确保了入洗原煤质量和达到产品回收率要求，加强了重介质分选系统、粗精煤分选系统优化，稳定了重介精煤灰分、消除了粗精煤灰分不可控的问题，有效地保证了精煤产品灰分的稳定性，提高了精煤综合回收率。选煤厂排出的中煤灰分必须大于38%，洗出的矸石灰分必须大于70%，加工入仓的商品煤必须符合煤质要求。

一号煤矿选煤厂，大力推行“多洗精煤，洗好精煤”的战略，积极采取多项有效措施，克服各种不利影响，有效提高了精煤生产效率。一是针对给煤量不稳，旋流器下料不畅，频繁堵塞，严重影响生产量的问题，对给煤机进行了改造，保证了入洗原煤供给的连续性和稳定性。二是针对煤泥水系统制约水洗正常生产的问题，通过调整煤泥水处理系统的作业工序、人员配置和药剂制度，提高了煤泥水处理效率，消除了煤泥水处理滞后对水洗正常生产的制约。三是通过给入洗原煤增加了预先介质润湿，解决了入洗量无法加大、分选效果差的问题，保证了洗煤系统稳定、安全、高效生产。

四、职工队伍

1993年，选煤厂共有职工285人，其中男职工215人，女职工70人。经过减员提效，截至2020年，共有职工145人，其中男职工129人，女职工16人。其中，40岁以上的职工有80人，占职工总人数的55.17%；35~48岁之间的职工有35人，占职工总人数的24.13%；35岁以下的职工有30人，占职工总人数的20.66%。职工中，研究生学历1人，占职工总人数的0.69%；大学本科学历9人，占职工总人数的6.20%；大专学历59人，占职工总人数的40.69%；大专以下学历76人，占职工总人数的52.42%。在选煤厂职工中，中级职称4人，初级职称3人；高级工28人，中级工54人，初级工32人。

第二节 选 煤 方 法

截至2011年9月，一号煤矿选煤厂选煤方法为跳汰洗选。2011年9月后，一号煤矿选煤厂为重介洗选。

一、跳汰工艺

（一）工艺及产品结构

2000年，一号煤矿选煤厂技改后选煤厂增加末煤洗选，实现原煤全部入洗，选煤方法还是跳汰排矸，不设浮选。2000年一号煤矿选煤厂跳汰工艺选煤产品结构和质量见表5-1-1。

表5-1-1 2000年一号煤矿选煤厂跳汰工艺选煤产品结构和质量表

产品结构	粒级(毫米)	产率(%)	灰分(%)	水分(%)
精煤	13~50	31.60	15.00	8.00
中煤	<50	3.69	61.16	12.00
矸石	<50	5.27	72.88	10.00

（二）原煤性质

2000年，一号煤矿原煤灰分为20.96%，属中灰分煤；原煤空气干燥基水分为1.79%，内水不高；原煤硫分为1.67%，属中高硫煤；原煤干燥基高位发热量为25.40毫克/千克，属中热值煤。2000年一号煤矿选煤厂原煤总样试验结果见表5-1-2。

表5-1-2 2000年一号煤矿选煤厂原煤总样试验结果表

煤样	项目				
	水分(%)	灰分(%)	挥发分(%)	硫分(%)	高位发热量（兆焦/千克）
原煤	1.79	20.96	36.36	1.67	25.40

二、重介工艺

（一）工艺及产品结构

2011年9月，改造后的选煤厂采用的工艺为无压三产品重介旋流器主选+煤泥重介旋流器分选+煤泥浮选联合工艺。原煤经无压三产品重介旋流器分选后，将原煤分成精、中、矸3种产物，而细粒煤泥经浮选机分选，选出浮选精煤。浮选尾矿经浓缩沉淀再经快开压滤机压滤后作为最终尾煤产品。一号煤矿选煤厂重介工艺选煤产品结构和质量见表5-1-3。

表5-1-3 一号煤矿选煤厂重介工艺选煤产品结构和质量表 %

产品结构	产率	灰分	水分
精煤	71.72	8.96	8.02
中煤	12.38	32.61	8.99
矸石	11.36	70.99	12.00
煤泥	3.63	55.75	22.00
特大块煤	0.61	21.82	7.50
大块矸石	0.30	90.00	7.50
原煤	100.00	20.96	9.00

（二）原煤性质

一号煤矿选煤厂原煤总样试验结果见表5-1-4。

表5-1-4 一号煤矿选煤厂原煤总样试验结果表

煤样	水分(%)	灰分(%)	挥发分(%)	硫分(%)	高位发热量（毫克/千克）	胶质层	
						X(毫米)	Y(毫米)
原煤	1.79	20.96	36.36	1.67	25.40		
浮煤（-1.4）	1.94	5.13	34.48	0.61	32.32	50.0	10.0

三、浮选工艺

2004年，天地科技股份有限公司唐山分公司对选煤厂工艺系统进行了部分技术改造。选煤工艺增加煤泥浮选，浮选精煤选用过滤机脱水，尾煤二次浓缩，煤泥采用压滤机脱水回收。2011 年，新系统投入使用，本次选煤厂改造采用无压三产品重介旋流器分选+煤泥浮选工艺。浮选精煤选用加压过滤机脱水，浮选尾煤采用快开压滤机脱水。一号煤矿选煤厂浮选产品结构和质量见表 5-1-5。2011 年一号煤矿选煤厂技改后浮选产品结构和质量见表 5-1-6。

表 5-1-5 一号煤矿选煤厂浮选产品结构和质量表 %

产品结构	产率	灰分	水分
浮精	2.81	13.50	19.00
尾煤	0.72	67.08	28.00

表 5-1-6 2011 年一号煤矿选煤厂技改后浮选产品结构和质量表 %

产品结构	产率	灰分	水分
浮精	4.73	11.00	19.00
尾煤	4.05	51.84	22.00

第三节 技术创新及设备

一、选煤厂技术创新项目

（一）2011 年实施的科技项目

2011 年，实施的科技项目《黄陵一号煤矿选煤厂技术改造研究与应用》荣获陕煤集团科技进步三等奖。

2011 年 9 月，一号煤矿选煤厂水洗系统一次性带煤调试成功。一号煤矿选煤厂技改工程水洗系统的顺利投用，不仅提高了煤炭资源的利用价值，丰富了产品结构，而且增加了企业的经济效益，为黄陵矿业公司实施循环经济战略奠定了坚实的基础。

1. 原煤加工系统

一是所有设备均按 1800 吨/小时的入厂能力选型。二是装备了 3 台进口组装的大型香蕉筛、3 台 MMD625 型大型破碎机。

2. 水洗系统

一是将原有的块煤跳汰洗选工艺改成-50 毫米全粒级无压三产品重介洗选+煤泥重介旋流器+浮选工艺。二是装备了 3 台直径 1400/1000 毫米的无压三产品重介旋流器，大大提高了其入洗能力和分选效果。三是对水洗系统其余配套设备也都进行了相应的改造，最终使入洗能力由原来 240 万吨达到 600 万吨。

3. 煤泥水处理系统

一是采用直接浮选、加压、快开压滤联合流程，大大提高了煤泥水处理能力，使煤泥水系统能够满足主洗系统的要求。二是选用了 4 台智能化 GPJ96/3-C 型加压过滤机，6 台获国家专利的最新型

XJM-AS16 型浮选机，6 台国产 KZG400-2000-U 型快开压滤机。

4. 快速装车系统

新建快速装车站，分为缓冲仓和定量仓，每小时装车量为 5000 吨，装车速度为 50 秒/节。

（二）2013 年实施的科技项目

2013 年，一号煤矿实施的科技项目《黄陵一号煤矿选煤厂浮选药剂自动添加系统的研究及应用》荣获陕煤集团科技进步三等奖。

浮选是重要的选煤方法之一。浮选药剂的添加是浮选生产工艺中的一个重要环节，添加量的准确与否直接影响着产品的数量、质量和效益。因此，浮选药剂自动添加系统的研究及应用可以确保煤质的提高。

（三）2014 年实施的科技项目

2014 年，一号煤矿实施的科技项目《黄陵一号煤矿选煤厂粗煤泥处理及中矸分离技术改造》获得黄陵矿业公司二等奖。

本次技改项目范围包括主厂房、矸石转载点、矸石装车仓、主厂房至矸石转载点带式输送机栈桥、矸石转载点至矸石装车仓带式输送机栈桥、精煤仓。通过改造，选煤厂粗精煤回收系统得到了优化，降低了粗精煤灰分，杜绝“背灰”现象，避免了精煤资源的浪费，为企业增创了效益。同时，新投入的 TBS 干扰床分选机彻底消除了粗精煤灰分不可控的问题。自投入运行以来，精煤综合回收率提高 3.5%，粗精煤灰分一直稳定在 11%左右，有效地保证了精煤产品质量。

（四）2017 年实施的科技项目

2017 年，一号煤矿实施的科技项目《全级入洗炼焦型重介选煤厂降低介耗技术的研究与应用》荣获陕煤集团科技进步二等奖。

项目通过试验研究确定了符合本工艺合理的分流量，使合介煤泥含量控制在 30%～50%，满足生产的要求，提高了介质回收率；控制脱介筛喷水量，使单台磁选机最大入料量为 300 立方米/小时，入料浓度控制在 20%左右；调整溢流量占尾矿量的 25%左右，保证磁选机液位，提高磁选效率；改变喷嘴孔径，增大喷水压力，将喷水压力提高至 0.2 兆帕以上，提高产品脱介效率；使洗水浓度控制在 8 克/升以下，确保喷水浓度。

项目针对现有生产工艺，设备配置，结合生产实践，通过一系列系统性、全面性的试验研究和技术改造，研究出一套适合一号煤矿选煤厂生产现状的降低介耗技术，解决生产系统介耗高的问题，从而降低了生产成本，提高了企业经济效益。

（五）2020 年实施的科技项目

2020 年，一号煤矿实施了《一号煤矿选煤厂技术改造研究与应用》科技项目，主要包含选煤厂原煤全入洗技术改造工程和选煤厂自动化升级改造。同时，一号煤矿通过选煤厂设备层的升级改造，对选煤厂自动化进行了升级完善。

二、选煤厂技术创新成果

截至 2020 年，一号煤矿选煤厂积极组织全员创新活动，获奖创新成果达 25 项。一号煤矿选煤厂全员创新成果见表 5-1-7。

表 5-1-7 一号煤矿选煤厂全员创新成果表

序号	获奖时间	名称	主要完成人	成 果 简 介
1	2014 年 2 月 10 日	浮选机刮泡机构改造	郭锋涛 何 晨	经过改进，刮板由原来的“一”字形结构变为“十”字形，每组刮板都对称
2	2014 年 3 月 18 日	206 冲孔筛板改造	杨海荣 张店红	经过对原使用筛板进行改造，在筛面中间部位加装焊接 160 毫米×580 毫米×12 毫米锰钢板，来提高筛板的抗砸强度。通过改造后，原煤系统由于筛板变形脱落造成的生产影响已杜绝，确保了井下的正常生产
3	2014 年 4 月 15 日	303 刮板防大煤量装置	赵 荣 上海涛	经改造在 303 刮板输送机的机头处装设了位移传感器，主要检测煤量大小；传感器由感应装置、机械装置组成
4	2014 年 9 月 10 日	压风机温控仪	沈 军 王云华 杜育红	经过在生产过程中的反复实践，当压风机高温时，温控仪能够及时自动停止高温故障的压风机，对设备及时保护，杜绝了因压风机高温造成的安全隐患
5	2015 年 2 月 15 日	装运系统堵车工艺改进	缑新学 郭锋涛 何 晨	通过改进，解决了装车系统材料费较高的问题，避免了原堵车材料给客户带来的不便，提供了良好的销售环境。经统计，原堵车工艺的吨煤装运费用为 0.66 元/吨；改进后，吨煤装运费用为 0.40 元/吨
6	2015 年 5 月 10 日	加压滤液处理工艺改进	上海涛 郭锋涛 何 晨	通过改造，解决了加压滤液中固体物含量过高的问题，加压班产量也由 550 仓左右，提高至 650 仓左右，提高了精煤产品的回收率
7	2015 年 6 月 10 日	快速装车控制信号系统优化	杜育红 沈 军 宋子堂	经多次现场调研，决定增加 1 台交换机，将原有的装车站控制信号与原煤仓下给煤机和皮带控制信号分开读取，加快信号的传输和交换，解决了电脑反应慢的问题，保证了快速装车系统的正常运行，消除了生产现场的安全隐患
8	2016 年 2 月 10 日	精煤仓设计安装瓦斯风机	赵 荣 郭锋涛	精煤仓瓦斯风机的设计与安装，解决了精煤仓无瓦斯抽排系统的问题，杜绝了各种原因造成的瓦斯较高、超限，消除了生产现场的安全隐患，弥补了选煤厂瓦斯管理的漏洞，创造了良好的安全效益
9	2016 年 7 月 10 日	选煤厂刮板输送机分煤入洗末端故障不停产辅助工艺	缑新学 郭锋涛 何 晨	解决了 C 系统所属设备、管道故障时，影响生产精煤的问题，避免了由于班中 C 系统故障，造成的人员工效低的现象
10	2017 年 5 月 10 日	大型电机安装专用小车	周 宏 石建军 蒋百灵 高海军 杨海荣	经现场实际考察，决定设计 1 台适合工况的专用小车。该小车由工字钢、托辊组成
11	2017 年 9 月 10 日	洗煤用水补加工艺改造	缑新学 符大利 刘宝卫 赵 荣 何 晨	经反复研究及现场实际考察，决定将井下的疏干水引至选煤厂，再利用矿井水处理站输送至电厂的管道。每天定时开关阀门以满足生产用水，最终节约了清水

表 5-1-7（续）

序号	获奖时间	名称	主要完成人	成果简介
12	2018 年 2 月 10 日	刮板输送机配煤工艺改造	赵 荣 周 宏	在 203 刮板输送机中间系统处，设计并安装合适的自制专用清扫装置。当机头侧系统故障时，投用该工艺，将链条、滑道和刮板凹槽带的余煤清扫至中间系统，杜绝了余煤进入末端系统
13	2018 年 10 月 10 日	离心机筛篮改进	郭锋涛 上海涛 石建军	经反复研究，决定将原有的筛篮加长 25 毫米，并在离心机箱体与筛篮边缘结合处，固定一圈皮子。改进后，一是杜绝了煤块进入滤液桶，造成堵塞管路，影响生产；二是增加了筛篮脱水面积，确保了产品的脱水效果
14	2018 年 12 月 19 日	压风机防火远程监测系统	王云华 杜育红 何 晨 郭锋涛	在每台压风机上专设烟雾传感器报警装置；在油气分离器上安装温度传感器实时监测保护，并与集控室进行远程监视。一旦压风机出现高温报警等故障，传感器能快速切断电源停机，及时保护压风机，并同时报警提示集控员，以便集控员能及时通知相关人员到现场查看并处理
15	2019 年 5 月 10 日	203 刮板机头系统工艺改造	缑新学 何 晨 郭锋涛 周 红	一是在 209 手选带机尾下方制作溜槽与下游刮板连接，并在溜槽入口处加装 300 毫米的除杂篦子；二是制作 203 刮板专用清扫器；三是在 206 分级筛和 209 手选带连接溜槽处制作活页门；四是在一楼转载刮板机尾制作并安装转载小皮带
16	2019 年 11 月 15 日	加压掺粗工艺改进	郭锋涛 上海涛 石建军	一是将分级旋流器选出的粗颗粒全部引入 TBS 分选机；二是将 TBS 分选机分选出的粗精煤全部引入弧形筛进行初步脱水；三是在弧形筛下游设备煤泥离心机入料口上做分叉口，并安装阀门，使弧形筛上物料可去煤泥离心机也可去浮选进行掺粗
	2020 年 4 月 10 日	磁选机稳流降介耗改造	上海涛 周 红 周鼎宇	经过改造，磁选机入料均匀，液面平稳，不翻花，磁选效率明显提高，介耗明显降低
17	2020 年 5 月 14 日	筛前除杂改造	郭锋涛 赵 荣 何 晨	通过对精煤筛前除杂改造，能有效地清除各种杂质，大量节省人力、物力，解决了从筛子下来杂物堵塞下游管道的问题，确保了水洗系统正常运转，最终达到提升洗煤产量的目的
18	2020 年 6 月 11 日	328 高频筛筛下水工艺改造	上海涛 赵 荣 王云华	改造后，高频筛筛下水进入 328 料箱，通过渣浆泵转排进入浓缩池，没有再出现管道堵塞的现象，避免了处理管道堵塞，人员需要高空作业的情况；避免了工作人员需要进入设备内部处理堵塞的情况，加强了选煤厂安全生产工作；解决了高频筛下游管道堵塞的问题，确保了水洗系统正常运转，提高了精煤产量
19	2020 年 7 月 14 日	智能干选机振动布料器除杂改造	郭锋涛 何 晨 周鼎宇	通过对智能干选机振动布料器除杂改造，重新吊挂了除铁器，确保了铁器不会再进入干选机，从而进入破碎机，损坏设备的问题，保证了原煤系统的正常运行
20	2020 年 8 月 15 日	浓缩机声光报警器	王云华 张 驰 同李文 杜育红	在浓缩机控制箱内接触器的辅助接点上将声光报警器接入。一旦故障停机或者由于池内压煤耙子不转，声光报警装置能及时地闪烁，同时发出报警声音，提示相关人员到现场查看并处理。浓缩机声光报警器的投运，方便了职工在岗对设备运转情况的判断，实现了压耙事故及时发现，杜绝了事故扩大化
21	2020 年 9 月 20 日	智能干选机除尘改造	郭锋涛 赵 荣 上海涛 杨社全	通过对智能干选机除尘系统进行改造，筛分破碎车间面貌焕然一新，职工工作环境得到很大改善，也给安全生产带来很大益处，方便了职工打扫卫生。干选机除尘改造，具有成本低、简单可靠的优点

表 5-1-7（续）

序号	获奖时间	名称	主要完成人	成果简介
22	2020 年 10 月 18 日	气水分离器串联改造	上海涛 赵 荣 郭锋涛	通过加压过滤机气水分离器串联使用，有效地解决了加压气水分离器排气口喷料的现象，减少了环境的污染；解决了加压工作压力低，加压排料周期长，加压精煤产率低，水分大等问题，改造后加压压力从 1.6 兆帕提高到了 2.3 兆帕，加压精煤产率大幅度增加，综合精煤产率提高了 2%，加压精煤水分大幅降低，平均水分从 22% 降低至 18%，为选煤厂创造了很高的经济效益
23	2020 年 11 月 15 日	合介泵轴封水改造	李王建 何 晨 周 红	通过改造，使用的轴封水压力足够，轴封水在运行中靠加大压力将渣浆泵的水密封在泵体里面而不发生外泄，没有再出现密封处漏料等影响水洗生产的情况发生，同时没有再出现因为轴封水水质不好而堵塞管道的问题；经过改造，合介泵的故障率明显减少，比以前的使用寿命大幅度延长
24	2020 年 12 月 14 日	磁选机防溢流探杆	王云华 同李文 张 驰	岗位人员可以在开机中处理进入的杂物，防止出现磁选机溢流，导致水洗生产介耗高，造成了部分磁铁矿粉的浪费的情况。如果磁选机入料箱液面过高出现溢流，岗位上也会第一时间得到信息，防止磁选机大面积漫流，停机后打开放料阀门可以快速处理故障，减少了水洗影响时间
25	2020 年 12 月 15 日	矸石分煤器	何 晨 李王建 周 红 周鼎宇	该设备投用后，当一条矸石皮带出现故障时，按下油缸伸缩按钮，矸石就可以在 219、220 皮带上自由切换，避免单条矸石皮带出现故障影响原煤生产的问题，避免了工作人员开机作业存在安全隐患的问题。该成果装置，具有成本低、简单可靠的优点，可用于所有类似的皮带运输厂矿

三、选煤厂设备、特征

2020 年一号煤矿选煤厂主要设备及特征见表 5-1-8。

表 5-1-8　2020 年一号煤矿选煤厂主要设备及特征表

设备名称	规格型号	台数	作业名称	主要技术特征
原煤胶带输送机	B1400×161.55 毫米	1	原煤运输	带厚：12 毫米，带速：3.5 米/秒，处理能力：1800 吨/小时，胶带长度：340 米
原煤刮板输送机	SGB1600/90A	1	原煤分配	入料粒度：0~500 毫米，处理能力：1800 吨/小时，刮板宽度：1600 毫米，速度：0.91 米/秒，长度：18.8 米
原煤分级筛	香蕉筛 3.6 米×6.1 米	3	原煤分级	入料粒度：0~300 毫米，筛孔直径：50 毫米，处理能力：最大 950 吨/小时
智能干选机	TDS24-300	2	智能捡矸	处理能力：240 吨/小时，处理粒度：50~400 毫米，最大通过粒度：500 毫米
双齿辊破碎机	MMD625	3	原煤破碎	输送量：300 吨/小时，入料粒度：50~500 毫米，排料粒度：50 毫米
三产品重介旋流器	3GDMC1400/1000A1	3	重介分选	入料粒度：0~50 毫米，直径：1400/1000 毫米，处理量：450 吨/小时，倾角：15°
精煤自动翻转弧形筛	VAS402060-R	6	分流脱介	处理能力：750 立方米/小时，筛面包角：60°，筛缝：0.75 毫米

表5-1-8（续）

设备名称	规格型号	台数	作业名称	主要技术特征
中矸自动翻转弧形筛	VAS282054R	6	分流脱介	筛缝：1.0毫米，筛面包角：45°，工作能力：550立方米/小时，振动电机功率：0.75千瓦
精煤脱介筛	申克420/730	6	脱介脱泥	筛缝：0.75毫米，处理量：150吨/小时，功率：75千瓦
中矸煤脱介筛	奥瑞ABS3061	6	脱介脱泥	筛缝：0.75毫米，处理量：90吨/小时，功率：30千瓦
磁选机	美国艺利Φ914/2972	18	回收介质	处理量：270立方米/小时，功率：5.5千瓦，重量：3180千克
振动离心脱水机	WZ1400-A	9	精煤、中煤脱水	入料粒度：1~50毫米，工作能力：180吨/小时，主电机功率：55千瓦
高频筛	奥瑞AHF1837	3	回收粗煤泥	筛分面积：6.8平方米，筛孔直径：0.3毫米，处理能力：20吨/小时
TBS干扰床分选机	XGR-2400	3	煤泥分选	处理量：90~100吨/小时，箱体直径：2400毫米，上升水量：80~90立方米/小时
卧式刮刀离心脱水机	WLH1000	3	粗精煤脱水	处理能力：40~80吨/小时，筛蓝直径：1000，筛篮转速：780转/分钟，刮刀转速：796转/分钟
精煤煤泥浓缩分级旋流器组	FX500-CJTX4	6	煤泥浓缩分级	处理能力：400~600立方米/小时，分级粒度：0.25毫米，入料压力：0.1~0.15兆帕
浮选机	XJM-S16	6	浮选精煤泥	4室，容积：16立方米，搅拌电机型号：Y280S-8，搅拌电机功率：37千瓦
加压过滤机	GPJ120/3-C	4	浮选精煤脱水	过滤面积：120平方米，滤盘直径：3000毫米，最大压力：0.7兆帕，工作压力：0.5兆帕，处理能力：70吨/小时，产品水分：18%
合格介质泵	350ZJ-1-F100	4	输送合格介质	密度：1.5千克/立方米，处理能力：2400立方米/小时，扬程：45~50米，功率：850千瓦
精煤磁尾泵	TZJE-250-580	5	输送精煤磁尾矿	扬程：45米，流量：700立方米/小时，转速：953转/分钟
快开压滤机	KZG400-2000-U	8	压缩煤泥	处理能力：20吨/小时，过滤面积：400平方米，滤室容积：9.14米，滤室个数：38个
周边传动浓缩机	NJ-30	3	煤泥沉淀	直径：30米，池深：3.97米，面积：707平方米，处理能力：1570吨/24小时
加药机	AAP8	3	絮凝剂自动添加	最大加药量：3000升/小时，搅拌电机：2.2千瓦
循环泵	200LZ-610	4	提供选煤用水	处理能力：1071立方米/小时，扬程：44.7米

第四节 洗选产品及储装运

一、产品

(一) 炼焦配煤

一号煤矿选煤厂精煤产品硫分小于0.5%、灰分小于9%，具有一定的黏结性，是良好的炼焦配煤。截至2020年，陕西焦化厂、西安焦化厂、咸阳等省内大型焦化厂均配入黄陵地区精煤进行配煤炼焦。一号煤矿选煤厂生产的精煤可供省内陕西焦化厂、西安焦化厂、宝鸡焦化厂、咸阳焦化厂及省外焦化厂作炼焦配煤原料。1996—2020年一号煤矿煤炭质量状况见表5-1-9。

表5-1-9 1996—2020年一号煤矿煤炭质量状况表

年份	品种	质量指标				
		全水含量（%）	灰分（%）	挥发分（%）	硫分（%）	高位发热量（兆焦/千克）
1996	混煤	8.5	21.58	36.98	1.03	23.78
	洗混块	5.0	16.52	35.48	0.98	26.30
1997	混煤	5.6	20.06	36.08	1.12	24.27
	洗混块	4.9	17.32	36.48	1.14	27.50
1998	混煤	8.9	20.15	37.04	0.99	23.24
	洗混块	6.3	14.39	36.82	0.95	26.05
1999	混煤	8.3	18.97	36.30	0.84	24.19
	洗混块	6.2	14.17	35.65	0.75	26.42
2000	混煤	8.6	18.44	36.15	0.84	24.28
	洗混块	6.8	14.00	35.59	0.68	36.29
2001	混煤	8.7	16.82	37.57	0.78	24.87
	精煤	8.6	12.93	35.70	0.63	26.91
2002	混煤	8.4	19.58	35.86	0.96	23.94
	精煤	8.5	10.61	36.74	0.61	36.85
2003	混煤	6.7	19.10	37.01	0.71	24.49
	精煤	7.5	9.19	36.29	0.56	27.78
2004	混煤	6.1	21.07	36.75	0.92	24.32
	精煤	7.0	10.75	34.76	0.58	27.10
2005	混煤	8.9	22.57	36.98	1.00	21.75
	精煤	8.0	8.83	34.86	0.57	28.10
2006	混煤	8.8	20.51	37.06	1.04	23.20
	精煤	8.5	8.40	35.09	0.62	27.95
2007	混煤	6.4	17.70	36.65	0.98	25.34
	精煤	7.0	7.91	35.49	0.67	29.48

表 5-1-9（续）

年份	品种	质量指标				
		全水含量（%）	灰分（%）	挥发分（%）	硫分（%）	高位发热量（兆焦/千克）
2008	混煤	8.5	21.69	37.20	1.05	23.60
	精煤	8.6	8.64	35.11	0.61	28.31
2009	混煤	8.5	20.41	36.89	0.99	23.72
	精煤	6.9	8.39	35.11	0.60	28.68
2010	混煤	8.7	21.58	37.21	1.03	23.22
	精煤	7.6	8.18	35.39	0.61	28.54
2011	混煤	8.2	25.39	37.26	1.10	21.98
	精煤	8.8	7.98	34.36	0.60	28.05
2012	混煤	8.0	26.21	36.45	1.05	21.78
	精煤	9.7	8.16	34.49	0.58	27.66
2013	混煤	8.0	26.87	36.97	1.05	21.56
	精煤	10.0	8.14	34.93	0.55	27.62
2014	混煤	8.5	24.50	36.02	0.85	22.58
	精煤	9.5	8.38	34.21	0.51	28.10
2015	混煤	8.1	22.40	36.55	0.85	23.47
	精煤	9.8	8.08	34.09	0.59	27.89
2016	混煤	6.8	21.08	35.91	0.81	23.99
	精煤	9.9	8.32	34.22	0.52	27.98
2017	混煤	6.5	21.55	35.58	0.72	23.87
	精煤	9.7	8.05	34.32	0.49	28.48
2018	混煤	6.8	21.24	36.54	0.60	23.41
	精煤	9.9	8.35	34.24	0.52	28.18
2019	混煤	6.3	21.59	35.98	0.61	23.99
	精煤	10.0	8.00	34.50	0.41	28.96
2020	混煤	72	21.83	36.61	0.58	23.09
	精煤	9.9	7.82	34.18	0.38	29.58

（二）动力煤及其他用煤

截至 2020 年，生产的混煤作为动力煤使用，供黄陵煤矸石电厂作为原料。原煤灰分为 20.96%，属中灰分煤；原煤空气干燥基水分为 1.79%，内水不高；原煤硫分为 1.67%，属中高硫煤；原煤干燥基高位发热量为 25.40 兆焦/千克，属中热值煤；原煤干燥无灰基挥发分为 36.36%，属中高挥发分煤。矿井原煤属中灰、低硫、中热值、中高挥发分、中强黏结的气肥煤。一号煤矿选煤厂最终产品平衡见表 5-1-10。

表 5-1-10 一号煤矿选煤厂最终产品平衡表

产品			产率(%)	产量(吨/小时)	产量(吨/天)	产量(千吨/年)	灰分(%)	水分(%)
精煤		重介精煤	59.47	675.75	10811.99	3568.00	8.94	6.00
		粗精煤	7.24	82.30	1316.85	434.60	7.72	15.00
		浮选精煤	5.01	56.96	911.28	300.70	11.00	19.00
混煤	中煤	重介中煤	10.87	123.56	1977.01	652.40	34.28	6.00
		粗煤泥	1.50	17.07	273.13	90.10	20.55	26.00
	矸石	重介矸石	11.36	129.10	2065.54	681.60	70.99	12.00
煤泥			3.63	41.29	660.56	218.00	55.75	22.00
特大块煤			0.61	6.94	110.99	36.60	21.82	7.50
大块矸石			0.30	3.40	54.46	18.00	90.00	7.50
原煤			100.00	1136.36	18181.82	6000.00	20.96	9.00

二、储装运

截至 2020 年，选煤厂装车系统由三部分组成：老装车站主要功能是精煤铁路装车；快速装车站主要功能是混煤铁路装车；地销装车主要功能是混煤、精煤汽车装车。

选煤厂有 3 个原煤仓，设计仓容总共 10 万吨；3 个火车精煤仓，设计仓容总共 1 万吨；3 个地销仓（其中一个精煤仓、两个原煤仓），设计仓容总共 3 万吨。一号煤矿选煤厂不同时期原煤与各产品仓储能力、装车设施、运输方式见表 5-1-11。

表 5-1-11 一号煤矿选煤厂不同时期原煤与各产品仓储能力、装车设施、运输方式表

年份	储存能力(吨)		装车设施	运输方式
1994—2002	原煤			汽车外运
	精煤			汽车外运
	矸石			汽车外运
2002—2011	原煤			汽车外运
	精煤			汽车外运
	中矸			汽车外运
2011—2020	原煤	3×30000	快速装车站	火车外运
		2×10000	给煤机	汽车外运
	精煤	3×2500	给煤机	火车外运
		1×1000	给煤机	汽车外运
	中煤	2×1500	给煤机	汽车外运
	矸石	1×4000	给煤机	汽车外运

第二章 煤 质 管 理

第一节 机 构

2011年，一号煤矿成立煤质管理部，煤质管理部与调度室一套机构两块牌子、两项职能。煤质管理部负责全矿煤质日常管理工作包括负责每周对井下所有采掘工作面采生产样一次，每月对各采掘工作面采煤层样一次并标明采样名称、日期、地点，及时送化验室进行化验；负责每周根据采样、化验、分析结果等编写《一号煤矿煤质周报表》，对煤质不达标的采掘工作面要提出针对性的整改要求，并在每周二调度会上进行通报；负责组织月度煤质检查考核兑现煤质工资及煤质奖罚工作。

矿井成立有煤质管理领导小组，组长由矿长、党委书记构成，副组长由副矿长、总工程师、党委副书记、副总工程师构成，成员由各部室正、副职，各基层单位正职构成。煤质管理领导小组职能：贯彻上级煤质管理精神，领导一号煤矿煤质管理工作，及时协调煤质管理工作中存在的问题，保证原煤生产、洗、选和商品煤装车过程中煤质管理工作正常进行，保证装车商品煤质量达到公司要求，对发现的煤质问题及煤质事故进行追查处理。

煤质日常管理主要负责每周编写煤质化验、分析周报并在每周二调度会上进行通报。每月针对煤质情况组织召开一次专题例会，解决煤质管理工作中存在的问题，并在专题例会上通报本月各单位的煤质情况。其各职能部门分工为：

安全监察部负责采掘工作面现场煤质管理工作。安监员兼任煤质网管员，负责井下第一现场煤质监督职责，实行井下煤质情况一班一汇报（遇到特殊情况及时汇报）。安检员升井后到调度室填写煤质管理台账及各工作面机头捡矸情况。安监部要对安监员井下煤质检查情况进行考核，确保将安监员现场煤质监督职责落到实处。生产技术部设计工作面时必须考虑煤质的可靠与稳定，对可预见的地质构造要有保证煤质的专门措施。地质测量部对各采掘工作面要有地质写实、煤质预测预报及提高煤质的意见。各采掘队、选煤厂建立煤质管理机构，设有煤质管理网管员。选煤厂负责洗选过程中的煤质管理及装车质量，同时负责矿井日常采样、化验工作。

第二节 煤 质 检 测

一、煤质特征

一号煤矿井田内以气煤为主，有部分$\frac{1}{2}$中黏煤、弱黏煤和$\frac{1}{3}$焦煤，具有低硫、中黏度、高灰熔点等优点，适宜做炼焦配煤。一号煤矿主要煤炭产品质量情况见表5-2-1。

表 5-2-1 一号煤矿主要煤炭产品质量情况表

品种		混煤	精煤
煤种		气煤	气煤
主要质量指标	全水含量(%)	≤8.00	≤9.00
	水分(%)	1.75~2.10	1.85~2.20
	灰分(%)	18.00~21.00	<9.00
	挥发分(%)	35.00~38.00	33.00~36.00
	焦渣特性	4	5
	硫分(%)	<1.00	<0.50
	干燥无灰基碳含量(%)	81.0~84.0	82.0~85.0
	干燥无灰基氢含量(%)	5.10	5.00
	干基磷含量(%)	<0.1	<0.1
	低位发热量(兆焦/千克)	>23.00	>26.00

二、商品煤检测流程

1996 年，矿区成立煤炭质量检验中心，办公地点设在一号煤矿综合办公楼一楼，占地 450 平方米，主要设备 20 余台，配有 16 名人员，主要负责矿区商品煤煤质化验、检验与管理工作。2006 年，煤炭质量检测中心更名为黄陵矿业集团有限责任公司煤质检验中心。同年，一号煤矿煤炭产品质量通过省级计量认证。2008 年，一号煤矿煤炭产品质量通过国家实验室认可。2009 年，黄陵矿业公司对运销公司办公大楼进行改扩建，内设实验室，占地 2000 余平方米，先后购置煤质化验和各种煤焦化产品检测试验仪器 80 多台，建成集煤炭产品、煤焦化产品检验为一体的综合性质量检查实验室。

煤质检验工作流程包括以下几项：

（1）采样部：①采样驻矿人员通过矿方获取装火车/汽车信息；②制定采样方案；③现场人员使用专用采样锹采取样品；④采样完毕，使用专用封识对专用采样袋进行封口；⑤使用手持设备报检，对该批次所有样品进行一次编制盲码；⑥将该批次样品使用监控厢货车运输至制样部车间。

（2）制样部：①制样人员核对该批次样品数量后扫码验收，验收后进行二次编制盲码；②对该批次样品进行混合、破碎、缩分、烘干等制备过程；③测定 13 毫米全水；④逐级破碎研磨至 0.2 毫米送至化验部。

（3）化验部：①对制样样品扫码核对并验收；②根据二次编制盲码信息，对样品逐个项目进行检测；③检测数据提交给综合业务部。

（4）综合业务部：①将二次编制盲码信息对应的检测数据与原始信息进行匹配还原；②对检测数据进行审核；③编制证书，打印证书，加盖 CMA（和 CNAS）章后，签字确认；④发送 Excel 表格煤质指标给运销公司质价部；⑤将纸质版证书上传至 Lims 系统中，并通过 Lims 系统中发布功能传递至运销公司；⑥送达纸质证书。

第三节 煤 炭 品 牌

2004年，黄陵矿业集团有限责任公司在国家工商部门注册“黄灵一号”和“黄灵煤”两个品牌。2006年3月，“黄灵一号”“黄灵煤”荣获“首届陕西能源矿产行业十大品牌”。同年，一号煤矿被中国市场监督中心授予“陕西省质量服务信誉AAA单位”。2012年9月17日，陕西省名牌战略推进委员会对“黄灵”牌混煤进行名牌产品评审验收。2013年1月17日，陕西省人民政府以陕政发〔2013〕2号关于公布2012年省名牌产品的通知中，“黄灵煤”名列其中。“黄灵一号”和“黄灵煤”牌混煤具有低磷、低灰、低硫、中黏度、中挥发、高灰熔点、高热值等优点。

第三章 煤 炭 运 销

第一节 机 构

1992年10月11日，黄陵矿区管委会成立矿区煤炭运销公司。同年11月，煤炭运销公司正式成立，组建了业务部、财务经营部和办公室。其中，业务部负责煤炭销售、煤炭调运、铁路发运计划的申报，管理西延线秦家川车站办、蒲城办（时年铁路发运起点由钟家村站起算）、西安办、煤台、煤场等业务。1996年4月，煤炭运销公司撤销业务部，成立业务一部和业务二部。其中，业务一部负责煤炭铁路销售工作，管理秦家川车站办、西安办、南京办、武汉办等业务；业务二部负责煤炭地销工作，管理煤质化验室（1995年8月划入选煤厂）、仓下装车、张湾煤台、李章河煤台业务。1998年3月17日，煤炭运销公司更名为黄陵矿业有限责任公司煤炭运销公司。2001年3月，煤炭运销公司对下设机构进行调整，设立综合办公室、财务经营科、计划销售科、煤炭调运科、煤炭地销科和货款清欠办公室，同时成立南京、武汉、西安等办事处。2003年11月9日，黄陵矿业有限责任公司煤炭运销公司更名为黄陵矿业集团有限责任公司煤炭运销公司。2008年12月29日，陕西陕煤黄陵矿业有限公司成立，从2009年1月1日起，运销公司更名为陕西陕煤黄陵矿业有限公司煤炭运销公司。同时，将煤质化验室划归运销公司管理（化验室1998年4月划出由生产安全调度室管理）。同年，运销公司成立驻外办，负责西安、徐州办事处的销售业务，撤销了武汉办。按照陕西煤化集团板块专业化管理要求，2011年1月1日，煤炭运销公司划归陕西省煤炭运销集团公司管理，成立陕西省煤炭运销集团黄陵分公司，负责集团在黄陵地区所属矿井煤炭所有的商品煤销售工作。2011年1月2日至2015年10月31日，一号煤矿煤炭销售工作由一号煤矿调度室与陕西省煤炭运销集团黄陵分公司对接商品煤销售的发运、核算、结算等相关销售业务。2015年11月，一号煤矿营销部成立，主要负责一号煤矿与陕西省煤炭运销集团黄陵分公司代销商品煤的销售对接及发运、核算、结算等相关销售业务。

第二节 运 输 与 销 售

一、运输

（一）公路运输

黄陵矿区地理位置优越，公路网络纵横交错，四通八达，交通便利。省道黄（黄陵）畛（上畛子）公路向西穿越矿区经双龙镇、上畛子直达甘肃境内。黄陵矿区向东28千米至黄陵县城与210国道、G6522及G65包茂高速公路铜（铜川）黄（黄陵）段衔接，距西安190千米，距延安160千米。矿区向南沿店（头）后（铜川市印台区后烈桥）路在铜川市焦坪乡与305省道相连。

2001年以后，黄陵矿区与黄陵县政府共同投资，改扩建黄（黄陵）畛（上畛子）公路，修建黄店塬区复线（2009年整修完成，二级水泥路面）、店后路（2010年11月25日建成通车，二级柏油路面）、G65延西高速（2015年10月17日开通铜黄段）等线路，为黄陵矿区煤炭外运提供了较好的条件。黄陵矿区公路销售从1993年基建煤开始，主要供应省内一些距离较近的企业，一般运距在150千米以内，如秦岭水泥厂、陕西焦化厂、渭河发电厂以及西安燃料公司等。2001年以后，国家采取整顿煤炭经营秩序、关井压产等政策措施，煤炭市场开始回暖，一号煤矿公路销售初具规模，销售范围扩大。

（二）铁路运输

黄陵矿区铁路运输条件优越。矿区自营铁路专用线在西延铁路秦家川站（现黄陵车站）K622+674处与西延线接轨，沿沮河而上，经黄陵西、七里镇、李章河，到达二号煤矿双龙站，正线全长50.2千米，年设计运输能力2000万吨。其中，黄陵至七里镇专用线于1989年4月开工建设，1992年5月投运。一号煤矿专用线于1991年开工建设，1996年1月投运。铁路专用线开通前，矿区的煤炭铁路外运必须先经汽车运至秦家川站，由秦家川站装火车外运。1992年，矿区铁路专用线秦七线建成后，铁路运输公司在七里镇站建成装车煤台，储煤场面积16500平方米，装车线长550米，设计年吞吐量20万吨。1993—1995年，一号煤矿煤炭产品通过汽车倒运至铁运公司煤台，然后用铲车装车，计量采用车厢量尺划线的办法进行。一号煤矿专用线通车后，出产煤炭经选煤厂加工后通过仓下装车系统直接装车外运，产品仓为跨线装车仓，双线装车，采用轨道衡计量，装车线长537米。2005年对一号煤矿仓下装车线进行改造，延长装车线，改造后每次最多装车48节3000吨。2009年，一号煤矿对选煤厂进行扩能改造，在原装车线上建成快速装车系统，混煤装火车采用快速定量装车系统，装车能力最大为5300吨/小时。2013年，按照西安铁路局要求，矿区专用线顺利开行5000吨重载列车，进一步提高了运输效率，成为矿区及地方煤炭销售的主要渠道。

二、销售

1992年10月11日，经过公司会议研究决定，成立矿区煤炭运销公司。同年11月，煤炭运销公司正式成立 。1992年底，以黄陵一号煤矿设立户头，争取到基建煤计划量3万吨，以江浙一带各省市燃料公司为主，如江苏省燃料公司、常州市燃料公司、无锡市燃料公司以及一些地方用户等。1993—1995年，铁路计划增量较小。1996年，一号煤矿铁路专用线建成，选煤厂投运，煤炭产品除混煤发运各用户外，精煤开始出口日本、韩国等国家。1996—1998 年，每年都会给矿区下达煤炭出口计划。一号煤矿精煤由仓下装车经西延线到新丰站编组，沿陇海线运至连云港，陕西煤炭进出口公司负责煤炭出口的相关事宜，累计出口 87981 吨。

1997 年，受东南亚金融危机的波及，国民经济增速整体放缓，煤炭市场极度疲软，煤炭价格一降再降，铁路运力申请困难，矿区煤炭销售不畅，生产经营陷入困境。1998 年 3 月 17 日，煤炭运销公司更名为黄陵矿业有限责任公司煤炭运销公司。公司实行全员销售机制，出台鼓励全员销售政策，开发小造纸、小水泥及民用煤等用户，但收效不大。2000 年 4 月，因煤炭滞销，一号煤矿成立销售部与煤炭运销公司并行销售。1997—2000 年，矿区年销量仅达 40 万吨左右，吨煤售价仅 60 多元，形成成本倒挂，煤炭销售成为当时矿区的主要矛盾。

2000 年，随着国家宏观产业政策的调整，煤炭市场开始恢复性增长，进入一个上升通道。2001 年 11 月 1 日，一号煤矿实现年产 100 万吨阶段性投产。矿区从基本建设逐步转为生产经营，同时可以以生产矿井黄陵矿区一号煤矿申报运输计划。同年 12 月 17 日，一号煤矿撤销销售部，销售人员划归黄陵矿业有限责任公司煤炭运销公司。截至 2014 年，一号煤矿当年煤炭销售量达到 600 万吨。

2003 年 11 月 9 日，黄陵矿业有限责任公司煤炭运销公司更名为黄陵矿业集团有限责任公司煤炭运销公司。2008 年 12 月 29 日，陕西陕煤黄陵矿业有限公司成立。自 2009 年 1 月 1 日起，运销公司更名为陕西陕煤黄陵矿业有限公司煤炭运销公司。2011 年 1 月 1 日，煤炭运销公司划归陕西省煤炭运销集团公司管理，成立陕西省煤炭运销集团黄陵分公司，负责集团在黄陵地区所属矿井煤炭所有的商品煤销售工作。2015 年 11 月 3 日，一号煤矿成立营销部，主要负责一号煤矿地销煤炭销售及陕西省煤炭运销集团黄陵分公司代销商品煤的发运、核算、结算等相关销售业务。

2017—2020 年，根据煤炭特点，结合市场需求变化，一号煤矿及时调整产品结构，停止销售电煤，积极开发炼焦配煤市场，先后开发山西、河南、重庆、四川、云南等省份及陕西韩城等炼焦配煤客户，实现全配焦煤销售。同时，一号煤矿通过陕西煤炭交易中心网上竞拍交易，一方面交易透明，另一方面及时发现市场价格，企业效益大幅提升。1995—2020 年一号煤矿煤炭销量、价格见表 5-3-1。

表 5-3-1 1995—2020 年一号煤矿煤炭销量、价格表

年份	销量(万吨)	价格(元)	年份	销量(万吨)	价格(元)
1995	9.40	68.90	2008	523.98	204.26
1996	18.64	141.3	2009	620.19	245.60
1997	36.90	77.85	2010	572.26	242.58
1998	41.37	70.34	2011	541.47	414.33
1999	17.23	60.82	2012	610.15	405.18
2000	31.52	72.39	2013	624.48	356.45
2001	75.62	64.93	2014	607.28	297.49
2002	174.17	67.57	2015	575.40	236.01
2003	356.31	76.28	2016	606.72	329.26
2004	365.05	116.06	2017	616.06	558.08
2005	415.69	187.36	2018	636.74	631.00
2006	462.69	193.32	2019	660.65	607.28
2007	497.42	201.54	2020	660.67	518.81

第六篇

煤　矿　安　全

近年，一号煤矿以“实文化”为引领，以“五个创新”为指引，通过统筹灾害超前治理、人的安全行为治理、安全生产环境治理、安全生产标准化管理体系动态达标治理和生产系统优化，引入NOSA安健环风险管理，创造出独具一号煤矿特色的“四治理一优化与NOSA安健环”相融合的安全管理模式，构建了推动高危产业安全发展的新体系，矿井安全管理水平不断提高，安全保障能力持续提升，实现安全管理由“被动应付”向“超前预防”转变，形成适合矿井发展的安全管理长效机制，向安全生产“零”目标不断迈进。

第一章　机 构、制 度

第一节　机　构　沿　革

1991—2001年，一号煤矿生产公司成立安全生产委员会，同时设生产技术部，生产技术部又下设生产技术科、安全监察科、机电科和供应科。2001年10月，矿井更名为一号煤矿，安全监察部也同时成立。截至2020年，安全监察部设有部长1人、副部长2人，一般管理人员5人，安监员67人，主要负责制定安全生产规章制度、现场监督检查、“三违”行为的制止和纠正。

第二节　管　理　职　责

截至2020年，一号煤矿安全监察部主要职责包括：贯彻落实国家及行业有关煤矿安全生产的法律、法规、规章、标准以及上级安全生产管理规定；配合矿长召开安全办公会议，通过会议议定矿井安全生产理念、安全生产目标等事项；负责安全生产监督管理，组织制定安全生产规章制度；负责安全生产现场监督检查，牵头开展反“三违”工作，负责“三违”帮教室日常管理，做好“三违”人员帮教工作；负责各部室、区队（厂、车间）的安全结构工资及有关安全文件落实情况考核工作；负责“双重预防”机制有关管理制度的起草、过程管理资料建档、信息化系统运行管理以及年度辨识评估报告、年度隐患排查计划、重大安全风险管控方案、月度隐患统计分析报告编制等工作，参加风险辨识评估、隐患排查治理；负责NOSA安健环风险管理体系建设工作；参与会审、审批作业规程、操作规程和安全技术措施；负责“三大规程”贯彻落实的监督检查工作；负责生产系统动态安全巡查、采掘工作面及其他施工现场安全监管和现场监督检查工作；负责事故隐患排查、治理的组织、监督，做好隐患统计分析工作；负责上级部门安全检查的接待工作，督促、跟踪检查问题的落实整改，并及时向上级部门上报整改情况；负责安全信息站、井口检查站的管理，做好入井人员检身、入井车辆检查、安全信息统计工作，维护良好的入井秩序；负责干部走动式管理的监督落实工作；负责作业现场安全监督管理工作；配合机电部每周对入井车辆进行审验；负责一般生产安全事故调查处理及工伤认定申报工作；牵头负责矿井“四员两长”管理考核工作；负责矿井日常应急管理工作。

第三节 管 理 制 度

一、安全生产责任制

2006 年，一号煤矿制定印发《安全生产责任制》(黄司矿发〔2006〕25 号)。2007 年，一号煤矿制定印发《安全生产岗位责任制》(黄司矿发〔2007〕16 号)。随着矿井规模的扩大、岗位的增多以及精细化管理的深入开展，矿井每年对安全生产责任制进行修订和完善，不断细化各级管理人员、所有部门、工种、岗位的安全生产岗位责任制。2019 年，一号煤矿印发《关于开展岗位安全生产责任制大学习活动的通知》。在 2018 年编制的《安全生产责任制》基础上，对所有人员的安全职责再次进行摸排梳理和培训，同时制定了全员安全生产责任清单、安全考核标准、奖惩办法等内容，做到所有从业人员都有明确、清晰的安全生产岗位职责，形成涵盖全员、全过程、全方位的安全责任体系，实现安全生产全链条责任实名追溯。

二、管理人员跟班、值班制度

1989 年，一号煤矿筹建时实行领导值班制度。1996 年，黄陵矿区管委会制定印发《领导值班制度》(黄矿建管发〔1996〕9 号)。制度要求，每天值班由一名矿领导和科室负责人担任；值班人员要深入生产现场，全面掌握当日安全生产动态，发现问题及时指示值班调度员组织相关部门迅速处理，并向有关领导汇报，必要时亲临现场指挥，保证正常生产；值班人员坚持 24 小时值班（每天 7 时交接班)，规定值班时不得迟到、早退和擅自脱岗；认真填写值班记录，详细记录当天各类情况，严格执行交接班制度，第二日早调度会汇报值班情况，对值班日未办以及待办的事宜要向接班人交接清楚。

2010 年，按照矿业公司印发《领导值班制度》(黄陵矿业发〔2010〕235 号）修订了一号煤矿《领导值班制度》(黄司矿发〔2010〕199 号)。制度规定，每天由三名矿领导和科室负责人值班带班，每班由一名矿领导和科室负责人到井下带班，与工人同上同下，并对值班领导下井情况进行公示，以便职工监督；值班人员必须保持 24 小时手机畅通，当接到调度室通知后，5 分钟内赶到调度室；值班人员按规定在调度会上如实汇报当日的安全生产情况，凡因公和特殊情况不能值班的，必须向矿长请假，并及时安排同级人员替班。

三、矿领导带班下井制度

2005 年，根据陕煤集团《关于印发煤矿领导干部下井带班作业规定的通知》(陕煤司发〔2005〕140 号）和《黄陵矿业集团有限责任公司矿级领导干部下井带班作业实施及考核办法》(黄矿集团发〔2005〕101 号）文件要求，一号煤矿制定印发一号煤矿《关于矿级领导及科级干部下井带班作业实施及考核办法》(黄司矿发〔2005〕58 号)，要求每班必须有一名矿级领导干部下井带班作业，明确规定了带班时间、交接班地点、带班职责等内容。

2010年，根据《中共黄陵矿业集团有限责任公司委员会、陕西煤业化工集团有限责任公司关于印发煤矿领导带班下井规定的通知》《关于煤矿领导带班下井若干规定通告的通知》《煤矿领导带班下井及安全监督检查规定》《关于认真执行煤矿领导带班下井及安全监督检查规定》和《关于印发煤矿领导带班下井规定及考核办法》（黄陵矿发〔2010〕169号）文件要求，结合本矿实际，制定了一号煤矿《领导带班下井制度及考核办法》《领导带班下井档案管理制度》《领导带班下井井下交接班制度》《领导带班下井公示制度》《领导带班下井请销假制度》五项配套制度。制度规定，带班矿领导下井前在矿调度室领取带班任务，随后在井口信息站进行登记，井口检身工在井口信息站公示牌及电子屏上公示，并设置矿领导带班下井举报箱，接受广大职工监督；矿领导带班下井后，在规定的交接班地点交接班，同时填写交接班记录；矿领导因出差或有病等原因不能带班时，必须向矿长请假，办理请销假手续，并安排替班，保证矿井井下24小时有矿领导带班。

四、安全办公会议制度

1996年，根据陕西煤炭工业管理局《关于建立安全生产例会制度的通知》（陕煤管局发〔1996〕318号）文件精神，一号煤矿执行黄陵矿区管委会制定印发的《关于建立安全生产例会的通知》（黄矿建管发〔1996〕19号）。2001年2月20日，一号煤矿制定了《安全办公会议制度》，规定每月至少召开一次安全办公会议，同时，若有需要随时组织召开安全专题会议。随后，根据上级要求和矿井精细化管理实际，对安全办公会议制度进行多次修订。2012年，根据矿业公司印发的《安全办公会议制度》，修订了一号煤矿《安全办公会议制度》，会议内容由以前的汇报本月安全工作完成和下月安全工作安排情况，修改为汇报本单位当前存在的主要问题和重大安全隐患，以及采取的防范措施，需要协调解决哪些问题等，并安排部署下月安全生产工作重点，及时印发会议纪要。2020年，根据国家煤矿安全监察局制定的《煤矿安全生产标准化管理体系基本要求及评分方法（试行）》要求，矿井修订了《安全办公会议》，明确了参加人员及议定内容，参加人员由矿长牵头、分管领导负责。

五、班前会议制度

一号煤矿自建矿以来，各基层区队坚持每天召开班前会，总结上一班工作，分析存在问题，安排当班安全生产工作。2004年，矿井发生“6·15”瓦斯爆炸事故后，一号煤矿工会委员会印发《关于规范、加强区队（车间）职工班前学习的通知》（黄司矿工会〔2004〕16号）和《关于规范、加强区队（车间）职工班前学习制度的通知》（黄司矿工发〔2004〕20号），将安全宣誓、安全理念宣贯、安全亲情教育、职工行为规范、每日一题等内容纳入班前会。2007年，一号煤矿运输队班前会内容从班前点名、唱矿歌、安全宣誓、“每日一题”、安全知识提问、安全生产工作安排、列队上岗等进行规范试点，随后在全矿井全面推广。2008年，一号煤矿制定并印发《关于规范班前礼仪的通知》（黄司矿党发〔2008〕20号），再次对班前会进行规范，重点将安全确认、安全预想纳入班前会内容。2012年，一号煤矿印发了《区队班前会制度》（黄司矿党发〔2012〕43号）。2018年，一号煤矿印发了《进一步规范班前会的补充规定》（黄司矿发〔2018〕102号），规范了班前会程序和认真做好安全确认工作，并制定了相应的考核奖罚标准。

六、入井人员管理制度

1989年，建矿初期，为防止职工将烟火等易燃物品带入井下，矿井由调度员兼职检身工作，后期配备了专职检身工，属安监部管理。为严格职工出入井管理，随时准确掌握井下实际作业人数，严防不符合入井条件的人员入井。2007—2010 年，一号煤矿两次修订了《入升井考勤（登记）、井口检身制度》，明确井口检身人员岗位职责、工作要求和考核办法，规定井口检身人员全面负责上下井人员的检身、检查工作；负责井口 20 米范围的安全保卫工作；负责出入井人数的统计等工作。同时，制度规定井口 20 米范围内不得有烟火、烧焊、不防爆的电器，闲杂人员不得逗留。2014 年，为了加强对外来人员入井的安全管理，确保外来人员入井及矿井安全，一号煤矿制定了《关于规范外来人员入井管理程序的通知》(黄司矿发〔2014〕197 号)。随后在 2015 年和 2016 年两次对《入井人员管理制度》进行了补充完善。2018 年，为了进一步贯彻落实安全生产管理责任，加强管理人员入井管理，制定了《管理人员入井管理办法》(黄司矿发〔2018〕413 号)，明确了部室管理人员入井、区队管理人员跟班、部室中层及区队管理人员跟班下井井下交接班、管理人员跟班入井公示及群众监督相关内容及要求。

七、菜单式交接班制度

一号煤矿从建矿开始就执行矿领导带班下井井下交接班、安监员井下交接班。2012 年，一号煤矿在各区队、各岗位全面实施菜单式交接班管理模式，制定印发《菜单式交接班考核办法》，所有“菜单”依据岗位量身定做，涵盖安全状况、设备完好、文明生产三大确认内容，简明直观。

八、安全考核、奖惩制度

1998—2020 年，一号煤矿逐步建立完善安全管理考核、奖惩制度，先后制定印发《安全奖惩制度》《安全结构工资考核管理办法》《绩效考核管理办法》《岗位作业过程控制考核办法》《“四员两长”管理考核办法》《人的安全行为治理管理制度》《安全生产理念管理制度》《安全生产目标管理制度》《矿长安全承诺管理制度》《安全生产责任制管理考核制度》《安全投入保障制度》《安全生产费用提取和使用制度》《“三违”管理制度》《安全生产责任履职能力监督考核管理办法》等制度和办法。

第二章 安 全 管 理

第一节 安全管理体系

一、安全基础管理考核

2008 年，矿井为了逐步建立全面、系统、综合的安全基础管理体系，促进各项基础管理工作落实到位，逐步建立安全生产长效机制，根据黄陵矿业公司《加强煤矿安全基础管理实施细则》(黄矿集团发〔2007〕181 号)，一号煤矿制定了《安全基础管理工作实施细则》(黄司矿发〔2008〕25 号)，对考核管理机构、考核内容、检查评分办法、考核办法、管理规定等方面做出了明确要求。随后，根据工作实际，不断完善安全基础管理考核内容，将安全基础管理工作纳入安全结构工资进行考核。安全基础管理分为6个考核体系，其中，组织机构50分、安全环境350分、安全技术80分、安全培训70分、安全管理400分、安全考核50分。

二、“五精”管理

2009年，一号煤矿开始全面推行“五精”管理。“五精”管理是由以人为本的企业文化引领，从精细管理起步，逐步实现“精细管理—精准管理—精确管理—精益管理—精美管理”。

2011年7月24日，全煤系统企业文化建设暨“五精”管理现场会在一号煤矿顺利召开。按照试点先行、循序渐进、整体推进的原则，先在综采一队试点“5+5”岗位管理文化并不断完善，随后在全矿全面推行“5+5”岗位管理文化。

2014年3月11日，一号煤矿扎实开展“五精”岗位（现场）创建工作。

2017年2月21日，矿井开展了“读书谈体会话安全”活动。

三、安全生产精细化管理

2012年，一号煤矿通过开展以查思想、查隐患、查作风、查漏洞为主要内容的“四查四纠”活动，有力地推动了矿井精细化管理工作，为企业持续健康发展奠定了思想基础和组织基础。

2013年，为了深入持久地开展精细化管理工作，促使矿区不断涌现出精品亮点示范项目，一号煤矿成立精细化管理领导小组，对各单位精细化管理工作内容每月定期检查，对完成的项目及时验收，对在规定时间内未完成精细化各项工作的单位通报、批评，依据情节轻重，处以经济罚款，同时要求各单位依据月月有任务、季度有重点、年度有亮点的原则循序渐进地开展工作，确保收到实效。同时，每半年召开一次表彰会，表彰在精细化管理工作中涌现出的示范岗、示范点、示范项、示范段、示范面，从而调动广大职工参与的积极性，促使精细化管理工作常态化。

四、人的安全行为治理

2017年，为了全面落实各级人员的安全生产责任，进一步加强“超前预防”和“过程控制”工作，一号煤矿制定了《人的安全行为治理管理制度》（黄司矿发〔2017〕324号），包括岗位描述管理制度、手指口述管理制度、安全行为养成管理制度、安全风险评估管理制度、干部走动式管理制度、安全确认管理制度和相应的经济奖罚制度，每年对人的安全行为治理开展情况进行考核，对表现优异单位进行表彰。

2017年12月5日至2018年1月1日，开展了《人的安全行为治理工作指南》学习活动。

2018年，矿井提出了人的安全行为治理“14751”工作模式，印发了《进一步推进人的安全行为治理实施方案》（黄司矿党发〔2018〕38号），充分发挥了内部对标推进会的辐射和带动作用，树立更多标杆典型，将七项内容和“七种良好行为”各要素做实。2018年9月19日，为切实抓好一号煤矿井下零散岗位作业人员动态安全管理，及时掌握井下零散岗位作业人员现场情况，强化零散岗位在安全生产中的自保、互保、联保机制，根据《关于印发人的安全行为治理管理制度的通知》（黄司矿发〔2017〕324号），印发了《关于人的安全行为治理“结伙伴”管理规定》（黄司矿发〔2018〕364

号）。人的安全行为治理“14751”工作模式如图 6-2-1 所示，2018—2020 年一号煤矿人的安全行为治理先进单位见表 6-2-1。

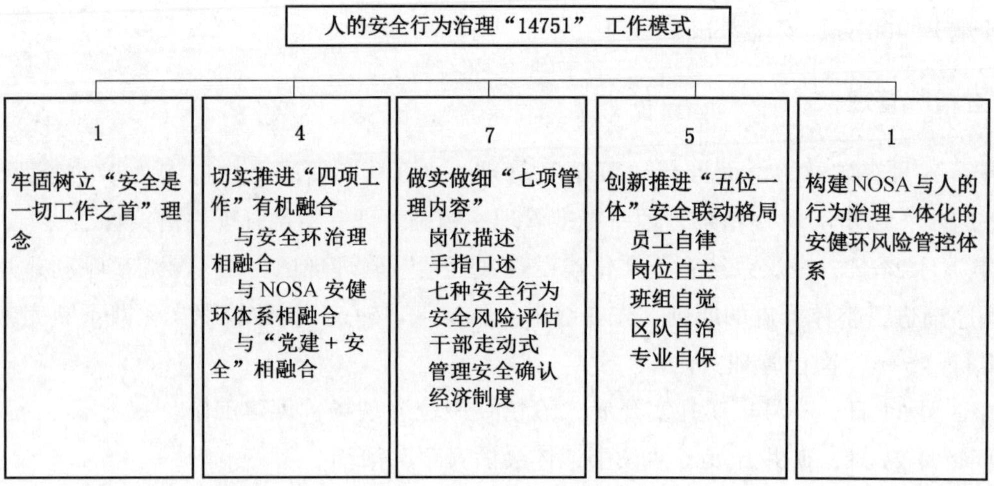

图 6-2-1　人的安全行为治理“14751”工作模式图

表 6-2-1　2018—2020 年一号煤矿人的安全行为治理先进单位表

年　份	单　位
2018	综采一队、掘进四队、皮带队
2019	安全监察部、综采一队、运输队
2020	掘进四队、掘进五队、抽放队

五、“四员两长”现场管理

“四员两长”作为井下作业现场安全管理的第一道防线，是关键岗位和关键人员。一号煤矿将“四员两长”精细化管理作为全面推进岗位作业过程控制管理的突破口。2018 年，一号煤矿印发了《“四员两长”管理考核办法》(黄司矿发〔2018〕435 号)，进一步规范现场操作，对井下各作业场所、系统“四员两长”相关人员配备数量根据区域进行了明确，规范和细化工作要求及职责，制定了突出现场操作精细管理的具体要求，做到工作流程清晰、标准明确、隐患排查、治理执行到位。同时，从“四员两长”队伍建设入手，对“四员两长”任职资格从文化程度、工作年限上作了具体要求，并在每年年底进行评比表彰，进一步提升了“四员两长”队伍整体水平。“四员两长”作业现场管理的“关键少数”如图 6-2-2 所示。

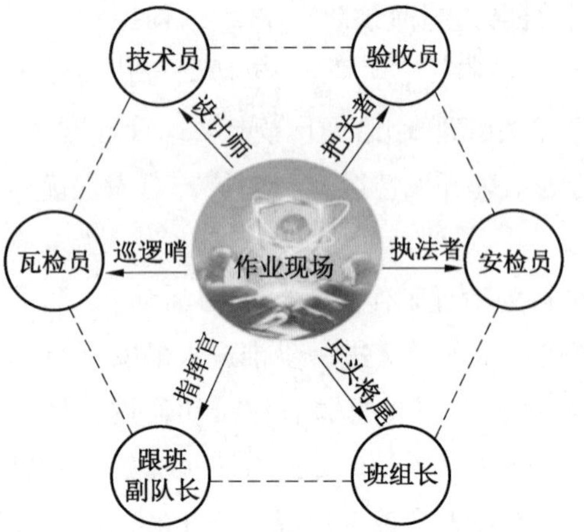

图 6-2-2　“四员两长”作业现场管理的“关键少数”示意图

2019 年，针对“四员两长”专业多、管理覆盖面广、考核难度大等问题，矿井制定了《关于“四员两长”管理考核办法补充规定》(黄司矿发〔2019〕134 号)，采取每班动态考核、每月达标考核、每季度标兵评选、每年先进个人表彰的综合考核办法。根据月度考评情况进行奖罚，每季度评选出“四员两长”标兵，每年评选“四员两长”先进个人。截至 2020 年，通过探索与实践，形成了一号煤矿独具特色的“四员两长”“3536”管理模式。营造了“四员两长”积极履职、人人争当先进的良好氛围，全面提升了现场安全生产管理水平。2018—2020 年一号煤矿“四员两长”先进个人见表 6-2-2。一号煤矿“四员两长”“3536”管理模式如图 6-2-3 所示。

表 6-2-2　2018—2020 年一号煤矿“四员两长”先进个人表

年份	“四员两长”先进个人						备注
	安检员	瓦检员	技术员	验收员	副队长	班组长	
2018	李文涛	丁伦科	任　超	张英啓	刘科庆	闫辽胜	
2019	李文涛 刘玉贵 张　伟 王建斌 赵芳荣	丁　洋 杨银权 张秀林 程长平 冯　佳	赵　朋 贾　毅 尚　轩 贾世钊 任　超	李卫民 王黎峰 高军强 王清明 王　静	慕亚伦 郭卫涛 王周斌 王俊峰 张　勇	王新舰 余发春 张荣荣 尚迎春 瞿小群	
2020	李文涛 刘玉贵 张　伟 师　鹏 吴海军	宜斌斌 刘　锦 高虎权 程长平 何平安	贾　毅 尚　轩 贾世钊 索王博 陈　宁	李卫民 扬小利 温鹏贞 张英敞 周　波	郭卫涛 刘科庆 王黎峰 王　亮 李海亮	王龙龙 张　帆 刘海波 汪福军 高　军	

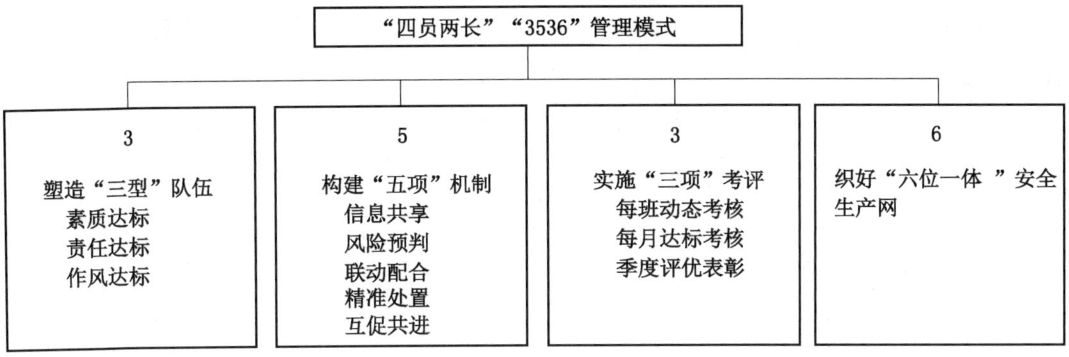

图 6-2-3　一号煤矿“四员两长”“3536”管理模式图

六、NOSA 安健环管理

2018 年，为了进一步提升安全生产管理水平和安全生产保障能力，提升人的安全行为治理工作创建水平，一号煤矿积极引进诺莎（NOSA）安全健康环保风险管理体系（简称 NOSA 安健环管理），并以选煤厂为试点单位，借鉴“人性化管理和持续改进”的理念，参考系统工程理论、风险管理理论、元素管理等世界上被广泛认可和采用的安全风险管理机制，不断增强职工识别风险、控制风险的能力。同年9月28日，为了在全矿上下开启全面推行NOSA管理体系工作，总结推广人的安全行为治理工作中涌现出的先进经验，发挥典型示范引领作用，构建NOSA与人的行为治理一体化的安健环风险管控体系，召开了“人的安全行为治理”示范岗、选煤厂推行NOSA管理体系对标推进会。12月4—7日，邀请诺诚公司刘洋、祝吕、周慧峰3位咨询师对厂矿人员进行专项培训，使相关人员全面了解NOSA安健环管理与现代安健环管理的理念与要求，了解NOSA安健环管理75元素的基本标准与要求，为推动矿井NOSA安健环管理顺利实施夯实基础。

2019年5月9日，为了强化NOSA安健环管理在作业现场的应用和实施，推进NOSA安健环管理和“四员两长”管理、“四治理一优化”等重点工作的有机融合，使NOSA安健环管理持续提升，助力矿井高质量发展，一号煤矿召开了NOSA安健环风险管理推进会，陕西煤业股份有限公司领导参与点评，矿业公司相关部室、各兄弟单位及矿井各元素负责人共计90余人参加了此推进会。同年9月11日，陕西煤业股份有限公司在一号煤矿召开了NOSA安健环风险管理工作推进会，各矿业公司分管安全工作的领导，试点煤矿分管领导、NOSA安健环管理试点办公室主任及元素负责人代表共30余人参加了这次会议。同年9月18日，中国煤炭工业协会原副会长姜智敏到一号煤矿调研指导NOSA安健环管理工作，对一号煤矿将NOSA安健环管理与“四治理一优化”工作全面融合，创建出黄陵矿业新的安全管理体系的特色做法给予了肯定。同年12月5日，经过诺诚公司评审组严格细致的审查，一号煤矿NOSA安健环管理通过了NOSA安健环三星级标准评审，成为全国第一家煤炭板块推行NOSA安健环管理首年即被评为三星级的单位。

2020年，一号煤矿在NOSA安健环管理推行过程中，经过不断实践，将原有的NOSA安健环管理“123456”工作模式提炼升级为“133436”工作模式。同年12月25日，经过NOSA安健环管理星级评审组的严格审查，认定一号煤矿达到“四星”标准，是全国煤炭板块第一家也是唯一一家NOSA安健环管理四星级煤矿。NOSA安健环管理“123456”管理模式如图6-2-4所示。NOSA安健环风险管理“133436”如图6-2-5所示。2018—2020年一号煤矿NOSA安健环管理示范单位及优秀元素负责人见表6-2-3。

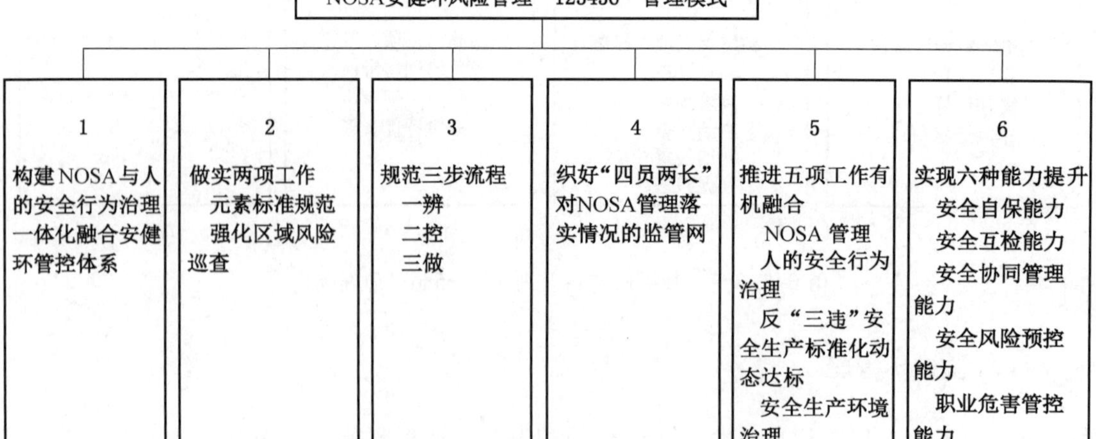

图6-2-4 NOSA安健环管理“123456”管理模式图

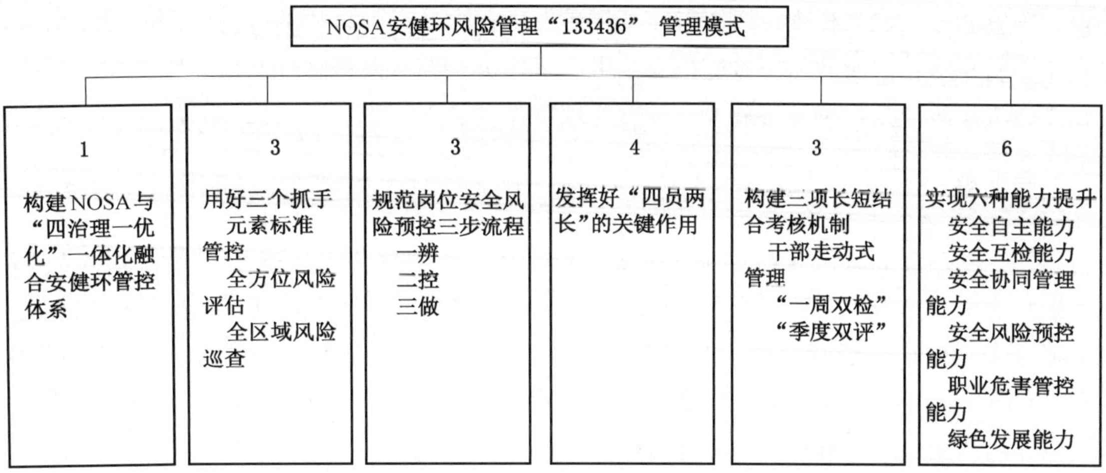

图 6-2-5　NOSA 安健环风险管理“133436”管理模式图

表 6-2-3　2018—2020 年一号煤矿 NOSA 安健环管理示范单位及优秀元素负责人表

年份	示范单位	优秀元素负责人
2018	选煤厂 掘进五队 运输队	
2019	综采三队 掘进五队 选煤厂	
2020	综采三队 机修车间 安全监察部	安监部：刘永亮 通风部：丁志超 机电部：王玉君 行政部：刘　鹏 生产部：陈　博

七、“四治理一优化”安全管理

2018 年，一号煤矿以“安全是一切工作之首”理念为引领，提炼出“四治理一优化”安全管理。

2019 年，一号煤矿以“实文化”为引领，进一步完善“四治理一优化”安全管理工作内容。

2020 年，一号煤矿不断深化“安全是一切工作之首”理念，战疫情、强措施、抓落实、夯基础，做实“四治理一优化”。

第二节　安　全　监　管

一、政府监管

截至 2020 年，陕西煤矿安全监察局铜川监察分局主要对辖区所属的一号煤矿安全实施重点监察、专项监察和定期监察，对违法违规行为依法作出现场处理或实施行政处罚，对一号煤矿建设工程安全设施的设计审查和竣工验收核查，组织对一号煤矿发生较大及以下事故的调查处理。延安市应急管理局煤矿安全监管科对辖区所属的一号煤矿安全生产工作进行综合监督管理，指导安全监管工作，对一号煤矿出现较大事故应急救援及事故参与调查处理工作等。

二、公司监督

陕煤集团、陕西煤业股份有限公司、黄陵矿业公司是一号煤矿的上级主管单位。截至 2020 年，陕西煤业股份有限公司每年对矿井安全生产、安全生产标准化管理体系的建设情况进行检查指导。矿业公司对矿井安全生产、经营管理、发展规划、技术指导等直接领导，每月对人的安全行为治理、NOSA 推进工作开展情况进行安全大检查，每季度组织“安全互检、双向考核”对矿井安全基础管理、人的安全行为治理工作开展情况进行考核。

各级管理人员经常深入井下进行安全检查和隐患排查，对矿井安全生产管理把关，共同解决安全生产过程中出现的难点及各类问题。

三、矿井安全检查

（一）成立安全生产委员会

一号煤矿安全生产委员会（简称安委会）按照《安全机构运行管理办法》中规定的职责，贯彻落实“安全第一、预防为主、综合治理”的安全生产方针，夯实基础，强化管理，细化责任，狠抓落实。

安委会坚持每月召开一次办公会，及时研究解决安全生产工作中出现的问题，制定安全生产的方案、制度等。安全办公会议由矿长主持，安全监察部负责召集安委会成员。参加会议人员必须按时到场，一般情况不得请假，确因有事不能参加时，必须提前向主持人请假，各部室、区队（厂、车间）负责人请假时必须指派代理工作的副职（书记）参加，不得缺席。安委会成员带头转变作风，积极深入现场、深入井下、深入基层、了解情况、解决问题；积极参加矿井的隐患排查治理、安全基础管理考核、专项治理等各类安全工作，在安全检查、考核中，做到仔细认真，高度负责。为保证工作质量，安委会办公室坚持对安委会成员参加安全活动、隐患排查治理、安全基础管理工作考核、安全检查、安全办公会议和入井指标完成情况等进行如实登记，以此作为月、季、年度工作考核、奖罚的主要依据。

（二）安全检查

安全检查主要包括：每周至少组织一次“零点行动”检查、一次安全生产标准化专项检查、一次地面设施专项检查，每月组织一次安全基础管理考核检查、一次人的安全行为治理考核检查，每季度开展一次专项整治活动，随时配合上级部门来矿开展的各类安全检查等。

第三节　群　众　监　督

一、群众安全监督检查

1998 年 7 月 9 日，一号煤矿成立群众安全监督检查委员会。2004 年，一号煤矿工会委员会组织开展关于群监员、协管员身边无事故活动。2006 年，一号煤矿在建立健全群众安全监督检查委员会的基础上，建立区队级群监分会，基本达到“每班都有群监员，每处都有群监员”的要求，进一步强化群众安全工作。同年 3 月，一号煤矿职工张新亮被全国能源化工工会评为优秀群监员。

2007 年 1 月，一号煤矿制定了《关于开展安监员、群监员、协管员“三网”联网互动的通知》（黄司矿工发〔2007〕1 号），推行“三网”联网互动工作法。同年，建立并完善了群监员管理考核制度，相继出台《一号煤矿群众安全条例》《职工代表巡视安全制度》《群监工作制度》《群众合理化建议征集制度》《女职工家属安全协管工作制度》《群监员岗位责任制》《群监员考核办法》《“三违”人员档案》《群监员汇报事故隐患记录》《群监员业务培训记录》《群监员“三违”人员帮教记录》《群监员网络图》等，使群监工作制度化、规范化。2020 年 3 月，一号煤矿印发《关于进一步加强群监员队伍建设的通知》（黄司矿工发〔2020〕8 号），完善了群众安全生产监督员的任职条件、职责、权利、义务和奖罚等相关内容。2000—2020 年一号煤矿群监员人数及查出的安全隐患条数见表 6-2-4。

表 6-2-4 2000—2020 年一号煤矿群监员人数及查出的安全隐患条数表

年份	群监员人数	查出安全隐患条数	年份	群监员人数	查出安全隐患条数
2000	65	1618	2011	75	1105
2001	68	1633	2012	75	1069
2002	66	1597	2013	72	1037
2003	67	1563	2014	72	969
2004	69	1559	2015	72	864
2005	65	1373	2016	74	821
2006	66	1282	2017	64	725
2007	72	1269	2018	73	663
2008	70	1255	2019	78	575
2009	70	1214	2020	72	504
2010	75	1199			

二、家属协管员

2012 年 11 月，矿工会开展专职家属协管工作，成立家属协管会，为 10 个基层区队配备了家属协管员，主要协助基层区队做好安全管理工作。2013 年 5 月，家属协管会全面推行“五清五及时”工作法。2013 年 9 月，家属协管会开展“一口清”专业功力训练活动，“一口清”涵盖职工的姓名、年龄、出生年月、工种、所在班组、工作表现和家庭基本情况。2014 年 12 月，矿井建成煤炭行业一流的心理咨询室，引进集生理指标监控、压力与情绪评估、身心状态调节、情绪舒缓训练为一体的压力与情绪管理系统，把心理疏导融入“三违”帮教，用于消除职工不良情绪。截至 2020 年底，一号煤矿有专职家属协管员 17 名，每月按照工资绩效考核办法对协管员进行考核，每年评选出若干名优秀协管员进行表彰。2012—2020 年一号煤矿家属协管员人数、家访次数和“三违”帮教次数见表 6-2-5。

表6-2-5 2012—2020年一号煤矿家属协管员人数、家访次数和“三违”帮教表

年份	家属协管员人数	家访次数			“三违”帮教次数	备注
		入户走访	学习访	电话访		
2012	24	240	96	144	7	11—12月
2013	16	1200	600	720	32	
2014	16	1440	432	288	40	
2015	17	1152	432	576	35	
2016	14	432	324	324	38	
2017	24	624	156	780	53	
2018	24	624	312	624	46	
2019	20	576	288	576	42	
2020	22	672	1680	2688	60	

第四节 安全生产标准化

2004年，根据《陕西省煤矿安全质量标准化标准及考核评级办法实施细则（试行）》和《关于进一步深入开展安全质量标准化工作的决定》(黄矿集团发〔2004〕102号）文件要求，一号煤矿印发《2004年质量标准化工作管理办法》(黄司矿发〔2004〕44号)、《安全质量标准化工作管理补充规定》(黄司矿发〔2004〕35号)。2005年，矿井制定了《安全质量标准化考核管理制度》(黄司矿发〔2005〕16号)、《质量标准化工程管理实施细则》(黄司矿发〔2005〕38号)、《外协单位安全、质量标准化管理奖罚规定》(黄司矿发〔2005〕43号)。

2006年，一号煤矿补充制定了《质量标准化奖考核兑现办法》(黄司矿发〔2006〕23号)。

2007年，矿井开展了安全质量标准化内业资料专项治理活动。

2009年，一号煤矿印发《安全质量标准化检查考核评分办法》(黄司矿发〔2009〕112号)，并在全矿开展安全质量标准化评优差活动。

2010年，一号煤矿补充完善了《安全质量标准化检查验收制度》等五项制度。随着《安全质量标准化检查考核评分办法》的不断更新，一号煤矿也对矿井相关安全生产管理制度进行完善修订。

2018年，一号煤矿开始每年对安全生产标准化考核结果优秀单位进行表彰。

2020年，根据《国家煤矿安全监察局关于印发〈煤矿安全生产标准化管理体系考核定级办法（试行）〉和〈煤矿安全生产标准化管理体系基本要求及评分方法（试行）〉的通知》(煤安监行管〔2020〕16号）要求，严格落实矿业公司关于扎实推进《煤矿安全生产标准化管理体系基本要求及评分方法》贯彻落实专项活动的通知（黄陵矿业发〔2020〕444号）文件精神，全面夯实安全生产标准化管理基础，提升各级管理人员业务能力和安全生产标准化检查质量，四季度开展了扎实推进《管理体系》贯彻落实专项活动。按照《煤矿安全生产标准化管理体系基本要求及评分方法（试行）》新标准，修订11项管理制度，细化15个要素分工。同时，邀请权威专家两次来矿进行辅导培训，组织管理人员精心编制达标考试题库，严格开展内部培训和考试，领会修订内涵，掌握最新要求，提升

业务素质。针对安全生产标准化管理体系建设存在的薄弱环节，按照“地面+井下”并重原则、“软件+硬件”同步思路、“动态+静态”管理方法，矿领导、部室、区队、班组、岗位全员参与，逐条逐项对照标准、执行标准，实现了内业资料、生产现场全面符合标准。同年12月，以90.79分通过了国家矿山安全监察局一级安全生产标准化管理体系矿井验收。2013—2020年一号煤矿受股份公司安全检查得分见表6-2-6。2018—2020年一号煤矿安全生产标准化先进集体见表6-2-7。

表6-2-6　2013—2020年一号煤矿受股份公司安全检查得分表

年份	检查内容	得分
2013	上半年安全质量标准化	93.91
2014	上半年安全质量标准化	94.36
2015	上半年安全质量标准化	93.12
2016	年度安全质量标准化	944
2017	上半年安全质量标准化	965
2019	上半年安全质量标准化	962
2020	上半年安全生产标准化管理体系	969

注：2018年，黄陵矿业公司未选取一号煤矿作为代表接受股份公司安全质量标准化检查。

表6-2-7　2018—2020年一号煤矿获安全生产标准化先进集体表

年份	单位
2018	生产技术部、综采一队、掘进四队
2019	综采三队、运输队、生产部
2020	综采一队、掘进一队、生产技术部

第五节　安　全　培　训

一、培训机构

截至2020年，为做好职工的安全培训工作，一号煤矿安全培训由矿培训中心组织，安全监察部配合。其中，安全专项培训是由安监部牵头、相关业务部室配合，对“七新”应用前进行安全培训和安全生产标准化管理体系中要求的职业危害防治、应急救援、事故隐患排查治理、安全生产责任制、安全风险辨识评估及风险分级管控等进行安全专项培训。

二、培训形式

（一）从业人员安全培训

截至2020年，一号煤矿安全培训包括岗前安全培训、岗中安全培训、转岗安全培训和专题安全培训。岗前安全培训是根据“先培训、后上岗”的原则对新入职员工进行培训，培训课时符合国家相关规定，培训结束后取得合格证后，方可上岗。转岗安全培训是对变动岗位（工种）人员进行的新岗位（工种）的适应性培训。2010—2020 年一号煤矿从业人员安全培训见表 6-2-8。

表 6-2-8 2010—2020 年一号煤矿从业人员安全培训表

年份	培训人次	年份	培训人次	年份	培训人次
2010	2466	2014	2536	2018	2503
2011	2327	2015	2879	2019	3005
2012	2467	2016	2458	2020	2578
2013	2309	2017	2469	合计	27997

（二）“三项岗位人员”持证

截至 2020 年，一号煤矿按照《煤矿安全培训规定》(安监总局〔2018〕第 92 号令）规定，煤矿特种作业人员证件有效期为 6 年；煤矿安全生产管理人员和煤矿班组长证件有效期各为 3 年。截至 2020 年，一号煤矿安全生产管理人员持证 194 人次，煤矿班组长持证 124 人次。2020 年一号煤矿特种作业人员持证情况见表 6-2-9。

表 6-2-9 2020 年一号煤矿特种作业人员持证情况表

工种	持证人员数	工种	持证人员数
煤矿井下电气作业	209	煤矿提升机操作作业	6
煤矿井下爆破作业	12	煤矿采煤机（掘进机）操作作业	88
煤矿安全监测监控作业	36	煤矿瓦斯抽采作业	138
煤矿瓦斯检查作业	117	煤矿探放水作业	36
煤矿安全检查作业	121	合计	763

第六节 生产安全费用

一、生产安全费用提取

2004 年，一号煤矿严格按照财政部、发展改革委、煤矿安全监察局《关于印发〈煤炭生产安全费用提取和使用管理办法〉》和陕煤集团《关于提取使用煤炭生产安全费用和规范煤矿维简费管理等有关问题的通知》(陕煤司发〔2004〕150 号）文件要求，每月按照原煤产量以吨煤 8 元的标准从成本中提取和使用煤炭生产安全费用。

2006 年，按照财政部等四部委联合印发的《关于调整煤炭生产安全费用提取标准加强煤炭生产安全费用使用管理与监督的通知》(财建〔2005〕168 号）、陕煤集团制定印发的《关于调整煤炭生产安全费用提取标准的通知》(陕煤司发〔2005〕227 号）和《关于印发煤炭生产安全费用使用管理办法的通知》(陕煤司发〔2006〕195 号）文件要求，一号煤矿认真贯彻落实，每月按照原煤产量以吨煤 20 元的标准从成本中提取和使用生产安全费用。

2009 年，一号煤矿为加快矿井技术改造和瓦斯抽放力度，每月按照原煤产量以吨煤 40 元的标准从成本中提取和使用生产安全费用。

2012 年 3 月至 2020 年，一号煤矿按照《企业安全生产费用提取和使用管理办法的通知》(财企〔2012〕16 号) 文件要求，每月按照原煤产量以吨煤 30 元的标准从成本中提取和使用生产安全费用。

二、生产安全费用投向

截至 2020 年，一号煤矿生产安全费用主要用于矿井安全生产技术的改造、灾害治理和重大安全生产隐患的治理。其中包括矿井“一通三防”、防治水、机电、运输等系统的设备改造，矿井油井及油型气灾害治理工程；实施煤矿机械化改造、顶板管理及采空区的治理支出；完善煤矿井下安全监测监控系统、人员定位系统、通信系统、供排水系统、紧急避险系统和压风自救系统的安全避险“六大系统”的支出；事故应急救援装备、设施的配置；安全生产新技术、新工艺、新装备的推广应用支出以及安全生产管理人员、特种作业人员、从业人员的培训、复训支出等。

三、生产安全费用管理

2002 年，一号煤矿按照规定开始提取生产安全费用，严格按规范使用，严禁挤占、挪用。年度结余资金转下年度使用，当年提取生产安全费用不足的，超出部分按成本费用列支。截至 2020 年，矿井生产安全费用由矿业公司集中管理，使用时实行计划审批制，项目完成经矿业公司有关部门组织验收合格后，企管计划部和财务部门办理结算。2004—2020 年一号煤矿生产安全费用提取情况见表 6-2-10。

表 6-2-10 2004—2020 年一号煤矿生产安全费用提取表

年份	提取金额(万元)	提取比例(%)	年份	提取金额(万元)	提取比例(%)
2004	2464.45	6.6	2013	18906.00	30
2005	8243.10	20	2014	18046.93	30
2006	9324.28	20	2015	17500.65	30
2007	9775.08	20	2016	17936.40	30
2008	20884.00	20	2017	18863.70	30
2009	18605.70	30	2018	18870.30	30
2010	24080.81	42	2019	19717.50	30
2011	10829.50	30	2020	20280.06	30
2012	17734.13	30	合计	272062.59	

第三章 灾 害 防 治

第一节 瓦 斯 防 治

一、瓦斯抽采抽放

2001年，矿井完成优化改造，采煤工作面采用“U”型通风系统。此类通风方式系统简单便于管理，同时由于矿井瓦斯涌出量较小，风排完全可以解决工作面瓦斯问题。但随着开采深度的增加，煤层瓦斯含量呈现逐年增大趋势，矿井瓦斯涌出量也越来越大。一号煤矿先后采用了增减工作面风量、使用引排风机、采煤面回风巷增减通风设施、上隅角挂设风障等多种方式治理上隅角瓦斯，都未取得显著成效。

2006年，针对矿井瓦斯不断增大的现状，引进了ZWY80/160型移动抽放泵，并在井下建立了第一个移动瓦斯抽放泵站。同年8月，建设项目完工并首次对209上隅角瓦斯进行抽放，治理效果比较明显，上隅角瓦斯浓度得到了基本控制。在2007年初及6月分别建立了三盘区、六盘区瓦斯抽放泵站，担负起三盘区与六盘区的上隅角瓦斯抽放任务。

2008年，一号煤矿正式被鉴定为高瓦斯矿井。同年4月，303工作面上隅角瓦斯浓度不断增大，根据实际情况，相关领导总结经验，组织外出考察学习、翻阅资料、论证比较，经过反复推敲，最终敲定采用上隅角埋管抽放、高位裂隙抽放与本煤层预抽相结合的综合立体抽放方式。同年6月，由303回风巷向工作面后30米位置打高位裂隙钻孔，这也是矿井首次施工高位裂隙钻孔。之后经改进又调整为由304进风巷向303回风巷工作面向后30米位置处打高位裂隙钻孔，在304进风巷接管路进行抽排。经过一段时间的试验，此方法效果比在本工作面回风巷施工钻场效果好。

2009年4月，开始从305回风巷向305工作面施工高位裂隙钻孔，钻场间距为60米，每个钻场施工钻孔6个，但是在回风巷施工高位钻孔，难以抽到工作面后方采空区更多的瓦斯，钻场利用率较低。因此，2009年9月，在306泄水巷向305上隅角施工高位钻孔，为了与305回风高位裂隙抽放钻场的钻孔接茬，先从306泄水巷1800米处布设第一个瓦斯抽放钻场，以后每隔60米各设一组瓦斯抽放钻场。此后，为了体现“应抽尽抽”的瓦斯治理理念，进一步降低上隅角瓦斯浓度，每个钻场又补充两个钻孔。高位抽放在一号煤矿瓦斯治理方面取得的效果非常明显，因此高位抽放也是各种形式抽放的最主要的一种抽放方式。

2010年2月，306工作面已全部贯通。同年5月，抽放队对607工作面进行采前预抽，在607进风巷距工作面60米处施工本煤层预抽，依次向外沿前进方向为2～145号钻场，每20米一个钻场，每个钻场2个孔，孔深180米。同年11月1日，北一皮带巷和回风巷在开拓过程中，再次遇到瓦斯涌出异常，在北一皮带巷5号横川施工3个钻孔，每个钻孔间距为5米，钻孔距离底板高度为1.5

米；在北一皮带巷与辅助运输巷的6号横川施工3个钻孔，每个钻孔间距为5米，钻孔距离底板高度为1.5米。根据瓦斯涌出量变化情况随机添加边掘边抽瓦斯抽放钻孔，在皮带巷和回风巷两侧形成预抽形式，为大巷的掘进保驾护航，使北一四条大巷顺利掘进。

2011年1月，307进风巷、回风巷掘进期间巷口到2000米之间瓦斯涌出量达到6~9立方米/分钟，为保证307工作面安全顺利回采，经研究决定在307回风巷0~2000米的瓦斯较大区域通过增加本煤层钻场钻孔密度，进一步降低本煤层瓦斯含量。利用307回风巷原有边掘边抽钻场，由2000米向外依次进行布置。每60米布置一个钻场，每个钻场内共布置5个本煤层预抽钻孔，所有钻孔沿煤层布置，自此开始将掘进预抽钻孔与回采的本煤层钻孔的施工结合起来。同年，开始在三盘区利用北一大巷向308、309工作面高瓦斯区域施工钻孔进行局部区域预抽；利用北二611工作面进风巷施工钻孔进行局部瓦斯区域预抽、五盘区501工作面进风巷施工钻孔进行瓦斯区域预抽，经过区域预抽后，有效降低抽放地点附近两个工作面瓦斯含量，为掘进和回采期间提供安全保障。

2011—2012年，加快北一和北二开拓大巷和瓦斯治理煤巷的掘进速度，形成了区域瓦斯治理巷道。

2017年以来，一号煤矿确立了“1153”瓦斯治理体系，掘进工作面瓦斯治理坚持“探、抽、掘”措施，掘进巷道每隔60米施工一个瓦斯抽采钻场，钻场内分别施工油型气探查孔、掘进探抽孔、本煤层预抽孔。顶板孔1个，控制到2号煤层顶板不少于30米，底板孔1个，控制到2号煤层底板不小于15米；掘进探抽孔2~4个（根据煤层瓦斯赋存情况增减），钻孔控制到巷道轮廓线两侧不小于15米范围，并预留不少于20米超前距；本煤层预抽孔3~6个，扇形压茬布置，实施采前预抽。掘前预抽钻孔设计如图6-3-1所示。

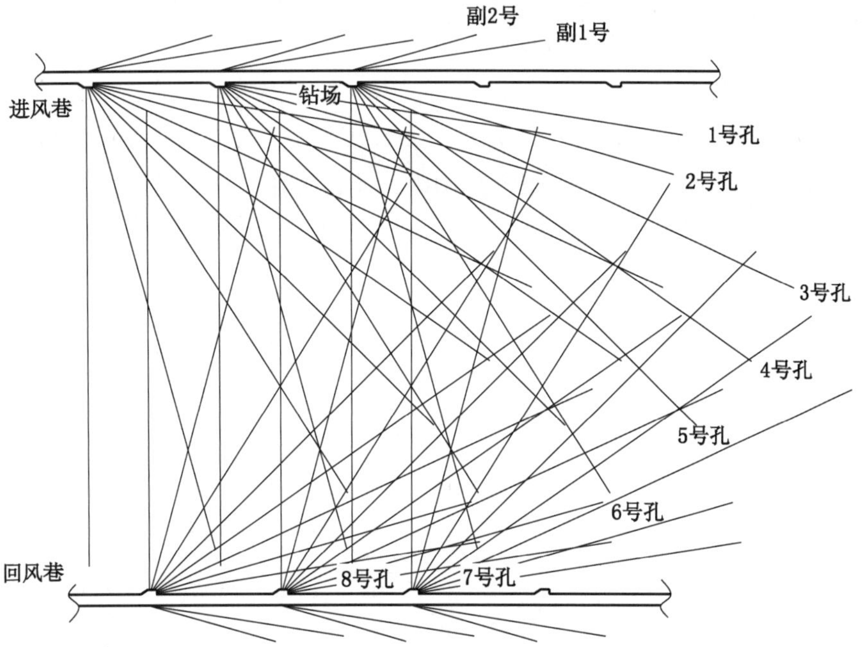

图6-3-1 掘前预抽钻孔设计图

截至2020年，矿井回采工作面瓦斯治理根据分源治理原则，采取了两种方式治理瓦斯。一是采前预抽，在进回风巷掘进过程中，施工掘前预抽钻孔的同时，布置本煤层预抽钻孔，巷道主帮布置钻场，间距 60 米，施工 4~6 个瓦斯抽采钻孔，钻孔呈扇形布置，钻孔孔深 220 米，预抽时间不少于 6 个月。二是临近巷高位裂隙抽采。临近巷高位裂隙抽采如图 6-3-2 所示。

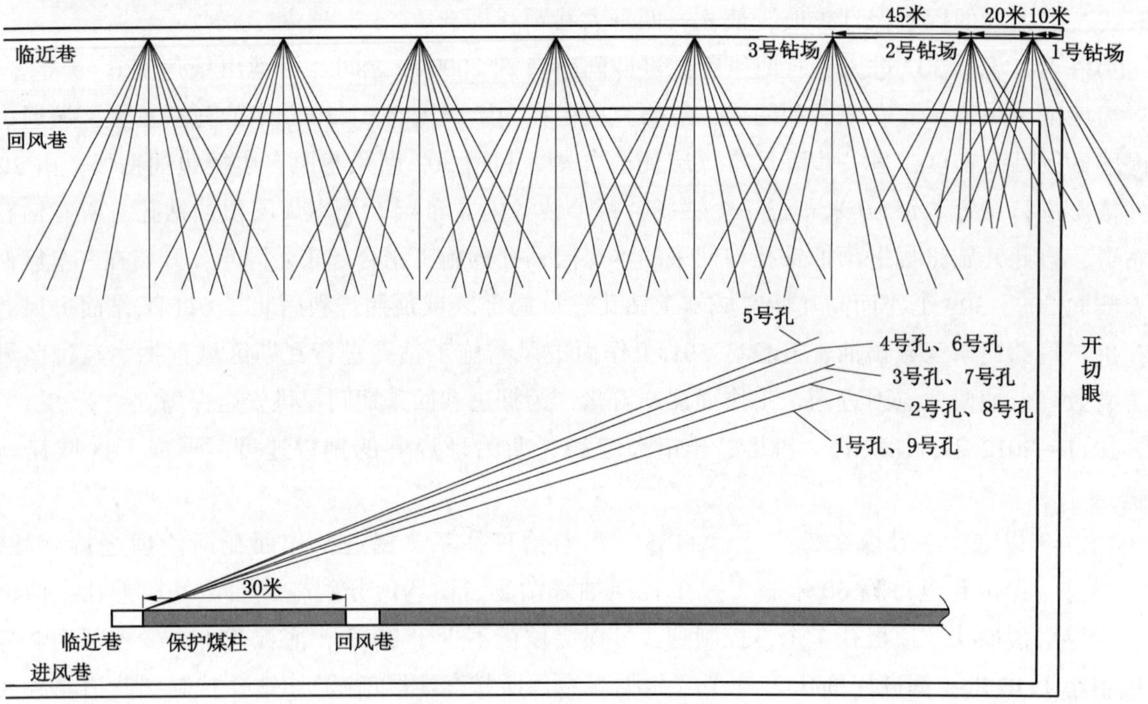

图 6-3-2 临近巷高位裂隙抽采图

矿井工作面 1 号高位钻场施工参数见表 6-3-1。矿井工作面 2 号高位钻场施工参数见表 6-3-2。矿井工作面 3 号及以后高位钻场施工参数见表 6-3-3。

2019 年，矿井购入 ZDY12000 型定向钻机一台，引入长距离大孔径高位裂隙钻孔抽采技术。长距离大孔径高位抽采技术是在运输巷内，采用 ZDY12000 型钻机施工长距离大孔径高位裂隙钻孔，将钻孔布置在靠近回风巷上部采动裂隙"O"形圈范围内，使钻孔在"O"形圈内充分有效延伸。钻孔通过三级扩孔，终孔孔径不小于 200 毫米。矿井长距离大孔径高位钻孔参数见表 6-3-4。矿井高位裂隙钻孔设计如图 6-3-3 所示。

表 6-3-1 矿井工作面 1 号高位钻场施工参数表

编号	孔径（毫米）	夹角(°)	仰角(°)	孔深(米)	垂直距离(米)	备注
1	94	23	8	80	10	夹角左偏为"+"，右偏"-"，所有钻孔沿顶板开口，终孔水平距离为 30 米，垂直距离在 10~16 米之间
2	94	16	8.5	80	10.1	
3	94	12	9	80	10.5	
4	94	8	9.5	80	11	
5	94	0	10	80	11.4	
6	94	-8	10.5	80	12.1	
7	94	-16	11	80	13.1	
8	94	-23	11.5	80	14.3	
9	94	-26	12	80	15.3	

表 6-3-2 矿井工作面2号高位钻场施工参数表

编号	孔径（毫米）	夹角(°)	仰角(°)	孔深(米)	垂直距离（米）	备注
1	94	23	12	80	15	夹角左偏为“+”，右偏“-”，所有钻孔沿顶板开口，终孔水平距离为30米，垂直距离在15~22米之间
2	94	16	13	80	15.6	
3	94	8	13.5	80	15.8	
4	94	3	14	80	16.2	
5	94	0	14.5	80	16.8	
6	94	-5	15	80	17.4	
7	94	-10	15.5	80	18.3	
8	94	-20	16	80	19.8	
9	94	-26	16.5	80	21.4	

表 6-3-3 矿井工作面3号及以后高位钻场施工参数表

编号	孔径（毫米）	夹角（°）	仰角（°）	孔深（米）	垂直距离（米）	备注
1	94	23	21	110	27	夹角左偏为“+”，右偏为“-”，所有钻孔沿顶板开口，终孔水平距离为30米，垂直距离在27~34米之间
2	94	18	23	110	29	
3	94	13	24	110	29.7	
4	94	8	26	110	32	
5	94	0	27	110	33.2	
6	94	-8	26	110	32	
7	94	-13	24	110	29.7	
8	94	-18	23	110	29	
9	94	-23	21	110	27	

表 6-3-4 矿井长距离大孔径高位钻孔参数表

编号	孔径（毫米）	过渡段（米）	有效段（米）	孔深（米）	水平距离(米)	垂直距离(米)	备注
1	120	100	400	500	20	31	钻孔终孔水平距离在20~40米之间，垂直距离在31~41米之间
2	120	100	400	500	30	36	
3	120	100	400	500	40	41	

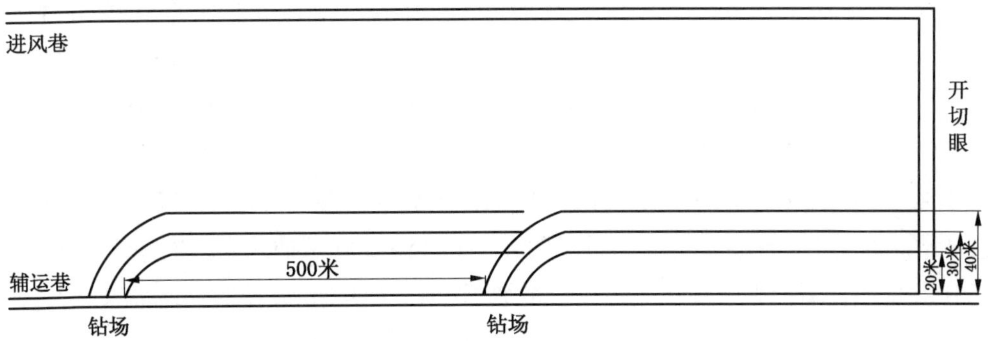

图 6-3-3 矿井高位裂隙钻孔设计图

另外，采煤工作面上隅角采用插管抽采回采工作面采空区瓦斯。通过使用袋装珍珠岩封堵上隅角，插入抽采花管进行上隅角抽采。矿井上隅角插管抽采设计如图 6-3-4 所示。

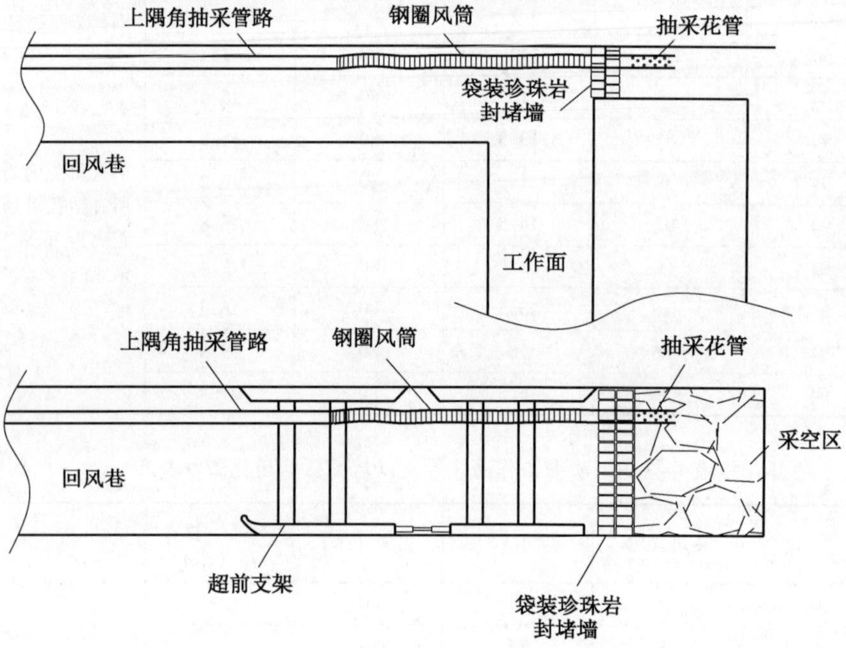

图 6-3-4 矿井上隅角插管抽采设计图

二、抽采设备

2006 年，矿井引进一台 ZWY80/160 型水环式真空泵（简称 80 泵），对 209 工作面进行上隅角埋管抽放。

2007 年，矿井引进一台 ZWY80/160 型水环式真空泵，建立了三盘区泵站。三盘区泵站共安装两台 80 泵，负责 302 工作面上隅角的抽放。2007 年由于 304 工作面高位裂隙抽放即将形成，为满足抽放需要，又引进 2 台 80 泵，安装于三盘区泵站。此时三盘区泵站已形成 4 台 80 泵的抽放能力。同年，六盘区泵站形成 3 台 ZWY110/160 型水环式真空泵构成的瓦斯抽放泵站。

2008 年下半年，对三盘区泵站的泵进行了更换，全部更换为 ZWY80/160 型水环式真空泵，大大满足了当时的抽放需求。

2009 年 8 月，矿井北二泵站正式安装形成，建成之初，共 2 台 110 泵，主要负责北二区域抽采瓦斯。同年 12 月，二号风井地面瓦斯抽采泵站形成，共有 2 台 ZBEC67 型水环式真空泵和 2 台 ZBEC67 型水环式真空泵，流量分别为 410 立方米/分钟和 505 立方米/分钟，主要负责三盘区高位抽放和本煤层预抽。三盘区的上隅角由三盘区泵站负责抽放，所以三盘区泵站 4 台 110 泵已显多余，为满足六盘区泵站需求，从三盘区泵站转移 1 台 110 泵，至此，形成了三盘区 3 台 ZWY110/160 型水环式真空泵，六盘区 4 台 ZWY110/160 型水环式真空泵和北二 3 台 ZWY110/160 型水环式真空泵的局面。

2010 年上半年，由于各盘区抽放结构的调整，从三盘区泵站转移一台 ZWY110/160 型水环式真空泵至北二泵站。同年下半年，矿井又引进了两台 ZWY150/200 型抽采泵，安装于三盘区泵站。同年 12 月，三号风井地面瓦斯抽采泵站正式建成，增加了 1515 立方米/分钟的瓦斯抽采能力。

2011 年 3 月，北一泵站正式成立，从三盘区泵站转移 2 台 ZWY150/200 型抽采泵，又新购 1 台

ZWY150/200 型抽采泵，共计 3 台。

2019 年 7 月，矿井新购 2 台 ZWY210/250G 型抽采泵安装在八盘区移动瓦斯抽采泵站，替换原有老旧抽采泵。

2020 年 8 月，矿井新购 2 台 ZWY260/315G 型抽采泵安装在北二移动瓦斯抽采泵站，替换原有老旧抽采泵。

2020 年 12 月，矿井建有两座地面瓦斯抽采泵站、两组井下移动瓦斯抽采泵站。2020 年矿井抽采设备参数见表 6-3-5。

表 6-3-5 2020 年矿井抽采设备参数表

地 点		抽采泵型号	抽采区域	抽采泵额定流量（立方米/分钟）	抽采泵额定功率(千瓦)
3 号地面抽采瓦斯泵站	一号系统	2BEC-72	北二、八盘区本煤层	505	710
	二号系统	2BEC-72	北二区域工作面高位裂隙	505	710
	三号系统	2BEC-72	八盘区工作面高位裂隙	505	710
4 号地面抽采瓦斯泵站	一号系统	2BEC-72	北一区域高位裂隙	505	710
	二号系统	2BEC-72	北一区域本煤层	505	710
	三号系统	2BEC-72	北一区域工作面上隅角	505	710
井下区域	北二泵站	ZWY260/315-G	625 上隅角	260	315
	八盘区泵站	ZWY200/250-G	807 上隅角	200	250

三、钻孔施工设备实施与应用

2008 年，矿井引进 ZDY1900S（MKD-5S）型液压坑道钻机。由于该钻机体积小，操作简单，拆卸方便，转速范围宽，扭矩大，能满足各种角度的施工，如直孔、平孔、下斜孔，可用于大口径牙轮钻进，也适用于大口径硬质合金钻机和冲击回转钻机，最大钻深为 350 米，最大孔径为 200 毫米，所以在钻孔施工中得到了广泛的应用。

2009 年，矿井引进 ZDY3200L 型矿用履带式钻机。该钻机带有履带，可以在没有轨道的巷道进行打钻施工，且 ZDY3200L 型矿用履带式钻机的扭矩能满足更深钻孔的施工，再配上螺旋钻杆，排粉方式为自动排粉，不需要压风，也不需要供水，因此，在某些特定巷道内得到很好的应用。

2010 年，矿井引入使用 ZDY3500L、ZDY4000L、ZDY6000L 型长距离钻机，开始实施长钻孔，逐步实现“先抽后采、抽采达标”的治理目标。

2011 年 10 月，矿井引入 ZDY6000LD 型长距离定向钻机，在一号煤矿北一轨道巷钻场进行了煤矿井下定向钻进系统现场试验，成功施工孔深 950 米长距离定向钻孔。2012 年，根据钻孔施工设备的发展，矿井购入多台 CMS1-4000/55 型可旋转履带式钻机，逐步替代原有老式钻机，提升钻孔施工效率。2013 年 6 月，在北一 2 号回风巷 3 号钻场内施工孔深 1002 米长距离定向钻孔，成功突破单孔孔深 1000 米大关。

2019 年 7 月，从中煤科工集团西安研究院引进一台 ZDY-12000LD 型千米定向钻机，进一步提升了矿井灾害治理的水平。

四、其他有害气体防治

2015 年，矿井开始掘进 801 进风巷，施工过程中作业环境出现硫化氢气体。针对这一情况，矿井投入全封闭防护面罩，同时配合各类喷雾及现场人工多频次洒水等措施，有效保障了现场作业人员安全健康。

二氧化碳、一氧化碳等有毒有害气体主要存在于盲巷、顶板冒落后、老窑贯通、尾气集聚等区域，对于矿井有害气体，由于其性质不同，在从事井下作业过程中可根据现场情况采取相应的措施，防止造成人身伤害。截至 2020 年，矿井采取的措施包括：①加强通风，保证井下各用风地点有足够的新鲜空气；②对瓦斯含量较高、涌出量较大的地区，可采用抽采或通风稀释的方法，使其降至安全浓度以下，并排出矿井；③对易溶于水的有害气体可采用喷雾、洒水等方法，使其溶于水中，以降低其在空气中的含量；④加强检测与检查，如有异常情况及时采取相应措施；⑤凡井下通风不良的区域或巷道，必须设置栅栏，并悬挂“禁止入内”的警标，防止人员入内；⑥对井下各种密闭应保证质量、定期检查，防止封闭区内的有害气体逸出；⑦对有害气体中毒人员应立即移送到新鲜空气的巷道中，采取相应措施，及时抢救；⑧加强检查，应用各种仪器监视井下各种有害气体的动态；每班配备人员对矿井各地点二氧化碳、一氧化碳等有害气体进行了巡回检查，发现异常，及时采取措施处理，并报矿调度室；⑨加强对入井职工的安全培训和教育，使职工熟悉二氧化碳、一氧化碳等有害气体的特征，熟知采取的应对措施；⑩所有入井人员都应携带隔离式自救器，当有害气体浓度超限后，应迅速佩戴自救器，按避灾路线撤至安全地点或地面；⑪车辆尾气治理。

第二节 火 灾 防 治

矿井火灾主要分内因火灾和外因火灾两种。建矿以来，根据《一号煤矿 2 号煤层自燃倾向性鉴定报告》可知，煤矿井田内 2 号煤层煤炭自燃倾向性为Ⅱ类，属自燃煤层。根据《一号煤矿 2 号煤层煤样最短自然发火期实验报告》可知，煤矿井田内 2 号煤层煤炭以井下温度 20 摄氏度为起始温度最短自然发火期为 52 天。矿井配备注氮防灭火系统、阻化剂防灭火系统、干粉灭火器、防火门、消防供水系统等防灭火技术和装备。预防矿井外因火灾的主要措施是防止井下出现明火、电火、炮火。具体措施包括：井下严禁使用明火和吸烟；井下严禁从事电焊、火焊工作，如必须焊接时，要制定专门措施报批；井口检身房和通风机附近 20 米内，不得有烟火或用火炉取暖；井下必须采用防爆型或本质安全型电器设备，并做到设备性能完好；严禁使用灯泡取暖和使用电炉；使用安全炸药，不准将药卷内的消焰粉倒掉，不准放明炮、糊炮，不准用明火、动力线爆破；炮眼封泥要装满，并使用水炮泥；严格按规程规定装药、连线和爆破，同时安装防火监测系统等。

2010 年，一号煤矿安装一套山东淄博祥龙测控技术有限公司生产的 KSS-200 型煤矿自燃火灾束管监测系统，可对井下采空区内气体进行 24 小时连续采样与分析。在采煤工作面均配置阻化剂喷洒系统，阻化剂为 GMJ-140 高分子灭火剂，泵箱容积为 3 立方米，安装在工作面设备列车处，通过管道进入工作面。采煤工作面采用机动性电动机喷洒注压系统，将阻化剂液箱固定在设备列车的一节车厢上，随设备列车同时移动，用 ϕ51 毫米和 ϕ25 毫米胶管送到综采工作面，利用喷头向工作面上（下）隅角、采空区及巷道煤柱破碎带喷洒，工作面每 20 米设置一个喷头。

2012 年，矿井购入 DT-700/8 型煤矿用碳分子筛制氮装置 1 套，安装于矿井北一消防材料库。

2014 年，矿井购入 DT-500/8 型煤矿用碳分子筛制氮装置 1 套，安装于矿井北二消防材料库。

2016 年，矿井引进光纤防灭火在线监测系统，应用于矿井八盘区采空区监测。

2017 年，矿井完成北一、北二盘区光纤防灭火在线监测系统安装。同年，矿井购入 DMJ-600/1.0 型矿用井下移动式膜分离制氮装置 2 套，作为综采工作面防灭火注氮系统。

截至 2020 年，这些灭火装置及措施不断得到完善和维护。

第三节 粉 尘 防 治

2009 年 4 月 1 日，“一号煤矿二次负压除尘技术研究与应用”“一号煤矿矿井综合防尘技术研究与应用”两项课题立项，并分别于同年 8 月 31 日和 12 月 31 日结题。同年 6 月，首先在采煤工作面完善工作面支架架间喷雾，保证工作面在移架过程中架间喷雾同步进行，有效降低移架过程中产生的矿尘；其次，在采煤机上安装 KCP-2F 型采煤机负压二次降尘器，实现对采煤机卷筒割煤产尘的就地净化，阻止和减少粉尘向外扩散。同年 7 月，在掘进工作面综掘机上安装 ZPCZ(A)-10 型掘进机高压喷雾降尘装置，降尘效率达到 85% 以上。2009 年 9—12 月，在矿井主运输系统所有的转载点和皮带运输系统上，每 300 米安装一套 KPZ 型自动喷雾降尘系统，共计安装自动喷雾降尘系统 80 套。

2011 年，在主要皮带巷安装全封闭挡尘帘，将煤尘集中后进行消除，通过挡尘帘降低皮带运转过程中产生的矿尘，有效减少运输巷道粉尘。

2011 年 8 月至 2012 年 2 月，在井下所有掘进工作面安装强力除尘风机，实现粉尘源头治理。

2012 年 6 月，矿井与中国矿业大学（北京）合作开发出了适合本煤矿煤尘特点的抑尘剂，该抑尘剂在 308 工作面试验后取得良好效果，全尘和呼吸性粉尘除尘效率达 70%。

2015 年，矿井重点开展综掘工作面粉尘治理关键工艺技术研究，针对掘进防尘技术措施中存在的难题进行科技攻关，实施“综掘工作面防尘达标关键技术及装备研究”项目，系统地对综掘机外喷雾、控除尘系统理论研究及装备研发、长压短抽控除尘通风流场及粉尘运移规律进行研究。

2020 年 6 月，矿井引进 ZPZ127 型矿用综采工作面自动喷雾降尘装置，在 625 工作面完成调试安装，工作面降尘率达到 85% 以上，降尘效果良好。同年 8 月，矿井引进泡沫除尘工艺，在 1009 快掘工作面安装与调试完成，降尘率达到 86% 以上，除尘效果良好。

第四节 水 害 防 治

一、水害来源及防治

（一）地下水水害

直罗组下段砂岩含水层为侏罗系地层中富水性最强的岩层，其下至 2 号煤层以上为延安组隔水层和相对隔水层，全厚32~101.29米，平均厚度88.16米。一般情况下2号煤层开采形成的导水裂隙带不会波及直罗组下段砂岩含水层，但在局部延安组隔水层较薄时，导水裂隙带将沟通直罗组下段砂岩含水层。根据矿井2号煤层直罗组下段含水层冒裂安全性分区预测图可知，矿井八盘区局部工作面位于导水裂隙带可能沟通直罗组下段砂岩含水层区域，在这些区域应加强防范，预防突水水害。

（二）地表水水害

沮河为区内最大河流，流量0.52~11.111立方米/秒，区内分布的西沟、北沟、王村沟、李章河均属沮河长年性沟流。八盘区局部工作面紧邻王村沟，开采时应时时监测沟水流量变化，尤其是雨季洪水期，并合理留设安全保护煤柱，做好预防措施，防止水害发生。六盘区局部工作面经过石窑子沟和塘峪沟，十盘区局部工作面经过南沟河，虽然这3个沟谷流量小，沟谷上覆基岩厚度大，但是对沟谷内第四系全新统冲洪积孔隙含水层的岩性发育情况和古河床发育情况掌握不足，也应该严格监测与管理，预防突水水害。

（三）老窑水水害

按照当地政府安排，2019年初，矿业公司不再对周边小煤矿托管。截至2019年6月底，一号煤矿周边小煤矿生产现状：中瑞成煤矿、双龙集贤煤矿生产，其他煤矿均已关闭。尽管矿井已经对周边小煤窑进行了现状调查和实际勘测，基本掌握了小煤矿生产活动区域，对开采范围进行了圈定，但是老窑水还存在小范围威胁，尤其是井田东南边界小窑越界开采的采空区积水量不清楚，所以在未来工作面开采时还应注意防范，继续进行老窑水探测，做好充分的预防措施，特别是防止老窑水进入大巷，威胁矿井安全生产。

二、水患防治措施

（一）井下防治水工作

截至2020年，一号煤矿设立有专门的防治水机构，且已配备满足工作需要的防治水专门技术人员，现有ZDY1900S型、ZDY4000L型、ZDY6000L型探水钻机各4台，共12台探水设备，建立了专门的探放水作业队伍。此外不断加强职工防治水知识，让每一位职工熟知井下水害预兆的识别，在发现水害预兆时，必须停止作业，采取措施，并报告矿调度室。结合本矿水害特征，建立健全防治水岗位制度、防治水技术管理制度、水害预测预报制度和水害隐患排查治理制度；制定的各项制度要组织宣传学习，并悬挂在醒目位置，做到人人皆知；编制水情水害紧急处理预案和水害避灾路线图，并向井上、下作业人员进行详细的传达。

（二）地表防治水工作

截至2020年，一号煤矿通过地面长观孔和地面水文地质监测站，及时采集动态水文地质资料，掌握地下水动态变化规律，为矿井涌水量预测和防治水方法提供基础数据。根据监测监控改造方案总体安排，完善矿井水文实时在线监测系统，并做好黄陵矿区浅埋煤层邻河开采技术研究工作；对地表水体、井泉、开采引起的地貌情况进行详细调查，掌握其与矿井充水的关系，及时治理采空塌陷区，回填塌陷裂隙，疏通沟道确保水流畅通，防止大气降水与地表水溃入井下；重点调查老窑及现有小煤矿的分布位置、开采时间、采出煤量、采空区范围、老窑积水、隔离煤柱及其与本矿的空间关系；搜集系统完整的采掘工程平面图。

（三）建立水文在线监测系统

截至2020年，一号煤矿在开采过程中，调查掌握区域内及周边老窑、现有小煤矿的积水情况，做好防范工作，防止老窑水进入井下。同时，组织人员调研国内采空区积水监测设备和软件系统，采购并建立水文在线监测系统，对一号煤矿井下12处进行24小时实时监测，为矿井防治水工作提供一定的依据。

一号煤矿12处监测位置：距离井口800米明渠、距离井口800米管道、距井口1700米处明渠、距井口1700米2号管道、二号泵房轨道巷明渠、二号车厂复用水仓明渠、三号车厂复用水仓明渠、三号车厂复用水仓管道、中央泵房1号管道、中央泵房2号管道、北一复用水仓明渠、北1号水泵房、北2号水泵房管道。

（四）加强井下水文地质观测

相关人员对井下各出水点出水量定期进行观测，做好动态观测，发现出水异常，应及时查明原因并进行必要的处理。特别是，当采掘工作面上方影响范围内有地表水体、富水含水层、穿过与富水含水层相连通的构造断裂带或接近老窑积水区时，应每天观测充水情况，掌握涌水量变化情况。

（五）做好井下探放水工作

为了确保安全生产，对未来要开采的存在顶板涌水条件的工作面，应首先应用高分辨率直流电、音频电穿透等物探方法探测其异常区的分布，从而为探放水工程提供依据。主要探测任务：一是查明工作面顶板含水层的富水性特征，为详细评价工作面开采水文地质条件提供依据；二是针对四盘区探巷揭露老空区灾害现状，分阶段制定排水、探查等多项安全防治措施，积极开展灾害防治，确保四盘区探巷灾害防治工作安全。井下探放水的目的是查明开采工作面顶板上方岩层的富水状况，为工作面涌水量预测提供依据，并且对2号煤层顶板上覆含水层进行疏放，降低突水强度。

（六）工作面采前水文地质条件评价与涌水量预测

对于待采区和待采工作面在采前要开展水文地质条件评价工作，以便发现并解决有关水文地质问题，为安全回采提供水文地质保障。工作面涌水量预测不同于勘探时期的矿井涌水量，它是以盘区或工作面为预测单元，充分考虑了盘区或工作面范围内的水文地质条件，其目的是为矿井、盘区及工作面排水能力的确定及其防治水措施提供依据，实现工作面安全回采。从以往相同工作来看，本矿井工作面涌水量预测较为有效的方法是面积系数法，同时还要考虑到探放水工作获得的Q~S关系，以及工作面上方隔水层的缺失范围。

（七）顶板破坏规律的研究

一号煤矿开采2号煤层时的主要涌水水源来自其上方的直罗组下段砂岩含水层，其间夹延安组上部相对隔水层，该含水层水涌入矿井的通道是由采掘活动而形成的导水裂隙带。导水裂隙带高度受到煤层开采厚度、煤层顶板管理方法、岩性及其物理力学性质等诸多方面因素的影响。现有地质资料表明，直罗组下段砂岩含水层距离2号煤层32~101.29米，平均厚度88.16米。采用传统的经验公式计算导水裂隙带发育高度，与一号煤矿钻孔实测的结果存在较大偏差，其结果往往不能很好地解释矿井涌水现象。煤矿已发生的涌水及顶板突水事故说明在该矿采掘范围内，由采掘活动引起的顶板破坏有其特殊的规律性。随着生产规模不断扩大，矿井防治水工作日益重要，结合黄陵一号煤矿地质与开采特点，进行了顶板破坏规律专题研究，充分认识顶板破坏规律对煤矿的安全生产有着重要的指导意义。

第五节 顶 板 防 治

一、掘进工作面顶板管理

(一) 超前临时支护

前探梁支护：为防止顶板事故发生，杜绝空顶作业，采用移溜器或前探梁做临时支护，前探梁前移要及时，使用半圆木背顶，接顶背实，支护完好后，方可进入施工。掘进机机载临时支护：机载临时支护可减少职工劳动强度，及时支撑顶板，控制顶板冒落。交错迈步式超前临时支护：为进一步提高临时支护可靠度，一号煤矿自2011年9月引进交错迈步式超前临时支架。该支架增大了支护面积，提高了支护强度，两帮的柱腿对片帮有防护作用，保证作业人员处于安全状态下工作。

(二) 巷道顶板支护及管理

采（盘）区内掘进工程设计时，生产技术部根据不同的顶板围岩性质（耐压情况、破碎情况）、矿山压力、巷道宽度、巷道服务时间等，选择合理的巷道支护方式及参数，并按照规范标准对选型计算与验算。巷道开口前，要求掘进队编制有专项风险辨识评估报告及掘进作业规程，掘进作业规程中对掘进工作面永久支护、临时支护和控顶距离等要求做出明确规定，同时要求掘进队按照生产技术管理制度做好规程审批、复审与贯彻执行工作。由机电部组织安全监察部、生产技术部、通风部、地质测量部等相关部室对项目进行检查验收，不合格不允许开工。掘进过程中要求掘进队执行敲帮问顶及围岩观测制度，严格按照掘进作业规程规定执行，防止事故发生。特殊情况下的掘进施工（如过断层、过老巷、贯通及地质破碎带支护方式需调整）要求掘进队补充编制专项安全技术措施，并按照生产技术管理制度做好审批与贯彻执行工作。生产技术部设有工程质量验收小组，每周对掘进队至少进行一次全面的工程质量验收，对质量不合格的工程，坚决拒绝验收，并责令其返工处理直至合格。生产技术部根据制度，安排有专人，以全覆盖方式，每月巡查系统巷道至少两次，发现问题及时维护；同时要求各区队做好分管区域日常顶板巡查和隐患整改工作，并做好相关台账记录；对发现的顶板浆皮开裂、掉矸等隐患要求及时处理，对发现的顶板下沉来压、底鼓严重等较大隐患要求及时汇报生产技术部，并由生产技术部安排及时维护。掘进队使用的液压单体不得超过8个月，且必须实行编号管理，入井前由机电部安排进行压力试验，确保完好。拆除撤换单体支柱时，要求区队坚持“先支后回”的原则。井巷穿越软岩、断层、围岩破碎带及采空区时，要求掘进队制定专项安全技术措施，并按照生产技术管理制度完成审批与贯彻执行工作。

二、综采工作面顶板管理

截至2020年，矿井采取的措施包括下列几项：

(1) 生产技术部设有矿压观测小组，定期观测矿压变化情况，为综采工作面顶板支护、顶板管理提供了理论依据。

(2) 矿井安排专人对开采影响因素进行分析，预测预报顶板变化情况，并在此基础上提前采取相应的加强支护措施。

(3) 矿井要求综采队对采煤后裸露的顶板要及时进行支护；要求工作面端面距符合作业规程规

定，跟机及时移架；要求液压支架必须接顶严实，顶板破碎时要求带压移架、超前支护；要求严格控制采高，严禁出现采高大于或小于支架的最大、最小允许支护高度，支架初撑力要求达到规程规定值。

（4）矿井要求综采队技术员做好单体液压支柱、超前支架及液压支架使用安全技术措施的编制工作，并贯彻落实；要求综采队建立严格的支柱使用制度及支护材料使用台账。液压支架及支柱使用前，由机电部安排对其进行质量、技术性能检查，符合使用标准方可入井。

（5）初采初放时成立有初采初放领导小组，安排领导小组成员跟班现场指挥，初采初放具体工作要求在初采初放安全技术措施中作专门说明。

（6）矿井要求综采队根据矿井地质条件和生产技术条件，结合规范标准，制定各工序质量标准和各岗位责任制，每一道工序质量责任落实到人，每一道工序完成以后，要求首先由作业人员自检，不符合标准的主动返工，然后由班长、质量验收员验收。生产技术部安排有专人，严格按照标准化及生产技术管理制度，定期对采煤工作面进行检查，对发现的问题，要求综采队及时处理。

（7）采煤工作面初采前，要求综采队技术员编制有采煤作业规程，确定工作面的顶板管理方法、支护形式、控顶距离，作业规程必须明确初采初放、周期来压以及工作面收尾时的安全技术措施等，并要求按照生产技术管理制度做好规程审批、复审与贯彻执行工作。在生产过程中遇有意外特殊情况时，要求及时补充安全技术措施。

（8）矿井要求综采队保证采煤工作面持续保持至少 2 个畅通的安全出口，一个通到进风巷道，另一个通到回风巷道。采煤工作面所有安全出口与巷道连接处超前压力影响范围内要求加强支护，且加强支护的巷道长度不小于 20 米，此范围内的巷道高度不低于 1.8 米，宽度不小于 0.8 米。安全出口和与之相连接的巷道要求设专人维护，发生支架断梁折柱、巷道底鼓变形时，要求及时更换、清挖。

（9）矿井要求综采队保证采煤工作面支架端面距和工作压力符合作业规程规定，发现支架压力不够时，要求及时进行处理；要求两端头必须坚持使用好端头支架和切顶单体，且必须配备足够数量的备用支护材料；要求综采队加强乳化液泵站管理，保证液压系统完好、不漏液、不窜液，泵站压力大于或等于 30 兆帕，乳化液配比浓度范围在 3%～5%，并做好原始记录。

（10）采煤工作面巷道受超前支撑压力影响容易出现顶板破碎现象，要求综采队采用迈步式超前支架、液压单体支柱等装备补强支护，同时要求加强顶板巡查工作，发现异常要求及时处理。

（11）采煤工作面两端头顶板悬顶面积超过规程规定时，要求使用端头切顶支架、施工放顶孔、聚能爆破切顶等装备和工艺进行强制放顶，预防大面积顶板集中来压造成切顶事故。

（12）采煤工作面由于特殊原因引起较长时间的停产或收尾回撤时，要求综采队或准备队制定切实可行的顶板支护管理安全技术措施，并按照生产技术管理制度完成审批与贯彻执行工作。

三、安装、回撤期间综采工作面顶板管理

（一）采煤工作面安装前

采煤工作面安装前对开切眼及两巷道的支护情况进行彻底检查。截至 2020 年，矿井采取的措施包括：①检查巷道支护是否完好，安排准备队对顶板破碎、压力大的区段加强支护；②检查开切眼、两巷道端头及超前范围支护是否完好；存在问题时，安排准备队采取切实可行的措施进行处理；③要

求工作面配备足够数量的备用支护材料；④安装前由生产调度室组织各生产部室进行验收，具备安装条件时，安排准备队实施工作面安装工作；⑤工作面安装期间，要求准备队加强支护检查管理工作，发现问题要求及时处理。

（二）采煤工作面回撤前

采煤工作面回撤前对工作面及两巷道的支护情况进行彻底检查。截至 2020 年，矿井采取的措施包括：①检查两巷道支护是否完好，要求准备队加强顶板破碎、压力大区段的支护强度，回撤通道要求铺设菱形铁丝网，防止撤架窜矸伤人；②回撤前，由生产调度室组织各生产部室进行验收，具备回撤条件时，安排准备队实施工作面回撤工作；③工作面回撤期间，支架拉移过程中，要求准备队坚持"邻架操作"原则，作业人员在支架支护区域远程操作待回收支架，确保回撤安全。

四、系统巷道顶板管理

截至 2020 年，矿井采取的措施包括：①要求各辅助区队做好分管区域日常顶板巡查和隐患整改工作，同时做好相关台账记录；对发现的顶板浆皮开裂、掉矸等隐患要求及时处理，对发现的顶板下沉来压、底鼓严重等较大隐患要求及时汇报生产技术部，由生产技术部安排及时维护；②要求各区队悬挂系统巷道失修巡查牌板，并认真填写，落实隐患责任人，并做好相关记录；③建立有井巷检查、维修制度；生产技术部根据制度，安排有专人，以全覆盖方式，每月巡查系统巷道至少两次，发现问题由生产技术部安排及时维护。

第四章　安全避险及应急救援

第一节　安 全 避 险

一、紧急避险设施

（一）自救器

截至 2020 年，一号煤矿为每一位下井职工均配备自救器。全矿共配备 1972 台 ZYX30 型隔绝式压缩氧自救器，其中在用 1739 台，备用 233 台。

（二）紧急避险系统

截至 2020 年，一号煤矿紧急避险系统采用永久避难硐室和临时避难硐室相结合的避险方式，井下共设有 3 个永久避难硐室，分别为北一永久避难硐室，服务于北一区域；北二永久避难硐室，服务于北二区域；八盘区永久避难硐室，服务于八盘区；永久避难硐室均采用钢筋混凝土砌碹支护，可容纳人数均为 60 人。永久避难硐室内配备安全防护密闭门、气幕及喷淋系统、排气减压系统、供水排水系统、压风供氧系统、温度湿度调节系统、空气净化系统、环境监测监控系统、通信联络系统、人员定位系统、动力保障系统及照明系统等，配有自救器、急救药品、担架、食品、饮用水等。每个永久避难硐室设 3 个应急逃生出口与大巷相连。在采、掘工作面巷道每隔 1000 米设一个临时避难硐室。临时避难硐室采用锚网喷支护方式，硐室容量均为 20 人。

永久避难硐室和临时避难硐室内为入井人员配备有额定防护时间不低于 45 分钟的 ZYX45 型隔离式自救器。紧急避险系统与监测监控、人员定位、通信联络、压风自救、供水施救等系统相互连接。

二、压风自救系统

截至 2020 年，一号煤矿建设的压风系统由北一和北二两大系统组成，系统由地面空气压缩机站及井下压风管路组成。

（一）北一系统

2019 年 12 月底，四号风井地面压风机站建成，安装 SEF1420Z 型空压机 5 台，管路采用 $\phi325\times6$ 高频喷塑管，沿四号风井进风斜井铺设至北一辅运巷，由北一辅运巷辅助压风系统分别给各个采掘工作面供风，原北一系统压风机站停用。2010 年 12 月底，北一系统压风机站建成，压风机站设在二号风井地面场地，安装 MOGF20/8G 型单螺杆空气压缩机 2 台，一备一用。

（二）北二系统

压风机站设在三号风井地面场地，安装 5 台 TKL-315-Ⅱ-10 型千伏空压机及 1 台 TKBP-315F-Ⅱ-10 型千伏变频空气压缩机，三备三用。主管路全部为 $\phi326$ 毫米高频喷塑管，由三号风井进风斜井进入井下，经井底车场绕道进入西一轨道巷，分别接入北二和八盘区采掘工作面。

三、供水施救系统

截至 2020 年，一号煤矿投资建有专门应急、供水施救系统，其供水施救水源取自井下主供水管网，间隔 500 米安设一个主阀门，每隔 200 米安设一个支管。采掘工作面分别安设 6 组供水施救装置，在工作面发生灾变时，提供饮水。

第二节 应 急 救 援

一、管理机构

截至 2020 年，一号煤矿成立应急救援管理领导小组下设办公室，办公室设在安全监察部，安全监察部部长任办公室主任，并设有专职人员，具体负责监督、协调全矿应急演练工作的正常开展。专职人员负责应急日常管理工作。事故应急演练指挥中心设在生产调度室，生产调度室主任为应急演练指挥中心主任，负责一号煤矿日常应急值守及事故应急演练调度工作。

二、制度建设

截至 2020 年，一号煤矿结合矿井实际，制定印发《应急救援指挥和工作机构及职责》《应急救援工作例会制度》《应急职责履行情况检查制度》《重大隐患排查与治理制度》《重大危险源检测监控制度》《预防性安全检查制度》《应急宣传教育制度》《应急培训制度》《应急预案管理制度》《应急演练和评估制度》《应急救援队伍管理制度》《应急投入保障制度》《应急物资装备管理制度》《应急资料档案管理制度》《应急救援责任追究和奖惩制度》《应急通信网络保密、运行维护管理制度》《应急救援交通、运输保障措施》《应急救援治安维护、后勤服务保障措施》《事故监测与预警制度》《避险设施管理使用制度》《应急信息报告和传递制度》《应急值守制度》等22项管理制度，并且每年根据国家最新发布的各项法规标准进行修订完善。矿井每年年初编制《应急救援培训计划》和《灾害预防与处理计划》。

三、队伍建设

（一）专职应急救援队伍

2008年矿业公司成立了矿山救护队。矿山救护队驻地距一号煤矿不到一千米，接警后能够迅速到矿，是矿唯一专职应急救援队伍。矿山救护队平时加强体质训练，开展模拟演练，提高事故灾难救援能力，同时开展各种救援预案及现场处置方案的演练。

（二）兼职应急救援队伍

兼职应急救援队伍由一号煤矿通风队组建，全队20人，专门负责全矿紧急情况下的应急疏散和救援，配备了必要的应急物资装备，如铁锹、灭火器、沙袋等。

（三）应急医疗救护队伍

截至2020年，矿区医院应急医疗救护队伍依托现有医疗资源，按规定配备了相关医疗救治、现场处置装备器材和药品，参加了矿各种救援预案及现场处置方案的演练，在工伤救治中发挥应有作用，并与一号煤矿签订医疗救护协议，以便转送伤情较重人员。

四、应急演练

截至2020年，矿井结合实际情况和季节特点，每年制定应急预案演练计划。一季度由地测部牵头，各相关部室、区队配合，进行水灾应急演练；二季度由通风部牵头，各相关部室、区队配合，进行瓦斯事故应急演练；三季度由机电部牵头，各相关部室、区队配合，进行大面积停电事故演练；四季度由通风部牵头，各相关部室、区队配合，进行矿井反风事故应急演练。演练结束后，对演练全过程进行效果评估并写评估报告总结，针对演练中存在的问题及不完善之处及时对相应的应急预案、现场处置方案进行修改，以提高其针对性和可操作性。演练将安全避险“六大系统”纳入应急演练主要内容，在演练中充分利用各系统功能，检查六大系统的实效性，逐步进行改进。

五、保障设施

截至2020年，一号煤矿供应部、通风队分别建立了井下、地面应急救援物资材料库，应急救援的物资、器材、设备入库验收均严格把关，并建立台账，做到了账、卡、物相统一。应急储存物资管理维护，超过储存期限、损坏或已消耗的物资及时重新购置、储备，确保应急救援物资装备足额储备、状态完好，宁可备而不用，不可用而无备。同时，矿井规定了应急救援物资的调用必须经应急救援办公室同意方可发放。所用应急物资的清单及管理人员联系方式均在应急管理办公室备案。

第五章　安　全　事　故

第一节　事　故　统　计

一、矿井历年事故

1989—2020 年，一号煤矿共发生各类死亡事故 13 起，死亡 36 人。按照事故性质划分：顶板事故 5 起，死亡 6 人，占比 16.67%；瓦斯事故 1 起，死亡 23 人，占比 63.89%；机电事故 2 起，死亡 2 人，占比 5.56%；运输事故 2 起，死亡 2 人，占比5.56%；爆破事故 1 起，死亡 1 人，占比 2.78%；其他事故 2 起，死亡 2 人，占比5.56%。1989—2020 年一号煤矿事故类型如图 6-5-1 所示。

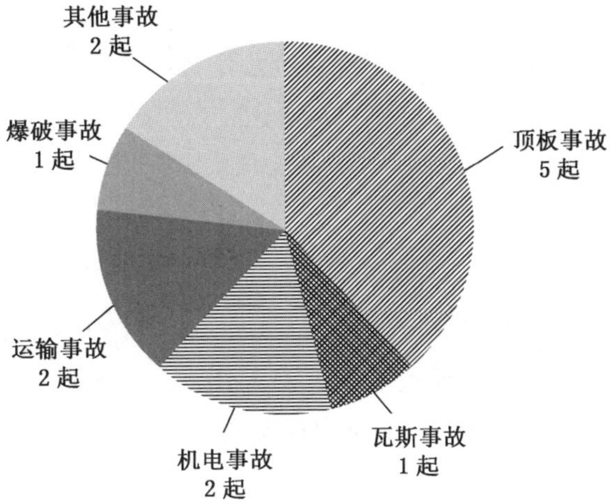

图 6-5-1　1989—2020 年一号煤矿事故类型图

二、重大事故查处

2000 年以前，对查处的事故主要以开除、撤职或行政记过为主，并进行经济处罚。2004 年“6·15”瓦斯爆炸事故处理中，对 16 名有关责任人作出了开除公职处分、行政警告处分、诫勉谈话等相应处理。2007 年“4·5”爆破事故处理中，解除劳动合同 1 人、开除矿籍 2 人、撤职 1 人。2012 年“6·11”运输事故处理中，个人处罚共计2.5万元，矿井处罚 20 万元，并解除劳动合同 1 人、处分 5 人。2018 年“2·3”顶板事故处理中，个人处罚共计 9.6 万元，单位处罚 45 万元，并撤职 1 人、处分 4 人。1989—2020 年一号煤矿死亡事故人数见表 6-5-1。

表6-5-1 1989—2020年一号煤矿死亡事故人数表

序号	年份	日期	起数	事故类型	死亡人数	备注
1	1994	9月8日	1	顶板事故	1	
2	1996	4月11日	1	顶板事故	1	
3	1997	10月16日	1	机电事故	1	
4	1998	1月13日	1	顶板事故	1	
5	1998	4月5日	1	顶板事故	2	
6	1998	7月1日	1	运输事故	1	
7	1999	1月14日	1	其他事故	1	
8	2004	6月15日	1	瓦斯事故	21	
9	2004	8月22日	1	机电事故	1	
10	2004	10月19日	1	其他事故	1	
11	2007	4月5日	1	爆破事故	1	
12	2012	6月11日	1	运输事故	1	
13	2018	2月3日	1	顶板事故	1	

第二节 典 型 事 故

一、"4·11"顶板事故

1996年4月11日，一号煤矿连采二队采二班在一盘区二号轨道巷掘进作业时，发生了一起顶板事故，导致1人死亡、1人重伤。事故直接原因：①掘进结束后，工作面实施永久支护前未采取临时支护措施；②违反规程规定，工人擅自进入未支护的工作面。事故间接原因：①跟班队长安全意识差，现场安全管理不到位，带头违章作业；②对顶板安全管理认识不到位，现场安全监督不到位，未执行敲帮问顶制度，未进行安全确认；③作业规程制定、安全技术措施不详细，现场落实不到位，未能根据现场顶板情况缩短循环进尺；④管理部门对现场安全监管不到位，未及时发现并制止违章作业。事故性质：违章指挥和违章作业导致的顶板事故。经验教训：抓安全管理首先要从管理层抓起，强化管理人员的安全意识，不断提高各级安全管理人员的安全管理水平，积极创造安全环境，其次要提高作业人员安全意识，提升安全操作技能，履行安全职责，只有这样才能有效遏制事故发生。

二、"10·19"运输事故

2004年10月19日，一号煤矿402工作面发生一起转载机拉人事故，造成1人死亡。事故直接原因：①职工安全意识差，没有充分考虑到转载机运行时在附近作业对自身安全的影响，不慎掉入转载机；②转载机入口处无安全防护装置。事故间接原因：①转载机无紧急停车拉线等装置，未及时停止运行；②安排工作任务时，安全注意事项强调不到位，安全管理存在漏洞；③日常事故隐患排查治理工作不到位，未及时发现和处理安全隐患。这是一起由于安全设施不全，个人作业过程没有进行安全确认而发生的事故。

三、“6·15”瓦斯事故

2004年6月15日，一号煤矿300工作面排放瓦斯时，发生瓦斯爆炸，造成21人死亡、5人重伤，在事故抢险过程中铜川矿务局救护队2名队员牺牲，直接经济损失316.8万元。事故直接原因：①402工作面透水后，将水排至300回风巷，因水泵故障和挡水墙漏水，积水封堵300回风巷道形成盲巷，导致长时停风造成瓦斯积聚；②300回风巷排水过程中恢复局部通风时，没有按规定安排排放瓦斯，致使巷道内积聚的高浓度瓦斯“一风吹”排出，遇到工人私自拆卸矿灯产生电火花引爆瓦斯。事故间接原因：①通风和瓦斯管理工作存在漏洞，排放瓦斯前不检查瓦斯浓度，没有执行瓦斯分级排放制度；②水文地质资料不全，探放水没有严格执行相关规定，造成402工作面发生透水事故；③安全监测监控系统不健全，风电、瓦斯电闭锁保护不到位；④矿井原属低瓦斯矿井，职工对瓦斯危害认识不强；⑤职工安全教育工作不到位，职工安全意识不强，私自违章拆卸矿灯。这是一次典型的违章排放瓦斯造成的重大安全事故。

第七篇
经 营 管 理

1991年以来，一号煤矿在计划管理、合同管理、财务管理、物资供应管理等方面制度逐年不断地提升。2010年7月，一号煤矿成立人力资源部，进一步完善了人力资源体系，员工素质逐年提高。多年来，一号煤矿紧跟市场需求变化，优化产品结构，畅通销售渠道，防范市场风险，确保产销平衡，增品种、提品质、创品牌，“三品”建设成效显著。2006年12月，“黄灵煤”荣获首届陕西能源矿产行业十大品牌称号，2016年1月，“黄灵煤”获得陕西十大著名品牌。截至2020年，随着矿井机械化程度的不断增强，煤炭产量及效益逐年递增，职工收入逐年提高，煤炭产量达到659.07万吨，实现利润156395.63万元，年人均工资171600元。

第一章 计 划 管 理

第一节 机 构

2010年，一号煤矿成立企管计划部。企管计划部主要依据上级下达的各项指标制定企业计划。其主要负责制定土建工程项目分步实施计划并报矿业公司审核、工程造价的编制、合同编制、专项基金结算、生产统计月报表、工程进度计划、投资计划、工程质量目标计划等，并编制施工总进度计划、月度作业计划及周进度计划。同时，在企管计划部内设立核算中心负责区队岗位价值精细化的管理。截至2020年底，企管计划部共有干部职工9人。

第二节 计划、规划编制

一、计划编制

（一）计划编制内容

截至2020年，一号煤矿编制长远规划、年度计划、季度计划、月度生产施工作业计划等。长远规划及中长期规划包括矿井产量和生产能力规划、开拓延伸及技术改造规划、科技发展及科技环保规划、机械化发展规划、矿井建设规划、一号煤矿配套设施规划及职工福利设施规划、多种经营及综合利用规划、精神文明建设规划等。年度计划分生产计划、基本建设计划、维简更新改造工程项目及资金计划、大修理工程项目及资金计划、安全技术措施等专项工程计划、机械化装运费用计划等。季度计划和月度生产施工作业计划主要是煤炭生产计划、基本建设施工进度计划和竣工计划、大修理工程完工计划、安全技术工程完工计划等。

（二）计划编制依据及分工

截至2020年，一号煤矿各类计划的制定主要依据上级下达的各项指标，主要是生产量、掘进进尺、工业总产值、工业销售产值、人员工效及基建项目等指标。其业务划分为企管部负责制定土建工程项目分步实施计划并报矿业公司审核；生产技术部负责制定矿建工程项目分步实施计划；机电部负责制定机电安装工程项目分步实施计划；信息部负责制定信息化建设工程分步实施计划。根据年度规划，矿井制定出具体的实施方案，上报公司批准后实施。各项目管理单位对建设项目进行计划管理，主要包括进度计划、投资计划、工程质量目标计划等，并编制施工总进度计划、月度作业计划及周进度计划。区队、车间和科室负责统计上报项目进展的周报表、工程进度月报表、建设工程投资完成月报表、季报表和年度报表等。

二、远景规划编制

2013年11月，一号煤矿分别编制了六种规划：

（一）一号煤矿远景规划

一号煤矿远景规划编制为《一号煤矿2014—2025年规划纲要》，其主要内容包括一号煤矿基本概况、煤田地质特征、一号煤矿勘探程度及储量和一号煤矿内其他有益矿物和副产物资源。

（二）技术改造规划

其内容包括：发展机械化，装备更新，开拓部署，采掘工艺和提高资源回收等方面的发展，安全技术的提高，安全手段的充实，新技术推广和引进以及重点改造的工程等。

（三）一号煤矿开发规划

其内容包括：新建扩建矿井概况，井田划分及开拓方式，建设规模和建设顺序及地质，设计和施工力量和平衡。

（四）煤炭洗选加工、综合利用和环境保护规划

其内容包括：煤质及可选性，煤的加工方式，选煤厂、筛选厂和原煤储装系统的布局，用户对煤炭品种规格和质量的要求，中煤、煤泥的利用，煤泥水的处理，煤矸石的利用以及对环境污染的防治。

（五）经济效益规划

其内容包括基本建设投资与投资回收期、劳动生产率、煤炭生产经营成本、煤炭加工费用以及各项费用的估算和技术经济指标分析。

（六）安全工作规划

其内容包括防治水、防灭火、顶板、通风、提升、运输、电气、环境监测、爆破技术、矿山救护、安全教育与培训等。

三、年度计划编制

截至2020年，一号煤矿编制的年度计划包括：

（一）煤炭生产计划

其内容包括产量、进尺计划、采掘关系和采掘工作面接替计划、采掘工作面机械化计划、材料及电力消耗计划等，以及其他工业产品生产计划。

（二）劳动工资计划

其内容包括计划年度内各类职工人数、工数、出勤和劳动生产率，工资总额及其构成等，由人力资源部编制。

（三）物资供应计划

其内容包括计划年度内为完成生产任务所需用的材料、设备及其数量、规格、型号等的供应情况和物资到货时间、储备量多少以及按计划发放的材料、设备等，是计算产品成本和流动资金需用额的主要依据。

（四）产品销售计划

根据国家和地区的政策及订货合同编制销售计划，将生产的煤炭及时按合同规定的质量、品种、数量、价格供给使用单位，避免产品积压，加强资金回收，并对期末储存量、本期生产量、销售运出量做出合理地安排，做到产销平衡。

（五）财务成本计划

其内容包括计划期煤炭企业全部资金的收入和支出；每项收入的来源和支出费用的用途；完成生产任务所需要的固定资金和流动资金及利用情况；生产经营的最终成果（利润）。成本计划包括计划期企业用于生产原煤、选煤以及其他生产经营活动的全部费用支出、单位成本水平、成本降低率以及各种资金的使用计划，通常由财务部门在综合各项计划指标的基础上编制。

（六）基本建设计划

其是由国家预算拨款或贷款投资进行固定资产扩大再生产的计划，是根据远景规划的要求和计划年度具体情况制定的，包括新建项目、扩建项目和技术改造项目计划。

（七）专用基金计划

其内容包括维简资金工程计划、大修理工程计划、矿井开拓延伸计划、安全技术措施计划、职工福利基金计划、其他专用资金计划。

第三节 统 计 管 理

早期统计和信息工作采取纸质报表报送的方式，随着煤炭行业管理机构的几轮变革，相继增加多种报表。公司信息和统计工作逐步建立起相对完善的统计工作体系，落实专职统计人员，规范报送程序，报送方式调整为网上邮箱及联网直报。1990 年以后，向国家统计局报送统计报表；2010 年以后，向陕西省工业信息化厅、中国煤炭工业协会、陕西省煤炭工业局等政府、行业部门报送报表；2004 年陕煤集团和陕西煤业股份有限公司成立后，开始向其生产技术部、化工事业部、基本建设部、战略规划部等对口主管部门上报统计报表。

截至 2020 年，一号煤矿由企管部负责综合统计报表的汇总及报送，其中包含生产、销售、财务、基建、劳动工资、煤质、机电设备、用电情况、安全、节能减排等专业指标。在统计管理中，结合一号煤矿实际，制定了《黄陵矿业一号煤矿统计工作管理办法》，建立健全统计原始记录及统计台账，加强专业统计人员的培训，为统计工作的开展奠定坚实的基础。

第二章 合 同 管 理

第一节 机 构

1989 年，一号煤矿建设初期，黄陵矿区管委会一号矿井的项目勘察设计、工程施工、设备材料采购等合同由职能部门负责和管理。职能部门根据建设及其他需要向矿业公司提出报告，矿业公司领导班子讨论确定。职能部门负责合同谈判、签订、合同履行、结算等工作。1995 年 8 月，根据生产经营需要，公司在企业管理办公室设立法律顾问岗位，合同实行归口管理，由法律顾问负责对合同的法律审查和管理。2010 年，一号煤矿企管计划部成立，负责合同管理工作。

第二节 合 同 签 订

一、合同管理办法制定

1995 年，一号煤矿加强合同管理，研究制定了《一号煤矿经济合同管理办法》，明确合同实行会签制度，规范合同管理。2004 年，《中华人民共和国合同法》颁布实施后，面对市场经济的新形势，公司重新制定《合同管理办法》，进一步规范合同签订程序，明确合同审批权限和合同签订授权制度，防范合同法律风险。2008 年，公司进一步完善合同管理制度，并制定合同签订流程，按照合同签订流程，合同会办部门、承办部门及审查部门各负其责。合同签订审批按照合同标的大小由相应权限公司领导审批。

二、合同文本制定与流程

（一）合同文本制定

（1）文本起草程序。合同签订意向经矿业公司批准或同意后，合同承办部门根据招投标、商务谈判以及其他形式所确定的合同对方、价格、工程量、技术、质量、工期等在内的合同主要目标及必备条件，拟订合同文本。

（2）起草合同文本时，要根据陕煤集团或矿业公司已经发布相应合同示范文本，严格参照合同范本拟定合同；尚未发布示范文本的，参照国家管理机关的示范文本；无相关范本可供参考的，应当按照《民法典》有关规定拟定合同条款。

（3）合同盖章、归档程序。合同承办单位完成合同审批后，由各单位法定代表人、负责人或指定副职签字，并按照规定盖章；承办单位为法人单位的、分公司的，加盖本单位合同专业章；承办单位为非法人单位以矿业公司名义对外签订合同的，加盖矿业公司合同专用章。

（二）合同签订流程

2008年以来，一号煤矿在合同签订中，坚持按照合同签订程序进行合同签订，具体程序包括：①由承办单位、承办部门起草合同文本；②由业务主管部门、成本控制部门会审会签；③由公司律师、法律顾问进行合同文本审查；④由矿业公司领导根据权限分级审批签订；⑤由合同归口管理部门盖章、归档。

（三）合同签订实施

2010年，在合同签订中，一号煤矿与西安达明实业有限公司签订黄陵一号煤矿二号风井扇风机房场地防雷工程，合同金额10.99万元。2011年3月，与中煤西安设计工程有限责任公司签订黄陵一号煤矿选煤厂技改工程，合同金额21464.28万元。2012年12月，与中煤第三建设（集团）有限责任公司29处签订黄陵一号煤矿北一开拓巷道掘进工程，合同金额3370万元。2013年7月，与煤炭科学研究总院杭州环保研究院签订黄陵一号煤矿井下疏干水复用工程，合同金额1098万元。2014年12月，与中鼎国际工程有限责任公司签订黄陵一号煤矿四盘区灾害治理探查巷道掘进工程，合同金额3052万元。2015年6月，与陕西龙源建筑安装工程有限公司签订黄陵一号煤矿三号风井井下水处理工程，合同金额2073万元。2016年11月，与山西天地煤机装备有限公司签订黄陵一号煤矿WC40Y（B）支架搬运车大修项目，合同金额288万元。2017年9月，与黄陵矿业集团有限责任公司生产服务分公司签订黄陵一号煤矿1004回风巷进工程（二期）工程，合同金额471万元。2018年10月，与陕西建工安装集团有限公司签订黄陵一号煤矿井口广场维修改造工程，合同金额425万元。2019年9月，与平顶山中选自控系统有限公司签订黄陵一号煤矿选煤厂原煤全部入洗改造自动化升级项目，合同金额2426万元。2020年10月，与陕西中能煤田有限公司签订黄陵一号煤矿八盘区西翼灾害治理巷道掘进工程，合同金额2845万元。

截至2020年，一号煤矿共签订合同1021项，合同金额达308563.21万元。

第三节 合 同 诉 讼

截至2020年，黄陵矿业公司通过法律诉讼共挽回经济损失360万元。其中与一号煤矿有关的主要法律诉讼案件主要为拖欠煤款诉讼。2004年之前，湖北聚盛源贸易有限公司一直从公司采购煤炭，截至2004年底，账面共欠煤款360万元，经多次追讨，该公司拒不支付。2008年11月，公司通过诉讼程序向延安市中级人民法院起诉。由于该案已转变为债务纠纷，涉及管辖权、欠款金额举证等问题，起诉前与审判人员协商，采取在送达诉讼文书之前进行诉前实质性调解，湖北聚盛源贸易有限公司对所欠煤款金额承认，并在期间内未对管辖权提出异议。2010年3月，法院开庭审理判决湖北聚盛源贸易有限公司支付所欠煤款360万元，并承担同期银行利率等。同年8月，公司向延安市中级人民法院申请对湖北聚盛源贸易有限公司进行强制执行。湖北聚盛源贸易有限公司已于2006年停业，没有办公场所和任何可执行财产，通过对该公司工商档案查询，该公司股东几经演变，实为该公司法人代表李某个人公司，法院采取查封李某个人及家庭房产、汽车和土地等不动产，最终迫使李某还清所欠煤款360万元及相关损失等。

第三章 人力资源管理

第一节 机构、制度

1996年之前，一号煤矿的人事劳资工作由矿办公室管理。1996年至2008年6月，人事劳资隶属于矿经营部管理。经营部的主要业务包括经营、财务及人事劳资等。2008年7月，一号煤矿成立计划劳资科。2010年7月，一号煤矿成立人力资源部。

截至2020年，一号煤矿先后制定的劳动组织管理制度包括《劳动合同管理办法》《职工奖惩管理办法》《劳动用工管理办法》《专业技术员人员师带徒管理办法》《管理干部内部退养制度》等。一号煤矿先后制定的主要薪酬管理制度包括《岗位绩效工资管理制度》《劳动定额管理办法》《岗位技能工资运行及管理办法》《劳动工资管理办法》《社会保险实施管理办法》《企业年金实施细则》等。一号煤矿先后制定的主要安全培训制度包括《职工教育培训管理办法》《主要负责人和安全生产管理人员的安全培训及考核规定》《特种作业人员的安全培训和考核规定》《其他从业人员的安全培训和考核规定》《职工教育安全培训管理办法》等。

第二节 劳动与人事管理

一、职工构成

1989年，一号煤矿建设初期，人员主要从陕西煤炭基本建设公司、铜川矿务局、韩城矿务局、澄合矿务局、蒲白矿务局等单位抽调。1990年，一号煤矿开始接收以煤炭院校为主的各大中专院校毕业生，首批接收来自全国十所院校九个专业的大中专毕业生16人。1991—1992年，公司招收征地代劳合同工200人。此后人员来源由分配的大中专毕业生、技校毕业生及兄弟单位调入的熟练工组成。2013—2020年，公司在人才引进方面不断提高准入门槛，加大重点专业本科生招录名额，引进了一批基础知识扎实的专业技术人才。截至2020年底，全矿在册人数2530人，共接收硕士研究生13人，本科生165人，专科生236人。

二、用工制度

1989年，一号煤矿成立时，用工制度沿袭省内国有煤炭企业的管理形式，分为干部、固定工和全民合同制职工。其中，调入的职工按调入前原企业的身份确定，接收的大中专毕业为固定工，因征地等原因招收的人员为全民合同制职工。一号煤矿开工建设后，在矿井采掘岗位也招聘了部分农民协议工。1999年4月10日至8月31日，由于一号煤矿发生特大透水事故，矿区700多名职工放假，放假期间实行轮岗制，发放70%工资。2011—2020年，一号煤矿对短期用工、临时性用工等辅助岗位使用劳务派遣工，建立了派遣用工合作关系。

三、定编定员

1996年，一号煤矿核定机关定员33人，其中公司经理2人，综合办公室3人，生产技术科9人，机电动力科10人，财务劳资科4人。截至2020年12月30日，一号煤矿核定定员2427人，其中机关管理人员定员143人，地面辅助工人303人，区队管理人员73人，生产工人1908人。1990—2020年一号煤矿职工队伍构成及人数见表7-3-1。

表7-3-1 1990—2020年一号煤矿职工队伍构成及人数表

年份	职工人数	其中			其中		
		管理及专业技术人员	地面工人	井下工人	高级工	中级工	初级工
1990	389	28	43	318			
1991	394	35	52	305			
1992	412	36	67	309			
1993	439	42	71	326			
1994	457	48	76	333			
1995	491	45	80	356			
1996	504	42	75	387			
1997	597	49	81	467			
1998	832	52	91	689			
1999	869	57	103	709	116	342	354
2000	815	59	112	644	135	353	268
2001	975	63	132	780	142	397	373
2002	1175	66	239	870	168	483	458
2003	1196	71	247	878	171	537	417
2004	1456	75	258	1123	324	654	403
2005	1460	79	273	1108	335	712	334
2006	1441	84	286	1071	341	748	268
2007	1467	92	297	1078	361	769	245
2008	1654	95	302	1257	472	793	294
2009	1872	99	317	1456	479	897	397
2010	1531	104	329	1098	452	733	242
2011	1540	124	338	1078	464	718	234
2012	1613	138	366	1109	576	694	205
2013	1616	142	385	1089	683	654	137
2014	1983	144	392	1447	798	694	347
2015	1932	155	383	1394	801	568	408
2016	2213	156	366	1691	801	568	408

表7-3-1（续）

年份	职工人数	其中			其中		
		管理及专业技术人员	地面工人	井下工人	高级工	中级工	初级工
2017	2254	158	369	1727	823	702	532
2018	2273	153	371	1749	934	861	325
2019	2392	170	363	1859	951	922	349
2020	2530	184	366	1980	983	994	369

第三节 薪 酬 管 理

一、工资制

（一）等级工资制

1989年，黄陵矿区成立时执行八类地区等级工资标准，实行月度计时工资制。2001年11月1日，一号煤矿投产后，井下采掘区队实行计件工资制，按吨煤单价和掘进延米（进尺）单价计算薪酬，井下辅助区队实行计时+奖励工资，奖金与生产任务挂钩。矿井地面岗位和地面单位，执行等级工资标准，实行计时工资制。

（二）岗位技能工资

1997年，矿井推行岗位技能工资制，以职工的劳动技能、劳动责任、劳动强度、劳动条件和择业倾向等基本劳动要素评价为基础，以岗位、技能工资为主要内容，同时设置辅助工资（津贴、奖金），按照职工实际贡献（劳动质量和数量）来确定劳动报酬的基本工资制度。工人岗位工资设为9个岗别，涉及260多个工种，每个岗设5个档次。行政管理和专业技术人员的职务工资为九个岗别，每个岗别设立5个档次。岗位工资、技能工资标准的调整，技能等级的晋升根据陕西省劳动厅及煤炭工业局发布的企业工资增长指导线以及企业经营状况自行确定，不执行统一标准。

（三）年薪制度

2005年，一号煤矿对照公司的年薪工资制度开始执行矿井管理层领导年薪制。年薪工资由基本年薪、效益年薪、安全年薪构成。基本年薪是管理人员岗位劳动的基本收入，效益年薪是与管理人员年度经营业绩挂钩的风险收入，安全年薪是与管理人员安全管理挂钩的风险收入，根据不同单位不同性质和规模、管理的难易程度和责任大小、经营环境确定不同的基数。

（四）岗位效益工资

2008年以来，矿井为实现岗位价值精细化管理与薪酬考核分配的统一，创新实施岗位效益工资，合并取消原有技能工资、浮动工资和风险津贴。职工的工资总额由岗位工资、效益工资和津贴、补贴三部分组成。岗位工资以岗位劳动评价为标准，根据职工所在岗位或所任职务的劳动责任轻重、劳动强度大小和劳动条件好坏及择业意识等条件确定；效益工资以职工劳动贡献、岗位增值大小及所在岗位的材料节超情况确定；津贴、补贴中属于共性的津贴并入岗位工资标准，属于个人的予以保留。

二、工资调整

1994年，根据劳动部、财政部、国家经贸委《关于深化企业工资改革适当解决部分企业工资问题的意见的通知》和《煤炭工业企业参考工资标准》的意见，公司对1993年底在册且1994年6月底以前已转正定级的职工进行考核升一级半工资。1997年，矿区推行岗位技能工资制，公司对1996年1月1日以后的在册工人、管理及专业技术人员以本人现标准工资降低20%，加房改补贴、粮贴、煤贴、餐补、地区差之和为基数，就近就高套入技能工资标准。井下采掘工人从事采掘工作年限不满五年的标准工资降低两级，满五年不满十年的标准工资降低一级，满十年及以上的标准工资不降低；井下辅助工人从事井下工作年限不满十五年的标准工资降低一级；满十五年及以上的标准工资不降低。1998年10月，公司对1996年12月底在册职工升一级技能工资。2000年10月，公司对在册职工不升档次和等级，人均月增资100元。2002年2月，公司只对职工岗位工资进行了调整，人均月增资105元。同年12月，公司对转正定级的职工普遍晋升一级技能工资。2003年6月，公司对职工普遍晋升一级技能工资。同年12月，公司对职工岗位工资标准进行调整，人均月增资94.19元，同时在一、二、三季度分别对部分职工奖励晋升一级技能工资，奖励升级面为95%。2004年10月，公司对一号煤矿在岗职工，分别上浮两级技能工资，调出原单位后取消上浮工资，同时对井下特殊岗位增设岗位补贴，补贴标准为每人每月500元。2005—2008年，公司先后对在册职工岗位工资上调五次，幅度为10%、15%、5%、15%、10%。2008年7月，为缩小岗位工资标准差距，对各岗位职工工资进行调整，平均增幅23%，人均月增资216元。2009年和2010年，按年初职代会确定的“确保职工工资收入增长不低于10%”的目标，对各岗位职工工资进行调整，平均增幅16.67%、34.11%，人均月增资206元、505.71元。

2005—2020年，不断调整基层管理层领导及薪酬待遇年薪。2012年，根据公司执行岗效工资的规定，机关执行岗位效益工资，基层负责人继续执行原年薪制工资制度。

三、津贴补贴

1989年以来，按照黄陵矿业公司的政策规定，一号煤矿执行的津贴、补贴有工龄津贴、井下津贴、入井班中餐津贴、救护岗位津贴、流动生活津贴、班组长津贴、夜班津贴、山区补贴、书报费、社保津贴、纪检津贴、信访津贴、伤残津贴、煤电补贴、防暑降温费、取暖费、生活补助、注册安全工程师津贴、技师津贴、回民伙食津贴、技术津贴等。2004年后，公司对有关津贴进行了调整，逐步提高了职工井下工作津贴、夜班津贴等金额。2009年后，增加首席员工津贴、首席技师津贴、首席工程师津贴。2020年一号煤矿津贴、补贴见表7-3-2。

表7-3-2 2020年一号煤矿津贴、补贴表

序号	津/补贴名称	发放标准	发放范围
1	流动生活津贴	5.5元/天	全民合同工且有出勤
2	信访津贴	235元/月	信访人员且有出勤
3	纪检津贴	42元/月	纪检人员且有出勤
4	井下津贴	40/25元/人	一线40元/人，辅助25元/人

表 7-3-2（续）

序号	津/补贴名称	发放标准	发放范围
5	工龄津贴	矿龄津贴标准：5 元、10 元、15 元、20 元、25 元、30 元、和 35 元	每月有实际出勤人员
6	夜班津贴	前夜：12 元/10 元/8 元、后夜：14 元/12 元/10 元	每月有实际出勤人员
7	管理人员技术津贴	每月 300 元/400 元/600 元	在部室管理岗位且有职称人员出勤正常
8	工人技师津贴	每月 400 元/600 元/1000 元	聘任范围日期内，在岗位且每月有出勤
9	注册安全工程师津贴	每月 300 元/人	聘任范围日期内，在岗位且每月有出勤
10	取暖费	全年一次 2360 元/人	全员
11	降温费	从事室外高温作业人员每月 300 元/人（陕北地区 6 月 15 日至 8 月 15 日）	全员
12	班中餐	采掘工：12 元/工；井下辅助工人及井下工作的其他人员：10 元/工	下井职工
13	技能补贴	每月 600 元/人	区队符合领取技能补贴人员在岗且每月正常出勤

四、工资待遇

截至 2020 年，一号煤矿按照陕煤集团和黄陵矿业公司的工资调控目标、要求，结合矿井自身安全生产经营状况，按照效益优先、按劳分配、兼顾公平的原则，合理调整职工工资待遇。在薪酬分配方面向脏、险、苦、累岗位和管理与技术岗位倾斜，允许基层区队实行灵活多样的分配形式，设立科学合理的奖金，充分调动职工的工作积极性。在薪酬管理方面，建立以岗位为最小核算单元的薪酬分配模式，实施岗位效益工资。1990—2020 年一号煤矿职工年平均工资见表 7-3-3。

表 7-3-3　1990—2020 年一号煤矿职工年平均工资表　　万元

年份	平均工资	年份	平均工资
1990	0.16	2002	1.35
1991	0.33	2003	1.53
1992	0.41	2004	2.22
1993	0.33	2005	3.46
1994	0.46	2006	4.18
1995	0.55	2007	5.53
1996	0.58	2008	6.18
1997	0.78	2009	7.08
1998	0.77	2010	10.91
1999	0.66	2011	9.73
2000	0.82	2012	10.45
2001	0.91	2013	12.43

表 7-3-3（续）

万元

年份	平均工资	年份	平均工资
2014	12.73	2018	15.42
2015	12.81	2019	16.34
2016	14.12	2020	17.16
2017	14.89		

五、内部审计

一号煤矿不设置内部审计机构，由矿业公司审计部负责内部审计工作，一号煤矿配合完成年度财务决算专项审计、矿长离任审计及各种专项审计工作。

第四节　社　会　保　障

一、劳动保护

（一）劳动防护用品

1989 年 9 月起，按照煤炭工业部〔1985〕煤劳字第 1107 号文件，黄陵矿业公司执行煤炭工业职工劳动防护用品发放标准。

2001 年 5 月，黄陵矿业公司根据《中华人民共和国劳动法》，制定《职工个体劳动防护用品管理办法》。

2010 年 6 月，一号煤矿参照《煤矿职业安全卫生个体防护用品配备标准》，结合矿职工需求重新修订了《职工个人劳动防护用品管理办法》。

劳动防护用品分为头部护具类、呼吸护具类、眼（面）部护具类、上肢防护类、下肢防护类、听力防护类、防护服装类、防寒用品类等。按上述分类，一号煤矿按期按标准给职工发放矿用工作服、矿用安全帽、矿用长筒胶靴、矿灯带、绒衣裤、线衣裤、棉衣裤、耳塞、防尘口罩、防尘滤棉、线（布）手套、布袜子、毛巾等。

针对特殊工种、特种作业予以配发特种作业适用的劳动防护用品，如端头支护工、井下安检员、瓦检员、井下变电巡视工、电钳工、测风工等工种配发反光马甲；掘进支护工、井下矿用特种车辆司机等特殊岗位配备防毒面罩；井下采煤机司机、综掘机司机、采掘爆破员等特殊工种配备护目镜；井下清仓工及地面户外作业工种予以配发防水雨衣裤；井下锚杆机司机、端头支护工配发防振动手套，以及为保障冬季户外作业岗位职工的保暖，特配发订制防寒工作服。

2016 年 9 月，按照黄陵矿业发〔2016〕233 号文件要求，为满足职工在不同工作中对洗涤类劳保用品的不同需求，重新修订了《职工个人洗涤类劳保用品发放规定》。规定洗涤类劳保用品不再发放实物，统一采取劳保卡充值形式发放，该卡可在黄陵矿业公司精品生活超市使用，职工可根据自身实际需求和个人喜好购买不同品牌劳保用品。劳保充值卡每季度充值发放一次，发放标准为井下 300 元/人，地面 200 元/人，地面劳务派遣工 150 元/人；发放范围为全民合同工、农民协议工、劳务派遣工。一号煤矿职工劳动防护用品发放标准见表7-3-4。

表7-3-4 一号煤矿职工劳动防护用品发放标准表

工种序号	工种	普通工作服(套)	安全帽(顶)	长筒靴(双)	矿灯带(条)	绒衣裤(套)	线衣裤(套)	棉上衣(件)	棉大衣(件)	专用工作服(套)	反光背心(双)	绝缘胶靴(双)	绝缘手套(双)	电焊面罩(套)	电焊手套(双)	护目镜(付)	布袜子(双)	耳塞(个)	防尘口罩(个)	防尘滤纸(片/月)	手套(双)	毛巾(条)
	一、井下部分																					
	十类																					
1	采煤机司机	4	24	6	12	24	6	24								6	1	6	3	12	0.25	2
2	综掘机司机	4	24	6	12	24	6	24								6	1	6	3	12	0.25	2
3	端头支护工	4	24	6	12	24	6	24			12						1	6	3	12	0.25	2
4	锚杆机司机	4	24	6	12	24	6	24								6	1	6	3	12	0.25	2
	九类																					
5	井下安全检查工		24	6	12	24	6	24		4	12						1	6	3	12	0.25	2
6	井下瓦斯检查员		24	6	12	24	6	24		4	12						1	6	3	12	0.25	2
7	瓦斯钻孔钻工	4	24	6	12	24	6	24			12						1	6	3	12	0.25	2
8	瓦斯管路安装拆除工	4	24	6	12	24	6	24			12						1		3	12	0.25	2
	八类																					
9	综采电钳工	4	24	6	12	24	6	24				6	3				1		3	12	0.25	2
10	综采皮带机司机	4	24	6	12	24	6	24			12						1	6	3	12	0.25	2
11	井下铲车司机	4	24	6	12	24	6	24									1		3	12	0.25	2
12	多功能车司机	4	24	6	12	24	6	24									1		3	12	0.25	2
	七类																					
13	井下皮带检修工	6	36	12	18	36	6	36									2		6	6	0.5	3
14	井下变电所巡视工	6	36	12	18	36	6	36			12	6	3				2		6	6	0.5	3
15	井下电钳工	6	36	12	18	36	6	36			12	6	3				2		6	6	0.5	3
16	井下测风工	6	36	12	18	36	6	36			12						2		6	6	0.5	3
17	井下密闭工	6	36	12	18	36	6	36			12						2		6	6	0.5	3
18	采煤验收员	6	36	12	18	36	6	36									2		3	12	0.5	3
	六类																					
19	井下卫生工	6	36	12	18	36	6	36			12					12	2		6	6	0.5	3
20	井下灭尘工	6	36	12	18	36	6	36			12					12	2		6	6	0.5	3
21	井下监测监控工	6	36	12	18	36	6	36									2		6	6	0.5	3
22	井下水泵工	6	36	12	18	36	6	36			12						2		6	6	0.5	3
23	井下车辆驾驶员	6	36	12	18	36	6	36									2		6	6	0.5	3
24	井下火工品保管员	6	36	12	18	36	6	36	36							24	2		6	6	0.5	3
25	井下风机看护工	6	36	12	18	36	6	36	36		12						2	6	6	6	0.5	3

表 7-3-4（续）

工种序号	工种	普通工作服（套）	安全帽（顶）	长筒靴（双）	矿灯带（条）	绒衣裤（套）	线衣裤（套）	棉上衣（件）	棉大衣（件）	专用工作服（套）	反光背心（双）	绝缘胶靴（双）	绝缘手套（双）	电焊面罩（套）	电焊手套（双）	护目镜（付）	布袜子（双）	耳塞（个）	防尘口罩（个）	防尘滤纸（片/月）	手套（双）	毛巾（条）
26	井下清煤工、巡视工	6	36	12	18	36	6	36			12						2		6	6	0.5	3
	二、地面部分																					
	五类																					
27	主扇司机	6	36	12			12											6			1	3
28	选煤厂皮带司机（原煤）	6	36	12			12											6	6	6	1	3
29	地面瓦斯抽放工	6	36	12			12											6			1	3
	四类																					
30	电焊工	6	36				12							24	3						1	3
31	电工	6	36				12					12	3								1	3
32	手选工	6	36				12											6	6	6	1	3
33	筛选工	6	36				12											6	6	6	1	3
34	选煤厂皮带司机（水洗）	6	36	12			12											6	6	6	1	3

（二）职工工作休息制度

一号煤矿探亲假按照 1981 年 3 月国务院颁发的《关于职工探亲假待遇的规定》执行。1994 年 2 月 8 日，根据国务院颁布《国务院关于职工工作时间的规定》，一号煤矿实行每周工作 5 天半制度。1995 年 5 月 1 日起，一号煤矿开始实行双休日制度。2000 年 3 月，一号煤矿根据《全国年节及纪念品放假办法》（国务院令第 270 号）规定，全体职工的节日假期由原来的 7 天改为 10 天。2002 年 9 月，一号煤矿出台《职工请假管理制度》。2008 年 1 月，一号煤矿根据《全国年节及纪念品放假办法》（国务院令 513 号）要求，将职工的节日假期由原来的 10 天增设为 11 天。2010 年 3 月，一号煤矿制定《职工带薪年休假实施细则》，对职工的探亲假、婚丧假、年休假、病假、节育假、女职工产假等按照有关政策进行了详细规定，保证了职工的休息权益。1995 年起，每年 3~5 人在临潼或北戴河等地疗养。截至 2013 年底，累计疗养人数约 50 人。2013 年以后，按照上级要求取消相关疗养政策。

（三）女职工劳动保护

1990 年起，公司按照国务院发布的《女职工劳动保护规定》（国务院令第 9 号），认真实行对女职工劳动保护的各项规定。凡适合女职工工作劳动的单位，不得拒绝招收女职工；不得在女职工怀孕、产期、哺乳期降低基本工资，或者解除劳动合同；禁止安排女职工从事矿山井下、国家规定的第四级体力劳动强度的劳动和其他女职工禁忌从事的劳动；女职工在月经期间，所在单位不得安排从事高空、低温、冷水和国家规定的第三级体力劳动；女职工在怀孕期间，不得安排其从事国家规定的第三级体力劳动强度的劳动和孕期禁忌从事的劳动，不得在正常劳动以外延长劳动时间，怀孕七个月以上的女职工，一般不得安排其从事夜班劳动，在劳动时间内应当安排一定的休息时间。

二、“五险一金”

（一）养老保险

1989年9月，矿区成立以来开始实施养老保险，实行省级行业养老统筹，建立个人养老保险账户。1998年8月起，由省煤炭行业统筹管理，封闭运行，基金实行差额缴拨管理。1999年，根据《国务院关于实行企业职工基本养老保险省级统筹和行业统筹移交地方管理有关问题的通知》（国发〔1998〕28号）规定，煤炭行业养老保险工作整体下放到陕西省，实行省级统筹管理。1999年10月，养老保险金移交陕西省社会保障局管理。养老保险基金实行收支两条线管理。基本养老保险费由单位、个人共同负担，按全行业统一规定比例缴纳。单位缴费基数、个人缴费金额每年根据上一年度职工工资总额上报公司社保管理中心，由社保管理中心核定后，按月缴纳。个人缴费根据职工上年度本人工资核定当年缴费金额，从工资中逐月扣缴，并全额上缴社保管理中心。

2010年4月，根据陕西省社会保障局的要求，核对2005年以前年度养老保险金个人缴费记录数据库，各个部室区队专人联系职工本人核对养老保险历史数据，历经四个多月完成历史数据核对工作，为做实、做好养老保险个人账户工作奠定了基础。

1993年至1998年6月，职工个人缴纳本人月标准工资的2%，单位缴纳19%。1998年7—12月个人缴费比例调整为上年度本人月平均工资的4%，单位缴纳比例调整为20%。1999年个人缴费比例调整为上年度本人月平均工资的5%。2001年，个人缴费比例调整为上年度本人月平均工资的6%。2003年，个人缴费比例调整为上年度本人月平均工资的7%。2005年起，个人缴费比例调整为上年度本人月平均工资的8%。2019年，单位缴纳比例调整为以上年度职工月平均收入的16%缴纳，划入社保统筹基金。

（二）失业保险

2000年1月，公司开始实施失业保险，同时建立失业保险信息库，每月由经办人根据人员增减变化情况核定应缴失业金人数和金额，通过工资完成对职工个人失业保险金代扣缴业务，每季度向公司失业保险经办人申报一次人员增减变化情况。当出现人员辞退、解聘现象时，公司失业保险经办处出具《失业人员证明书》和《失业保险金申领登记表》由本人到延安市失业保险处办理《失业金领取证》，领取失业金。

历年来失业保险金缴费比例：1994年7月至1997年12月，单位缴纳职工个人工资总额的1%。1998年1月至2009年12月，职工个人缴纳上年度月平均工资1%，单位缴纳上年度工资总额的2.5%。2010年1月至2014年6月，职工个人缴纳上年度月平均工资1%，单位缴纳上年度工资总额的2.8%。2014年7月至2016年6月，职工个人缴纳上年度月平均工资0.5%，单位缴纳上年度工资总额的1%。2016年7月起，职工个人缴纳上年度月平均工资0.3%，单位缴纳上年度工资总额的0.7%。

（三）工伤保险

1989年，矿区工伤保险实行内部统筹，每月月初根据年初核定的缴费金额，上缴当月的工伤保险基金。截至2020年底，参加工伤保险人员2109人，鉴定过的工伤人员90人，领取抚恤金人员32

人。工伤、工亡职工均已按照相关规定执行关于丧葬补助金、供养亲属抚恤金和一次性工亡补助金相关政策。

丧葬补助金为6个月的统筹地区上年度职工月平均工资。供养亲属抚恤金按照职工本人工资的一定比例发给因公死亡职工生前提供主要生活来源、无劳动能力的亲属，标准为配偶每月40%，其他亲属每人每月30%，孤寡老人或者孤儿每人每月在上述标准的基础上增加10%。核定的各供养亲属的抚恤金之和不应高于因公死亡职工生前的工资。一次性工亡补助金标准为上一年度全国城镇居民人均可支配收入的20倍。

（四）医疗保险

1989年，一号煤矿根据黄陵矿业公司医疗保险要求，实行内部统筹，门诊住院实报实销。1996年，公司制定《黄陵矿区职工医疗费用报销暂行规定》，由矿区医院管理。1997年3月，公司印发《黄陵矿区职工医疗保险实施细则》，自2001年1月起，医疗费用报销由社保办统一管理，同时建立参保职工个人台账和职工医疗本，每年年初依据个人年工资收入设定上限，核定缴费基数和缴费金额，一次性在工资中代扣，根据个人缴纳的医疗金及划转比例核定年度个人医疗金账户金额，以此记录职工个人台账。医疗报销以职工医药票据为依据，门诊费用在个人医疗金账户金额内实报实销，超过部分自理，住院费用从医疗统筹费用中支出。2010年1月起，根据陕西煤业股份有限公司上市要求，医疗保险管理移交延安市医疗保险经办处，按工资总额个人缴纳2%，单位缴纳6%的基本医疗金和1%的大病医疗金。门诊费用由医疗卡支付，超额部分自理；住院费用统一到延安市医疗保险经办处核实、结算、报销。

2007年1月，一号煤矿为女职工专门实施生育保险，实行内部统筹。根据《黄陵矿业集团有限责任公司职工生育保险暂行办法》，每年年初核定缴费金额，一次性收取生育保险金，对女职工妊娠期、分娩期、产褥期内，因生育发生的费用按规定进行报销。生育保险金并入职工基本医疗保险金，由单位根据上年度职工月平均收入的0.9%进行缴纳，与职工基本医疗保险同步缴费，统一征缴。

（五）住房公积金

1997年1月，公司开始实施住房公积金缴纳政策，用于职工住房建设。同时，公司建立住房公积金管理台账，住房公积金管理实行单位内部统筹。2010年1月起，根据陕西煤业股份有限公司上市要求，将住房公积金管理业务移交延安市住房公积金管理中心统筹管理。住房公积金缴存比例为单位20%，职工个人5%。2015年1月起，住房公积金缴存比例调整为职工个人5%，单位缴纳12%，每月由经办人依据增减变化情况核定各单位的应缴住房公积金人数和金额，通过工资对职工个人实施住房公积金代扣缴业务，每月以报表的形式向黄陵矿业公司社保管理中心申报一次人员增减变化情况，并足额上缴住房公积金。当出现退休、辞职、调出等需要退付住房公积金现象时，向黄陵矿业公司社保管理中心处上报住房公积金提取资料，通过延安市住房公积金管理中心审核、拨付后予以支付。

历年来住房公积金缴费比例：2010年之前，住房公积金由单位自主管理，缴纳比例有单位做相关规定。2010年，住房公积金交由延安市统一管理，职工个人缴纳5%，单位缴纳20%。2015年1月起，住房公积金缴纳比例调整为职工个人缴纳5%，单位缴纳12%。

（六）企业年金

2006年1月，企业年金作为养老保险的一种补充形式开始实施，矿井实行集团内部统筹管理，根据《黄陵矿业集团有限责任公司企业年金实施细则》，建立了企业年金基本信息数据库，每月由经办人依据增减变化情况核定各单位的应缴企业年金人数和金额，通过工资对职工个人实施企业年金代扣缴业务，每月以报表的形式向黄陵矿业公司社保管理中心申报一次人员增减变化情况，并足额上缴企业年金。

缴纳比例为上年度月平均工资 4%，单位缴纳比例为 4%。2010—2015 年，职工个人历年来企业年金缴费比例：2006—2009 年，职工个人为上年度月平均工资 4%，单位缴纳比例为 5%。2016 年起，职工个人缴费比例为上年度月平均工资 4%，单位缴纳比例为 5%。

三、职业健康管理

截至 2020 年，职工入职时按照职业健康管理规定，由公司安排职工对其进行岗前健康检查。一号煤矿每年对接触职业危害的职工进行岗中检查，对解除劳动合同或调离的接触职业危害的职工进行离岗健康检查，对疑似职业病人员及时上报诊断机构进行职业病诊断复查，从源头上降低职业病的发生率。截至 2020 年，已确诊 3 人为职业病，对确诊为职业病的人员调换工作岗位，进行工伤认定、鉴定工作，并作进一步康复治疗。

第五节 精 细 化 管 理

一、"三项管理"

（一）全员安全管理

一号煤矿以安全为中心，将安全目标、安全责任层层分解，分别落实到部室区队、班组、岗位、员工，形成人人关心安全，全员参与安全管理的良好局面，为实现矿井安全的长治久安打下坚实基础。

（二）全面质量管理

全面质量管理是指以煤炭商品质量、工程质量、服务质量为安全质量管理的三大控制要素，建立煤质质量、工程质量、服务质量考核管理办法，保证全面质量管理的顺利实施。

（三）全面预算管理

全面预算管理是岗位价值精细化管理实施的基础和前提，依据矿业下达的预算指标，结合全面预算要求和矿井实际生产接续计划，对可控性成本费用指标横向分解到部室，纵向分解到区队。

二、"三个体系"

（一）绩效考核体系

一号煤矿考核体系分为三层级，第一层级是区队及部室考评，形成区队及部室绩效；第二层级是区队对岗位的考核，形成考核绩效；第三层级是岗位对个人的考核，主要是通过 ABC 三卡考核，形成个人绩效。

1. 区队及部室绩效考核

一号煤矿采用"5221"绩效考核模式对区队进行考核，即安全占 50%，煤质占 20%，质量标准化占 20%，党建占 10%。

2. 岗位绩效考核

一号煤矿岗位绩效考核根据工作内容分为两类，即采掘区队岗位绩效考核和辅助区队岗位绩效考核。采掘区队岗位绩效考核均采用“541”模式，即安全占50%，质量标准化占40%，协作占10%。辅助区队岗位绩效考核依据工作性质不同选择合适的考核项目及项目的权重，形成与岗位工作侧重点紧密结合的考核模式。

3. 个人绩效考核

一号煤矿个人绩效考核围绕行为规范为主，所有区队均采用“433”绩效考核模式，即安全素养占40%，执行力占30%，个人素质占30%。

（二）岗位价值核算体系

从岗位划分开始，再依次进行岗位评估、岗位定额测算及核算方法确定等构成了岗位价值核算体系主要内容。

1. 岗位划分

以利益共享、责任共担为原则，根据工作性质、工作任务、占用设备情况、消耗材料和配件情况的不同，一号煤矿共设置62个岗位。2020年一号煤矿岗位见表7-3-5。

表7-3-5 2020年一号煤矿岗位表

个

序号	单位名称	岗位数
1	综采队	7
2	掘进队	6
3	通风区	6
4	皮带队	5
5	运输队	5
6	选煤厂	13
7	机电队	4
8	服务队	7
9	抽放队	5
10	准备队	4
合计		62

2. 岗位评估

岗位评估是评定岗位对企业贡献价值的相对大小和重要性的指标。一号煤矿采用因素计分法进行岗位评估，把影响岗位评估的因素确定为四个主因素：工作技能、工作强度、工作责任、工作环境。每一个主因素又划分为若干个子因素，以此建立一号煤矿岗位评估模型。为了保证岗位评估工作的顺利开展，提高评估的科学性和合理性，并获得内部绝大多数员工的认可，每个区队成立以区队队长为组长，班组长、技术员、员工代表为成员的岗位评估小组，每个测评成员按照评估模型完成评估，依据赋予测评人员的权重计算得出岗位评估系数。

3. 确定材料及配件使用周期以及测算岗位定额

一号煤矿依据各岗位三年来的材料消耗、相关作业文件和技术资料来确定各材料使用周期。一号煤矿采用统计资料分析法和技术测定法测算岗位材料定额。其分为三大类：一是，岗位材料消耗定额，即材料消耗与工作量关系不大，与工作时间直接相关的一类定额，如综采队的采煤机岗、刮板输送机岗、带式输送机岗可定位吨煤材料消耗。二是，材料消耗定量指标，即材料消耗与工作量关系不大，与工作时间直接相关的一类定额。定额可定为月消耗。三是，岗位效益定额，即岗位材料消耗量较少，但能创造很大效益的一类岗位，如选煤厂洗选岗，岗位定额可定为灰分指标。

（三）薪酬管理体系

按照集团公司的全面预算要求，一号煤矿实行工资总额包干使用。依照“倾斜一线，保证重点，以效定编，定额管理，同工同酬，多劳多得，奖优罚劣，风险共担”的工资分配原则，继续完善推行“内部模拟市场和以安全效益为主体”的工资分配制度，科学合理地建立与岗位价值相结合的“以分计资”的薪酬管理体系，为逐步向岗效工资转化奠定良好基础。

三、“两个机制”

（一）内部市场机制

岗位价值精细化管理及其他市场要素必要的运行环境。内部市场由市场主体、市场要素、交易规则、价格体系、定额体系等构成。各相关环节详见《内部市场价格管理制度》《内部市场化定额管理制度》《内部市场结算管理办法》等。区队将每月下达的工作计划落实到班组，班组进一步安排到岗位；岗位将生产所需要的材料、运输、劳务、设备维修等需求通过班组提交区队，由区队在内部市场中从分管部门、区队统一购入；供应部、运输队、机电部等部门依据协议提供相应的商品（产品、服务），完成内部市场的交易活动；交易中出现的争议，按照程序交由仲裁机构仲裁。每日计算出岗位的收入和支出，实现内部市场交易的日清日结。

1. 确定内部市场主体

一号煤矿确立了三级市场主体，一级市场主体是矿级，二级市场主体是科室、区队（班组），三级市场主体是岗位。一级市场主体为矿级结算中心，并设立单独的内部账户与内部责任会计，与其他市场主体发生的经济往来，按照产品和服务价格结算，通过结算中心相互划转费用；二级市场主体采用内部结算票据进行收支结算，以科室、区队（班组）为核算单元，模拟会计核算；三级市场是以岗位为核算单元，采用区队内部市场核算方法进行收支结算，以打分方式核算。

2. 明确内部市场要素

一号煤矿建立突出以“材料供应、内部运输、劳务结算、设备租赁、设备维修”为五大项目的内部市场要素，逐步深入和延伸要素项目，不断扩充内部市场化要素内容及范围。

3. 制定内部市场价格

2010 年 11 月 15 日，成立一号煤矿内部市场价格制定小组，制定小组包含不同专业技术人员，分别对不同内部市场价格进行制定，现已完成材料价格、运输价格、劳务价格的制定，租赁价格、维修价格等方面制定，要在今后的工作中逐步建立完善。

（二）内部仲裁机制

2010 年 11 月，矿井为了及时处理内部市场价值主体间的结算、服务等纠纷，保护市场主体之间的合法权益，促进市场主体（如岗位）成本投入的推动型向市场主体（如岗位）价值经营型的转变，一号煤矿成立了以矿长为主任，其他副矿长为副主任，全矿各单位负责人为成员的内部市场化运行仲裁委员会。其工作内容包括：明确企管计划部为内部市场仲裁索赔的办公室，负责修订仲裁及索赔制度和程序，并组织实施；负责受理仲裁调解申请，并召开仲裁调解听证会议；对受理的“仲裁调解申请”要做出调解或仲裁决定。

四、“一个平台”

截至2020年，矿井通过信息化技术及大屏显示技术，一方面能快速准确地核算出岗位价值，提高管理效率，另一方面也能方便员工随时查看，及时激励创造价值的岗位（个人），引导各岗位（个人）正确有效地创造价值。岗位价值精细管理系统信息化平台是快速准确核算岗位价值的手段。一号煤矿将核算终端扩展到各岗位，在主要的公共场所设置LED电子显示屏，每日滚动显示各位员工前一日的岗位价值明细，使每位职工每天都可以了解到自己创造的价值是多少，激发了广大职工的主观能动性和创造性。

第六节　职　工　培　训

一、机构、人员

1990年12月15日，一号煤矿筹备处成立，设立培训科，最初职工培训主要委托黄陵矿业职工教育培训中心培训。2010年1月18日，经陕西煤矿安全监察局批准，成立一号煤矿职工培训中心（安全培训四级机构），隶属人力资源部，主要负责矿区职工日常教育和安全培训工作。为满足日常教学需求，培训中心管理人员兼任专职教师，并选派工程技术人员参加教师资格证培训担任兼职教师。

一号煤矿培训中心成立初期，职工教育培训经费实行年底报销制度，即每年年底按照要求统一在黄陵矿业公司职工教育中心报销。2014年7月，按照黄陵矿业公司相关制度要求，一号煤矿职工教育经费按工资总额的1.5%提取（60%上缴、40%留存），职教经费由财务部门统一提取、统一报销。截至2020年底，一号煤矿培训中心有专职教师4名，兼职教师14名，全部取得省煤矿安全培训教师资格证。培训中心管理机构如图7-3-1所示。

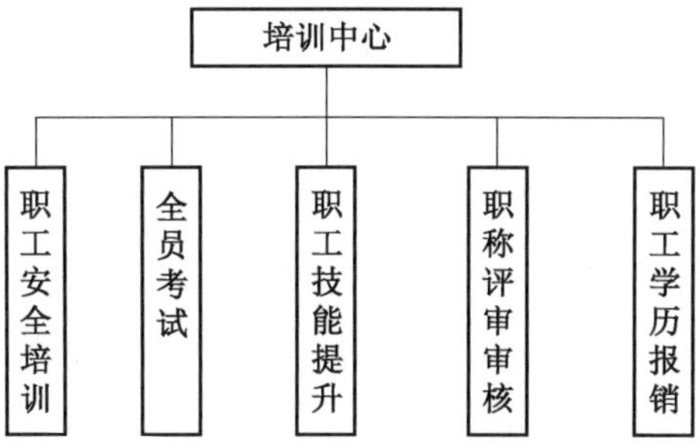

图7-3-1　培训中心管理机构图

二、培训设施

（一）培训中心

一号煤矿培训中心共有教学面积260平方米。教室有课桌128套、电脑128台、投影仪2台、大屏幕 1 张、彩电 1 台、DVD 碟机 2 台、安全教育光盘 59 盘，同时容纳 128 人学习。

（二）实训基地

井下实训基地位于一号煤矿一盘区，距该矿井副二平硐井口 1200 米，走向长度 200 米、宽度 4.6 米，具有布局合理、功能齐全、装备先进、资源共享、管理科学等特点。基地设电气设备、瓦斯抽放打钻、局部通风机、锚杆机支护、综掘机、液压单体支护、带式输送机、综合机械化采煤设备、安全监测监控等 9 个训练区，所有设备均可带电操作。同时，基地涵盖了采煤、掘进、开拓、机电、运输、通风、监测监控等 36 个工种。2011 年初，基地建设投入使用以来，配合黄陵矿业公司职教中心开展“三功两素”修炼 2671 人次。2013 年 12 月 16—17 日，先后承办陕煤集团 3 个工种 55 名技师职业技能鉴定实操考核和 8 个工种 64 名技师、高级技师技能鉴定现场操作鉴定工作。

三、培训形式

截至 2020 年，一号煤矿坚持“五结合”的特色培训，即教学内容与井下生产工艺相结合，做到因材施教和学有所用；课堂理论教学与生产现场实习相结合，达到理论和实践的融会贯通；教育培训管理模式与企业管理创新相结合，实现企业管理与企业文化有机融合；传统教学方式与现代化多媒体教学方式相结合，全方位传授基础知识、传播最新行业信息；短期技能培训与终身学历教育相结合，全面提升职工综合素质。利用职工培训中心、地面矿井模拟教室、井下实训基地、全员考试机房，全方位、高标准、严要求，实现从业人员培训常态化，进一步提高全矿从业人员的专业理论水平和执行力。同时，按期上报“三项岗位人员”培训和班组长培训。根据矿业公司培训计划要求并结合一号煤矿生产实际情况，认真审核各类参培人员资料，按时上报参培人员名单，积极配合矿业公司职工教育培训中心开展各类培训工作。

四、培训考核

（一）短期业务培训

1991 年 1 月 10 日，一号煤矿筹备处首期职工煤矿开采技术培训班开学，学员 24 人，其中新分配的大中专毕业生 8 人，技术工人 13 人，干部 3 人，主要学习美国 LN-800B 型连续采煤机、488C 型铲车、1030 型破碎机及英国 412 型梭车等先进设备的操作技术和维修原理以及房柱式采煤工艺的基本知识。1991 年 6 月 28 日，英国艾姆科公司 3 名员工在矿区现场调试 412 型校车并培训工人。1991 年 8 月 1 日，一号煤矿筹备处 87 名职工赴西安矿业学院参加房柱式采煤培训班，为期一年。1992 年 8 月 16 日至 9 月 12 日，美国英格索兰公司服务工程师到矿区开展生产前连续采煤机组操作及维修技术培训。1993 年 4 月 1 日，选煤厂 134 名职工分赴邢台、兖州、邯郸选煤厂及秦皇岛港务局进行为期四个月的学习培训，初步掌握了洗选技术，为选煤厂按期投入使用、一号煤矿开拓生产奠定了基础。1997 年 8 月 25 日，矿区开展计算机初级培训班，两年内分期对矿区 50 岁以下管理人员和专业技术人员进行计算机应用初级等级证书培训，累计培训 373 人。

（二）职工专项培训

职工教育培训中心（黄陵煤矿安全技术培训中心）围绕“安全责任、重在落实”这一主题，认真开展系统性的安全技术培训，使新入矿职工、特殊岗位和涉安管理人员定期受安全生产法规、制度和安全技术专业知识的学习教育，增强了职工安全生产的自觉性。

（三）学历培训奖励

为鼓励职工立足岗位、自学成才，对通过函授、自学和网络教育等形式取得大、中专以上学历者，实行一次性奖励。2001 年起，给予取得大专学历者奖励 500 元，中专学历者奖励 300 元。2004 年依据学费正式发票，一次性奖励学费的 50%。2006 年实行博士研究生奖励 15000 元，硕士研究生奖励 10000 元，本科奖励 6000 元，大专奖励 4000 元。2016 年以前历年学历报销由矿业公司统一管理报销。2016 年以后由一号煤矿统一收集资料，交予公司审核，审核通过后由一号煤矿报销。2016—2020 年一号煤矿学历提升情况见表 7-3-6。

表 7-3-6　2016—2020 年一号煤矿学历提升情况表　　人

年份	中专	大专	本科	硕士	小计
2016		3	18	1	22
2017		2	16	1	19
2018		3	25		28
2019		3	4	1	8
2020		2	5	2	9
合计	0	13	69	5	86

（四）考核

截至 2020 年，一号煤矿职工培训中心从四个方面强化培训考核：①安全培训证件严格按照“不合格不发证”的原则，并不定期对持证上岗情况检查，每期培训班证书必须在培训中心复印归档后发放；②通过矿安全基础考核、安全大检查、零点行动等方式，对矿属各单位职工持证上岗情况进行检查；③每期培训班采用单人单桌闭卷考试，培训中心专人监考，学员凭身份证进入考场，杜绝替考现象；④实施培训考试新规范，打破 60 分为及格线常规，及格线提高至 80 分，不及格的给予一次补考机会，补考仍不及格的待岗发放生活费重新进行培训，考试合格后方可上岗。2010—2020 年一号煤矿从业人员安全培训累计 27997 人次。

第四章　财　务　管　理

第一节　体　制、机　构

一、体制

1989 年 11 月，矿区成立计财组，负责国家开发银行向黄陵矿区提供的建设资金贷款管理，矿区基本建设投资结算与决算。1989—1997 年，国家将黄陵矿区作为探索煤炭企业由国家拨款投资改为贷款建设的试点项目，实行项目建设资金统借统贷政策，财务管理较为简单，重点是对建设资金贷款进行管理，资金使用依据年度投资计划，由项目设计单位、监理单位、施工单位和项目建设单位会审，省煤炭工业厅审定后，报煤炭工业部决算。

1995 年 5 月，矿区财务组内组建生产、基建两套核算体系，分别负责管理生产和基建系统的财务工作，初步建立起成本核算体系，包干控制。1996 年 3 月，黄陵矿业公司成立内部银行，一号煤矿在内行开设结算户，实行资金集中管理。同年 4 月，公司实行经营承包，建立起经营承包、内部银行、区队核算、经营调度“四位一体”的经营管理机制。

1997 年，项目建设资金全面中断，矿区被迫停缓建，开展生产自救。财务管理的重点是建立合同制目标成本考核体系和费用控制标准，盘活库存物资，加强货款回收，通过易货交易、抵抹账和法律诉讼手段减少经济损失。

2001 年以来，随着煤炭市场转暖，矿业公司对一号煤矿前期项目投资进行了阶段性投产验收，全面推行利润经营模式和自负盈亏机制。财务管理的重点是成本核算、利润核算。2002 年，矿井形成三级管理、三级核算管理体制。2003 年 8 月，矿业公司与信达公司达成债务重组协议，解决一号煤矿基建期间形成的贷款。

2004 年，矿井进行清产核资，对基建期间形成的“半拉子”工程进行全面清理，基建账务移交，成本管理逐步规范，成本要素基本齐全，实现了完全成本核算。同年，矿井实行会计电算化。

2005 年 11 月 28 日，一号煤矿 300 万吨及配套项目通过验收，结束了矿区 16 年的基建历史，生产经营步入正常化。在基建期，一号煤矿财务工作尚未完全独立，会计核算主要以项目投资核算为主，财务管理较为简单。

2006 年，一号煤矿取得西部大开发所得税优惠政策，成为陕西省煤炭企业中的第一家。

2007 年，矿井创新实施精细化管理，推行全面预算管理。同年，矿井迎接陕西省审计厅对矿区财务收支情况的审计。

2008 年，矿井开始执行《企业会计准则》。一号煤矿资产、人员整体划入股份公司，开始资产评估，清理应收账款。同年，矿井实行财务科长委派制，其人事关系、工资费用由矿业公司统一负责。

2009 年，一号煤矿为应对金融危机，落实“以质保价”策略，推行“以现金流为核心”的全面预算管理，制定新的预算制度。同年，矿井推行岗位价值精细化管理，将成本管理细化到岗位，实施岗位价值考核，有效降低成本。

2010 年，矿井积极做好企业改制工作，规范临时用工管理，制定企业内部控制制度和流程，加强会计基础工作，提高会计信息质量，同年，矿井开展治理“小金库”专项活动。

2011 年，矿井认真贯彻陕煤集团第一次财务工作会议精神，继续做好企业改制工作，为上市做准备。

2012 年，煤炭市场疲软，经济增速放缓，进入“寒冬期”，矿井贯彻落实陕煤集团成本管理“十条意见”与“双增双节”活动精神，全力做好“稳增长、提效益”工作，落实“52580”应对措施，全年实现逆势增长。

2012 年下半年，为了应对危机，在上级的统一部署下，一号煤矿苦练内功、降本增效，财务管理以会计信息、风险防范、成本利润高质量发展为主。

2014 年，矿井狠抓煤质与成本管控，确保强劲的市场竞争力，实现盈利目标。同年，矿井开展会计基础工作自查与互查工作，提高会计信息质量，修订完善一系列规章制度，大力开展降存量资产工作。同时，应对各级税务机构的稽查。

2015 年，矿井落实“治亏创效”三年规划和《应对当前经营形势的十六条措施》，继续强化煤质管理，加强成本管控。同年，矿井为提高会计基础工作，开展自查与互查工作，迎接陕西省证监局对财务报告工作检查。

2016 年，矿井落实《进一步加强经营管理工作的十条措施》，规范成本列支渠道，细化核算单元，从紧控制各项成本支出。同年，矿井完善内部市场机制，优化内部单位关联交易，加大货款回收力度。同时，矿井开展会计基础工作互查工作，组织财务人员参加全国煤炭系统会计信息化技能大赛和“营改增”知识培训班。

2017 年，矿井紧紧围绕提质增效、追赶超越这条主线，抢抓市场机遇，编制全面预算定额，出台《成本管理考核办法》和《期间费用管理办法》，提高成本管控水平。同年，矿井严格执行资金管理“三个办法”，推进资金司库管理，对应收账款、库存物资进行了清理，盘活存量资产，开展会计基础工作检查，夯实会计基础工作。

2018 年，矿井积极落实“三做一打造”战略，大力开展“管理提升年”活动。同年，矿井严格落实成本费用管控措施，做实成本费用支出，盈利能力大幅提升，经营管理质量明显增强。

2019 年，矿井深化预算管理，试点“双十体系”，将预算指标覆盖“十大过程、十大环节”，促进业财融合。同年，矿井加强会计基础工作，确保会计信息质量，落实“三个办法”，推进“司库”管理，盘活存量资产，大力压减“两金”占用水平，开展陕煤集团内部清欠和民营企业清欠工作，优化资产负债结构，做实内控自评，防范化解重大风险。

2020 年，矿井推行“五化五好”财务管理模式，积极开展“五个创新”，编制经营管理标准化手册，以“五化”（规范化、精细化、流程化、承诺化、创新化）为具体抓手，以“五好”（算好账、理好财、把好关口、搞好服务、当好参谋）为结果标准，促进业财深度融合，提升经营管理水平。同年，矿井深化全面预算管理和“产供销平台”应用。

二、机构

1992 年 8 月，一号煤矿成立经营部，部门内部按业务划分为总账会计、材料会计、报销会计、出纳等，由部门负责人统一协调管理。

1995 年 4 月，生产公司解散，业务并入矿区财务组集中管理，统一核算。

1996 年 1 月，一号煤矿成立财务劳资科。同年 3 月 18 日，矿区成立内部银行，取消商业银行账户，在内部银行开设资金账户，实行资金集中管理。

2008 年，一号煤矿正式成立财务科。2012 年，一号煤矿撤销财务科，成立财务部，财务管理体制进一步完善。

2020 年一号煤矿财务管理机构如图 7-4-1 所示。

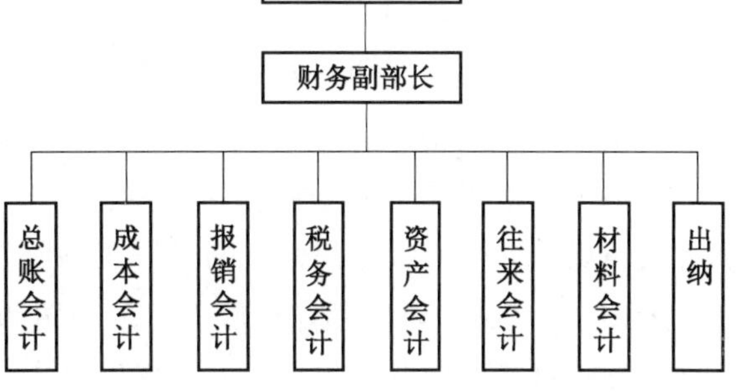

图 7-4-1　2020 年一号煤矿财务管理机构图

第二节 会 计 核 算

一、核算体系

1989—1997年，矿区会计核算主要以项目投资核算为主，使用的会计科目主要有土建工程投资、矿建工程投资、设备投资、安装工程投资、其他投资、工程承包往来、其他往来、库存现金、内部银行存款等。

1997年后，会计核算由逐步形成的基本建设核算与生产财务核算并行过渡到以生产财务核算为主，形成较为完备的工业企业会计核算体系。会计制度执行1992年12月31日颁布的《工业企业会计制度》，会计科目以及相关的会计科目核算内容、范围基本执行到位。核算体制也根据矿业公司要求逐步形成两级管理，三级核算。

1997年，一号煤矿初步形成三级会计核算体系。一号煤矿负责本矿的财务收支、煤炭生产成本及煤炭洗选成本核算，生产区队负责本区队定额生产费用的核算。一号煤矿实际成本与承包合同生产成本之间的差额形成利润，盈余自行分配，亏损自行弥补。

2001年，一号煤矿实行目标利润经营，单位之间相互提供产品和劳务，按照矿业公司规定的价格进行模拟市场结算。

2008年以后，一号煤矿成立财务科，形成独立的财务核算体系。

二、核算记账方式

1989—2004年，一号煤矿使用传统手工记账方式。

2004年，一号煤矿实行会计电算化，开始使用用友U8会计核算系统，摆脱了手工记账，与之相关联的供应链系统，工资系统和报表系统未启动，会计报表的编制仍然以人工编制为主。

2008年，公司开始推行岗位价值核算，成本核算延伸到岗位，实行矿业公司、矿区、车间、岗位四级核算。同年，公司建立信息化网络平台，将原有的用友U8会计核算系统更换为NC财务核算系统，实现从陕煤集团、基层二级单位到生产矿井的网络连接，大大提高工作效率。

三、会计核算制度

2007年以前，一号煤矿执行工业企业会计制度和行业会计制度。

2007年12月28日，按照陕西省财政厅、省国资委、省国家税务局、省地方税务局《关于贯彻实施企业会计准则的通知》和陕煤集团《关于执行企业会计准则的通知》要求，从2008年1月1日起执行企业会计准则。

2014年，一号煤矿执行陕煤集团印发的《会计核算办法（试行）》。同年11月21日，一号煤矿执行陕西煤业股份有限公司修订的《职工薪酬核算办法》。

2015年12月，将陕西煤业股份有限公司印发的《会计基础工作规范200问》作为会计工作规章制度的补充以及实际业务工作的参考指导。

2016年11月，矿业公司制定印发资金管理办法、票据管理办法、内部结算管理办法等“三个办法”的通知。

2017年1月11日，执行陕煤集团印发的《2017年度NC财务核算体系会计科目调整方案及账套管理的通知》，新增科目327个，停用科目42个。

2017年9月15日，按照陕西煤业股份有限公司印发的有关通知，规范了行政性收费会计核算。

2018年8月21日，执行陕煤集团印发的《关于规范政府补助会计核算与报表列报的通知》。

2018年9月，执行陕煤集团修订的《矿山地质治理恢复与土地复垦基金会计核算》。

2018年12月，矿业公司规范增值税业务核算，统一核算标准。

2020年5月，陕煤集团印发《关于规范在建工程、研发支出会计核算与报表列报的通知》。同年，一号煤矿规范了科研方面的投入支出、核算。

四、全面预算管理

（一）预算管理简述

2008年以前，公司实行“矿井接续+会计核算科目”二维式预算管理，其优点是简单直观，但也存在科学性不强、参考价值不大等问题。

2008—2019年，公司实行“以现金流为核心”的全面预算管理，明确了各部门的管理范围、印发指标，落实成本责任，进一步提升公司成本管理水平。

2020年，公司推行双十体系预算管理，首次将原煤生产环节划分为“十大过程、十大环节”，同时将专项资金计划和复垦基金安排纳入预算体系，逐步将全面预算管理精细化。

（二）预算管理

1989年，公司执行《陕西省人民政府关于切实抓好增收节支工作，确保完成今年财政预算的紧急通知》相关内容，加强预算管理，严格控制财政支出。

2008年，根据《全面预算管理制度》，公司对全面预算管理组织体系、预算体系、预算编制、预算执行和控制、预算调整、预算考核等做出全面规范。

2013年，公司将成本费用按“三大环节、八大过程”进行预算指标分解，控制成本。同时，根据各生产部门管辖范围和职能，公司推出“归口管理”考核体系，将预算考核指标落实到具体责任部门，各项预算、考核指标趋于精细化管理。

2016年，根据《进一步加强全面预算管理工作的指导意见》《关于编制2017年全面预算》，公司梳理、总结优化预算管理工作。

2018年，根据《关于编制2018年度全面预算工作的通知》《全面预算编制细则》、生产业务量预算和经营收支预算之间的核心关系，公司建立以业务量为基础的定额编制体系，加快推动全面预算工作结算与考核的有机结合。

2020年，根据《2020年全面预算编制大纲》《安全生产经营过程管理体系实施方案》，公司进一步梳理、总结优化预算管理工作。同时，一号煤矿被陕西煤业股份有限公司选为推进双十体系预算管理的4对试点生产矿井之一。

第三节 资 金 管 理

一、资金管理

1989—1992 年，矿区资金管理主要以项目建设资金贷款管理为主，日常业务相对简单，管理较为集中，主要是年度项目建设计划申报、工程施工进度审核、资金拨付及年度投资完成决算。1992 年 7 月以后，在各单位成立财务机构的同时，分别对外开设独立银行结算账户，资金管理形成计划范围内的二级管理体制。1995 年 4 月 1 日，矿区单位财务机构和开设的银行账户，实行资金集中管理。同时，公司设立生产财务将基本建设资金与生产经营资金分开管理。

1996 年 3 月 18 日，矿区成立内部银行，资金集中管理。资金使用实行计划审批制度，由使用单位编制资金申请预算，经公司财务部门审核汇总后报上级单位统一安排。资金支付由基层单位出具内部银行支付委托书，经有关领导批准后，统一对外支付。

1997 年下半年，受市场影响，流动资金出现严重困难，矿区通过易货交易，抵抹账、法律诉讼等手段清理呆、坏账 1862 万元。同时，公司成立清理货款领导小组，并建立货款回收目标考核机制，分区域包干回收货款。2000 年底，公司累计回收煤炭销售货款 515 万元，回收其他往来欠款 1259. 4 万元，为公司维持生产经营提供资金保障。

2010 年，公司开始施行产供销平台一体化，司库系统上线。资金司库管控模式就是企业充分利用集团内部金融平台（多称为财务公司），加快市场化、扁平化、高效化的资金管控模式的创建，综合利用账户监控信息池、资金池、票据池、授信额度池、资金平衡与额度管控池、可变现资产池、融资租赁池等金融工具，加强账户监控、额度管理、规模控制和资金调度，从而提高资金配置效率，有效降低资金成本及财务风险。司库管控模式分为五大池项目：账户信息监控池、管理额度池、可使用资金池、可变现资产池、融资租赁池。司库管控模式五大池项目如图 7-4-2 所示。

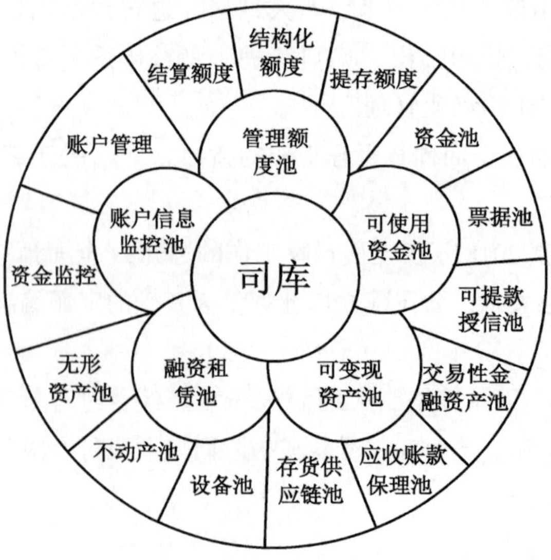

图 7-4-2 司库管控模式五大池项目图

二、专项资金管理

（一）基本依据

截至2020年，一号煤矿依据《企业会计准则》和《专用资金使用管理办法》进行管理，在实际工作中严格遵照一号煤矿《专用资金考核管理办法》和专项奖金管理工作执行事项开展工作。

（二）专项资金来源

截至2020年，一号煤矿按照下列标准计提费用，全额上缴黄陵矿业公司，由黄陵矿业公司集中安排使用。

1. 维简费和井巷基金

维简费和井巷基金是按照当年原煤产量10.5元/吨的标准从成本中提取。其中维简费8.00元/吨，井巷基金2.5元/吨。

2. 安全费用

安全费用是按照原煤产量30元/吨的标准从成本中提取。

3. 折旧费

折旧费是根据公司财务部计算出的折旧额计提上缴。

4. 大修费

大修费是根据公司财务部计算出的大修费用计提上缴。

（三）资金使用范围

1. 维简费和井巷基金

维简费和井巷基金主要用于煤矿生产正常接续的开拓延伸、技术改造等，以确保一号煤矿"三废"治理支出、新技术的推广、房屋构筑物的联合改造、基础设施建设工程。

2. 安全费用

安全费用主要用于与煤炭开采作业有关的完善和改进企业或者项目安全生产技术等方面的支出。安全费用按照"企业提取、计划管理、确保需要、规范使用"的原则进行管理。其具体使用范围包括：煤矿瓦斯监测、监控系统的联网运行、维护、校验和校正；一号煤矿主要通风设备的更新改造支出；完善和改造一号煤矿瓦斯监测系统与抽放系统支出；完善和改造一号煤矿综合防治煤与瓦斯突出支出；完善和改造一号煤矿防灭火支出；完善和改造一号煤矿防治水支出；完善和改造一号煤矿机电设备的安全防护设备设施支出；完善和改造一号煤矿供配电系统的安全防护设备设施支出；完善和改造一号煤矿运输（提升）系统的安全防护设备设施支出；完善和改造一号煤矿综合防尘系统支出。

3. 折旧费

折旧费主要用于地面房屋和构筑物新建、改建、扩建及技术改造等形成固定资产的支出。

4. 大修费

大修费主要用于房屋建筑、生产系统及设备大修理。

（四）管理权限及责任划分

截至2020年，一号煤矿成立有专项奖金领导小组，组长由矿长担任，副组长由分管副矿长担任，成员由涉及专项奖金计划项目部门部长担任。专项奖金领导小组下设办公室，办公室设在企管计划部，企管计划部部长任办公室主任，负责日常管理工作。组长是专项奖金项目总负责人，副组长主要负责对专项奖金计划项目立项、方案措施审核、协调解决项目实施过程中业务交叉及其他相关问题、督促专项奖金计划项目的完成、对完成情况进行考核。成员是分管专项奖金计划项目第一责任人，主要负责专项奖金项目立项、上报及方案措施的编制，项目过程进度及工程质量的监督检查，办理工程结算相关手续，落实专项资金相关文件、制度。

（五）专项资金计划管理

1. 专项奖金计划编制

截至2020年，一号煤矿明确规定，年度计划要本着保安全、保生产、保经营的原则，根据《专项奖金计划通知》要求及时召开部门会议，按照年度生产接续安排，确定本部门所需申报专项奖金计划项目。申报项目内容包括工程结构、设备名称、规格型号、数量价格及用途。企管计划部汇总各部门申报专项奖金计划项目，专项奖金领导小组召开专题会议审核专项奖金项目，把经审核后的专项奖金建议计划上报黄陵矿业公司。

2. 专项奖金计划调整

截至2020年，一号煤矿明确规定，计划执行过程中，对于安全生产、经营活动中出现急需安排的项目，有关部门向企管计划部提出专项奖金立项申请，经审批后，由企管计划部向黄陵矿业公司呈报专题报告。年度计划调整在第四季度进行，增加、调整项目经黄陵矿业公司批准后实施。

截至2020年，一号煤矿专项奖金由黄陵矿业公司集中管理，统筹安排，统一下达计划。不得随意更改计划内容、范围和投资方向，同时要积极创造条件，确保计划项目按期完成。公司下达的专项奖金计划当年有效，跨年度工程或当年未实施项目次年应重报计划。使用前需编制使用计划报相关业务部门审核后实施，使用计划年底归入公司专项奖金调整计划内。

截至2020年，一号煤矿安全和大修自用资金，由一号煤矿自行安排使用计划，报规划部审核后实施，主要用于“一通三防”仪器仪表购置，小型安全设施、生产设施完善，生产设备设施的定期检验和维护，小型生产设备、设施大修等零星工程。

（六）专项资金项目实施管理

截至2020年，一号煤矿明确规定，凡列入专项奖金计划的项目都必须根据公司招投标管理办法的有关规定，对工程及设备购置进行招标，特殊情况可以组织有关人员进行市场询价确定，按规定应该实行招标而未招标的项目，不能签订合同，禁止越权组织招标。

截至2020年，一号煤矿明确规定，凡新建、改扩建、技改等重大工程项目统一由计划基建处委托设计，经黄陵矿业公司组织有关部门对方案设计评议，报陕西煤业股份有限公司批准后方可实施。

截至2020年，一号煤矿在施工单位的选择和工程费用的确定明确规定：根据一号煤矿实际情况，有能力承担的工程（资质能满足）不得外委；如需外委，限额以上工程，必须严格按照国家规定的招标法进行招标；限额以下的工程，项目单位根据实际情况择优选择施工单位，报主管部门批准后实施。

截至2020年，一号煤矿明确规定，工程费用按相应的预算定额计取费用，材料价格执行黄陵矿业公司最高限价或陕西省同期材料信息价，限价以外的材料采用市场询价，降造幅度执行公司有关规定。

截至2020年，一号煤矿对专项资金合同管理的措施包括：①凡是列入专项奖金计划的项目，一律实行合同管理制度；合同管理依据《合同法》、公司《合同管理制度》，实施合同会签制，未经会签的合同视为无效合同；②合同由企管计划部组织有关部门讨论会签；③企管计划部必须对合同项目的来源、途径（招标、议标、内部指定）、费用、工期、质量、售后服务（质量保证）、付款方式等合同主要内容作出详尽说明，以便合同的审定会签，会签后的合同按黄陵矿业公司管理办法进行审查登记，并加盖合同专用章。

工程项目列入年度计划后（除招标工程外）必须编制施工图预算并报审，无批准预算的工程项目不得签订合同，不得开工建设。

预算报批程序：预算由企管计划部按有关规定编制，报业务主管部门审定。

开工报告审批：在具备开工条件，且已签订合同（指工程合同及质监合同）时，项目单位应申报开工报告，经主管部门审查具备开工条件时方可批复开工报告。

工程开工后的日常管理工作由一号煤矿负责。黄陵矿业公司业务主管部门负责对工程质量、工期、费用定期进行监督、检查、控制。

在施工过程中，不得擅自签证涉及增加工程费用的变更、隐蔽等工程。确需变更的必须要与业务主管部门联系，确定变更内容及费用，并报部门领导同意后签证。对于工程变更较大，累计价款超过其概算 10% 以上的工程，由黄陵矿业公司业务主管部门审核方案，报黄陵矿业公司总工程师审批。

工期超过一个月的工程，由黄陵矿业公司业务主管部门组织有关部室会同项目管理单位进行月度验收，办理月度验收的有关手续。

（七）专项资金结算管理

截至 2020 年，一号煤矿专项资金结算按下列程序进行：

（1）工程竣工验收或进度验收完成后，工程分管部门要敦促施工单位及时准备资料报送企管计划部，企管计划部在确认结算资料齐全无误后，要及时结算并出具结算单。

（2）财务部根据施工单位提供的发票、结算单、开/竣工报告、工程交接单等资料进行挂账。进入在建工程，相关资料要求齐全完整。根据施工单位挂账金额列入每月资金付款计划，按计划进行付款。

（3）由企管计划部整理好专项奖金工程竣工结算资料、材料出库单等去规划部进行结算，开具专项奖金结算单，同时根据结算单等资料从公司财务部结回已完工项目款项。

（4）工程会计根据企管计划部提供专项奖金结算单、工程竣工结算资料、公司财务部开具的内行贷方传票等进行账务处理。按照专项奖金计划核对已完工项目是否及时挂账并从公司将款项结算回来，是否存在已挂账未结算或已结算未挂账项目，比较挂账金额与结算金额是否一致，如有差异说明原因。

第四节 资 产 管 理

一、固定资产

截至 2020 年，矿井为了加强固定资产的管理，资产核算部门、资产管理部门及使用部门三级管理的办法。矿业公司财务处对固定资产进行管理核算，一号煤矿各部室对分管的固定资产进行盘点、汇总，并核对登记造册的固定资产及矿业公司财务处下发的固定资产明细。

（一）固定资产核算部门

矿业公司财务处制定固定资产管理办法、固定资产规章制度，建立公司固定资产总分类账和明细账；及时对固定资产的增减变动情况进行账务处理，按月计提固定资产折旧，组织固定资产的年终盘点工作。

（二）固定资产管理

生产部负责矿井建设形成的固定资产；通风部负责风门、瓦斯管、放水器、钻机等设备的管理；行政部负责房屋及建筑物管理；机电部负责机电、机械、运输设备、其他设备管理及闲置报废资产处置，并监督固定资产使用部门的资产管理和维护工作，协助财务部组织实施固定资产盘点工作。

（三）固定资产使用

各资产使用部门对固定资产要设置备查登记表，同时负责资产保管维护的责任，杜绝固定资产损失、损毁情况发生。1989—2020 年一号煤矿固定资产情况见表7-4-1。

表7-4-1 1989—2020 年一号煤矿固定资产表

万元

年份	固定资产原值	累计折旧	年份	固定资产原值	累计折旧
1989—2009			2016	365359.06	201350.85
2010	162396.80	108335.18	2017	378344.25	222201.97
2011	186817.77	115929.07	2018	442817.25	251380.06
2012	243472.70	125839.81	2019	474070.86	294954.40
2013	244553.33	127602.17	2020	535655.78	336270.70
2014	268803.70	151387.19	合计	3611992.41	2105498.93
2015	309700.91	170247.53			

二、专项费用资金

（一）更新费用

截至 2020 年，矿井更新费用从折旧费提取，主要用于生产设备的更新。更新费用使用时，由生产单位按照年度生产情况提出更新计划，经公司审核批准后实施。项目经矿业公司有关部门验收合格后，企管计划部和财务部办理结算。1989—2020 年一号煤矿更新费用提取情况见表 7-4-2。

表7-4-2 1989—2020 年一号煤矿更新费用提取表

万元

年份	提取金额	年份	提取金额
1989—1997		2010	8571.62
1998	104.22	2011	8824.32
1999	12.55	2012	7858.08
2000	48.61	2013	8310.55
2001	212.63	2014	7190.50
2002	2836.17	2015	4464.47
2003	5020.71	2016	7496.77
2004	387.96	2017	7384.19
2005	6818.50	2018	7761.44
2006	8879.90	2019	8954.32
2007	8571.29	2020	9351.23
2008	5883.33	合计	131492.57
2009	6549.21		

（二）维简费用

截至2020年，矿井维简费用由矿业公司集中管理，使用时实行计划审批制。项目经公司有关部门组织验收合格后，企管计划部和财务部门办理结算。1989—2020年一号煤矿维简费用提取情况见表7-4-3。

表7-4-3 1989—2020年一号煤矿维简费用提取表

年份	提取金额（万元）	提取比例（%）	年份	提取金额（万元）	提取比例（%）
1989—1994			2008	4176.80	8
1995	75.76	8	2009	4961.52	8
1996	247.92	8	2010	4578.08	8
1997	242.64	8	2011	4331.80	8
1998	333.50	8	2012	4881.20	8
1999	92.08	8	2013	5041.60	8
2000	220.01	8	2014	4812.48	8
2001	567.01	8	2015	4666.80	8
2002	1441.51	8	2016	4790.16	8
2003	2812.70	8	2017	5030.32	8
2004	2980.08	8	2018	5032.08	8
2005	3297.28	8	2019	5258.00	8
2006	3729.71	8	2020	5272.56	8
2007	3910.03	8	合计	82783.63	

（三）大修费用

截至2020年，矿井大修费用从生产成本中直接提取，主要用于井下生产设备的大型维修。大修费用由矿业公司集中管理，使用时实行计划审批制。项目经公司有关部门组织验收合格后，企管计划部和财务部门办理结算。1989—2020年一号煤矿大修费用提取情况见表7-4-4。

表7-4-4 1989—2020年一号煤矿大修费用提取表　　万元

年份	提取金额	年份	提取金额
1989—1999		2011	1143.91
2000	77.45	2012	3049.65
2001	116.92	2013	5002.96
2002	674.48	2014	1031.25
2003	2368.88	2015	3352.11
2004	6313.41	2016	2400.56
2005	1186.60	2017	5602.71
2006	9727.83	2018	4373.62
2007	2612.11	2019	8410.50
2008	6456.79	2020	3569.22
2009	8839.68	合计	86226.49
2010	9915.85		

（四）造育林费

造育林费从 2002 年开始按吨煤 0.15 元计提，主要用于矿山绿化和植被恢复，2014 年停止提取造育林费。2002—2013 年一号煤矿造育林费情况见表 7-4-5。

表 7-4-5 2002—2013 年一号煤矿造育林费表

年份	计提金额（万元）	使用金额（万元）	提取比例（%）	年份	计提金额（万元）	使用金额（万元）	提取比例（%）
2002	27.03	13.14	0.15	2009	90.03	50.00	0.15
2003	81.40	82.70	0.15	2010	85.84	50.00	0.15
2004	36.00	35.00	0.15	2011	81.22	75.83	0.15
2005	61.82	60.38	0.15	2012	91.52		0.15
2006	62.68	63.95	0.15	2013	94.53	82.59	0.15
2007	73.31	44.51	0.15	合计	863.68	622.10	
2008	78.30	64.00	0.15				

第五节 成 本 管 理

1995 年后，为维持日常运转，黄陵矿区管委会开始进入边建设边生产阶段，其中，设置生产财务管理部门，开始建立成本核算体系。成本管理主要是核定煤炭生产成本定额和费用控制定额，实行包干控制。成本管理属粗放式管理，成本核算要素不够齐全，主要有材料、人工工资、职工福利费、电费、提取的井巷工程费、维简费、修理费和其他支出。由于产销量低，项目建设形成的生产系统较大，出现成本与售价倒挂。

2004 年，财务核算全面转入生产财务核算，成本管理逐步规范，成本要素齐全，尤其是投入生产的固定资产开始计提折旧，实现了完全成本核算。

2009 年，按照陕煤集团《关于加强成本管理工作十条意见的通知》要求，一号煤矿在全面预算的基础上，推行岗位价值精细化管理，将成本管理细化到岗位，实施岗位价值考核，有效降低成本。

2020 年，一号煤矿根据矿业公司《关于进一步做好稳增长降成本工作安排的通知》(黄陵矿业发〔2020〕198 号)，结合一号煤矿安全生产经营管理实际，以矿井安全生产为前提，合理安排各项工程项目，坚决杜绝铺张浪费现象，切实做到“三个凡是”。1996—2020 年一号煤矿完全成本情况见表 7-4-6。

表 7-4-6 1996—2020 年一号煤矿完全成本情况表 元/吨

年份	成本	年份	成本
1996	83.25	2000	92.89
1997	77.2	2001	61.1
1998	74.31	2002	65.87
1999	78.73	2003	73.44

表 7-4-6（续）

元/吨

年份	成本	年份	成本
2004	97.6	2013	212.63
2005	159.7	2014	210.49
2006	151.48	2015	177.51
2007	153.27	2016	183.16
2008	219.89	2017	200.20
2009	189.39	2018	209.15
2010	208.99	2019	213.92
2011	182.07	2020	219.73
2012	219.82		

第六节 税　　费

一、税费缴纳

1991—1994 年，一号煤矿税务管理主要是对参建施工单位营业税的代扣代缴。1994 年，按照国家相关政策，一号煤矿实行分税制，主要涉及的营业税、城市维护建设税、企业所得税、个人所得税、车船税、房产税、资源税、城镇土地使用税、土地增值税、印花税、契税、耕地占用税等由地税部门管理。增值税、消费税由国税部门管理。同时根据不同行业和税种，将产品税改为增值税，开始对煤炭行业按 13% 的税率征收增值税。国有企业、集体企业和私营企业所得税统一按 33% 税率缴纳。2008 年开始，按照新的所得税税法规定，所得税税率调整为 25%。

1995 年以来，一号煤矿生产经营的税费由矿业公司财务部汇总申报纳税，其主要流程为一号煤矿核算增值税销项税额，物资公司核算增值税进项税额，按月汇总至公司财务部，由财务部对外申报。营业税、城建税、教育费附加等税费由一号煤矿自行核算，财务部申报。

2001 年后，随着一号煤矿产量的增加、收入的增长，各种税收也相应增长。2006 年，陕西省开始征收煤炭价格调节基金，其中原煤为 15 元/吨，洗精煤为 25 元/吨。2012 年 8 月，煤炭市场开始下滑，为减轻煤炭企业负担，陕西省暂停计提缴纳煤炭价格调节基金。

2018 年，陕西省开始征收矿山地质治理恢复与土地复垦基金。

一号煤矿企业所得税自 2001 年起由矿业公司进行统一核算和申报缴纳。2001—2020 年一号煤矿企业所得税核算和申报缴纳情况见表 7-4-7。

表 7-4-7　2001—2020 年一号煤矿企业所得税核算和申报缴纳表

万元

年份	增值税	城建税	教育费附加	企业所得税	资源税	水土流失补偿费	矿产资源补偿费	水资源费	排污费	合计
2001	512.77	31.63	18.97		32.76		5.4	7.08	23.2	631.81
2002	1591.9	76.05	47.4		68.43		12.1	4.5	7.2	1795.48

表 7-4-7（续）　　万元

年份	增值税	城建税	教育费附加	企业所得税	资源税	水土流失补偿费	矿产资源补偿费	水资源费	排污费	合计
2003	2994.8	181.4	108.8	317.4	142.4		34.23	10.3		3427.40
2004	6037.1	291.4	174.9	410.9	838.3		73.5	23.4		7752.60
2005	5793.6	507.8	305.1	3.7	776.4		243	37.53		18776.50
2006	16175.41	684.65	410.75	67.87	1437.82		274	78.78		34311.32
2007	23505.73	663.1		6870.58	2593.61		295	115.65	267.65	34311.32
2008	14851.52	1150.67		6990.77	3453.66	580.16	2151	368.58	388.58	29934.94
2009	25100.83	3016.46		12043.83	3114.22	2782.51	784	692.4	636.4	48170.65
2010	25048.31	2153.55		12987.6	4535.84	5652.49	4485	631.55	555.71	56050.05
2011	30337.04				1727.25	2707.35	1010	440	266.59	36488.23
2012	33316.10				1957.94	3050.74	2286.85	440	266.59	41318.22
2013	29125.78				2016.64	3151.00	2012.10	59.3	196	36560.82
2014	30417.61				2651.15	3007.82	4518.32	601.56	300.78	41497.24
2015	17098.5				7492.27	2916.77		432.29	216.15	28155.98
2016	29316.38				11113.23	3123.86		467.23		43553.57
2017	50160.59				19022.08	2788.55		5.40		71976.62
2018	55764.32				22089.60	2992.54		675.71		80822.17
2019	46781.24				21908.94	2391.36		683.24		71764.78
2020	34880.08				23326.97	2366		676		61249.05

根据《财政部税务总局水利部关于印发〈扩大水资源税改革试点实施办法〉的通知》(财税〔2017〕80号）自2017年12月1日起，一号煤矿从2017年起水资源费改为水资源税进行申报上缴。

自2018年1月1日起，一号煤矿环境保护税由一号煤矿自行核算，矿业公司统一进行申报缴纳。

二、税收优惠

2007年，一号煤矿取得西部大开发税收优惠政策，所得税税率由原来的25%优惠到15%。2008年开始，一号煤矿享受国产设备、煤矿安全设备、环保及节能设备税前加计扣除优惠政策。2009年开始，一号煤矿享受科技投入税前抵扣优惠政策。2008—2020年一号煤矿累计减免各种税收见表7-4-8。

表 7-4-8　2008—2020年一号煤矿累计减免各种税收表　　万元

年份	西部大开发	三项设备	科技研发费用	合计
2008	6630.91	118.30		6749.21
2009	8385.03	169.10	487.50	9041.63
2010	8944.2	430.63	722.40	10097.23

表 7-4-8（续） 万元

年份	西部大开发	三项设备	科技研发费用	合计
2011	12292.85	253.42	743.51	13289.78
2012	8543.73	539.39	433.52	9516.64
2013	6974.82	253.94		7228.76
2014	4120.39	1652.33	2254.73	8027.45
2015	1757.72	865.39	1325.65	3948.76
2016	6223.15	623.39	1232.23	8078.77
2017	18550.12	889.36	985.32	20424.8
2018	23543.23	1235.3		24778.53
2019	21951.7	756.23	660.23	23368.16
2020		875.36		875.36

第七节 销量、收入、利润

截至 2020 年，一号煤矿历年产/销量、营业收入、利润见表 7-4-9。

表 7-4-9 1989—2020 年一号煤矿产/销量、营业收入、利润表 万元

年份	产量	销量	营业收入	利润
1989—1994				
1995	9.47	9.40	647.65	-532.12
1996	30.99	18.64	2634.18	-118.27
1997	40.44	36.90	2872.85	-60.13
1998	41.69	41.37	2909.69	26.54
1999	11.51	17.23	1048.06	-365.18
2000	27.50	31.52	2281.87	581.21
2001	70.88	75.62	4910.37	186.61
2002	180.19	174.17	11769.31	138.02
2003	351.59	356.31	27180.68	1242.15
2004	372.51	365.05	42367.92	5262.53
2005	412.16	415.69	77885.52	12264.65
2006	466.21	462.69	89449.07	19286.65
2007	488.75	497.42	100250.13	24131.35
2008	522.10	523.98	107031.38	-3829.78
2009	620.19	620.19	152320.72	34790.70
2010	572.26	572.26	138820.91	19356.08

表 7-4-9（续）

万元

年份	产量	销量	营业收入	利润
2011	541.47	541.47	224350.85	132903.35
2012	610.15	610.15	247222.36	104684.81
2013	630.20	624.48	222599.04	77148.24
2014	601.56	607.28	180664.83	41074.84
2015	583.35	575.40	135805.12	17572.87
2016	598.77	606.72	199769.75	65232.49
2017	628.79	616.06	343812.15	185500.49
2018	629.01	636.74	401784.01	226649.64
2019	657.25	660.65	401199.79	218950.21
2020	659.07	660.67	342762.55	156395.63

第五章 物资供应管理

第一节 机 构

1991 年 12 月，一号煤矿开工建设，黄陵矿区管委会设立供应组。1993 年 10 月，黄陵矿区管委会成立物资供应公司，与供应组为一套机构、两个牌子，联合办公，负责矿区物资供应工作。一号煤矿设立供应主管及临时仓库，隶属经营部，负责物资调拨和发放。1995 年 12 月，一号煤矿成立材料管理科。1999 年 5 月，一号煤矿成立机电供应部。2010 年 1 月，一号煤矿成立物资供应部，共有职工 25 人，负责全矿物资供应管理工作，下设物资库房、井下民爆物品库、加油站。2010 年 10 月，根据岗位价值精细化管理要求，一号煤矿建立井口物资超市。2017 年 7 月，地面民爆物品库从物资供应公司划转至一号煤矿物资供应部管理。2018 年 7 月，黄陵矿业公司要求取消区队库房，实现“零”库存，实行代储代销，降低库存资金占用。

截至 2020 年，一号煤矿物资管理部门负责全矿生产维修物资的分类目录编制、计划价格的确定和调整工作；负责全矿物资需求计划的审核、汇总、利库、调剂、核销的管理考核工作；负责对物资集团黄陵分公司采购供应业务的结算工作；负责参加相关物资采购的技术协议审核、招议标会议、到货验收、售后服务联系等相关工作；负责分管自购物资的合同签订、采购、质量跟踪、售后服务等联系工作；负责全矿生产维修物资的催货、到货验收、出入库审批、质量售后服务工作；负责全矿物资供应统计报表的编报工作；负责全矿民爆物品采购、运输、储存、出入库数据上报及对外协调工作；负责民爆物品储存库的民爆信息管理系统、云平台信息管理系统的日常维护管理工作；负责物资仓储中心、物资超市的日常管理工作；负责部控材料的成本管控工作及本部门管控物资的全面预算和指标分解工作；负责劳动防护用品的发放、台账建立及职工劳保卡充值工作；负责物资供应管理信息化系统、西煤内部大市场管理平台、西煤云仓仓储管理系统的日常运行工作；负责本部门人的安全行为治理、NOSA 安健环风险管理体系实施工作；负责地面井口雨季三防、冬季三防等应急物资储备（分管材料）的日常管理工作等。

第二节　物　资　采　购

一、采购计划

（一）采购计划编制

截至 2020 年，一号煤矿各部（室）、厂、区队、车间根据矿下达的生产作业计划，结合本单位的物资消耗定额、生产维修任务、库存情况、费用指标等综合因素，分专业编制物资需求计划。物资需求计划类型包括：年度计划、月度计划；临时加急计划、专用基金项目计划。区队物资申请计划必须按规定的统一格式编制，打印上报，并提供电子版。计划编报要求：①必须严格按照物资分类目录，按序排列；②必须认真填写所需物资的名称、数量、计量单位、技术参数、质量要求、到货时间、使用地点、用途等主要内容。区队月度计划每月 20 日前上报矿职能部室，矿职能部室 22 日前将汇总审核后的物资需求计划，通过西煤内部大市场管理平台，经物资供应部审核利库汇总后，23 日前到达矿业公司各职能部室审批，25 日到矿业公司机电部审批完成。临时急需计划由职能部室按月度计划，统一线上上报。

（二）物资需求计划审报

截至 2020 年，矿井各单位物资需求计划，由本单位专人负责编制，分专业报矿各专业部门审核，矿专业部室将审核汇总后的计划，通过西煤内部大市场平台线上上报，经物资供应部汇总、利库、分管矿长审批通过后，各专业物资计划再通过系统到矿业公司各专业部门审批，审批通过后到矿业公司机电部，最后经分管经理审批完成。一号煤矿物资计划申报流程如图 7-5-1 所示。

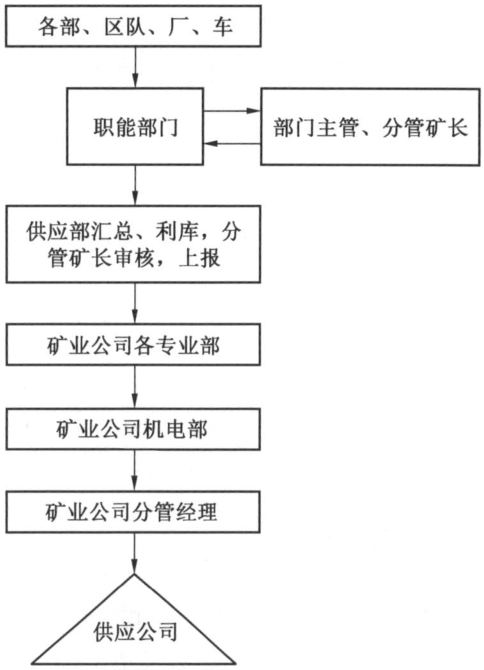

图 7-5-1　一号煤矿物资计划申报流程图

二、采购模式

截至 2020 年，一号煤矿采购模式主要分为集中采购和自行采购。集中采购由一号煤矿申报物资需求计划经矿业公司审批后由物资集团黄陵分公司集中采购。自行采购根据黄陵矿业公司关于物资采购管理办法的要求目录进行采购，主要是地材类物资、民爆物品和黄陵矿业鑫桥公司的支护产品、粉煤灰标砖、柴油。地材类物资通过比价采购，柴油根据市场挂牌价格采购，民爆物品是单一来源价格采购，其他自购类物资根据黄陵矿业价格委员会制定价格，签订合同。本着“货比三家”的原则，询价原则不少于三家。一号煤矿物资自行采购名录见表 7-5-1。

表 7-5-1 一号煤矿物资自行采购名录表

类别	序号	物资名称	物资编码	规格型号	单位
支护材料	1	电缆吊挂锚杆	10148797	18×700×300	根
	2	瓦斯吊挂锚杆	10148798	18×1200×300	根
	3	左旋无纵筋螺纹锚杆	10178455	MSGLW335/20×2500 含防松螺母托板 150×150×10	套
	4	玻璃钢锚杆	10187485	MGSLϕ20×2500（含托板、防松螺母）	套
	5	玻璃钢锚杆	10161235	MGSLϕ20×2500	根
支护材料	6	玻璃钢托盘	10173506	M20	个
	7	玻璃钢专用螺母	10141724	M20	个
	8	左旋锚杆螺母	10023476	M20	个
	9	树脂锚固剂	10029642	MSK23/35	支
	10	树脂锚固剂	10029643	MSK23/70	支
	11	钢筋网	10033976	Wϕ6/ϕ6 100×100 1000×2000	平方米
	12	塑钢网帮网	10234959	2. 7 m×10 m	平方米
	13	塑钢网顶网	10246652	2. 4 m×4. 8 m	平方米
	14	左旋无纵筋螺纹锚杆	10160968	MSGLW335/20×2500 含防松螺母托板 200×200×12	套
	15	左旋无纵筋螺纹锚杆	10164363	MSGLW335/20×2500 含防松螺母托板 200×200×12（不含托盘）	根
	16	菱形网	10029829	1200×10000	平方米
	17	锚杆托板	10029935	200×200×12	块
地材类	18	沙子	10029813	0. 5 mm	立方米
	19	石子	10089538	10~20 mm	立方米
燃油类	20	柴油	10103505	0 号、-10 号、-20 号	公升
建工材料	21	蒸压粉煤灰砖	10070559	240×115×53	块
民爆物品	22	炸药	10041282	三级煤矿许用乳化炸药	公斤
	23	雷管	10073408	煤矿许用毫秒延期电雷管 1~5 段（铁壳）2 米脚线	发
	24	炸药专用箱	10056195	玻璃钢炸药专用箱 530×180×520	个
	25	雷管专用箱	10156635	玻璃钢雷管专用箱 300×140×160	个
	26	雷管专用箱	10156634	玻璃钢雷管专用箱 300×140×160	个

三、结算

截至 2020 年，矿井采购物资的结算由一号煤矿供应部负责，财务部负责监督，经矿分管矿长、经营矿长审核后的发票，由供货商及时交财务部办理挂账手续。对于供货商的付款，由财务部门负责办理审核。2017—2020 年一号煤矿物资自行采购结算资金见表7-5-2。

表 7-5-2 2017—2020 年一号煤矿物资自行采购结算资金表 元

年份	结算资金
2017	463950. 27
2018	50044205. 65
2019	50284187. 82
2020	51771047. 14

注：2010—2016 年，数据无统计。

四、到货验收

截至 2020 年，矿井采购物资到货验收，根据物资申请计划，结合矿生产实际需要，本着保证生产的原则，分期分批组织到货。到货验收合格后，可办理出库领用手续。大型设备、配件到货后，由“使用单位、职能部室、供货厂家”联合验收。物资到货验收和使用过程中发现较轻质量问题时，要立即取证并报告主管部门，物资供应部及时联系供应公司，妥善做好退换货处理。到货物资验收和使用过程发现严重质量问题时，要立即取证并报告主要领导及主管部门，会同相关职能部门组织认定，联系供应商，妥善处理退货事宜。同时，相关部门做好验收记录，作为索赔凭据。仓库要严把入库验收关，杜绝不合格产品及“三无”产品流入和投用。物资到货验收展示如图 7-5-2 所示。

图 7-5-2 物资到货验收展示图

第三节 物资消耗定额

一、定额制定

截至 2020 年，区队指标分解依据一号煤矿对各部门分解的经济指标，年度生产接续计划，上年度实际消耗指标。制定方法：将上年度区队（厂、车间）计划指标与实际消耗指标进行比较，如实际指标高于计划指标或低于计划指标都要分析原因，主要考虑全年生产过程中有无年初分配指标时未考虑到的一些异常情况，且这些异常情况在本年度是否会再次出现。区队（厂、车间）上年度实际指标高于计划指标，说明年初计划指标偏低，本年度给该单位定计划指标时与上年度实际指标持平或略低，给予其挖掘潜力节约材料压力；区队上年度实际消耗指标低于计划指标，说明年初给其所定的计划指标偏高，本年度定计划指标与上年度实际指标持平或略高，肯定其上年度降本增效成绩。

如有异常情况，单独计算异常情况消耗的材料费用，从该区队全年材料消耗总费用中减去，再计算实际消耗指标，并与年初定计划指标进行比较。各区队分解的指标之和小于矿对部室下达的部控指标。2010—2020 年一号煤矿主要材料消耗定额见表 7-5-3。

表 7-5-3 2010—2020 年一号煤矿主要材料消耗定额表

年份	原煤产量（万吨）	钢材		坑木		水泥		油脂及乳化液		燃料油		炸药		雷管	
		实耗（吨）	吨/万吨	实耗（立方米）	立方米/万吨	实耗（吨）	吨/万吨	实耗（公斤）	公斤/万吨	实耗（公斤）	公斤/万吨	实耗（公斤）	公斤/万吨	实耗（发）	发/万吨
2010	594.01	2949.38	4.97	1844.69	3.11	11775.50	19.82	252600.88	425.25	455079.20	766.11	48015	80.83	73851	124.33
2011	560.79	2061.02	3.68	1457.17	2.60	17356.50	30.95	276061.20	492.27	376731.00	671.78	47058	83.91	63350	112.97
2012	617.85	3432.77	5.56	2617.78	4.24	21470.50	34.75	328248.00	531.27	565210.00	914.80	43128	69.80	57600	93.23
2013	628.39	3279.44	5.22	840.37	1.34	23710.90	37.73	363865.20	579.04	548828.20	873.38	16944	26.96	35700	56.81
2014	601.12	2043.60	3.40	371.27	0.62	18142.60	30.18	295982.50	492.39	685803.80	1140.88	31896	53.06	61400	102.14
2015	583.35	1655.54	2.84	391.22	0.67	13419.00	23.00	244344.60	418.86	840079.60	1440.08	50520	86.60	74204	127.20
2016	627.14	575.77	0.92	195.5	0.31	7037.74	23.00	285554.00	455.33	874137.20	1393.85	20066	32.00	30290	48.30
2017	654.79	1066.17	1.63	362.82	0.55	5274.00	8.05	330741.20	505.11	944140.50	1441.90	18104	27.65	29470	45.01
2018	655.01	1181.16	1.80	432.4	0.66	9602.70	14.66	285212.50	435.43	855200.80	1305.63	26130	39.89	43883	67.00
2019	683.25	1080.11	1.58	419.2	0.61	11937.50	17.47	301932.50	441.91	833855.15	1220.43	40592	59.41	61630	90.20
2020	676.00	1155.53	1.71	456.5	0.68	12262.40	18.14	298791.60	442.00	765901.60	1132.99	39620	58.61	64794	95.85

注：1991—2009 年，由公司管理。

二、考核

截至 2020 年，供应部加强材料使用过程中的跟踪管理，对井下材料的使用情况进行检查，一经发现材料浪费，视浪费材料价值高低，对责任单位进行对等处罚，杜绝材料流失和浪费。各职能管控部门加强物资的回收复用、修旧利废、交旧领新工作，严格执行交旧领新制度和物料回收制度，强化修旧利废和回收复用的量化考核。部控费用考核以矿下达的全面预算指标为基础，以财务部按月提供的成本消耗为考核依据，对于部控费用按照只罚不奖，月清月结原则进行考核。对区队（厂、车间）实行成本全额考核，成本节超直接在工资结算中兑现。个别区队（厂、车间）当月实际消耗远高于计划消耗，如遇地质构造等特殊情况，造成材料费用超支，根据实际情况，提出详细书面报告对超支原因进行说明，由生产矿长牵头，在成本分析会上对超支原因进行分析，确认是否给予追加。经矿确认追加后，由考核小组进行预算后，予以考核。对成本严重超支且无正当理由的单位，进行退库和预支材料费处理，对次月成本指标进行下浮，在一个季度内将超支额消化完毕。同时，鼓励区队优化生产工艺、修旧利废，对提出生产工艺优化方案、修旧利废措施的个人给予奖励。

第四节 仓 储 管 理

一、物资存放

截至 2020 年，矿井明确规定物资存放要按性能、特点、用途分类存放，合理布置库房，提高仓库利用率。库房物资实行五五化、四号定位。五五化——物资五、十成行，五、十成串，五、十成堆或为五、十倍数，达到过目知数。四号定位——通过库号、货架号、层号、位号固定物资位置。

物资保管坚持“十不”，即不锈、不潮、不冻、不霉、不蛀、不丢、不老化、不漏、不爆、不腐。露天堆放保管的物资，按物资的技术要求，做好堆码苫垫，存放不当要及时改进；保持库容整洁，搞好料场内外环境卫生；做好“四防”工作，即防火、防盗、防破坏、防自然灾害，保证仓库安全。

库存物资坚持“四有”“一保证”。“四有”，即盈亏有原因、损坏有报告、调整有依据、处理有审批；“一保证”，即保证账、卡、物、资金四对口。同时，按照“以防为主、消防结合”的原则，加强消防安全工作；划分防火责任区，分区到人，明确职责，落实防火措施；经常组织人员检查仓储中心、物资超市，重点保证民爆物品库、加油站、坑木场的消防安全措施，发现问题及时整改。

二、验收、入库

截至 2020 年，矿井明确规定物资验收要做到准确、及时。验收人员对到库物资的数量、规格、质量、品种及配套情况等负责验收，要求做到准确无误。物资到库后，由材料管理员、保管员当天验收。大宗材料、设备由物资供应部组织使用单位、职能部室及物资供应公司等相关单位进行联合验收，验收期限不得超过两天。入库验收的物资必须做好入库验收登记台账。验收中出现的问题要及时和供应公司业务人员及供货单位沟通处理，严禁问题物资进入仓库。

物资入库验收后，合格证、煤安证、防爆证、无质量问题等相关技术资料完整齐全，在物资供应管理系统、西煤云仓仓储管理系统中办理入库手续。

三、出库

截至 2020 年，一号煤矿规定领料单应规范、清晰、无涂改现象。票面要有明确的材料名称、规格、计量单位、请领数量，材料用途。领料单填写及审批手续不符合要求的，一律不予发料。保管员严格按照“先进先出”的原则发放物资。有消耗定额的物资，实行定额限量控制发放。可回收物资，严格执行交旧领新制度。退料单必须经物资供应部负责人审批，方予办理。严禁白条和无任何手续发料。特殊情况可办理暂借手续，经部门负责人审核，物资供应部负责人签字后，方可发料，随后及时补办手续。

各部室、区队对计划内领用消耗的物资，必须及时办理出库。如需延期出库，必须书面说明原因，经管控部门审核、主管矿长审批，否则物资供应部有权强制办理出库手续，并对责任单位和管控部门给予处罚。

四、盘点

截至 2020 年，保管员坚持对所管物资随时进行自查，管理人员经常进行重点抽查，财务部和物资供应部定期组织对库存物资全面清查。物资仓库每半年、年终进行盘点，并编制《物资盘点明细表》，由相关盘点人员签字上报。盘盈盘亏的物资，保管员要写出书面材料，说明原因，规格串换、数额较少，由物资供应部负责调整。对盈亏数额较大，查明原因，做出分析，并填材料盈亏报告单，按规定审批权限报批，未经批准不得做账务处理。盘点过程中发生的规格串换品种，需填写材料调整单，上报财务部，经相关领导批准后做账面处理。需贬值报废的物资，必须经技术部门鉴定，出示报告，按规定报批。因生产调整等原因造成的超储积压物资，应及时报批处理。盘点过程中发生盈亏数额，积压报废数量较大，不能做出合理解释的，相关责任人按制度予以处理。

五、统计报表

截至 2020 年，矿井坚持按照公司、矿有关统计工作要求，按时、准确上报各类物资供应统计报表，并做好文字性说明。统计人员负责收集、整理各种统计原始资料、报表并汇总装册。供应统计数据必须保证准确性、完整性和统一性。历史统计资料需保管完善、建档保存。

六、民爆物品管理

（一）民用爆炸物品库

民用爆炸物品库位于黄陵县店头镇鲁寺村。2001 年 5 月，该民用爆炸物品库由黄陵矿业集团计划基建处设计，建安公司建设施工；炸药库设计库容量 20 吨，雷管库设计库容量 10 万枚。2001 年 11 月，经黄陵县公安局批准，该库投入使用，最大核定容量炸药为 5 吨，雷管为 2 万发。2012 年 8 月，由延安市建筑工程总公司对民用爆炸物品库重新进行了改造。2017 年 6 月 1 日，按照陕西陕煤黄陵矿业有限公司安排，地面民用爆炸物品库从陕西煤业物资有限公司黄陵分公司移交一号煤矿负责使用管理。

（二）民用爆炸物品库管理

1. 人防管理

1998 年，矿井成立民爆物品管理领导小组，明确责任，签订责任书，严格考核，健全管理制度。1999 年，矿井配专人负责民爆物品管理工作。2015 年，为完善相关制度、操作流程等，矿井编制《民爆物品安全管理制度汇编》。2016 年 2 月，矿井执行领导带班（跟班），走动式管理，先后开展“三员连锁爆破”“四位一体”“三三整理”等工作，提升“四员两长”管理水平。同时，矿井设立内部治安保卫机构及其队伍，开展“四防”（防火、防盗、防破坏、防治安灾害事故），健全 24 小时值班巡逻制，按标准配齐消防设施，积极参加救援演练。

2. 物防管理

矿井按照重大危险源评估报告和应急救援预案做好应急物资储备。

3. 技防管理

2007 年 6 月，矿井安装井下火工品发放硐室视频监控系统。2017 年 9 月，矿井停止使用井下火工品发放硐室视频监控系统。2018 年 5 月，为升级地面民爆物品库监控，矿井安装井下现场爆破监控视频，并配备单兵记录仪，将火工品领退、现场爆破纳入监控范围，实现数字化传输。同时，矿井按要求配备大型防暴犬，参与防爆训练、巡逻。

4. 人员资格及基础配备

掌握民用爆炸物品性质、保养、抢险救灾预案等内容，熟悉工作流程。截至 2019 年底，矿井配备爆破工程技术人员 1 名，具有采矿工程师职称；爆破员 28 人，安全员 5 人，保管员 8 人。涉爆人员培训合格，持证上岗率达 100%。矿井管理制度健全，民爆物品储存库设计规范，通过安全风险评估，并配备爆破作业专用设备等。

（三）民爆物品运输装卸

截至 2020 年，民爆物品运输严格按照下列规定程序执行：民用爆炸物品专车司机、押运、装卸人员经培训合格，持证上岗，按要求着装；出车前必须检查完好，危险标志、视频等正常运行；民用爆炸物品专车专人专运，雷管、炸药必须分装分运，按指定路线、速度进行运输；往井下运输，必须避开交接班、上下井等人多时间，按要求分装分运，押运员随车押运；爆破员井下运输时必须分装分运，装在防静电箱内并加锁；装卸时必须按要求操作，轻拿轻放，严禁拖拉、撞击、抛掷、脚踩民用爆炸物品，不得脚踩包装箱或站在包装箱上作业。

（四）民爆物品储存保管发放

截至2020年，民爆物品储存保管发放，严格按照下列程序执行：民用爆炸物品库通风流畅，温度、湿度符合要求；按照公安机关核定最大储存量进行分类储存；入库民用爆炸物品必须经安全员、保管员、押运员三方共同现场清点数量、质量、规格等是否符合标准，并共同签字验收；雷管编号必须经手持机记录方可出入库，并附有相关记录；坚持“先进先出”原则，且发放台储存量以当班使用量为准，做好出入库记录台账，达到账卡物一致；爆破员必须持“两证一卡”、审批单来领取爆炸物品；民用爆炸物品退库前，必须经当班班长、安全员、爆破员现场清点，并填写《现场爆破记录登记表》后，方可退库。

第五节　井口物资超市

一、基本情况

2010年10月，根据岗位价值精细化管理要求，物资供应部建立了第一个物资超市。其位于区队办公楼一楼核算中心隔壁，物资超市主要代储的是一些常用的低值易耗品，共摆放32个货架，392种类物资。该物资超市现改造为廉政文化教育展厅。2018年，一号煤矿围绕黄陵矿业公司“管理提升年”主题，聚焦“盘活存量”，按照公司“取消区队库房，建立井口物资超市，实施代储代销，降低库存资金占用”的要求，借鉴先进经验，实地考察，结合矿井实际，制定方案，克服重重困难，建成了新井口物资超市。井口物资超市位于一号煤矿院内中心位置，北距井口广场150米，西临区队办公楼，东靠候车室。该井口物资超市系原选煤厂旧厂房改造，于2018年7月底建成投运。井口物资超市可利用建筑面积约1200平方米，配置3吨货梯1部，由4个区域组成。物资自选区分为A、B、C三个区域，分别布置高位横梁货架78架，搁板货架35架，托盘货位54个，单悬臂货架3组，设计货位1500个，可存放常用物资1680余种。搬运设备区存放电动堆高车、托盘搬运车、登高车等搬运设备；待验区为补货、铺货和待验收物资临时存放点；综合办公区为工作人员日常工作区域；LED大屏实时滚动播报有关物流信息；全部工作区域处于无死角监控状态。该井口物资超市配置主管1名，管理员4名，全天候24小时为区队提供服务。一号煤矿井口物资超市全景如图7-5-3所示。

二、功能

截至2020年，一号煤矿井口物资超市管理按照“市场化运作、标准化管理”的要求，制定五金、电料、化工、配件、劳保、工具、杂品等多种物资的码放标准，创新手段，统一管理，优化物资配置，真正实现常用物资的超市化管理。超市工作人员统一服装，挂牌上岗，规范准则，承诺践诺，践行准军事化管理，以扎实的作风为矿井提供优质服务。同时，为升级物资供应管理信息系统，实现

图 7-5-3　一号煤矿井口物资超市全景图

了材料计划实现了由手工申报、签批向网上申报、签批的转变；物料领用、信息查询实现了由定时向动态的转变；结算方式实现了由月末结算向日清日结的转变，简化了流程，提高了效率，生产用料全天候随用随领成为现实。

井口物资超市的建立和投运，使得物资领用流程简单快捷，物资需求信息更为准确，实现了物资的合理配置和资源共享，完善了物资代储代销机制，促进了物资集中规范管理，降低了储备资金占用，有效降低了生产成本，切实成为黄陵矿业公司聚焦“三个增效”的有力实践，为公司实现“三做一打造”，聚力“二次腾飞”贡献了力量。

三、日常管理

截至 2020 年，井口物资超市日常管理严格按照下列程序执行：所有进入物资超市人员必须严格遵守超市各项管理制度；超市保管员上班期间应统一着装，穿戴整洁得体，美观大方；物资存放要按性能、特点、用途分类存放，合理布置，提高超市利用率；超市保管员要能熟练操作物资超市 LED 大屏、监控系统、西煤内部大市场管理平台、西煤云仓仓储管理系统，确保超市所有系统正常运行；超市保管员要能够熟练、规范地操作超市各种装卸、堆码运输设备，掌握设备基本原理，做好设备的日常保养维护工作；及时完成物资超市出入库、补货、调货、报表统计、盘点、结算等工作；做好物资超市票据保存工作；做好物资超市盘点工作；发现物资损坏、盘盈、盘亏等问题应尽快查明原因，上报处理；做好超市 24 小时上班交接班工作。

四、出、入库管理

截至 2020 年，井口物资超市入库管理严格按照下列程序执行：严格遵守一号煤矿物资入库验收管理制度；认真清点到货物资的数量，查验物资质量；查验到货物资合格证、出厂日期、检测报告、煤安证等，严禁“三无”产品进入超市；认真清点到货物资数量，查验物资质量，以实际清点数量为准收货；若发现物资存在质量问题，无四证，应立即退回该批物资并及时向业务主管汇报；到货清单必须有物料编码、价格及代储供应商名称，保管员确认无误后方可签字、入库，按要求分类码放整齐；所有到货物资必须经供应部分管业务人员同意后才能进入物资超市代储，严禁代储来路不明物资；物资到货验收后，应及时督促供应公司办理 SAP 系统入库手续；物资超市保管员在西煤云仓仓储管理系统办理验收、入库相关流程。

出库管理规定包括：领料单位必须凭职能部室在物资供应管理系统审批后的领料单领料；领料单必须审批完整，无涂改，超市保管员见领料单方能发放物资；超市保管员发放应根据“先进先出”原则发放物资；严禁白条领料；特殊情况时，需经业务主管同意后保管员方可发放急需物资，领用单位必须在三日内办理出库领料单；井口物资超市领用的物资保管员应及时在“西煤内部大市场管理平台”填报领用物资信息并打印结算单，结算后在西煤云仓仓储管理系统中办理出库手续。

一号煤矿物资供应管理系统如图 7-5-4 所示。

图 7-5-4 一号煤矿物资供应管理系统图

五、补货、调货管理

截至 2020 年，井口物资超市补货、调货管理采取以下方法执行：井口物资超市所有入库补货物资必须经供应部业务主管同意后方能补货进入超市；超市库存数量要根据消耗量大小制定最低库存警戒线，低于或者接近超市物资库存警戒线，保管员应及时报告业务主管，业务人员及时联系供应公司进行补货；因生产变化等原因，保管员可根据某种物资的消耗量突然增加情况作出预警判断，及时报告业务主管，业务主管根据库存及消耗情况提前做好库存调整；供应商需调走物资，保管员应及时汇报业务主管，同意后方能调走物资；物资保管员应做好调走物资登记，记录好详细的厂商、调走数量、日期等相关信息。井口物资超市库存最低警戒值如图 7-5-5 所示。

序号	物资编码	物资名称	单位	总库自有库存	总库寄售库存	本地自有库存	本地寄售库存	安全库存	当前状态	操作
1	10040485	矿用电缆冷补胶 甲乙组份 400g/组	组	0.000	0.000	0.000	0.000	20.000	预警	查看
2	10180331	3M 反光贴 5cm×45m 红白相间	卷	0.000	0.000	0.000	15.000	0.000	无预警	查看
3	10000663	生料带 26mm×0.1mm×20m	卷	0.000	0.000	0.000	1500.000	50.000	正常	查看
4	10156258	尼龙扎带 8×500 250根/包	包	0.000	0.000	0.000	435.000	0.000	无预警	查看
5	10132790	尼龙扎带 4×200 500根/包	包	0.000	0.000	0.000	897.000	100.000	正常	查看
6	10029741	万能胶 哥俩好20g（两支/每支10g）	盒	0.000	0.000	0.000	100.000	10.000	正常	查看
7	10033447	玻璃胶 350克/桶	桶	0.000	0.000	0.000	23.000	10.000	正常	查看
8	10033442	耐油硅酮密封胶 HZ-1213B (105克/支)	支	0.000	0.000	0.000	306.000	10.000	正常	查看
9	10029708	硅酮密封胶 588免垫片	支	0.000	0.000	0.000	50.000	30.000	正常	查看
10	10000715	彩条布 8m	米	0.000	0.000	0.000	280.000	20.000	正常	查看
11	10000716	彩条布 6m	米	0.000	0.000	0.000	200.000	50.000	正常	查看
12	10110682	尼龙绳 Φ3	千克	0.000	0.000	0.000	1150.000	200.000	正常	查看

图 7-5-5 井口物资超市库存最低警戒值图

六、盘点管理

截至 2020 年，物资超市盘点按照下列规定程序执行：保管员对所管代储物资随时进行自查，管理人员经常进行重点抽查；物资超市以月度、季度、半年、年终进行盘点；物资超市保管员在西煤云仓仓储管理系统中通过手持终端扫描货位进行盘点，也可以按照货架、场地或者某一类物资单独盘点，通过系统盘点形成盘点报表将库存与盘点库存不符的罗列出来，方便查询并处理。井口物资超市智能化盘点如图 7-5-6 所示。

图 7-5-6 井口物资超市智能化盘点图

第六节 修 旧 利 废

1989 年以来，一号煤矿成立修旧利废领导小组。修旧利废领导小组下设办公室，办公室设在机电部，机电部部长任办公室主任，负责修旧利废日常管理、协调、验收等工作。领导小组负责编制、修订修旧利废管理制度并负责组织、实施修旧利废的质量评定、本单位的修旧利废工作台账的管理、修旧利废成果的确认工作、修旧利废开展的评比工作。机电部负责组织各部门对基层单位的修旧利废进行质量评定、成果鉴定和评比工作；负责除矿井支护材料和“一通三防”外其他材料的回收、复用监督管理工作，考核各基层单位机电材料的回收率及各单位材料交旧领新工作。生产技术部负责矿井支护材料的回收、复用监督管理工作，考核各基层单位支护材料的回收率。通风部负责“一通三防”材料的回收、复用监督管理工作，考核各基层单位“一通三防”材料的回收率。2020 年，修旧 877 件，价值 14863752 元，产生经济效益 7305985.88 元。2020 年一号煤矿修旧利废见表 7-5-4。

表 7-5-4 2020 年一号煤矿修旧利废表 元

月份	修复项目金额		修复项目	产生的经济效益
	配件类	支护材料类		
1	347982.80	132946.00	74 项 （其中配件设备 62 项、支护材料 12 项）（其中配件设备万以上项目 8 项、支护材料万以上项目 3 项）	480928.80
2	303485.00	124946.00	70 项 （其中配件设备 58 项、支护材料 12 项）（其中配件设备万以上项目 7 项、支护材料万以上项目 3 项）	428431.00
3	305195.00	140446.00	74 项 （其中配件设备 62 项、支护材料 12 项）（其中配件设备万以上项目 8 项、支护材料万以上项目 3 项）	445641.00
4	435729.00	170969.00	71 项 （其中配件设备 63 项、支护材料 8 项）（其中配件设备万以上项目 7 项、支护材料万以上项目 4 项）	606698.00
5	476325.50	181928.00	76 项 （其中配件设备 66 项、支护材料 10 项）（其中配件设备万以上项目 13 项、支护材料万以上项目 7 项）	658253.50
6	466394.18	203480.00	72 项 （其中配件设备 65 项、支护材料 7 项）（其中配件设备万以上项目 13 项、支护材料万以上项目 3 项）	669874.18
7	477171.00	242200.00	74 项 （其中配件设备 66 项、支护材料 8 项）（其中配件设备万以上项目 14 项、支护材料万以上项目 5 项）	719371.00
8	439647.56	248085.00	72 项 （其中配件设备 62 项、支护材料 10 项）（其中配件设备万以上项目 9 项、支护材料万以上项目 5 项）	687732.56
9	453521.90	138218.00	74 项 （其中配件设备 66 项、支护材料 8 项）（其中配件设备万以上项目 12 项、支护材料万以上项目 4 项）	591739.90
10	508530.28	116140.00	74 项 （其中配件设备 69 项、支护材料 5 项）（其中配件设备万以上项目 13 项、支护材料万以上项目 3 项）	624670.28

表 7-5-4（续） 元

月份	修复项目金额		修 复 项 目	产生的经济效益
	配件类	支护材料类		
11	608433.62	135040.00	74 项 （其中配件设备 69 项、支护材料 5 项）（其中配件设备万以上项目 16 项、支护材料万以上项目 3 项）	743473.62
12	523868.04	125304.00	72 项 （其中配件设备 67 项、支护材料 5 项）（其中配件设备万以上项目 17 项、支护材料万以上项目 3 项）	649172.04
合计	5346283.88	1959702.00		7305985.88

第八篇
科技与智能化矿井建设

一号煤矿始终坚持科技兴企战略，始终秉承科技创新是企业的核心竞争力，不断加大科技投入，针对生产上的难点和关键点进行科技攻关。大力开展“五小”活动，掀起全员创新热潮，用科技创新为矿井高质量发展激发内生动力。多项“五小”成果在生产实践应用中减轻了职工劳动力，节省了材料费，提高了生产效率，取得了显著的经济效益和社会效益。69 项科技创新成果获得国家实用新型专利，涌现出全国劳动模范曲志欣、全国能源化学地质工会首批大国工匠符大利、全国煤炭行业技能大师褚建勇和张志等一大批高技能人才，为矿井持续健康发展插上了腾飞的翅膀。

第一章 煤 矿 科 技

第一节 机 构

2003 年 2 月 11 日，矿党政联席会议研究决定成立一号煤矿生产技术部。生产技术部负责矿井的工程技术管理工作、“一通三防”管理工作、地质测量技术管理工作、各种图纸资料的收集存档工作。生产技术部由矿总工程师分管，下设地测组、采掘组。2005 年 2 月 17 日，黄陵矿业公司印发《关于印发生产技术管理办法的通知》(黄司矿发〔2005〕13 号)，明确了技术管理的具体内容及创新机制，在搞好设计和技术创新工作的同时所选科技项目必须有利于降低生产成本、有利于安全和提高经济效益。2005 年 8 月 23 日，一号煤矿转发了黄陵矿业集团《关于印发〈黄陵矿业集团有限责任公司科技创新管理制度〉的通知》，进一步规范科技管理工作，调动和发挥科学技术是第一生产力的作用。

2017 年 6 月，一号煤矿成立了劳模创新工作室。该工作室是以全国劳动模范曲志欣命名的，为青年职工创新创效搭建平台。劳模创新工作室由矿总工程师分管，全国劳动模范曲志欣为负责人，下设劳模创新、技能大师、青年创新创效三个二级工作室。工作室各设组长一名，负责本工作室日常管理工作，专（兼）职成员 65 人，其中劳动模范 16 名、技能大师 2 名、高级技师 6 名、技师 14 名、青年科技人才 28 名。三个二级工作室根据年度工作计划定期组织开展科技创新活动，相互协作，互相配合，最终实现研发合作、信息共享、协同攻关、集智创新的目标。

2019 年 4 月 3 日，矿党委会研究决定，成立一号煤矿技术中心。其主要负责管理一号煤矿各项科技项目申报工作，全员创新项目的收集、整理、验收、技术跟踪、资料汇总工作，专利、论文收集申报工作，并在矿总工程师的领导下负责各相关单位全年科技工作考核，科技宣传工作。

第二节 科 技 推 广

1992 年 8 月 25 日，矿井第一套美国连续采煤机组设备入井。1997 年 1 月 31 日，采煤工艺由连续采煤机房柱式开采改为长壁式机械化开采，取代了美国的连续采煤机及英国矿用梭车。2000 年 11 月，英美煤炭澳大利亚有限公司市场部经理费罗索和澳大利亚驻华大使商务处代表蔡小返，对矿区的开发建设情况进行全面考察，并就矿区的资源赋存、煤炭质量、地质构造、开采布局、市场前景等问题进行座谈。2002 年 12 月 8 日，一号煤矿两个日产万吨的工作面建成，实现“一主一辅”工作面生产目标。2006 年，一号煤矿通过 600 万吨的核准验收。2007 年，一号煤矿开始推广应用综掘技术。2008 年 8 月 26 日，“一号煤矿煤层自然发火隐患识别及适用性控制技术研究与应用”科技成果经陕西省科技厅专家鉴定，达到国际先进水平。2008 年 11 月 3 日，德国福伊特技术有限公司总经理班努·莫罗克来矿区考察。2011 年 9 月，选煤厂完成年入洗能力 600 万吨扩建项目。2011 年 9 月，一号煤矿完成综掘工作面围岩控制技术合作研究。2013 年 11 月，一号煤矿实施智能化无人开采技术。2014 年 5 月，黄陵矿业公司“较薄煤层国产综采装备无人化技术研究与应用”顺利通过了陕煤集团的验收和中国煤炭工业协会科技成果鉴定，达到了国际领先水平。2015 年 1 月，一号煤矿智能化无人开采入选 2014 年煤炭行业十大新闻和六大技术创新之一。同年 10 月，一号煤矿中厚煤层智能化工作面建成，智能化煤矿初具雏形。2017 年 6 月，一号煤矿在中厚煤层智能化工作面开展智能化巡检机器人工业实验，智能化矿山建设内涵进一步丰富。2019 年 9 月 14 日，国内首套自主选型配套快速掘进设备的使用，标志着一号煤矿在综采工作面实现智能化后又一突破，快速掘进正式进入设备自动化、操作智能化新时代。2020 年 8 月，一号煤矿主运输系统智能化巡检机器人安装完成。2020 年 11 月，一号煤矿投资 1000 万元，建立 AI 人工智能+NOSA 安健环深度融合安全管理体系研究，实现对井下作业人员进行实时精准轨迹分析，使管理人员可随时掌握作业区域人员位置分布、每个员工的活动轨迹、作业流程是否符合 NOSA 规范要求等，为安全生产提供了保障。

第三节 研 发 应 用

1989 年，一号煤矿的科研工作主要围绕基本建设的需要，在地质、勘探、采煤工艺等方面开展应用性研究。其中，一号煤矿试点推行了房柱式开采、综合机械化长壁式采煤法、井壁注浆堵水等新方法、新工艺。2001 年阶段性投产以后，矿井主要围绕安全管理、洗选加工、系统改造等开展研究工作。2008 年以来，矿井主要围绕发展循环经济条件下的煤炭开采、瓦斯综合防治和利用、数字化矿井建设等方面开展技术研究。矿井先后研发的主要项目包括以下几项：

（一）《一号煤矿巷道支护、岩层控制安全技术综合研究》

从 1993 年 3 月到 1995 年 12 月，该项目研究历时近三年。矿井参照美国的开采方法，确定适合黄陵一号煤矿的连续采煤机房柱式开采方法，推算出直接顶和老井的初次跨落步距、周期来压规律，并根据测出的结果作为采空区顶板冒落的预报依据。该项目的研究成果填补了国内煤炭企业房柱式开采空白，为国内推广和使用连续采煤机进行房柱式开采积累了宝贵的经验。

（二）《综合机械化掘进技术在一号煤矿的推广应用》

2011 年 11 月，一号煤矿回采巷道的掘进一直采用炮采为主，机械化掘进没有得到充分利用，炮掘费时、费力、安全系数和掘进效率低，对围岩破坏较大。为此，黄陵矿业公司决定改进生产工艺，淘汰老式的炮掘，推广应用综合机械化掘进技术。2007 年 8 月，在一号煤矿三盘区 304 工作面两巷道掘进中，引进两套具备国内先进水平的综合机械化掘进设备。主机为三一重工生产的 EBZ-160 型掘进机，巷道配套设备为DSP-1040型带式输送机和SGB-40T型刮板输送机，支护采用液压锚杆钻机。整个生产过程集割煤、装煤、运煤、支护于一体，解决了困扰一号煤矿多年的综合机械化掘进应用的技术难题。使矿井的掘进综合机械化率达到100%，有效缓解了矿井采掘接续紧张的局面，确保了一号煤矿掘、抽、采的平衡。

（三）《一号煤矿二号风井与三号风井高精度贯通测量》

为满足矿井通风、开拓运输等方面的需要，一号煤矿开工建设三号风井。由于原矿井地面控制点均已破坏，二号风井与待建三号风井间地面直线距离为5.5千米，无地面联系控制点，且二号风井至待建三号风井井下贯通巷道累计长度达7675米。为此，工程技术人员采用地面控制GPS定位技术，解决了由于地形条件限制、常规测量方法难以实施的难题。井下采用5秒级复测支导线作业，其内、外作业严格执行《煤矿测量规程》规定，导线实际测角中误差按复测取得的双次观测计算。同时，按确定的陀螺定向成果使用原则，确定加测陀螺边的导线边，最终坐标方位角为陀螺定向结果与导线测量结果的平均值。在此基础上，完成井下陀螺导线计算，并将其作为贯通的井下导线成果。测量贯通横向偏差0.03米，小于预计误差，属高精度贯通工程。

（四）《一号煤矿采空区顶板裂隙带探测》

要形成导水通道以及高位瓦斯抽放孔，就必须知道采空区顶板冒裂带的高度。为解决这一问题，一号煤矿和煤炭科学研究总院西安分院对603工作面2号煤裂隙带稳定高度进行实际探测，对综采工作面采空区顶板“三带”展开研究，为矿井生产安全提供准确的“三带”高度数据，以及为瓦斯抽放布孔设计、顶板支护、设备选型等提供可靠依据。

（五）《三维地震勘探技术在黄陵复杂地表条件的应用》

一号煤矿地表属于山区黄土沟壑残塬地貌，沟壑纵横分布，黄土覆盖层厚度一般在80~130米以上，属巨厚湿陷性黄土覆盖层类型。一号煤矿掘进602进风巷时，在837米处发现一落差12米左右的正断层，巷道被迫停掘。602回风巷掘进到1655米后煤层厚度小于2米，继续向前掘进煤层厚度变到1.4米，造成602综采工作面无法正常形成，严重影响一号煤矿的正常接续。为进一步查明该断层的发育情况，弄清602、604工作面区域的地质构造，为矿井的建设提供可靠的依据，一号煤矿对602、604工作面3.05平方千米区域进行三维地震勘探。本次三维地震勘探详细查明了一号煤矿六盘区602、604工作面内发育的三条断层产状以及六盘区西翼二号煤层的赋存规律及底板起伏状态，为指导矿井安全生产和六盘区工作面的合理布置、设备选型提供了依据。

（六）《一号煤矿煤层自然发火隐患识别适用性控制技术研究与应用》

结合矿井实际条件，探明一号煤矿实际开采条件下的煤层自然发火规律，提高煤层自然火灾预报的准确率，确定防灭火工作重点，合理地选取适用的防灭火技术，建立适用于一号煤矿开采环境的煤层自然发火隐患识别及控制技术，有效地控制煤层自然的发生，杜绝由此引发的火灾及瓦斯爆炸事故，并使有限的防灭火资源（人、财、物）发挥最有效的安全和经济效益，确保矿井免受自然火灾威胁。通过对一号煤矿煤层自然发火规律及适用性控制技术研究，提出了可行的预防措施，解决了一号煤矿煤层自然发火技术难题，杜绝了煤层自燃事故。

（七）《一号煤矿通风系统调整优化技术研究》

2006年，随着一号煤矿开采年限和开采深度的增加，一盘区和二盘区相继采完，为保证矿井正常接续，就必须向井田西部区域开采，由此二号主要通风机逐渐不能满足矿井通风的需要。在调查研究的基础上，通过模拟计算，西一大巷贯通后，二号风井和三号风井的工况点都在发生着变化。这种变化，对二盘区和三盘区的通风没有明显影响，主要影响六盘区和三号风井。为保证六盘区和三号风井的通风稳定可靠，在西一大巷2500米处施工一控风设施，保证六盘区的通风，同时，在三号回风井井底与西一轨道巷之间补掘一条回风联巷，保证三号风井处施工巷道的通风。二、三号风井西一2500米处控风设施如图8-1-1所示。

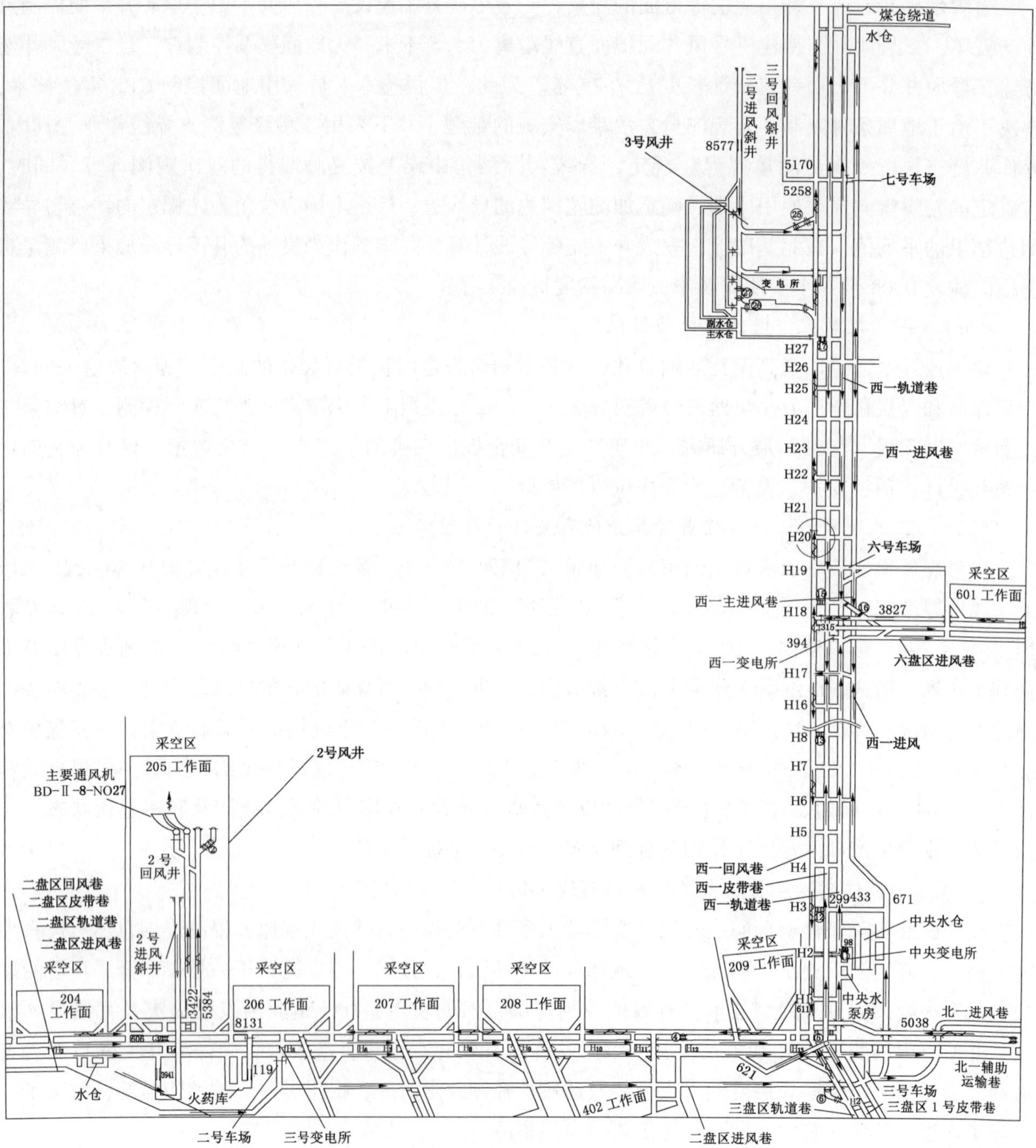

图8-1-1　二、三号风井西一2500米处控风设施图

该项目的实施，有效解决了以下问题：①为三号风井施工区域的通风安全提供了保障；②为西一

大巷与三号风井贯通后的矿井通风系统调整提供技术指导；③为三号风井主要通风机投用后的矿井通风系统调整提供技术指导，确保矿井通风系统调整方案的正确性，减少了不必要的损失。西一大巷贯通后，二号风井和三号风井两个通风系统联合运转半年多的时间，两个风井主要通风机运转稳定，通风系统合理可靠，所供风量满足矿井安全生产需要，达到了预期目的。

（八）《一号煤矿多风井联合运转及多风机反风演习技术研究与应用》

一号煤矿通风系统采用中央并列与中央分列混合抽出式，现有七个井筒。在三号风井未投入使用前，全矿井通风由二号风井承担。在二号风井主要通风机未更换好投入运行前，全矿井通风由三号风井主要通风机和二号风井临时小风机联合承担，矿井总排风量为 12762 立方米/分钟。二号风井风机于 2008 年 11 月更换完毕后投入运行。二号风井风机投入运行后矿井通风系统形成二、三号风井风机联合运转承担矿井通风任务。为保证矿井安全，一号煤矿决定在两个风井风机联合运转前对联合运转情况及运转后反风情况进行分析研究。两个风井风机联合运转时需要研究分析解决两个方面的问题：①需要设计研究，调整通风设施，优化通风系统，保证在两个系统联合通风的情况下，矿井通风系统稳定可靠，同时能满足矿井生产需要；②二、三号风井风机联合运转后，矿井反风演习由单风井反风演习变为多风井反风演习，矿井反风演习方式也随着发生改变，相应需要研究制定出合理可靠的多风井反风演习方案及反风演习期间可能出现的问题，并针对这些问题制定相应的预防措施，确保矿井反风演习安全顺利进行，有效提高矿井防灾、抗灾能力。

在调查研究的基础上，通过模拟计算在二号风井风机投入运行后，二、三号风井风机联合运转，矿井实行分区式通风，矿井通风系统需要进行相应的调整，才能保证矿井通风系统合理可靠。通过模拟计算在西一大巷 17 号横川闭墙中间做一道密闭墙，在 17 号横川闭墙两侧各施工一组调节风窗，二、三号风井形成独立的回风系统；在三号风井底西侧施工一组调节风窗，保证六盘区和北二系统的风量分配合理；对二盘区一号皮带机尾处的控风设施进行调整，保证二、三盘区风量分配正常。通过分析研究，一号煤矿多风机反风必须两个风井同时进行反风。一号煤矿二号风井和三号风井两个通风系统联合运转半年多的时间，两个风井主要通风机运转稳定，通风系统合理可靠，所供风量满足矿井安全生产的需要。矿井多风井反风演习顺利进行，达到了预期目的，为以后矿井反风提供了依据。

（九）《一号煤矿局部通风机变频技术应用》

矿井掘进工作面是瓦斯煤尘事故多发地点，局部通风机是井下掘进过程中的主要设备，其使用的灵活性和效能直接影响着瓦斯的安全排放。一方面，局部通风机的功率选择是按照最长掘进距离时必须保证人员正常吸氧和瓦斯浓度不超限的原则进行的，因此局部通风机一般选择都偏大，当巷道掘进深度较短时，就会出现“大马拉小车”的现象，造成电能浪费。另一方面，当巷道出现瓦斯积存时，需要进行排放处理，为了保证回风巷中瓦斯浓度不超限，新鲜风流和乏风流汇合处的瓦斯浓度要求不超过 1%~1.5%，因此，必须控制瓦斯排放的速度，以防“一风吹”排放瓦斯造成的危害。与此同时，矿井使用的局部通风机，启动方式为双保护真空磁力启动开关直接启动，存在启动电流大、机械冲击大、电气保护特性差等特点。不仅影响局部通风机的使用寿命，而且当负载出现机械故障时，不能瞬间动作保护设备。针对这些问题，一号煤矿引进唐山开诚电控设备集团有限公司生产的 ZJT2-110/660SF 型通风机用隔爆兼本安型双电源双变频调速装置，通过在 310 回风巷的试用，能够实现随着巷道瓦斯浓度及工作面长短的变化自动调速，节能降耗效果明显，取得了良好效果。310 回风巷采用局部通风机进行压入式通风，为了满足工作面风量，选用两台湘潭平安电器集团公司生产的 DBKJ2×

45 型对旋式局部通风机，一台工作，一台备用。DBKJ2×45 型对旋式局部通风机每台供风量为 260~630 立方米/分钟，最长供风距离 3000 米。控制设备采用唐山开诚电控设备集团有限公司生产的 ZJT2-110/660SF 型通风机用隔爆兼本安型双电源双变频调速装置。该调速装置具有“自控通风模式”“自控排瓦斯模式”“手控频率给定模式”等三种运行模式，不仅能够解决直接启动带来的电流冲击，同时也能起到节能降耗及根据瓦斯浓度的智能化自动控制。压入式局部通风机和启动装置必须安装在进风巷道中，距掘进巷道回风口不得小于 10 米。局部通风机必须为一台主风机，一台备用风机。当主风机停运时，备用风机能够自动切换为工作面通风。通风机控制系统结构如图 8-1-2 所示、DBKJ2×45 型对旋式局部通风机安装如图 8-1-3 所示。

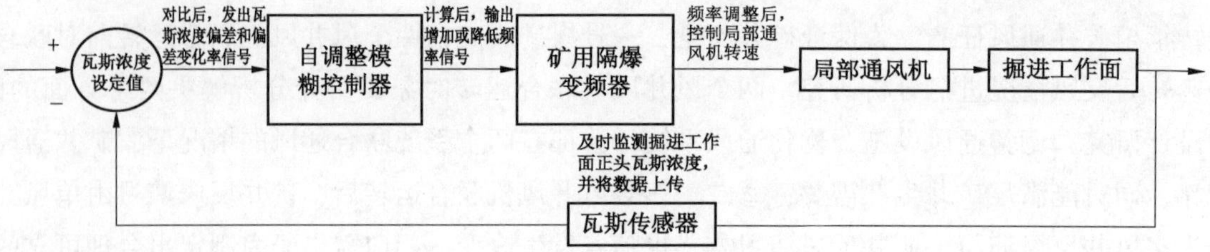

图 8-1-2 通风机控制系统结构图

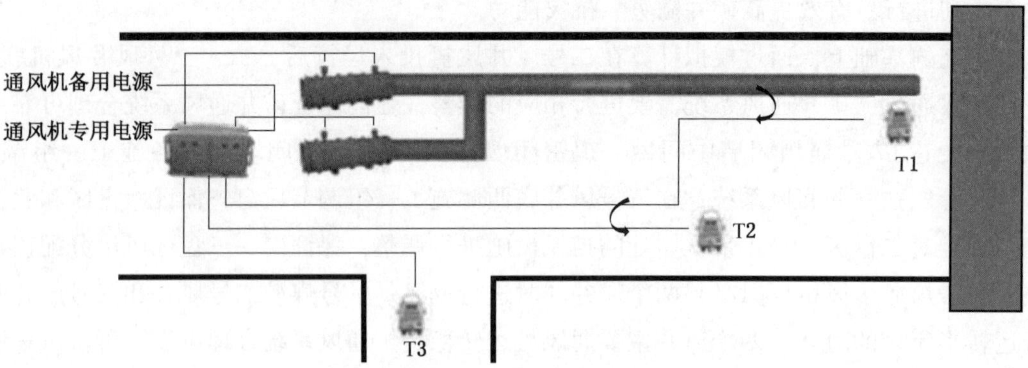

图 8-1-3 DBKJ2×45 型对旋式局部通风机安装示意图

安全效果：实现软启动，避免“一风吹”；风机转速可控制，风量可调节；变风机的全压启动为软启动，故可避免因风机全压启动而引发的“一风吹”现象。风机以一定的加载率、转速在一定的加速时间内由零速上升至额定转速或设定速度，这样可避免全压启动吹破风筒，大大减少风筒的损坏率，延长风机的使用寿命。同时由于变频启动没有全压启动时 3~5 倍的大冲击电流，减少了对电网和风机的冲击。

经济效益：由于电机的功率和转速的三次方成正比，转速和频率成正比，所以在满足工作面风量的前提下通过降低频率可以大大降低输出功率，达到节能效果。粗略估算，采用本系统可节电 30% 以上。310 回风工作面采用 DBKJ2×45 型对旋式局部通风机，单台运转功率 90 千瓦，每天节约用电 648 瓦，约 381 元（648 千瓦×0.5881 元/千瓦=381 元），全年节约 233280 千瓦，约 137192 元。

（十）《1140 V 防爆变频装置在大皮带运输机上的应用》

随着一号煤矿大型带式输送机的不断应用，以及目前国内外井下防爆带式输送机驱动技术的不断革新进步，矿井目前使用的液力偶合器加减速机驱动技术已经日渐落后。现有带式输送机在使用过程中无法实现自动调速，这样就造成了不论带式输送机上载物多少，带式输送机始终保持同样的转速，这样不仅大大浪费了电能，同时也进一步加大了带式输送机的日常磨损。与此同时，在多驱动同时驱动的情况下，物料频繁下落会对带式输送机产生扰动，且皮带机在进行速度调整的过程中，往往会产生机械共振，增加了设备磨损；另外，带式输送机在带载运行中紧急停车会对皮带系统造成严重的损坏，因此要想解决这一严重的动力学问题，必须要求在电网波动或突然掉电时，要让带式输送机缓慢停车。通过结合实际，采用 1140 V 防爆变频装置来驱动带式输送机，能够实现胶带运输的低速启车、低速停车的目的，同时在带式输送机的运行过程中，实现自动调速的目的。通过该项目的实施，首先能够实现非常精确地速度和转矩控制，且能够迅速响应负载变化；其次设备启动对电网冲击较小，可以完全解决带式输送机启动、停车及运行中的相关问题。经过在北一二部和八盘区主运输皮带上的应用，一号煤矿每年可节约电量 388. 8 千瓦，约合人民币 228. 65 万元；两部皮带同时采用变频控制后每年可节约电量 777. 6 千瓦，约合人民币 457. 3 万元。

（十一）《较薄煤层国产装备采场无人化技术研究与应用》

2013 年 11 月至 2014 年 2 月，一号煤矿在十盘区首采 1001 工作面顺利安装并调试成功了一套较薄煤层无人化综采成套装备，单班（8 小时）生产能力最大达 6 刀半，月生产能力达 17 万吨，完全满足矿井生产需要。该套装备是国内一流的高端集中控制、高效自动化水平、高级别安全运行的无人化综采成套设备，可以实现在采煤生产过程中以采煤机记忆割煤为主，人工远程干预为辅；以液压支架跟随采煤机自动动作为主，人工远程干预为辅；以综采运输设备集中自动化控制为主，就地控制为辅；以综采设备数据监测为主，视频监控为辅，即“以工作面自动控制为主，监控中心远程干预控制为辅”的工作自动化生产模式，实现“无人跟机作业，有人安全值守”采场无人化作业的目的。通过新技术的应用及各先进系统的合理衔接，在实际应用中实现了综采设备的“一键”启停，实现了液压支架的自动化控制，实现了采煤机的自动化控制，搭建了工作面工业以太网传输，完善了工作面视频系统，建立工作面监控中心，实现了对综采设备的集中监控，实现了地面调度指挥中心对综采设备的远程监控等诸多自动化功能。将综采工作面采煤机、液压支架、运输机、泵站及供电系统等有机结合起来，实现了在地面调度指挥中心对综采工作面设备的远程监测、操作以及各种数据的实时显示等，为地面生产、管理人员提供实时的井下工作面生产及安全信息。

一号煤矿 1001 无人化综采工作面是黄陵矿业公司首套信息化、自动化程度最高的国产成套装备系统的应用典范，填补了国内采场无人化连续推进应用的空白，促进煤炭行业开采技术进步，改变工人的操作习惯，改善工人的劳动环境，探索了一条工作面无人化开采的路子，对提高综采生产效率、减少人员、降低工人劳动强度具有重大意义。

（十二）《中厚煤层综采工作面超前支护技术装备研究应用》

该研究应用主要是在现有综采工作面装备不变的前提下，满足巷道内设备布置和空间要求能够独立完成超前巷道支护的液压迈步自移支护装置，包括针对工作面特有的地质条件、采煤工作面超前支护的距离、支护强度及安全间隙等的特点。综采工作面两巷电液控制超前支护液压支架技术、超前支护液压支架遥控监控技术、一键自移技术、监控中心远程控制等在一号煤矿 1002 综采工作面应用。自建成投运以来，运行稳定、系统安全可靠、操作简单，各项指标均达到立项要求。经过井下 4 个月现场调试和运行，该套自动化生产设备运行非常稳定，不仅能够轻松完成中部跟机作业，同时也能实现机头、机尾的三角煤自动记忆截割，形成了工作面全自动化跟机作业的常态化。截至 2020 年，通过该项目的实施，采场监护人员由原来的9人，减至1人，将工人从操作工变成巡检工，并从危险的工作面采场解放到相对安全的顺槽监控中心。在进一步提高生产作业安全性的同时，也大大节约了人工的投入，每个生产小班减员8人，每年可节约人工总费用525万元。

（十三）《综采工作面设备列车自移装置研究与工程实践》

2017年，一号煤矿井下综采工作面均使用设备列车来实现工作面设备的集中移动。设备列车一般由多个平板车组成，移动通过铺轨来实现。然而在实际应用过程中经常遇到坡度大的问题，这样极大地影响了设备列车在轨道上移动的安全，且设备列车移动时，需要人工不停地拆卸轨道，大大降低了工作面生产效率，影响生产时间。因此如何更安全、更快速地完成设备列车的自移是实现快速推进，提高生产效率的关键。结合巷道设备条件与特点，开发高效节能型的自移设备列车，由四大部分构成——锚固拉移装置、设备自移部分、电缆伸缩自移部分以及远程控制系统部分。

设备列车以液压为动力，自带轨道，高度集成列车自移、行走调偏、管缆随动、防掉道等功能。锚固装置通过推移油缸拉移设备列车，能够保证设备列车在0°~7°的坡道上行走。平板车配有专用轨道和轨道提升装置。专用轨道间通过连接段铰接，适应上下坡道，实现设备列车整体迈步自移及防跑车和防掉道。设备列车满足一个圆班整体移动一次的功能，一个圆班移动距离约12米。电缆伸缩自移部分悬挂在承载车上，采用步进推移装置和制动装置，多组电缆小车使用链条连接，间隔一定距离来实现电缆部分的伸缩功能。承载车上布置有伸缩套筒悬臂梁，可根据巷道情况自行调节系统高度，7组车上共有2根撑顶立柱，列车移动时撑顶立柱接顶，保证列车移动时的稳定性。设备列车采用工作面用的乳化液泵站供液。设备列车自移装置如图8-1-4所示。

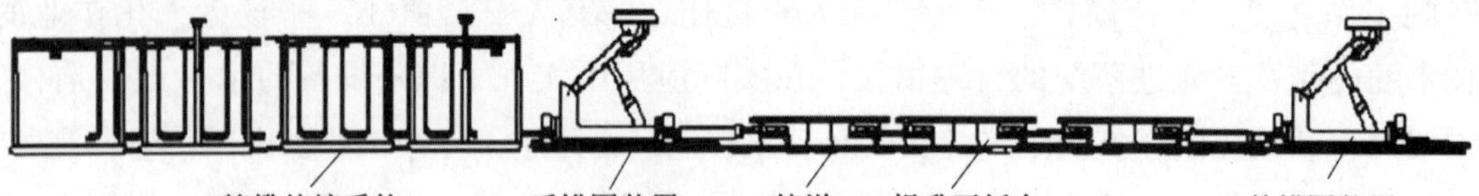

图8-1-4 设备列车自移装置图

此项目具有灵活、方便等特点，从根本上消除“绞车对拉”产生的安全隐患，提高设备移动的效率和安全性，缩短移动时间，避免作业人员频繁铺轨和频繁牵引运输作业，降低了作业人员劳动，保障了作业人员的安全。

（十四）《综采工作面异型端头支护装备研究与应用》

该项目主要研究内容包括：①一号煤矿综采工作面上下隅角现场实际情况，设计满足现场尺寸、支护强度和高度需求的异形端头支护装备，并适应运输机有可能发生上窜下滑情况；②异形端头支护装备互为支点，可实现自移功能；两侧增加活动板、安装废旧皮带代替珍珠岩封堵；③研制可人为控制的顶板破坏装置，对顶板进行强制放顶；④研究电液控技术、遥控控制技术以及远程操控技术，实现对异性端头支护装备的智能化控制。通过替换原机头、机尾处的单体支柱，进而实现对巷道上下隅角，运输机机头、机尾前后空顶处进行全断面支护，确保人员安全；采用皮带代替珍珠岩装袋封堵，有效阻止风流进入采空区，具有导向风流的作用，防止瓦斯超限；在拉架前后对顶板的人为破坏，促进上下隅角顶板跟随工作面推进及时垮落；进一步提高综采工作面自动化程度，降低作业强度，改善劳动环境，促进煤矿开采技术进步。

（十五）《基于地理信息系统与大数据精准控制智能化开采技术研究与应用》

2019 年 1—2 月，该项目研究内容以及应用包括：①以“地面监控中心”为主的高效智能化综采工作面监控平台，包括服务器计算和存储能力计算；更新地面监控中心，搭建大数据分析决策平台；精简高效的大数据软件平台研发；地面监控中心、井下监控中心与终端设备数据共享研究；②智能化综采工作面地理信息系统建设研究，包括地理信息数据采集技术和方法研究，实时采集数据分析、比对和更新研究，三维建模技术研究；③智能化综采工作面大数据分析决策技术研究，大数据挖掘算法研究，大数据分类、比对和纠偏研究，大数据分析决策和精准控制研究，大数据故障自诊断分析研究；④智能化特殊生产工艺研究；在智能控制系统中开发智能特殊生产工艺研究，实现动态生产过程中的远程自动调整，提高智能化开采工程质量。

通过此次研究，首次应用了以“地面监控中心”为主的全新高效智能化综采工作面监控平台，极大地提升了系统运行效率，能够有效满足智能化综采工作面复杂、庞大的数据处理需求。

（十六）《高瓦斯矿井中厚煤层智能快速掘进技术研究与应用》

从 2020 年 1 月至 2022 年 6 月，该项目主要研究高瓦斯矿井中厚煤层智能快速掘进工艺，高瓦斯矿井中厚煤层智能快速掘进装备以及高瓦斯矿井中厚煤层智能快速掘进灾害治理。通过研究，首次构建在中厚煤层高瓦斯矿井快速掘进平台，实现煤巷掘、支、运一体化作业；配套适合一号煤矿地质条件掘锚机、多臂锚杆钻车等技术及设备，掘进过程能实现精准定位、导航，并配套相应转载、破碎、运输设备，开创智能快速掘进在中厚煤层工作面作业的先河；在快速掘进基础上同步实现灾害治理相适应技术；开发快速掘进多设备协同控制、可视化、智能化远程操控管理，优化作业工序，达到减人提效的目的，实现掘、支、运、通风、灾害治理实时监控和智能控制。

（十七）《矿井主系统机器人装备技术研究与应用》

从 2020 年 1 月至 2020 年 12 月，该项目主要研究主系统机器人装备技术研究与应用，包括机械驱动部分、电气信息采集部分、智能巡检部分，同时进行运动控制、人机交换的开发。其具体研究内容包括：移动图像采集功能，可自动充电，且可在低照明度、高湿度和粉尘的环境下，通过巡检仪上搭载的摄像机对设备运行参数和故障代码进行图像采集，并上传；声、光采集功能，通过对声光信号的分析、判断，机器人能迅速到达故障点对其进行信息采集，实现自主巡航与故障智能处理；烟雾、气体（CO、CH_4、O_2）及温度检测功能，当遇有异常情况时，立即报警；智能化识别功能，如分析皮带跑偏、撒煤、托辊损坏等，可识别出异常报警类型；自行走轨道式巡检机器人，能够实现被监测设备全线范围内的移动巡检。通过机器人代替人工进行井下巡查，实时监控沿线皮带运行情况，及时发现带式输送机运行过程中出现的问题，对故障进行智能处理和视频管理，减少巡检人员数量，达到减员增效的目的。一号煤矿自行走轨道式巡检机器人如图 8-1-5 所示。

自行走轨道式巡检机器人可代替巡检工对变电所设备的智能监护及操作，减少巡检人员及沿线巡查距离。利用巡检机器人软件平台实现对巡检机器人的远程控制。软件平台安装于地面调度室的远程控制站内。

（十八）《黄陵一号煤矿综采工作面瓦斯治理技术研究与应用》

黄陵矿业公司一号煤矿核定生产能力为 600 万吨/年，开采煤层为 2 号煤层，开采方式为走向长壁式。开采过程中采用综合机械化一次采全高技术，推进速度快，瓦斯相对涌出量也相应较大，上隅角瓦斯时常出现瓦斯超限，严重制约了生产的正常进行，为防止综采面瓦斯事故的发生，确保矿井免

图 8-1-5　一号煤矿自行走轨道式巡检机器人示意图

受自然灾害威胁，从根本上解决综采工作面上隅角瓦斯问题是当务之急。根据一号煤矿瓦斯赋存条件和综采工作面上隅角瓦斯涌出规律，研究出适用的上隅角埋管和高位钻孔抽采技术，总结出适合一号煤矿的钻场间距、钻孔参数和布置方式、上隅角埋管方式、埋管深度、封堵墙体形式和间距，解决综采工作面上隅角瓦斯超限问题。边掘边抽如图 8-1-6 所示，上隅角埋管抽放如图 8-1-7 所示，临近巷高位裂隙抽放如图 8-1-8 所示。

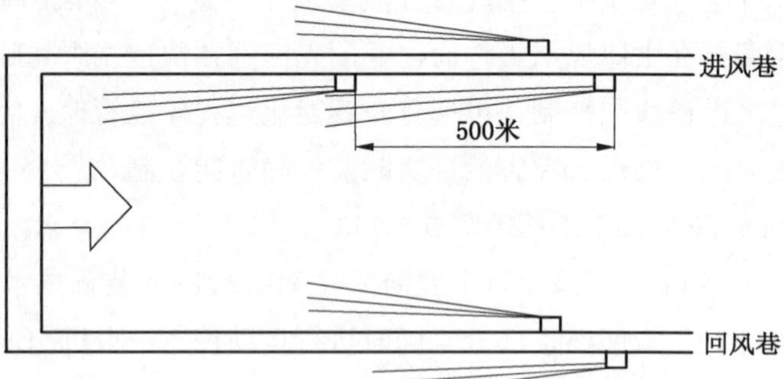

图 8-1-6　边掘边抽示意图

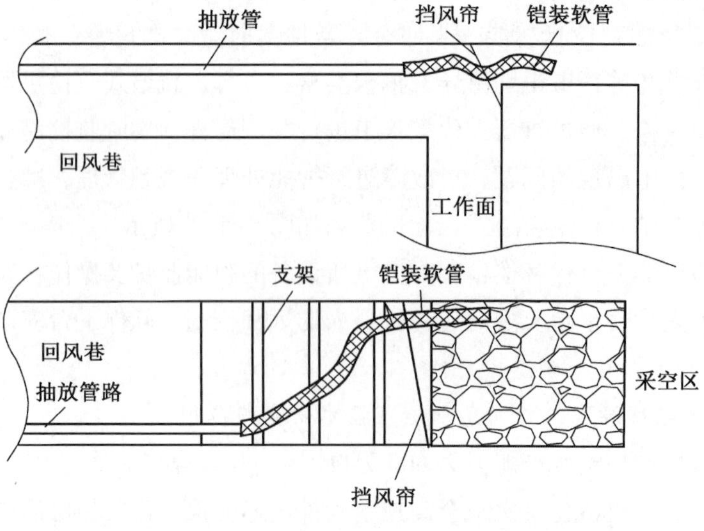

图 8-1-7　上隅角埋管抽放示意图

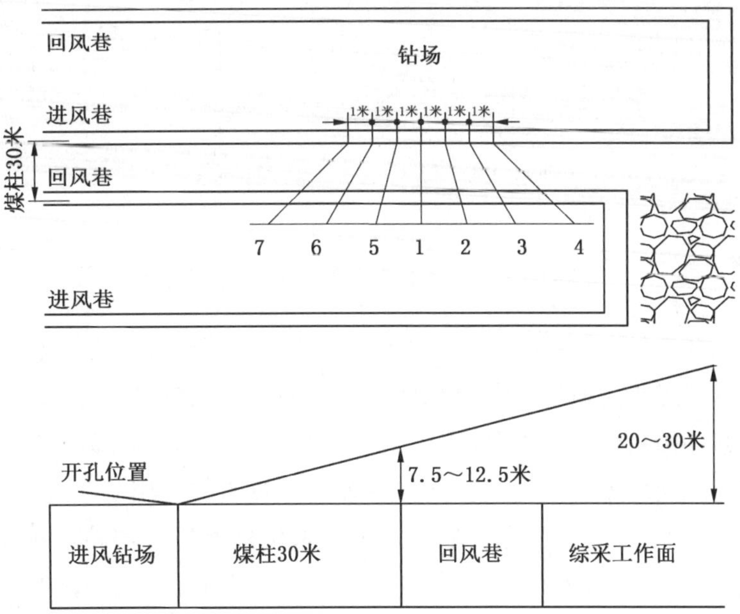

1~7—钻孔

图 8-1-8 临近巷高位裂隙抽放示意图

（十九）《黄陵矿业公司一号煤矿矿井综合防尘技术研究与应用》

一号煤矿开采方法为走向长壁式综合机械化采煤，全部垮落法管理顶板；回采巷道的掘进方式为综合机械化掘进；煤炭通过采掘工作面运输机、转载机、工作面皮带、盘区皮带、盘区煤仓、大巷皮带运输到地面。在煤炭生产运输各个环节都会产生大量的煤尘，而且随着一号煤矿采掘工作面机械化程度的进一步提高，煤尘的生成量也大大地增加。煤尘是煤矿五大灾害之一，具有爆炸危险性。另外矿井中的呼吸性煤尘吸入肺部可能引起尘肺病，影响工人身体健康。从产生煤尘的主要源头治理，完善采煤工作面架间喷雾，保证在移架过程中架间喷雾同步进行，有效降低移架过程中产生的煤尘。通过安装 KCP-2F 型采煤机负压二次降尘器，能有效降低采煤工作面在采煤机割煤过程中产生的煤尘。通过安装 ZPCZ(A)-10 型高压喷雾降尘装置，能有效降低掘进机掘进过程中产生的煤尘。采煤机二次负压除尘装置如图 8-1-9 所示，综掘机高压喷雾降尘装置系统如图 8-1-10 所示。

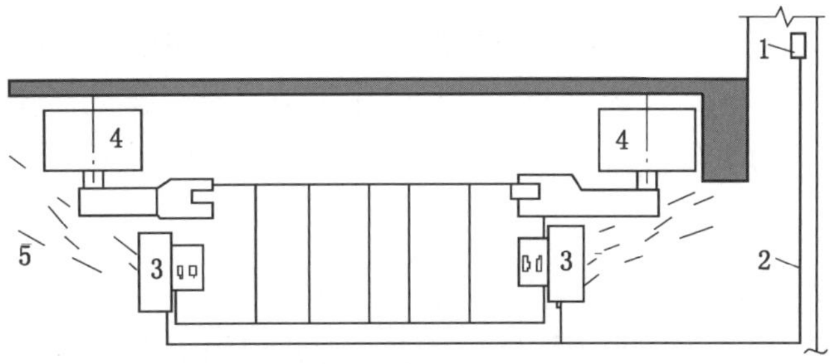

1—压风机；2—压风管路；3—采煤机外喷雾；
4—采煤机滚筒；5—净化水雾

图 8-1-9 采煤机二次负压除尘装置图

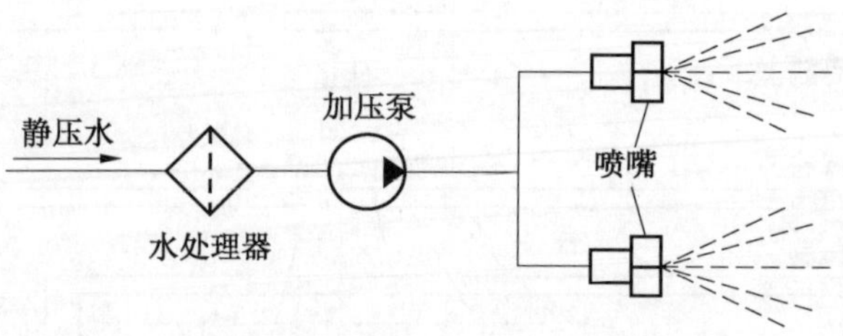

图 8-1-10 综掘机高压喷雾降尘装置系统图

完善井下各转载点和皮带运输系统上自动喷雾降尘设施，实现自动喷雾降尘系统随皮带系统运转全部自动开启，有效降低煤炭运输过程中产生的煤尘，使矿井大巷粉尘治理实现了灭尘自动化；在矿井主要皮带巷安装全封闭挡尘帘，将煤尘集中后进行消除，通过挡尘帘降低皮带运转过程中产生的煤尘，有效减少了采掘工作面风流中的煤尘。此项目在一号煤矿的应用非常成功，使煤尘得到有效治理，为职工提供了一个良好的工作环境。综采工作面采煤机处的平均粉尘浓度比采用措施前减少60.2 毫克/立方米，降低 69.2%；采煤机下风向 20 米范围内的粉尘浓度降减率达到 74.42%；掘进工作面降尘效率达到 85% 以上。

(二十)《一号煤矿围岩控制成套支护技术研究及应用研究》

随着矿井开采范围的不断延伸，开采深度不断加大，巷道围岩地质条件越来越复杂，回采巷道在服务过程中顶板下沉、帮部垮裂、底鼓等现象日益严重，给矿井的高产高效、智能化开采和安全管理带来了不利因素。通过该项目研究，预期达到以下效果：通过理论计算选择更加合适的支护参数和支护构件，能够有效约束围岩变形，使得巷道围岩稳定性满足生产需要；通过矿压观测，分析现阶段回采巷道的围岩变形特性及矿压显现规律，确定巷道松动圈大小，得到回采巷道收敛规律；通过试验观测、数值模拟分析等多元化矿压研究手段，分析研究出适合一号煤矿地质条件的围岩控制成套支护技术研究及应用技术成果。其创新点包括：①重点应用自稳隐形拱理论计算黄陵矿区回采巷道围岩控制支护参数；②首次采用 Midas/GTS 计算机数值模拟软件分布多次迭代计算，测定矿井巷道围岩顶板松动圈为 2.3 米，两帮松动圈为 1.7 米，底板松动圈为 3.3 米；③通过研究，证明本次选用的新型支护材料（矿用 T 型钢带）能够满足巷道围岩控制的需要。其经济效益和社会效益包括：实施该项目后，随着 621 工作面回采结束，623 进风巷受采动压力影响，巷道收敛明显减少，底鼓量较以前减少了近一半，巷道内的支护基本完好，不需大量进行二次维护，减少了巷道投用前的二次维护时间及二次维护投入费用，保证了矿井的正常生产接续。通过该项目的研究与应用，有效地解决了因动压影响巷道收敛严重的问题，提高了矿井安全管理水平及现场作业安全系数，降低了井下作业人员的劳动强度，减少了工程二次维护费用的投入，同时为井下作业人员创造了良好的作业环境，极大地激发了作业人员的工作积极性。

(二十一)《洗煤厂仓下瓦斯治理》

一号煤矿原煤仓放煤时由于煤体释放瓦斯，加之给煤机口周边空间存在通风不畅，久而久之这些空间内容易发生瓦斯积聚，最高瓦斯浓度达到 1% 以上。采取科学的方式彻底消除瓦斯隐患，对促进矿井安全管理具有重大意义。其研究目标：改变原有仓下自然通风的形式，如采取局部通风机送排风的方式对仓下进行强制通风，稀释瓦斯浓度，将瓦斯浓度降低至安全范围。其项目实施：在分析选煤厂仓下瓦斯积聚成因及仓下特点的基础上，在原煤仓附近合适地点建设风机房，安装 6 台型号为 GXF-

D7.0 的局部通风机，配套电机功率均为 30 千瓦，三台送风、三台排风；根据仓体特点选择合适的送排风管道路线，将送排风管道从风机房铺设至各个给煤机口周边通风不畅的空间；根据仓下瓦斯聚集情况开启排风或送风系统，达到稀释空间内瓦斯的目的，保证安全生产。其创新点：一号煤矿选煤厂仓下机械送排风系统由中煤科工西安研究院在认真总结国内煤矿选煤厂仓内、仓下瓦斯治理技术手段基础上，结合一号煤矿选煤厂仓下瓦斯积聚成因及仓下特点进行设计和安装。该套系统总体设计科学合理，经济可行，充分考虑了选煤厂仓体特点及仓下瓦斯积聚形态，针对性较强。

(二十二)《煤矿瓦斯抽采技术优化研究》

根据陕煤集团印发《煤矿瓦斯预防治理暂行规定》，回采工作面生产前，其工作面全范围内瓦斯预抽时间不得低于 1 年。而一号煤矿的煤层透气性好，煤层瓦斯含量衰减速度很快，本煤层预抽 3~4 月，就可以满足《煤矿瓦斯抽采基本指标》及《煤矿瓦斯抽采达标暂行规定》的要求，但是未满足预抽 1 年的时间要求，导致抽采系统能力浪费及工作面不能按时回采的时间成本增加（即巷道空置时的维护维修费、通风费、人工费用等）。另外，在采用本煤层钻孔进行瓦斯抽采过程中，由于不同盘区的煤层瓦斯含量不同、煤层厚度不同，导致煤层瓦斯衰减情况不一样。但是由于没有充分的科学依据，瓦斯抽采设计往往凭借经验，抽采设计未及时改变，导致设计不科学、不合理，存在设计不足或设计浪费现象。所以，如何从设计上做好钻孔布置工作，协调好抽采方式、钻孔布置密度、抽采时间等因素与抽采效果之间关系，抛开以往瓦斯抽采达标要求的时间限制，采用何种方法在最短时间内实现瓦斯抽采达标，使瓦斯抽采管理由粗放型向集约型转变，显得非常必要。其研究目标：用尽可能少的钻孔，尽可能短的预抽时间，达到工作瓦斯抽采效果达标的目标，降低生产成本，提供效益，并保证安全生产。其主要研究内容包括：①研究煤层瓦斯钻孔抽采半径；②研究钻孔密度与煤层瓦斯衰减速率之间的关系；③研究抽采时间与煤层瓦斯衰减速率之间的关系；④研究封孔深度、方式、材料与瓦斯衰减速率之间的关系；⑤研究钻孔密度、布置形式、抽采时间、封孔质量与抽采效果之间的综合关系，探究出成本最低、效率最高的本煤层抽采方案。通过项目开展，优化瓦斯抽采设计，探究出最优的抽采方案，确保瓦斯抽采达标；在确保抽采效果达标、保证矿井生产安全的前提下，每个工作面钻孔量可减少 1/3，每年节约 120 万元的材料费用；在一号煤矿 2 号煤层实验成功后可以向黄陵一号煤矿周边的其他矿井进行推广应用。

(二十三)《泵站污水循环系统降酸技术研究与应用》

三号风井瓦斯抽放泵站在抽采八盘区本煤层瓦斯时，由于地质原因，导致煤体内赋存大量硫化氢气体，而硫化氢气体溶于水形成酸性水体，对泵体及汽水分离器腐蚀严重，泵体内循环水与系统主管路结合形成氢硫酸加剧了对泵体叶轮、圆盘的腐蚀，严重影响抽放系统的正常运行。其研究目标包括：①实现对污水和清水水质的实时人工检测；②将泵站用循环水引排至污水处理站处理，然后通过污水处理站将循环水水体内酸性物质、油污及钙铁离子清除，使循环水水质符合泵体供水标准。其研究内容包括：①对污水水质进行研究分析，确定水质的基本成分；②研究 H_2S 溶于水后的基本性质及其对泵体内壁腐蚀的机理；③研究几种碱性物质和絮凝剂对污水的净化作用，并选择适合的材料进行添加；④研究适合的自动上水和自动添加装置，确定各个设备型号及参数。其创新点包括：①创新地将瓦斯抽采泵站的污水系统与污水处理站进行连接，实现了污水的实时处理；②开展了三号风井瓦斯抽采泵站的水质研究，摸清了污水水质情况，精准选择了净化水药品种类；③研究了污水自动循环系统装置，实现了泵站循环水系统的自动上水。通过研究，经污水处理站处理过的清水酸性由以前的

4.6降低至7.2，不用对清水进行二次加药处理即可直接使用，极大程度上延长了瓦斯抽放泵、气水分离器的使用寿命，每年可节约瓦斯抽放泵和气水分离器更换、维修费用约150万元；直接将污水排入处理站，并将处理过的清水接至凉水池，满足了泵站循环水用量需要，省去了重新建设瓦斯泵站高位水池的费用。

（二十四）《黄陵一号煤矿瓦斯精准抽采技术研究》

2008年，一号煤矿被鉴定为高瓦斯矿井，井田内瓦斯储量大，根据《一号煤矿瓦斯抽采工程设计说明书》，瓦斯资源储量2405.88万立方米，随着开采深度的不断增加和产量的提高，瓦斯抽采力度增加，矿井瓦斯涌出量逐年增大。2017年，矿井绝对瓦斯涌出量已经达到159.65立方米/分钟，矿井瓦斯抽采率保持在75%以上。在黄陵矿区瓦斯抽采技术高速发展的过程中，还存在着很多问题。为了使一号煤矿瓦斯得到全面根治，进一步提高矿井瓦斯治理水平，把瓦斯治理由粗放型向集约型转变，实现瓦斯“精准抽采”的目的，有必要开展瓦斯精准抽采的一系列技术研究工作。项目目的是通过在本煤层钻孔施工中，根据煤层瓦斯含量、瓦斯梯度等的不同而施工不同密度和深度的钻孔，实现本煤层瓦斯的精准抽采；在高位裂隙钻孔施工过程中，通过研究高位“竖三带”和“横三区”与瓦斯场和裂隙场的关系，合理设计高位钻孔参数，实现高位钻孔瓦斯的精准抽采；通过研究围岩松动圈受不同矿压的变化而采用不同的封孔工艺，避免钻孔封孔段漏气；通过在不同盘区开展瓦斯抽采半径的研究，制定出差异化的钻孔布置方案；通过研究采掘速度与回采速度之间的关系，确定不同的钻孔参数。通过以上研究，优化钻孔、钻场参数，合理布置采掘巷道，有效利用瓦斯抽采系统能力，在确保矿井的生产安全的前提下，提高生产效率，降低生产成本，最终实现矿井瓦斯的精准抽采。其主要研究包括：①研究瓦斯地质与瓦斯赋存的关系；②高位“竖三带”和“横三区”与应力场、瓦斯场和裂隙场的关系；③巷道布置与周围采空区的关系；④钻孔抽采半径与钻孔密度的关系；⑤研究瓦斯抽采负压对本煤层预抽效果的影响；⑥通过调整钻孔施工参数、钻场距离、掘进时每次循环进尺，观察生产期间回风流甲烷浓度，研究瓦斯抽采工程与掘进速度之间的关系。

其效益包括：①将有利于从根源上寻找瓦斯来源，为实现根治瓦斯和矿井瓦斯抽采达标奠定坚实的基础；②有效进行井下瓦斯精准抽采，杜绝瓦斯超限，将整体提升矿井瓦斯防治技术水平，进一步提高矿井防灾抗灾水平；③实现瓦斯的高效治理，减少瓦斯抽采工程施工浪费，矿井瓦斯治理由“治得好”向“治得准”转变，降低灾害治理成本；④合理分配瓦斯抽采负压和流量资源，在“分源分压”的前提下，进一步优化系统资源，提高抽采系统的利用率，确保大系统稳定可靠；⑤实施精准抽采，有利于提高抽采瓦斯浓度，为瓦斯发电项目提供更多更优质的瓦斯资源，提高瓦斯利用率，增加瓦斯电厂的经济效益。

（二十五）《多风井联合运转通风系统优化技术研究与实践》

2018年，一号煤矿通风方式为二、三号风井联合运转抽出式通风，二号风井风量为10200立方米/分钟，负压为2550帕，主要负责四、十盘区供风任务；三号风井风量为10900立方米/分钟，负压为2250帕，主要负责六、八盘区供风任务。井田面积大，生产较为集中，三号风井主要通风机风量紧张，二号风井通风阻力大，矿井通风系统存在诸多问题。二号风井服务北一区域，通风路线长达10千米，通风阻力大；三号风井服务八盘区和六盘区，生产较为集中，风量较为紧张；四号风井2015年已经建成，目前各项工作准备到位，可投入使用。所以更换三号风井主要通风机，启用四号风井，停用二号风井主要通风机，迫在眉睫。其主要研究内容包括：三号风井主要通风机更换的可行性及难点；分析主要通风机工况、井下各用风地点风量合理性；通过网络解算和模拟工作，研究二、四号风井调整的可行性及难点；研究彻底隔离二号风井回风井施工方案；研究三、四号风井联合运转通风系统调整方案；研究调整后系统稳定性及可靠性，进行通风阻力测定，并形成通风系统评价报告。通过研究，最终实现三、四号风井主要通风机联合运转，保证通风系统稳定，井下各地点风量充足，杜绝井下出现无风、微风作业，为一号煤矿的安全生产提供了保障。

（二十六）《高瓦斯矿井沿空留巷支护及搬运支护机器人研发与工程实践》

从 2020 年 10 月起，一号煤矿投入资金 1500 万元，已完成前期调研。其研究内容包括：①研究沿空留巷尾巷加强支护新方法、新设备、新工艺；②研究支护设备拆除、搬运、安装新形式；③研究拆除和安装支护设备时，替代人工“拔”和“插”液压进回液管路；④尾巷机器人精确定位方式；⑤研究沿空留巷尾巷可视化及智能化操控技术及装备；⑥研究代替机头首台液压支架的特殊支架，对顶板进行有效支护；⑦研究能实现对运输机机头的推移工作，并有效保护顶板锚索支护；⑧研究可接入综采工作面自动化环网，实现自动拉移功能。其研究必要性包括：在 1006 工作面沿空留巷试验期间，工作面机头第 159 号液压支架在支护过程中，将破坏顶板的锚索支护。在现场使用过程中，将皮带和枕木垫于支架顶梁，在支护过程中可有效保护原巷道锚索支护和让压锚索。实施工作面无煤柱“110 工法”开采技术研究与应用，可进一步提高矿井生产效率、降低万吨掘进率、提高资源回收率、延长矿井服务年限，彻底解决因煤柱留设带来的资源浪费、生产接续紧张、灾害治理时间不足等重大难题，实现矿井安全高效生产，助推矿井向更高质量发展。但该技术需在尾巷非稳定区（200 米左右）加强支护。目前尾巷支护、拆除和安装均需人工搬运单体+铰接梁。采用上述支护方案在拆除单体立柱及铰接梁时，工人的劳动强度大，且危险性较高，其次“110 工法”的实施改变了工作面通风方式，尾巷粉尘浓度较大，环境恶劣。为满足“建设智慧矿山和智能化开采”的需要，需研究应用单元支架代替原有单体+铰接梁支护方式，使用支架搬运机器人替代人工进行支架搬运作业，利用单轨吊独立乳化液泵站为机器人提供动力来源。其预期效果：利用代替原 159 号端头支架支护顶板，可有效保护顶板锚索，并可完成对运输机机头的推移工作。机器人取代人工搬运单体+铰接梁支护，实现“110 工法”尾巷支护自动化。

（二十七）《高瓦斯矿井中厚煤层快速掘进技术及装备研究》

从 2020 年 10 月起，一号煤矿投资 1700 万元，现已完成前期调研。其研究内容包括：利用改造型掘进机+可弯曲胶带+迈步式自移机尾+跨骑式四臂锚杆钻车，实现掘-支-运一体化作业平台，同时实现掘进和支护平行作业；配套一台多功能巷道修复机用于施工钻场与倒车硐室。其研究必要性包括：制约煤巷掘进速度的因素主要有掘采速度、运输速度和锚护速度。随着连采机、掘锚一体机等大功率掘进设备的快速发展，煤巷的掘采速度已不是制约巷道掘进的关键问题。高效快速掘进主要取决于锚护、运输的速度，即掘、支、运及辅助工序是否可以合理匹配，实现最优循环。目前国际上基于掘支运三位一体理念，适应复杂地质条件下煤矿井下巷道快速掘进的成套装备还处于空白状态。利用掘支运三位一体的新理念，研发满足复杂地质条件下煤巷快速掘进的成套装备，既能提高传统矿区掘进水平，大幅减少矿井掘进队，提高矿井的整体安全水平，也符合“机械化换人、自动化减人”科技强安的总体要求。其预期效果包括：本项目将进行快速掘进技术的研究，研制出针对黄陵矿区复杂地质条件下的快掘成套装备，大幅度提高掘进速度，实现减员增效、安全高效开采；形成巷道快速掘进技术体系，整套掘进设备技术达到国际领先水平。

（二十八）《半煤岩巷道智能掘进机器人系统研发与应用》

从2020年10月起，矿井投资5000万元。其前期调研情况：已联合厂家、科研院所完成项目方案汇报，目前正在编制技术规格书。其研究内容包括：①半煤岩巷道智能掘进机器人系统总体方案研究；②双纵轴截割机器人研究；③临时支护机器人研究；④锚网布放装置研究；⑤钻锚平台研究；⑥运输系统研究；⑦通风除尘系统研究；⑧智能掘进机器人系统控制技术研究预期效果。其研究必要性包括：①研发适用于复杂地质条件的智能掘进机器人系统，提高掘进效率，对于解决采掘严重失衡问题具有重要意义；②对于提高巷道支护质量、降低巷道支护成本和实现煤炭安全、高效、绿色、智能生产具有极其重要的意义；③有利于全面提升智能掘进整体水平，对于全国煤炭行业复杂地质条件掘进工作面智能化具有良好的示范作用。

（二十九）《基于高瓦斯矿井智能可视化打钻系统研究与工程实践》

从2020年底，一号煤矿投资700万元研究此项目。其前期调研情况：智能钻机在淮南张集煤矿已投入应用，钻孔正常进钻和退钻过程中不需要人工干预，钻机可利用自身夹持器并与机械手相互配合，实现自动进钻、退钻功能；煤矿瓦斯钻场智能监测系统已在煤矿使用，实现了钻孔智能化自主验收、打钻实时监控等相关功能。智能钻机能够实现无线遥控、一键全自动施工、自动上下钻杆、钻孔姿态自动调节、钻孔参数采集及存储、自适应进钻等功能。根据钻孔施工需要，完善智能钻机系统，实现钻孔轨迹记录、钻孔施工现场可视化、煤泥水分离、整箱钻杆装卸等功能。其预期效果：钻孔施工实现自动装卸钻杆、自适应钻进、钻孔轨迹记录、开孔角度测量，提高钻孔施工效率，降低劳动强度；实现钻场可视化监控、钻孔进尺自动计算、广播警告、语音提示等功能，消除人为干预，杜绝虚报钻孔进尺、打假孔等现象。

（三十）《AI人工智能+NOSA安健环深度融合安全管理体系研究》

从2020年底，一号煤矿投资1000万元，完成新一年研究项目。其前期调研情况：一号煤矿已经整理完成一系列NOSA危险元素识别和管理文件，正在整理危险元素信息化的识别调研工作。其研究内容包括：①采用云计算、大数据、物联网及人工智能等一系列先进技术，研究井下安全生产现场作业过程中的安全管理问题，实现“感知、分析、服务、指挥、监管”五位一体的智能化安全管控平台，打造互联网时代的精细化、数字化、智能化过程与结果并重的安全生产管理新模式；②研究基于NOSA煤矿安全风险智能化预警及管控平台，建立NOSA岗位职责、安全风险信息化的数据库、标准库建设，实现对井下作业人员进行实时精准轨迹分析，使管理人员可随时掌握作业区域人员的位置分布、每个员工的活动轨迹、作业流程是否符合NOSA规范要求等；③通过智能穿戴等智能设备研究NOSA风险源预警以及靠近风险区域自动语音播报、任务工单自动下发、工单任务语音化自动播报等智能监管模式。其研究必要性包括：黄陵矿业公司作为NOSA安健环风险管理体系先行者，在推广与实践过程中，发现矿井安全管理上“人”的因素产生的重大风险隐患识别还不够及时，尤其是安全管理制度落实不到位而引起的矿井违法违规行为颇多，煤矿安全生产形势依然较为严峻。然而对于NOSA管理体系的落实，仅依靠日常规章制度学习、班前会政策宣贯、定期考试学习、领导监督视察等传统手段，无法杜绝相关井下工作人员因安全意识淡薄、麻痹大意、私自简化业务流程、违规操作等问题引起的煤矿安全隐患的发生。因此需要利用信息化、数字化、智能化等相关先进技术，遵循NOSA管理体系要求，并落实《陕西煤业股份有限公司关于深化煤矿安全双重预防机制提升风险辨识管控能力的通知》《落实煤矿企业安全生产主体责任三年行动专题实施方案》等文件要求，构建一套煤矿安全风险智能化预警及管控体系，来约束井下人员作业流程化、规范化的同时，实现井下作业有章可依、有迹可循、有案可查；井下风险源快速识别、隐患快速排除、应急预案快速联动；以煤矿安全风险智能化预警及管控体系为依托，确保NOSA管理体系严格落实到每一个人、每一个环节，最终保障井下作业全流程合规，全面提升安健环管理水平，减少安全隐患、提升人员整体安全、提高工作效率。其预期效果：利用智能设备与NOSA元素的高度融合，实现矿井安全生产的智能监管，有效代替“人工”监管与危险识别能力，并达到智能提醒，超前预防矿井危险因素、不安全生产流程、人的不安全行为，避免人工监管的麻痹大意，达到矿井安全监管智能化，进而继续提高矿井安全管理水平。

(三十一)《矿井水资源再利用工程技术研究与应用》

从2020年11月始，矿井投资200万元。其前期调研情况：已完成前期调研，准备进行升级改造。其研究内容包括：①分析矿井水开发利用中存在的问题，提出了开发利用矿井水的主要对策建议；②针对井下复杂环境及水质情况，矿井水资源利用的主要技术、设备及处理工艺的研究；③矿井水水质的化验、分析，满足使用要求；④矿井水复用工程设备远程控制技术研究。其研究必要性包括：①矿井水资源开发利用，解决矿井水资源大量浪费问题；②节约水资源，提高综合经济效益，实现节能减排；③降低排废量，减少对环境的污染。其预期效果：研究矿井水资源再利用工程技术的研究与应用，包括优化利用矿井水资源，节约水资源，减少浪费；扩大矿井水再利用范围；实现在地面监控中心对井下污水处理站视频监视、数据监测、远程控制等自动化功能，实现节能减排提高换装效率；降低排放量，减少对矿区周边环境的污染。

(三十二)《黄陵矿业巷道掘进智能管控系统研发》

从2020年底，一号煤矿投资200万元研究此项目。其前期调研情况：陕西煤业股份拥有矿井36个，其中生产矿井29个，2018年原煤产量1.6亿吨；36对矿井中综采面52个，掘进面253个，采掘比1∶5，个别矿井采掘比达到1∶7，不符合有关规定。其研究内容包括：借鉴综采工作面智能监测监控的成功经验，以数字化、网络化、智能化为目标，以5G通信、物联网、云计算、大数据、人工智能等先进技术为支撑，研发具有黄陵矿业公司特色的掘进工作面智能监测监控系统，具有坚实的基础；构建黄陵矿业公司掘进系统智能监测监控系统，有利于推进黄陵矿业公司掘进技术向智能化发展、全面提升智能化掘进水平。其研究必要性包括：国家高度重视煤炭智能化发展，2019年1月2日，国家煤矿安全监察局发布《煤矿机器人重点研发目录》；2020年2月25日，国家发展改革委等八部委联合印发了《关于加快煤矿智能化发展的指导意见》。陕西省“十三五”工业经济发展规划提出“在矿山装备领域重点研发机械化、自动化、智能化、信息化水平高的无人开采技术和设备”。在煤炭人的共同努力下，综采工作面智能化初见成效，而综掘工作面智能化严重滞后，导致“采掘失衡”，严重影响着煤矿安全、高效、智能生产。其预期效果：研发煤矿巷道掘进工作面远程智能管控系统，弥补了煤矿掘进系统智能建设短板，可有效加快提升掘进装备和掘进技术水平，为建设智慧矿山打下坚实基础。

第四节 科 技 成 果

1989—2020年，一号煤矿职工立足岗位，以解决制约矿井安全生产难题为着力点，以“3+9+3科技创新管理体系”为支撑，大力开展全员创新、科技攻关、“五小”活动，科技创新取得了丰硕成果。600多项科技创新成果应用到生产实践中，提高了生产效率，减轻了职工劳动强度，提升了经济效益和社会效益。特别是2000年以来，一号煤矿科技攻关的“国产装备智能化无人开采技术研究与应用”“掘进工作面围岩控制支护技术与装备”“中厚煤层综采工作面超前支护技术装备研究与应用”“矿井开采抑尘技术研究以及掘进工作面‘长压短抽’综合除尘工艺应用”等五个科技项目，顺利通过有关部门鉴定，均达到了国际领先水平。

一、一号煤矿获全国及省部级奖项目

2002—2013年，一号煤矿共有5项科技研究项目获得国家及省部级科技成果奖。2002—2018年一号煤矿获全国及省部级奖项见表8-1-1。

表8-1-1 2002—2018年一号煤矿获全国及省部级奖项表

序号	科技成果名称	奖项名称及等级	颁奖单位	获奖年份
1	陕煤黄陵一号煤矿快速堵水工程综合技术研究	陕西省1996—2001年十大科技成果	中国煤炭工业协会	2002
2	黄陵矿业公司污水处理改造及中水复用技术研究与应用	2008年度陕西省环境保护科学技术三等奖	陕煤集团	2008
3	黄陵一号煤矿水害治理技术研究	陕煤集团二等奖 中国煤炭工业协会三等奖	陕煤集团 中国煤炭工业协会	2008
4	黄陵一号煤矿煤层自然发火隐患识别及适用性控制技术研究与应用	2009年度中国煤炭工业协会科学技术三等奖 陕西省第四届煤炭工业科学技术三等奖	中国煤炭工业协会 陕西省煤炭工业协会	2008
5	大跨度煤巷锚索锚杆联合支护技术研究与应用	陕西省第四届煤炭工业科学技术二等奖 首届陕西煤业化工集团公司科技进步二等奖	陕西省煤炭生产安全监督管理局 陕西煤矿安全监督局 陕西省煤炭工业协会 陕煤集团	2008
6	黄陵一号煤矿综采工作面优化设计与设备配套技术研究与应用	陕煤集团三等奖矿业公司三等奖	陕煤集团	2008
7	综掘工作面围岩控制支护技术与装备	中国煤炭工业协会二等奖 陕西省科技进步三等奖	中国煤炭工业协会 陕西省科技厅	2013
8	黄陵矿业数字矿山建设	陕西省科技进步三等奖	陕西省科技厅	2013
9	黄陵一号煤矿洗煤厂升级改造技术研究与应用	陕煤集团二等奖	陕煤集团	2013
10	国产装备智能化无人开采技术研究及工程实践	中国煤炭工业协会一等奖 陕煤集团一等奖	中国煤炭工业协会 陕煤集团	2015
11	煤矿开采抑尘技术研究	陕煤集团二等奖 陕西省科技进步三等奖	陕煤集团 陕西省科技厅	2015
12	矿井综合防尘达标关键技术及装备研究	陕煤集团2014—2017年度科技进步三等奖	陕煤集团	2018

表 8-1-1（续）

序号	科技成果名称	奖项名称及等级	颁奖单位	获奖年份
13	中厚煤层综采工作面超前支护技术装备研究与应用	陕煤集团 2014—2017 年度科技进步二等奖	陕煤集团	2018
14	矿井老窑水综合防尘技术研究	陕煤集团 2014—2017 年度科技进步三等奖	陕煤集团	2018
15	黄陵矿业公司一号煤矿选煤厂浮选药剂自动添加系统的研究及应用	陕煤集团 2014—2017 年度科技进步三等奖	陕煤集团	2018
16	三号风井瓦斯泵站循环水改造	陕煤集团 2014—2017 年度科技进步三等奖	陕煤集团	2018
17	切眼一次巷快速掘进技术	陕煤集团 2014—2017 年度科技进步三等奖	陕煤集团	2018
18	超前支架供液管路设计优化	陕煤集团 2014—2017 年度科技进步三等奖	陕煤集团	2018
19	一种煤矿掘进胶带机机头支架	陕煤集团 2014—2017 年度专利三等奖（专利号：ZL201620651471. 3）	陕煤集团	2018

二、获陕煤集团首届科技大会奖项

2008 年 10 月 28 日，陕煤集团召开首届（2006—2008 年）科技表彰大会上，一号煤矿有 5 项科技项目获奖，其中一等奖 1 项，二等奖 3 项，三等奖 1 项，详见表 8-1-2。

表 8-1-2 2008 年一号煤矿获陕煤集团首届科技大会科技进步奖项表

序号	项 目 名 称	主要完成人	获奖等级
1	黄陵一号煤矿安全高效科技建设	高仰才 贾兴平 李孝波 范京道 高志兴 张维新 李瑞民 王联合 王锁成 李卫星 薛治杰 李双民 武光辉 黄维明 何勇义	一等奖
2	黄陵一号煤矿煤层自然发火隐患识别及适用性控制技术研究与应用	范京道 张维新 王锁成 吴义军 武光辉 王爱军	二等奖
3	黄陵一号煤矿水害治理技术研究与应用	范京道 张维新 王联合 薛治杰 李卫星 王锁成 李双民 赵 平 黄维明 卫小锋	二等奖
4	黄陵一号煤矿二号风井与三号风井间高精度贯通测量	张惠军 林建成 王继来 种建涛 翁建军 任鹏程 王金星 张武平	二等奖
5	黄陵矿业集团卡轨机车技术改造研究与应用	何勇义 贾志文 冯建军 卫 军 马玉军 高治兴 王联合 李卫星 薛治杰 王锁成	三等奖

三、获陕煤集团第二届科技大会奖项

2010年，陕煤集团召开第二届（2009—2010年）科技表彰大会，一号煤矿有4项科技项目获奖，其中二等奖1项，三等奖3项，详见表8-1-3。

表8-1-3 2010年一号煤矿获陕煤集团第二届科技大会科技进步奖项表

序号	项目名称	主要完成人	获奖等级
1	黄陵矿区煤层瓦斯赋存规律、资源潜力及矿井瓦斯防治技术研究	范京道 张维新 王锁成 李双民 赵平 黄维明 陈泽雄 王爱军 武光辉 毛明仓	二等奖
2	黄陵一号煤矿数字矿山安全生产自动化系统建设	范京道 张维新 谢永强 唐恩贤 袁建平 何勇义 刘茂荣 郭俊	三等奖
3	黄陵一号煤矿多风井风机联合运转技术研究与应用	唐恩贤 黄维明 王爱军 武光辉 陈泽雄	三等奖
4	黄陵一号煤矿采空区顶板裂隙带探测技术	唐恩贤 赵平 张建彬 李双民 黄维明 尚善全 张惠军 卫勇锋 王继来	三等奖

四、获陕煤集团第三届科技大会奖项

2013年，陕煤集团召开第三届（2011—2012年）科技表彰大会，一号煤矿共有4项科技项目获奖，其中一等奖1项，二等奖2项，三等奖1项，详见表8-1-4。

表8-1-4 2013年一号煤矿获陕煤集团第三届科技大会科技进步奖项表

序号	项目名称	主要完成人	获奖等级
1	综掘工作面围岩控制支护技术与装备	范京道 张维新 王锁成 李双民 赵平 黄维明 陈泽雄 王爱军 武光辉 毛明仓	一等奖
2	黄陵矿业数字矿山建设	范京道 张维新 谢永强 唐恩贤 袁建平 何勇义 刘茂荣 郭俊	二等奖
3	黄陵矿区水害综合防尘技术研究	唐恩贤 黄维明 王爱军 武光辉 陈泽雄	二等奖
4	黄陵一号煤矿洗煤厂升级改造技术研究与应用	唐恩贤 赵平 张建彬 李双民 黄维明 尚善全 张惠军 卫勇锋 王继来	三等奖

五、公司科技大会

2008年12月2日，公司召开首届科技表彰大会，一号煤矿获科技进步奖一等奖3项，王锁成、武光辉、黄维明、王建东、贾志文、刘建伟、王爱军7名同志被评为优秀科技工作者，详见表8-1-5。

表 8-1-5　2008 年一号煤矿获公司首届科技大会科技进步奖项表

序号	项　目　名　称	主要完成人	获奖等级
1	黄陵一号煤矿煤层自然发火隐患识别与适用性控制技术研究与应用	范京道　张维新　王锁成　吴义军　武光辉　王爱军	一等奖
2	黄陵一号煤矿二号风井与三号风井间高精度贯通测量	张惠军　林建成　王继来　种建涛　翁建军　任鹏程　王金星　张武平	一等奖
3	一号煤矿井田开拓与采掘接续方案优化设计与实践	王联合　薛治杰　李卫星　王锁成　李双民　黄维明　王建东	一等奖

2011 年 3 月 23 日，公司召开第二届科技表彰大会，一号煤矿获科技工作先进单位。

2013 年 5 月 24 日，公司召开第三届科技表彰大会，一号煤矿《综掘工作面围岩控制支护技术与装备》项目获公司第三届科技大会技术类一等奖。

2015 年 8 月 25 日，公司召开第四届科技表彰大会，一号煤矿获科学技术类特等奖 1 项，一等奖 1 项，二等奖 3 项，三等奖 3 项，优秀奖 4 项，详见表 8-1-6。

表 8-1-6　2015 年一号煤矿获公司第四届科技表彰大会奖项表

序号	项　目　名　称	完成单位	主要完成人	获奖等级
1	国产装备智能化无人开采技术研究与应用	一号煤矿	范京道　师永贵　唐恩贤　梁　平　袁建平　毛明仓　徐建军　张大勇　黄维明　王怀平　符大利　王建东　曲志欣　张玉良　宋建友　高海超　李　悬　袁亚文　沈　超　王　飞	特等奖
2	黄陵侏罗纪高瓦斯中厚煤层定向长钻孔区域预抽瓦斯技术	一号煤矿 二号煤矿 通风部	李双民　黄维明　马功社　李　川　陈泽雄　殷民胜　钱竹响　李晓辉　闫国锋　党利鹏　高　亮　黄兴利　付天河　李国儒　董亚楠	一等奖
3	煤矿开采抑尘技术研究	一号煤矿	李双民　黄维明　陈泽雄　李　川　钱竹响　付天河	
4	煤矿疏干水复用技术研究与应用	一号煤矿 发电公司	徐建军　毛明仓　薛治杰　赵小兵　刘海东　盖　婧　柴东风	二等奖
5	黄陵一号煤矿选煤厂粗煤泥处理及中研分离技术改造	一号煤矿	毛明仓　缑新学　符大利　郭锋涛　何　晨	
6	综采工作面快速安装、回撤工艺研究与应用	一号煤矿	徐建军　张大勇　王建东　符大利　焦稳锋　王绪强　袁亚文	
7	1140V 防爆变频装置在大皮带运输机上的应用	一号煤矿	袁建平　徐建军　符大利　贾志文　张玉良　王　波	三等奖
8	一号煤矿四号风井小窑破坏区老窑水与瓦斯超前探测与防治技术	一号煤矿	黄维明　陈泽雄　王继来　向　利　付天河　袁亚文	

表 8-1-6（续）

序号	项 目 名 称	完成单位	主要完成人	获奖等级
9	黄陵一号煤矿槽波探测技术应用	一号煤矿	赵 平 黄维明 王继来 向 利 袁亚文	优秀奖
10	一号煤矿选煤厂仓下瓦斯治理	一号煤矿	黄维明 缑新学 陈泽雄 柴东风 钱竹响	
11	矿井安全监测系统远距离供电与传输的研究与应用	一号煤矿	袁建平 毛明仓 黄维明 刘茂荣 韦晓虎 朱元军	
12	一号煤矿通风系统优化	一号煤矿	李双民 毛明仓 黄维明 陈泽雄 钱竹响 付天河	

2017 年 9 月 7 日，公司召开第五届科技表彰大会，一号煤矿获公司科技创新一等奖 2 项，二等奖 4 项，三等奖 3 项，优秀奖 1 项，管理创新类三等奖 1 项，同时，一号煤矿获 2017 年科技工作先进单位，详见表 8-1-7。

表 8-1-7　2017 年一号煤矿获公司第五届科技表彰大会奖项表

序号	项 目 名 称	完成单位	主要完成人	获奖等级
1	中厚煤层国产综采装备智能化无人开采技术研究与应用	一号煤矿	范京道 师永贵 唐恩贤 梁 平 毛明仓 徐建军 袁建平 符大利 张大勇 曲志欣 张玉良 李 悬 白建军 刘茂荣 马 骋 宋昊壕 宋 焘 宋建友 鲁学利 张 志	一等奖
2	中厚煤层智能化综采工作面超前支护装备技术研究与应用	一号煤矿	毛明仓 徐建军 袁建平 王怀平 黄维明 符大利 张大勇 张玉良 李 悬 曲志欣 马 骋 宋昊壕 宋 焘 张胜利 白建军	
3	矿井综合防尘达标关键技术及装备研究	一号煤矿	陈泽雄 唐恩贤 毛明仓 黄维明 李双民 王建东 付天河 钱竹响 高 亮 李 川 郭彬彬 丁 超	二等奖
4	黄陵矿区防灭火技术研究与应用	瓦斯防治研究所 一号煤矿 二号煤矿	李双民 马功社 黄维明 王勋章 李 川 殷民胜 仵胜利 黄兴利 李晓辉 闫国峰 党利鹏 梁小军 闫 赞 李国儒	
5	黄陵矿区高效瓦斯抽采关键技术及评价研究	瓦斯防治研究所 一号煤矿 二号煤矿 双龙煤业	李双民 马功社 殷民胜 王建东 曹明世 黄维明 徐建军 陈泽雄 尚英智 仵胜利 闫 赞 付天河 高 亮 韩长路	二等奖
6	矿井老窑水综合防治技术研究	一号煤矿	毛明仓 黄维明 赵 平 王建东 徐建军 王继来 卫勇峰 向 利 韩长路	

表8-1-7（续）

序号	项目名称	完成单位	主要完成人	获奖等级
7	黄陵一号煤矿选煤厂设计多套系统入洗末端故障不停产工艺的研究	一号煤矿	毛明仓 缑新学 徐建军 何晨 郭锋涛	三等奖
8	黄陵一号煤矿选煤厂浮选药剂自动添加系统的研究及应用	一号煤矿	毛明仓 缑新学 何晨 郭锋涛	
9	黄陵一号煤矿选煤厂粉尘综合治理项目	一号煤矿	毛明仓 徐建军 缑新学 郭锋涛 何晨	
10	煤矿井下材料换装系统优化	一号煤矿	毛明仓 王建东 黄维明 符大利 焦稳锋 袁亚文 梁林	优秀奖
11	“351”班组长管理模式	一号煤矿	杨建奇 李道君 赵益勋 董涛	管理创新类三等奖

2019年12月23日，公司召开第六届科技表彰大会，一号煤矿获二等奖3项，三等奖2项，优秀奖3项，管理创新类三等奖2项，其中专利23项（发明专利3项，实用新型专利20项）；一号煤矿获2019年科技工作先进单位，详见表8-1-8。

表8-1-8 2019年一号煤矿获公司第六届人才科技大会科技奖项表

序号	项目名称	完成单位	主要完成人	获奖等级
1	全级入洗重介选煤厂降低介耗技术的研究	一号煤矿	唐恩贤 毛明仓 缑新学 李吉祥 何晨 郭锋涛 上海涛 张玉良 韩长路	二等奖
2	综采工作面异型端头支护装备研究与应用	一号煤矿	毛明仓 符大利 袁建平 王怀平 焦稳峰 李成西 李悬 宋焘 马骋 宋昊壕 宋建友 白建军 张志 张玉良 王飞	
3	智能化综采工作面设备列车自移装置研究与工程实践	一号煤矿	毛明仓 符大利 贾志文 李悬 宋焘 马骋 宋昊壕 王建 刘彦涛 张胜利 刘科庆 符少华 陈博	
4	一号煤矿安全监测系统低压远程集控研究与应用	一号煤矿	符大利 刘茂荣 韩长路 韦晓虎 朱元军 郭俊 韩小涛 孙飞 李权	三等奖
5	一号煤矿围岩控制成套支护技术研究及应用	一号煤矿	毛明仓 王建东 张大勇 焦稳锋 袁亚文 王道成 王飞 梁林 高健铭 赵群 李亚斌 陈博	

表8-1-8（续）

序号	项目名称	完成单位	主要完成人	获奖等级
6	井下3.3千伏防爆SVG无功补偿技术研究与应用	一号煤矿	符大利 贾志文 李成西 李悬 韩小涛 刘彦涛 宋涛 王飞 阎鑫 刘科庆	优秀奖
7	矿井水资源再利用工程技术研究与应用	一号煤矿	毛明仓 符大利 贾志文 李成西 李悬 韩小涛 季红军 沈超 宋奇波 刘彦涛	
8	瓦斯泵站污水循环系统工艺改进研究	一号煤矿	王建东 符大利 陈泽雄 付天河 李成西 高亮 钱竹响 段延安 潘新建 韩长路	
9	“四员两长”“3536”管理体系	一号煤矿	马玉军 沈亚洲 王钢 谭飞 李道君 赵益勋 张鹏 刘永亮 吝柏	管理创新三等奖
10	“131613”成本全面主动管控工作法	一号煤矿	薛国华 米广欣 刘洋 成飞 陈博	

六、一号煤矿科技大会

2008年12月2日，一号煤矿召开首次科技大会（公司和矿合为一体）王锁成等7人被评为优秀科技工作者。

2011年4月12日，一号煤矿召开第二届人才科技大会。表彰奖励了2007—2010年一号煤矿研究创新的32项科技成果。其中，一等奖3项、二等奖5项，三等奖8项，优秀奖25项。同时表彰了在2007—2010年度科技创新工作中表现突出的优秀技术人才6名、优秀科技论文39篇，以及在2010年度各项工作中表现突出的首席员工9名和在第四届岗位描述比赛中取得优异成绩的15名岗位描述能手，详见表8-1-9至表8-1-11。

表8-1-9 2007—2010年一号煤矿第二届人才科技大会获奖科技项目表

序号	科技项目名称	获奖情况	完成年份	参与人员
1	黄陵一号煤矿安全高效矿井建设	陕煤集团一等奖 黄陵矿业集团公司一等奖	2008	高仰才 贾兴平 李孝波 范京道 高治兴 张维新 李瑞民 王联合 王锁成 李卫星 薛志杰 李双民 武光辉 黄维明 何勇义
2	黄陵一号煤矿煤层自然发火隐患识别及适用性控制技术研究与应用	陕煤集团二等奖 黄陵矿业集团公司二等奖 中国煤炭工业协会科学技术奖三等奖	2008 2009	范京道 张维新 王联合 王锁成 吴义军 武光辉 王爱军

表8-1-9（续）

序号	科技项目名称	获奖情况	完成年份	参与人员
3	黄陵一号煤矿水害治理技术研究	陕煤集团二等奖 黄陵矿业集团公司一等奖	2008	范京道 张维新 王联合 薛志杰 李卫星 王锁成 李双民 赵 平 黄维明 卫勇锋
4	一号煤矿二号风井与三号风井间高精度贯通测量	陕煤集团二等奖 黄陵矿业集团公司二等奖	2008	王联合 王锁成 薛志杰 赵 平 黄维明 张惠军 林建成 王继来
5	黄陵矿业集团卡轨机车技术改造研究与应用	陕煤集团三等奖	2008	高治兴 杨 宸 王联合 曹四喜 梁 平 李卫星 冯建军 雷顺启 何勇义 马玉军
6	黄陵一号煤矿综采工作面优化设计与设备配套技术研究与应用	陕煤集团三等奖 黄陵矿业集团公司三等奖	2008	高治兴 王联合 李卫星 王锁成 梁 平 薛志杰 何勇义 黄维明 马小龙 王建东 张大勇 仲照海 符大利
7	黄陵一号煤矿综采工作面瓦斯治理技术研究与应用	黄陵矿业集团公司一等奖	2008	王联合 王锁成 吴义军 薛志杰 李双民 武光辉 陈泽雄 闫国锋 王爱军 范鹏飞
8	一号煤矿井田开拓与采掘接续方案优化设计与实践	黄陵矿业集团公司二等奖	2008	王联合 王锁成 薛志杰 李卫星 黄维明 王建东
9	黄陵一号煤矿数字矿山安全生产自动化系统建设	黄陵矿业公司二等奖	2010	范京道 张维新 谢永强 唐恩贤 袁建平 何勇义 刘茂荣 郭 俊
10	黄陵一号煤矿采空区顶板裂隙带探测技术	黄陵矿业公司二等奖	2010	唐恩贤 赵 平 张建彬 李双民 黄维明 尚善全 王建东 卫勇锋 王继来
11	黄陵一号煤矿多风井风机联合运转技术研究与应用	黄陵矿业公司二等奖	2010	唐恩贤 黄维明 王爱军 陈泽雄 武光富 高 亮 吴渭涛
12	三维地震勘探技术在黄陵复杂地质条件下的应用	黄陵矿业公司二等奖	2010	唐恩贤 赵 平 张建彬 李双民 黄维明 尚善全 卫勇锋 王建东
13	一号煤矿通风系统调整优化技术研究	黄陵矿业公司三等奖	2010	王联合 王锁成 武光辉 陈泽雄 王爱军 范鹏飞 王建东 闫国锋 武光富 吴渭涛
14	黄陵一号煤矿巷道锚杆支护技术研究与应用	黄陵矿业公司三等奖	2010	王联合 王锁成 黄维明 张建彬 王怀平 王建东 张 维 雷志峰
15	黄陵一号煤矿采煤沉陷规律研究	黄陵矿业公司三等奖	2010	唐恩贤 赵 平 张建彬 黄维明 卫勇锋 王继来 王建东

表 8-1-9（续）

序号	科技项目名称	获奖情况	完成年份	参与人员
16	一号煤矿变频技术研究与应用	黄陵矿业公司三等奖	2010	袁建平 徐建军 何勇义 贾志文 符大利
17	一号煤矿综合防尘技术研究与应用	黄陵矿业公司三等奖	2010	黄维明 唐恩贤 张建彬 王爱军 陈泽雄 何勇义 吴渭涛 闫国锋
18	综合机械化掘进技术在一号煤矿的推广应用	黄陵矿业公司三等奖	2010	袁建平 何勇义 贾志文 宋建友 王建东 雷志峰 张 维 蒋延峰 李文奎
19	黄陵一号煤矿采空区防漏风罗克休新技术应用与推广		2008	王联合 武光辉 陈泽雄 范鹏飞 武光富 吴渭涛
20	黄陵一号煤矿供电系统优化设计与10千伏供电技术研究与应用		2008	王联合 李卫星 王锁成 何勇义 马小龙 董红涛
21	黄陵一号煤矿猴车运人系统新技术推广与应用		2008	王联合 李卫星 王锁成 何勇义 马小龙 王建东 董红涛
22	黄陵一号煤矿 SQ 型无极绳绞车技术研究与应用		2008	李卫星 马小龙 马玉军 任德全 宋万龙 殷宝宝 呼西峰 毛清君
23	一号煤矿掘进巷道大功率风机长距离通风技术方案研究与应用		2008	王联合 王锁成 武光辉 陈泽雄 范鹏飞 闫国锋 武光富 李文奎
24	黄陵矿业集团一号煤矿选煤厂堆取料机能力提升改造		2008	李卫星 缑新学 何勇义 王学仁 谭 震 赵春利 柴东风 赵 刚
25	一号煤矿选煤厂装车绞车直流调速系统技术改造		2008	李卫星 缑新学 马小龙 王学仁 谭 震 赵春利 苗忠礼
26	瓦斯抽放钻孔封孔技术及提高瓦斯抽放浓度的研究		2008	王联合 武光辉 陈泽雄 范鹏飞 闫国锋
27	一号煤矿矿井排水系统技术改造		2008	袁建平 何勇义 符大利 贾志文 王建东 张天明 宋建友
28	矿井通风网络动态分析技术研究与应用		2009	吴义军 王锁成 武光辉 陈泽雄 王 民 李志伟 王爱军
29	机电设备及物资供应管理系统		2010	唐恩贤 袁建平 何勇义 张 剑 博 冰 王宏伟
30	乳化液自动配比系统		2010	袁建平 何勇义 马小龙 宋建友 符大利 张天明
31	矿灯房智能管理系统		2010	袁建平 何勇义 马小龙 陈红旗
32	掘前预抽和边掘边抽技术研究与应用		2010	黄维明 王爱军 陈泽雄 刘 鹏

表 8-1-10　2007—2010 年一号煤矿第二届人才科技大会优秀技术人才奖表

序号	姓名	工作单位
1	符大利	机电部
2	焦稳锋	生产技术部
3	韦晓虎	数字化中心
4	殷宝宝	运输队
5	闫国峰	抽放队
6	钱竹响	通风区

表 8-1-11　2007—2010 年一号煤矿第二届人才科技大会优秀论文表

序号	论文题目	作者	单位	备注
1	一号煤矿 603 综采工作面有关问题探讨	唐恩贤	办公室	2008 年黄陵矿业集团公司优秀论文
2	关于一号煤矿加强本质安全型矿井建设的思考	唐恩贤	办公室	2009 年黄陵矿业集团优秀论文
3	加强班组建设夯实技术管理	韩华东	办公室	2008 年黄陵矿业集团优秀论文
4	五步并举强化职工基本修炼	韩华东	办公室	2010 年 10 期《中国煤炭工业》
5	完善厂务公开促企业履行维权职能	韩华东	办公室	2007 年陕西省煤矿工会三等奖
6	浅谈如何实现矿井的安全稳定和谐发展	韩华东	办公室	2010 年黄陵矿业公司优秀论文
7	调速型液力偶合器在二号煤矿的应用与研究	袁建平	办公室	2008 年黄陵矿业集团优秀论文
8	一号煤矿主平硐胶带运输机更换胶带技术探讨应用	袁建平	办公室	2009 年黄陵矿业集团优秀论文
9	黄陵一号煤矿 600 万吨国产综采设备井下使用中存在的问题浅析	袁建平	办公室	2009 年 4 期《陕西煤炭》
10	GPJ-96 加压过滤机运用中的常见故障分析及其解决办法	缑新学	办公室	2008 年黄陵矿业集团优秀论文
11	GPJ96Z/3-C 加压过滤机在一号煤矿选煤厂的应用	缑新学	办公室	2009 年黄陵矿业集团优秀论文
12	浅谈解决细泥积聚实现清水洗煤的有效措施	缑新学	办公室	2009 年 4 期《陕西煤炭》
13	黄陵矿区综采工作面高位钻孔抽放技术应用	王爱军	办公室	2009 年黄陵矿业集团优秀论文
14	马丽散堵漏裂隙技术在采空区密闭墙体维护中的应用	王爱军	办公室	2010 年 4 期《煤矿现代化》
15	如何做好安全监察工作的几点思考与建议	马玉军	办公室	2009 年黄陵矿业集团优秀论文
16	建立健全企业内部财务管理制度的思考	雷　达	办公室	2009 年 4 期《陕西煤炭》
17	实施全面预算管理提升财务管理水平	雷　达	办公室	2010 年 7 期《中国煤炭工业》
18	浅谈企业领导人员的职务消费	任俊平	办公室	2009 年黄陵矿业集团优秀论文
19	煤炭企业如何构建和谐矿区	任俊平	办公室	2007 年陕西省煤炭工业协会一等奖
20	浅析如何加强新形势下国有企业效能监察	任俊平	办公室	2007 年陕西省纪检学会三等奖
21	对新形势下国有煤炭企业共青团工作的思考	任俊平	办公室	2008 年陕煤集团二等奖
22	浅谈选煤厂 PLC 系统的抗干扰措施	谭　震	办公室	2009 年 4 期《陕西煤炭》
23	回采巷道底鼓机理分析及防治办法	尚善全	办公室	2009 年黄陵矿业集团优秀论文
24	锚杆锚索联合支护在煤巷中的应用	王建东	生产技术部	2008 年黄陵矿业集团优秀论文

表 8-1-11（续）

序号	论文题目	作者	单位	备注
25	黄陵一号煤矿软弱岩层中特大硐室施工技术	王建东	生产技术部	2009 年黄陵矿业集团优秀论文
26	大断面切眼掘进支护技术实践	王建东	生产技术部	2008 年 4 期《煤矿支护》
27	提高矿井资源回收率的资源管理	王继来	地质测量部	2009 年陕西省煤炭学会
28	对一号煤矿目前成本管理的思考	徐永涛	财务科	2009 年黄陵矿业集团优秀论文
29	浅析企业提高劳动生产率的途径	张海博	人力资源部	2010 年 6 期《陕西煤炭》
30	编制国家高新技术产业发展项目资金申请报告应注意的几个问题	张海博	人力资源部	2009 年 7 期《中国工程咨询》
31	浅谈煤矿企业家属安全协管工作存在的问题和对策	郑　菲	党群部	2006 年《中国工会论文选编》
32	如何实现煤矿企业的和谐发展	郑　菲	党群部	2009 年陕西省煤矿工会三等奖
33	关于煤矿企业安全宣传教育工作中存在的问题和对策	郑　菲	党群部	2007 年全国煤炭系统三等奖
34	浅谈煤矿企业的女工工作应如何开展	郑　菲	党群部	2009 年陕西省工运研究会优秀奖
35	煤炭企业推行精细化管理过程中存在的问题和解决的方法	郑　菲	党群部	2008 年中国煤炭工业协会优秀奖
36	黄陵一号煤矿 SR-SMS 型主胶带运输机冷却系统技术改造	贾志文	机电部	2009 年 4 期《陕西煤炭》
37	西部地区国企人力资源管理改革思路	张　欣	人力资源部	2008 年 5 期《理论导刊》
38	区队班组长队伍的调查与分析	王　霞	党群部	2009 年黄陵矿业集团优秀论文
39	浅谈如何当好班组长	王　霞	党群部	2008 年 6 期《陕西煤炭》

2013 年 8 月 5 日，一号煤矿召开第三届人才科技大会，2011—2012 年获得上级单位奖励的科技项目 6 项，获得国家专利局授权的专利 22 项，荣获陕西省首届职工科技创新成果奖 15 项。对 2011—2012 年度优秀科技创新成果、先进集体、先进个人、优秀科技论文进行表彰奖励，共评出优秀科技成果 7 项（不含已被公司及以上单位评选获奖的项目），其中一等奖 1 项，二等奖 2 项，优秀奖 4 项，科技创新先进集体 6 个，科技创新先进个人 6 名，优秀科技论文 15 篇，详见表 8-1-12。

表 8-1-12　2013 年一号煤矿第三届人才科技大会获奖项目表

序号	科技项目名称	主要完成人	荣获奖项
1	综掘工作面围岩控制支护技术与装备	唐恩贤　宋老虎　范京道　李孝波　袁建平　符大利　张建彬　周占民　王建东　杨宗义　王丽非　黄维明　何勇义　刘　洋　李海峰	陕煤集团科技进步一等奖 黄陵矿业公司科技进步一等奖
2	黄陵一号煤矿洗煤厂升级改造技术研究与应用	缑新学　唐恩贤　徐建军　袁建平　曹卫东　柴东风　陈　锋　赵　荣　苗忠礼　赵　刚	陕煤集团科技进步三等奖 黄陵矿业公司科技进步二等奖
3	一号煤矿除尘风机的研究与应用	袁建平　何勇义　符大利　张玉良	黄陵矿业公司科技进步三等奖

表 8-1-12（续）

序号	科技项目名称	主要完成人	荣获奖项
4	一号煤矿九鼎文化的探索与实践	唐恩贤 韩华东 张建彬 袁建平 马玉军 黄维明 雷 达 任俊平 王爱军 缑新学 卫庆华 王 霞	黄陵矿业公司软科技进步三等奖
5	黄陵一号煤矿支护技术研究	黄维明 唐恩贤 毛明仓 张建彬 王建东 焦稳锋 刘 洋 王 飞 袁亚文	黄陵矿业公司科技进步优秀奖
6	一号煤矿皮带运输机驱动冷却软化系统应用研究	袁建平 唐恩贤 何勇义 贾志文 符大利 武俐杰 王 波	黄陵矿业公司科技进步优秀奖
7	黄陵一号煤矿辅助运输系统技术改造	唐恩贤 毛明仓 黄维明 王怀平 张建彬 王建东 焦稳锋 刘 洋 王 飞 袁亚文	一号煤矿科技进步一等奖
8	黄陵一号煤矿综采工作面顺槽辅助运输设备研制	唐恩贤 袁建平 张建彬 黄维明 王建东 何勇义 贾志文 符大利	一号煤矿科技进步二等奖
9	黄陵一号煤矿监测监控、自动风门双电源技术改造	袁建平 何勇义 刘茂荣 符大利 宋奇波 张玉良	一号煤矿科技进步二等奖
10	一号煤矿防底鼓技术研究	黄维明 唐恩贤 毛明仓 张建彬 王建东 焦稳锋 刘 洋 王 飞 袁亚文	一号煤矿科技进步优秀奖
11	高瓦斯矿井无线通讯技术研究应用	范京道 唐恩贤 薛志杰 袁建平 刘茂荣 符大利 郭 俊	一号煤矿科技进步优秀奖
12	黄陵一号煤矿四号风井地面控制网建设	黄维明 赵 平 王继来 卫永锋 向 利 刘 瑞	一号煤矿科技进步优秀奖
13	一号煤矿本质安全文化	齐安民 孙延峰 卫庆华 王 霞	一号煤矿科技进步优秀奖

一号煤矿第三届人才科技大会科技创新先进集体6个，即抽放队、综采一队、运输队、选煤厂、综采三队、机电部；一号煤矿第三届人才科技大会科技创新先进个人6名，即符大利、袁亚文、曾凡忠、付天河、王云华、牛占海，详见表8-1-13、表8-1-14。

表 8-1-13　2013 年一号煤矿第三届人才科技大会优秀科技论文表

序号	论文名称	作者	发表期刊
1	永久避难硐室在一号煤矿井下的设计与应用	毛明仓	《陕西煤炭》
2	黄陵一号煤矿煤巷综掘快速掘进技术实践	王建东 时战峰	《陕西煤炭》
3	黄陵一号煤矿瓦斯治理技术优化与应用	陈泽雄	《内蒙古煤炭经济》
4	福伊特技术在黄陵一号煤矿的应用和改进	符大利	《内蒙古煤炭经济》

表 8-1-13（续）

序号	论文名称	作者	发表期刊
5	浅谈煤矿能效管理系统的应用	张玉良 袁建平 符大利	《内蒙古煤炭经济》
6	高位钻孔参数与瓦斯抽放效果关系的探究	付天河	《内蒙古煤炭经济》
7	浅析煤矿采掘技术的改造思路	焦稳锋	《内蒙古煤炭经济》
8	关于如何衡量矿井通风难易程度的探讨	李龙国	《内蒙古煤炭经济》
9	马丽散注浆密闭技术在黄陵矿业一号煤矿回风巷密闭中的应用	吴渭涛	《科技与企业》
10	煤矿综掘机械设备维修中的故障诊断技术分析	贾志文	《大科技》
11	陕西陕煤黄陵矿业公司一号煤矿数字化矿山安全生产自动化系统研究	刘茂荣 韦晓虎 郭 俊	中国煤炭工业协会三等奖
12	一号煤矿上隅角瓦斯防治技术	郭彬彬	《内蒙古煤炭经济》
13	U 型通风方式采煤面上隅角瓦斯积聚分析与处理方法	钱竹响	《内蒙古煤炭经济》
14	双巷掘进在黄陵一号煤矿的应用	任 超 贾 毅	《华东科技》
15	浅谈煤矿企业精细化管理模式	井振强	《大科技》

表 8-1-14 2013 年一号煤矿获陕西省职工科技创新成果奖表

序号	项目名称	参与人员	获得奖项
1	循环水改造	刘 鹏 闫国锋 曾凡忠 卞新华 王建东	陕西省首届科技节节能减排创意大赛银奖
2	福伊特技术的改进	符大利	陕西省首届职工优秀发明创新成果铜奖
3	打孔强制放顶技术	王建东 焦稳锋 高海超	陕西省首届职工优秀发明创新成果铜奖
4	修立柱专用工具	仲照海 符大利 王五洲 杨先锋	陕西省首届职工优秀发明创新成果铜奖
5	胶带运输机控制改造	王云华 宋子堂 宋子立	陕西省首届职工优秀发明创新成果铜奖
6	铁质风筒导向器	武光富 程建军 范东坡 吴渭涛	陕西省首届职工优秀发明创新成果铜奖
7	自动上水装置	李成西 陈建华 张玉良 黄建军 常李军	陕西省首届职工优秀发明创新成果铜奖
8	热交换器除垢酸洗装置	叶松山	陕西省首届职工优秀发明创新成果铜奖
9	水瓣改造	贾尚军	陕西省首届职工优秀发明创新成果铜奖
10	管线挂钩改造	何勇义 贾志文 符大利	陕西省首届职工优秀发明创新成果铜奖
11	高起控制器改造	褚建勇 宁寇平 武俐杰 王文仓	陕西省首届职工优秀发明创新成果铜奖
12	机车进气系统改造	任德全	陕西省首届职工优秀发明创新成果铜奖
13	给煤机耐磨条改造	冯文波 褚建勇 李道君 宗元明 牛占海	陕西省首届职工优秀发明创新成果铜奖
14	排矸车遮挡盖板改造	曲黎明	陕西省首届职工优秀发明创新成果铜奖
15	放水器改造	曾凡忠 刘永军 段建国	陕西省首届职工优秀发明创新成果铜奖

2015年10月29日，一号煤矿召开了第四届人才科技大会，2013—2014年获得上级单位奖励的科技项目12项，专利18项。对2013—2014年度科技创新先进集体、先进个人、优秀科技项目、优秀科技论文进行表彰奖励，共评出优秀科技项目4项（不含公司已表彰奖励项目），科技创新先进集体4个，科技创新先进个人6名，优秀科技论文28篇。

一号煤矿第四届人才科技大会科技创新先进集体4个，即机电部、生产部、皮带队、机电队；一号煤矿第四届人才科技大会科技创新先进个人6名，即张玉良、焦稳锋、付天河、李龙国、牛占海、张志，详见表8-1-15、表8-1-16。

表8-1-15 2015年一号煤矿第四届人才科技大会优秀科技项目表

序号	科技项目名称	主要完成人	荣获奖项
1	国产装备智能化无人开采技术研究与应用	范京道 师永贵 唐恩贤 梁 平 袁建平 毛明仓 徐建军 张大勇 黄维明 王怀平 符大利 王建东 曲志欣 张玉良 宋建友 高海超 李 悬 袁亚文 沈 超 王 飞	陕煤集团科技进步一等奖 黄陵矿业公司科技进步特等奖
2	煤矿开采抑尘技术研究	李双民 毛明仓 黄维明 陈泽雄 李 川 钱竹响 付天河	陕煤集团科技进步二等奖 黄陵矿业公司科技进步二等奖
3	煤矿疏干水复用技术研究与应用	徐建军 毛明仓 薛治杰 赵小兵 刘海东 盖 婧 柴东风	黄陵矿业公司科技进步二等奖
4	黄陵一号煤矿选煤厂粗煤泥处理及中研分离技术改造	毛明仓 缑新学 符大利 郭锋涛 何 晨	黄陵矿业公司科技进步二等奖
5	综采工作面快速安装、回撤工艺研究与应用	毛明仓 徐建军 张大勇 沈亚洲 王建东 符大利 焦稳锋 王绪强 鲁 军 袁亚文	黄陵矿业公司科技进步三等奖
6	1140V防爆变频装置在大皮带运输机上的应用	袁建平 徐建军 符大利 贾志文 张玉良 王 波	黄陵矿业公司科技进步三等奖
7	一号煤矿四号风井小窑破坏区老窑水与瓦斯超前探测与防治技术	黄维明 陈泽雄 王继来 向 利 付天河	黄陵矿业公司科技进步三等奖
8	一号煤矿党建质量管理信息网建设探索与研究	毛明仓 马玉军 杨建奇 李道君 王 霞 张 英 张 鹏 李小艳 赵益勋	黄陵矿业公司软科学优秀研究成果三等奖
9	黄陵一号煤矿槽波探测技术应用	赵 平 黄维明 王继来 向 利	黄陵矿业公司科技进步优秀奖
10	一号煤矿选煤厂仓下瓦斯治理	黄维明 缑新学 陈泽雄 柴东风 钱竹响	黄陵矿业公司科技进步优秀奖
11	矿井安全监测系统远距离供电与传输的研究与应用	袁建平 毛明仓 黄维明 刘茂荣 韦晓虎 朱元军	黄陵矿业公司科技进步优秀奖

表 8-1-15（续）

序号	科技项目名称	主要完成人	荣获奖项
12	一号煤矿通风系统优化	李双民 毛明仓 黄维明 陈泽雄 钱竹响 付天河	黄陵矿业公司科技进步优秀奖
13	一号煤矿八盘区三维地震勘探	黄维明 毛明仓 马玉军 赵 平 王建东 王继来 向 利 袁亚文	一号煤矿科技进步优秀奖
14	一号煤矿 KJ95N 安全监控系统改造	毛明仓 徐建军 刘茂荣 韦晓虎 郭 俊 朱元军	一号煤矿科技进步优秀奖
15	水文多参数动态监测预警系统	毛明仓 赵 平 王继来 卫永锋 向 利	一号煤矿科技进步优秀奖
16	回采巷道收敛规律研究及支护参数优化	毛明仓 黄维明 王建东 焦稳锋 袁亚文 贾 毅	一号煤矿科技进步优秀奖

表 8-1-16 2015 年一号煤矿第四届人才科技大会优秀科技论文表

序号	论 文 题 目	发表期刊	第一作者
1	适应形势统筹施策推进煤炭企业安全稳定发展	《中国煤炭工业》	毛明仓
2	TBS 干扰床分选机在黄陵一号煤矿选煤厂的应用	《煤质技术》	缑新学
3	逐梦之旅——陕西陕煤黄陵矿业一号煤矿智能化无人综采工作面建设纪实	《中国煤炭工业》	杨建奇
4	国产装备在黄陵矿业的无人化开采应用	《煤矿机电》	符大利
5	回采巷道收敛规律及支护优化研究	《陕西煤炭》	王建东
6	煤矿井下换装系统优化技术研究与应用	《内蒙古煤炭经济》	袁亚文
7	四盘区探巷机头硐室施工方案优化研究	《内蒙古煤炭经济》	贾 毅
8	如何提升煤矿基层党员自身修养之我见	《企业文化》	赵 萌
9	浅谈新形势下煤炭企业工会服务型建设	《商情》	赵 萌
10	浅谈煤矿环保工作面的构建与推动	《中国经贸》	范建军
11	新风井投运后风井的合理应用分析	《工程技术》	钱竹响
12	黄陵矿区瓦斯抽放效果评价研究与应用	《工程技术》	付天河
13	煤矿开采抑尘技术在黄陵一号煤矿的应用	《科技展望》	丁志超
14	浅谈自动化装备在较薄煤层综采工作面的应用	《工程技术》	高海超
15	超前支架在一号煤矿自动化综采工作面的应用	《工程技术 2015 年》	王 飞
16	关于煤矿工程采矿技术与施工安全管理的研究	《科学时代》	杨晓勇
17	浅谈掘进工作面水害防治措施	《山东煤炭科技》	成 飞
18	浅谈煤矿井下瓦斯抽采钻孔施工技术	《科技风》	董亚楠
19	论如何做好现代化矿井通风安全管理工作	《科技风》	李龙国
20	黄陵一号煤矿瓦斯治理信息化建设	《陕西省煤炭学会》	李龙国

表 8-1-16（续）

序号	论 文 题 目	发表期刊	第一作者
21	煤矿通风系统安全问题及稳定性探讨	《科技风》	荀敏敏
22	综合机械化掘进施工工艺优化方案	《科技风》	刘建纯
23	浅谈巷道的快速掘进与偏帮煤的控制	《科技风》	任 超
24	浅析煤矿企业如何做好节本降耗提质增效	《内蒙古科技与经济》	沈 超
25	浅谈井下无轨胶轮车的管理与维护	《科技风》	谢 帅
26	确保煤矿安全生产的措施分析	《科技风》	李厚泽
27	煤矿皮带机常见故障分析及处理方法浅谈	《科技风》	易 辉
28	浅谈皮带巷煤尘的防治方法及皮带机机架的改造	《科技风》	牛占海

2017 年 10 月 25 日，一号煤矿召开了第五届人才科技大会，表彰了 2015—2016 年科技创新先进集体 5 个、优秀科技工作者 9 名、优秀科技项目 9 项、优秀专利 12 项（其中发明专利 1 项、实用新型专利 11 项）、优秀论文 86 篇、优秀全员创新成果 37 项（其中特等奖 1 项、一等奖 2 项、二等奖 4 项、三等奖 8 奖、优秀奖 22 项）。科技创新先进集体 5 个，即机电部、生产部、选煤厂、综采一队、抽放队；一号煤矿第五届人才科技大会优秀科技工作者 9 名，即李悬、袁亚文、何晨、薛振江、张志、付天河、董亚楠、贾毅、苟敏，详见表 8-1-17 至表 8-1-19。

表 8-1-17 2017 年一号煤矿第五届人才科技大会优秀全员创新成果表

序号	项目名称	参与人员	选送单位	评定奖项
1	智能化工作面采煤机和支架协同跟机工艺改进	符大利 李 悬 马 骋 宋昊壕 宋 焘 贾志文 李成西 白建军 赵占英 张 志 薛振江 薛新敏	机电部	特等奖
2	选煤厂刮板输送机分煤入洗末端故障不停产辅助工艺	缑新学 郭锋涛 何 晨 赵 荣	选煤厂	一等奖
3	综采面超前支架供液管路设计优化	符大利 徐建军 张玉良 李 悬 马 骋 宋昊壕 宋 焘 张 志 鲁学利	机电部	一等奖
4	主胶带运输系统远程集控优化方案	符大利 刘茂荣 郭 俊 牛占海 李立军 韦晓虎 朱元军	信息部	二等奖
5	洗煤用水补加工艺	缑新学 符大利 刘保卫 赵 荣 何 晨 上海涛 石建军 李王健 蒋百灵 高海军	选煤厂	二等奖
6	多功能车发动机排气支管改造	李小亮 鲁 军 吕 璐	准备队	二等奖
7	双巷掘进通风联巷优化设计	王建东 焦稳锋 袁亚文 钱竹响	生产部 通风部	二等奖
8	封闭溜子道减少系统漏风技术	王建东 陈泽雄 付天河 杨晓勇 王军峰 苟 敏	通风部 掘进四队 通风队	三等奖

表 8-1-17（续）

序号	项目名称	参与人员	选送单位	评定奖项
9	支架电液控远程控制升级	李 悬 马 骋 宋昊壕 宋 焘	机电部	三等奖
10	三号风井瓦斯泵站循环水改造	符大利 陈泽雄 李成西 付天河 王玉君 刘 鹏 段延安 潘新建 曾繁忠 蔡永祥	机电部 通风部 抽放队	三等奖
11	多功能电器试验平台	李东升 武俐杰 张小卫 张同群 冯艳军	机修车间	三等奖
12	双向硫化快速更换主运输胶带施工工艺	牛占海 符大利 贾志文 王 波 易 辉	皮带队 机电部	三等奖
13	一键启停随动视频安全确认系统研究与应用	符大利 张玉良 贾志文 李 悬 马 骋 宋昊壕 宋 焘	机电部	三等奖
14	采煤机视频监控画面优化	严后水	综采一队	三等奖
15	顶板岩层瓦斯抽放工艺及瓦斯、水治理装置设计	付天河 王 钢 高 亮 王 军	通风部 掘进三队 抽放队	三等奖
16	切眼一次巷快速掘进技术	王建东 焦稳锋 刘 洋 高健铭 王绪强	生产部 掘进一队	优秀奖
17	进风顺槽开口优化方案	王建东 焦稳锋 袁亚文 贾 毅	生产部	优秀奖
18	锚索盘综合抓钩	武俐杰 李东升 肖先锋	机修车间	优秀奖
19	支架液压系统改造	符大利 李 悬 马 骋 宋昊壕 宋 焘 张 志 白建军 薛新敏 薛振江	机电部 综采一队	优秀奖
20	高压柜拆卸螺栓专用工具	裴国胜 李成西 王玉君	机电队	优秀奖
21	装运系统堵车工艺改进	缑新学 任彦龙 郭锋涛 何 晨 冯文波 赵 荣 王云华 周 红	选煤厂	优秀奖
22	掘进面分掘分装工艺	王建东 贾 毅 焦稳锋 袁亚文 高健铭	生产部	优秀奖
23	井上下语音预警系统改造	李 悬	机电部	优秀奖
24	选煤厂超声雾化降尘系统改造	缑新学 钱竹响 郭锋涛 赵 荣 杨海荣 周 宏	选煤厂	优秀奖
25	采煤机地面远程控制系统改造	符大利 张玉良 贾志文 李 悬 马 骋 宋昊壕 宋 焘	机电部	优秀奖
26	液压支架配液板布置优化	赵占英 薛新敏 张 志 白建军	综采一队	优秀奖
27	钢材多功能切割平台	武俐杰 李东升 王文献	车间	优秀奖
28	远程供液控制系统信息共享开发应用	薛振江 赵占英 张 志 薛新敏 陈 博	综采一队	优秀奖

表 8-1-17（续）

序号	项目名称	参与人员	选送单位	评定奖项
29	多路集线器	朱元军 齐雪峰 李 权 李立军	信息部	优秀奖
30	采煤机编码器位置改造	徐建军 符大利 张玉良 李 悬 马 骋 宋昊壕 宋 焘	机电部	优秀奖
31	一号煤矿生产系统数据库	孙 飞 刘茂荣 韦晓虎 朱元军	信息部	优秀奖
32	加压过滤机下闸板接近开关改造	冯文波 王云华 杜玉红 崔 龙	选煤厂	优秀奖
33	絮凝剂自动加药系统传感器改造	杜玉红 王云华 何 晨 谭俊青	选煤厂	优秀奖
34	八盘区瓦斯抽放系统改造	陈泽雄 曾繁忠 钱竹响	通风部 抽放队	优秀奖
35	四盘区探巷机头硐室开口及贯通方案	王建东 焦稳锋 高 亮 贾 毅	生产部	优秀奖
36	北一北二测量系统定位联测	王继来 向 利 刘 瑞	地测部	优秀奖
37	超前支架前梁起架装置	张胜利 穆云喜	综采三队	优秀奖

表 8-1-18 2017 年一号煤矿第五届人才科技大会优秀科技项目表

序号	项目名称	主要完成人	奖励等级
1	中厚煤层国产综采装备智能化无人开采技术研究与应用	范京道 师永贵 唐恩贤 梁 平 毛明仓 徐建军 袁建平 符大利 张大勇 曲志欣 张玉良 李 悬 白建军 刘茂荣 马 骋 宋昊壕 宋 焘 宋建友 鲁学利 张 志	一等奖
2	中厚煤层智能化综采工作面超前支护装备技术研究与应用	毛明仓 徐建军 袁建平 王怀平 黄维明 符大利 张大勇 张玉良 李 悬 曲志欣 马 骋 宋昊壕 宋 焘 张胜利 白建军	一等奖
3	矿井综合防尘达标关键技术及装备研究	陈泽雄 唐恩贤 毛明仓 黄维明 李双民 王建东 付天河 钱竹响 高 亮 李 川 郭彬彬 丁志超	二等奖
4	矿井老窑水综合防治技术研究	毛明仓 黄维明 赵 平 王建东 徐建军 王继来 卫勇锋 向 利 韩长路	二等奖
5	黄陵一号煤矿选煤厂设计多套系统入洗末端故障不停产工艺的研究	毛明仓 缑新学 徐建军 何 晨 郭锋涛	三等奖
6	黄陵一号煤矿选煤厂浮选药剂自动添加系统的研究及应用	毛明仓 缑新学 何 晨 郭锋涛	三等奖
7	黄陵一号煤矿选煤厂粉尘综合治理项目	毛明仓 徐建军 缑新学 郭锋涛 何 晨	三等奖
8	煤矿井下材料换装系统优化	毛明仓 张大勇 王建东 黄维明 符大利 焦稳锋 袁亚文 梁 林	优秀奖
9	“351”班组长管理模式	马玉军 杨建奇 李道君 赵益勋 董 涛	优秀软科学成果

表 8-1-19 2017 年一号煤矿第五届人才科技大会优秀科技论文表

序号	论 文 题 目	第一作者	所在单位	发表年份
1	适应形势统筹施策推进煤炭企业安全稳定发展	毛明仓	办公室	2015
2	“五精”岗位（现场）创建的实践与思考	马玉军	办公室	2015
3	国产装备在黄陵矿业的无人化开采应用	符大利	办公室	2015
4	煤矿综采工作面集成供液系统的应用	符大利	办公室	2016
5	回采巷道收敛规律及支护优化研究	王建东	办公室	2015
6	逐梦之旅——陕西陕煤黄陵矿业一号煤矿智能化无人综采工作面建设纪实	杨建奇	办公室	2015
7	创新管理方法筑牢安全生产立体防线	杨建奇	办公室	2016
8	推行公推公选深化企业班组建设	杨建奇	办公室	2016
9	TBS 干扰床分选机在黄陵一号煤矿选煤厂的应用	缑新学	办公室	2015
10	浮选自动加药系统在黄陵一号煤矿选煤厂的应用	缑新学	办公室	2016
11	黄陵一号煤矿安全绩效量化考核体系浅析	刘永亮	安监部	2016
12	试析如何用思想政治工作做好煤炭企业的行政管理	张 鹏	办公室	2016
13	如何提升煤矿基层党员自身修养之我见	赵 萌	办公室	2015
14	办公自动化系统在煤炭企业管理中的应用	赵 萌	办公室	2016
15	浅谈提高煤矿经济效益的措施	焦稳锋	生产部	2016
16	煤矿工程采矿技术和施工安全管理	高健铭	生产部	2015
17	浅谈四盘区灾害治理探查巷隐蔽致灾因素的探查及防控措施	高健铭	生产部	2016
18	黄陵一号煤矿安全生产中避峰填谷、节约用电存在的问题及优化方案	李亚斌	生产部	2016
19	大断面切眼煤机窝子施工工艺优化	梁 林	生产部	2016
20	弧形锚索梁在斜井过薄煤层中的应用	梁 林	生产部	2016
21	煤矿井下换装系统优化技术研究与应用	袁亚文	生产部	2015
22	浅谈煤矿安全质量标准化管理体系	王 飞	生产部	2016
23	综采工作面快速安装回撤新工艺的研究与应用	王绪强	生产部	2016
24	刮板输送机中部槽失效分析及改进	李 悬	机电部	2015
25	浅谈煤矿机电安全管理与执行力	李 悬	机电部	2016
26	综采工作面智能化超前支护装备研究与应用	马 骋	机电部	2016
27	视频监视系统在综采工作面的应用	宋昊壕	机电部	2016
28	浅析一号煤矿煤质管理	任永峰	调度室	2016
29	煤矿开采抑尘技术在黄陵一号煤矿的应用	丁志超	通风部	2015
30	煤尘防治技术在黄陵一号煤矿应用性研究	丁志超	通风部	2016
31	黄陵矿区瓦斯抽放效果评价研究与应用	付天河	通风部	2015
32	黄陵一号煤矿瓦斯治理“抽采达标”	高 亮	通风部	2016
33	新风井投运后风井的合理应用分析	钱竹响	通风部	2015
34	自动化控制技术在煤矿通风系统中的应用	郭 俊	信息部	2016
35	基于 KJ69J 人员定位系统的车辆调度系统设计	孙 飞	信息部	2015

表 8-1-19（续）

序号	论 文 题 目	第一作者	所在单位	发表年份
36	工业以太网技术在煤矿集中监测监控管理系统中的应用	孙 飞	信息部	2016
37	一号煤矿安全监测系统的频率信号研究与应用	朱元军	信息部	2015
38	煤矿安全监测监控系统存在的问题及解决策略	朱元军	信息部	2016
39	煤炭企业未来发展趋势研究	杨晓晔	财务部	2015
40	提升外协队伍管理水平助推矿井安全生产	李小艳	党群部	2016
41	煤炭行业加强班组建设的实践与创新	张 英	党群部	2015
42	把纪律挺在前面，正确处理纪律检查和企业监察的关系	张 英	党群部	2016
43	煤炭企业如何在新常态下做好思想政治工作	赵益勋	党群部	2016
44	黄陵一号煤矿四号风井地面控制网的建立	刘 瑞	地测部	2015
45	黄陵一号煤矿开采沉陷成果应用的可靠性分析	刘 瑞	地测部	2016
46	水文在线监测预警系统在黄陵一号煤矿的实践应用	向 利	地测部	2016
47	浅谈经济效益下行现代煤矿企业如何做好物资供应管理	井振强	供应部	2016
48	浅谈煤矿环保工作面的构建与推动	范建军	行政部	2015
49	岗位价值精细化管理在企业管理中的应用探讨	岳 丽	企管部	2015
50	煤矿人力资源管理与职工思想工作融合的几点建议	闫 东	人力资源部	2016
51	回采巷道底鼓的形变分析及处理方法	陈 博	综采一队	2015
52	中厚煤层综采工作面液压支架的监测与管理	陈 博	综采一队	2016
53	浅谈超前支护支架在综采工作面使用的优势	薛振江	综采一队	2015
54	浅谈智能化工作面的优势与目前存在的缺陷	薛振江	综采一队	2016
55	浅谈自动化装备在较薄煤层综采工作面的应用	高海超	综采三队	2015
56	综采工作面超前支护方式对比浅析	高海超	综采三队	2016
57	四盘区探巷机头硐室施工方案优化研究	贾 毅	综采三队	2015
58	超前支架在一号煤矿自动化综采工作面的应用	王 飞	综采三队	2015
59	综采工作面减速器产生故障的原因及对策分析	王 飞	综采三队	2016
60	浅谈如何做好综采设备的安装、回撤工作	吕 璐	准备队	2015
61	煤矿井下无轨胶轮车辅助运输系统研究	吕 璐	准备队	2016
62	浅析充填、注浆堵水技术在一号煤矿的应用	刘 洋	掘进一队	2016
63	回采巷道大跨度切眼施工与支护技术应用	赵 群	掘进一队	2015
64	煤矿掘进通风技术分析与应用	冒薛清	掘进三队	2015
65	煤巷快速掘进技术研究	冒薛清	掘进三队	2016
66	煤矿巷道掘进施工及支护技术探讨	闫蹬杭	掘进三队	2016
67	浅谈掘进工作面水害防治措施	成 飞	掘进四队	2015
68	如何打造煤矿成长型班组	成 飞	掘进四队	2016
69	关于煤矿工程采矿技术与施工安全管理的研究	杨晓勇	掘进四队	2015

表 8-1-19（续）

序号	论 文 题 目	第一作者	所在单位	发表年份
70	综合机械化掘进施工工艺优化方案	刘建纯	掘进五队	2015
71	浅谈巷道的快速掘进与偏帮煤的控制	任 超	掘进五队	2015
72	黄陵一号煤矿掘前预抽瓦斯技术应用	任 超	掘进五队	2016
73	浅谈煤矿井下变电所无人值守的运行与管理	张 毅	机电队	2016
74	浅谈皮带巷煤尘的防治方法及皮带机机架的改造	牛占海	皮带队	2015
75	浅谈煤矿井下瓦斯抽采钻孔施工技术	董亚楠	抽放队	2015
76	瓦斯抽采高效负压自动放水装置	段延安	抽放队	2016
77	煤矿压风打钻工艺浅谈	金 辉	抽放队	2016
78	煤矿皮带机常见故障分析及处理方法浅谈	易 辉	皮带队	2015
79	钢丝绳芯输送带接头热硫化工艺的探讨	易 辉	皮带队	2016
80	煤矿通风系统安全问题及稳定性探讨	荀敏敏	通风队	2015
81	论如何做好现代化矿井通风安全管理工作	李龙国	通风队	2015
82	关于影响煤矿通风安全控制的因素探讨	李龙国	通风队	2016
83	黄陵一号煤矿选煤厂煤泥水处理系统的优化改造	郭锋涛	选煤厂	2015
84	ExcelVBA 在考核统计中的应用	杨忠烽	选煤厂	2016
85	浅谈井下无轨胶轮车的管理与维护	谢 帅	运输队	2015
86	浅谈基层党组织在班组建设中的作用	张海斌	运输队	2016

第五节 技 术 专 利

2012 年，一号煤矿开始对一些项目进行专利申请。截至 2019 年底，共有 69 项创新成果获得国家专利机关批复，其中发明专利 6 项，实用新型专利 63 项。2012—2019 年一号煤矿职工发明专利见表 8-1-20。

表 8-1-20 2012—2019 年一号煤矿职工发明专利表

序号	专利号	专利名称	专利类型	完成单位	发明人
1	ZL201220471542. 3	一种用于煤矿千米钻机的集中排水及瓦斯防突装置	实用新型	一号煤矿	付天河 段延安
2	ZL201220471469. X	一种煤矿千米钻孔放水器	实用新型	一号煤矿	闫国锋 付天河
3	ZL201220470650. 9	一种煤矿瓦斯泵站气水分离器	实用新型	一号煤矿	曾繁中 付天河
4	ZL201220471553. 1	一种煤矿瓦斯管道防回气装置	实用新型	一号煤矿	王爱军 闫国锋 曾繁中
5	ZL201220471552. 7	一种煤矿用风筒导向器	实用新型	一号煤矿	武光富 程建军 范东坡
6	ZL201220471467. X	一种煤矿用掘进辅助装置	实用新型	一号煤矿	刘永军
7	ZL201220470649. 6	拐角离合器支架	实用新型	一号煤矿	任德全 陈治安

表 8-1-20（续）

序号	专利号	专利名称	专利类型	完成单位	发明人
8	ZL201220470353.4	胶带运输机高压控制装置	实用新型	一号煤矿	王云华 宋子堂 宋子立
9	ZL201220470648.1	一种煤矿用降阻式风桥	实用新型	一号煤矿	黄维明 李龙国 陈泽雄
10	ZL201220470354.9	矿用馈电开关安全闭锁装置	实用新型	一号煤矿	符大利 张 勇
11	ZL201220470355.3	一种轨道阻车器	实用新型	一号煤矿	吴太平
12	ZL201220471554.6	液压支架立柱修理工具	实用新型	一号煤矿	符大利
13	ZL201220471766.4	矿用防尘网	实用新型	一号煤矿	牛占海 褚建勇 武俐杰
14	ZL201220471767.9	综采工作面上隅角埋管自移系统	实用新型	一号煤矿	张胜利
15	ZL201220470788.9	一种煤矿用连接卡	实用新型	一号煤矿	钱竹响 王胜利
16	ZL201220471585.1	车辆方向转向销轴拆装工具	实用新型	一号煤矿	文有民
17	ZL201220470789.3	跳汰机闸板辅助动作装置	实用新型	一号煤矿	赵 荣 宋子立 李立军
18	ZL201220471143.7	自动风门油泵	实用新型	一号煤矿	高 亮 王胜利 贺志军
19	ZL201420800516.X	一种煤矿高负压大流量卧式自动排渣放水器	实用新型	一号煤矿	王爱军 曾繁中
20	ZL201420786178.9	一种检修支架	实用新型	一号煤矿	米 文 王玉君 裴国胜
21	ZL201420800647.8	一种煤矿瓦斯钻孔综合参数测定仪	实用新型	一号煤矿	陈泽雄 钱竹响 付天河
22	ZL201420800517.4	一种煤矿用采掘移动油脂车	实用新型	一号煤矿	符大利
23	ZL201420823506.8	一种煤矿用给煤机锁扣	实用新型	一号煤矿	牛占海 张 毅 宁寇平 梁晓春 沈 超
24	ZL201420800941.9	一种煤矿用煤仓悬空观察检修平台	实用新型	一号煤矿	牛占海 张 毅 宁寇平 梁晓春 沈 超
25	ZL201420800665.6	一种煤矿用清煤平台	实用新型	一号煤矿	牛占海 张 毅 宁寇平 梁晓春 沈 超
26	ZL201420786073.3	一种煤矿用洗车池	实用新型	一号煤矿	袁亚文 任 超 王建东
27	ZL201420800518.9	一种煤矿用远程供液泵站过滤装置	实用新型	一号煤矿	徐建军 符大利 张玉良
28	ZL201420800942.3	一种煤矿用综采工作面强制放顶孔构造	实用新型	一号煤矿	王建东 焦稳锋 高海超 袁亚文
29	ZL201420801182.8	一种皮带架耳子装置	实用新型	一号煤矿	牛占海 张 毅 宁寇平 梁晓春 沈 超
30	ZL201420784820.X	一种水仓多路来水集中缓冲装置	实用新型	一号煤矿	陈建华 王玉君 李成西
31	ZL201420801020.4	一种用于给煤机皮带运输的耐磨机架	实用新型	一号煤矿	牛占海 张 毅 宁寇平 梁晓春 沈 超
32	ZL201420784635.0	一种自救器打号机	实用新型	一号煤矿	刘宝宝 李成西 胡顺庆
33	ZL201620649891.8	一种超前支护支架	实用新型	一号煤矿	赵占英 张 志 王五洲 冒薛清

表 8-1-20（续）

序号	专利号	专利名称	专利类型	完成单位	发明人
34	ZL201620651471.3	一种煤矿掘进胶带机机头架	实用新型	一号煤矿	袁建平 符大利 贾志文 李 悬 李永浩
35	ZL201620648977.9	一种可调节扭矩扳手	实用新型	一号煤矿	裴国胜 王玉君 胡顺庆
36	ZL201620678742.4	一种采煤机地面远程控制系统	实用新型	一号煤矿	李 悬 张玉良 宋 涛
37	ZL201620643184.8	一种超前支护支架防钻底导向滑动装置	实用新型	一号煤矿	赵占英 张 志 白建军 薛振江
38	ZL201620679407.6	一种超前支架远程控制系统	实用新型	一号煤矿	张玉良 李 悬 马 骋
39	ZL201620648399.9	一种减震弹簧钢板总成安装压力架	实用新型	一号煤矿	李 鑫 孙振发 冯世鹏 张 旭 谢 帅
40	ZL201620687240.8	一种胶带运输机	实用新型	一号煤矿	李 站 刘宏志 任 伟 罗 森 朱克强
41	ZL201620651474.7	一种煤矿用闭锁装置	实用新型	一号煤矿	张 志 赵占英 白建军
42	ZL201620642441.6	一种细粒煤泥的脱水设备	实用新型	一号煤矿	缑新学 何 晨 郭锋涛
43	ZL201620643218.3	一种用于压风自救装置的气水分离器	实用新型	一号煤矿	王忠实 杨晓勇 成 飞
44	CN105089667A	薄煤层智能化采煤工艺	发明专利	一号煤矿	毛明仓 徐建军 符大利 杨士军 孙永锋
45	CN106401585A	一种基于采煤机和支架协同控制的记忆割煤控制方法	发明专利	一号煤矿	范京道 张 良 徐建军 黄曾华 刘 清 李重重 李沛轩 张科学 李 悬 马 骋 宋昊壕 宋 焘
46	CN106321145A	一种基于电液控制系统扩展的转载机自移控制系统及方法	发明专利	一号煤矿	范京道 李首滨 符大利 王 峰 王旭鸣 李 悬 张玉良 刘 清 张科学 宋昊壕 马 骋 宋 焘
47	201811149705.4	一种煤矿用穿越老窑采空区的支护结构及其支护方法	发明专利	一号煤矿	毛明仓 王建东 焦稳锋 刘 洋 袁亚文 高健铭
48	201810444060.0	综采工作面端头异型支护设备	发明专利	一号煤矿	符大利 毛明仓 李 悬 曹 伟 杨宏光 马 骋 宋 焘 宋昊壕
49	201811013056.5	粗精煤离心液、筛下水开路回收工艺	发明专利	一号煤矿	何 晨 郭锋涛 赵 荣 石建军 蒋百灵
50	ZL201720783510.X	一种用于快速更换皮带托辊的辅助装置	实用新型	一号煤矿	易 辉 符大利 孙海勇
51	ZL201720850137.5	一种煤矿钻机水变自卸自锁装置	实用新型	一号煤矿	王 军 董亚楠
52	ZL201720850144.5	一种选煤自动加药机的探杆	实用新型	一号煤矿	王云华 杜玉红
53	ZL201720872144.5	一种多功能电器测试装置	实用新型	一号煤矿	李东升 徐胜利
54	ZL201720871443.7	一种多功能切割装置	实用新型	一号煤矿	李东升 冯艳军

表 8-1-20（续）

序号	专利号	专利名称	专利类型	完成单位	发明人
55	ZL201720893192. 2	一种瓦斯钻孔煤层注水装置	实用新型	一号煤矿	王建东　付天河　钱竹响
56	ZL201720893190. 3	一种伞檐处理工具	实用新型	一号煤矿	闫蹬杭　吴学明
57	ZL201720893180. X	一种离心机筛篮	实用新型	一号煤矿	缑新学　赵　荣
58	ZL201720891897. 0	一种单轨吊千斤顶装置	实用新型	一号煤矿	白建军　陈　博
59	ZL201720893186. 7	一种组装式挡煤板	实用新型	一号煤矿	毛明仓　易　辉　牛占海
60	ZL201720793837. 5	一种用于法兰焊接的装置	实用新型	一号煤矿	李东升
61	ZL201720793877. X	一种用于起吊锚索盘的装置	实用新型	一号煤矿	李东升　武俐杰
62	ZL201820693266. 2	综采工作面端头异型支护设备	实用新型	一号煤矿	符大利　毛明仓　李　悬 马　骋　宋　焘　宋昊壕
63	ZL201821428178. 6	一种大倾角胶带运输机防煤块滚落装置	实用新型	一号煤矿	易　辉　宁寇平　尉亚兵
64	Z1201821426815. 6	一种煤矿用高位钻孔风动注浆装置	实用新型	一号煤矿	钱竹响　赵　刚　董亚楠
65	ZL201821421622. 1	一种胶带运输机抬高底座装置	实用新型	一号煤矿	王　波　贾志文　李成西 刘彦涛
66	ZL201821427073. 9	一种煤矿用闸阀扳手	实用新型	一号煤矿	张　毅　常李军　仲照军 丁四化
67	Z1201821432105. 4	新式清仓机	实用新型	一号煤矿	陈建华　陆金才　丁四化
68	Z1201821605394. 3	水仓煤泥水分离器	实用新型	一号煤矿	阎　鑫　任　超
69	Z1201821426936. 0	可调的多块同规格工件叠加打孔模具	实用新型	一号煤矿	张小卫　李东升

第二章　智能化矿井建设

第一节　矿井数字化建设

一、矿井数字化建设

2008 年以前，一号煤矿建设的井下主泵房控制系统、井下电力监控系统等安全检测监控自动化系统，实现了矿井底层设备、仪器仪表通过数据传输的自动化控制。但这些系统相对独立，无法实现集中控制，为了改变这一现象，2008 年，公司提出打造“数字黄陵矿区”的目标，委托北京北大青鸟商用信息系统有限公司西安分公司编制了《一号煤矿数字矿山矿井安全生产自动化系统具体规划》，规划围绕着“安全、高效、节能、环保”的企业总体发展要求，目标是实现生产作业可视化、生产过程自动化、安全监测数字化、企业管理信息化、信息管理集约化。其建设重点：通过自动化系统的建设，实现在调度指挥、井下各生产系统自动化控制，安全生产作业等方面提高矿井综合自动化管理水平，为井下生产无人值守提供条件可能；通过管理软件系统的建设，实现对井下各子系统的统一管理，统一软件平台，统一数据接口，达到数据共享，为生产决策提供支持；通过统一网络平台建设，实现集中控制，调度通信以及大屏显示系统的建设，为企业提供井下生产系统和辅助系统工作状况的实时动态显示；通过可视化管理，有效地降低安全事故的发生，充分利用现代 GIS 技术，为矿井生产管理提供直观有效的管理决策。

2008—2010 年，公司总投资 2900 万元，黄陵矿业公司率先在一号煤矿启动了数字化矿井建设。该项目由上海宝信软件股份有限公司承建，陕西赛威信息工程监理评测有限公司监测。综合数字化平台主要包括建设工业以太网系统、安全管理系统、数字化综合调度中心、安全监测监控子系统、视频监控及大屏幕显示系统、调度通信系统、六大系统组成了一体化监控软件平台。

2011 年 9 月，在一号煤矿选煤厂技改项目中，建成了选煤厂主厂房集控系统、绞车平煤系统、称重系统，实现了压滤机、煤仓、洗煤循环系统的管控称重的信息化应用。

2014 年，公司投资 1340 万元，对数字化矿山进行了再次升级。系统升级时，黄陵矿业公司本着“安全、可靠、经济、实用”的原则，将工业网络升级为万兆工业网络，同时增加带式输送机运输系统、井下变电所、水泵房、选煤厂远程控制系统，统一了通信与协作、实时数据获取模式、数据存储、编码、安全、审计管理机制，达到数据接口开放的原则。

2018 年底，一号煤矿根据黄陵矿业公司统一安排，由北京龙软科技有限公司承建，建立了安全信息共享平台，并于 2019 年 4 月完成项目实施。安全生产信息共享平台采用地理信息系统、云平台、大数据、物联网等信息技术，将矿井遥感影像导航、图件叠加显示、基础信息等直观展现在 GIS 一张图上，实现对矿井采掘工程、地质测量、防治水、“一通三防”、机电运输、监测监控、应急救援、安全风险、预测预警、气象信息等数据的在线监测和提醒功能，为管理层决策提供了依据。

二、井下工业以太网建设

一号煤矿井下工业以太网建设以《一号煤矿数字矿山矿井安全生产自动化系统具体规划》为指导，旨在保证自动化控制系统、工业电视监控系统、调度电话等系统接入工业以太环网进行协同，将控制、语音、视频等信息系统集成，提供基础网络平台。该系统由上海宝信软件股份有限公司承建，陕西赛威信息工程监理评测有限公司监测。网络系统均采用环间冗余耦合两级网络结构，网络系统在地面建立一个、井下建立两个环形的网络平台。地面，井下环网与调度中心网关交换机连接，最终形成一个冗余工业万兆主干、系统百兆接入的工业以太网络平台，并分别在地面调度中心、选煤厂调度室、风井和主斜井带式输送机调度室设置相应的配线机柜，其中调度中心的设备间作为所有子系统的主设备间，各个自动化子系统通过双绞线上联至万兆光纤主干，采用 24 芯单模光纤作为网络系统的主干，各子系统到网络节点交换机采用 4 芯单模光纤或超五类双绞线。以太网系统在调度中心安装 2 台赫斯曼 MACH4002-24G-L3P 以太环网网关交换机作为工业以太网的核心，2 台万兆以太网交换机互相备份，通过 Hiper-Ring 环网，构成工业网络的冗余数据汇聚中心，地面的一个环和井下的两个环通过设置在调度中心的工业核心交换机与 MIS 网络连接进行内部数据交换。外部通过 1 台 NG-FW4000G-5330 交换机实现与公司局域网络的对接。监测监控集成系统、工业电视系统、监测系统网络接入核心交换机，使各系统的数据集成到大屏显示。

一号煤矿在主井带式输送机控制室、风井主要通风机房控制室和选煤厂调度室安装地面千兆以太环网交换机形成地面环网，于井下带式输送机机头、井底变电所、水泵房、胶带机头等地安装千兆以太环网交换机形成井下环网。网络安全由天融信 NG-FW4000TG-5330 进行工业网与管理网的隔离，防毒采用 FG-310B1000M 病毒防火墙进行蠕虫、Web 内容过滤、应用控制等应用层功能，采用 Kaspersky 软件进行网络防病毒，内网通过 TOPSEC 进行桌面行为监管、桌面系统监管、系统资源管理，下发安全策略并强制执行的机制，实现对局域网内部桌面系统的管理和维护。保障桌面系统及机密数据的安全。

三、监测监控系统

一号煤矿第一套自动化系统于 2004 年开工建设，设计建设安全监测系统、调度通信系统、井下带式输送机控制系统及电力、水泵和主要通风机房的数据监测。该项目为 2004 年国债项目，总投资 1100 万元，由天地科技常州自动化公司承建，2005 年正式投运。其中，安全监测系统采用天地科技常州自动化公司的 KJ95 型煤矿综合监测系统，监测显示瓦斯、风速、负压、一氧化碳、粉尘、温度、风机、风门开关等环境参数，并实现故障闭锁和报警、就地和异地超限断电，风瓦电闭锁。安全监测系统信号传输采用信号电缆和光纤相结合的传输方式，井下从三号变电所向地面采用光纤传输，三号变电所向井下采用信号电缆传输，在三号变电所安装光端机用于光电信号的转换，地面调度中心机房安装光端机用于接收井下的信号以及信号的转换，在调度中心放置了两台上位机用于安全监测系统的双机热备和相关瓦斯监测报表的生成。该系统的投运，实现自动化控制主运输带式输送机以及井下瓦斯、水位、电压等重要参数的实时在线监测，为安全生产奠定坚实基础。

2007 年，公司投资 210 万元，由重庆梅安森有限责任公司承建，在一号煤矿二号风井建成第一套瓦斯抽放监测系统。

2008 年，公司将原有的 KJ95 型安全监测系统升级为 KJ95N 型，对系统软件平台功能进行弥补，系统巡检时间缩短到了 50 秒。

2011 年，公司投资 110 万元，由中煤科工重庆研究院设计并承建，完成三号风井安装瓦斯抽放监测系统，至此矿井两座风井的抽放泵站全部实现了监测监控。

2013 年，公司投资 660 万元，按照国家新标准将 KJ95N 型系统进行升级为 KJ95. net 版，并建立一个独立的千兆环形工业以太网平台作为安全监控系统的专用传输通道，提升了数据的传输速率。安全监控系统主控软件升级至最新版以支持瓦斯抽放监控需求，以实现瓦斯抽采量检测、显示、抽采量累计、报表等功能，同时支持传感器在线标校功能；增设安全监控系统短信报警平台，实现瓦斯超限短信报警功能，并具备分级发布信息管理功能；增设安全监控系统瓦斯浓度预警平台，实现瓦斯浓度超限语音报警功能。

2013 年，对二号、三号风井的抽放监控系统进行全面升级改造，将孔板流量测量技术改为“V”锥流量测量技术，并在泵站的控制室内实现监测数据在线观测，系统各项指标达到国家新标准要求。

2018 年底，依据国家监测监控系统升级要求，以及传感器必须使用数字化、监测系统与应急广播、人员位置监测系统进行联动等 19 项技术规定，公司投资 892 万元，由天地（常州）自动化股份有限公司将系统升级为 KJ95X 型，升级后系统完全符合《煤矿安全监控系统通用技术要求》(AQ 6201—2019)、《煤矿安全监控系统及检测仪器使用管理规范》(AQ 1029—2019）行业标准，传感器防护等级由原来的 IP45 升级为 IP65，且甲烷传感器全部采用激光测量技术。该系统在 2019 年 4 月正式投入使用。

2019 年底，依据国家监测监控系统升级要求，矿井投资 210 万元对三号、四号风井抽放监测系统进行完善升级。该系统由中煤科工重庆研究院承建，将“V 锥”流量测量技术升级为“威力巴”测量技术，并且使用了激光甲烷传感器。该系统于 2020 年 4 月正式投入使用。

四、井下定位系统

2006 年，公司投资 320 万元，引进型号为 KJ241 的人员定位系统，实现一号煤矿井下人员实时跟踪定位。

2010 年，一号煤矿投资 363 万元，将人员位置监测管理系统升级为天地（常州）自动化股份有限公司的 KJ69J 型人员定位系统，通过井下人员刷卡考勤定位系统实现井下人员的定位及考勤功能，具有网络浏览功能及信息上传功能，以太网传输到矿领导、各部门，并且上传到集团公司各部门，实现信息共享。同时，一号煤矿增加了干部闭环管理和隐患闭环管理功能，实现了矿井隐患管理的电子化模式，并在井下安装了本安 LED 汉字显示、救灾指引和语音播报装置，系统功能更加完善、性能更加稳定。

2020 年，一号煤矿投资 3486 万元，由陕西中基建设监理公司监理，陕西建安公司承建的“基于 4G 通信的矿井车辆管理及人员定位系统”项目，将人员位置及车辆的定位精度提高至 3 米，并实现了车辆测速管控、Zigbee 语音调度通信、预警提醒、人员及车辆的轨迹查询。车辆语音调度系统实现了调度室与井下司机的互联互通，并达到了井下所有区域无线通信信号与地面数据的无线传输、井上井下生产信息的互联互通，在地面调度中心或车辆监控中心可清楚地展示井下人员位置及车辆位置的监测，实现运输车辆管理智能化。人员位置监测通过 GIS 图的直观展示入井人员的活动轨迹，监控人员可以在软件界面上看到人员的分布和走动情况；并建立了井下 WiFi 网络，实现了井下无线网络的全覆盖。

五、辅助生产系统“四化”建设

2008 年，公司总投资 2900 万元，一号煤矿率先在黄陵矿业公司启动了数字化矿井建设，建立了矿井工业以太环网、安全管理系统、生产调度系统，并对带式输送机及煤流系统、井下供电系统、副井提升系统、井下泵房监控系统、综采面顶板压监测系统、安全监测系统、人员定位系统等矿井各类监测监控子系统进行了汇接，开发了自动一体化监控软件平台，达到了系统集中管理。

2014 年，一号煤矿投资 1340 万元，由上海宝信软件公司承建，对矿井的数字化矿山系统进行了升级，完善了集控平台，并将后台采用的 IFIX+iCV 控制程序的脚本升级为 iCV5. X，实现对带式输送机、供电系统、中央水泵房、二号及三号风井主要通风机、选煤厂的远程集中控制。

2015 年，一号煤矿投资 160 万元，由西安蔚蓝光电有限公司承建，将监测监控“专用电源”的矿用隔爆兼本质安全型双电源真空电磁启动器、矿用隔爆型照明型综合保护的高压侧保护箱更换为可编程序控制器和智能操作显示屏模块。变压器的低压侧更换可编程序控制器，并将真空馈电开关、双电源真空电磁启动器更换为具有以太网通信接口或 RS485 接口通信，系统的通信协议更改为标准 Modbus 通信协议，建立了低压供电设备的远程集控，并汇接至矿井一体化管控平台。

2019 年，一号煤矿投资 270 万元，由陕西众邦电力建设有限公司承建，对矿井 10 套局部风机进行集控改造。本次改造主要通过增加光端机、西门子 S7-300 系列的 PLC 控制柜，对矿用变频风机进行远程控制，在调度指挥中心的一体化管控平台设置控制画面，完成局部通风机远程集控。该系统于同年 7 月投入使用。

2019 年，一号煤矿投资 150 万元。由西安蔚蓝光电有限公司承建，对矿井的三号、四号风井瓦斯抽放泵站进行远程集控改造，集中控制主要通过更换 PLC 控制柜，建立 IEC60870-5-104 网关，增加 32 台电磁阀门，14 台摄像仪，7 台闸阀控制箱，通过以太网达到瓦斯抽放泵的远程集控。该系统于同年 9 月投入使用。

2019 年，一号煤矿投资 230 万元，由陕西思宇信息技术有限公司承建的智能装车项目，通过研发智能装车装置，建立网上销售预约，煤仓自动装煤完成煤炭智能化销售。截至 2020 年，项目正在施工中。

2019 年，一号煤矿投资 3000 万元，由陕西科顺自动化设备工程有限公司承建，对污水处理集控改造；投资的 2884 万元，由陕西科顺自动化设备工程有限公司承建，对三号风井压风系统集控改造。截至 2020 年，项目正在实施与远程控制测试阶段。

2020 年，一号煤矿投资 58 万元，由西安智云汇通安全技术有限公司承建的矿用光波精确计量装置，采用 zcx127-f 矿用隔爆兼本安型光波发射器和 zcx127-s 矿用隔爆兼本安型光波接收器，形成一收一发对皮带上的物体进行体积计算，再通过测量系统对当班煤炭进行称重计量，形成年、月、日以及当班产量的统计。

六、智能化矿井建设

2013 年，为打造本质安全型矿井，降低职工劳动强度，提高工作效率，公司开始实施智能化综采技术研究工作，计划投资 8000 万元，由北京天玛公司负责综采自动化系统的整体设计与配套，将一号煤矿 1001 工作面建成首个薄煤层智能化综采工作面。该设计实现调度室对井下设备（采煤机、液压支架、泵站控制系统）的一键启停控制；实现在顺槽监控中心对工作面设备的集中控制及系统工况监测功能；实现采煤机自动裁割和远程控制；实现液压支架自动跟机拉架、成组推移输送机，工作面自动调直；实现工作面监控视频自动跟机切换，对单机自动化功能设备协调控制；完成自动化工作面各设备间的数据交换、互动、保护、闭锁、数据画面远程显示及访问等功能。

通过引进国内一流的集中控制、高效自动化综采成套设备，实现在采煤生产过程中“以工作面自动控制为主，监控中心远程干预控制为辅”的工作自动化生产模式，以及实现“无人跟机作业，少人安全值守”采场无人化作业的目标。

2020 年，黄陵矿业公司一号煤矿联合中煤科工西安研究院、西安重装集团、西安合智宇信息科技有限公司等单位开展了“基于动态地质模型大数据融合迭代规划控制策略的智能开采技术”项目研究。该项目采用地质探测与建模技术、“CT” 切片技术、空间导航定位技术等构建了高精度智能开采截割模型，首创了可“预测、预判、预控”的综采大数据智能决策平台，利用综采自动化技术和大数据分析决策技术对截割模型进行实时修正，至此智能开采转向智慧化开采方向。

七、管理系统建设

（一）人力资源管理系统

2005年以前，一号煤矿工资管理采用手工作业。2005年，公司投资15万元，采购了朗新人力资源系统软件，对公司所有职工进行统一编码，矿井职工工资核算通过软件进行，确认工作通过手工作业签字、盖章生效后存档。2009年，公司投资130万元，与陕西思宇信息技术有限公司签订合同，建设人力资源管理系统，采用NC平台，主要建设了员工基本信息管理子系统、考勤管理子系统、薪酬信息管理子系统、薪酬计发管理子系统、员工履历管理子系统、劳动合同管理子系统、社会保险与福利管理子系统、工伤保险及抚恤管理子系统、职业健康管理子系统、员工培训管理系统、职称考评与聘任管理子系统、人力资源规章制度发布管理子系统、招聘管理子系统、统计报表管理子系统等14个子系统。2012年，公司投资18万元，对系统软件进行了升级。该系统于2013年6月正式上线运行。

（二）财务管理系统

1989—1995年，一号煤矿财务管理主要依靠手工作业。1996年，公司引进U8财务系统，由陕西思宇信息技术有限公司承建，供财务处及一号煤矿财务部门使用。该系统的使用标志着公司财务管理由手工作业进入电算化阶段。2005年，由陕西思宇信息技术有限公司承建，建立U852财务系统。该系统采用用友U852平台，主要实现了固定资产管理、资金流动管理、资产负债信息管理、专项奖金管理、应收应付信息管理、成本核算管理、制造成本信息管理、完全成本信息管理、会计账务信息管理、经营调度报表信息管理、非煤产品成本信息管理等。2008年，公司将系统升级至U870平台。2011年8月，公司投资95万元，建设全面预算管理系统，由陕西思宇信息技术有限公司承建。该系统实施范围包括公司及其下属14个利润中心以及每个利润中心下属的各成本中心、费用中心、收入中心，主要涉及预算编制、预算训整、预算执行、分析查询、预算报告等领域，对预算的编制、执行、核算、分析、控制、调整、评价、报告进行流程化、信息化作业处理。2012年，陕西煤业股份有限公司建立NC财务系统。2013年12月，陕煤集团建设了财务系统。届时，陕西陕煤黄陵矿业有限公司财务管理主要通过陕煤集团财务系统执行，黄陵矿业集团有限责任公司财务管理U870平台与NC系统并行运行。

（三）物资供应管理系统

2008年6月，公司投资40万元，由陕西思宇信息技术有限公司开发建设物资供应管理系统。2009年10月，系统建成投运。该系统主要包括物资供应计划管理子系统、供应商管理子系统、物资采购管理子系统、招标采购管理子系统、库存管理子系统、物资训配管理子系统、综合统计分析平台等，实现了物资计划，采购、出入库和供应商评价的全程信息化管理，使公司的物资供应环节透明、运作高效流畅。2012年，随着陕煤集团板块划分发展，物资供应系统由物资集团黄陵分公司统一管理。

（四）运销管理系统

2010年，根据运销公司管理要求，一号煤矿投资500余万元，建立运销管理系统。该系统可对销售管理人员、经销商等统一编码，实现了从运销计划、订货、货票打印、合同签订、结算、票据等多个环节的信息化管理，同时建立调度视频管理系统，大幅度提升了运销管理能力。

（五）岗位价值精细化管理系统

一号煤矿根据公司岗位管理精细化要求，与科研院校共同开发岗位价值精细化管理平台。同时，及时将岗位信息录入岗位价值精细化管理软件系统，通过数字化大屏显示，实现“日事日毕，日清日结”。

2010年，公司累计投资900余万元，先后建成铁路运输公司、发电公司和一号煤矿岗位价值精细化管理平台。2013年12月，公司投资400万元，对一号煤矿岗位价值精细化系统进行了升级改造，使各系统更加完善。

（六）安全管理系统

2018年12月，一号煤矿建立安全综合信息管理平台，承建单位为西安智龙珂汇电子科技有限公司，总投资79.5万元。该系统具有安全风险分级管控、事故隐患排查治理等模块，实现了安全风险的在线登记、跟踪检查、统计分析以及事故隐患的上传、接收、整改、回复、验收等全过程的信息化管理。

2020年11月，一号煤矿与科研单位合作研究AI人工智能与NOSA管理深度融合。项目将充分利用AI自动感知技术，监控作业人员安全操作步骤、违规、违章行为，把人的安全行为治理、NOSA安健环管理工作通过信息化前沿技术落实到现场，真正做到时时、处处、人人、事事准确预控风险，风险管控开始由“被动接受”向“主动参与”、由“事后查处”向“全程预防”转变，为事故预防提供科学的数据支撑，进一步提升NOSA安健环管理水平与矿井安全管理工作的监管能力，节约安全生产成本，控制安全责任风险，实现企业本质安全化发展。该项目正在建设阶段。

第二节 矿井信息化建设

一、信息化建设

（一）管理机构、制度

2010年以前，一号煤矿的通信、监控、辅助系统自动化业务、信息化建设业务主要由机电供应部、调度室分别兼管。2010年1月19日，一号煤矿根据《关于一号煤矿成立数字化中心及机构变更的批复》，成立数字化中心、机电部、物资供应等三个部室。2012年10月19日，经一号煤矿党政联席会议研究决定，一号煤矿数字化中心更名为一号煤矿信息部，科级建制，主要负责矿井安全监测、通信、定位、工业电视、视频监控、工业环网、办公网络以及辅助系统自动化控制建设相关工作，成为负责矿井信息化建设的主要生产部室之一。

2010年，为了规范矿区各类监控系统管理，公司印发《监测监控管理制度》《调度通信系统管理制度》,《人员位置监测系统管理制度》，明确了矿井“三大监测”系统的管理职责。2012年，公司印发《辅助生产系统集中控制管理制度》，由信息部实行集中操控，皮带队、机电队负责单项系统的具体的管控模式。2017年，公司印发的《监控系统异常处理管理制度》《监控系统线缆管理制度》初步明确了各类监控系统线缆使用规范，进一步提升信息化矿井建设中故障处理响应时间。2020年9月，公司制定印发了《关于成立一号煤矿信息化矿井建设工作领导小组的通知》，进一步明确了信息化建设管理职责，为深化“两化”融合奠定坚实的组织保障。2020年底，公司建立和完成《信息化网络管理办法（试行)》等制度，形成了矿井安全监测管理和信息化建设的管理依据。

（二）信息化建设项目实施

一号煤矿信息化建设历经四个阶段：

第一阶段（1989—2003年），主要是由公司机电公司负责全矿区的外线通信系统，便于日常业务联系。

第二阶段（2004—2007年），为信息化建设初级阶段，主要结合矿区安全生产需求，建设和完善煤矿网络基础，其中黄陵矿业公司一号煤矿引进了安全监测监控等先进的信息技术，进一步提高矿区安全生产管理水平。

第三阶段（2008—2015年），为全面实施数字化矿区建设阶段，按照《黄陵矿业信息化建设规划方案》《黄装矿业信息化建设实施方案》，分步实施，矿井逐步实现安全生产自动化，管理信息化。

第四阶段（2016—2020年），为启动“智能矿井、智慧矿区”建设阶段，矿井信息化将逐步实现生产智能化、运营精细化、管理标准化、决策科学化的发展目标。

二、矿井通信系统建设

（一）办公通信系统

1989年，办公室设在租赁的店头镇原镇政府院内。同年11月，办公室安装5部固定电话作为对外联系的主要通信工具。

1990年，公司内部安装50门磁石电话交换机，用于电话中转，接电信局5部电话用于外界联络，解决临时通信。1992年，公司安装山东威海康威牌100门半交换机，采用DOD+DID半自动交换方式，对外接入电信的用户端口。

1996年，公司成立通信信息中心。同年6月，公司将程控交换机更换为西门子Hicom382，采用一号信令传输。

2003年，公司对使用中的西门子交换机进行升级，将一号信令升级为七号信令，和电信局同步，即将模拟信号升级为数字信号，号码升级为7位，延安市使用统一区号。

2009年，公司对通信系统进行升级改造，更新为中兴ZXJ10-SM8K型数字程控交换机容量为2000门，用作一号煤矿行政通信系统。

（二）生产调度通信系统

一号煤矿建设初期，井下调度通信设施简陋，采用按键式调度交换机。

1993年，公司引进江西联创通信有限公司的DDK-2型多媒体数字程控交换机用于矿井调度指挥。

2004年，公司在生产调度室安装了250门KTJ4H型数字程控交换机作为生产调度总机。

2008年，由北京山源广通科技有限公司新建一套网络通信系统。系统采用interPBXKTDCM网络综合调度机、KTJ105矿用防爆网络电话交换机。

2010年，一号煤矿完成语音广播的建设，并由天地（常州）自动化股份有限公司承建，项目与人员位置监测系统同时建设，费用包含在363万元中。系统主要由KXT23.1与KXT22.1组成广播系统，主要装在矿井采掘工作面、变电所等人员集中地点。

2020年，一号煤矿对地面调度通信服务器进行了升级，系统实现了全通道录音，录音时长达1年，并且系统的强插、强拆、紧呼、禁话、代接、呼转、会议、办公电话等调度功能响应更快，具备双机热备与直呼功能。

（三）移动通信

2005 年，公司投资 700 万元，由北京安信有限责任公司安装型号为 KT18 的井下无线通信小灵通系统，2007 年末正式建成投运。

2009 年和 2011 年，先后累计投资 580 万元，对该系统进行升级改造，型号升级为 KT23，实现了井下随时随地与地面调度中心联络。2012 年，由于国家工信部清除清频退网工程，要求 1900MHz-1920MHz 无线信号退出无线网络，至此该系统停止使用。

2019 年底，一号煤矿选择 4G 通信技术作为无线通信系统，并在 2020 年 11 月建成投入使用。该系统通过在井下每隔 600 米安装一台基站，地面在三号风井、四号风井、地面工业广场等区域共安设 7 台基站，全部接入矿井万兆工业环网，形成矿井生产区域的 4G 无线通信网络的全覆盖。在地面通过中继设备、软件设置，实现地面通信系统及井下通信系统间互联互通，有效解决了井下大巷移动通信与固定通信的关联问题，弥补了传统固定通信无法全覆盖问题，并且 4G 移动通信系统配备的 4G 防爆智能手机实现了视频通话功能，至此矿井通信系统迎来了可视化通信。

三、网络系统建设

一号煤矿办公网络属于二级网络使用单位，2004 年 8 月，网络正式启用。公司投资 360 万元，项目前期由矿区机电公司负责建设，于 2003 年 11 月启动，由西安交大博通资讯股份有限公司承建，2004 年 3 月建成。公司网络主干采用光缆传输的形式接入并租用中国电信一条 100 兆的链路接口。一号煤矿办公网络通过光纤与公司主网络汇接，分别由矿区通信中心机房敷设至办公楼、区队办公楼、调度室 100 兆链路接口，并在办公楼二楼、区队办公楼三楼、选煤厂各设置一台 H3C3100 交换机，调度室增加设置一台 HBCF1000-E 防火墙设备作为一号煤矿办公网络构架，网络采用星型拓扑结构。至此，一号煤矿计算机与各类服务器网络使用端口达到了 382 个。

第九篇
环 境 保 护

1991年以来，一号煤矿坚持走“生产与生态并重、治理与开发为一体”的生产模式，建设绿色矿山。2005年8月，按照习近平总书记提出的“绿水青山就是金山银山”重要理念，一号煤矿积极落实企业环保主体责任，加大环保投资力度，通过建设全封闭运输走廊、储煤场及储煤仓，实现原煤不落地、不露天储运，杜绝因运输、储存而导致的环境污染；通过实施集中供暖、锅炉更新换代，告别因燃煤而产生的碳排放污染环境。2009年3月，一号煤矿污水处理厂改造及中水复用技术研究与应用项目获得陕西省环境保护科技进步三等奖；2013年，一号煤矿被评为“中国最美矿山”。至2020年，矿区环保工作不断迈向新的平台，先后被评为联合国清洁煤技术示范和推广企业、全国煤炭环境保护优秀单位、第三批国家级绿色矿山试点单位。

第一章 机构、制度

第一节 机构设置

1989年以来，矿区环保工作由黄陵矿区管委会统揽。1996年，黄陵矿区管委会成立环境保护领导小组，办公室设在生活服务公司，下设环境保护科，配专职人员负责。2009年9月16日，成立行政管理部，将生活服务公司环保业务和人员划归行政部管理，下设环境保护科，负责全公司的环境保护工作。2012年之前，一号煤矿办公室设专（兼）职人员负责矿环境保护工作。2012年4月，一号煤矿成立行政管理部，将矿环境保护工作业务划分给行政管理部负责，并成立环境保护工作领导小组，设立相关的环境管理机构。到2020年底，一号煤矿共有环境保护分管领导1人、主管领导1人、专职管理人员2人，从事环境保护工作人员35人。

第二节 管理制度

2014年12月之前，一号煤矿环保工作按照黄陵矿业公司制定的《黄陵矿业集团有限责任公司环境保护管理办法》和《黄陵矿业公司环境卫生检查考核细则》开展工作。2014年之后，按照矿业公司制定的《环保设施运行管理办法》《环境安全隐患排查治理制度》《环境目标责任制》《环境保护奖惩考核办法及实施细则》《环保档案管理办法》《环境监测与信息制度》《环境保护工作问责制度》《环保会议管理制度》《突发环境事件报告管理制度》《环境保护宣传培训计划》《环境保护考核细则》《重大环境污染事故应急预案》等制度、措施开展工作。

2020年，一号煤矿结合实际，制定的环保制度主要有《一号煤矿环境监测管理办法》《一号煤矿矿井水处理站环境保护管理制度》《一号煤矿地面质量标准化管理考核办法（试行）》《常规废弃物

（边角料）管理制度》《食堂废弃物管理》《垃圾管理制度》《废气无组织管理制度》《危险废弃物管理制度》《危废突发事件应急预案》《环境保护档案管理制度》《运煤车辆出入冲洗管理制度》《环境保护统计制度》《噪音控制管理制度》《建设项目环境保护管理制度》《环境安全隐患排查治理制度》《环境监测制度》《环境保护设施设备操作规程》，使一号煤矿环境保护工作迈向制度化、规范化、标准化。

第二章 污 染 治 理

第一节 水 污 染 防 治

1992 年，一号煤矿污水处理站建成，设计处理能力 120 立方米/小时。2006 年，一号煤矿投资 960 万元对井下水处理站进行二次改造，由长安大学设计，陕西龙源建筑安装公司负责土建工程，江苏无锡科隆水处理设备有限公司负责设备安装。改造后的井下水处理站占地面积 5. 27 亩，水处理能力 300 立方米/小时，采用三级物化法污水处理工艺。矿井疏干水深度处理中心如图 9-2-1 所示，污水处理装置如图 9-2-2 所示。

图 9-2-1 矿井疏干水深度处理中心

图 9-2-2 污水处理装置

污水经过处理后一部分用于生产用水和选煤厂补水、厂区洒水降尘、绿化等，剩余部分达标排放。2019 年，一号煤矿决定对矿井水处理站进行改造扩容；2 月 19 日，经黄陵县行政审批局同意批准立项，要求一号煤矿严格按照环保、消防部门的相关要求办理环评、消防等相关手续。经延安市生态环境局黄陵分局审查认为该项目符合国家产业政策、项目选址合理、项目在建设和运营中采取的环境保护措施可行，项目具有环境可行性，同年 6 月 28 日通过批复，总投资 2000 多万元，矿井水处理能力由 300 立方米/小时增至 600 立方米/小时，更换预沉池排泥泵、调节池提升泵、加药泵、压滤机、在线监测的巴歇尔槽、纤维过滤器、消毒装置、中央控制工艺图配电柜等其他附属设施，以满足生产、环保需求。项目由中北工程设计咨询有限公司设计，陕西龙源建筑安装公司负责土建工程及安装。2020 年 6 月，项目通过黄陵县行政审批局、黄陵县环保局验收，并投入使用。矿井水处理站工艺流程图如图 9-2-3 所示。

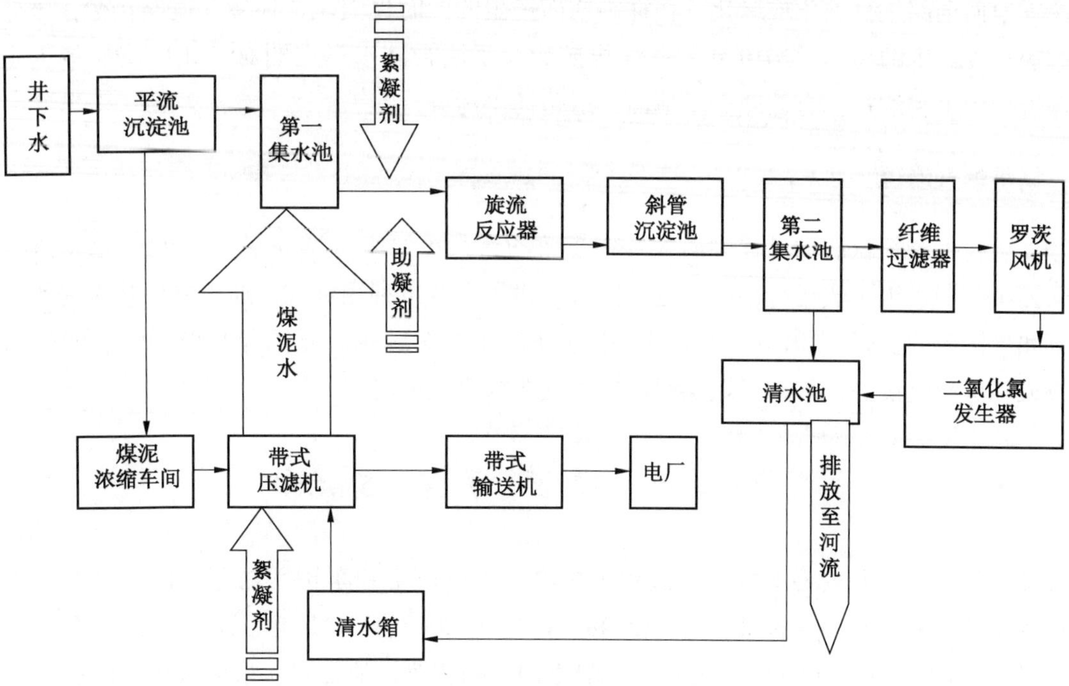

图 9-2-3 矿井水处理站工艺流程图

第二节 大气污染防治

一号煤矿大气污染源主要来自地面施工、煤炭储运过程中产生的扬尘，燃煤锅炉烟灰及选煤厂生产系统煤炭转载点产生的扬尘及其他生产经营活动。

一、煤炭储运系统防尘

一号煤矿煤炭储运系统在工业场地内建有封闭的输煤栈桥，并设有原煤缓冲仓和封闭式原煤储煤场。2009 年 9 月，对原有的储煤场进行改造，将露天储煤场改为全封闭式储煤仓，取缔了铲车装载煤炭，减少煤炭装载过程中造成的扬尘污染。改造后的全封闭式储煤仓储煤能力 16.5 万吨，于 2011 年 9 月 26 日投入使用。2015 年，在后煤场安装轮胎冲洗装置对进出所有拉煤车辆进行冲洗。2017 年，根据黄陵县环保局要求，在煤仓装载区域安装 3 台雾炮机，交替开启对装载点产尘区域进行降尘；对进出车场区拉煤车辆要求加盖篷布全程密闭运输。

二、选煤厂降尘

选煤厂的原煤、精煤采用封闭仓式储存，煤的转运采用密封溜槽，煤的破碎及筛分在密闭环境下进行，同时采用超声雾化系统进行除尘，除尘效果良好。

三、运输道路降尘

一号煤矿工业广场所在地区气候干燥、风沙天气频繁，极易产生风蚀扬尘，一号煤矿对工业场地的所有裸露地面全部进行硬化或绿化，在抑制地面扬尘的同时也美化了环境。道路扬尘主要来源于进场公路车辆行驶产生的扬尘，2019 年，一号煤矿购买了两台洒水车定期对工业广场、场区道路、周边公路等进行洒水和清扫，有效减少了地面、道路扬尘污染。

四、锅炉烟气治理

一号煤矿在生产经营活动过程中向大气中排放的污染主要来自燃煤锅炉。2004 年 4 月，煤矸石热电有限公司一期机组正式运行，在发电的同时，为了有效再利用资源，通过电厂热源来承担矿区主要生产区和生活区的供暖。2018—2019 年，根据环保需求先后将二号风井燃煤锅炉、四号风井燃煤锅炉更换成环保型电锅炉，告别了燃煤锅炉向大气排放废气的时代。

第三节 噪声污染防治

一号煤矿噪声污染源主要来自生产过程中机电、机械设备和车辆运输等。1991—2008 年，一号煤矿执行《工业企业厂界噪声标准》(GB 12348—1990)；2008 年 10 月起，执行《工业企业厂界环境噪声排放标准》(GB 12348—2008)。通过安装隔声门、隔音罩、消音器，采取吸声、隔振、玻璃隔音及减震隔音等措施控制生产过程中产生的噪声，确保噪声排放达到国家标准。同时，为主要产生噪声工作岗位的工作人员配备耳塞、耳罩等劳动保护用品，确保工作人员身体健康。

一、噪声监测

截至 2020 年，一号煤矿噪声监测执行《工业企业厂界环境噪声排放标准》(GB 12348—2008)，采用 AWA6228+型多功能声级计。主要在主工业广场、二号风井工业广场、三号风井工业广场、四号风井工业广场等产生噪声区域进行噪声监测，检测点位以 1 号厂界东侧、2 号厂界南侧、3 号厂界西侧、4 号厂界北侧为基础进行等效连续 A 声级监测。一号煤矿噪声检测结果见表 9-2-1，噪声检测期间气象条件、校准值见表 9-2-2，噪声检测依据见表 9-2-3，噪声监测报告见表 9-2-4。

表 9-2-1 一号煤矿噪声检测结果表

检测日期	检测点位	检测结果[分贝(A)]	
		昼间	夜间
2020 年 2 月 4 日	1 号厂界东侧	55	44
	2 号厂界南侧	56	45
	3 号厂界西侧	53	42
	4 号厂界北侧	58	46
结论	本次检测中，厂界四周噪声检测结果均符合《工业企业厂界环境噪声排放标准》(GB 12348—2008)表 1 中 2 类昼间 60［分贝（A)］、夜间 50［分贝（A)］的限值要求		

表 9-2-2 噪声检测期间气象条件、校准值表

气象条件	仪器编号	校准值[分贝(A)]			
昼间：阴，风速 1.2 米/秒 夜间：多云，风速 1.5 米/秒	CGMC-YQ-082	2 月 4 日	昼间	测量前	93.8
				测量后	94.0
			夜间	测量前	93.8
				测量后	94.0

表 9-2-3 噪声检测依据表

检测项目	检测依据	仪器名称/型号/管理编号	分析人员
厂界噪声	《工业企业厂界环境噪声排放标准》(GB 12348—2008)	声级计/AWA6228+/CGMC-YQ-082 声校准器/AWA6021A/CGMC-YQ-080	

表 9-2-4 噪声监测报告表 分贝

检测点位	昼间	夜间
1 号厂界北	59	46
2 号厂界东	58	46
3 号厂界南	57	48
4 号厂界西	57	44

二、选煤厂噪声防治措施

截至 2020 年，选煤厂采取的防治措施如下：

(1) 厂房内振动筛噪声较大，其噪声源于筛板、侧板、激振器、电机等部件振动，通过选用橡胶筛板代替钢筛板，侧板利用矿用废旧胶带作内衬，抑制侧板高频振动减小辐射噪声。

(2) 带式输送机的噪声主要是电机、减速器和机组噪声，通过在电机上安装隔声罩，在机组底座上安装减振器来降低噪声。

(3) 离心脱水机的噪声主要由激振器及箱体的振动产生，防治措施是在支撑部位加强减振处理。

(4) 溜槽的噪声主要由大块物体与溜槽壁的撞击、摩擦以及溜槽本身的振动产生，防治措施主要以缓冲和阻尼为主，在落煤点加缓冲垫减小冲击噪声，在整个溜槽的外壁粘贴 10 毫米厚的胶带减小溜槽的振动噪声。

(5) 为降低压风机噪声，专门设置压风机隔声间，在风机的进风和出风口安装消声器，隔声间的门采用隔声材料，门缝用橡皮条封垫。

(6) 无法采取隔声、减振、阻尼等降噪措施的作业场所，在建筑物内部加装吸声结构消除混响声，并设置隔声值班室。该场所工作的工人，佩戴耳塞、耳罩及防护头盔等劳保用品，减少噪声环境对工人的直接影响。

安装设备时注意设备与设备之间、设备与厂房的墙壁之间、设备与地板之间、隔声罩与设备之间

不能有刚性连接，各类泵的进出口安装柔性橡胶接头，泵体作减振处理。通过措施的执行，选煤厂噪声及厂界噪声符合环保标准。噪声防治设备如图 9-2-4 所示。

图 9-2-4 噪声防治设备

第四节 粉尘污染防治

一号煤矿粉尘污染源主要来自地面施工、储运过程中产生的扬尘，燃煤锅炉烟灰（二号风井燃煤锅炉在 2018 年改为环保型电锅炉、四号风井燃煤锅炉在 2019 年更换成环保型电锅炉，其他燃煤锅炉均已淘汰停用）、井下生产及选煤厂生产系统煤炭转载点产生的扬尘。

一、粉尘监测

一号煤矿粉尘监测主要是开展自行监测和监督性检测。检测项目包括对烟尘、总悬浮颗粒物、二氧化硫、粉尘、一氧化碳、氟化物等的检测。2020 年，根据环保要求一号煤矿工业厂区在线监测项目已立项实施，至年底投入使用并接入黄陵县环保局环境监测管理网。

二、粉尘治理

（一）井下粉尘防治

截至 2020 年，矿井主要采取喷雾降尘、超声雾化除尘器，对落煤落差较大的采用封闭式溜槽等措施减少扬尘，对运输、装卸等环节实行封闭式机械作业，避免工人直接接触造成危害。

（二）地面防尘措施

2009 年 9 月 1 日，一号煤矿对原有的储煤场进行改造，将露天储煤场改为全封闭式储煤仓，取缔了铲车装载煤炭，减少煤炭装载过程中造成的扬尘污染。改造后的全封闭式储煤仓储煤能力 16.5 万吨，于 2011 年 9 月 26 日投入使用。

第三章 环 境 监 测

2013 年之前，由黄陵矿业公司统一管理进行监督检测。2014 年之后，一号煤矿先后委托陕西金盾工程检测有限公司、西安重光明宸检测技术有限公司对工业广场及周围 1.5 千米范围内生态环境每季度进行监测并出具监测报告。至 2018 年开始，延安市生态环境局黄陵分局每季度对一号煤矿进行监督性监测。

第一节 地 下 水 监 测

一号煤矿地下水检测点位主要分布在工业广场 1.5 千米范围内周边村庄及风井工业场地。检测项目主要包括对色度、臭和味、浑浊度、肉眼可见物、pH 值、总硬度、溶解性总固体、硫酸盐、氯化物、铁、锰、铜、锌、铝、挥发性酚类、阴离子表面活性剂、耗氧量、氨氮、硫化物、钠、总大肠菌群、菌落总数、亚硝酸盐氮、硝酸盐氮、氰化物、氟化物、碘化物、汞、砷、镉、硒、六价铬、铅、三氯甲烷、四氯化碳、苯、甲苯、总 α 放射性、总 β 放射性等的检测。一号煤矿地下水检测结果统计见表 9-3-1。

表 9-3-1 一号煤矿地下水检测结果统计表

采样时间	检测项目	检测结果			单位	限值
		南台子村	三号风井场地	四号风井场地		
2020 年一季度	色度	5ND	5ND	5ND	度	≤15
	臭和味	无	无	无		无
	浑浊度	1ND	1ND	1ND	NTU	≤3
	肉眼可见物	无	无	无		无
	pH 值	7.84	7.78	7.88		6.5≤pH≤8.5
	总硬度	219	208	199	毫克/升	≤450
	溶解性总固体	548	420	232	毫克/升	≤1000
	硫酸盐	121	129	116	毫克/升	≤250
	氯化物	71.4	83.6	78.1	毫克/升	≤250
	铁	0.03ND	0.03ND	0.03ND	毫克/升	≤0.3
	锰	0.01ND	0.01ND	0.01ND	毫克/升	≤0.10
	铜	0.05ND	0.05ND	0.05ND	毫克/升	≤1.00
	锌	0.05ND	0.05ND	0.05ND	毫克/升	≤1.00

表 9-3-1（续）

采样时间	检测项目	检测结果			单位	限值
		南台子村	三号风井场地	四号风井场地		
2020年一季度	铝	0.008ND	0.008ND	0.008ND	毫克/升	≤0.20
	挥发酚	0.0003ND	0.0003ND	0.0003ND	毫克/升	≤0.002
	阴离子	0.05ND	0.05ND	0.05ND	毫克/升	≤0.3
	耗氧量	0.68	0.77	0.82	毫克/升	≤3.0
	氨氮	0.217	0.222	0.233	毫克/升	≤0.50
	硫化物	0.005ND	0.005ND	0.005ND	毫克/升	≤0.02
	钠	16.1	16.1	16.5	毫克/升	≤200
	总大肠菌群	<2	<2	<2	MPN/100 毫升	≤3.0
	菌落总数	24	36	31	CFU/毫升	≤100
	亚硝酸盐氮	0.003ND	0.003ND	0.003ND	毫克/升	≤1.00
	硝酸盐氮	4.55	4.81	5.09	毫克/升	≤20.0
	氰化物	0.002ND	0.002ND	0.002ND	毫克/升	≤0.05
	氟化物	0.84	0.94	0.91	毫克/升	≤1.0
	碘化物	38.8	39.3	37.4	微克/升	≤0.08
	汞	0.04ND	0.04ND	0.04ND	微克/升	≤0.001
	砷	0.3ND	0.3ND	0.3ND	微克/升	≤0.01
	镉	0.5ND	0.5ND	0.5ND	微克/升	≤0.005
	硒	0.4ND	0.4ND	0.4ND	微克/升	≤0.01
	六价铬	0.004ND	0.004ND	0.004ND	毫克/升	≤0.05
	铅	2.5ND	2.5ND	2.5ND	微克/升	≤0.01
	苯	2ND	2ND	2ND	微克/升	≤10.0
	甲苯	2ND	2ND	2ND	微克/升	≤700
	＊＊总α放射性	4.3×10^{-2}ND	4.3×10^{-2}ND	4.3×10^{-2}ND	贝可	≤0.5
	＊＊总β放射性	1.5×10^{-2}ND	1.5×10^{-2}ND	1.5×10^{-2}ND	贝可	≤1.0
	＊＊三氯甲烷	0.4ND	0.4ND	0.4ND	微克/升	≤60
	＊＊四氯化碳	0.4ND	0.4ND	0.4ND	微克/升	≤2.0
结论	本次检测中南台子村、三号风井场地、四号风井场地地下水的色度、臭和味、浑浊度、肉眼可见物、pH 值、总硬度、溶解性总固体、硫酸盐、氯化物、铁、锰、铜、锌、铝、挥发性酚类、阴离子表面活性剂、耗氧量、氨氮、硫化物、钠、总大肠菌群、菌落总数、亚硝酸盐氮、硝酸盐氮、氰化物、氟化物、碘化物、汞、砷、镉、硒、六价铬、铅、三氯甲烷、四氯化碳、苯、甲苯、总α放射性、总β放射性的检测结果均符合《地下水质量标准》（GB/T 14848—2017）表1中Ⅲ类限值要求					

第二节 工业废水监测

一号煤矿废水监测主要针对矿井生产废水进行监测。检测点位主要是主工业场地矿井水处理站污水排放口和三号风井矿井水处理站污水排放口。检测项目主要包括对 pH 值、悬浮物、氟化物、砷、汞、铁、锰、铅、镉、锌、六价铬、化学需氧量、石油类、氨氮的检测。一号煤矿生产废水检测结果统计见表 9-3-2。

表 9-3-2 一号煤矿生产废水检测结果统计表

采样时间	检测项目	检测结果		单位	标准限值
		主工业场地矿井水处理站污水排放口	三号风井矿井水处理站污水排放口		
2020 年一季度	pH 值	8.09	7.99		6~9
	悬浮物	8	10	毫克/升	70
	氟化物	2.17	2.44	毫克/升	8
	砷	3.4	3.6	微克/升	
	汞	0.37	0.45	微克/升	
	铁	0.03ND	0.03ND	毫克/升	7
	锰	0.01ND	0.01ND	毫克/升	4
	铅	69	70	微克/升	
	镉	5	4	微克/升	
	锌	0.05ND	0.05ND	毫克/升	
	六价铬	0.007	0.009	毫克/升	
	化学需氧量	16	14	毫克/升	50
	石油类	0.11	0.15	毫克/升	3
	氨氮	0.326	0.314	毫克/升	8
结论	本次检测中，废水的氟化物、化学需氧量、石油类、氨氮的检测结果符合《陕西省黄河流域污水综合排放标准》(DB 61/224—2018）中表 2 限值要求，pH 值、悬浮物、铁、锰的检测结果符合《煤炭工业污染物排放标准》(GB 20426—2006）中表 2 中限值要求，对砷、汞、铅、镉、锌、六价铬无要求，故不作评价				

第三节 废 气 监 测

一号煤矿无组织废气监测主要对主工业广场产尘区域的 4 个点位进行监测。检测点位为上风向 1 号、下风向 2 号、下风向 3 号、下风向 4 号，主要针对总悬浮颗粒物进行监测。一号煤矿主工业广场产尘区无组织废气检测结果统计见表 9-3-3。

表 9-3-3 一号煤矿主工业广场产尘区无组织废气检测结果统计表 毫克/立方米

采样时间	检测项目	检测点位	检测结果		
			第 1 次	第 2 次	第 3 次
2020 年一季度	总悬浮颗粒物	上风向 1 号	0. 134	0. 112	0. 156
		下风向 2 号	0. 201	0. 245	0. 268
		下风向 3 号	0. 223	0. 290	0. 245
		下风向 4 号	0. 268	0. 223	0. 245
结论	本次检测中，无组织废气的总悬浮颗粒物的检测结果符合《煤炭工业污染物排放标准》(GB 20426—2006) 表 5 中限值要求				

第四章 生态环境治理

第一节 塌 陷 治 理

1996—2000 年，一号煤矿采用房柱式开采，鲁寺西沟西侧一盘区形成中型塌陷区。塌陷区东西长约 0. 9 千米，南北宽约 1. 60 千米；塌陷区裂缝长约 16 米，宽 10～20 米，高 2～60 厘米。治理情况：该塌陷区是建矿早期形成的塌陷区，当时是对受影响的乡村道路进行修复约 4057 米。现塌陷区已沉稳，耕地和植被已经全部恢复，治理效果较好。

2001—2006 年，一号煤矿开采期间南河寨村及周边二盘区、三盘区、四盘区开采作业形成塌陷区。塌陷区东西长约 7. 10 千米，南北长约 4. 60 千米，面积约 13. 17 千米，为巨型塌陷区；有裂缝多条并有塌陷坑，裂缝长约 200 米，宽 10～60 厘米，受影响乡村道路约 15634 米。治理情况：该塌陷区对南河寨村及周边耕地、林地、园地等造成的影响较大，但由于未造成大面积的沉陷和积水等不良地质现象，没有对村民造成大的经济损失。针对沉陷区土地裂缝，通过与农户签订补偿协议，利用补偿、机耕等措施修补裂缝处的耕地，采区内耕地和植被已经全部恢复，修复治理效果较好。2008 年，一号煤矿和黄陵县政府签订了搬迁补偿协议，建设了南河寨新村。该项目累计投资 12588 万元，由黄陵县负责建设，2009 年 9 月开工，2010 年 10 月竣工，建成住宅 176 户，累计建筑面积 14016 平方米。2012 年南河寨村已搬入塬畔村附近的南河寨新村（图 9-4-1）。该村按照高标准设计，沼气池、太阳能热水器以及生活娱乐设施配套完善，成为黄陵县地质灾害治理示范点、新农村建设示范村、沼畜产业配套示范村和旅游及农家乐休闲示范村。1996—2018 年一号煤矿塌陷区治理统计见表 9-4-1。

图 9-4-1 新农建设示范村

表 9-4-1 1996—2018 年一号煤矿塌陷区治理统计表

年份	地点	塌陷原因	塌陷规模	治理面积（亩）	治理结果
1996—2000	店头镇鲁寺西沟西侧	房柱式开采	中型		已填充修复
2001—2006	隆坊镇南河寨村	开采作业	巨型		补偿、修复、搬迁
2007—2018	隆坊镇北河寨、南河寨、花家庄、牛家庄	采煤沉陷	中型	3764. 57	已填充修复

第二节 水 土 保 持

1989 年一号煤矿建矿以来，始终把水土保持工程作为一项重要工作来抓，按照上级要求，在水利部门的指导下，坚持“谁利用、谁治理”的原则，保证水土保持工程有序开展。为保护、改良与合理利用水土资源，除科学地制定水土保持方案、贯彻执行水土保持法规外，还采用综合性的水土保持技术措施。水土保持主要措施有水土保持林草措施和水土保持工程措施。

1991 年建矿初期，黄陵矿区管委会对南至店头南川桥，北至白石村的沮河店头段进行了改造，总长 2048. 61 米，将原川道中心的河道改为沿店头西山山底流过，为防止水土流失，河道两边全部做了护坡，1993 年初工程竣工。

2014 年 9 月，委托陕西水文水资源技术工程公司结合矿水土保持现状编制《黄陵一号煤矿工业场地水土保持方案报告书》。经过对主体工程设计和相关资料的收集，对主体设计报告等相关资料进行了认真分析、研究。编制组技术人员对工程建设过程中已实施的水土保持内容及工程量进行详尽的实地踏勘和调查，并对项目区周边的自然环境、水土流失状况和水土保持现状进行了勘查，收集了外业资料。根据《开发建设项目水土保持技术规范》(GB 50433—2008）的要求，在完成现场踏勘、调查并掌握项目区基本情况的基础上，针对该工程建设过程可能造成的水土流失来源、形式、数量和危害，因地制宜地制定水土保持防治措施总体布局方案及单项防治措施典型设计，并估算项目水土保持防治措施工程量及投资，于 2015 年 3 月完成了《黄陵一号煤矿工业场地水土保持方案》并通过水利部门的批复。2020 年 12 月，根据水土保持方案的批复和陕西省水利厅印发的水土保持补偿缴款通知单，一号煤矿积极整改并落实向陕西省水利厅缴付工业广场水土保持补偿费14.5万元。

截至2020年，一号煤矿在水土保持方面采取的措施如下：

（1）办公区域水土保持措施。根据项目设计报告及实地踏勘，设计并实施了排水工程、土地整治和部分空地绿化美化等措施。

（2）生产区水土保持措施。在施工结束后对全部绿化区域采取土地整治措施，使土地满足实施绿化的要求，土地整治总面积8.55亩。

为了及时排出生产区内的雨水，场地内设置有完善的排水沟系统，包括浆砌石排水沟和预制混凝土盖板沟。浆砌石排水沟采用矩形断面，排水沟底宽1米，深1米，长约116米。预制混凝土盖板沟设计，排水沟底宽0.5米，深0.6米，长约286米。

（3）辅助区水土保持措施。根据项目设计报告及实地踏勘调查，设计并实施了排水工程、土地整治和部分空地绿化美化等措施。

第三节 矿 区 绿 化

一、工业区、办公区绿化

1992年建矿以来，一号煤矿在工业厂区、办公楼交付使用后，对周边进行了绿化，主要以松树、柏树、冬青为主，绿化面积28444平方米。1995年一号煤矿选煤厂投产后，对选煤厂厂区进行绿化，绿化树种有柳树、法桐、冬青、桃树、樱桃等，绿化面积34770平方米。2008年，在原有绿化的基础上，对厂区内的各绿化带进行了补植，并对部分枯木进行了换植，树种以黄杨、红叶李为主。2010年，将各绿化带的草坪更换为易成活、长势好的三叶草，把矿大门内两侧和部分花园中因病虫害而枯死的近20棵榆树、杨树换植为国槐。2012年，对二号风井、三号风井和选煤厂沮河对岸新煤仓的18000平方米空地进行绿化，以黄杨、三叶草、柳树、杨树、月季花为主要品种。截至2013年底，矿区总绿化面积达81214平方米，种植各种树木1500余棵。2015年之后，工业厂区及周边绿化坚持生态原则、技术创新和制度创新原则、规划建设与养护管理并重原则、因地制宜原则，不断提升工业厂区及周边环境质量。

截至2020年底，一号煤矿工业厂区及周边绿化总面积约203280平方米。其中，地坪种植三叶草95亩、高羊茅25亩、冬青5亩、格桑花50亩、苜蓿130亩，种植树木有银杏2棵、桂花2棵、玉兰15棵、樱花11棵、大叶女贞15棵、云杉30棵、牡丹13棵、丁香8棵、连翘树500余棵、月季树20棵、龙柏12棵、金叶女贞8棵、国槐46棵、杨树20棵、松树82棵、红叶李120棵、柳树51棵、樱桃树5棵、碧桃树108棵、法桐9棵、高山黄杨20000余株、红叶小檗5000余株、竹子200余棵。矿内环境似一幅美丽画面，已成为大山深处的公园、职工的家园、休闲的乐园。

二、矿山地质环境保护和治理恢复

2017年，一号煤矿编制了《矿山地质环境保护和治理恢复方案》《土地复垦方案》，并严格执行。同年，根据《地质环境恢复治理规划》，投资4500余万元对矸石山实施了地质环境恢复治理，覆土填埋、植草种树，恢复绿色植被。投资1.4亿元对开采后采空造成的耕地塌陷、裂缝实施平整复耕、覆土还田治理，有效遏制了耕地水土流失。复垦土地达到了基本农田标准，构建了企地和谐发展。

三、粉煤灰渣利用

2008 年 10 月，一号煤矿投资 2300 万元建成年产 1 亿块的免烧粉煤灰渣砖厂，每年可消耗粉煤灰 20. 26 万吨，炉渣 6. 5 万吨，节省土地资源 100 亩左右，该项目获得 2009 年陕西省绿色环保产业十大重点推广品牌。2014 年 10 月，在原粉煤灰砖厂原址基础上利用闲置空地，投资 2000 万元建成了年产 10 万立方米粉煤灰加气混凝土砌块扩建生产线。每年可利用粉煤灰 4. 4 万吨，减少固体废弃物堆存占地约 26 亩，节约土地 44 亩，税后利润增收 309. 60 万元。该项目填补了延安地区粉煤灰加气混凝土砌块的空白。

第四节　社会生态文明建设

一、店头镇污水厂投资建设

2017 年 7 月，一号煤矿投资 5300 万元建成店头镇污水处理厂，总占地面积约 100 亩，服务范围包括店头镇中心镇区、曹家峪焦化工业园区、白石煤电工业园区、前川农业生产区等区域。

二、“一河两岸”环境治理

2009 年 10 月，矿区“一河两岸”环境治理工程开工建设，一号煤矿投资 2. 6 亿元，历时 4 年建设完成了“一河两岸”治理工程。项目占地面积 25000 平方米，主要包括污染源治理，改善沮河水质，沮河河道清淤形成景观水系，河堤改造，沿河 50 米范围内绿化人文景观，集休闲、健身、娱乐为一体的文体中心工程建设。2015 年 7 月，一号煤矿投资 2700 万元建成矿山公园，总占地面积约 200 余亩，为当地居民和矿区职工提供了休闲娱乐及运动场所。

第十篇

行政事务管理

截至2020年，一号煤矿在后勤保障、房产管理、职工生活诸方面不断改进，逐年上台阶。行政事务、综合管理和文秘工作不断强化，办文质量越来越高，信访信息综合反馈机制畅通，规范化管理程度逐步提高。

第一章 行 政 事 务

第一节 机 构

1990年12月，一号煤矿设立办公室机构，印章随即启用。截至2020年底，办公室定员8人，其中，主任、副主任各1名，文书1人，文秘1人，档案室1人，司机3人。

截至2020年，一号煤矿办公室主要负责贯彻执行黄陵矿业公司办公室和一号煤矿党政的指示、决定，检查、督促矿党政决议的执行；了解掌握全矿各项工作进展情况，及时向公司办公室和矿行政反馈信息；负责公文制作、督查催办、档案管理、信息上报、调查研究、打印复印、收发通讯及信访、接待、保密等工作；负责矿行政重要会议的组织、记录工作，起草会议有关文件和材料；负责起草矿行政安排、总结、报告等，审核以矿名义上报下发的文稿；负责上级来文的拆封、登记、传阅、催办、归档；负责文件的收集、整理、分类、保管、提供利用和销毁工作；负责生产用车管理工作；负责办理矿领导交办的其他工作。

第二节 文印、会议管理

一、文件制作

至1997年，一号煤矿办公室文印室配有一台四通打字机、一台油印机。2004年以后，办公室购置了打印复印一体机、速印机，提高了工作效率。2014年，矿办公自动化系统投用后，所有文件逐步实现系统流转。

截至2020年，一号煤矿文件制作流程由各业务部室负责起草审阅签字，需经会签的文稿，由拟稿人送有关部门会签，办公室审核修改后制作文件。凡是以一号煤矿名义制发的上行文，由矿长签发；下行或平行文，由矿长或授权的其他领导签发。一号煤矿党委文件由党群部门负责起草，分管领导审核，党委书记签发。

二、文件收发

2014年以前，一号煤矿文件均为纸质版，文件收发由文书负责。2014年3月，经黄陵矿业公司培训开始使用OA办公自动化平台，上行、下行文件全部通过信息化平台上报公司及下发各单位，基本实现无纸化办公。2014—2020年，一号煤矿收到各类文件2843份，其中，长效存档文件2514份；共制发文件3048份，其中，行政发文2630份，党委发文418份。

截至2020年，一号煤矿严格执行有关规定，保证机关公文的严谨、一致。一号煤矿公文统一由办公室收发、分办、传递、立卷、归档和销毁。

三、印签管理

截至2020年，一号煤矿实行“谁批准、谁负责，谁加盖、谁负责”的原则，建立公章管理制度和公章使用登记簿，严格履行审批及登记手续。矿行政公章的使用和管理由办公室文书负责。矿发文件一律凭矿领导签发、审阅的原件用印，其他文字材料需经矿领导审阅同意后方可用印。所有介绍信、说明、证明等一般性事项需经办公室主任或分管矿领导审核同意，方可用印。因特殊情况无法及时审核的，须经电话请示同意后，方可加盖公章。矿党政一把手签名章视同党政公章进行管理，使用领导签名章，必须由领导本人批准。基层单位公章的使用和管理由单位党政一把手负责。因机构变化及工作需要等原因需启用新基层单位公章的，由基层单位提出申请，经矿长（书记）批准后，由办公室负责刻制，并通过办公室统一发文公布后方可正式启用；已停止使用的公章送交办公室登记，统一保管或销毁。

四、会议组织

截至2020年，一号煤矿召开的党政会议或综合性会议，议题由牵头部门和矿主要领导商定，并将会议时间、地点、议题、规模通知办公室，办公室配合牵头部门做好会议筹备工作；会议由牵头部门负责记录。各部门召开的工作例会，由部门负责人负责组织。

五、接待管理

截至2020年，一号煤矿业务招待严格执行中央八项规定和黄陵矿业公司党委《贯彻落实中央八项规定实施细则》、黄陵矿业公司《关于进一步规范公务接待管理工作的通知》、一号煤矿《公务接待管理办法》，严把审批关。事前办理审批单，经主管领导、办公室主任、部门负责人签字后在矿职工餐厅安排就餐。严格控制公务接待、商务接待的接待标准和陪餐人数，认真落实陕煤集团、黄陵矿业公司关于业务招待的相关规定。公务接待一律不提供香烟、酒水；商务接待不提供香烟，根据需要提供酒水，严格控制标准和数量，以陕西地方酒作为接待酒，无高档酒消费。坚持对等接待、内外有别，做到勤俭接待、精简接待、规范接待。按照业务招待范围和审批程序，对矿内外业务招待，严格按照要求报送公务接待审批单并存档，做到痕迹管理。接待报销遵守矿财务制度规定，严格按审批报销，做到“一事一结”“一事一报”。业务招待费使用情况每年向职工代表报告一次，定期向有关部门汇报费用使用情况。

六、保密管理

截至2020年，一号煤矿按照国家、省、集团和矿业公司保密文件及制度规定，成立由矿长、党委书记任组长的保密工作领导小组，保密办公室设在矿行政办公室。对密级文件统一由办公室负责收发、登记、传递、保管、清退、销毁，各单位不得存放密级文件。承办和借阅密级文件，应履行登记手续，确定专人负责保管，并及时交行政办公室归档保管。因工作需要复制、复印或摘录密级文件、资料要履行审批和登记手续，并及时交办公室处理。

第三节 档 案 管 理

一、机构

1990年，一号煤矿成立档案室，隶属办公室，对矿属各单位文书、科技、财务等档案实行统一管理。档案室配备1名专职档案人员，具备大专及以上文化程度，取得专业技术职称，助理馆员1人。

二、设施

1990年，一号煤矿建矿初期，档案室与办公室在同一处办公。2000年，档案室搬至一号煤矿办公楼五楼。档案室使用面积约54平方米，共分办公、库房两个区域，其中库房面积为36平方米，办公、阅览面积为18平方米。档案室配置6组密集柜、一台防磁柜以及电脑、打印机等设备。库房安装有温湿度计、灭火器，并装有防盗门等相应设施，具备防火、防盗、防潮、防光、防鼠、防虫、防尘、防污染、防高温等功能。

三、案卷

截至2020年底，一号煤矿档案室库藏档案主要有文书、科技、会计、特殊载体（实物）等档案，馆藏量达7600多卷（盒、册），其中，文书档案842盒（卷、册），7241件；技术档案114盒；财务档案517卷。管理类目齐全，综合性强。档案室编制的检索工具有总目录、分类目录、全引目录、全宗指南等。

四、制度

截至2020年，一号煤矿为规范档案管理工作，结合实际制定了《档案室职责范围》《档案室工作人员职责》《查阅利用档案规定》《档案工作保密制度》《会计档案管理制度》《电子档案管理制度》《照片档案管理制度》《实物档案管理制度》和《档案鉴定销毁制度》等13项管理制度。档案管理实行统一领导、统一管理、统一审批、统一标准。

五、档案资源利用

截至2020年，一号煤矿档案室为黄陵矿业公司编制《黄陵矿区组织机构沿革》《一九九四年至二〇〇九年管理制度汇编》《黄陵矿区二十年发展大事记》等提供了资料，档案管理员对借阅、查找资料人员热情服务，开发了档案信息资源，提高了档案利用率。每年平均借阅、查找各类资料达500余人次。

第四节 信访工作

1990 年 12 月一号煤矿筹备处成立时，群众来信来访工作由办公室分管。成立群众来信来访工作领导小组，下设信访办公室和接待室，办公室设在行政办公室，办公室主任兼任信访办主任，办公室副主任兼任信访办副主任，信访接待室主要负责接待日常来信、来访人员，接待和协调处理上访事项等。

1995 年 11 月，一号煤矿依据《信访工作条例》及《黄陵矿业公司信访管理办法》，制定印发《一号煤矿信访管理制度》，成立以党政主要领导为组长的领导小组，实行两级管理，分级负责，建立稳定目标责任考核制度。为进一步规范信访管理，维护企业稳定，2016 年 5 月，一号煤矿修订完善《信访工作条例》《信访相关制度》《信访事项结案制度》《重点信访案件包案制度》。成立以矿长、党委书记为组长，党委副书记、纪委书记为副组长，其他机关部室、区队负责人为成员的信访领导小组。

截至 2020 年，一号煤矿信访工作遵循分级管理、分级负责，谁主管、谁负责，依法、及时、就地解决问题与疏导教育相结合的原则。实行领导定期接访、下访、约访员工制度以及定期排查制。一号煤矿信访领导小组每季度召开一次信访形势研判会，研究解决存在的信访突出问题。信访办公室每季度进行一次排查，并建立排查化解台账。对职工群众中出现的信访苗头和问题，早发现、早介入，现身说教，及时引导，力争把问题解决在萌芽状态。

一号煤矿建矿以来，主要涉访事件有当地农民以征地补偿不到位、拆迁安置不合心以及失地农民子女招工为由的多人次上访，以及个别职工因公私伤争议等问题来信来访。信访办公室认真接待、耐心说服引导，配合有关部门，依法依据解决了大批上访事件。1990—2020 年，一号煤矿共受理来信来访 54 件次，处理 54 件次，结案率 100%；成功处理集体上访 1 起，为矿区的稳定、和谐作出了贡献。

第五节 车辆管理

1990 年 12 月一号煤矿筹备处成立时，车辆由办公室管理，负责车辆调配、单车核算、车辆日常保养等，负责各单位生产用车及接送风井职工交接班用车。2005 年 12 月，一号煤矿实行车改，处级干部享受交通补贴，公出不再派车。2020 年底，办公室有生产用车 3 辆，配备司机 3 人。

截至 2020 年，一号煤矿生产车辆实行单车独立核算“一车一档，单车趟结月清”，每台车辆运营、维修费用、安全状况等与驾驶人员的收入挂钩。陕 J6R420、陕 JCM150、陕 JXQ008 车辆长途按 2. 10 元/千米计费，短途按 1. 80 元/千米计费；二号风井、三号风井、四号风井出车按 1. 90 元/千米计费；如油价涨跌在预算价格 10%（含 10%）以内，费用执行此价格；如油价变化在预算价格 10% 以上，矿给予调整价差。司机的出车费含燃油费、小型修理费、节假日加班费、出车补助费、过桥费、停车费等，车辆在结算报销时，由财务部提留 0. 10 元/千米费用，作为车辆强制保养和事故处理预留费，司机如能按规定对车辆定期进行维修和保养并承担处理事故费用，所提留的费用年终返还司机本人。车辆年审由办公室统一安排，审验费用由矿负担，司机应在审验前修理好车辆，否则审验过程中发生的修理费由司机本人承担。通过规范管理，有效提高了矿生产用车效率。

2011 年以前，生产车辆更新由一号煤矿根据生产需要审批购买。2011 年 7 月，为落实中共陕西省委员会厉行节约规定和陕西省国资委、纪委《关于在监管企业开展公务用车问题专项治理工作的通知》的要求，陕煤集团出台《陕西煤业化工集团公司机关公务用车配备管理暂行规定》，要求 7 座以下公务用车和越野车购置要报陕煤集团审批；7 座（含）以上非越野公务用车购置由各单位根据工作需要自行确定，报陕煤集团备案。用车使用年限超过 8 年或行驶里程达 30 万千米以上的可以更新。截至 2020 年，先后更新车辆 3 台，报废车辆 2 台。

第六节　治安保卫与消防

一、社会治安综合管理

1990 年 12 月一号煤矿筹备处成立时，办公室负责矿区内部治安管理及消防工作，设立主管 1 人，负责日常治安管理及消防工作。

1991 年初，一号煤矿成立综合治理工作领导小组，综合治理工作领导小组下设办公室，办公室设在矿办公室，负责日常具体工作。隶属关系实行双重领导，行政上由一号煤矿领导，业务隶属黄陵矿区管委会保卫处领导。1991 年 3 月，先后制定和完善《一号煤矿内部治安管理规定》《社会治安综合管理实施细则》等 10 多项管理制度，力求法制意识增强，预防和减少职工违法犯罪。有效开展专项整治活动，做到了有法可依。2006 年 6 月，开展了打击“黄、赌、毒”专项治理活动；2008 年 4—8 月，开展了为期 5 个月的煤场运输秩序专项治理活动；2020 年，开展了为期一年的矿区道路交通秩序专项整治活动。从 2010 年开始，一号煤矿坚持每年与各单位签订社会治安综合治理目标责任书。落实责任，强化措施，严格考核并对综合治理先进单位给予表彰，对存在问题的单位给予处罚和通报批评。

截至 2020 年，一号煤矿全面落实黄陵矿业公司关于社会治安综合治理工作的决策部署，强化依法治企，建设平安矿区，为一号煤矿各项工作的顺利开展提供安全保障，先后安装视频监控 40 余处，现有保安 28 人，办公室两间，电话两部，对讲机 20 台；并在矿前门 4 个区域增设智能化道闸，方便职工安全停车。矿办公室配合矿业公司安保中心处置群体事件 18 起。开展普法宣传教育，抓好青年职工的法制教育、政治思想教育、道德规范教育，重点学习《宪法》《刑法》《禁毒法》《治安管理处罚法》《企事业单位内部治安保卫条例》等有关法律法规。1993—2020 年一号煤矿社会治安、普法宣传教育情况见表 10-1-1。

2020 年一号煤矿社会治安综合治理管理机构图如图 10-1-1 所示。

表 10-1-1　1993—2020 年一号煤矿社会治安、普法宣传教育情况表

时间	内　容	主讲人	地点	参加人数（人）
1993 年 7 月	《矿山安全法》	杨宗义	矿培训室	80
1997 年 6 月	《劳动法》《职工病防治法》《煤矿安全培训规定》	张海博	矿培训室	100
1999 年 12 月	《矿山救护规程》《生产安全事故应急条例》	王　钢	矿培训室	50
2002 年 6 月	《安全生产法》《煤矿安全操作规程》	杨宗义	矿培训室	150

表 10-1-1（续）

时间	内　容	主讲人	地点	参加人数（人）
2007 年 6 月	《民法典》《禁毒法》《治安管理处罚法》	赵　进	矿培训室	100
2013 年 12 月	《宪法》《刑法》《企事业单位内部治安保卫条例》	胡世同	矿培训室	120
2018 年 11 月	《消防法》《陕西省消防条例》	刘　凯	矿培训室	50
2020 年 12 月	《民法典》《民事诉讼法》	李轩斌	矿培训室	50

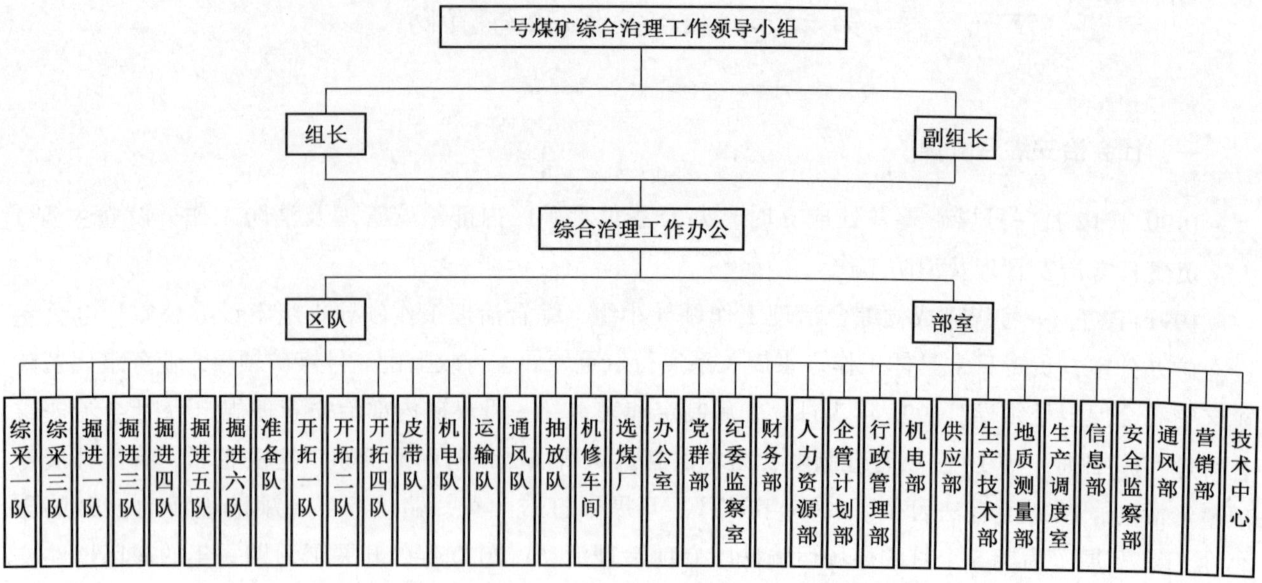

图 10-1-1　2020 年一号煤矿社会治安综合治理管理机构图

二、消防管理

1993 年 3 月，一号煤矿成立消防管理工作领导小组，消防管理工作领导小组下设办公室，办公室设在矿办公室，负责矿日常消防管理工作。多年来，认真贯彻《消防法》《机关、团体、企业、事业单位消防安全管理规定》等法律法规。隶属关系实行双重领导，行政上由一号煤矿领导，业务隶属黄陵矿业公司救护大队领导。先后制定和完善《一号煤矿内部消防管理规定》《关于进一步做好消防管理工作的通知》等多项管理制度，做到了有法可依、有章可循。截至 2020 年，一号煤矿消防人员发展到 100 人，有办公室两间，电话 6 部，对讲机 20 台，地面消防控制室 3 个，微型消防站 12 个。结合矿实际情况，积极配合救护大队做好矿内部新建、改建、扩建、装修工程项目中消防系统、消防设施器材的设计、招投标等工作。按照"谁主管、谁负责，人人参与消防安全工作"的原则，大力加强消防法制和消防知识的宣传教育，增强职工的法制观念和防火安全意识，提高全矿防范火灾事故的能力，确保达到自我管理、安全自检、隐患自改、责任自负的目的。其中，2019 年，投资 50 多万元对职工餐厅消防控制室和职工浴室消防器材、设施按照标准进行了更新和维护，确保灭火设备、设施和自动报警系统完好有效。2020 年，对各单位消防安全责任人、消防安全管理人员等开展消防安全培训，同时广泛开展"119 消防宣传月"活动，通过网站、微信、宣传册、观看火灾视频等形式，不断增强职工自我防范意识和自救、自护能力。持续推进消防控制室专项治理活动。同时，认真贯彻学习上级关于做好消防安全管理工作的重要指示，将消防安全管理工作切实列入本单位工作重要议事日程。严格按照“谁主管、谁签字、谁负责”和“谁检查、谁签字、谁负责、谁落实整改”的原则，将责任层层分解，逐项落实，确保责任到人、保证措施得力。

第七节 “千企千村”帮扶

2010年6月，一号煤矿成立帮扶办公室，办公室设在党群部，并配备帮扶专干，主要负责省、市、县政府开展“千企千村”帮扶活动。2012年10月，帮扶工作移交行政管理部，主要解决城乡统筹发展中的有关问题。

2019年6月13日，根据上级文件精神，选派一号煤矿行政部业务主管屈敬敬到黄陵县店头镇潮塔村担任第一书记。协助村组改善基础设施，寻找致富门路，开发优势资源，培育主导产业，扶持村办养殖业。2019年6月至2020年底，一号煤矿累计投入扶贫资金90万元（其中给寺仙镇10万元），资金分别用于人居环境整治、村集体经济纯净水厂设备购置、蔬菜存储库修建。2020年底，店头镇潮塔村59户贫困户在现行标准下全面脱贫。全村脱贫群众产业稳定，收入稳中有增。

从2019年6月开始，一号煤矿处级班子成员10人每人结对帮扶2户贫困户，共计20户。每季度由矿长、党委书记带队走访慰问贫困户，帮助排忧解难，指导产业发展。帮扶以来累计捐赠生产、生活、学习慰问品价值约15万元，在脱贫攻坚收官之际，一号煤矿对店头镇潮塔村的帮扶得到了全体村民的一致认可。2019—2020年，矿党委组织多个支部到潮塔村田间地头开展助农活动。2020年1月，潮塔村两委干部到矿送上了“扶贫济困送温暖 真情帮扶暖人心”的感谢锦旗（图10-1-2）。2020年8月，根据黄陵县《关于进一步明确开展消费扶贫工作责任的通知》（黄消办发〔2020〕1号），一号煤矿大力支持实施消费扶贫，利用与职工餐厅结对帮扶，消费购买潮塔村农副产品如大米、土豆、红小豆、鸡蛋、蜂蜜等，价值约13万元。2019年6月一号煤矿领导结对帮扶情况见表10-1-2。

图10-1-2 获赠锦旗

表 10-1-2 2019 年 6 月一号煤矿领导结对帮扶情况表

序号	姓名	性别	职务	联户所在行政村	结对帮扶贫困户姓名
1	马玉军	男	矿长	店头镇潮塔村	蔡志有、王显明
2	卢海峰	男	书记	店头镇潮塔村	罗杰、徐文泼
3	薛国华	男	副矿长	店头镇潮塔村	汪忠明、吴保成
4	沈亚洲	男	副矿长	店头镇潮塔村	邓群生、朱荣德
5	卫庆华	男	副书记	店头镇潮塔村	祝佰玉、侯安成
6	焦稳锋	男	总工程师	店头镇潮塔村	薛小记、黄建国
7	米广欣	男	副矿长	店头镇潮塔村	吕东有、陈天碧
8	符大利	男	副矿长	店头镇潮塔村	尹中友、王宪芝
9	王爱军	男	副矿长	店头镇潮塔村	李金锁、熊改祥
10	缑新学	男	副矿长	店头镇潮塔村	刘成保、郑凤兰

第二章 土地及房产管理

第一节 机 构

1989 年 11 月，中国统配煤矿总公司陕西公司批准黄陵矿区管委会设置包括后勤组在内的“五组一室”管理机构，土地征迁等工作主要由后勤组负责。1992 年 10 月 5 日，黄陵矿区管委会撤销后勤组，成立生活服务公司，将其主要业务归入生活服务公司，同时成立征地拆迁组，负责和地方政府部门联系协商矿区土地征用赔付等有关事宜。2009 年 9 月，黄陵矿业公司成立行政管理部，土地管理和房产管理划归行政部管理。至 2020 年，一号煤矿土地管理、房产管理由行政管理部管理。

第二节 土 地 管 理

黄陵矿区项目建设作为国家“八五”（1991—1995 年）重点建设项目和 20 项兴陕工程之一，征地工作自始至终得到了各级政府的大力支持。特别是建矿初期，陕西省人民政府《关于加快陕西黄陵矿区建设会议纪要》中明确要求“征地、拆迁任务由黄陵县政府统一包干，负责到底”。1990 年 3 月 30 日，一号煤矿筹建初期黄陵矿区管委会与黄陵县政府就征地、拆迁问题签订了协议。协议规定，黄陵矿区管委会根据需要分期征用七丰、鲁寺、白石等村土地 3163. 8 亩。1990 年 6 月 26 日。陕西省人民政府批复黄陵矿区建设一号煤矿及中心区附属设施征用土地 996. 5 亩，其中，耕地 962. 5 亩，非耕地 34 亩，基本满足矿区改河和一号井建设的需要。1991 年，矿区建设全面铺开，按照陕西省人民政府领导指示，黄陵矿区管委会务必于1992年2月底以前办完该年度征用土地手续。同年1月9日，黄陵矿区管委会向黄陵县人民政府呈报《关于申请一九九一年建设用地的报告》，报告明确1991年建设需征用土地998.75亩，其中，菜地、水浇地402亩，川地356.5亩，坡台地216.25亩，荒地24亩。同年4月9日，取得省、市、县政府部门的全部批复。1991年，一号煤矿二号风井建设项目列入矿区议事日程。为加快矿区建设步伐，同年7月21日，黄陵矿区管委会向黄陵县土地局呈报《关于申请一号煤矿二号风井公路、场地等建设用地的报告》，报告明确公路、场地等建设需用林地910.5亩，其中，二号风井排矸场120亩，二号风井公路169.5亩，火药库公路及场地51亩，选煤厂排矸场450亩，选煤厂排矸公路120亩。1992年1月，取得省、市、县政府部门的全部批复。1992年7月20日，黄陵矿区管委会向黄陵县人民政府呈报《关于申请一九九二年建设用地的报告》，根据矿区建设的需要，申请扩大了川地的使用面积和范围、撂荒地。1992年，征用白石、鲁寺、七丰等行政村川地288.5亩。1992年7月28日，黄陵矿区管委会向黄陵县人民政府呈报《关于上畛子供水工程用地申请报告》，报告根据国家能源投资公司《关于黄陵矿区上畛子给水工程初步设计的批复》，同意上畛子水源地作为黄陵矿区主要永久水源，据此供水工程征用上畛子农场、双龙镇有关村组、桥山林业局土地共计417.15亩，总投资3390.1万元，总供水量20000立方米/天。其中，占用桥山林业局林地154.08亩，上畛子农场及双龙镇有关村组耕地263.07亩。1993年3月取得省、市、县政府部门的批复。征用黄陵县龙首、桥山、康崖底、店头等乡镇辖区内土地1623.59亩，其中，菜地95.31亩、水地1081.24亩、旱耕地265.28亩、林地22.24亩、宅基地16.27亩、荒地133.67亩、其他土地9.58亩。征地补偿安置费用按征地协议办理。2004年11月3日，黄陵矿业集团公司向黄陵县土地局呈报《关于一号煤矿建设三号风井征占用林地和农地的申请》。三号风井位于李章河沟内，距寺湾村8千米，风井公路设计利用林场既有的简易公路。公路起点位于黄陵矿区李章河矿，终点至三号风井工业广场大门口，长约3.96千米，占地40.5亩，工业广场21.75亩，排矸场148.5亩，设计共占林地和农地210.75亩。2008年4月取得省、市、县各级政府部门的批复。2012年5月21日，延安市林业局呈报陕西省林业厅《关于陕西陕煤黄陵矿业有限公司煤炭开采申请占用桥北林业局国有林地的报告》，四号风井工业广场及附属工程占用张村驿林场国有林地80.1亩。同年7月27日，延安市富县国土资源局《关于一号煤矿四号风井及附属用地预审的函》，明确一号煤矿四号风井选址位于延安市富县寺仙镇太平村，规划土地182.1亩，其中，耕地45.29亩、林地136.8亩。同年11月1日，延安市发展改革委《关于黄陵矿业集团有限责任公司一号煤矿四号风井35千伏线路工程核准的批复》，明确一号煤矿四号风井架线塔基占地3.975亩。至此，四号风井占用林地、塔基地、耕地266.18亩。一号煤矿征用土地情况见表10-2-1。

表10-2-1　一号煤矿征用土地情况表

年份	土地面积（亩）	土地用途	土地地点
1990	996.5	一号煤矿厂区建设	店头镇鲁寺村
1991	910.5	一号煤矿二号风井场地	隆坊镇花家庄
2004	210.75	一号煤矿三号风井工业场地	店头镇李章河
2012	266.18	一号煤矿四号风井工业场地	富县太平村

第三节 房产管理

一、职工住房

1991年一号煤矿建矿初期，矿区办公住宿均在外租房。1992年10月5日，黄陵矿区管委会成立生活服务公司，管理矿区房产等工作。随着矿区建设全面铺开，1992年11月5日，黄陵矿区管委会成立分房委员会。1996年12月，黄陵矿区管委会成立房改领导小组，办公室设在生活服务公司，审定公司内部职工商品房销售方案。2009年9月，黄陵矿业公司成立行政管理部，房产划归行政管理部管理。2012年9月20日，黄陵矿业公司成立住房管理分配领导小组。至2020年12月，黄陵矿业中心小区建有住宅楼59栋、单身公寓4栋、大学生公寓1栋（图10-2-1）。黄陵矿业中心小区房屋面积见表10-2-2。

图10-2-1 黄陵矿业中心小区

表10-2-2 黄陵矿业中心小区房屋面积统计表

地点	栋/层	建筑面积(平方米)	居住面积(平方米)	房间数
一号单身公寓	1/7	8075	6863.75	410
二号单身公寓	1/7	8075	6863.75	410
三号单身公寓	1/19	22383	17907.4	420
大学生公寓	1/7	4600	3910	195
五号单身公寓	1/19	32381		544
中心小区住宅楼	59	29866.32	26631.63	

二、办公用房

1989 年一号煤矿筹建期间，办公楼暂时租赁陕西煤炭建设公司苍斜一号井旧办公楼，共 4 层楼，占地面积 630 平方米，总建筑面积 1240 平方米。1992 年，矿联合建筑建成，共分为 3 层，建筑面积 8042 平方米，共有 43 间办公室，基本满足了矿各区队的办公需求。其中，一层设有矿灯超市、职工浴室、候车室，二、三层主要为区队办公室、学习室。1995 年，一号煤矿办公楼建成。由西安设计研究院设计，铜川基建公司一处承建，投资 724 万元，设计为 6 层，建筑面积 5400 平方米，共有 13 个部室办公，其中二楼、三楼设置可容纳 30 人开会的会议室各一间，共有办公室 52 间，五楼设置档案室和党员活动室各一间。矿灯超市面积为 714. 16 平方米，2005 年将矿灯超市改建为 263. 74 平方米的候车室和 84. 67 平方米的休闲室，为职工上下井提供了方便。选煤厂办公楼于 1993 年 12 月建成，建筑面积 1637. 37 平方米。由于矿快速发展，各项部门的成立，导致办公场所紧张，2012 年矿投资 1400 万元新建无轨胶轮车库。项目于 2012 年 8 月开工建设，2013 年 5 月竣工验收投入使用。共 3 层，建筑面积 3550 平方米，一层用于无轨胶轮车检修，二层为无轨胶轮车库房，三层主要服务掘进三队、掘进四队、运输队、机电队等作为办公、学习、会议场所。

2019 年，由于矿井生产、发展需要，矿原有井下生产队伍 15 个，其中，自有队伍 12 个、外委队伍 3 个，根据陕西省应急管理厅、陕西煤矿安全监察局关于《陕西省承包煤矿井下生产队伍管理规定（试行）》的相关要求，清退了所有的外委队伍，并计划逐步补充 3 个自有队伍（其中掘进六队已于 2020 年 6 月成立）。为满足新成立队伍办公用房需求，同时改善抽放队、运输队办公用房不足的问题，需新建区队办公楼。新建区队办公楼共 3 层，建筑面积 2594 平方米，布置 5 个区队学习室，另配套办公室和一个中型会议室及一个值班室。同年 6 月，新建区队办公楼项目取得立项批复，投资 1350 万元；8 月，完成初步设计编制及审批；11 月，正式开工建设。2020 年 11 月，新建区队办公楼完成并通过竣工验收投入使用（图 10-2-2）。

图 10-2-2　新建区队办公楼

第三章 后勤管理

第一节 机构沿革

1989年一号煤矿建矿初期，后勤工作由黄陵矿区管委会后勤组负责。1992年10月5日黄陵矿业公司生活服务公司成立后，由生活服务公司负责矿区所辖区域内的环境卫生、家属区物业管理、地面绿化、职工公寓、职工食堂、所辖区域的供水、供暖、房产和土地等管理服务工作。2009年9月，黄陵矿业公司成立行政管理处，同年12月更名为行政管理部，下设综合科、环保科，主要负责生活后勤管理和对生活服务公司所管辖的相关业务进行监督、指导、检查、考核。2011年10月，生活服务公司划归陕西煤业化工实业集团有限公司，更名为黄陵煤化实业有限公司。一号煤矿以关联交易形式委托黄陵煤化实业有限公司代管相关业务。2012年，一号煤矿成立行政管理部负责职工食堂、职工浴室、供暖、环境保护等后勤管理工作。

第二节 职工餐厅、浴室

一、管理制度

1989年一号煤矿建矿初期，由于人员较少、机构不健全，后勤组成立后制度、检查、考核亦不健全。随着一号煤矿不断发展以及各项管理机制不断完善，截至2020年底，矿后勤先后制定了《职工餐厅经营管理办法》《餐具消毒管理制度》《餐厅从业人员个人卫生制度》《服务员行为规范》《公共区域卫生标准》《矿职工餐厅原材料采购标准》《扫地车管理制度》《食品原料采购查验索证索票制度》《职工餐厅食品安全管理制度》《职工餐厅食品留样制度》《卫生设施清洁用具管理规定》《消毒柜卫生标准》《浴室更衣室管理制度》《浴室卫生管理制度》《浴室卫生消毒制度》等各类规章制度，使矿后勤管理工作逐步走向正规。

二、职工餐厅

1993年，一号煤矿职工餐厅开工建设，1996年投入使用，建筑面积约420平方米，主要用于班中餐制作，由生活服务公司负责经营管理，以承包形式服务矿区。至2008年4月，随着企业效益逐年转好，公司本着“以人为本，充分让职工享受到企业效益带来的变化”的原则改善职工就餐环境，提升职工生活质量。将原职工食堂拆除，在原位置上重新建造了一座面积约5026.06平方米的职工餐厅，投资6400万元，由陕西龙源建筑安装公司承建。2009年5月开工建设，2011年11月竣工验收投入使用，可容纳300人同时就餐。餐厅配备大型设备20余台，同时可冷藏2吨以上食物。餐厅后厨设有洗碗房、食品加工间、凉菜房、食品加工二间、洗菜房、储存库（干货）、粮食储备库7个房间，为了确保食品安全，后厨设立了12个冷藏设备，并且设立了1个约5平方米的冷冻室。职工餐厅有11名厨师，后厨面积约100.32平方米，设有3个小灶、4个大灶，餐厅设有管理人员3人、后厨44人、服务员41人，设有5个包间。餐厅经营方式采取单独核算，后厨承包制，实行24小时营运制，保障下井职工升井后随时就餐。

三、职工浴室

1989年建矿初期，职工浴室位于现井口左侧，为占地面积86.7平方米的平房，可以保障30人同时洗浴。随着矿井发展及基本设施不断完善，1995年5月，职工浴室迁入联合建筑，使用面积为755.39平方米，设立在联合楼一层，可以保障300人同时洗浴。2004年，矿井高速发展，生产队伍增加，原有浴室不能满足现状，继而对职工浴室进行改建，职工浴室在改建期间将现在的安全教育室和调度室房间改为临时职工浴室，保障职工正常洗浴。浴室建成后占地面积117平方米，分为两层。

2019年6月，矿投资约540万元新建职工浴室；同年6月取得立项批复，8月完成初步设计编制及审批，11月正式开工建设。2020年11月，通过竣工验收。矿新建职工浴室共两层钢筋混凝土建构，建筑面积558.12平方米，设有更衣室、淋浴间、值班室。可满足265个职工日常工作洗浴，主要用于保障选煤厂职工洗浴服务（图10-3-1）。同时将新成立队伍安排在原职工浴室洗浴。2020年12月，矿批准将原有老旧更衣柜全部更换。截至2020年，矿职工浴室管理干部1人、班长2人、职工33人。

图10-3-1 一号煤矿新建职工浴室

第三节 离 退 休 管 理

一、退休、离岗退养规定

1989年9月至1997年底，一号煤矿职工退休养老金待遇执行《国务院关于工人退休、退职的暂行办法》（国发〔1978〕104号）和《关于对职工退休待遇实行补助的通知》（陕劳人险发〔1986〕

145号）规定。1998年1月1日起，执行《陕西省统一城镇企业职工基本养老保险制度实施办法》（陕政发〔1998〕28号）规定。2006年1月1日起，执行《陕西省劳动和社会保障厅关于改革城镇企业职工基本养老金计发办法有关问题的通知》（陕劳社发〔2006〕84号）规定。

根据《国务院关于工人退休、退职的暂行办法》，一号煤矿男年满60周岁、女年满50周岁，连续工龄满10年的，可以办理相关退休手续；从事井下、高空、高温、特别繁重体力劳动或者其他有害身体健康的工作，男年满55周岁、女年满45周岁，连续工龄满10年的，可以申请办理相关退休手续。

根据矿业公司《关于进一步加强管理人员内部退养管理的通知》（黄陵矿业发〔2015〕94号），正处级干部男满57周岁、女满52周岁，副处级干部男满56周岁、女满51周岁，以及正副科级干部（基层单位的副总工程师、公司机关和基层单位主任科员）男满55周岁、女满50周岁，可以办理离岗退养。

二、退休、离岗退养办理程序

2020年，一号煤矿办理退休、离岗退养程序如下：

（1）达到法定退休年龄的职工，先在本单位办理相关退休手续，由矿业公司社保中心办理退休审批，审批完成后可正常退休。

（2）凡达到内部退养规定条件的正、副处级管理干部，由矿业公司下文解聘其所担任职务，离岗退养；凡达到内部退养规定条件的正、副科级管理干部，按干部管理权限由基层单位或矿业公司组织、人事部门下文解聘其所任职务，离岗退养。

三、退休、离岗退养待遇

2020年，一号煤矿退休、离岗退养待遇规定如下：

（1）职工达到退休年龄，在所在单位办理相关退休手续，由矿业公司社保中心统一办理退休审批，审批完成后移交退管办发放退休待遇。

（2）离岗退养职工的工资待遇执行统一标准，分岗位工资，效益工资和津贴、补贴三部分。内部退养后仍执行的津贴、补贴有矿龄津贴、山区补贴、书报费、取暖费及政府特殊津贴。其他工资奖金、安全风险抵押及津贴、补贴、补助等不再享受。离岗待遇从离岗文件印发的次月起执行。若内部退养职工内退时既有职务又有职称，内退待遇按职务、职称标准较高者执行。

（3）离岗退养期间仍按国家政策规定的比例足额由个人和单位缴纳社保和住房公积金等费用，缴纳基数按本人上年度工资总额确定。

四、退休、离岗退养职工管理

2020年，一号煤矿退休职工在所在单位办理相关退休手续，由矿业公司社保中心统一办理退休审批，审批完成后移交退管办统一管理。离岗退养职工的党、工组织关系仍由本单位管理，并享受企业内部同等的民主政治权利。职工离岗退养期间计算在册人数，工龄连续计算。离岗退养职工达到国家法定退休年龄时，按规定办理退休手续，享受退休待遇。截至2020年底，一号煤矿共有退休职工126人，在本地长期居住的有59人，异地居住的有67人。

第四章　供暖保障管理

第一节　锅　炉　供　暖

1989 年，一号煤矿在建设初期采用分区集中供热方式采暖。1992 年，在一号煤矿工业广场建设第一座锅炉房，配置 2 台 SHL10-13A 型链条蒸汽锅炉及配套的鼓风机、引风机、锅炉给水泵等设备。每台锅炉供热能力为 10 吨/小时，主要为一号煤矿和选煤厂供热。供热方式为直供式蒸汽采暖设备，浴室洗澡水采用注入蒸汽直接加热，锅炉水处理采用钠离子交换系统和喷雾式热力除氧。1995 年，对工业广场锅炉房进行扩建，增加 1 台 SHL20-13-A 型链条蒸汽锅炉，使供热能力达 40 吨/小时，为整个矿区工业广场和生活区提供采暖供热。矿区工业广场和医院采用蒸汽直供式采暖，居住区建有一座汽—水和水—水二级热交换站，安装有 3 台 F6-600-50-4 型汽—水交换器和 1 台 Dg300，$L=3500$ 毫米水—水热交换器，基本满足矿区生产和生活的供热需求。

一号煤矿二号、三号、四号风井工业广场距离中心区工业广场较远，故单独设立锅炉房。二号风井安装 2 台 DZL2-13-A 型链条蒸汽锅炉，供热能力 4 吨/小时。2009 年，对锅炉房进行改扩建，新建锅炉房安装 2 台 SZL2-1.25-AⅡP 型蒸汽锅炉，负责为风井热风机房和办公场所提供采暖热源。到 2010 年，根据环保及清洁生产需求将二号风井供热锅炉改为 WDR-1.25 环保型电锅炉继续服务矿井生产、生活需求。三号风井锅炉房于 2008 年投入运行，配备 2 台 SZL4-1.25-AⅡP 型蒸汽锅炉，负责为风井热风机房和办公场所提供采暖热源。2012 年 9 月，淘汰 2 台老式加热风机，安装 7 台 KJKT-60 空气加热机组，采取热量叠加（三次加热）的方式对巷道空气温度进行混合加热。到 2016 年，根据《陕西省环境保护厅转发关于深入推进重点企业清洁生产的通知》，积极响应通知要求，在节能、降耗、减污、增效不断探索研究，最终决定利用三号风井高瓦斯优势进行瓦斯发电（图 10-4-1），发电服务生产所需，余热服务冬季供暖，有效降低了成本，减少了污染物的排放，同时保障了三号风井冬季供暖难题。

2012 年 10 月 30 日，四号风井开工建设，2019 年投入使用。原设计安装 2 台 8T 燃煤锅炉，设有配套脱硫设施，由于不能满足环保要求，在 2019 年对原设计安装的燃煤锅炉进行更新换代，配备 2 台 WDR2-1.0 环保型电锅炉，2019 年 11 月 25 日投入使用，为四号风井工业广场生活、生产提供供暖服务。

图 10-4-1　瓦斯发电站

第二节 电厂热源集中供暖

2004年4月，煤矸石热电有限公司一期机组正式运行。在发电的同时，为了有效地实现资源再利用，通过电厂热源来承担矿区主要生产区和生活区的供暖。煤矸石热电公司热源网系统分为3部分：

（1）锅炉、汽轮机通过分汽缸供汽，由换热器（3台）、热网循环泵、补水定压泵及管网组成的一次高温水系统，主要为医院换热站、一号煤矿热交换站、矿区中心换热器站、张湾换热站等提供一次热水源（94~98摄氏度）。

（2）矿办公区供汽，锅炉，1、2号汽轮机二段抽汽或者通过减温减压器向分汽缸供汽（DN200），经矿换热站为办公楼区域提供汽暖。

（3）矿选煤厂及进风井暖风机房供暖，锅炉，1、2号汽轮机二段抽汽或者通过减温减压器向分汽缸供汽，为选煤厂厂区、储煤仓及公司煤泥泵房提供蒸汽，同时汽源经选煤厂减温减压器后给一号煤矿暖风机房供热汽源。在一号煤矿工业广场热风机房安装有6组KJZ/Q型矿井加热机组，热源为发电公司提供的170~200摄氏度热蒸汽，保证冬季进风井的混合气体温度在3~5摄氏度以上，防止井筒结冰。

第十一篇

企业文化

一号煤矿在企业文化建设中，认真贯彻陕煤集团"奋进者"文化和黄陵矿业公司"实"文化（说实话、办实事、出实招、求实效）理念，结合本矿实际，对企业文化理念、行为和形象三大识别系统进行规范和要求，以岗位精细化管理模式为主线，以安全文化为抓手，以党建、廉政、质量文化为保障，用先进文化提升企业高质量发展软实力，安全管理不断提升、生产经营连创新高、智能化矿山建设行业领先，努力争创效益一流、质量一流、创新一流、管理一流、文化一流的示范者和引领者矿区。

第一章 企业文化建设

第一节 企业文化建设部署

一、组织机构

2002年，一号煤矿企业文化建设列入党政重要议事日程，由党群部牵头，各部室配合，分管领导协调落实，各基层单位由党支部书记分管抓落实。

二、主要决策文件

2002年以来，矿井把企业文化建设作为提升企业核心竞争力的重要内容来抓，进行了周密的策划，循序渐进，实现了企业文化与企业管理的深度融合，形成了一号煤矿企业文化建设的一系列重要决策文件。一号煤矿企业文化建设主要决策文件见表11-1-1。

表11-1-1 一号煤矿企业文化建设主要决策文件表

年份	文号	文件名称
2004	黄司矿党发〔2004〕12号	《关于开展"拓新思维、艰苦创业、敬业尽责、追求卓越"教育活动的通知》
2008	黄司矿党发〔2008〕18号	《关于成立以人为本精细化管理领导班子机构的通知》
	黄司矿党发〔2008〕20号	《以人为本精细化管理工作安排》
2009	黄司矿党发〔2009〕8号	《关于印发〈安全文化系统推进实施方案〉的通知》
	黄司矿党发〔2009〕12号	《关于认真做好开展"深入学习实践科学发展观"活动的通知》
2010	黄司矿党发〔2010〕13号	《一号煤矿班组建设系统推进办法》
	黄司矿党发〔2010〕25号	《关于以"三亮、六结合、六提高"为载体开展创先争优活动的安排》
2011	黄司矿党发〔2011〕31号	《关于开展"四德"专题教育活动的通知》
2012	黄司矿党发〔2012〕12号	《一号煤矿深化九鼎文化实施方案》

表 11-1-1（续）

年份	文号	文 件 名 称
2014	黄司矿党发〔2014〕7 号	《一号煤矿岗位管理文化建设实施方案》
	黄司矿党发〔2014〕35 号	《转发〈关于进一步加强企业文化建设的决定〉的通知》
2015	黄司矿党发〔2015〕29 号	《关于印发〈深化“五精”岗位（现场）创建实施方案补充规定〉的通知》
2016	黄司矿党发〔2016〕7 号	《关于进一步深入推进“五精”岗位（现场）创建工作的通知》
	黄司矿党发〔2016〕8 号	《关于转发矿业公司党委〈关于进一步深化“五精”岗位（现场）管理的通知〉的通知》
2017	黄司矿党发〔2017〕9 号	《转发黄陵矿业公司〈关于组织学习文化五精十二讲的通知〉的通知》
	黄司矿党发〔2017〕11 号	《关于进一步深入推进“五精”岗位（现场）创建工作的通知》
	黄司矿党发〔2017〕35 号	《关于进一步规范学习〈文化五精十二讲〉工作的补充通知》
	黄司矿党发〔2017〕59 号	《关于印发〈一号煤矿创建廉洁文化示范单位实施方案〉的通知》
2018	黄司矿发〔2018〕391 号	《一号煤矿关于加快 NOSA（诺莎）安健环风险管理体系实施工作安排的通知》
2019	黄司矿发〔2019〕20 号	《关于印发〈深入推进“党建+3+X”工作模式的实施方案〉的通知》
	黄司矿发〔2019〕35 号	《2019 年 NOSA 五星安健环风险管理体系推进工作方案》
2020	黄司矿发〔2020〕149 号	《2020 年 NOSA 安健环风险管理体系推行工作方案》

第二节 企业文化实施规划

2002—2020 年，一号煤矿企业文化建设实施经历了 5 个阶段的发展过程。

第一阶段：即 2002—2007 年，是举旗、铸魂、塑形阶段，是企业文化三大系统形成，教育普及阶段。这一阶段一号煤矿主要抓企业文化培训，开展了以理念、视觉、行为识别系统为主要内容的学习宣传活动，落实了企业文化建设五项工程（安全文化方案征集构建工程、企业文化场景布置工程、企业简介景象显示工程、厂区环境美化工程、对外接待礼仪改进工程），开展安全文化建设，制定了企业文化建设（2009—2015 年）发展要点，通过育企业之“本”、铸企业之“魂”、谋企业之“道”、塑企业之“形”，形成并有效推行了企业文化三大系统，使企业价值观得到广大干部职工的认同。

第二阶段：即 2008—2010 年，是企业文化与管理全面融合，形成管理文化阶段。这一阶段一号煤矿以“抓基层、强基础、练基本功”为突破口，大力实施以人为本的精细化管理。推行干部走动式管理，强化现场精细管控；开展“双述”（岗位描述、手指口述）活动，夯实岗位安全精细作业基础；实行“三功两素”修炼，激发全员工作潜能；应用“四项技术”，打造岗位精细管理环境；落实“5E”全生命周期管理，推进精细管理升级；实施“6S”管理，规范岗位职工行为和现场环境。2009 年，在以人为本精细化管理取得成效的基础上，把“五精”管理要素（精细、精准、精确、精益、精美）导入企业管理，以打造“三基九力”团队作为“五精”管理的重点实践内容，大力开展“精优作业法”的精炼行动、“卓越管理法”的历练行动、“创新成果”的锤炼行动、“首席员工”的修炼行动。2010 年，实施以岗位增值、企业增效、员工增收、保证安全为目标的岗位价值精细管理，将“五精”管理各项要素融入岗位。以全面预算为纲，将预算指标分解到区队、班组、岗位，使岗位成为经营的主体；建立科学的定额体系，确立岗位交易规则，形成以岗位为主体的市场体系；引入“人单合一”理念，构建以岗位订单合同为纽带的内部市场链和价值链，形成企业内部市场；创新员工绩效考核和收入分配机制，将岗位技能工资制改革为岗位效益工资制，依据岗位经营效果决定效益工资，实现员工的自主经营、自主管理，使员工由劳动者转变为经营者，形成了岗位价值精细管理新模式。岗位价值精细管理是一次管理的革命，也是企业文化建设的一次升级，为企业管理水平提升奠定了基础，为煤炭行业转变经营管理模式发挥了先锋示范作用。

第三阶段：即 2010—2013 年，是岗位管理文化品牌建设阶段。这一阶段一号煤矿着力打造“5+5”岗位管理文化品牌。全面打造“五星”岗位（本质安全诚信岗、质量标准规范岗、创新创效增值岗、学习成长成才岗、快乐和美文明岗），在职工队伍中建立起一套科学、合理、规范、人性化的管理机制和激励机制，形成了“比、学、赶、帮、超”的竞争氛围，促进了人的全面发展。在推行“五精”管理的同时，总结提炼出“九鼎”文化，其主要内容是：铸平安之鼎，夯实安全基础，打造本质安全型矿井；铸兴盛之鼎，创新经营模式，形成人财两旺局面；铸和谐之鼎，营造和谐氛围，增强企业发展活力；铸创新之鼎，强化革新理念，激发全员创新热情；铸诚信之鼎，培育诚信团队，塑造企业良好形象；铸五精之鼎，创新企业管理，提升企业核心竞争力；铸廉洁之鼎，深化作风建设，大兴清正廉洁之风；铸感恩之鼎，增强感恩意识，激发职工感恩之情；铸英雄之鼎，弘扬黄帝文化，推动企业科学发展。

第四阶段：即 2014—2017 年，一号煤矿推行本质安全文化，本质安全文化是以风险预控为核心，体现人—机—环境的系统安全，并为广大员工所接受的安全生产价值观、安全生产信念、安全生产行为准则以及安全生产行为方式与安全生产物质表现的总称。总体框架是一目标、一平台、九体系（简称 119 安全管理模式），一目标即安全“零”目标、瓦斯“零”超限、力争“零”伤害，一平台即信息化平台（干部走动式巡查闭环和安全隐患编码分析防控闭环管理），九体系即安全文化引领体系、目标责任体系、人的安全行为治理体系、安全教育培训体系、安全双险双控体系、制度保障体系、人机工程联动联保体系、齐抓共管体系、考核激励及效果评价体系。

第五阶段：即 2017—2020 年，一号煤矿以实现高质量发展目标为引领，开展作风建设，深挖精细化管理魅力，聚合“实文化”发展力量，探索实践“2466”企业文化建设体系。即坚持以陕煤集团“五种文化”和“北移精神”两个核心引领方向，融合“黄、红、黑、绿”四种文化底色，“红”即积极传承延安革命老区“自力更生、艰苦奋斗”的红色文化传统，“黄”即充分汲取黄帝陵自强不息的文化养分，“绿”即积极锻造“绿色”发展的绿色矿山文化，“黑”即大力发掘煤矿人“特别能吃苦、特别能战斗、特别能奉献”的黑色煤炭文化，形成了以“实”文化为引领的安全文化、管理文化、党建文化、廉政文化、质量文化五个分支文化。“实”文化即“讲实话、办实事、出实招、求实效”，具体体现在战略规划稳步落实，安全环保踏实可靠，改革创新求真务实，企业声望名副其实，党的建设实功实做，干部职工实惠实得。安全文化即创新推行“人的安全行为治理、反‘三违’治理、安全环境治理、安全生产标准化动态达标治理和生产系统优化”为一体的“四治理一优化”安全管理新模式，并引进融入 NOSA 安健环管理体系，探索建设 AI 人工智能+NOSA 安健环系统，突破了传统的人工管控风险的格局，开创了人工和 AI 系统双重管控风险的先河。管理文化即大力推行以人为本的岗位价值精细管理模式，通过引入内部市场机制，强化全面预算管理、全员岗位成本管理、全员岗位安全管理、全员岗位质量管理和全员现场管理等基础工作，应用管理信息平台和科学绩效考评体系，推出《物资采购供应管理办法》《成本管理考核办法》《专项资金管理办法》等十余项管理办法，实现了严密闭环的岗位价值精细管理，达到了企业增效、岗位增值、员工增收、保证安全的目标。党建文化即推行“党建+3+X”，把党的建设与中心工作同频共振，全面推进党的政治建设、思想建设、组织建设、作风建设、纪律建设，把制度建设贯穿其中，要求各党组织在做好生产、安全、效益三项工作的基础上，围绕“X”自选动作，创新党建工作思路，不断丰富工作内容。廉政文化即打造教育讲廉、勤政助廉、防控保廉、公开促廉、道德育廉的“五位一体”廉政文化建设模式，着力构建“不敢腐、不能腐、不想腐”的长效机制，持之以恒抓好党风廉政建设和反腐败工作，充分发挥党在国有企业的领导核心和政治核心作用，营造干净干事创业的良好氛围。质量文化即企业持续深化全面质量管理，坚持“以质取信、品牌引领”战略方针，以市场需求为导向，强抓煤质过程管控、优化产品结构、增品种、提品质、创品牌，率先实现产品标准化、定制化，不断提高产品的丰富度、品牌的满意度和市场的美誉度。“黄灵一号”品牌被列入国家免检产品，品牌享誉行业内外。

第三节 企业文化体系

一、理念识别体系

2000 年 4 月，一号煤矿形成理念识别体系并颁布。2008 年以后，进行了几次修改完善后形成以下企业精神、宗旨、愿景、理念：

企业精神：诚信敬业，追求卓越。

企业宗旨：一切为了发展，一切为了员工。

企业愿景：打造国际一流智能化示范矿井。

安全理念：安全是一切工作之首。

管理理念：制度决定管理，细节决定成败。

环境理念：崇尚自然，追求和谐。

人才理念：人尽其才，才尽其用。

二、行为识别体系

在 2004 年形成的行为识别体系基础上，2008 年以后进行了修改补充，增加了人本精细管理和“五精”管理等具体内容。

企业行为规范：主要包括矿区文明公约、职工文明守则、岗位工作标准、员工日常行为规范等。

管理人员形象标准：勇于创新、作风严谨、廉洁奉公、讲求实效。

员工形象标准：诚实守信、团结友善、崇尚科学、敬业奉献。

精细化管理六要素：以岗位现场无缝隙管理为目标的干部走动式管理，以岗位自主培训和自主保安为目标的“双述”活动，以岗位技能提升为目的的“三功两素”修炼，以岗位规范化建设为内容的“四项技术”应用，以岗位设备、工器具、环境为重点的“5E”全生命周期管理，以人的行为规范为主要内容的“6S”管理。

精细化管理六要素细解：

干部走动式管理：通过各项管理干部无缝隙、无盲点、无盲时走动，实现对现场的有效管控。

“双述”：岗位描述是职工通过对岗位应知应会的描述，提升岗位技能和熟练程度的方法；手指口述是根据重大操作环节复杂的特点，让职工通过心想、眼看、口述、手指的集中联动，提醒和确认安全操作方法，保证职工规范作业。

“三功两素”：指知识功底、专业功力、技能功夫，身心素质、职业素养。

“四项技术”：指定置、编码、标识、看板。

“5E”：指每一人、每一事、每一时、每一物、每一处（5E 为英文 Every 的第一个字母）。

“6S”：指整理、清洁、准时、标准化、安全、素养。

岗位价值精细管理：目的是达到岗位增值、企业增效、员工增收、保障安全，即“三增一保”。根据全面预算管理，以岗位员工个体为核算单元，以岗位绩效和安全行为考核为重点，坚持岗位自主经营和人单合一的内部市场运作原则，确保企业和员工绩效持续改进，其意义在于解决了国有企业员工的地位问题，实现了企业员工角色的转换，形成了员工长效激励机制，员工持续改进成为自觉，实现了企业效益、管理效率和职工素质的全面提升。

“5+5”岗位管理文化品牌：是岗位价值精细管理的补充和延伸，“五精”即精细、精准、精确、精益、精美，“五星”岗位即本质安全诚信岗、质量标准规范岗、创新创效增值岗、学习成长成才岗、快乐和美文明岗。

三、视觉识别体系

（一）企业标识

一号煤矿作为黄陵矿业公司下属单位，企业标识采用公司标识，由专业设计公司设计，经过广泛讨论后，于 2004 年 4 月 20 日正式启用（图 11-1-1）。黄陵矿业公司标识造型简洁有力，线条流畅，富有动感。设计以黄陵矿业公司的英文首字母“H”为形象基础进行变化，似迈步向前的双腿，坚定有力。代表速度感的上扬形弧线图形传递出黄陵矿业公司的自信与热情，象征着黄陵矿业公司在多元化发展的道路上一路上升的业绩。同时，也蕴含着黄陵矿业公司全面创新、求真务实、不断超越的精神风貌，体现了黄陵矿业公司“诚信敬业，追求卓越”的企业精神，准确地传达出企业的文化内涵。标识以代表能源、力量、活力的橙色与代表科技、创新、生命力的深绿色为主色调。标准字采用专门设计的字体，端庄稳重中不失变化，易于识别与记忆，与国际化的标识设计相互映衬，相得益彰。2012 年，按照陕煤集团企业文化“三统一”要求，此标识停止使用。

图 11-1-1　黄陵矿业集团原企业标识

2012 年之后，使用陕煤集团统一标识，其构成要素由太阳、大地、煤田和 4 条飞行轨道及中英文名称组成，并配有“陕西陕煤黄陵矿业有限公司”名称（图 11-1-2）。图案大气、简约、流畅、动感强、寓意深，符合集团公司产业定位和发展战略。图形意义：天地之间冉冉升起的朝阳象征着陕煤集团如日中天、蒸蒸日上、走向辉煌；黑色基部代表煤田，从其中衍生的 4 条飞驰的轨道表示集团公司以煤炭开发为基础，以煤为基、能材并进、技融双驱、绿色高端的产业布局，象征集团公司将发展成为跨地区、跨行业、跨所有制、跨国经营的主业突出，新经济特色鲜明的现代能源企业。色彩意义：中国红象征着尊严、光明、活力、热情、能量；炭黑寓示着沉稳、厚重、深邃、资源；两色的组合凸显社会责任、神圣使命奉献精神，行业特点极强。

SHCCIG 陕西陕煤黄陵矿业有限公司

图 11-1-2 企业组合标识

（二）标识宣贯

2004 年 4 月，企业标识启用后，一号煤矿对标识、办公场所，地面、井下工作场所，对外宣传所涉及的使用企业标识的范畴等作了统一规范。严格办公、涉外文书、接待用品、宣传画册制作等审批制度。按标识规范更换了公共场所的固定标志、宣传橱窗、宣传牌板、灯箱、刀旗及矿区内外标语，完成了企业文化场景布置，为职工制作了工牌，发放了统一工装，增强了职工对企业核心价值理念的认同。2012 年，按照新的企业标识进行了相应的宣贯和工作。

四、听觉识别体系

2008 年初，黄陵矿业集团公司在职工中广泛征集“企业之歌”歌词，修改形成黄陵矿业公司之歌《我是黄陵矿业人》，在各基层单位推广。同年 6 月，由中国煤矿文工团谱曲，并由文工团合唱队演唱制片合成（图 11-1-3）。同年 9 月，公司组织矿歌比赛，使矿歌在全矿区得到普及。区队班前会上将唱矿歌作为班礼仪的一项内容。

我是黄陵矿业人

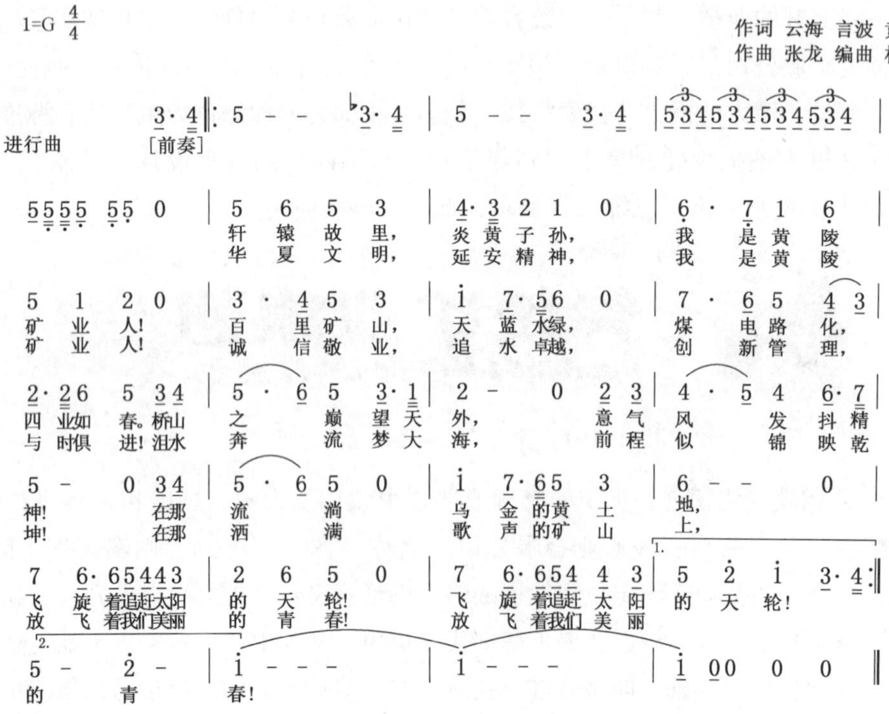

图 11-1-3 黄陵矿业公司之歌《我是黄陵矿业人》

第二章 企业文化成效

第一节 企业文化丛书

2008年，一号煤矿编辑印发了《五精管理》企业文化丛书。“五精”管理以传承和弘扬矿区优秀文化为基石，以安全发展为着力点，以精细化管理为载体，以打造“三基九力团队”为切入点，以“五精”管理为路径，强力推进企业文化建设，倾力打造“5+5”岗位管理文化品牌，探索和形成了独具一号煤矿特色的岗位管理文化。

2009年，编辑印发了《岗位描述》，对各个岗位的岗位职责、作业流程、作业标准、风险预知预想、应急处置、事故案例等作出具体规定，使职工掌握岗位应知必会知识，确保上标准岗，干放心活。

2011年，编辑印发了《班组建设》，系统梳理了班组建设制度，提炼出班组管理经验，展示了班组建设成果、班组长风采和班组达人。

2014年，编辑印发了《本质安全文化》，本质安全文化是以风险预控为核心，体现人—机—环境的系统安全，贯穿于矿井安全生产和管理的全过程，体现在矿井“软硬件”建设的有机结合，形成长效安全机制的各个方面。本质安全文化的不断完善和丰富，有助于提升煤矿的安全管理水平，实现系统无缺陷、管理无漏洞、设备零故障、生产零事故的安全目标，推动企业持续健康发展。

2015年，编辑印发了《基层区队管理规范》，该书是部作业规范指南，是在充分总结矿区标杆区队先进管理经验的基础上，系统性地将基层区队日常管理安全规章制度、记录台账填写标准、岗位作业标准、岗位风险预控作业标准（双险双控、机环双检）进行总结提炼，依据岗位价值精细化管理系统，结合“五精”岗位（现场）创建要求，按照岗位划分原则，总结提炼各岗位作业标准、流程，全面将基层区队岗位作业人员岗位工作内容、工作标准融入生产过程中，使作业人员逐步实现岗位自主管理，是指导基层单位岗位作业人员进行标准化作业的行为指南。

2015年，编辑印发了2012—2014年度《科技创新成果集》，对优秀科技成果进行梳理。该书分为科技项目成果、专利成果、全员创新成果三大部分，涵盖采煤、机电、信息、地测、“一通三防”、管理等专业领域，书中成果观点明确，内容客观，数据具体，具有很好的学习和借鉴意义。

2016年9月，编辑印发了《国家级绿色矿山建设工作自评报告》，一号煤矿严格按照《国家级绿色矿山建设（2013—2017年）》要求，从资源利用、科技创新、节能减排、环境保护、土地复垦、企业文化、建设成果、发展规划、重点工程完成等方面对绿色矿山建设进展情况进行了综合评估和总结。

2020年6月，编辑印发了《黄陵矿业煤矿NOSA安健环风险管理体系推行工作指南》，在NOSA管理推行过程中，注重与原有安全管理体系的有机融合，切实发挥NOSA这个“工具”的理念引领、动力支撑、效果提升作用，把 NOSA 管理嵌入矿井安全生产、职业健康、环境保护等工作的全过程。经过实践，黄陵一号煤矿形成了 NOSA 管理“13436 模式”，为煤炭行业推行 NOSA 管理提供了借鉴模板。

第二节 企业文化交流

2006 年 12 月，“黄灵一号”荣获首届陕西能源矿产行业十大品牌称号。

2008 年 6 月 17 日，黄陵矿业集团公司在一号煤矿召开安全文化建设推进会。

2009 年 6 月 17 日，一号煤矿召开安全文化建设推进会。黄陵矿业公司总经理宋老虎、党委书记闫勃及机关处室、基层单位负责人现场观摩了一号煤矿岗位描述、手指口述、安全确认、英雄行动创新成果演示。

2009 年 6 月 21—22 日，中煤政研会会长马德庆一行 4 人到矿区检查指导企业文化示范基地建设和企业文化示范矿创建工作。一号煤矿被评为全国煤炭企业文化示范矿。

2009 年 7 月 20 日，中煤政研会作出《关于命名第七批全国煤炭工业企业文化示范矿的决定》(中煤政研〔2009〕13 号)，一号煤矿被命名为全国煤炭工业第七批企业文化示范矿。

2011 年 11 月 12 日，中煤政研会会长田淮俊一行 4 人到一号煤矿召开全国煤炭工业企业文化品牌矿验收评价会，一号煤矿通过全国煤炭工业“九鼎”文化品牌矿验收，进入全国首批企业文化品牌矿行列。

2012 年 3 月 6 日，中煤政研会命名黄陵矿业公司一号煤矿为——“九鼎”文化品牌矿。《一号煤矿鼎文化赋》内容为：

鼎之博大，融汇包容，调和鼎鼐，荟萃聚精。精细精准，精确精益，携手精美，统称五精。五精管理，境界提升，五星员工，融为系统。以人为本，文化引领，最大效益，最优功能。“三基九力”“七路行动”，黄陵一矿，煤业先锋。

鼎之祥瑞，天下太平，安全生产，主题永恒。安全为天，何有天大，生命至上，懈怠岂容！安全教育，“十法”“四一”，安全管理，六大支撑。遵章守纪，规范操作，誓词铿锵，警钟长鸣。

鼎之高尊，威仪九重，刑鼎铸就，律令谕众。公正廉洁，从业之道，一身正气，两袖清风。诚信守法，立道之本，信守承诺，一言九鼎。勤勉敬业，修道之法，恪尽职守，爱岗精诚。修德律己，为人之本，修身养性，克己慎行。

鼎之伟岸，维系天命，扛鼎之力，力大无穷。企业兴旺，必重执行，执行给力，无往不胜。规矩面前，人人平等，态度决定，见诸行动。各司其职，各负其责，滴水穿石，如一始终。提升执行，其力更壮，塑造竞争，其力更增。

2012 年 5 月 24 日，陕西省作协副主席莫伸和陕西省青年作家高亚东在陕煤集团企业文化部部长、新闻中心主任孙鹏陪同下到一号煤矿采风。

2014 年 12 月 9—11 日，中煤政研会副秘书长李演珍到一号煤矿调研，并与职工就企业文化创建工作进行了座谈交流。

2015 年 9 月 11 日，大唐集团陇东能源有限公司总经理蒋利、党委书记张明江一行 20 余人到一号煤矿，就企业文化建设、精细化管理、智能化无人开采技术进行参观交流。

2017 年 9 月 14—15 日，作家莫伸、商子雍、张艳茜、子页等 20 余人组成的陕西作家代表团到黄陵矿业公司采风。在黄陵矿业公司党委副书记、纪委书记孙鹏，陕煤集团职工作协主席亚东陪同下，到一号煤矿参观采风。

2018 年 9 月 29 日，“流光溢彩 40 年，对外媒体看陕西”活动中，媒体记者到一号煤矿采风，了解一号煤矿岗位价值精细管理、智慧矿区建设等成效。

2019 年 8 月 1 日，“全媒体看陕煤”活动中，陕西日报社总编辑张连业带队，陕西日报、三秦都市报、陕西传媒网等媒体的 20 余名骨干到一号煤矿采风，了解企业文化建设成果。

2019 年 8 月 8 日，在中国企业文化研究会举办的“班组文化建设与班组管理——2019 全国班组管理论坛”会上，一号煤矿综采一队检修班获得“中国企业文化建设与管理先进班组”荣誉称号。

2020 年 10 月 15 日，中国知名作家采风团一行 30 余人到黄陵矿业公司开展“中国知名作家看黄陵”采风活动，并到一号煤矿参观。

第三节　企业文化荣誉

截至 2020 年，一号煤矿企业文化建设获得荣誉见表 11-2-1。

表 11-2-1　一号煤矿企业文化建设获得荣誉表

年份	荣誉级别	所获荣誉	颁发单位
2008	国家级	煤炭工业企业文化建设优秀单位	中国煤炭工业协会、中国煤炭加工利用协会
2009	国家级	“五型”企业建设达标单位	全国煤炭铁路联合会
	国家级	全国煤炭工业企业文化示范矿	中国煤炭职工思想政治工作研究会
	国家级	全国煤炭群众文化工作先进单位	中国煤矿文化艺术联合会、中国煤矿文化宣传基金会
2010	国家级	全国煤炭工业五精管理样板矿	中国煤炭职工思想政治工作研究会
	国家级	全国煤炭工业企业文化建设优秀单位	中国煤炭职工思想政治工作研究会
	国家级	全国煤炭工业企业文化示范矿	中国煤炭职工思想政治工作研究会
2011	国家级	全国煤炭工业企业五精管理样板矿	中国煤炭职工思想政治工作研究会
	行业级	全国煤炭系统企业文化建设优秀单位	中国煤炭工业协会
2012	国家级	全国煤炭工业“九鼎”文化品牌矿	中国煤炭职工思想政治工作研究会
	省级	2012 陕西省企业文化建设优秀成果	陕西省企业家协会
	国家级	全国煤炭工业企业文化品牌矿	中国煤炭职工思想政治工作研究会
2016	国家级	全国煤炭工业“三基九力”建设优秀区队（综采三队）	中国煤炭职工思想政治工作研究会
2019	行业级	中国企业文化建设与管理先进班组（综采一队检修班）	中国企业文化研究会

第十二篇 党群组织

1997年4月，一号煤矿生产公司党总支委员会成立，下设4个党支部。2003年6月，一号煤矿党委成立，下设16个党支部。组织机构健全后，矿井党建工作步入正轨。2003年6月，矿党委召开第一次党员代表大会，从健全组织体系入手，不断完善基层党组织，推进思想作风建设，围绕矿井中心工作，积极开展思想政治建设、精神文明建设和企业文化建设等工作，统一思想，凝心聚力，为矿井安全高效发展奠定了坚实的组织基础。至2020年底，矿党委下设21个基层党支部，共有党员328名。在党建工作中，矿党委坚持“围绕中心抓党建，抓好党建促发展”的工作思路，全力推进矿井党建工作融入中心、嵌入管理、发挥作用。开展支部标准化建设，全面提升基层党支部活力，突出文明单位创建活动，为矿井发展提供精神动力。在党风廉政建设工作中，严格落实全面从严治党要求，积极构建党委主体责任、纪委监督责任、党委书记第一责任人和班子成员“一岗双责”的“四责协同”机制。在工会工作中，广泛开展职工文化体育活动和劳动竞赛，狠抓班组建设，发挥劳模工匠示范引领作用，大力开展扶贫帮困活动，使职工群众的幸福感不断提升。在共青团工作中，充分发挥青年团员安全生产的先锋队作用，大力开展青年安全监督岗创建活动，使广大青年团员在生产实践中得到锻炼成长。矿井先后荣获“全国五一劳动奖状”“全国工人先锋号”“陕西省国有企业文明单位”、陕煤集团“党建工作引领示范单位”、陕煤集团“先进基层党组织”等荣誉称号。

第一章 党组织建设

第一节 组织机构

1997年4月，一号煤矿生产公司党总支委员会成立，下设4个党支部，任命王泽为黄陵矿区管委会一号煤矿生产公司党总支书记，张建军为副书记。1997年11月，经黄陵矿业公司研究决定，任命王建利为一号煤矿生产公司经理兼党总支书记职务。2000年3月，经黄陵矿业公司党政联席会研究决定，任命季治文为党总支书记。2000年4月，经黄陵矿业公司临时党委研究决定，同意由季治文、王建利、唐恩贤、李孝波、梅方义组成一号煤矿生产公司党总支委员会。2001年10月，经黄陵矿业公司临时党委研究决定，任命张建军为一号煤矿生产公司党总支副书记。2003年2月，经黄陵矿业公司会议研究决定，任命张建军为一号煤矿党总支书记，任命梅方义为一号煤矿党总支副书记。2003年6月，一号煤矿党委成立，经黄陵矿业公司党委研究决定，任命张建军为党委书记，梅方义任党委副书记，党委会由张建军、李孝波、薛治杰、唐恩贤、梅方义、王联合、张维新组成。2009年4月，经黄陵矿业公司党委研究决定，任命韩华东为一号煤矿党委书记。2009年9月，经黄陵矿业公司党委研究决定，任命任俊平为党委副书记。2012年2月，经黄陵矿业公司党委研究决定，任命齐安民为一号煤矿党委书记。2012年12月，经黄陵矿业公司党委研究决定，任命杨建奇为党委副书记。2014年1月，经黄陵矿业公司党委研究决定，任命马玉军为一号煤矿党委书记。2018年5月，经黄陵矿业公司党委研究决定，任命卢海峰为一号煤矿党委书记，任命卫庆华为一号煤矿党委副书记。

2020年一号煤矿党委组织机构图如图12-1-1所示，2003—2020年一号煤矿历任党委书记、副书记职务见表12-1-1。

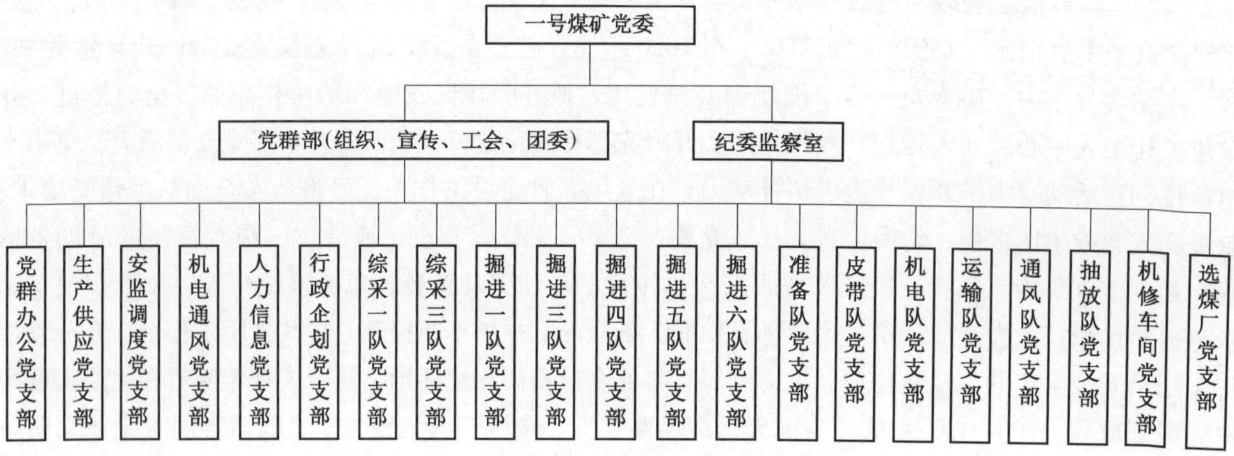

图12-1-1 2020年一号煤矿党委组织机构图

表12-1-1 2003—2020年一号煤矿历任党委书记、副书记职务表

姓名	职务	任职时间
张建军	党委书记	2003年6月至2009年4月
梅方义	党委副书记	2003年6月至2009年9月
韩华东	党委书记	2009年4月至2012年2月
任俊平	党委副书记	2009年9月至2012年12月
齐安民	党委书记	2012年2月至2014年1月
杨建奇	党委副书记	2012年12月至2018年5月
马玉军	党委书记	2014年1月至2018年5月
卢海峰	党委书记	2018年5月至
卫庆华	党委副书记	2018年5月至2020年8月

第二节 党员代表大会

一、中共黄陵矿业有限责任公司一号煤矿总支委员会首次党员代表大会

2001年11月9日，中共黄陵矿业有限责任公司一号煤矿党总支召开首次党员代表大会。大会应到代表55名，实到代表53名，占党员总数的70%。其中副科级以上党员代表占30%，专业技术干部

占30%，工人和一般干部占40%，女党员代表占一定比例。大会听取审议了一号煤矿党总支委员会工作报告，以及一号煤矿党总支委员会关于党费收缴和使用情况的报告，选举产生了首届中共一号煤矿总支委员会和中共一号煤矿纪律检查委员会。

党总支委员有5人，分别为张建军、王建利、唐恩贤、李孝波、梅方义，张建军任党总支副书记。

纪律检查委员会委员有5人，分别为张建军、谢德福、梅方义、周河南、李小英，张建军担任纪委书记。

二、中共黄陵矿业有限责任公司一号煤矿委员会第一次党员代表大会

2003年6月24日，中共黄陵矿业有限责任公司一号煤矿委员会召开第一次党员代表大会。大会应出席代表59名，因病因事请假4名，实际出席代表55名。大会按照《中国共产党章程》和《中国共产党基层组织选举工作暂行条例》的有关规定，以无记名投票方式，选举产生了中共一号煤矿委员会和中共一号煤矿纪律检查委员会。

党委委员有7人，分别为李孝波、张建军、梅方义、薛治杰、唐恩贤、王联合、张维新，张建军担任党委书记，梅方义担任党委副书记。

纪律检查委员会委员有4人，分别为梅方义、周河南、雷军、高俊平，梅方义担任纪委书记。

三、中共陕西陕煤黄陵矿业有限责任公司一号煤矿委员会新一届党员代表大会

2016年9月8日，中共陕西陕煤黄陵矿业有限责任公司一号煤矿委员会召开新一届党员代表大会。参加大会的党员代表81名，列席、特邀代表22名。其中，女党员代表占4%，退休党员代表占5%，专业技术干部党员代表占35%，工人党员代表占26%，领导干部党员代表占30%；45岁以下的代表占50%。大会听取审议了马玉军代表上届委员会作的题为《强化党建质量管理，发挥党建工作优势，聚智创新奋发有为，全面建成全国一流》《为全面建成全国一流煤矿提供坚强纪律保障》的工作报告。通过民主选举，产生了新一届中共一号煤矿委员会和中共一号煤矿纪律检查委员会。在随后召开的一届一次全委会上，马玉军当选为党委书记，毛明仓、杨建奇当选为党委副书记，张大勇、沈亚洲、王建东、米广欣当选为党委委员；杨建奇当选为纪委书记。

第三节　党委制度建设

1997年以来，一号煤矿党组织按照黄陵矿业公司党委的要求，逐步建立党的各种规章制度，先后出台《民主生活会制度》《党委议事规则》《政工例会制度》等规章制度，为党组织参与决策提供了制度保证。一号煤矿党委历年制定的重要制度、文件见表12-1-2。

表12-1-2　一号煤矿党委历年制定的重要制度、文件表

年份	文号	文件名称
2000	黄司矿党发〔2000〕4号	《关于印发〈选拔任用领导干部规定〉的通知》
	黄司矿党发〔2000〕6号	《关于开展创建文明单位活动的通知》

表 12-1-2（续）

年份	文号	文 件 名 称
2002	黄司矿党发〔2002〕2 号	《关于印发〈党建工作联系点制度〉的通知》
	黄司矿党发〔2002〕3 号	《关于印发〈社会治安综合治理管理办法〉的通知》
	黄司矿党发〔2002〕4 号	《关于开展作风整顿工作的安排》
	黄司矿党发〔2002〕18 号	《民主生活会制度》
	黄司矿党发〔2002〕20 号	《区队（厂、车间）议事规则》
	黄司矿党发〔2002〕21 号	《政工例会制度》
2003	黄司矿党发〔2003〕37 号	《关于加强后备干部工作的意见》
	黄司矿党发〔2003〕38 号	《党委参与重大问题决策制度》
2004	黄司矿党发〔2004〕8 号	《民主评议党员制度》
	黄司矿党发〔2004〕12 号	《关于开展"拓新思维、艰苦创业、敬业尽责、追求卓越"教育活动的通知》
2005	黄司矿党发〔2005〕29 号	《关于开展保持共产党员先进性教育活动的实施方案》
2007	黄司矿党发〔2007〕14 号	《一号煤矿党委中心组学习制度》
2008	黄司矿党发〔2008〕9 号	《关于成立精神文明指导委员会的通知》
	黄司矿党发〔2008〕20 号	《以人为本精细化管理工作安排》
2009	黄司矿党发〔2009〕12 号	《关于认真做好开展"深入学习实践科学发展观"活动的通知》
2010	黄司矿党发〔2010〕13 号	《一号煤矿班组建设系统推进办法》
2011	黄司矿党发〔2011〕31 号	《关于开展"四德"专题教育活动的通知》
2012	黄司矿党发〔2012〕10 号	《关于印发〈一号煤矿党支部书记例会制度〉的通知》
	黄司矿党发〔2012〕12 号	《一号煤矿深化九鼎文化实施方案》
2013	黄司矿党发〔2013〕4 号	《关于开展党员承诺践诺评诺活动的实施方案》
	黄司矿党发〔2013〕16 号	《关于印发〈新闻宣传工作例会制度〉的通知》
	黄司矿党发〔2013〕34 号	《关于开展职工思想教育活动的通知》
2014	黄司矿党发〔2014〕7 号	《一号煤矿岗位管理文化建设实施方案》
	黄司矿党发〔2014〕13 号	《关于成立思想政治研究会的通知》
	黄司矿党发〔2014〕15 号	《关于印发〈区队班前礼仪考评办法〉的通知》
	黄司矿党发〔2014〕18 号	《关于印发〈党的群众路线教育实施方案〉的通知》
2015	黄司矿党发〔2015〕22 号	《关于表彰"四强"党支部、"四优"共产党员、优秀党务工作者的决定》
	黄司矿党发〔2015〕31 号	《关于召开"三严三实"专题研讨的通知》
2016	黄司矿党发〔2016〕7 号	《关于进一步深入推进"五精"岗位（现场）创建工作的通知》
	黄司矿党发〔2016〕12 号	《关于印发〈新闻宣传工作例会制度〉的通知》
	黄司矿党发〔2016〕21 号	《关于持续深入开展"岗位描述"活动的通知》
	黄司矿党发〔2016〕25 号	《关于印发〈党员安全承诺践（评）诺活动实施方案〉的通知》
	黄司矿党发〔2016〕32 号	《关于印发〈在一号煤矿全体党员中开展"学党章党规、学系列讲话，做合格党员"学习教育实施方案〉的通知》
	黄司矿党发〔2016〕55 号	《关于做好党支部委员会换届选举工作的通知》
	黄司矿党发〔2016〕58 号	《关于做好第一次党员代表大会筹备工作的通知》
	黄司矿党发〔2016〕76 号	《关于印发〈党费收缴、使用和管理制度〉的通知》

表 12-1-2（续）

年份	文号	文件名称
2017	黄司矿党发〔2017〕7 号	《关于印发〈中层管理人员年度考核实施办法〉的通知》
	黄司矿党发〔2017〕31 号	《关于印发〈中共一号煤矿委员会议事规则〉的通知》
	黄司矿党发〔2017〕48 号	《关于印发〈“三项机制”制度〉的通知》
	黄司矿党发〔2017〕53 号	《关于印发〈一号煤矿“党建+”主题活动实施方案〉的通知》
	黄司矿党发〔2017〕58 号	《关于印发〈一号煤矿强化领导班子建设实施方案〉的通知》
2018	黄司矿党发〔2018〕17 号	《关于开展克扣截留虚报职工工资奖金专项治理的通知》
	黄司矿党发〔2018〕43 号	《关于印发〈一号煤矿部室会议管理制度〉的通知》
2019	黄司矿党发〔2019〕42 号	《关于印发〈党费收缴、使用和管理制度〉的通知》
2020	黄司矿党发〔2000〕7 号	《关于切实加强新形势下意识形态工作的通知》
	黄司矿党发〔2020〕12 号	《关于成立思想政治工作研究会的通知》
	黄司矿党发〔2020〕17 号	《关于进一步加强党支部标准化建设工作的通知》
	黄司矿党发〔2020〕20 号	《关于印发〈深入推进“党建+3+X”工作模式的实施方案〉的通知》
	黄司矿党发〔2020〕39 号	《一号煤矿新闻宣传工作管理办法》
	黄司矿党发〔2020〕52 号	《关于印发〈贯彻落实“三重一大”决策制度实施办法〉的通知》
	黄司矿党发〔2020〕63 号	《关于印发〈赵正永案以案促改问题整改落实方案〉的通知》

第四节 领导班子建设

2010 年以来，一号煤矿党委班子始终把党的政治建设摆在首位，认真学习贯彻党的十八大、十九大和习近平新时代中国特色社会主义思想，严格落实新时代党的建设总要求，坚持全面从严治党，按照“政治素质好，经营业绩好，团结协作好，作风形象好”的“四好”标准，持续深入推进领导班子建设。2018 年，矿党委制定《党建工作责任制实施办法》，层层分解责任，确保责任落实，取得明显成效。2019 年，矿党委联系矿情，先后修订了《党委会议事规则》《党委会会议管理办法》《贯彻落实“三重一大”决策制度实施办法》，明确党委会前置程序以及重大事项决策步骤。在具体贯彻落实中，持续深化党风廉政教育，深入贯彻中央八项规定精神，明确要求领导班子成员要在大是大非面前把握好自己，在日常工作生活中守住底线，在廉洁自律上切实发挥示范带头作用，着力构建“阳光”班子。倡导大事讲原则、小事讲风格，思想上相互帮助、工作上相互配合，增强团结协作意识，树立了班子的权威和良好形象。坚持民主集中制原则，对矿井安全生产、干部人事、党建工作、大额资金使用等涉及“三重一大”内容进行专题讨论研究，充分发挥了党委“把方向、管大局、促落实”的作用，形成集体领导、集体决议的良好氛围。

截至 2020 年，矿党委坚持每年至少召开一次专题民主生活会。会前，通过设置意见箱、发放意见表、开展调研等多种形式，面向广大党员、职工代表征集意见；开展谈心谈话，互相增进了解、化解矛盾；班子成员撰写对照检查材料，围绕民主生活会主题，对照初心和使命，坚持理论联系实际，坚持问题导向，强化问题意识，把自己摆进去、把思想摆进去、把工作摆进去，查摆自身不足，并针对问题产生的根源，提出了今后努力方向及整改措施。会上，班子成员互相开展批评与自我批评，放下架子，抛开面子，揭短亮丑、动真碰硬，达到了团结-批评-团结的目的。会后，及时将相关资料向公司党委进行报备。班子及成员按照问题导向，制定问题整改清单，剖析原因，立行立改，真抓实改，形成了问题整改的长效机制。

第五节 干部队伍建设

一、机构

2001年，一号煤矿党委成立初期，干部人事管理任免主要由人力资源部主管、党群部配合。2019年5月，开始由党群部牵头，人力资源部、纪委监察室配合，共同负责中层管理三级、四级干部人事任免、调整事宜及相关资料管理；人力资源部负责一般管理干部的人事调整及相关资料管理；纪委监察室负责中层管理三级、四级干部廉政档案的建立和管理。

二、管理制度

1989年以来，一号煤矿始终贯彻落实黄陵矿业公司相关干部管理制度。1999年，矿业公司出台《中层领导干部考核工作暂行规定》，明确“党管干部、客观公正、注重实绩、群众公认”四个原则。2001年，根据矿业公司印发的《关于加强干部管理的实施细则》，对干部管理工作进行了职责划分，明确党委、组织人事部门在干部管理方面的主要任务和职责。加强干部编制管理，使干部队伍符合精干高效要求，实行干部聘（任）用制。在定岗、定员、定编的基础上，在矿井核定数以内，根据需要聘用。首次聘（任）用制干部年龄在35岁以下，具有中专及以上文化程度，5年以上工龄（井下生产区队队长条件放宽至年龄40岁、高中文化程度）。《细则》对选拔优秀年轻干部和干部任免，领导班子与领导干部的考核，后备干部的选拔和管理，干部交流与回避，专业技术干部管理、干部调配、干部档案管理、干部培训、干部离退休等作了规定。2003年，矿业公司党委印发《关于后备干部工作的意见》和《关于加强公司、矿（处）两级领导班子建设的意见》，提出选拔后备干部的基本原则是坚持党管干部、党管人才原则，德才兼备原则，群众公认、注重实绩原则，结构优化原则，坚持“缺什么补什么”原则；矿党委对选拔后备干部的基本条件、选拔程序、管理考核与培养等提出意见，坚持每年对后备干部进行一次考核和两年一次调整补充，实行存优劣汰的动态管理机制。2005年，矿业集团公司印发《选拔任（聘）用中层管理人员的试行办法》，明确任（聘）用中层管理人员的基本目标和主要原则，中层管理人员应具备的条件与资格，规定选拔任（聘）用中层管理人员必须经过民主推荐、组织考察、集体讨论决定、任前公示等程序，实行举荐和考察、失察追究制度，实行领导亲属回避制度。2011年，一号煤矿完善《干部选拔任（聘）用管理办法》，对中层管理人员的基本条件和资格、选拔任用程序及纪律监督作出明确规定。在干部选拔任用中首次实行票决制，即与会党政领导班子成员采取无记名投票办法进行表决，票数达到应参会人员2/3以上，方可确定人选。2014年，印发《干部走动管理实施方案》，进一步强化现场安全管理，加强生产作业过程控制，增强走动管理人员的责任感，把危险管控、风险预控落实到现场。2020年，印发《加快推动优秀年轻干部选拔使用的实施方案》的通知，进一步推动了干部队伍结构优化、年轻化。

三、后备干部队伍建设

2001年，一号煤矿党委在《中共一号煤矿委员会关于加强干部管理的实施细则》第七章中，明确后备干部的选拔管理与培养细则。2003年10月，一号煤矿党委印发《中共一号煤矿委员会关于后备干部工作的意见》的通知，对后备干部选拔的原则、基本条件和选拔程序及管理作出明确要求。2005年3月，一号煤矿党委转发《黄陵矿业公司关于加强后备干部队伍建设的意见》。2006年，一号煤矿党委修订完善《后备干部管理办法》，对全矿后备干部队伍状况进行调查摸底，完善了矿处级后备干部的基础资料。2013年6月，一号煤矿党委出台《后备干部选拔管理办法》，在全矿区组织了一次矿处级后备干部推荐，建立了后备干部人才库；同年7月，组织后备干部赴中国延安干部学院进行了为期7天的培训，促进后备干部队伍建设。截至2020年，一号煤矿党委结合黄陵矿业公司《后备干部管理办法》《关于加强干部队伍建设的实施意见》《陕西陕煤黄陵矿业有限公司关于进一步加强干部队伍建设实施意见》精神，稳定队伍，着重从一线选拔锻炼技术人才，为矿井储备人才。同时，根据考核结果提拔或解聘管理干部，为后备干部和专业技术人才队伍的建设提供了依据。

第六节 党支部建设

一、建立健全基层党组织

1997年4月，一号煤矿成立党总支委员会，下设采掘党支部、机电通风党支部、机关党支部、皮带运输党支部。1998年8月，成立选煤厂党支部。

2001年11月，一号煤矿党总支委员会研究决定成立10个党支部，分别是机关一支部、机关二支部、党群工作部、综采队党支部、皮带通风党支部、掘进队党支部、机运队党支部、选煤车间党支部、装运车间党支部、机修车间党支部，撤销采掘党支部、选煤厂党支部、机电通风党支部、机关党支部、皮带运输党支部。2005年1月，成立皮带队党支部、通风区党支部，撤销皮带通风党支部。2005年3月，成立综采一队党支部（负责综采一队和准备一队党务工作）、综采队党支部（负责综采三队和准备三队党务工作）、掘进一队党支部、掘进三队党支部，撤销综采队党支部和掘进队党支部。2005年7月，成立掘进队党支部，撤销掘进一队、掘进三队党支部。

2012年4月，成立机电队党支部，撤销服务队党支部。2013年5月，成立后勤服务党支部（包含行政部、车间）。2013年8月，成立掘进四队党支部、掘进五队党支部。2017年3月，撤销后勤服务党支部，成立机修车间党支部。

2019年5月，成立安监调度党支部（包含安监部、纪委监察室、调度室）、机电通风党支部（包含机电部、通风部、地测部）、人力信息党支部（包含人力资源部、信息部、财务部）、党群办公党支部（包含党群部、办公室、营销部）、生产供应党支部（包含生产部、供应部、技术中心）、行政企划党支部（包含行政部、企划部），撤销机关一党支部、机关二党支部。2020年7月，成立掘进六队党支部。

截至2020年，一号煤矿党委下设21个党支部，区队党支部书记均为专职书记，机关党支部书记均由部长（副部长）兼职。2020年一号煤矿基层党支部构成见表12-1-3。

表12-1-3 2020年一号煤矿基层党支部构成表

序号	单位名称	党支部成立时间	党小组数	党员人数
1	党群办公党支部	2019年5月	2	14
2	安监调度党支部	2019年5月	2	28
3	人力信息党支部	2019年5月	2	23
4	生产供应党支部	2019年5月	3	23
5	行政企划党支部	2019年5月	2	26
6	机电通风党支部	2019年5月	2	25
7	综采一队党支部	2005年3月	2	16
8	综采三队党支部	2005年3月	2	12
9	掘进一队党支部	2005年3月	无	10
10	掘进三队党支部	2005年3月	无	8
11	掘进四队党支部	2013年8月	无	9
12	掘进五队党支部	2013年8月	无	7
13	掘进六队党支部	2020年7月	无	8
14	准备队党支部	2002年6月	无	10
15	皮带队党支部	2005年1月	2	15
16	机电队党支部	2012年4月	2	16
17	运输队党支部	1999年10月	2	14
18	通风队党支部	2005年7月	2	16
19	抽放队党支部	2008年10月	2	20
20	机修车间党支部	2017年3月	无	6
21	选煤厂党支部	1998年8月	2	23

二、党支部标准化建设

2020年4月，陕煤集团印发《党支部标准化建设实施意见（试行）》的通知，一号煤矿严格按照“六有”“四好”标准开展支部标准化建设，以创建集团支部标准化建设示范点为契机，以点带面，从严从细集中整顿软弱涣散党支部。

（一）建立健全考核体系

从严肃组织生活入手，认真贯彻落实《中国共产党支部工作条例（试行）》，制定支部及党员考核细则，开展支部晋档升级及组织生活竞赛，有效激发了支部追赶超越热情；开展“党员积分制”考评，实行季度积分量化考核，年底等次评定；认真落实“三会一课”、谈心谈话、党员民主评议等基本组织制度，不断提升党员“四个意识”。同时制定机关支部达标方案，运用帮扶结对机制，有效解决了机关党建“灯下黑”问题。

（二）提升软硬件设施

利用一年半时间，按照陕煤集团“七有”标准，为所有支部建成“党员活动室”，支部组织生活得到了基础保障。同时因地制宜设置党建牌板、宣传栏、公开栏，及时将考核结果、活动方案、学习内容、通知等上墙，积极利用“学习强国”等网络信息载体开展寓教于乐的宣传教育，营造了浓厚的学习氛围。

（三）丰富党员活动载体

根据支部类型、党员年龄结构等不同，指导支部积极开展“党员承诺践诺”“党员责任区”“党员攻关队”“党员师带徒”“党员微讲堂”等活动，创新理论学习和组织活动形式，进一步增强了活动吸引力和感染力。

截至2020年底，全矿21个支部通过黄陵矿业公司党支部标准化验收，掘进六队等5个支部被评为矿业公司先进支部，掘进三队党支部被评为陕煤集团党支部标准化建设示范点。12月2日，配合矿业公司承办陕煤集团党支部标准化建设现场推进会，进一步提升了矿井党组建设的影响力。

第七节　党员教育管理

一、党员发展

1989年以来，一号煤矿党组织坚持“积极、慎重”的组织发展原则，每年对发展新党员和入党积极分子培养工作作出部署，并纳入党委年度工作安排。1991年，矿党组织按照中组部《关于加强在企业、农村生产一线发展党员工作的意见》精神，注重在生产一线和新分配到矿区的大中专学生中发展党员。同时加强对入党积极分子的培训和管理，组织党的基础知识培训考试，实行动态管理，一年一调整。坚持“两帮一”活动，由两名党员跟踪培养一名入党积极分子。对每年新入党的预备党员组织集体学习，举行入党宣誓。基层党支部书记还组织新党员到延安等革命圣地开展传统教育，使新党员进一步端正入党动机，从内心牢固树立全心全意为人民服务的宗旨。

2003年以来，矿党委紧紧围绕安全生产中心，以提高党组织的凝聚力、吸引力、战斗力为主要内容，按照《中国共产党发展党员工作细则》和《陕西省发展党员工作规程（试行）》的规定，遵循“控制总量、优化结构、提高质量、发挥作用”的总要求，结合实际按计划、按程序、按标准发展党员。坚持把政治标准放在首位，重视在生产一线、青年职工和高知识群体中发展党员；注重把生产经营骨干培养成党员，把党员培养成生产经营骨干；注重对技术能手、青年技术管理等优秀人才加强联系、重点培养。引导一线工人、先进模范、农民工向党组织靠拢。严格发展党员程序，从端正入党动机、政治觉悟、道德品质、遵纪守法、工作表现、培养考察等方面严把“入口关”。落实发展党员申请入党、入党积极分子的确定和培养教育、发展对象的确定和考察、预备党员的接收、预备党员的教育考察和转正等25个流程和全程记录制度，规范使用上级组织统一印制和编号的《入党志愿书》，党员发展资料及时存档，使发展的党员结构合理、质量提高，为党组织吸收优质新鲜血液。截至2020年，共发展党员328人。

二、党员教育

一号煤矿党组织自成立以来，扎实推进从严治党要求，以党的群众路线教育实践活动、“三严三实”专题教育活动、“两学一做”学习教育、“不忘初心、牢记使命”主题教育、“讲政治、敢担当、改作风”专题教育为引领。坚持思想建党、组织建党、制度建党紧密结合，打造知行合一的标杆，构建从严从细的制度规范。充分发挥了党委政治核心、党支部战斗堡垒以及党员的先锋模范作用，牢牢巩固矿井发展“根”和“魂”，疏通矿井做精做优“经”和“脉”，使党建工作与中心工作互融互通，凝聚了全矿职工干事创业的精气神。

（一）保持共产党员先进性教育活动

2005年7月，矿党委按照上级党委要求，开展了保持共产党员先进性教育活动。教育活动共分为三个阶段进行。

第一阶段：学习动员（7月26日至8月25日）。

（1）做好思想发动。力争使每名党员充分认识开展这项活动的重大意义、目标要求、方法步骤和本单位的具体安排。

（2）做好学习培训。制订学习计划，确定学习重点，明确学习形式及要求，促使广大党员进一步深化对邓小平思想和“三个代表”重要思想的理解，增强实践“三个代表”重要思想的自觉性和坚定性。

（3）明确新时期保持党员先进性的基本要求。各单位结合安全生产实际，认真学习讨论，概括提炼，形成具体标准。

第二阶段：分析评议（8月25日至9月25日）。召开矿级领导班子“保先”教育专题民主生活会，会上每名班子成员本着“剖析自己不怕严、吸纳意见不怕刺、亮出问题不怕丑、触及思想不怕痛”的精神，针对自己党性观念、思想作风、组织纪律等方面存在的突出问题，深入开展批评与自我批评，总结经验，查找不足，推心置腹，坦诚相见，明确了今后的工作思路和努力方向。

第三阶段：整改提高（9月25日至10月25日）。印发整改提高阶段工作的通知，明确主要任务和主要环节，找准突出问题；制定整改措施和整改方案，解决突出问题公布整改情况，接受群众监督；建立长效机制，巩固扩大整改成果，召开全矿各党支部书记保持共产党员先进性教育活动座谈会，形成开展保持共产党员先进性教育活动的调查报告，全面巩固和发展保持共产党员先进性学习教育成果。

（二）深入学习实践科学发展观活动

2009年，在深入学习实践科学发展观活动中，一号煤矿党委围绕“党员干部受教育，科学发展上水平，人民群众得实惠”活动目标，成立领导小组，召开动员大会，印发活动实施方案，确定以“保安全、重调整、强管理、求发展、促稳定、塑形象、谋福祉”为学习实践活动载体。按照“规定动作不走样，自选动作有特色”的活动要求，矿党委多次召开领导小组会、专题会，及时贯彻落实上级的有关精神，认真研究具体工作。活动中，矿班子成员认真对待每个阶段每个环节的任务，广泛地开展调查研究，认真写学习心得，撰写调查分析报告8份，分析检查材料13份，形成了班子调查分析报告和分析检查报告。各基层党支部及全体党员积极广泛参与学习实践活动，认真组织学习，积极开展批评与自我批评，研究解决工作中的实际问题，推动了学习实践活动的扎实有效开展。通过召开各类座谈会，对职工关心的重点、热点、难点问题制定了落实整改方案，群众满意率达97.2%。针对学习实践科学发展观活动提出的制约矿区发展的5个突出问题，坚持先急后缓、先易后难的原则，认真制定工作规划，抓落实整改，存在问题逐步得以解决。

（三）党的群众路线教育实践活动

2014年4月，一号煤矿党委根据矿业公司党委党的群众路线教育实践活动的总体部署，结合实际制定印发《深入开展党的群众路线教育实践活动实施方案》。要求以党的十八大、十八届三中全会和省委十二届四次全会精神为指导，深入学习贯彻《中国共产党章程》和习近平总书记系列重要讲话精神，落实“照镜子、正衣冠、洗洗澡、治治病”的总要求，紧紧围绕保持党的先进性和纯洁性，以为民、务实、清廉为主题，切实加强马克思主义群众观点和党的群众路线教育，以贯彻落实中央八项规定精神等一系列新规定、新要求为切入点，大力弘扬延安精神，以整风精神坚决反对形式主义、官僚主义、享乐主义和奢靡之风，着力解决职工群众反映强烈的突出问题，提高做好新形势下群众工作的能力。使党员干部的思想进一步提高、作风进一步转变，党群干群关系进一步密切、为民务实清廉形象进一步树立，全面推动矿井安全生产和经营管理工作健康持续发展提供坚强保证。方案的主要内容为目标任务、方法步骤、组织领导。活动分为三个阶段：第一阶段为学习教育、听取意见；第二阶段为查摆问题、开展批评；第三阶段为整改落实、建章立制。为使活动开展取得效果，矿党委制定印发《一号煤矿党的群众路线教育实践活动查摆问题、开展批评环节工作安排》《关于做好党的群众路线教育实践活动整改落实建章立制环节工作的安排》等通知，深入开展以“为民务实清廉”为主题的党的群众路线教育实践活动，围绕活动总体要求、目标任务、主要内容和方法步骤，深入扎实地抓好每一个环节，达到活动开展的预期目标，受到矿业公司领导的高度评价。聚焦“四风”问题，对查找出的涉及劳动保护、工资待遇、民生生活、企业文化、职工培训、生产管理、后勤服务7个方面30条问题进行了彻底整改。

（四）“三严三实”专题教育活动

2015年3月，一号煤矿党委按照矿业公司党委统一部署，结合实际，于6月3日启动“三严三实”专题教育活动，制定印发《开展“三严三实”专题教育的实施方案》。

“三严三实”专题教育活动开展期间，一号煤矿以“学习‘三严三实’、践行‘三严三实’、加快推进全国一流煤矿建设”主题活动为起点，利用区队班前会、矿区LED大屏、宣传橱窗、牌板等引导党员干部学习文件精神，营造学习氛围；深入学习《陕西省委办公厅关于认真学习贯彻习近平总书记给国测一大队老队员老党员回信的通知》等文件精神，利用调度会、班子会、中心组学习等会议平台开展文件专题学习、专题研讨，共收集发言6份，心得体会21篇；开展意见征集，由上至下召开专题民主生活会和组织生活会，做到了起点高、要求严，借鉴运用党的群众路线教育实践活动的经验做法，发扬延安整风精神，先后对征集梳理出的28条意见建议逐一进行了整改落实。

（五）“两学一做”学习教育活动

2016年5月，一号煤矿党委按照陕煤集团及矿业公司党委统一部署，结合实际，制定印发《关于在全体党员中开展“学党章党规、学系列讲话，做合格党员”学习教育实施方案》。

“两学一做”学习教育活动的开展，使一号煤矿形成了“四步、六有、五结合”的工作主线。

（1）实施“四步”流程严控制，实现学习教育闭环管理。通过策划、实施、检查、提升的PDCA四步流程，控制整个学习教育工作系统推进。

（2）“六有”标准全覆盖，实现学习教育扎实规范推进，基层支部有方案、党员个人有计划、学习讨论有重点、教育践行有标杆、学习教育有特色、“两学一做”有氛围。通过逐项采取有效措施加以落实，取得实效。

（3）“五结合”切入，实现学习教育落地生根得实效。坚持把“两学一做”与实现矿井“十三五”规划目标、打造党员“五精”示范岗、全员素质提升工程、“降本增效”、党员思想作风建设等五个方面相结合，找到党员围绕中心、服务大局、发挥先锋模范作用的切入点，教育引导广大党员干部立足岗位作贡献。

（六）“不忘初心、牢记使命”主题教育

2019 年 8 月，矿党委按照党的十九大精神，坚决以习近平新时代中国特色社会主义思想为指导，结合矿业公司党委开展“不忘初心、牢记使命”主题教育。联系实际，制定出《开展“不忘初心、牢记使命”主题教育中对照党章党规找差距的工作方案》。主题围绕“守初心、担使命、找差距、抓落实”的总要求，组织党员领导干部在深入学习习近平总书记关于“不忘初心、牢记使命”重要论述的基础上，结合学习研讨，对照学习，重点对照《中国共产党章程》《关于新形势下党内政治生活的若干准则》《中国共产党纪律处分条例》，全面查找各种违背初心和使命的问题，真刀真枪解决问题，对照一次就提醒一次、扯一次袖子，不断增强党员领导干部党的意识、党员意识、纪律意识，不断提升政治、思想、道德境界。

自主题教育开展以来，一号煤矿迅速行动，以上率先、抓点带面、上下联动，自觉把学习教育、调查研究、检视反思、整改落实四项重点措施贯穿始终。

（1）利用 LED 大屏、橱窗、灯箱等媒体，进一步宣贯主题教育的要求和目标，宣传主题教育最新进展，增强了全员学习自觉。在矿业公司网站、主题教育简报及对外媒体上及时宣传好经验好做法，累计发稿 20 余篇，为主题教育开展营造了浓厚的舆论氛围。

（2）成立主题教育读书班，班子成员每晚利用 3 小时，研读《习近平新时代中国特色社会主义思想学习纲要》《不忘初心、牢记使命学习材料汇编》《习近平关于“不忘初心、牢记使命”论述摘编》等理论书籍，谈心得体会，对照原著学进去、结合实际讲出来，累计学习 90 学时，党政主要领导学习笔记达 2 万字以上，其他班子成员学习笔记均在 1 万字以上，撰写心得体会 10 篇，开展交流研讨 3 次，进一步检验了主题教育学习成果。同时，充分听取征集基层党员群众的意见和建议，共收集建议 200 余条，最终整理有效意见和建议 55 条，班子成员撰写调研报告 7 篇。班子成员开展调研，自查检视出加强党的建设、形式主义、官僚主义、企业发展、民生等多方面问题 60 余条。根据矿业公司党委调研检视问题以及省委巡视反馈问题，逐项对照、主动认领问题 12 条。2019 年 8 月 23 日，召开对照党章党规找差距专题会，深入开展检视自查，共查摆问题 23 条；8 月 30 日，组织召开专题民主生活会，按照“四个对照”“四个找一找”要求，结合巡视巡察、“以案促改”等专项工作，认真开展批评与自我批评，接受严格的党性检验和思想洗礼。

2020 年，开展了对原陕西省委书记赵正永严重违纪违法案以案促改工作。

（1）抓学习教育。通过“两次三天五会”的警示教育会，精准传达陕西省纪委警示教育通报、中纪委四次全会和习近平总书记来陕考察讲话精神、秦岭北麓违建别墅问题通报、赵正永严重违纪违法问题及警示通报精神，同时，分别围绕“弘扬延安精神、净化政治生态”“加强党的政治建设，扎实推进以案促改工作”等主题开展理论研讨 5 次，通过加强学习教育，提升思想认识，增强工作主动性。

（2）抓问题落实。通过召开座谈会、发放意见征集表、谈心谈话等途径，共收集整理对班子及个人意见建议 20 条，召开党委会制定措施、落实到人、规划整改。8 月 28 日召开“以案促改”专题民主生活会，矿领导班子和班子成员分别对照检查，深刻分析问题产生的根源，形成问题清单，明确今后的整改措施和努力方向，并结合工作实际进行了批评与自我批评。

（3）抓“四个查一查”。围绕贯彻落实党中央要求、选人用人、干部队伍“转作风”、管党治党责任落实四个方面，落实自查、清单和汇报三项机制，持续正风肃纪。

（4）抓“三个体系”建设。围绕决策体系、内控体系、责任追究体系三个方面，梳理排查，共修订完善各类制度16项，加快形成党的领导力全覆盖的内控机制，全方位扎紧制度笼子。

（5）开展专项整治。扎实开展领导干部违规插手工程建设和矿产开发突出问题专项整治，矿领导班子成员签署了亲属在本人工作地或分管领域违规经商办企业等问题专项整治自查报告表、承诺书和个人廉政风险防控表。开展“近亲繁殖”自查工作，均未发现违规招聘、安排、选拔任用有亲属关系人员或“小圈子”人员到矿井工作任职等情况。持续开展违规收送礼金问题专项整治工作，强化教育引导、注重群众监督，明察暗访，自查自纠，坚决杜绝违规违纪行为。

三、党费管理

1989年以来，一号煤矿党组织根据矿业公司党费收缴的相关要求，按照“统筹安排、量入为出、收支平衡、略有结余”的党费管理使用原则进行党费管理。2016—2019年，多次对《党费收缴、使用和管理制度》进行修订。建立起党费专用户，规范管理、严格审查、专款专用、专人负责、手续齐备，确保党费收缴。自留党费用于党员教育，订阅或购买用于开展党员培训的报刊、资料、音像和设备，表彰先进基层党组织、优秀共产党员和优秀党务工作者，补助生活困难的党员，建设支部党员活动阵地。申请党费使用前必须填写党费使用计划，经党群部长、党委书记审批。党费报销必须由经办人、支部书记签字，党群部部长审核，党委书记审批。

截至2020年，党费缴纳比例为：月工资收入在3000元（含3000元）者，缴纳月工资收入的0.5%，3000元以上至5000元（含5000元）者，缴纳1%；5000元以上至10000元（含10000元）者，缴纳1.5%，10000元以上（含10000元）者，缴纳2%。其中，2016年，根据矿业公司《党费收缴、使用和管理补缴制度》，对2008年3月至2016年6月年底补缴党费进行了梳理，共补缴党费611398元。2020年，在新冠肺炎疫情中，全矿党员自愿缴纳特殊党费52000元。2004—2020年一号煤矿党费收缴管理情况见表12-1-4。

表12-1-4 2004—2020年一号煤矿党费收缴管理情况表 元

年份	收入	支出		结余	年份	收入	支出		结余
		支出	上交				支出	上交	
2004	10997	846	3223	6928	2013	92871	58380	55170	21368
2005	12071	4800	6990	7209	2014	97680	36605	58608	23835
2006	14621	1662	7279	12889	2015	104469	0	62475	65829
2007	37892	1083	29784	19914	2016	663598	32035	397878	299464
2008	22545	12350	13527	16582	2017	363802	93980	424206	145080
2009	23901	410	14341	25732	2018	145570	144524	106603	39523
2010	30889	6600	9066	40955	2019	215483	55109	96005	103892
2011	47829	24000	12862	51922	2020	240483	136746	116138	91491
2012	33100	23933	19042	42047					

第八节 党建创新工作

一、开展党员“五精”示范岗（现场）创建

2014年，为了进一步发挥广大党员先锋模范作用，按照黄陵矿业公司和一号煤矿党的群众路线教育实践活动中关于“在基层党支部创建一批党员‘五精’示范岗（现场）”的要求，经矿党委研究决定，在已创建好的“五精”岗位（现场）的基础上开展党员“五精”示范岗（现场）创建活动。

（一）总体目标

以“五精”岗位（现场）创建为基础，力争在全矿各支部各创建一个党员“五精”示范岗，通过一批“张口能描述、动手有绝活、岗位有创新、岗位有纪录”的党员先进典型引路，促使广大党员先锋模范意识不断增强，引导广大干部职工为把一号煤矿打造成全国精细化示范矿井发挥模范带头作用。

（二）创建标准

在全矿已经建成的“五精”岗位（现场）中，在岗党员同时具备以下4个示范标准，方可评为党员“五精”示范岗（现场）。

（1）岗位描述：岗位描述水平达到高级（描述内容6000字、描述时间30分钟）以上水平，且描述时能够结合现场，语言流畅、表达清晰、行为规范。

（2）三功两素：在“三功两素”修炼中掌握一项绝技绝活，能解决本岗位安全、生产、质量、经营上存在的问题并提升作业质量。

（3）岗位创新：在岗位上至少有一项本人主创的创新成果或精优作业法。

（4）岗位纪录：在岗位安全、生产、经营、运行、质量、技术等方面至少创造保持有一项岗位纪录。

（三）取得成效

截至2016年底，全矿共创建党员“五精”示范岗23个，“五精”现场31个，累计完成创新成果198项，总结提炼精优作业法83项、卓越管理法32项，所有岗位单位成本累计同比下降15%以上，有效发挥了其保安全、增效益、强管理、促和谐、创品牌的五项作用，激发了员工自动自发工作的热情，岗位逐步成为员工展示才华的舞台，为矿业公司全面推广“五精”岗位（现场）创建工作当好了排头兵。

二、创建党建质量管理信息网

党建质量管理信息化是党建工作发展的必然趋势，是保持党的先进性的必然要求，是党建工作的管理创新和技术创新，是全面提高党的建设科学化水平的必由之路。

（一）党建质量管理信息网的建设思路

2015年，一号煤矿为积极响应国家“互联网+”战略计划，紧跟党建工作发展新趋势，按照黄陵矿业公司党委提出的“实现党建质量体系电子化，提高党建工作信息化水平”的具体目标，紧跟党建工作发展趋势，着手党建质量管理信息网建设工作。网站设计包括党委决策、组织工作、宣传思想

工作、纪律检查工作、信访稳定工作、工会工作、共青团工作、企业文化建设、基层党支部、党务公开、网上党校、PDCA 闭环管理 12 个板块，实现党建内业资料电子化、党务办公网络化、网上党校、检查考核分析功能以及 PDCA 闭环控制功能，最终形成“管理信息化、党务公开化、考核标准化、改进持续化”的党建质量管理“四化”工作模式，提高党建工作信息化水平，激发党建活力。

（二）党建质量管理信息网的管理功能

2010 年，本着“简便、易行、先进、特色”的原则，一号煤矿在黄陵矿业公司范围内率先建成并成功运行党建质量管理信息网。

（1）建立党建内业资料电子档案，通过点击 12 个相关模块和支部文档、活动视频，实现互相对标交流，并通过亲情链接与矿业公司网站、OA 系统相融互动，实现党务管理信息化。

（2）通过网络建立党员信息库，发布党务信息，设置网上信箱，强化群众监督，实现党务公开。

（3）实现党员在线培养教育功能，通过链接共产党员网、网上党校，实现对培养对象、入党积极分子、发展对象、预备党员、党员的一站式跟踪教育、培养、评价、考核，实现党员培养、考核标准化。

（4）实现党建考核评价功能，每月定期对党建内业资料电子档案更新情况和“三会一课”记录、党群活动开展情况进行检查，根据考核不合格项，通过图表联动分析，找出短板和共性问题，编制考核评价报告，再通过 PDCA 闭环管理，强化持续改进提升。截至 2020 年，矿党建质量信息化平台建成投运，形成“管理信息化、党务公开化、考核标准化、改进持续化”的党建质量管理“四化”工作模式，提升了党建工作效率和科学化水平，增强了党建活动的影响力，打造了“互联网+”电子党务品牌。

三、创新实践“党建+3+X”工作模式

2017 年，一号煤矿党委开始推行“党建+3+X”工作模式，按照“融入中心、嵌入管理、发挥作用”党建工作思路，在党建融合上下功夫，充分发挥党组织把方向、管大局、保落实的领导核心和政治核心作用，通过深入推进“党建+3+X”工作模式，不断提升党建工作标准化、系统化、融合化、实效化水平，为全面完成全年经营业绩目标和发展任务提供坚强保证。“党建+3+X”工作模式中“3”即安全、生产、效益，“X”是自选主题，矿党委、各支部根据每年重点工作，确定自身“X”创新项目，明确各项任务目标，制定实施计划，落实相关责任。

一号煤矿 2017 年“X”自选主题为“智能化”，2018 年自选主题为“全员创新”，2019 年自选主题为“高质量发展”，2020 年自选主题为“五个创新”。自“党建+3+X”工作模式应用以来，深入推进党员突击队、党员责任区、党员先锋岗创建等活动，党员针对影响安全生产的困难问题以及生产过程中产生的突发性、制约性灾害开展课题研究，在“智能化+110”工法、智能快速掘进、基于动态地质模型大数据融合迭代规范控制策略的智能开采技术、选煤厂技改、智能装车系统改造、辅助生产系统智能化升级、井下 4G 全覆盖通信技术等重点项目研究中发挥先锋作用，定期开展建言献策。截至 2020 年，党员共参与科技项目 10 项，提出金点子 112 条，累计完成创新成果 159 项，获奖 69 项。

（一）一号煤矿“1121”党建工作模式

2017 年，矿党委提出了“1121”党建工作模式，即建好一个标准，做好每年一项主题教育，用

好两项考核，融入一个中心。

1. 建好一个标准

加强党支部标准化建设，以陕煤集团《党支部标准规范化工作手册》为指导，按照“六有”“四好”标准，严格执行“三会一课”等组织生活制度，坚持支部动态达标考核，以点带面，从严从细集中整顿软弱涣散党支部。

2. 做好每年一项主题教育

严格落实全面从严治党要求，以“两学一做”学习教育、“不忘初心、牢记使命”主题教育、“讲政治、敢担当、改作风”专题教育、赵正永严重违纪违法案以案促改工作、党史学习教育为抓手，坚持思想建党、组织建党、制度建党紧密结合，打造知行合一的标杆，构建从严从细的制度规范。

3. 用好两项考核

制定印发《党建工作考核办法及细则》《党员考核管理办法》，夯实支部责任，明确党员积分基本遵循。每月开展支部动态达标考核，每季度对所有支部检查一个循环，根据结果开展支部晋档升级，并落实奖罚。围绕党员大会、组织生活会、主题党日活动等支部日常组织生活，开展一季度一主题的组织生活竞赛，进一步规范组织生活；依据党员积分制结果，每季度评选党员先锋标兵，进一步激发支部内生动力。

4. 融入一个中心

贯彻落实融入中心理念，持续深化“党建+3+X”工作模式。在“党建+安全”上，积极开展党员身边无事故活动，创建党员安全生产示范岗，党员带头查隐患、反“三违”；在“党建+生产”上，开展党员“师带徒”、党员“微课堂”、“三优化”建言献策等活动，开展好党员责任区、党员先锋岗等创建工作，全面发挥党员带头作用，提升职工技能素质；在“党建+效益”上，支部要积极组织开展“两带两创”活动，围绕成本管控、修旧利废工作进行考核，每季度评选提质增效标兵；在“党建+X”上，围绕“智慧矿山建设”“五个创新”等年度重点工作，深入开展创新实践活动，持续推动“四融”机制，确保“创新发展”在中心工作中的有效落实。

（二）掘进三队党支部“611”党员管理新模式

1. 开展“六个一”主题党日活动

2020年开始，为了进一步加强支部党员管理教育，丰富组织生活，掘进三队党支部结合自身工作实际，固定每月30日在支部学习室开展“六个一”主题党日活动。“六个一”基本内容为：读一本红色书籍、看一部红色影片、讲一个红色故事、唱一首红色歌曲、缴纳一次党费、重温一次誓词。

（1）读一本红色书籍。开展“红色读书”活动，组织党员开展红色读书分享活动，在阅读中丰富知识、净化思想、提高境界，达到武装头脑、坚定理想信仰的目的。2018年，支部先后组织党员阅读了《习近平的七年知青岁月》《梁家河》《红岩》《青春之歌》《马克思传》等书籍，党员摘抄党员笔记均在1万字以上。

（2）看一部红色影片。组织支部党员在学习室集体观看红色电影和党史纪录片，激发党员学先进、比先进，发扬不畏艰险的创业精神、不怕吃苦的实干精神和不怕吃亏的奉献精神，进一步提升党员的执行力、战斗力和凝聚力。先后集中组织观看了《建党伟业》《四渡赤水》《董存瑞》《牛玉儒》《辉煌中国》《榜样》《必由之路》等红色影片和纪录片。

（3）讲一个红色故事。让党员上台讲红色故事，传递红色力量，促进党员学习党史、铭记历史，培养爱国爱党情怀，锻炼坚强意志，坚定理想信念。

（4）唱一首红色歌曲。组织党员集体合唱红色歌曲，歌颂党的丰功伟绩，进一步提振党员精神，增强爱党爱国意识，促使党员饱含激情投入工作。

（5）缴纳一次党费。主动缴纳党费，强化党性意识，履行党员义务，提醒党员铭记身份，增强党员的仪式感和荣誉感。

（6）重温一次入党誓词。支部党员在党旗下集体宣誓，庄严承诺和坚定决心，接受心灵的净化和洗礼，保持党员先进性，以更加饱满的热情投身工作，永葆共产党员的政治本色。

2. 实施党员考核积分

2019年开始，掘进三队党支部紧紧围绕“安全好、效益高、政治强、业务精、作风实”的要求，坚持将党建“融入安全、进入管理、促进发展”的工作思路，以锤炼作风过硬的党员队伍为目标，通过党员积分考核激活党员动力。积分制考核内容主要有：党员学习、参加党组织活动的出勤表现情况，党员学习月底测评考试情况，安全生产承诺践诺情况，以及安全、生产、经营、科技创新情况等8项内容。同时，还增设了特殊加分项目，如参加社会公益活动、扶贫帮困、捐款献爱心、拾金不昧等好人好事给予特殊加分，激励鼓励党员在工作中、生活中充分发挥党员的先锋模范作用。

3. 推行党员安全承诺践诺

为促进支部党员更好地履行工作职责，做合格党员，争当安全生产标兵，掘进三队党支部推行党员安全承诺践（评）诺机制，把安全承诺践诺融入安全生产，充分发挥党员示范带动作用。根据党员的工作性质、岗位职责的不同，支部制定不同范围的安全承诺践诺目标，于每年年初与党员签订安全承诺书，并在支部园地和井下安全文化长廊进行公开示诺，接受群众监督。党支部按月度考核、季度评比，每月评选出一名优秀党员安全承诺践诺标兵。截至2020年，通过安全承诺践诺，促使党员牢固树立安全思想意识，积极行动、主动作为，模范遵守安全规程，做好安全生产的排头兵。

（三）党群、办公室党支部“632”三型支部建设

党群、办公室党支部自成立以来，创新实践“632”三型党支部创建模式，全面加强党组织建设和作风建设。

1. 创建“学习型”党支部，开展“六个一”学习活动

（1）每日打开“学习强国”学习。充分利用好“学习强国”这一平台，让广大党员干部自觉学习运用习近平新时代中国特色社会主义思想指导和改造自己的主观世界，从而坚定理想信念、牢记党的宗旨、提高政治能力，自觉为实现共同理想而努力奋斗。按照支部要求，党员每月积分不少于1200分，每日不少于40分。

（2）每天浏览一遍公司媒体。在了解公司概况的同时，关注集团要闻、矿区新闻，确定公司长远发展方向；关注经营管理、安全生产，清晰公司发展现状；关注党建政工、企业视频，检阅自身工作成果，确定努力方向。

（3）每季度读一本书。通过阅读增加自身对于工作的深度，自觉把读书培养成为自身习惯，逐步把读书当作一种生活态度和一种精神追求，提高自身素质，提高工作水平，推动支部发展。

（4）每半年一次红色教育。利用周边红色资源，组织支部党员进行参观学习，接受红色教育，缅怀革命先烈的丰功伟绩和崇高精神，激励支部党员充分发挥战斗堡垒和先锋模范作用。

(5) 每半年一次思想汇报。支部党员自觉接受党组织的教育和监督，积极主动地向党组织汇报自己的思想、学习和工作情况，培养自己的组织观念、提高思想觉悟。

(6) 每年发表一篇论文。结合工作实际，有针对性地选择政研课题，坚持问题导向，围绕选定课题开展调查研究，组织课题研讨。既能站在全局的高度，又能密切联系本单位实际，进行反复思考、研究、分析，确定课题研究的方向和角度，扎实开展研究工作，做到依据实、问题实、研究实、举措实和制度实。

2. 创建“服务型”党支部

(1) 健全办公服务。精简办公流程，做好区队、部门等各单位办公用品领用，大型办公电器(打印机、投影仪、音响等)的售后服务协调工作，增强办公工作效率；做好职工信访维稳，确保全年不发生越级上访事件。

(2) 完善宣传包队服务。改变工作作风，深入基层，采取业务人员与区队稿件宣传帮扶包队机制，进一步提升区队发现亮点、总结亮点的意识，提升基层通讯员写作能力。

(3) 落实职工帮扶服务。坚持“以职工为中心”理念，把职工反映的“问题清单”变成“履职清单”。认真开展困难帮扶，为生活困难的职工发放困难补助、慰问金；开展金秋助学，力所能及地帮助职工子女解决幼升小、小升初上学问题；成立“婚丧嫁娶”理事会，代表工会为职工提供力所能及的帮助。

3. 创建“创新型”党支部

(1) 创新管理模式。抓好责任落实，结合绩效考核，强化责任意识。探索党建工作新模式，提炼党员学习教育新方法，切实把党建工作成果转化为推动矿井高质量发展的新动能。

(2) 创新活动形式。根据部门工作实际，充分发挥每个人的智慧，突出重点工作，改进组织生活，丰富活动内容，形成互带互动、资源共享、共同发展的党建工作新格局。

第二章 宣传思想政治工作

第一节 机 构

一号煤矿宣传工作归党群部负责。设有专职宣传干事 1~2 人，统管内宣平台及对外宣传工作。随着矿区的发展和宣传阵地建设逐步增加，矿所属的 21 个基层支部各设置 1 名专职支部书记配合开展日常工作。

第二节 舆 论 阵 地

2011—2020 年，一号煤矿创办的宣传平台如下。

一、《一号煤矿简报》

2011 年 5 月，一号煤矿创刊了内部刊物《一号煤矿简报》，设置了矿区要闻、安全生产、经营管理、职工文艺等专题。每周编辑一期，定期向矿领导班子成员、各部室、区队及黄陵矿业公司办公室报送，让干部职工了解掌握矿区动态，关注、关心一号煤矿的发展。

二、“一矿之声”广播站

矿区广播站于 2018 年 5 月 14 开通，命名为“一矿之声”广播站，以“为安全生产服务”为宗旨，重点将人的行为治理、安全环境治理经验及各类先进模范、好人好事声声传扬，开设了矿区要闻、“三违”曝光、音乐风景线、在线点歌、便民服务、文明指南、生活信息等栏目。广播站由青年志愿者担任播音员，在每周一至周五的午餐和晚餐时段播出，在讲好一矿故事、传播一矿好声音的同时，为青年提供了锻炼口才、互动交流的平台，培养了青年“提笔能写、开口能讲、问策能对、遇事能干”的能力。

三、“黄陵矿业一号煤矿”微信公众号、“一号镜”抖音号

为提升新闻舆论工作力度和深度，发挥新媒体优势，为矿井高质量发展创造良好的舆论环境，凝聚发展正能量，经一号煤矿党委研究决定，2020 年 12 月，建立运行“黄陵矿业一号煤矿”微信公众号（图 12-2-1）、“一号镜”抖音号（图 12-2-2）两个内部新媒体宣传平台。党群部负责日常运行和审稿刊发，面向区队部室征集文字、图片、语音、视频、简讯等形式的稿件。新媒体的应用使新闻舆论工作更丰富、生动、形象、立体，将矿井宣传工作做大、做强、做新、做活，为矿井发展提供坚强思想保证和强大精神力量。

图 12-2-1 “黄陵矿业一号煤矿”微信公众号

一号镜

聚焦一号煤矿；记录最靓瞬间；传播最强发声。

图 12-2-2 “一号镜”抖音账号

第三节　通　讯　报　道

一、宣传报道

1989 年以来，一号煤矿重视对外宣传报道工作，为矿区科学发展营造了良好氛围，树立了企业

良好形象。2001 年 1 月，一号煤矿 100 万吨/年阶段投产，邀请《陕西日报》《陕西电视台》等 5 家主流媒体到矿区采访，在中央电视台新闻时段予以报道。2005 年 10 月，由《陕西日报》《陕西电视台》等 5 家新闻媒体组成的国企改革新局面采风团到矿区集中采访，并发表专题报道文章。2010 年开始，矿区对外宣传工作实现了从量变到质变的飞跃，被陕煤集团评为“新闻宣传工作先进集体”；同年 10 月 26 日，《陕西工人报》刊发了黄陵一号煤矿创建“六型五化四无”优秀班组的报道；同年 11 月 9 日，《陕西工人报》刊发了黄陵一号煤矿“四字诀”打造本质安全型班组的报道。2013 年，对外宣传工作取得突破，对外稿件达 375 篇，在《中国煤炭报》《中国矿业报》等主流媒体频繁发稿，大幅提升了矿井知名度。2017—2020 年，连续 4 年荣获陕煤集团“新闻宣传工作先进集体”荣誉称号。2017—2020 年一号煤矿对外发稿情况见表 12-2-1，2015—2020 年一号煤矿新闻稿件公司级以上报刊发布情况见表 12-2-2。

表 12-2-1 2017—2020 年一号煤矿对外发稿情况表

篇(条)

年份	行业级	省部级	地市级	陕煤集团网站	公司微信	公司网站	视频	合计
2017	65	76	435	43	103	267	37	1026
2018	73	78	496	45	106	275	43	1116
2019	75	208	200	81	111	244	24	943
2020	82	336	124	95	146	258	59	1100

表 12-2-2 2015—2020 年一号煤矿新闻稿件公司级以上报刊发布情况表

年份	作者	报刊	稿件题目	稿件类型	获奖类别
2015	李小艳	《中国煤炭报》	《矿工发明家刘金峰》	通讯	陕煤集团优秀稿件
2016	李小艳	《陕煤化集团》	《守住岁月生活中的平淡与真实》	散文	陕煤集团优秀征文
2017	李小艳 张 毅	《陕煤化集团》	《这个“宝宝”有绝活》	通讯	陕煤集团优秀稿件
2018	段 倩 倪小红	《当代矿工》	《一次“以爱为铭”的旅行》	通讯	黄矿好新闻
2018	贺小锐	《陕煤化集团》	《“北移”初印象：搬家》	散文	陕煤集团优秀征文
2019	倪小红	“礼赞新中国奋进新时代”	《匠心质善》	摄影	陕煤集团优秀稿件
2020	倪小红	《中国矿业报》	《黄陵矿业一号煤矿与潮塔村的暖心故事》	通讯	黄矿好新闻
2020	李小艳	《工人日报》	《矿工子弟的志愿日志》	通讯	黄矿好新闻
2020	陈 衡 段 倩	《陕煤化集团》	《我们是青春答卷人》	微视频	陕煤集团优秀稿件
2020	倪小红	《中国煤炭报》	《地层深处的实干家》	通讯	陕煤集团优秀稿件

二、荣誉

2007—2020 年一号煤矿新闻舆论获得荣誉情况见表 12-2-3。

表 12-2-3 2007—2020 年一号煤矿新闻舆论获得荣誉情况表

年份	获得荣誉	荣誉级别	颁发单位
2007	黄陵矿业公司新闻报道工作先进单位	公司级	黄陵矿业公司
	黄陵矿业公司安全宣传教育活动“优秀组织单位”	公司级	黄陵矿业公司
2008	黄陵矿业公司新闻报道工作先进单位	公司级	黄陵矿业公司
	黄陵矿业公司新闻报道工作先进单位	公司级	黄陵矿业公司
2012	陕煤集团新闻宣传工作先进集体	厅级	陕煤集团
	陕煤集团新闻宣传工作先进集体	厅级	陕煤集团
2013	陕煤集团新闻宣传工作先进集体	厅级	陕煤集团
2017	黄陵矿业公司新闻宣传工作先进集体	公司级	黄陵矿业公司
	陕煤集团新闻宣传工作先进集体	厅级	陕煤集团
2018	黄陵矿业公司新闻宣传工作先进集体	公司级	黄陵矿业公司
	陕煤集团新闻宣传工作先进集体	厅级	陕煤集团
2019	黄陵矿业公司新闻宣传工作先进集体	公司级	黄陵矿业公司
	陕煤集团新闻宣传工作先进集体	厅级	陕煤集团
2020	黄陵矿业公司新闻宣传工作先进集体	公司级	黄陵矿业公司
	陕煤集团新闻宣传工作先进集体	厅级	陕煤集团

第四节 精神文明建设

一、规划与活动

2001 年，一号煤矿印发《文明单位考核奖励方法》；2002 年，印发《“十五”期间加强精神文明建设及 2002 年精神文明建设实施意见》；2003 年，印发《精神文明建设五年规划及近期工作安排》；2010 年，印发《精神文明建设五年规划（2010—2014）》；2011 年，印发《文明单位创建考核管理办法》。2015—2020 年，每年制定印发年度精神文明建设工作安排，使精神文明建设有目标、有措施，逐年稳步推进。围绕精神文明建设，精心组织好“身边好人”“最美员工”“一矿工匠”“文明家庭”“好媳妇”等各类先进评选，办好“道德讲堂”，开展文明餐桌、文明上网等文明实践行动，开展文明矿区创建、疫情防控、环境保护等志愿服务活动。这些活动的开展，对提高职工文明程度，宣传社会主义核心价值观，均产生了积极的作用。

二、先进人物和文明单位创建

1991 年，一号煤矿党政把文明单位创建作为企业和谐发展的重要任务去抓。

（1）通过黄陵矿业公司推荐，积极参与发起各类文明创建活动，定期向县、市、省和行业文明办汇报创建工作，并多次邀请省、市和行业文明办领导到矿区检查指导。

（2）逐年完善矿井文明单位创建的“硬件”设施。建立综合性的含图书、文体、企业文化展厅于一体的文化活动中心。

（3）树立一批精神文明建设先进典型，涌现出张贺民、鲁军、刘永忠、仲照海、曲志欣省部级以上劳动模范；2009年9月，鲁军、王联合、马玉军被评为黄陵矿区建设20周年“十大功臣”；2012年5月，职工肖玉德、刘永军被评为“感动矿区十大人物”；2013年，一号煤矿党委积极组织各单位向四川灾区开展“情系雅安爱心捐款”活动，全矿2000多名职工共捐款17万余元；2014年，涌现出“火海救人”的职工曹超，他的事迹被各大媒体争相报道；2015年5月25日，职工曲志欣荣获“全国劳动模范”称号，11月30日，陕煤集团召开“最美员工”颁奖晚会，职工曲志欣荣获“敬业奉献”模范称号，曹超荣获“见义勇为”模范称号；2016年4月26日，北京举办的“冀中能源杯感动中国的矿工”颁奖仪式上，职工曲志欣荣获“十大杰出矿工”称号。

（4）在文明单位创建活动中，一号煤矿分别于2008年、2016年被陕煤集团评为文明单位，2020年被评为陕西省国有企业文明单位。2005—2020年一号煤矿精神文明建设获得荣誉情况见表12-2-4。

表12-2-4　2005—2020年一号煤矿精神文明建设获得荣誉情况表

年份	获得荣誉	荣誉级别	颁发单位
2005	全国煤炭工业文明单位	行业级	中国煤炭职工思想政治工作研究会
2006	文明单位	厅级	陕煤集团
2008	全国煤炭系统第六批文明煤矿	行业级	中国煤炭职工思想政治工作研究会
	文明煤矿	行业级	中国煤炭职工思想政治工作研究会
	全国煤炭系统文明单位	行业级	中国煤炭职工思想政治工作研究会
	文明单位	厅级	陕煤集团
2010	文明单位	省级	中共陕西省委人民政府
	全国煤炭系统文明单位	行业级	中国煤炭职工思想政治工作研究会
	全国文明煤矿	行业级	中国煤炭职工思想政治工作研究会
2011	文明单位标兵	省级	中共陕西省委人民政府
	中央精神文明建设全国文明单位	国家级	中央文明委
2012	全国煤炭系统文明单位	行业级	中国煤炭工业协会
2016	全国煤炭工业“三基九力”建设优秀区队	行业级	中国煤炭职工思想政治工作研究会
	2014—2015年度文明单位	厅级	陕煤集团
2020	2019年度“陕西省国有企业文明单位”	省部级	陕西省国资委

第五节　思想政治工作研究

2002年3月11日，一号煤矿成立政研会。政研会在黄陵矿业公司政研会指导和矿党委的领导下，按照政研会章程开展工作。每年年初，根据思想政治工作任务和职工思想状况，提出年度工作安排和研究重点课题。矿政研会组织专题研讨会，提倡每个专兼职政工人员深入基层，调查研究，思考问题，撰写解决现实问题的研讨文章进行交流。对每次交流论文进行评比，分别评出一、二、三等奖和优秀奖，给予相应奖励。此外，积极参加上级政研会的专题研讨，不少政研成果荣获奖项，多名政工干部被上级单位授予优秀政研工作者称号，一号煤矿多次荣获黄陵矿业公司优秀政研单位称号。2020年底，经黄陵矿业公司推荐，一号煤矿成为中国煤炭职工思想政治工作研究会团体会员。2006—2020年一号煤矿获奖理论研究成果情况见表12-2-5。

表 12-2-5　2006—2020 年一号煤矿获奖理论研究成果情况表

年份	作者	题　目	获奖级别	颁发单位
2006	梅方义	《关于煤矿工亡职工善后处理有关问题》	工会优秀理论文章二等奖	中国能源化学工会
	丁增平	《浅谈煤矿企业如何搞好班组安全建设》	工会优秀理论文章优秀奖	中国能源化学工会
	郑　斐	《浅谈煤矿企业家属安全协管工作存在的问题和对策》	工会优秀理论文章优秀奖	中国能源化学工会
2012	郑　斐	《浅谈煤矿企业如何深入推行领导干部任前廉政法规考试制度》	反腐倡廉优秀论文二等奖	陕西省国资委
2013	李小艳	《关爱农协工成长助推企业发展》	工会优秀理论文章一等奖	黄陵矿业公司
	李小艳	《关爱农协工成长助推企业发展》	工会优秀理论文章三等奖	陕煤集团
2015	马玉军 杨建奇 李道君 张　鹏 李小艳 张　英 赵益勋	《一号煤矿党建质量管理信息网建设探索与研究》	2013—2014 年度软科学优秀研究成果三等奖	黄陵矿业公司
	卫庆华	《以岗位品牌为特色的岗位精细化管理》	国家级二等企业管理现代化创新成果	中国煤炭职工思想政治工作研究会
2018	李小艳	《创新开展家属协管工作为矿井安全生产筑牢第二道防线》	优秀理论研究成果一等奖	黄陵矿业公司
	李小艳	《创新开展家属协管工作为矿井安全生产筑牢第二道防线》	优秀理论研究成果三等奖	陕煤集团
2019	马玉军	《关于一号煤矿“四员两长”“3536”管理模式的探索与实践》	优秀论文一等奖	陕西煤业股份有限公司
	李小艳	《弘扬劳模工匠精神以人才为引擎助推企业高质量发展》	工会优秀理论研究成果二等奖	黄陵矿业公司
	李小艳	《弘扬劳模工匠精神以人才为引擎助推企业高质量发展》	优秀理论研究成果优秀奖	陕煤集团
	卫庆华	《浅谈如何强化纪委对同级党委的监督》	2019 年度纪检监察优秀研究成果三等奖	中国煤炭职工思想政治工作研究会
2020	李小艳	《浅谈新形势下做好基层维稳工作的思考》	工会优秀理论文章三等奖	黄陵矿业公司
	李道君	《发挥青年在企业发展中的优势和作用》	工会优秀理论文章三等奖	黄陵矿业公司
	卢海峰 李小艳	《浅析做好融媒体背景下企业舆情监控工作的途径》	优秀论文一等奖	黄陵矿业公司
	卢海峰 李小艳	《浅析做好融媒体背景下企业舆情监控工作的途径》	优秀论文三等奖	陕煤集团
	卢海峰 李小艳	《浅析做好融媒体背景下企业舆情监控工作的途径》	优秀论文三等奖	陕西省煤炭工业协会
	卢海峰 赵益勋	《国家企业党支部标准化建设的创新与实践》	优秀论文二等奖	黄陵矿业公司
	卢海峰 贺小锐	《新时代下国有企业党员教育管理的探索与实践》	优秀论文三等奖	黄陵矿业公司

第六节 意识形态工作

一、组织机构

截至2020年，一号煤矿党委高度重视意识形态工作，加强领导，进一步提高做好新时代意识形态工作的能力，牢牢掌握意识形态工作的领导权、管理权和话语权，促进全体干部职工在理想信念、价值理念、道德观念上高度统一，凝聚力量，为持续推进矿井高质量发展提供理论指导、舆论支持和思想保证。矿党委成立有意识形态工作组织领导机构，党委书记、矿长任组长，矿其他班子成员、副总工程师任副组长，其他各部室部长、各区队队长、党支部书记为成员。

二、工作开展情况

截至2020年，一号煤矿党委建立意识形态工作责任制，明确意识形态工作责任和任务要求，着力强化对意识形态工作的有效管控，在矿井上下形成“党委统一领导、党政齐抓共管、党群部门组织协调、有关部门分工负责”的工作格局。坚持党管宣传、党管意识形态、党管媒体不动摇，压紧压实做好意识形态工作的政治责任、领导责任，把意识形态工作领导权牢牢掌握在党的手中，不断增强意识形态领域的主导权和话语权。

（一）掌握学习方法，推动理论武装走深走实走心

全面加强理论武装，提高思想认识。矿党委按照学懂、弄通、做实的要求，深入推进习近平新时代中国特色社会主义思想学习教育，分层次抓好理论学习，强化理论学习力度。针对领导干部“关键少数”的理论学习，矿党委不断抓实抓细中心组理论学习，加强制度建设，规范中心组学习制度。通过采取系列举措、创新方法路径、注重实际效果，确保中心组学习工作的持续推进，进一步提升党委中心组学习的效果。同时结合矿井发展实际和存在的问题，有针对性地开展理论研讨，矿领导班子成员应以身作则、以上率下，强化政治理论学习意识。各支部理论学习努力做到“四个注重”，即注重交流研讨求共识、注重调查研究接地气、注重日常自学提素质和注重学习形式求创新。做到“五个坚持”，即坚持学习考勤制度、坚持建立理论学习档案、坚持旁听督导制度、坚持报告备案制度和坚持建立学习评估机制。注重闭环管理，突出指导督导，促进学习质量提升，有效地强化学习效果，把理论学习做细做深做实。针对中层干部和理论骨干的理论学习，采取举办各类专题学习培训等形式，突出抓好理论培训，切实用习近平新时代中国特色社会主义思想武装头脑，以习近平总书记重要讲话精神、党的十九大精神、十九届四中全会精神、社会主义核心价值观为主要内容，统一思想，凝聚力量，做到真学真思真用。针对党员和一般群众的学习，采取宣讲等方式加强理论宣贯，根据常态化宣讲工作内容安排、宣讲对象、阶段部署要求，对各支部广大党员干部群众进行宣讲，做到宣讲全覆盖。创新理论学习方式，充分运用“学习强国”平台，创新网络理论学习模式，丰富理论学习内容，拓宽理论学习广度。

（二）抓课题研讨，加强意识形态工作研判

（1）开展专题研讨，提高重点课题研判实效。按照上级要求，各支部每年至少两次专题研究意识形态工作，并及时向矿党委报告意识形态领域的重大情况并提出建设性意见。结合矿业公司要求，

矿党委每年初印发《关于开展意识形态重点研判课题内容的通知》，围绕矿井中心工作，提出意识形态重点研判课题内容，各支部对照重点研判课题，结合各自实际，切实做好深化矿井改革、实现高质量发展的系列举措的学习和解读，对多年来企业发展掩盖下的矛盾和问题进行深入分析研判，定决策、作部署、抓落实，时时刻刻从职工群众利益出发，广泛听取职工群众意见建议，提升有力引导舆论的能力和举措。

（2）聚焦热点难点，深入开展调研。各支部按照矿业公司党委《关于进一步加强意识形态工作的意见》要求，定期研判本支部在意识形态领域的基本状况。及时了解民情民意，把准民意脉搏，掌握热点难点，有针对性地开展工作，有效引导热点，及时化解难点，牢牢掌握引导本支部、本单位舆情和热点的主动权，使本支部、本单位工作最大限度顺民心、合民意，团结凝聚起推动矿井发展的民心民意力量。

（三）考管并举，狠抓意识形态责任制落实

健全机制，畅通机制运行。按照上级要求，切实将意识形态工作纳入民主生活会、组织生活会、干部述职和目标责任考核，接受监督和评议，把加强基层党组织建设和加强意识形态工作紧密结合起来，进一步将意识形态工作摆在突出重要的位置。按照矿业公司党委关于印发《黄陵矿业公司意识形态工作考核实施细则》的通知，细化具体考核内容和评分标准，把意识形态工作作为季度和年度党建工作重要指标纳入考核，切实形成考核有指标、检查有依据、评价有要点的完整体系。2016—2020年一号煤矿党委制定的意识形态相关文件见表12-2-6。

表12-2-6 2016—2020年一号煤矿党委制定的意识形态相关文件表

年份	文号	文件名称
2016	黄司矿党发(〔2016〕36号)	《关于转发〈陕煤化集团党委关于进一步加强意识形态工作的意见〉的通知》
2017	黄司矿党发(〔2017〕27号)	《关于转发黄陵矿业公司党委〈关于进一步加强意识形态工作的通知〉的通知》
2018	黄司矿党发(〔2018〕11号)	《关于转发黄陵矿业公司党委〈关于进一步加强意识形态工作的通知〉的通知》
	黄司矿党发(〔2018〕27号)	《关于2019年意识形态重点研判课题安排的通知》
2019	黄司矿党发(〔2019〕49号)	《关于进一步加强舆情监管工作的通知》
2020	黄司矿党发(〔2020〕7号)	《关于切实加强新形势下意识形态工作的通知》

三、意识形态阵地建设

截至2020年，一号煤矿党委不断完善意识形态阵地建设和管理制度，落实好主管主办和属地管理原则，做到守土有责、守土负责、守土尽责。面对新形势、新任务，严格落实矿业公司党委《关于印发〈黄陵矿业公司意识形态工作考核实施细则〉的通知》和《关于印发〈新媒体建设与管理工作实施办法〉的通知》，在政治方向、舆论导向、价值取向上保持立场坚定。执行好意识形态阵地的管理制度，使各类意识形态阵地始终成为传播先进思想文化的坚强阵地。对各类宣传阵地和平台要定期开展自查。统筹部署舆论环境整治、舆情应急处置等工作，及时妥善有效应对和处置舆情，并及时报告有关情况。特别是要加强对公众号、QQ群、微信群、抖音等网络平台的监管，建立各类媒体管理基础台账，登记立档，对各支部、各单位开通并运行的各类工作群信息在党群部进行备案，要求明确管理职责，指定专人负责，不为有害信息提供传播渠道。严格把关信息发布审核流程，落实责任人，定期检查，守好意识形态阵地，营造和谐稳定的舆论环境。按照矿业公司党委《关于进一步加强对论坛、讲坛、讲座、年会、报告会、研讨会、读书会、展览、展演等阵地管理的通知》，严格落实基本要求、审批程序、监督管理等相关规定，确保可管可控。

四、舆情监控

截至2020年，一号煤矿党委为进一步加强意识形态领域舆情监控工作，掌握舆论主动权，按照“加强管理、快速反应、确认事实、妥善处理”的原则，重点加强对网络舆情的预警防范和监控引导，形成积极向上的主流舆论，营造良好的舆论环境。

（一）网媒舆情处置流程

监控到平面媒体、电视、网络媒体的舆情处置工作流程：党群部根据监控到的舆情信息生成《舆情监控报告单》，提出拟办意见，经分管领导阅示、主要领导同意后，转交相关部室（或区队）及时对舆情进行调查分析、判断，准确查找舆情产生的原因，认真核实舆情反映的问题，研判舆情可能发展的趋势，形成初步的回复内容，经分管领导同意后报党群部，由舆情管控专业工作人员进行网上回复。并将舆情研判结果和处理情况详细填写回复意见，由处置单位的分管领导审核签字后，一个工作日内反馈党群部，党群部、纪委监察室、办公室均负责资料归档。

（二）现场舆情处置流程

各单位接到媒体记者来电的舆情处置流程：礼貌地询问媒体联系电话及媒体所属单位和要反映的问题，第一时间告知党群部，由党群部与媒体进行沟通，了解媒体采访需求并将情况向分管领导报告，由分管领导向主要领导汇报，且需征得黄陵矿业公司宣传部的同意后，方可指定相关专业人员负责办理并回复媒体。党群部负责与媒体沟通回复问题满意度，若有不满意的地方及时化解，若有需要进行补充完善的，党群部与相关单位沟通后进行补充回复，确保媒体满意。对特别紧急、重要的舆情要边查边回复，严格遵循舆情的“时效性”原则。确保接到舆情后第一时间赶赴现场，并根据领导或上级部门指示接受现场采访。重要舆情回复由舆情处置工作领导小组共同审议后指定相关人员进行答复。办公室负责重大舆情事件全程处置工作的文字记录、汇总、上报，纪委监察室负责舆情事件的调查取证和监督。

（三）日常舆情监控

矿井上下形成“党委统一领导、党政齐抓共管、党群部门组织协调、有关单位分工负责”的工作格局，严格落实舆情监控工作责任制。按照属地管理原则，部室部长、区队队长、支部书记作为本单位舆情监控的第一责任人，做到守土有责、守土负责、守土尽责，发现苗头，及时妥善有效应对和处置舆情，并第一时间向党群部报告有关情况，特别是要加强对QQ群、微信群、抖音等网络平台的监管，建立各类媒体管理基础台账，登记立档。同时，要将舆情监控工作纳入党建考核。在舆情事件处理过程中，对于不听劝阻，恶意造谣，在网络上发布或转载不实消息，以及有损企业形象的相关内容，对职工本人及所在单位负责人进行处罚，性质恶劣的情形，报公安部门处置。对职工如实反映的问题，党群部、办公室、纪委监察室组成联合办公小组，开展专题调查研究，加强风险的及时预判，建立相关舆情处置预案，积极采取政策宣讲等方式，引导纾解职工思想情绪，避免诱发舆情事件。

第三章 纪 检 监 察

第一节 机构与历任领导

1997年4月，一号煤矿生产公司党总支委员会成立，张建军兼任纪检委员。2000年4月，黄陵矿业公司党委任命梅方义为一号煤矿生产公司纪检委员。2001年9月，黄陵矿业公司党委任命张建军为一号煤矿生产公司党总支委员、副书记，纪委书记；同年11月，一号煤矿党总支召开首届党员代表大会，选举产生一号煤矿纪律检查委员会，张建军为一号煤矿纪委书记，解德福为纪委副书记。

2003年2月，黄陵矿业公司党委任命梅方义为一号煤矿纪委书记。同年6月，中共黄陵矿业有限责任公司一号煤矿委员会召开第一次党员代表大会，选举产生中共黄陵矿业有限责任公司一号煤矿纪律检查委员会，梅方义为纪委书记。

2008年10月，黄陵矿业集团公司党委任命韩华东为一号煤矿党委副书记、纪检委员。

2009年9月，黄陵矿业公司党委任命任俊平为一号煤矿党委委员、副书记，纪委书记。

2012年12月，黄陵矿业公司党委任命杨建奇为一号煤矿党委委员、副书记，纪委书记。

2018年5月，黄陵矿业公司党委任命卫庆华为一号煤矿党委委员、副书记，纪委书记。

2018年8月，经黄陵矿业公司同意，一号煤矿成立监察室，纪检监察职能从党群部剥离。同月，经黄陵矿业公司纪委提名，一号煤矿考察，一号煤矿党委任命邓涛为一号煤矿纪委委员、纪委副书记，一号煤矿聘邓涛为监察室副主任。

2020年1月，一号煤矿聘佘军红为纪委监察室监察员。

2020年4月，经一号煤矿党委推荐，黄陵矿业公司纪委批准，一号煤矿聘邓涛为纪委监察室主任。

2020年8月，按照陕煤集团纪委关于纪委书记专职化的要求，黄陵矿业公司党委任命李道君为一号煤矿党委委员、纪委书记。

2020年9月，经黄陵矿业公司纪委提名，一号煤矿考察，一号煤矿党委任命张鹏为一号煤矿纪委副书记，一号煤矿聘张鹏为纪委监察室主任。

1997年一号煤矿生产公司党总支委员会成立后，设立正科级纪委委员，至2020年底，一号煤矿设副处级专职纪委书记、正科级纪委副书记（监察室主任）、副科级监察员各1人。2001年11月至2020年8月，一号煤矿纪委从成立到发展的19年间，纪委书记均由同级党委副书记（党总支副书记）兼任；至2020年8月，一号煤矿纪委书记实现专职化。2003年6月至2018年8月，一号煤矿纪委与党群部一直合署办公；2018年8月，一号煤矿纪委监察室单独设置，纪检监察工作在黄陵矿业公司纪委和一号煤矿党委统一领导下开展。

2001—2020年一号煤矿历任纪委书记见表12-3-1。

表 12-3-1 2001—2020 年一号煤矿历任纪委书记表

姓名	任职形式	任职时间
张建军	兼任	2001 年 10 月至 2003 年 2 月
梅方义	兼任	2003 年 2 月至 2008 年 8 月
任俊平	兼任	2009 年 9 月至 2012 年 11 月
杨建奇	兼任	2012 年 11 月至 2018 年 5 月
卫庆华	兼任	2018 年 5 月至 2020 年 8 月
李道君	专职	2020 年 8 月—

第二节 制 度 建 设

2001 年，一号煤矿纪委成立以来，不断健全完善党风廉政建设和纪检、监察工作制度，持续推进廉政文化建设，规范党员及管理干部行为，纪委的教育、监督、执纪、问责职能充分发挥，违法乱纪的风险隐患全面降低。2001—2020 年一号煤矿党风廉政制度建设文件见表 12-3-2。

表 12-3-2 2001—2020 年一号煤矿党风廉政制度建设文件表

年份	文号	文 件 名 称
2001	黄司矿党发〔2001〕4 号	《关于开展干部作风整顿工作的安排意见》
2002	黄司矿党发〔2002〕23 号	《关于开展干部作风整顿活动的通知》
2003	黄司矿党发〔2003〕26 号	《关于实行党风廉政建设谈话制度和建立警示训诫防线试点工作的实施意见》
2004	黄司矿纪发〔2004〕1 号	《关于印发〈二○○四年工作安排〉的通知》
2005	黄司矿党发〔2005〕11 号	《关于印发〈一号煤矿党风廉政建设责任制〉的通知》
2006	黄司矿党发〔2006〕4 号	《关于印发〈领导班子党风廉政建设责任制实施办法〉的通知》
2007	黄司矿纪发〔2007〕2 号	《关于印发〈一号煤矿党风廉政建设责任制追究制度〉的通知》
2008	黄司矿党发〔2008〕8 号	《关于印发〈一号煤矿 2008 年党风廉政建设和反腐败工作目标一览表〉的通知》
2009	黄司矿党发〔2009〕43 号	《关于对中层干部进行年度考核的通知》
2010	黄司矿党发〔2010〕10 号	《关于印发〈廉洁文化识别系统〉的通知》
2011	黄司矿纪发〔2011〕2 号	《关于印发〈2011 年一号煤矿党风廉政建设和反腐败工作目标管理责任分解一览表〉的通知》
2012	黄司矿纪发〔2012〕1 号	《关于印发〈二○一二年党风廉政建设和反腐败工作要点〉的通知》
	黄司矿纪发〔2012〕2 号	《关于印发〈党员干部诫勉谈话暂行办法〉的通知》
2013	黄司矿党发〔2013〕4 号	《关于开展党员承诺践诺评诺活动的实施方案》
2014	黄司矿党发〔2014〕9 号	《关于给予殷宝宝等 7 人党纪政纪处分的报告》
2015	黄司矿党发〔2015〕31 号	《关于召开“三严三实”专题研讨的通知》
2016	黄司矿党发〔2016〕32 号	《关于印发〈在一号煤矿全体党员中开展“学党章党规、学系列讲话，做合格党员”学习教育实施方案〉的通知》

表 12-3-2（续）

年份	文号	文 件 名 称
2017	黄司矿党发〔2017〕48 号	《关于印发〈“三项机制”制度〉的通知》
2018	黄司矿纪发〔2018〕14 号	《关于加强中秋、国庆节期间廉洁自律的通知》
2019	黄司矿纪发〔2019〕2 号	《关于印发〈机关部门首问负责制、限时办结制、服务承诺制〉的通知》
2020	黄司矿纪发〔2020〕21 号	《关于印发〈创建陕煤化集团廉政文化“六进”活动综合示范点的实施方案〉的通知》

第三节 党 风 廉 政

一、党风廉政教育

1999 年 3 月，一号煤矿党总支印发《“公生明、廉生威”的启示》，引导党员领导干部廉洁从业。2001 年 8 月，一号煤矿党总支印发《关于开展干部作风整顿工作的安排意见》，厘清干部责任和作风要求。2003 年，一号煤矿纪委建立党风廉政建设谈话制度，大力开展警示训诫防线试点工作，形成正向引导和反向约束机制。2006 年，矿领导班子成员 8 人填报了《企业领导人员重大事项请示报告登记表》和《治理商业贿赂专项工作自查自律表》。2012 年，组织党员干部学习《中国共产党党员领导干部廉洁从政若干准则》，观看历史文献纪录片《信仰》，开始推行效能监察，建成“四德”教育讲堂，“九鼎”文化之《铸廉洁之鼎，深化作风建设，大兴清正廉洁之风》在全矿推广。2013 年，组织党员干部认真学习《中央关于改进工作作风、密切联系群众的八项规定》及《黄陵矿业公司关于改进工作作风严肃工作纪律的八项规定》，组织副科级以上管理干部 47 人前往红石岩监狱，接受两名服刑人员现身说法警示教育。2014 年，编制形成《一号煤矿岗位风险廉洁预控工作手册》，组织矿领导班子到红石岩监狱和黄陵矿业公司廉洁警示教育基地接受警示教育，并组织党员干部观看《小官大贪》警示教育片。2015 年，健全完善两级纪检监察队伍，纪检委员在矿党委下设支部实现全覆盖。2016 年，组织党员干部认真学习《中国共产党廉洁自律准则》和《中国共产党纪律处分条例》，开展触碰负面清单底线、违反中央八项规定、“四风”问题等案例剖析活动，为“两学一做”深入开展奠定作风基础。2017 年，出台领导人员鼓励激励、容错纠错、能上能下“三项机制”，推进廉政文化建设试点创建工作和廉政文化“五进”活动，荣获陕煤集团纪检监察先进集体。2018 年，组织中层管理干部前往红石岩监狱接受服刑犯人现身说法警示教育，在节庆前夕印发《关于加强节庆期间廉洁自律的通知》，实现教育提醒和警示的常态化。2019 年，在矿区基层单位率先建成廉政文化教育展厅，时任黄陵矿业公司党委副书记、纪委书记孙鹏参加了揭牌仪式。同年，组织党员干部 300 余人开展警示教育活动，至 2020 年底，累计接待各类参观和内部警示教育 1500 余人次。2020 年，组织全矿 96 名副科级以上管理干部如实填写了《领导干部个人重大事项报告登记表》，并存入个人廉政档案。积极开展“以案促改”专项整治活动，梳理十八大以来重点工程项目 208 个。同年 3 月，建成矿区首个智慧纪检监察信息系统，实现精准监督执纪，成为黄陵矿业公司“24534”智慧纪检监察工作新模式的试点先进单位。同年 4 月，完善优化《一号煤矿岗位廉洁风险防控管理手册》，并将岗位廉洁风险点、防控措施制成桌牌，放置于每个岗位工作区域。先后荣获陕煤集团廉政文化“先进机关”示范点、纪检监察先进集体和黄陵矿业公司智慧纪检示范单位、先进纪检监察室、纪检监察先进单位等荣誉称号。

二、廉政文化建设

一号煤矿纪委按照黄陵矿业公司纪委统一部署，开展廉政文化建设。2012年，推出“九鼎”文化之廉洁篇，即《铸廉洁之鼎，深化作风建设，大兴清正廉洁之风》，形成廉政文化基本雏形。2018年，通过梳理党风廉政建设和纪检监察工作开展情况，形成独具有特色的“12351”党风廉政文化建设模式。同年，建成了清风园、廉政文化长廊、廉政书屋、廉政之声等廉政文化阵地。2019年，根据黄陵矿业公司纪委对党风廉政建设工作要求，积极开展“教育讲廉、勤政助廉、公开促廉、防控保廉、道德育廉”的“五位一体”廉政文化建设活动。同年6月，一号煤矿廉政文化教育展厅开始使用，并设置了廉洁教育谈话室。2020年，《一号煤矿岗位廉洁风险防控手册》《一号煤矿纪检监察工作及廉政文化建设应知应会》口袋书相继编制发布，岗位廉洁风险管控水平得到提升。发表党风廉政文化建设宣传稿件40余篇、论文6篇，其中1篇论文在国家级平台发表，3篇分别荣获“陕煤集团年度优秀论文”一、二、三等奖。

三、廉政选拔、任用干部

截至2020年，一号煤矿按照黄陵矿业公司纪委要求，认真落实领导干部选人、用人制度，注重把好领导干部提拔廉洁关，开展任前廉政考试、任前廉政谈话和任后建立个人廉政档案系列工作。对一号煤矿需拟任（聘）用副科级及以上管理人员，由纪委出具个人廉政鉴定，组织任前廉政考试，督促其认真学习党纪国法，不及格的进行补学、补考；考试成绩和廉政鉴定在党委会议上汇报。对新提拔聘任的中层管理干部要求填写廉政从业承诺书、个人家庭基本情况及个人重大事项报告。每年年初，对中层及以上管理人员进行党风廉政建设民主测评、承诺践诺考核、中层管理干部互评，测评结果备案留存，作为个人廉政档案内容，以备查证。

四、廉洁环境营造

截至2020年，一号煤矿纪委围绕全面从严治党向纵深发展工作要求，在矿井发展进程中大力营造廉洁环境。增强不敢腐的制度保障，建立制度和责任“两个体系”，分解压实纪委监督责任，实现监督执纪常态化，配发班子成员“一岗双责”纪实手册、矿中层管理干部党风廉政建设责任制纪实手册，推进党风廉政建设清单式管理、全过程留痕。未发生党员干部腐败案件。培育不能腐的从业环境，开展“两育一创”管理，发挥宣传教育引导、警示教育震慑和廉政文化“六进”示范创建领航作用，发放倡议书238份，签订《家庭助廉承诺书》80份，征集廉洁寄语79条、廉洁书画及摄影作品167副；前后走访35人次、赠送廉洁书籍76本，对推举的4组廉洁家庭、好家风家庭进行了表彰，并为3名职工子女颁发了“小小纪检员”聘书，提升党员干部及家属拒腐防变能力。增强不想腐的思想自觉，聚焦“四类监督”管理，从日常监督、专项监督着手，培育智慧监督、作风监督新方法，推动监督执纪渗透到管理的各个方面，累计节前对重要岗位人员提醒谈话15人次、短信提醒600余条。

第四节　案　件　查　处

截至2020年，一号煤矿纪检监察按照中纪委颁发的《中国共产党纪律检查机关案件检查工作条例》《中国共产党纪律处分条例》等办案规定，结合黄陵矿业公司《审查调查工作指导手册》，对各类问题线索进行查处。重视各类信访案件和举报，做到有记录、有批示、有调查、有结果，从中发现违纪违规线索；认真完成上级交办的受理工作，做好日常协助处理调查安全生产中存在的失职渎职案件；及时发现、纠正损害职工和企业利益现象的不正之风，一经查证落实，根据相关管理条例落实追责，轻者诫勉谈话，重者进行纪律处分，发现存在违法行为，依法移交司法处理。自2004年以来，一号煤矿纪委记录在案受理的信访举报和上级批转问题线索6件，失实1件，转交司法1件，立案4件、结案4件，行政处分11人，党纪处分5人。

第五节　效　能　监　察

自2012年起，围绕物资供应、设备采购、工程建设项目、职工劳保发放、小额项目采购、科技创新等方面开展效能监察工作。监察员通过参与招投标活动，印发《招投标管理办法》，规范招投标程序，增强招议标透明度和规范性，降低项目成本和工程费用，为一号煤矿健康发展提供了有效的监督作用。截至2018年，按照上级安排停止效能监察工作。2012—2018年一号煤矿效能监察成果见表12-3-3。

表12-3-3　2012—2018年一号煤矿效能监察成果表

年份	参与项目（项）	效能监察成果（万元）	年份	参与项目（项）	效能监察成果（万元）
2012	11	1673.81	2016	4	253
2013	10	409.68	2017	6	370.22
2014	18	1502.71	2018	8	4638.98
2015	9	3000			

第四章　工会与共青团

第一节　工　　会

一、机构

1996年，一号煤矿成立工会委员会。下设3个基层分会，共有会员130人。矿工会隶属党群部管理，有专职工会干部3人。

2000年5月，《关于批准季治文等同志任工会主席的通知》(黄矿司工发〔2000〕05号)，任命季治文为一号煤矿生产公司工会主席。

2001年10月，《关于部分基层增选工会委员和张建军等同志任职的批复》(黄矿司工发〔2001〕13号)，任命张建军为一号煤矿工会主席。

2003年3月，《关于成立保卫处工会、增选工会委员和梅方义等同志任职的批复》(黄矿司工发〔2003〕06号)，任命梅方义为一号煤矿工会主席，有13个基层分会，有会员1980人，专职工会干部3人，兼职工会干部1人。

2009年9月，《关于任俊平等同志选举结果的批复》(黄矿司工发〔2009〕13号)，同意任俊平任一号煤矿工会委员会主席。

2013年1月，《关于杨建奇等同志选举结果的批复》(黄矿工发〔2013〕5号)，同意杨建奇任一号煤矿工会委员会主席。

2018年5月，《关于卫庆华等同志选举结果的批复》(黄矿工发〔2018〕28号)，同意卫庆华任一号煤矿工会委员会主席。

截至2020年，一号煤矿有18个基层分会，其中有3个机关分会（机关一、机关二、后勤服务）。会员2124人，矿工会配备专职干部3名。2020年一号煤矿基层工会组织见表12-4-1，一号煤矿历任工会主席、副主席名录见表12-4-2。

表12-4-1 2020年一号煤矿基层工会组织表 人

单位	会员人数	女会员人数	兼职工会主席	职工代表人数
综采一队	99	1	吕怀宝	8
综采三队	103	1	符少华	7
掘进一队	99	1	尚 轩	7
掘进三队	96	1	林治华	7
掘进四队	100	1	贾世钊	7
掘进五队	98	1	索王博	7
掘进六队	91	1	孙 斌	5
准备队	105	1	申 涛	9
通风队	127	2	袁 超	9
皮带队	137	1	梁晓春	8
抽放队	129	1	吴 鑫	9
运输队	160	1	谢 帅	8
机电队	99	2	陈建华	7
选煤厂	247	23	同李文	11
机修车间	25	1	蔡文杰	3
机关一	142	36	王 威	16
机关二	132	16	张 骥	17
后勤服务	135	50	屈敬敬	4
合计	2124	141		149

表 12-4-2　一号煤矿历任工会主席、副主席表

姓　名	职　务	任职时间
唐恩贤	工会主席	1996 年 3 月至 2000 年 5 月
贺志敏	工会副主席	1996 年 3 月至 2000 年 5 月
季治文	工会主席	2000 年 5 月至 2001 年 10 月
梅方义	工会副主席	2000 年 5 月至 2001 年 10 月
张建军	工会主席	2001 年 10 月至 2003 年 3 月
谭　震	工会副主席	2001 年 10 月至 2003 年 3 月
梅方义	工会主席	2003 年 3 月至 2008 年 11 月
谭　震	工会副主席	2003 年 3 月至 2008 年 11 月
任俊平	工会主席	2008 年 11 月至 2013 年 1 月
郑　斐	工会副主席	2008 年 11 月至 2013 年 1 月
杨建奇	工会主席	2013 年 1 月至 2018 年 5 月
卫庆华	工会副主席	2013 年 1 月至 2018 年 5 月
卫庆华	工会主席	2018 年 5 月至 2019 年 7 月
李道君	工会副主席	2018 年 5 月至 2019 年 7 月
李道君（代）	工会主席	2019 年 7 月—
王星星（代）	工会副主席	2019 年 7 月—

二、职工代表大会

2000 年，一号煤矿工会组织健全后，职工代表大会按年度与行政工作会合并召开。2003—2010 年，职代会与年度安全工作会合并召开。1999 年 4 月，召开首届一次职代会。2011 年后，每年按照相关程序召开职代会、行政工作会和安全工作会（三会合一），主要内容是审议并通过行政工作报告，听取招待费使用情况报告，听取并审议职工代表提案办理情况报告，讨论通过重要规章制度以及民主评议矿领导班子及其成员等。2010—2020 年一号煤矿职代会情况见表 12-4-3。

表 12-4-3　2010—2020 年一号煤矿职代会情况表

年份	届次	报告人及职务	代表数（人）	提案数（个）	行政工作报告题目
2010	三届二次	唐恩贤 矿长	500	28	《文化引领安全保障群策群力和谐发展，努力把一号煤矿打造成为全国五精管理第一矿》
2011	三届三次	唐恩贤 矿长	600	24	《“九鼎”文化引领“5+5”岗位品牌保障，努力打造全国五精管理第一矿》
2012	三届四次	毛明仓 矿长	152	22	《创新企业管理提高经济效益，为打造全国五精管理标杆矿井而努力奋斗》
2013	三届五次	毛明仓 矿长	143	25	《强化改革创新推动管理升级，为打造本质安全绿色环保型矿井而努力奋斗》
2014	四届一次	毛明仓 矿长	139	22	《管理创新求实效开拓进取树品牌，为全力打造全国一流煤矿而努力奋斗》

表 12-4-3（续）

年份	届次	报告人及职务	代表数（人）	提案数（个）	行政工作报告题目
2015	四届二次	毛明仓 矿长	144	20	《提振信心谋发展攻克时艰渡难关，坚决打赢创新管理治亏增效攻坚战》
2016	四届三次	毛明仓 矿长	140	19	《固本培元多轮驱动，为全面建成全国一流煤矿而努力奋斗》
2017	四届四次	毛明仓 矿长	144	12	《聚焦做精做优奋力追赶超越，为创建“十优”矿井而努力奋斗》
2018	四届五次	马玉军 矿长	182	18	《求实创新齐攻坚砥砺奋进创一流，积极培育矿井高质量发展新动能》
2019	四届六次	薛国华 矿长	150	14	《激发改革活力加快动能转换，以“五个创新”推动高质量发展行稳致远》
2020	四届七次	薛国华 矿长	152	17	《推进“五个创新”助力高质量发展，奋力打造国际一流智能化示范矿井》

三、民主管理

2000 年 7 月，一号煤矿工会按照黄陵矿业公司工会《关于职称评定、理顺工资、医疗统筹、实行矿务公开》的通知，制定厂务公开实施方案，将厂务公开活动延伸到基层各个区队、车间。2002 年 6 月，按照黄陵矿业公司工会印发的《区队（段）民主管理（试行）办法》，明确了矿井民主管理和厂务公开的主要内容，完善“六公开”（工资结算单公开、分配方案公开、工资表公开、考勤表公开、奖罚明细公开、办公费用公开）制度、民主管理小组会议制度、扶贫帮困制度、自用资金管理制度等十几项民主管理制度，并成立了由矿纪委牵头，工会、人力资源部、财务部、企管计划部等部门负责人组成的检查组，每月对全矿 15 个基层区队的厂务公开、民主管理进行全面细致检查，及时堵塞管理漏洞，杜绝在工资结算过程中的“人情分”和暗箱操作，切实维护职工的利益。

2010 年，矿工会先后修订《厂务公开实施办法》《民主议事程序》《关于进一步深化厂务公开民主管理工作的实施意见》等民主管理制度，把工资分配、自用金使用、劳保发放、职工奖罚、干部招聘、职称评定、职务晋升等事项纳入民主管理内容，对职工工资与劳动报酬方案等重大事宜要求提交职代会讨论、审议并实行全过程公开。在全矿设立固定的厂务公开栏 15 个，设立民主监督意见箱和监督电话 10 多个。矿工会通过座谈会、联席会及专题检查等形式，定期对公开内容进行分析研究，着力解决职工关心的问题。民主管理、厂务公开制度的坚持与完善，使职工的切身利益得到维护，民主管理工作更加规范化。

2020 年以来，矿工会结合陕西省厂务公开领导小组《关于开展厂务公开职代会星级创建活动的通知》要求，按照“主动维权，依法维权，科学维权”的方针，积极开展厂务公开职代会星级创建活动。2020 年 11 月，一号煤矿工会荣获“陕西省五星级厂务公开职代会单位”称号，跻身陕西省总工会创建五星级工会的最高等级行列。

四、建家活动

2001年以来，一号煤矿工会按照党委领导、行政支持、工会实施、职工参与的建家工作格局，坚持“建家就是建企业、建家就是建队伍、建家就是强自身、建家就是求发展”的理念，结合职工之家阵地建设“六有”标准，建成了集维权、帮扶、学习培训并搭建“一室四区”（图书阅览室、精准帮扶区、心理咨询区、劳争调解区、文体娱乐区）等各种服务于一体的综合平台，充分发挥其服务效能，满足职工对美好生活的多元化、个性化需求。围绕“学习、民主、温暖、效益、安全”5个方面要素构建了“五感五家”职工之家工作模式，注重为职工办实事、办好事，有效地推动了矿井高质量发展。2003年3月，被黄陵矿业公司工会评为“先进职工之家”；2008年，被中共陕西煤业化工集团有限责任公司委员会授予“模范职工之家”。截至2020年，职工之家合格率100%，职工入会率达到99%以上。

五、劳动竞赛与技术比武

岗位练兵、技术比武活动是工会开展的一项重要工作。1994年以来，一号煤矿工会围绕安全、生产、质量、管理和精神文明建设工作的重点、难点，组织开展主题鲜明、形式多样、扎实有效的劳动竞赛活动。结合岗位技术培训和竞技活动，提高了职工队伍整体素质。2003年3月，张大勇获“全国煤炭系统优秀班组长”称号；2004年，王军民获“全国十佳班组长”称号，团委书记任俊平获陕西省总工会“优秀工会积极分子”称号；2008年4月，工会主席梅方义获“全国优秀工会积极分子”称号。

2011年，矿工会以创建“工人先锋号”活动为抓手。深入开展“我为企业节能减排做贡献”和“五小”攻关“金点子”征集等活动。2012年，矿工会与人力资源部采取“点菜”式培训方式，每年对井下电钳工、综掘机司机、皮带司机等20余个工种600余名职工进行培训。2014年以来，矿工会结合“岗位描述”和“巾帼建功立业”等主题活动，开展岗位练兵、技术比武、女职工提素质业余讲堂、“五小”攻关等活动，并申报创新成果，激发了职工的学习积极性和创新能力。

2018年以来，矿工会出台《关于开展“三小一练”劳动竞赛活动实施方案》，开展了以“讲小故事、创小成果、编小案例和练绝技绝活”为主要内容的“三小一练”职工素质提升行动，以弘扬“英模文化”小故事为主，引导职工自觉践行社会主义核心价值观。创新小成果，以“突出安全、突出质量、突出效益”为重点，着重解决制约安全生产的重点、难点问题，提高生产系统和设备的安全性、稳定性。编小案例，主要围绕“班组创新工作室”“班组管理论坛”“职工论坛”“学习沙龙”等载体，提升班组职工安全意识。练就绝技绝招绝活是营造工匠精神、践行工匠精神、培育工匠精神，从而打造“匠心文化”的突破口。形成了“党委领导、行政支持、工会运作、职工参与”的工作格局。矿工会把“三小一练”与创建劳动关系和谐企业、模范职工之家、职工素质提升工程有机结合，定期开展“三小一练”评比表彰，提高职工队伍的整体综合素质，确保为矿井高质量发展培养更多知识型、技能型、创新型技术人才。通过大力开展“五小”创新、“三小一练”等群众性的技术创新活动，建成1个劳模创新工作室，选聘15名优秀职工开展师带徒活动，为职工搭建了“蓬勃向上、公开竞争、展示才能、表现自我”的平台。2020年9月，职工李权在第八届全国煤炭行业职业技能竞赛中荣获矿山智能安全监测工全国第十一名、个人二等奖的好成绩，职工焦飞在“陕煤杯”

全国煤炭行业职业技能竞赛中荣获一等奖。截至2020年，共征集“三小一练”成果93项，评审表彰了小故事、小案例、小成果以及绝技绝活项目30余项。

六、扶贫帮困

2015年以来，一号煤矿工会围绕困难职工最关心、最直接、最现实的问题，深入扎实地开展了困难职工帮扶工作。为确保困难职工帮扶工作的顺利开展，矿工会建立健全了困难职工“大病救助”“困难帮扶”等电子档案，做到一人一档，并做到“三必访”，即职工群众生病住院必访，职工家庭出现天灾人祸必访，职工本人出现较大思想问题和情绪波动必访。基层帮扶小组定期到被帮扶对象家中走访慰问、交流谈心，帮助帮扶对象理顺思想情绪，化解思想矛盾。矿工会根据不同困难职工家庭类型，实施以低保金救助、特殊情况救助、大病救助、职工亲属病亡、节日慰问等为主要内容的分类救助。为切实起到帮扶效果，矿工会采取每月一次随机抽查、每季一次全面巡查、每年一次覆盖检查的方式，对基层帮扶小组电话询问和入户走访记录、排查出的困难职工家庭是否及时上报、是否及时通知困难职工家庭领取救助金及困难职工家庭档案的建立完善等情况进行重点检查，全面准确地掌握基层帮扶工作开展情况，对查出的问题及时进行通报处罚，并指导和协助基层工会进行整改，实现了“不让一个家庭因困难无法就医，不让一个孩子因困难完不成学业，不让一名职工因困难影响工作”的目标。

从2004年开始，矿工会参照《关于建立健全普通本科高校高等职业学校和中等职业学校家庭经济困难学生资助政策体系的意见》文件精神及陕煤集团相关规定，把“金秋助学”作为精准扶贫帮困、构建和谐，为职工办实事、做好事、解难事、送温暖的一项民心工程来抓。帮扶对象是当年高考升入高等院校的职工子女及在各类院校就读的困难职工子女。成立了专门的领导组织机构，提前制定了详细的助学实施方案，指派专人挨家挨户对职工子女就学情况、家庭困难的程度进行详细摸底，确保受助对象无遗漏、全覆盖。在助学过程中，矿工会还充分考虑到因大病大灾致困的职工、工伤职工、工病亡职工遗属等家庭所面临的实际困难，及时完善困难职工家庭帮扶的电子档案，对困难职工上学子女实行救助。救助标准为高中每人每年1000元，中等职业学校每人每年2000元，普通本科高校和高等职业学校每人每年3000元。实施“金秋助学”16年来，累计发放助学金1318340元，帮助405名职工子女圆梦“象牙塔”。2004—2020年一号煤矿帮扶救助情况见表12-4-4。

表12-4-4 2004—2020年一号煤矿帮扶救助情况表

年份	帮扶救助明细	金额（万元）
2004	春节期间，慰问困难职工13人次，发放慰问金13000元；为33名困难职工子女发放助学金62000元；为23户工亡遗属发放抚恤金153000元，为13名病亡职工发放抚恤金22000元	25.00
2005	春节期间，慰问困难职工11人次，发放慰问金19000元；为42名困难职工子女发放助学金68040元；为23户工亡遗属发放抚恤金23600元，为13名病亡职工发放抚恤金32000元	14.26
2009	春节期间，慰问困难职工12人次，发放慰问金21000元；为48名困难职工子女发放助学金92300元；为22户工亡遗属发放抚恤金264000元，为8名病亡职工发放抚恤金36800元	41.41

表 12-4-4（续）

年份	帮扶救助明细	金额（万元）
2010	春节期间，慰问困难职工 10 人次，发放慰问金 2 万元；为 30 名困难职工子女发放助学金 62000 元；为 4 名职工发放紧急救助金 4 万元；为 21 户工亡遗属发放补助金 25200 元，为 8 名病亡职工发放生活救助金 36800 元	18.40
2011	春节期间，慰问困难职工 11 人次，发放慰问金 22000 元；为 30 名困难职工子女发放助学金 62000 元；为 6 名职工发放紧急救助金 6 万元；为 21 户工亡遗属发放补助金 25200 元，为 8 名病亡职工发放生活救助金 36800 元	20.60
2012	春节期间，慰问困难职工 13 人次，发放慰问金 12000 元；为 35 名困难职工子女发放助学金 75000 元；为 3 名职工发放紧急救助金 3 万元；为 21 户工亡遗属发放补助金 25200 元，为 8 名病亡职工发放生活救助金 36800 元	17.90
2013	春节期间，慰问困难职工 12 人次，发放慰问金 23000 元；为 51 名困难职工子女发放助学金 123000 元；为 15 户工亡遗属发放抚恤金 198000 元，为 8 名病亡职工发放抚恤金 32000 元	37.60
2014	春节期间，慰问困难职工 12 人次，发放慰问金 23000 元；为 43 名困难职工子女发放金秋助学金 86000 元；为 15 户工亡遗属发放抚恤金 198000 元，为 8 名病亡职工发放抚恤金 32000 元	33.90
2015	春节期间，慰问困难职工 13 人次，发放慰问金 23000 元；为 35 名困难职工子女发放助学金 76000 元；为 15 户工亡遗属发放抚恤金 198000 元，为 7 名病亡职工发放抚恤金 28000 元	32.50
2016	春节期间，慰问困难职工 11 人次，发放慰问金 21000 元；为 4 名职工发放紧急救助金 4 万元；为 47 名困难职工子女发放助学金 123000 元；为 13 户工亡遗属发放抚恤金 187200 元，为 7 名病亡职工发放抚恤金 28000 元	39.92
2017	春节期间，慰问困难职工 10 人次，发放慰问金 23000 元；为 2 名职工发放紧急救助金 2 万元；为 45 名困难职工子女发放助学金 97000 元；为 13 户工亡遗属发放抚恤金 187200 元，为 7 名病亡职工发放抚恤金 28000 元	35.52
2018	春节期间，慰问困难职工 9 人次，发放慰问金 5 万元；为 48 名困难职工子女发放助学金 12 万元；为 13 户工亡遗属发放抚恤金 187200 元，为 7 名病亡职工发放抚恤金 28000 元	38.52
2019	春节期间，慰问困难职工 9 人次，发放慰问金 5 万元；为 3 名职工发放紧急救助金 3 万元；为 48 名困难职工子女发放助学金 12 万元；为 13 户工亡遗属发放抚恤金 187200 元，为 7 名病亡职工发放抚恤金 28000 元	41.52
2020	春节期间，慰问困难职工 13 人次，为 5 名职工发放紧急救助金 5 万元；为 51 名困难职工子女发放助学金 152000 元；为 13 户工亡遗属发放抚恤金 187200 元，为 7 名病亡职工发放抚恤金 28000 元	41.72

七、班组建设

2007 年 3 月，一号煤矿工会根据黄陵矿业公司《关于开展区队、班组安全建设摸底、调研活动的通知》要求，由工会牵头，安监部、人力资源部、生产部配合对基层班组建设情况进行全面摸底，统一规范了班前会程序。要求各区队召开班前会严格执行班前礼仪 8 个环节（唱矿歌、班前点名、安全培训、安全确认、工作总结及安排、安全预想、安全宣誓、列队上岗）。在交接班时，要求统一做到“三一”“四到”“五报”。“三一”即对生产部位交接要一点一点详细交接，对设备、材料、台账要一件一件交接，对现场岗位一对一交接；“四到”即应看到要看到，应听到要听到，应摸到要摸到，应问到要问到；“五报”即报检验部位、报部件名称、报生产状况、报存在问题、报处理举措。在工作面现场，要求严格执行安全操作规程，坚持正规循环作业。各区队执行干部跟班盯面，开工前的“三员联签”安全确认、施工过程中的“三三整理”和“四位一体”安全负责制，使班组各项工作事事有人管、人人有专责、办事有标准、工作有检查、检查有准绳。各队扎实有序地推进，使此项工作开展得有声有色，在区队形成了强势推进的良好局面。此外，工会为各区队班组购买《中国职工教育》《优秀班组长现场管理》《现代五型班组创建指南》等书刊以及有关班组建设的光盘，充实了基层班组建设的资料和内容。

2010 年 7 月，矿工会承办黄陵矿业公司班组建设现场交流会，将“双述”“三员联签”安全确认制度和“四位一体”制度有机结合，围绕安全生产全面推行“五精”管理，逐步形成了“六型五化四无”班组管理体系。“六型”指建设学习型、安全型、创新型、技能型、效益型、和谐型班组；“五化”指在班组创建过程中必须坚持行为军事化、教育亲情化、管理精细化、培训制度化、班组管理民主化；“四无”指班组建设最终达到安全无事故、生产无隐患、职工无“三违”、管理无缺陷的目标。班组建设的有力推动，为建设本质安全型矿井和全国“五精”管理第一矿奠定了扎实的基础。同时，在各区队建成一批高质量的“五好”（经济效益好、安全质量好、思想作风好、业务素质好、民主管理好）班组，努力把班组建设成为安全、文明、优质、高效、节能的生产单元，使班组建设更加标准化、规范化和制度化。

2011 年 7 月，为了进一步规范班组管理，矿工会提炼出独具特色的“11344”班组管理法，促进了区队现场管理、安全管理和质量标准化工作等再上新台阶。“11344”班组管理法指“一个核心理念、一个安全零目标、班前安全三确认、四项原则、四个必须”。一个核心理念指“安全至高无上”，突出了安全重于一切，高于一切，先于一切的重要地位。一个安全目标指安全生产“零”目标，安全工作班班做到工作面瓦斯零超限、现场零隐患、职工无伤亡、操作无违章、安全零事故。班前安全三确认指亲情安全确认、班前个人安全确认及工作前的“三人联签”开工安全确认制。职工家属对职工上班前的休息、饮食、情绪、精神状况、是否饮酒、与家人及他人是否发生矛盾、是否掌握本岗位应知应会、是否熟知井下避灾路线等进行的工作前的确认，确保职工以良好的精神状态投入工作中。上岗后，对设备运行、操作程序通过手指口述的方式进行安全确认，经安全联保人、班长签字后方可开工。生产作业管理重点在现场，坚持“四项原则、四个必须”，坚持做到不确认不开工，不安全不工作；坚持制定作业标准，坚持实施科学管理，坚持安全第一、生产第二。必须严格按煤矿“三大规程”“质量标准化”要求进行正规循环作业，有效实施“6S”标准作业，严把质量关。

2012 年，矿工会在各区队班组间开展了以学习型、安全型、技能型、民主型、和谐型为内容的“五型”班组创建活动。并以此激发班组活力，创新班组管理模式，在基层班组中形成了比学赶超的良好氛围，为加强班组建设取得了长效的激励机制。学习型指针对各个岗位特点，从改善班组学习环境、工作条件入手，订阅相关专业技术图书杂志；在班组中开设学习园地，并通过组织“安康杯”知识竞赛、岗位培训、开展“一帮一，师带徒”等活动，把班组建设成为提高整体素质的“人才摇篮”。安全型指各班组认真落实安全岗位责任制，完善各种应急预案，并与职工签订安全责任书，开展事故应急演练等活动，提高职工强“三基”、反“三违”意识；同时，工会通过组织群安、青安、家协等协助监督安全管理；定期组织职工代表巡查安全，召开班组家属座谈会等形式，使职工树立安全至高无上的理念，逐步完成由“要我安全”到“我要安全”的思想转变过程。技能型指通过定期组织职工进行岗位描述、技术比武、劳动竞赛、创建工人先锋号等活动提高职工岗位业务技能；同时，工会开展了“修旧利废”“五小”等活动，增强职工增产节约、节能降耗意识，在矿井培养了一批业务强、技术精、有节约意识的岗位技术标兵。民主型指积极落实民主管理厂务公开制度，建立民主管理体系，健全和完善了班组民主管理等一系列民主制度，工资奖金分配严格执行“六公开，六上墙”制度；同时，各班组及时在公开栏公开重大决策、职工普遍关心的热点、领导干部廉洁自律等问题，并通过意见箱、班组座谈会、来信来访等形式收集职工意见和建议，及时反馈班组职工信息，鼓励职工为矿井的生产经营积极建言献策，提高职工的民主参与意识。和谐型指矿工会经常性地组织职工参加各类活动，举办文艺小分队下基层、春节慰问等活动，鼓励职工积极参与，为创建和谐型矿区奠定了坚实的团队保障。

2014 年，矿工会在全矿范围内开展了班组长公推公选活动，建设了一支“群众基础好、管理能力强、业务素质精、争创一流”的班组长队伍，这是继班组长暂行管理规定、“五型”班组创建之后，在班组建设方面又一新的举措。公推公选的班组长必须具备本岗位三年及以上现场工作经验，且具有一定的思想素质、文化素质、安全素质、业务素质，有一定的现场管理经验和健康的身体，才能参与公推公选。随后经过资格审查、情况说明、竞聘演讲、投票选举、任前公示等环节，对班组长综合素质进行一次综合考评，把真正有能力、工作积极、职工信服的基层优秀职工选拔到班组长管理岗位上来。此举受到全矿职工的一致好评。同年 7 月，已有 4 个区队 6 名班组长通过公推公选竞聘上岗，凝聚了人心，增强了职工工作积极性，进一步规范了班组长选拔、任用程序，为矿井打造“五星”班组、夯实安全管理奠定了坚实基础。

2016 年，在班组长管理中创新实施了“三公历练、五星攀升、金牌引领”的“351”模式，为班组长迅速成长和充分发挥兵头将尾作用提供了体制机制保障。2018 年，建立健全班组建设考评体系和激励机制，实现班组建设的制度化、标准化、规范化。开展“三会四懂五过硬”达标活动和“三小一练”活动；坚持创新驱动，打造更多的品牌区队、优秀班组。2019 年，综采一队被授予“全国工人先锋号”荣誉称号，综采一队检修班获评“全国先进班组”。2019 年以来，围绕“三做一打造”战略，以“实文化”为引领，将班组建设与“四治理一优化”、NOSA 安健环管理有机融合，总结提炼出了一系列具有创新性和先进性的班组管理办法，为矿井高质量发展注入了班组活力。

八、群安工作

群众安全监督工作是工会参与安全生产管理的一种有效形式。一号煤矿按照黄陵矿业公司《关于同意一号煤矿等单位成立群监分会及井口接待站的通知》要求，以“服务大局、服务基层、服务职工”为宗旨，建立群监分会及井口接待站。成立群监委员会，各区队结合各自实际和班组数量配备群监员，基本达到每班有群监员、每处有群监员的要求。矿工会建立并完善了群监员管理考核制度，出台《一号煤矿群众安全条例》《职工代表巡视安全制度》《群监工作制度》《群众合理化建议征集制度》《女职工家属安全协管工作制度》《群监员岗位责任制》《群监员考核办法》《“三违”人员档案》《群监员汇报事故隐患记录》《群监员业务培训记录》《群监员“三违”人员帮教记录》《群监员网络图》等，使群监工作制度化、规范化。截至 2020 年底，共有班组 49 个，聘用群众安全监督员 72 名，平均每年查出“三违”1900 多人次，较好地发挥了安全辅助防范作用。

九、女工工作

2005年，一号煤矿工会成立工会女工委员会。工会女工委员会紧紧围绕矿井中心工作，加强女职工组织建设，提高女职工整体素质，维护女职工合法权益和特殊利益，构建和谐文明家庭，组织动员女工建功立业，彰显工会女职工组织的优势，为矿井和谐发展发挥了重要的促进作用。截至2020年底，有女职工委员会1个，女工负责人1名，女工委员5人，共有女职工212名，其中，副科级以上女工干部5人，中级以上职称3人。2006年3月，被中国能源化学工会委员会评为“全国煤炭系统先进协管会”；2010年12月，被陕西省煤矿工会评为“女工（家属）协管单位”，被中华全国总工会评为“全国巾帼标兵岗”称号；2015年2月，被陕煤集团评为“先进女工家属协管安全委员会”；2016年3月，被黄陵矿业公司评为“巾帼建功示范岗”。2012年3月，女工赵晶参加陕煤集团举办的女职工岗位描述大赛，获得第一名，并被授予陕煤集团“岗位描述十佳能手”称号；2013年3月，女工刘翠云被黄陵矿业公司工会评为“先进女职工工作者”；2016年5月，家属协管员安文丽获“陕煤化集团女工家属协管安全优秀协管员”称号；2017年11月，家属协管员梁娜获黄陵矿业公司“优秀协管员”称号；2018年3月，女工段倩被黄陵矿业公司工会评为“先进女职工工作者”；2020年12月，女工王霞、侯萍被黄陵矿业公司工会评为“巾帼能手”，段倩被黄陵矿业公司工会评为“先进女职工工作者”，一号煤矿女工委被评为“先进女工委”。

十、家属协管工作

2012年11月，一号煤矿工会开展专职家属协管工作，成立家属协管会，为15个基层区队配备了家属协管员，主要协助基层区队做好安全管理工作。截至2020年底，有专职家属协管员17名，全部由思想进步、热心协管安全工作、责任心强、乐于奉献，具有一定组织能力和文化水平且身体健康的女工家属组成。主要开展“入户走访”“危险人排查”“爱心服务”“安全知识宣教”“文艺小分队演出”等工作，每月按照工资绩效考核办法对协管员进行考核，按月足额发放工资奖金；每年评选出若干名优秀协管员进行表彰，调动家属协管员参与安全管理的积极性。

随着安全宣传教育的不断深化、细化，形成了由安监员、群监员和家属协管员“三网联动”立体安全网络，为“三违”帮教工作提供更快速、便捷的渠道，使职工在自我管理、自我约束的基础上，实现大家共同监督，形成不留盲点、不留死角的立体化安全管理体系。

2013年5月，为进一步提高专职家属协管员工作水平，家属协管会全面推行“五清五及时”工作法，受到广大干部职工一致好评。“五清”指专职家属协管员通过座谈、走访、调查等形式，搞清楚全矿每一名职工的家庭状况、性格爱好、优缺点、情绪变化和社会关系，为有针对性地开展安全确认、谈心走访创造条件。“五及时”指专职家属协管员在工作中坚持做到及时排查危险人员、及时帮教“三违”人员、及时开展安全宣传教育、及时采集更新职工信息、及时帮助困难职工。此外，家属协管会每月对“五清五及时”工作法落实情况进行一次检查考核，并将考核结果作为评价专职家属协管员业绩的一项重要内容。

2013年8月，家属协管会大力倡导安全亲情观，把安全宣传教育阵地延伸到区队，从职工的安全意识、安全知识、业务技能、安全行为、工作态度、思想状况等方面将职工分为安全人员、欠安人员、安全边缘人员和不安全人员。安全人员是指安全意识强、安全知识丰富、业务技能高、操作行为规范、工作态度端正、积极、思想情绪稳定等各项工作均达到优秀的人员；欠安人员是指近期思想情绪波动较大，无法安心上班（如经历婚丧嫁娶、长假回到工作岗位、调整岗位、逢年过节或农忙时坚守工作岗位、家庭遭遇突发困难）的人员；安全边缘人员是指岗位操作行为不规范，有习惯性违章趋势及工作态度不端正的人员；不安全人员是指安全意识淡薄，工作中经常出现“三违”行为或发生工伤事故，且业余生活存在不良嗜好的人员。通过对职工安全情况的分类，使家属协管员可以针对这四类人员的具体情况制定相应的家访措施，既便于优化区队安全管理，也便于家属协管员对重点人员针对性地开展工作，达到了对重点人员安全隐患的防控、预控。

2013 年 9 月，为了紧跟矿井开展“三功两素”活动的步伐，家属协管会开展“一口清”专业功力训练活动。“一口清”涵盖职工的姓名、年龄、出生年月、工种、所在班组、工作表现和家庭基本情况，协管员熟记职工家庭信息做到百分百达标，进一步为安全保驾护航。2014 年 12 月，建成全煤一流的心理咨询室，引进集生理指标监控、压力与情绪评估、身心状态调节、情绪舒缓训练为一体的压力与情绪管理系统，把心理疏导融入“三违”帮教，用于消除职工不良情绪，从而自觉参与矿井安全生产。

2014 年 12 月，矿工会建成全煤一流的心理咨询室，引进集生理指标监控、压力与情绪评估、身心状态调节、情绪舒缓训练为一体的压力与情绪管理系统，着力打造了由家属协管员为主体的心理咨询队伍，把心理疏导融入“三违”帮教，消除职工不良情绪，筑牢安全生产第三道防线。

2020 年，不断创新工作模式，充分利用井口爱心服务站、心理咨询室等阵地，开展爱心服务活动，注重发挥亲情感化作用，用真实感人的小故事帮助职工塑造安全心智、增强安全意识、规范安全行为。精心编排职工喜闻乐见的小品、朗诵等节目，使职工在寓教于乐中受到启示、接受教育，全方位强化职工的安全红线意识、底线思维。为拓宽家属协管的服务范围和服务质量，组建了“爱心帮扶团队”，从照顾空巢老人、工残职工、热心公益活动做起，开展“义务理发”“帮过生日”“爱心家教”等爱心活动。至此，协管会建成了从家属区到井口广播上有声、屏幕上有影、路边有嘱咐语、井口有服务的安全协管宣传网络，做到了年度有规划、季度有考核、月度有走访、周周有活动。

十一、文化活动

1992 年，一号煤矿工会重视对职工文化知识的培养，积极开展各种文学创作培训活动，切实提高会员的创作水平。2016 年，矿工会成立了文艺爱好者协会，涌现出一大批文艺创作人才，散文、诗歌等作品每年在《中国煤炭报》《陕煤工运》《梅花》《陕西工运》《煤化专刊》《当代矿工》等省级以上报刊及陕煤集团和黄陵矿业公司网站、微信平台上发表。2018 年 3 月，矿区首部微电影《心愿》开机，标志着矿职工自己写剧本、当导演、当策划、当演员拍摄微电影工作得到实质性进展。2018 年，矿工会成立乒乓球、羽毛球、篮球、钓鱼、音乐、舞蹈、摄影、文学 8 个协会，坚持每年年初制定全年职工文体活动计划，在元旦、春节、劳动节、国庆节等重大节日期间，组织文艺爱好者开展形式多样的文体活动，丰富职工业余文化生活。2020 年 10 月，矿工会首次组织召开“忆在一矿・感谢有你”关爱退休职工座谈会，让退休职工共忆与工友、同事之间的深情厚谊，畅想美好的退休生活。2020 年 11 月 23 日，开展“抗美援朝精神永续传承”红色观影活动。每年春节、元宵节、三八妇女节、五一劳动节、十一国庆节等重要节日，组织职工及家属开展各类游艺活动。活动项目以游戏为主，集娱乐性、趣味性于一体，吸引着矿职工家属积极参与。2020 年一号煤矿文化体育设施情况见

表12-4-5。

表 12-4-5 2020 年一号煤矿文化体育设施情况表

年份	职工之家		职工小家		图书馆		健身房	
	个数	面积(立方米)	个数	面积(立方米)	个数	面积(立方米)	个数	面积(立方米)
2008	1	400	1	30	1	96	1	109
2013—2020	1	400	2	60	1	96	1	109
合计	2	800	3	150	2	192	2	218

十二、各类协会组织

截至 2020 年，一号煤矿有篮球协会、书画摄影协会、太极拳协会、音乐舞蹈协会、羽毛球协会、户外运动协会、钓鱼运动协会、乒乓球协会共 8 个协会。

十三、工会财务

1996 年来，一号煤矿工会财务实行“矿领导，分级管理”的工会财务管理体制。

2015 年，一号煤矿依据黄陵矿业公司工会印发的《工会经费管理办法》，坚持“统筹兼顾、保证重点、量入为出、收支平衡、略有结余”的原则，合理确定收入，优化支出结构。

2016 年 3 月，矿工会成立工会经费审查委员会，明确工会经费审批“一支笔”，进一步强化经费管理工作。矿工会严格执行《陕西省基层工会经费收支管理办法实施细则》《黄陵矿业公司工会经费、资产使用与管理办法》所列范围和标准进行经费管理使用。工会重大收支集体研究决定，接受职工监督和工会经费审查委员会的监督审查，矿纪委、工会定期对工会经费使用情况进行专项检查，且会计凭证、票据齐全，账面清楚，档案完整。2010—2020 年一号煤矿工会经费收支情况见表 12-4-6。

表 12-4-6 2010—2020 年一号煤矿工会经费收支情况表 元

年份	工资计提收入	工会会费上缴收入	上缴公司经费	经费支出
2010	3373724. 04		3373724. 04	
2011	3388750. 61	216346. 13	2789573. 04	33391. 00
2012	4128285. 38	201244	4404474. 56	30170. 00
2013	3791067. 51	204519	3749351. 53	540400. 30
2014	3734907. 29	208172	3960560. 83	64564. 30
2015	3959502. 70	203823	1649795. 14	146730. 61
2016	5061426. 01	171480	1062092. 24	1735875. 31
2017	4524374. 96	210510	721551. 00	2021062. 52
2018	4205362. 85	207560	4397157. 16	2352992. 15
2019	5346193. 44	240960	1751107. 18	3474622. 66
2020	6107251. 38	385488	1824093. 86	5462579. 36

第二节　共　青　团

一、组织机构

1996年6月6日，经黄陵矿业公司临时党委研究同意成立一号煤矿生产公司团支部。2002年4月成立团总支部，2005年4月，一号煤矿共青团委员会成立。截至2020年底，一号煤矿共有35岁以下青年职工681人，其中共青团员147人，直属团支部16个。至2020年8月后，无任职团委书记。一号煤矿历任团委书记见表12-4-7，一号煤矿团委组织机构图如图12-4-1所示。

表12-4-7　一号煤矿历任团委书记表

姓名	性别	籍贯	职务	任职时间
任俊平	男	陕西黄陵	团总支书记	2002年4月至2004年9月
丁增平	男	陕西子长	团委书记	2004年9月至2006年6月
郑　斐	女	陕西绥德	团委书记	2006年6月至2011年6月
卫庆华	男	陕西韩城	团委书记	2011年12月至2020年8月

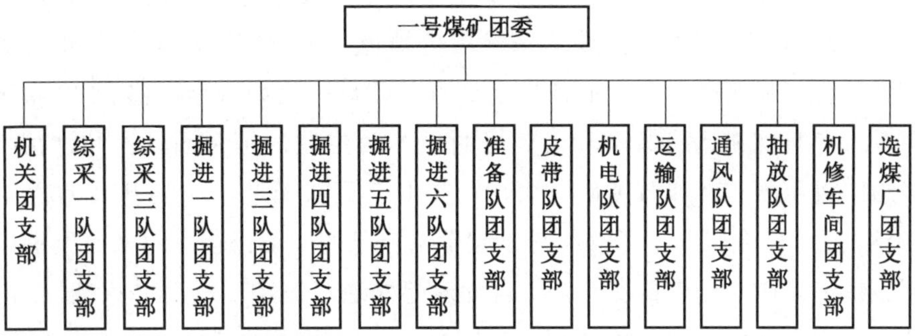

图12-4-1　一号煤矿团委组织机构图

二、团员活动

（一）团的制度建设

一号煤矿团委自成立以来，以提高团干部、团员素质为目标，发挥团支部的作用，使团的组织建设有了较大发展。重视团的制度建设，矿团委、基层团支部先后建有《团支部书记岗位责任制》《团支部“三会一课”制度》《一号煤矿青年安全监督岗实施细则》等制度，使团的组织走向制度化、规范化。

（二）团组织创建活动

2002年2月，一号煤矿团支部响应黄陵矿业公司号召，组织开展“关爱生存环境，共建绿色家园”宜募活动，共有300余人参加，捐款800余元。2005年，矿团委开展“团委书记讲团课活动”，内容包括“三个代表”重要思想和科学发展观，团的十五大、团的十五届三中全会精神等，增强了广大团员青年的政治意识。2006年，矿团委开展社会主义荣辱观教育活动，以“我与祖国共奋进，我与黄矿同发展”为主题，广泛开展教育实践活动，引导广大团员知荣辱、爱企业、共奋进。2007

年，矿团委开展创建学习型企业活动，开展了“三个一”读书求知活动，即每年读一本理论书籍，记一本学习笔记，提一条创新建议，倡导广大团员用理论充实自己，提高素养。2008年，矿团委开展“青字号”活动，截至2020年底，全矿共签订“师带徒”协议30000余份，为矿井培养出了一批品德优良、技能精湛的青年技术能手。矿共有青年安全监督岗员96人，协助处理安全隐患12960余起。2009年，矿团委积极组织青年团员参加黄陵矿业公司团委召开的“相约黄矿共建和谐”青年联谊会，解决青年团员的头等大事，提高了青年团员幸福指数。2010年，矿团委开展以“感恩父母养育、感恩企业培养、感恩同事支持、感恩组织信任、感恩他人帮助”为主题的教育活动，倡导广大青年团员以感恩之心回馈社会。2011年，矿团委积极组织青年团员参加陕西省青年职业技能大赛，大赛共设置车工、普通钳工、计算机程序设计员、仪器仪表与装置装配、继电保护工5个竞赛工种，矿团委组织矿区优秀青年技工参加了车工、普通钳工竞赛项目，激发了广大青年技能人才坚守跟党走、弘扬工匠精神、练就过硬本领、矢志青春建功的情怀和志向。2012年，矿团委组织开展“学雷锋”义务劳动，青年志愿者对矿厂区道路、工业广场、职工停车场进行了清扫，对宣传栏、垃圾箱、灯箱进行了擦洗，对花园中的碎石、干草、落叶进行了清理，美化了矿区环境，受到广大干部职工的一致好评。随后，发出“凝聚青春力量，激扬青春活力，放飞青春梦想，在一号煤矿发展的诗篇中谱写出更加壮丽的青春华章”的倡议，号召青年职工积极参与以小发明、小革新、小创造、小设计、小建议为主要内容的“五小”活动，围绕矿井安全生产中的疑难问题，大力开展技术创新工作，争当科技创新的先锋。2013年，矿团委开展“清除白色垃圾，维护矿区环境”青年志愿者活动；组织青年团员开展《矿长保护矿工生命安全七条规定》宣传活动，组织青年志愿者30余名，在矿区、矸石山开展了“创建绿色环保矿区、共享和谐美好明天”为主题的植树活动，共计植树100棵。2014年，矿团委积极组织青年团员参加黄陵矿业公司团委联合店头镇北川小学开展的“小手牵大手，平安到永久”主题活动，100余名职工子女纷纷拿起笔给自己的矿工爸爸写起来安全书信，用童心童语让职工深切感悟亲情，使矿工兄弟重视安全，自觉筑起杜绝“三违”的“防火墙”，进一步增强了职工安全意识，营造了安全文化氛围。2015年，矿团委举办社会主义核心价值观在矿区闪光演讲比赛，组织青年志愿者开展无偿献血活动。2016年，矿团委组织青年团员开展“学习雷锋月”等活动。青年团员自发或有组织地走进矿区、走入矸石山，开展便民服务，绿化环境。2017年，矿团委组织开展“树形象、展风采、亮品牌、创一流”青年志愿者服务活动（图12-4-2）。2018年，矿团委举办“强化安全意识、行为治理我争先”主题朗读比赛。2019年，矿团委聘请金话筒高级讲师、ICPE形体礼仪初级讲师、中国传统曲艺协会初级讲师、企业培训讲师为青年团员进行展礼仪风采，树文明形象礼仪培训。2020年，开展“疫”往直前，助力疫情防控，贡献青春力量主题活动；以践行“舌尖文明”引领“新食尚”为主题，开展光盘行动，青年当先活动。截至2020年底，团员青年便民服务做好事达2000余件。

（三）智慧团建

2015年7月，面对大数据的蓬勃发展，按照陕煤集团和黄陵矿业公司团委对智慧团建系统的顶层设计和总体规划，设置了团员管理、团干部管理、团课、团日活动、团内大数据等管理功能模块，多维度、多渠道动态采集信息，为团建管理和组织决策提供依据，提高团建管理效率。采用电脑、手机等多种终端形式，实现组织生活线上线下都可开展，通过资讯实时推送，让广大团员更加方便工作，架起团建工作新支点。截至2020年，矿团委发挥“智慧团建”平台，开发和优化了基础团务管

图 12-4-2 “树形象、展风采、亮品牌、创一流青年志愿者服务”活动

理，推动了企业共青团工作的转型发展。

（四）“青年大学习”

响应共青团中央的号召，部署全团开展“青年大学习”行动，把深入学习宣传贯彻习近平新时代中国特色社会主义思想和党的十九大精神作为首要政治任务和核心业务，推动习近平新时代中国特色社会主义思想在青年中入耳入心，引导广大青年不忘初心、牢记使命，切实增强“四个意识”、树立“四个自信”，更加紧密地团结在以习近平同志为核心的党中央周围，坚定不移听党话、跟党走。“青年大学习”一方面，重点学习习近平新时代中国特色社会主义思想和党的十九大精神、《习近平谈治国理政》第一卷和第二卷、习近平总书记关于青少年和共青团工作的重要论述精神、中央重大会议和重要文件精神等内容。另一方面，追寻总书记青年时的足迹，找准人生航向，坚定听党话、跟党走的理想信念；放飞青春梦想，永葆肯吃苦、不怕苦的奋斗精神；汲取智慧力量，养成爱读书、善读书的生活方式。截至 2020 年底，全矿青年学习覆盖率达到 100%。

（五）十元关爱微行动

聚点滴善举，做身边暖事，为切实关爱、帮扶困境职工和家庭，让困境职工重拾希望，为他们排忧解难，矿团委从 2011 年起向大家提出倡议：为生活困难的职工、身边好人或本单位特困职工奉献一片爱心，每人捐出 10 元钱，投入“10 元关爱微行动”，广大青年职工可自愿响应活动，积极参与，奉献爱心。截至 2020 年底，共帮助 60 多户困难家庭，捐款 150230 元。

（六）道德讲堂

通过“身边的人讲身边的事、身边的人讲自己的事”的方式，提升干部职工思想道德素质，达到用“身边的事教育身边的人”的目的，引导大家见贤思齐，讲道德、做好人、提素质，使职工自觉成为社会主义核心价值观的传播者和践行者，为矿区的精神文明建设提供了强大的精神动力和思想道德基础。自 2015 年开办道德讲堂以来，每年定期举办，已举办 6 期。

（七）团组织表彰活动

开展争创优秀团支部、优秀团干部、团员表彰活动，“五四”期间团委累计表彰优秀团干部、团员200人次，优秀团支部40个。

三、主要荣誉

2008年7月，陕煤集团团委在一号煤矿召开组织建设现场会，一号煤矿综采一队团支部荣获“五四红旗团支部”称号。

2012年4月，一号煤矿综采一队荣获陕西省国资委系统“青年文明号”称号。

2013年5月，一号煤矿职工冒薛清荣获“全国煤炭系统优秀团员”称号。

2015年5月，一号煤矿选煤厂荣获“全国煤炭行业五四红旗团支部”称号。

2016年6月，一号煤矿荣获“全国青年安全生产示范岗”称号。

2019年5月，一号煤矿选煤厂荣获“全国五四红旗团支部”称号。

人 物 与 荣 誉

1989—2020 年，黄陵矿业一号煤矿涌现出了一批高级管理人才、劳动模范、技术“工匠”和先进模范人物，为一号煤矿基本建设、安全生产、高质量发展，特别是在智能化开采和精细化管理方面作出了突出贡献。本单元着重记载历任党委书记、矿长，省部级以上劳模、工匠个人简介，和陕煤集团、黄陵矿业公司、一号煤矿劳模名录，获得中、高级技术职称资格人员名录等。同时，对一号煤矿获得的集体荣誉和获得陕煤集团以上个人荣誉作了列表记载。

一、人　　物

（一）人物简介

1. 历任党委书记（党总支书记）、矿长（经理）

王庆武

王庆武，男，汉族，1946 年 9 月出生，陕西清涧人，中共党员，本科学历，高级工程师。1970 年 8 月，毕业于西安矿业学院机电系矿山机电专业。1970 年 8 月至 1989 年 8 月，先后在澄合矿务局、韩城矿务局工作，曾任技术员、机电队队长、综采队队长、综采办主任、科长、矿副总工程师。1989 年 9 月至 1995 年 3 月，担任黄陵矿区管委会委员兼一号煤矿筹备处处长。1995 年 3 月，调离一号煤矿。

乔彦鹏

乔彦鹏，男，汉族，1960 年 4 月出生，陕西旬邑人，中共党员。1981 年 9 月至 1985 年 7 月，在西安矿业学院采矿系矿井建设专业学习。1985 年 7 月至 1988 年 8 月，在陕西煤炭建设公司第四工程处工作。1988 年 8 月至 1989 年 10 月，在黄陵矿区管委会后勤组负责测绘、征地工作。1989 年 10 月至 1990 年 11 月，在黄陵矿区管委会工程组任副组长，从事一号煤矿矿井建设工作。1990 年 11 月至 1991 年 10 月，任一号煤矿筹备处副处长。1991 年 10 月至 1995 年 11 月，任一号煤矿井巷开拓公司经理。1995 年 11 月，调离一号煤矿。

赵林章

赵林章，男，汉族，1946年9月出生，陕西大荔人，中共党员，正高级工程师。1969年8月，毕业于西安矿业学院矿井建设专业。1970年8月至1972年12月，在澄合矿务局曹村煤矿任技术员。1973年至1979年，任澄合矿务局生产处调度员、技术员。1979年10月至1993年2月，在澄合矿务局董家河煤矿历任技术员、助理工程师、采煤队副队长、总工程师。1993年3月至1993年8月，任澄合矿务局生产处处长。1993年8月至1996年1月，历任黄陵矿区管委会副主任、总工程师、生产组组长、安全监察处处长。1996年1月至1997年1月，兼任一号煤矿生产公司经理。1997年2月不再兼一号煤矿生产公司经理。

王　泽

王泽，男，汉族，1954年6月出生，河南西峡人，中共党员，本科学历，高级工程师。1969年毕业于西安矿业学院，1970年参加工作，在澄合矿务局权家河煤矿历任机电安装队队长、机电科长、副总工程师。1995年3月至1996年2月，调入黄陵矿业一号煤矿生产公司，历任机电处处长、主任工程师、副经理。1997年1月2日，任一号煤矿生产公司经理。1997年4月9日，兼任一号煤矿党总支书记。1997年11月，调离一号煤矿。

王建利

王建利，男，汉族，1964年11月出生，陕西富平人，中共党员，博士学历。1988年8月至1997年11月，在韩城矿务局象山煤矿、桑树坪煤矿工作，历任采煤队技术员、副队长、队长、通风区区长、生产副矿长（兼斜井主任、党总支书记）。1997年11月至1998年3月，任一号煤矿生产公司经理兼党总支书记，1997年11月至2002年10月，任一号煤矿矿长。2002年10月，调离一号煤矿。

季治文

季治文，男，汉族，1952年1月出生，陕西大荔人，中共党员，高级工程师。1976年9月至1993年7月，历任澄合矿务局权家河煤矿技术员、综采队队长，王村煤矿生产科长、生产副矿长；1993年8月至1995年3月，任黄陵矿区管委会选煤厂厂长。1995年3月至1998年3月，任黄陵矿区管委会副主任。1998年4月至2001年6月，历任一号煤矿副总工程师、调度室主任、党总支书记等职务。2001年6月，调离一号煤矿。

李孝波

李孝波，男，汉族，1962年8月出生，陕西渭南人，中共党员，研究生学历，正高级工程师。1986年7月至1994年3月，在蒲白矿务局建井处工作，历任技术员、助理工程师、工程师。1994年3月至1997年6月，在蒲白矿务局建井处工作，历任工程科副科长、科长、副总工程师、工程项目开发办公室主任。1997年6月至1998年8月，任黄陵矿业公司生产处处长助理。1998年7月至2002年10月，任一号煤矿副矿长、总工程师。2002年10月至2003年4月，任一号煤矿代矿长、矿长。2003年4—5月，任黄陵矿业公司副总工程师兼一号煤矿矿长；2003年5—11月，任黄陵矿业公司党委委员、副总经理兼一号煤矿矿长。2003年11月，调离一号煤矿。

张建军

张建军，男，汉族，1963年10月出生，陕西子长人，中共党员，高级政工师。1983年7月至1987年9月，在子长县城关中学任教。1987年9月至1989年7月，在陕西教育学院政教系学习。1989年7月至1991年12月，在子长县城关中学任教。1992年1月，调入黄陵矿业公司工作。1996年3月，任黄陵矿业公司子校校长。1997年4月至2001年10月，历任一号煤矿党总支副书记，黄陵矿业公司纪委副书记、监察室主任、党委工作部副部长。2001年10月至2003年2月，任一号煤矿党总支副书记。2003年2月至5月，任一号煤矿党总支书记。2003年6月至2008年11月，任一号煤矿党委书记。2008年12月，调离一号煤矿。

高治兴

高治兴，男，汉族，1960年1月出生，陕西吴堡人，中共党员，研究生学历，高级工程师。1982年7月，毕业于西安矿业学院机械化专业。1982年7月参加工作，在铜川矿务局陈家山煤矿历任技术员、机电四队副队长、机械动力科副科长、副矿长。2001年4月，调至铜川矿务局动力处，负责机械化工作。2002年3月，任一号煤矿副矿长。2003年11月至2004年7月，任一号煤矿矿长。2004年7月，调离一号煤矿。

王联合

王联合，男，汉族，1967年9月出生，山东巨野人，中共党员，本科学历，高级工程师。1990年7月，毕业于华东地质学院，同年在黄陵矿区参加工作。1992年至2002年5月，历任一号煤矿连采队技术员、副队长、队长、经理助理、煤管科科长，生产部副部长、部长。2002年5月至2003年2月，任黄陵矿业公司生产处安全监察科科长。2003年2月至2004年7月，任一号煤矿副矿长。2004年7月至2009年9月，任一号煤矿矿长。2009年9月，调离一号煤矿。

韩华东

韩华东，男，汉族，1969年11月出生，河北沧县人，中共党员，本科学历，正高级政工师。1991年毕业于西安矿业学院。1991年8月至2008年10月，先后在黄陵矿业公司一号煤矿办公室、黄陵矿业公司办公室、铁路运输公司工作，历任办公室秘书、副主任科员，铁路运输公司办公室主任，党委副书记、纪委书记、工会主席职务。2008年11月至2012年2月，任一号煤矿党委书记。2012年2月，调离一号煤矿。

唐恩贤

唐恩贤，男，汉族，1962年4月出生，陕西蓝田人，中共党员，本科学历，高级工程师。1981年1月至1984年8月，在韩城矿务局下峪口煤矿工作。1984年9月至1986年7月，在西安矿业学院采煤工程专业学习。1986年7月至1989年12月，在韩城矿务局下峪口煤矿综采队、机电科任技术员、助理工程师。1990年1月至1995年12月，在黄陵矿区管委会机电组工作。1996年1月至2001年8月，任一号煤矿生产公司副经理。2001年8月至2009年5月，任一号煤矿副矿长。2009年5月至2009年9月，任黄陵矿业公司生产技术处副处长，主持全面工作。2009年9月至2012年7月，任一号煤矿矿长。2012年8月，调离一号煤矿。

齐安民

齐安民，男，汉族，1956年12月出生，陕西彬县人，中共党员，本科学历，高级政工师。1975年参加工作，1975年11月至1992年10月，在铜川矿务局史家河煤矿历任党委宣传部部长、矿党政办主任（其间，1986年9月至1988年7月在北京煤干院进修）。1992年11月至2008年7月，调入黄陵矿业公司，历任公司办公室副主任、纪委副书记、党委工作部部长、监察室主任。2008年8月到2012年1月，任二号煤矿党委书记。2012年2月至2014年1月，任一号煤矿党委书记。2014年1月，调离一号煤矿。

毛明仓

毛明仓，男，汉族，1963年6月出生，陕西安康人，中共党员，本科学历。1985年，毕业于陕西煤炭工业学校采矿专业。1997年9月至2000年7月，在西安科技大学采矿专业脱产函授学习。2003年10月至2008年5月，在二号煤矿工作，历任工程科副科长、科长，生产部部长、通风副总、总工程师、安全监察处长。2010年4月至2012年8月，任二号煤矿生产副总经理。2012年8月至2018年5月，任一号煤矿矿长，其中，2016年10月至2018年5月，兼任一号煤矿党委副书记。2018年5月，调离一号煤矿。

马玉军

马玉军，男，汉族，1973年9月出生，陕西子洲人，中共党员，本科学历，高级工程师。1995年7月，在一号煤矿参加工作。1995年7月至2009年5月，在一号煤矿历任调度室调度员，运输队技术员、副队长、队长（兼机电运输党支部书记）。2009年6月至2010年7月，任黄陵矿业公司安全监察处科长、主任工程师。2010年7月至2014年1月，任一号煤矿副矿长。2014年1月至2018年5月，任一号煤矿党委书记。2018年5月至2019年7月，任一号煤矿矿长。2019年7月，调离一号煤矿。

卢海峰

卢海峰，男，汉族，1971年3月出生，陕西靖边人，中共党员，本科学历，高级工程师。1990年7月至1999年12月，在陕煤建苍斜二号煤矿任技术员、通风队队长、安全监察科科长、采煤队队长、生产科科长。2000年1月至2004年10月，在双龙煤矿任通风队队长、采煤队队长、通风科科长。2004年10月至2006年3月，在双龙煤矿任安全副总兼安全监察科长。2006年4月至2012年1月，任双龙煤业公司副经理。2012年2月至2015年12月，任苍村煤业公司经理。2016年1月至2018年5月，任生产服务公司党委书记。2018年5月至今，任一号煤矿党委书记。

薛国华

薛国华，男，汉族，1976年8月出生，陕西绥德人，中共党员，研究生学历，高级工程师。1995年7月至2003年3月，历任苍斜一号井技术员、机电队副队长。2003年4月至2017年11月，历任陕西瑞能煤业有限责任公司运输队队长、机电部部长、机电副总工程师、机电副矿长、生产副矿长。2017年12月至2019年7月，任一号煤矿生产副矿长。2019年7月至今，任一号煤矿矿长。

2. 省部级以上劳动模范

张贺民

张贺民，男，汉族，1965年8月出生，陕西白水人，中共党员，高中学历。1987年9月，在陕西煤炭建设公司参加工作，历任采煤班长、副队长、队长、党支部书记。2007年，调入一号煤矿，任通风队密闭工。在陕西煤炭建设公司工作期间，因工作成绩突出，2002年4月，被评为“陕西省劳动模范”。

刘永忠

刘永忠，男，汉族，1950年9月出生，陕西泾阳人，中共党员，高中学历。1968年4月参加工作，1998年调入一号煤矿，历任掘进三队队长、党支部书记。2006年被授予“全国煤炭工业优秀掘进队队长”荣誉称号。2007年4月，被评为“陕西省劳动模范”。

鲁　军

鲁军，男，汉族，1974年8月出生，陕西子洲人，中共党员，大专学历。现任黄陵矿业公司一号煤矿调度室副主任。1998年7月参加工作，历任综采队检修班班长、机修车间副主任、准备队书记、准备队队长、调度室副主任。2007年9月，被评为“全国煤炭工业劳动模范”。

曲志欣

曲志欣，男，汉族，1968年8月出生，河南唐河人，中共党员，本科学历。现任黄陵矿业公司一号煤矿副矿长。1989年参加工作，历任一号煤矿综采队技术员、准备队队长、综采三队队长、矿长助理、副矿长职务。2015年荣获“全国劳动模范”荣誉称号，2016年被评为“感动中国十大杰出矿工”，2017年当选陕西省十三大党代表，2018年当选陕西省工会十四大代表。2019年9月，荣获“最美劳动者——新中国成立以来陕西最具影响的劳动模范”提名奖。

3. 集团级以上“工匠”

符大利

符大利，男，汉族，1977年12月出生，陕西佳县人，中共党员，本科学历。现任一号煤矿机电副矿长。1998年11月参加工作，历任一号煤矿综采队检修班班长、机电技术员、机电队副队长、机电部副部长、机电部部长、机电副总工程师、机电副矿长，先后荣获全国煤炭行业“青创先锋年度人物”、陕西省煤炭总工会“优秀青年”、陕西省煤炭系统“经济技术创新标兵”、陕西省煤炭工业“优秀科技工作者”、全国能源化学地质系统首批“大国工匠”、陕煤集团“劳模模范”、陕煤集团“最美员工”等荣誉称号。

张　志

张志，男，汉族，1978年9月出生，陕西大荔人，中共党员。现任一号煤矿综采一队党支部书记。1998年12月参加工作，历任一号煤矿综采一队检修班副班长、检修班班长、机电副队长、党支部书记，先后荣获全国煤炭行业“技能大师”、“陕煤工匠”等荣誉称号。

（二）矿、公司、集团级劳动模范名录

序号	年份	获奖人	所在单位	所获荣誉	荣誉级别
1	2010	张海新	掘进四队	一号煤矿劳动模范	矿级
2	2010	仲照海	综采一队	一号煤矿劳动模范	矿级
3	2010	曲志欣	综采三队	一号煤矿劳动模范	矿级
4	2012	王建东	生产部	一号煤矿劳动模范	矿级
5	2012	周战民	调度室	陕煤集团劳动模范	厅级
6	2012	崔登平	掘进五队	黄陵矿业公司劳动模范	局级
7	2014	王　亮	掘进一队	黄陵矿业公司劳动模范	局级
8	2014	牛占海	皮带队	一号煤矿劳动模范	矿级
9	2014	王武洲	综采三队	一号煤矿劳动模范	矿级
10	2016	白建军	办公室	陕煤集团劳动模范	厅级
11	2016	刘茂荣	办公室	黄陵矿业公司劳动模范	局级
12	2016	吕营军	掘进四队	一号煤矿劳动模范	矿级
13	2016	符大利	办公室	黄陵矿业公司劳动模范	局级
14	2017	郑长锁	综采三队	黄陵矿业公司劳动模范	局级
15	2018	张　志	综采一队	一号煤矿劳动模范	矿级
16	2018	阎　鑫	综采三队	一号煤矿劳动模范	矿级
17	2018	焦稳锋	办公室	一号煤矿劳动模范	矿级
18	2018	杜玉红	选煤厂	一号煤矿劳动模范	矿级
19	2018	段延安	安监部	黄陵矿业公司劳动模范	局级
20	2020	鲁学利	准备队	一号煤矿劳动模范	矿级
21	2020	张海斌	抽放队	一号煤矿劳动模范	矿级
22	2020	周　红	选煤厂	一号煤矿劳动模范	矿级
23	2020	孙　飞	信息部	一号煤矿劳动模范	矿级
24	2020	沈亚洲	办公室	黄陵矿业公司劳动模范	局级
25	2020	杨晓勇	综采一队	黄陵矿业公司劳动模范	局级

（三）副矿级以上管理人员名录

序号	姓名	任　职	任职时间
1	王庆武	一号煤矿筹备处处长	1990 年 12 月至 1991 年 10 月
2	乔彦鹏	井巷开拓公司经理	1991 年 10 月至 1995 年 11 月
3	赵林章	黄陵矿区项目建设管理委员会生产公司经理	1996 年 1 月至 1997 年 1 月
4	王　泽	生产公司经理（兼党总支书记）	1997 年 1 月至 1997 年 11 月
5	王建利	生产公司经理	1997 年 11 月至 2001 年 10 月
		党总支书记	1997 年 11 月至 1998 年 3 月
		矿长	2001 年 10 月至 2002 年 10 月
6	季治文	党总支书记	1998 年 4 月至 2001 年 6 月
7	李孝波	副矿长兼总工程师	1998 年 7 月至 2002 年 10 月
		代矿长	2002 年 10 月至 2003 年 2 月
		矿长	2003 年 2 月至 2003 年 11 月
8	张建军	党总支副书记、工会主席、纪委副书记	1997 年 4 月至 2001 年 10 月
		党总支副书记、党总支书记、党委书记	2001 年 10 月至 2008 年 11 月
9	唐恩贤	生产副矿长	2002 年 3 月至 2003 年 3 月
		经营副矿长	2003 年 3 月至 2009 年 9 月
		矿长	2009 年 9 月至 2012 年 8 月
10	高治兴	机电副矿长	2002 年 3 月至 2003 年 2 月
		矿长	2003 年 11 月至 2004 年 7 月
11	王联合	副矿长兼安全监察处处长	2003 年 2 月至 2004 年 1 月
		生产副矿长	2004 年 1 月至 2004 年 7 月
		矿长	2004 年 7 月至 2009 年 9 月
12	张维新	总工程师	2002 年 3 月至 2002 年 6 月
		经营副矿长	2002 年 6 月至 2003 年 3 月
		总工程师	2003 年 3 月至 2004 年 12 月
13	梅方义	党委副书记、纪委书记、工会主席	2003 年 2 月至 2008 年 8 月
14	梁　平	生产副矿长	2003 年 4 月至 2005 年 2 月
15	薛治杰	副矿长兼安全监察处处长	2002 年 3 月至 2003 年 2 月
		机电副矿长	2003 年 2 月至 2009 年 10 月
16	杨宗义	驻矿安全监察处处长	2004 年 7 月至 2007 年 9 月
17	李卫星	副矿长	2007 年 5 月至 2009 年 8 月
18	王锁成	总工程师	2007 年 5 月至 2009 年 6 月
19	李双民	安全副矿长、驻矿安全监察处处长	2007 年 9 月至 2010 年 7 月
20	韩华东	党委书记	2009 年 4 月至 2011 年 12 月
21	任俊平	党委委员、副书记、纪委书记、工会主席	2009 年 9 月至 2012 年 12 月
22	张建彬	生产副矿长	2009 年 9 月至 2012 年 8 月
23	袁建平	机电副矿长	2009 年 9 月至 2014 年 1 月
24	黄维明	副矿长兼总工程师	2009 年 9 月至 2015 年 12 月
25	齐安民	党委书记	2012 年 2 月至 2014 年 1 月

（续）

序号	姓名	任　　职	任职时间
26	毛明仓	党委副书记（兼）	2016 年 10 月至 2018 年 5 月
		矿长	2012 年 8 月至 2018 年 5 月
27	马玉军	安全副矿长、驻矿安全监察处处长	2010 年 7 月至 2014 年 1 月
		党委书记	2014 年 1 月至 2018 年 5 月
		矿长	2018 年 5 月至 2019 年 7 月
28	雷　达	经营副矿长	2010 年 3 月至 2014 年 2 月
29	王爱军	基建副矿长	2010 年 3 月至 2019 年 7 月
30	猴新学	副矿长、选煤厂厂长	2010 年 3 月至 2020 年 6 月
31	徐建军	机电副矿长	2014 年 1 月至 2015 年 12 月
32	张大勇	安全副矿长、驻矿安全监察处处长	2012 年 8 月至 2013 年 12 月
		生产副矿长	2014 年 1 月至 2017 年 11 月
33	杨建奇	党委副书记、纪委书记、工会主席	2012 年 12 月至 2018 年 5 月
34	沈亚洲	安全副矿长、驻矿安全监察处处长	2014 年 1 月至 2019 年 11 月
		生产副矿长	2019 年 11 月—
35	米广欣	经营副矿长	2014 年 2 月—
36	王建东	副矿长兼总工程师	2016 年 1 月至 2018 年 1 月
37	符大利	机电副矿长	2015 年 12 月—
38	薛国华	生产副矿长	2017 年 12 月至 2019 年 7 月
		矿长	2019 年 7 月—
39	卢海峰	党委书记	2018 年 5 月—
40	卫庆华	党委副书记、纪委书记、工会主席	2018 年 5 月至 2020 年 8 月
41	焦稳锋	总工程师	2018 年 2 月—
42	李道君	纪委书记	2020 年 9 月—
43	刘　洋	安全副矿长、驻矿安全监察处处长	2019 年 11 月—
44	张　驰	基建副矿长	2019 年 11 月—
45	曲志欣	副矿长	2020 年 4 月—

（四）2020 年中层（含副总）管理人员名单（排名不分先后）

级别	姓　　名
正科级（24 人）	刘茂荣　王　钢　高　亮　白建军　牛艺强　王星星　张海博　杨忠顶　王　飞　段延安　张玉良　井振强　李成西　周战民　鲁　军　刘建纯　孙俊平　范建军　杨晓勇　阎　鑫　鲁学利　赵占英　张　鹏　王继来
副科级（66 人）	赵益勋　李小艳　段　倩　佘军红　张　毅　闫　东　赵彩萍　白　杰　胡文斌　郭康营　陈红旗　梁　林　王绪强　付天河　苟敏敏　向　利　杨延鹏　谭　飞　刘永亮　李　悬　宋　焘　韩小涛　王　飞　刘　喆　柴东风　王　霞　王仁祥　程建军　韦晓虎　李　权　朱元军　白建礼　廉艳玲　张　志　张胜利　高海超　贾　毅　宋万龙　李亚斌　冒薛清　贺小锐　成　飞　管　苏　贾世钊　王忠实　任　超　徐胜利　倪　军　薛振江　钱竹响　斉　柏　张海斌　李龙国　郭彬彬　王宏伟　卞新华　常李军　郝继章　吕　璐　牛占海　褚建勇　郭锋涛　何　晨　赵　荣　武俐杰　张小龙

（五）2001—2020 年中、高级技术职称人员名录

序号	姓名	性别	技术职称	任职资格时间
1	袁建平	男	高级工程师	2002 年 12 月
2	缑新学	男	高级工程师	2004 年 12 月
3	黄维明	男	高级工程师	2006 年 12 月
4	毛明仓	男	高级工程师	2010 年 1 月
5	徐建军	男	高级工程师	2010 年 12 月
6	卢海峰	男	高级工程师	2011 年 12 月
7	马玉军	男	高级工程师	2013 年 1 月
8	薛国华	男	高级工程师	2013 年 12 月
9	孙延峰	男	高级工程师	2015 年 1 月
10	贾志文	男	高级工程师	2015 年 1 月
11	张大勇	男	高级工程师	2015 年 1 月
12	王建东	男	高级工程师	2015 年 1 月
13	王爱军	男	高级工程师	2015 年 1 月
14	沈亚洲	男	高级工程师	2015 年 12 月
15	王　钢	男	高级工程师	2016 年 1 月
16	符大利	男	高级工程师	2018 年 12 月
17	焦稳锋	男	高级工程师	2018 年 12 月
18	向　利	男	高级工程师	2018 年 12 月
19	王　飞	男	高级工程师	2020 年 12 月
20	刘建纯	男	高级工程师	2020 年 12 月
21	张海博	男	高级经济师	2010 年 10 月
22	张　毅	男	高级经济师	2010 年 10 月
23	张　欣	女	高级经济师	2010 年 10 月
24	王生维	女	高级经济师	2013 年 12 月
25	井振强	男	高级经济师	2015 年 11 月
26	范建军	男	高级经济师	2016 年 1 月
27	齐安民	男	高级政工师	2003 年 12 月
28	杨建奇	男	高级政工师	2008 年 12 月
29	王　霞	女	高级政工师	2013 年 1 月
30	卫庆华	男	高级政工师	2019 年 9 月
31	张　英	女	高级政工师	2019 年 9 月
32	雷　达	男	高级会计师	2013 年 9 月
33	徐德田	男	工程师	2001 年 1 月
34	陈泽雄	男	工程师	2006 年 12 月
35	姜　明	男	工程师	2013 年 12 月

（续）

序号	姓名	性别	技术职称	任职资格时间
36	刘　洋	男	工程师	2014 年 12 月
37	郭彬彬	男	工程师	2014 年 12 月
38	付天河	男	工程师	2014 年 12 月
39	钱竹响	男	工程师	2014 年 12 月
40	高海超	男	工程师	2014 年 12 月
41	李龙国	男	工程师	2014 年 12 月
42	冒薛清	男	工程师	2014 年 12 月
43	唐卫武	男	工程师	2015 年 12 月
44	宋建友	男	工程师	2015 年 12 月
45	谭　飞	男	工程师	2015 年 12 月
46	刘茂荣	男	工程师	2016 年 12 月
47	梁　林	男	工程师	2016 年 12 月
48	王绪强	男	工程师	2016 年 12 月
49	朱元军	男	工程师	2016 年 12 月
50	孙　飞	男	工程师	2016 年 12 月
51	李　悬	男	工程师	2016 年 12 月
52	贾　毅	男	工程师	2016 年 12 月
53	何　晨	男	工程师	2016 年 12 月
54	郭锋涛	男	工程师	2016 年 12 月
55	曲志欣	男	工程师	2017 年 12 月
56	上海涛	男	工程师	2017 年 12 月
57	丁志超	男	工程师	2017 年 12 月
58	赵　群	男	工程师	2017 年 12 月
59	武光富	男	工程师	2017 年 12 月
60	董亚楠	男	工程师	2017 年 12 月
61	刘永亮	男	工程师	2017 年 12 月
62	张　毅	男	工程师	2017 年 12 月
63	杨晓勇	男	工程师	2017 年 12 月
64	高健铭	男	工程师	2017 年 12 月
65	王　威	男	工程师	2018 年 12 月
66	成　飞	男	工程师	2018 年 12 月
67	闫蹬杭	男	工程师	2018 年 12 月
68	王　飞	男	工程师	2018 年 12 月
69	高　亮	男	工程师	2019 年 12 月
70	段延安	男	工程师	2019 年 12 月

（续）

序号	姓名	性别	技术职称	任职资格时间
71	张飞虎	男	工程师	2019年12月
72	王宏伟	男	工程师	2019年12月
73	贾世钊	男	工程师	2019年12月
74	陈 博	男	工程师	2019年12月
75	宋昊壕	男	工程师	2019年12月
76	张 驰	男	工程师	2020年12月
77	权文斌	男	工程师	2020年12月
78	岳 丽	女	工程师	2020年12月
79	王 浩	男	工程师	2020年12月
80	荆 琪	男	工程师	2020年12月
81	任 超	男	工程师	2020年12月
82	孙 斌	男	工程师	2020年12月
83	吕怀宝	男	工程师	2020年12月
84	赵 朋	男	工程师	2020年12月
85	吕 璐	男	工程师	2020年12月
86	张保金	男	经济师	2005年11月
87	米广欣	男	经济师	2008年11月
88	任绍银	男	经济师	2015年11月
89	朴日静	女	经济师	2016年11月
90	刘 喆	男	经济师	2019年11月
91	管 苏	男	政工师	2005年9月
92	郭康营	男	政工师	2005年12月
93	牛艺强	男	政工师	2013年12月
94	吴 超	男	政工师	2015年12月
95	赵 萌	女	政工师	2016年12月
96	赵益勋	男	政工师	2017年12月
97	李道君	男	政工师	2018年12月
98	张 鹏	男	政工师	2019年12月
99	王星星	男	政工师	2019年12月
100	李小艳	女	政工师	2019年12月
101	方江丽	女	会计师	2015年1月
102	张惠娟	女	会计师	2015年1月
103	王宝华	男	会计师	2015年9月

二、荣　　誉

（一）公司级以上集体荣誉

序号	年份	所获荣誉	荣誉级别	颁发单位
1	2002	十大科技成果	省级	陕西省煤炭工业局
2	2003	全国煤炭工业行业级高产高效矿井	行业级	中国煤炭工业协会
3	2004	全国煤炭系统模范职工小家	国家级	中国能源化学地质工会全国委员会
4	2004	全国煤炭环境保护优秀单位	行业级	中国煤炭工业协会、中国煤炭加工利用协会
5	2005	中国诚信经营示范单位	行业级	中国企业信用评估管理中心
6	2006	陕西省质量服务信誉 AAA 级单位	行业级	中国市场监测中心
7	2006	全国煤炭系统先进协管会	国家级	中国能源化学地质工会全国委员会
8	2006	全国煤炭工业行业级高产高效矿井	行业级	中国煤炭工业协会
9	2006	先进矿山企业	国家级	国土资源部
10	2006	陕西省煤炭系统模范职工小家	省级	陕西省煤矿工会
11	2007	2006 年度国家行业一级安全高效矿井	国家级	中国煤炭工业协会
12	2007	学习型组织标兵单位	省级	陕西省学习型组织创建活动小组
13	2008	全国煤炭系统文明单位	国家级	中国煤炭职工思想政治工作研究会
14	2008	全国煤炭系统第六批文明煤矿	国家级	中国煤炭职工思想政治工作研究会
15	2008	企业文化建设 50 强单位	国家级	中国企业文化促进会
16	2008	2008 年度国家行业一级安全高效矿井	国家级	中国煤炭工业协会
17	2008	陕西省 2007 年度“安康杯”竞赛优胜企业	省级	陕西省总工会
18	2008	全国煤炭工业行业一级安全高效矿井	行业级	中国煤炭工业协会
19	2008	煤炭工业企业文化建设优秀单位	国家级	中国煤炭工业协会、中国煤炭加工利用协会
20	2008	文明煤矿	国家级	中国煤炭职工思想政治工作研究会
21	2008	2008 年度轨道衡设备管理先进单位	国家级	国家轨道衡计量站西安分站
22	2009	联合国清洁煤技术示范和推广企业	国家级	联合国清洁煤技术示范和推广领导小组
23	2009	“五型”企业建设达标单位	国家级	全国煤炭铁路联合会
24	2009	国家级安全质量标准化煤矿	国家级	国家安全生产监督管理总局、国家煤矿安全监察局
25	2009	特级安全高效矿井	行业级	中国煤炭工业协会
26	2009	全国五一劳动奖状	国家级	中华全国总工会
27	2009	全国煤炭工业企业文化示范矿	国家级	中国煤炭职工思想政治工作研究会
28	2009	全国“安康杯”竞赛优胜班组（一号煤矿综采一队生产一班）	国家级	中华全国总工会、国家安全生产监督管理总局

（续）

序号	年份	所获荣誉	荣誉级别	颁发单位
29	2009	2009年度全国资源综合利用十佳企业	国家级	中国资源综合利用协会
30	2009	全国煤炭群众文化工作先进单位	国家级	中国煤矿文化艺术联合会、中国煤矿文化宣传基金会
31	2010	全国煤炭工业企业文化建设优秀单位	国家级	中国煤炭职工思想政治工作研究会
32	2010	全国煤炭系统文明单位	国家级	中国煤炭职工思想政治工作研究会
33	2010	国家工程质量银奖	国家级	国家工程建设质量奖审定委员会
34	2010	国家一级安全高效矿井	国家级	中国煤炭工业协会
35	2010	全国煤炭工业企业文化示范矿	国家级	中国煤炭职工思想政治工作研究会
36	2010	全国文明煤矿	国家级	中国煤炭职工思想政治工作研究会
37	2010	煤炭工业双十佳煤矿	行业级	中国煤炭工业协会
38	2010	企业信用评价AAA级信用企业	行业级	中国煤炭工业协会
39	2010	2009年度特级安全高效矿井	行业级	中国煤炭工业协会
40	2010	国家级质量标准化煤矿	国家级	国家安全生产监督管理总局
41	2010	全国煤炭工业企业五精管理样板矿	国家级	中国煤炭职工思想政治工作研究会
42	2010	文明单位标兵	省级	中共陕西省委、省政府
43	2010	全国煤炭工业行业特级安全高效矿井	行业级	中国煤炭工业协会
44	2011	全国安全文化建设示范企业	国家级	国家安全生产监督管理总局
45	2011	煤炭工业科技创新示范矿	行业级	中国煤炭工业协会
46	2011	全国五一巾帼标兵岗	国家级	中华全国总工会
47	2011	文明单位标兵	省级	中共陕西省委、省政府
48	2011	煤炭铁路运输职工培训先进集体	国家级	全国煤炭铁路联合会
49	2011	全国煤炭工业企业五精管理样板矿	国家级	中国煤炭职工思想政治工作研究会
50	2011	全国煤炭系统企业文化建设优秀单位	行业级	中国煤炭工业协会
51	2011	国家级安全质量标准化煤矿	国家级	国家安全生产监督管理总局、国家煤矿安全监察局
52	2011	中央精神文明建设全国文明单位	国家级	中央精神文明建设指导委员会
53	2011	2010—2011年度行业特级安全高效矿井	行业级	中国煤炭工业协会
54	2011	2010年度全国“安康杯”竞赛活动荣获优胜班组	国家级	中华全国总工会、国家安全生产监督管理总局
55	2012	2011年度安全生产先进企业	省级	陕西省人民政府
56	2012	全国煤炭工业“九鼎”文化品牌矿	国家级	中国煤炭职工思想政治工作研究会
57	2012	2010年度国家级安全质量标准化煤矿	国家级	国家安全生产监督管理总局、国家煤矿安全监察局
58	2012	安全质量标准化先进单位	国家级	全国煤炭铁路联合会
59	2012	2011年度煤矿安全生产先进集体	省级	陕西省煤炭安全生产监督管理局
60	2012	全国煤炭工业企业文化品牌矿	国家级	中国煤炭职工思想政治工作研究会
61	2012	陕西省经济社会动态研究信息工作优秀企业	省级	陕西省发展和改革委员会

（续）

序号	年份	所获荣誉	荣誉级别	颁发单位
62	2012	陕西省先进集体	省级	陕西省人民政府
63	2012	国家级质量标准化煤矿	国家级	国家安全生产监督管理总局
64	2012	全国煤炭工业特级安全高效矿井	行业级	中国煤炭工业协会
65	2012	煤炭行业优质工程	行业级	中国煤炭建设协会
66	2012	行业一级安全高效矿井	行业级	中国煤炭工业协会
67	2012	全国煤炭系统文明单位	行业级	中国煤炭工业协会
68	2012	2012 陕西省企业文化建设优秀成果	省级	陕西省企业家协会
69	2012	2011 年度国家级安全质量标准化煤矿	国家级	国家安全生产监督管理总局、国家煤矿安全监察局
70	2012	中国最美矿山	国家级	国家能源局煤炭司、中国能源报社
71	2013	2012 年度中国最美矿山	国家级	国家能源局煤炭司、中国能源报社
72	2013	全国绿色矿井学习观摩基地	国家级	中国矿业联合会
73	2013	国家级绿色矿山试点单位	国家级	国土资源部
74	2013	全国绿色矿山学习观摩基地	国家级	中国矿业联合会
75	2013	全国绿色矿山建设试点单位	国家级	国土资源部
76	2013	2010—2012 年度煤炭行业先进单位	行业级	中国煤炭工业协会
77	2014	陕西省“讲理想、比贡献，奋力实现中国梦”活动先进集体	省级	陕西省人民政府国有资产监督管理委员会
78	2014	全省知识产权战略实施工作先进单位	省级	陕西省人力资源和社会保障厅
79	2014	全国瓦斯防治先进集体	国家级	国家安全生产监督管理总局
80	2015	煤炭行业工程质量“太阳杯”奖	行业级	中国煤炭建设协会
81	2015	2013—2014 年度优质高效选煤厂	行业级	中国煤炭加工利用协会
82	2015	全国煤炭行业“五四”红旗团支部	国家级	全国煤炭行业共青团工作指导委员会
83	2015	煤炭行业优质工程	行业级	中国煤炭建设协会
84	2016	2015 年度全省煤矿安全生产先进集体	省级	陕西省煤炭生产安全监督管理局
85	2016	全国青年安全生产示范岗	国家级	共青团中央、国家安全生产监督管理总局
86	2016	全国煤炭工业“三基九力”建设优秀区队	国家级	中国煤炭职工思想政治工作研究会
87	2016	2014—2015 年度文明单位	集团级	中共陕西煤业化工集团有限责任公司委员会
88	2017	2014—2015 年度煤炭工业十佳选煤厂	行业级	中国煤炭工业协会、中国煤炭加工利用协会
89	2017	煤炭工业先进煤矿	行业级	中国煤炭工业协会
90	2017	2016 年度全省煤矿安全生产先进集体	省级	陕西省煤炭生产安全监督管理局
91	2017	2014—2015 年度煤炭工业特级安全高效矿井	行业级	中国煤炭工业协会
92	2017	2017 年度新闻宣传工作先进集体	公司级	中共黄陵矿业公司委员会
93	2017	“四好”领导班子	公司级	中共黄陵矿业公司委员会
94	2017	党建工作引领示范单位	集团级	中共陕西煤业化工集团有限责任公司委员会

（续）

序号	年份	所获荣誉	荣誉级别	颁发单位
95	2017	全国优质高效选煤厂	行业级	中国煤炭工业协会、中国煤炭加工利用协会
96	2018	2016—2017年度党风廉政建设暨纪检监察工作先进集体	公司级	中共黄陵矿业公司委员会
97	2018	2016—2017年度模范职工之家	集团级	中共陕西煤业化工集团有限责任公司委员会
98	2018	2016—2017年度党风廉政建设暨纪检监察工作先进集体	集团级	中共陕西煤业化工集团有限责任公司委员会
99	2018	2017年度新闻舆论工作先进集体	集团级	中共陕西煤业化工集团有限责任公司委员会
100	2018	2017年度新闻舆论工作先进集体	公司级	中共黄陵矿业公司委员会
101	2018	先进女工委员会	公司级	黄陵矿业公司工会委员会
102	2018	全国煤炭工业先进集体	行业级	中国煤炭工业协会
103	2018	科技工作先进集体	集团级	中共陕西煤业化工集团有限责任公司委员会
104	2018	2018年度煤炭企业科学产能百强矿井	行业级	中国煤炭企业科学产能评测课题组
105	2018	高技能人才职工（劳模）创新工作室	省部级	陕西省能源化学地质工会
106	2019	千分制考核先进单位	公司级	黄陵矿业公司工会委员会
107	2019	“劳模工匠引领行动”示范单位	集团级	中共陕西煤业化工集团有限责任公司委员会
108	2019	“三小一练”提升行动示范单位（机电队）	公司级	黄陵矿业公司工会委员会
109	2019	工人先锋号（综采一队）	省部级	陕西省总工会
110	2019	新闻宣传先进集体	集团级	中共陕西煤业化工集团有限责任公司委员会
111	2019	新闻舆论宣传先进集体	公司级	黄陵矿业公司工会委员会
112	2019	四号风井及附属工程项目荣获煤炭行业优质工程	国家级	中国煤炭建设协会
113	2019	综采一队检修班荣获陕煤集团安全先进班组	集团级	陕西煤业化工集团有限责任公司
114	2019	选煤厂全国五四红旗团支部	国家级	共青团中央、国家安全生产监督管理总局
115	2020	2019年度陕西省国有企业文明单位	省部级	陕西省人民政府国有资产监督管理委员会

（二）集团级以上个人荣誉

序号	年份	姓名	所获荣誉	颁发单位
1	2002	张贺民	陕西省劳动模范	陕西省总工会
2	2007	刘永忠	陕西省劳动模范	陕西省总工会
3	2007	鲁　军	全国煤炭工业劳动模范	中国煤炭工业协会
4	2015	曲志欣	全国劳动模范	中华全国总工会
5	2015	李小艳	陕西能源化学地质工会优秀通讯员	陕西省能源化学地质工会
6	2016	马玉军	中国煤炭行业思想政治工作先进个人	中国煤炭职工思想政治工作研究会
7	2016	缑新学	全国优质高效选煤厂厂长	中国煤炭加工利用协会
8	2016	王军明	煤炭行业技能大师	中国煤炭工业协会

（续）

序号	年份	姓名	所获荣誉	颁发单位
9	2016	贺小锐	全国煤炭行业优秀党支部书记	中国煤炭职工思想政治工作研究会
10	2016	卫庆华	全国煤炭工业优秀共青团干部	中国煤炭工业协会
11	2016	成　飞	全国煤矿建功立业优秀毕业生	中国煤炭教育协会
12	2016	梁　林	全国煤矿建功立业优秀毕业生	中国煤炭教育协会
13	2017	白建军	陕西省最美安监人	陕西省安全生产监督管理局
14	2017	符大利	全国能源化学地质系统大国工匠	中国能源化学地质工会全国委员会
15	2017	符大利	全国煤炭行业“青创先锋年度人物”	全煤团指委
16	2017	缑新学	全国优质高效选煤厂厂长	中国煤炭加工利用协会
17	2017	张　毅	全国煤矿建功立业优秀毕业生	中国煤炭教育协会
18	2017	薛振江	陕西能源化工地质系统优秀工会积极分子	陕西省能源化工地质工会
19	2017	焦稳峰	陕煤集团第六届“十佳青年岗位技术明星”	陕煤集团
20	2018	张　志	陕煤集团 2016—2017 年度陕煤工匠	陕西煤业化工集团有限责任公司
21	2018	陈　博	陕煤集团首届岗位描述冠军	陕西煤业化工集团有限责任公司
22	2019	张　志	全国煤炭行业技能大师	中国煤炭工业协会
23	2019	褚建勇	全国煤炭行业技能大师	中国煤炭工业协会
24	2019	安文丽	陕煤集团优秀家属协管员	陕西煤业化工集团有限责任公司
25	2019	符大利	陕西省能源化学地质工会“最美员工”	陕西省能源化学地质工会
26	2019	贺小锐	陕煤集团党支部求实创新带头人	陕西煤业化工集团有限责任公司
27	2019	马玉军	陕煤集团优秀共产党员	陕西煤业化工集团有限责任公司
28	2019	钱竹响	陕煤集团首届“杰出青年”	陕西煤业化工集团有限责任公司
29	2019	付天河	陕煤集团第七届“十佳青年岗位技术明星”	陕西煤业化工集团有限责任公司
30	2019	阎　鑫	陕煤集团十大杰出青年	陕西煤业化工集团有限责任公司
31	2019	倪小红	陕西日报优秀通讯员	陕西日报社
32	2019	缑新学	中国煤炭工业协会十佳选煤厂厂长	中国煤炭工业协会
33	2019	陈　博	全国煤矿建功立业优秀毕业生	中国煤炭教育协会
34	2020	倪小红	陕煤集团优秀通讯员	陕西煤业化工集团有限责任公司

附　　录

一、矿区建设发展重要文件

中国统配煤矿总公司、国家能源投资公司关于成立黄陵矿区项目建设管理委员会的批复

（89）中煤总基字第450号

中国统配煤矿总公司陕西公司：

你公司中煤总陕发（89）260号文《关于成立黄陵一号矿井建设管理委员会及赵利仁等同志任职的报告》收悉。经研究，批复如下：

一、遵照国发〔1988〕45号文《国务院关于印发投资管理体制近期改革方案的通知》并根据国家计委和国家能源投资公司的有关要求，同意成立黄陵矿区项目建设管理委员会。管委会由五至七人组成，其大部分人员要常驻现场并保持相对固定。管委会下设的办事机构应本着高效、精简、有利工作的原则，力求精干。黄陵一号矿井等单项工程不再成立建设管理委员会。

二、同意赵利仁同志任黄陵矿区项目建设管理委员会主任、曹正发同志任副主任，请你公司按干部管理权限规定调任。管委会委员待你公司补报后另批。

三、黄陵矿区项目建设管理委员会（建设单位）负责矿区所有单项工程项目的建设、生产管理以及国家基本建设投资的还贷。目前主要以黄陵一号矿井和选煤厂、矿区铁路等为重点。

中国统配煤矿总公司国家能源投资公司

一九八九年九月五日

国家计划委员会关于陕西省黄陵矿区总体设计的批复

计建设〔1989〕1176号

国家能源投资公司、中国统配煤矿总公司：

你公司能投煤技〔1988〕2号《报送〈陕西省黄陵矿区总体设计〉的预审意见》收悉。经研究批复如下：

一、预审意见确定的井田境界、井田开拓方式、建设规模、地面总布置、改河、通信、公路、供

水工程及环境保护措施。

二、同意先开发建设黄陵一号矿井一区（300万吨），采用连续采煤机房柱式开采方法，二区（120万吨）采用综合机械化开采。建庄矿井条件复杂，水源和运输困难，因此，要加速黄陵二、三号井田的精查地质勘探工作，经比选后确定开发顺序。

三、地方煤矿要严格执行陕政办发〔1988〕162号《陕西省政府办公厅转发〈关于黄陵一号矿井井田范围内小煤窑关停等有关问题的会议纪要〉的通知》，不得越界开采。

四、同意矿区铁路在国铁西延线秦家川车站接轨。

五、同意矿区电源由已建的张家湾110千伏的变电所提供。请国家能源投资公司根据矿区的发展，负责同步建成宜君至张家湾第二回路、宜君至建庄矿井双回路输电线路及建庄矿井110千伏变电所。

六、同意黄陵一号井建设年处理420万吨的动力煤选煤厂，入洗下限+13毫米。建庄矿井建设相应规模的动力煤选煤厂，入洗下限+25毫米。为了充分利用劣质煤，拟建的热电厂（车间）要在满足店头区（包括黄陵一号井）供热需要的基础上，经论证后按程序另行单项报批。

七、同意对矿区辅助企业、行政、文教、卫生和福利设施、集中居住区的预审意见。由于矿区先期只开发黄陵一号矿井，因此要贯彻一次规划、分期建设的原则，能合建的合建，能缓建的缓建。要节约用地。

八、核减集中居住建筑面积一万三千六百八十二平方米，建筑面积控制在二十一万七千二百五十九平方米以内。

九、矿区煤气工程经论后按程序单项报批。

十、同意黄陵一号矿井一区的全员效率为11吨/工，二区和建庄矿井的全员效率为4吨/工。在矿区单项工程设计时要进一步按岗位定员，职工总人数控制在八千四百人之内。

十一、在你公司复审矿区总投资十六亿九千九百九十七万元的基础，黄陵一号矿井一区吨煤投资由一百五十八元减到一百五十元，核减投资二千四百万元，二区吨煤投资由一百六十五元减到一百六十元，核减投资六百万元。建庄井吨煤投资由一百六十七元减到一百六十五元，核减一千六百八十万元。以上共减少矿井投资四千六百八十万元；建庄矿井专用线由三十三公里缩短为二十九公里，减少投资一千六百四十万元；取消建庄110千伏变电所、黄陵一号井35千伏变电所及其八公里输电线路，减少投资四百五十二万元；取消黄陵一号矿井和建庄矿井污水处理站，减少投资一千二百万元；取消煤气站，减少投资两千万元；取消集中供热站及管路，减少投资四百九十五万元；取消南川河改造工程，减少投资三百七十五万元。以上共减少投资一亿八百四十二万元。按一九八八年价格核定矿区总投资十五亿九千一百五十五万元，吨煤投资二百四十一元。在编制矿区单项工程设计时，需努力降低工程造价，从严审批。

十二、要编制矿区施工组织设计。

中华人民共和国国家计划委员会

一九八九年九月二十日

陕西省人民政府关于陕西省黄陵矿区管理机构的批复

陕政函〔1990〕4号

省煤炭厅：

你厅报来的《关于明确黄陵一号矿井建设管理委员会和黄陵矿区项目建设管理委员会为一套机构、两个牌子的请示》(陕煤厅办函发〔1989〕32号）收悉。经研究，决定将省政府以陕政函〔1989〕66号文件批复的“黄陵一号矿井建设管理委员会”更名为“黄陵矿区项目建设管理委员会”，与中国统配煤矿总公司审批的机构名称相一致。其业务是，负责矿区所有单项工程项目的建设、生产管理以及国家基本建设投资的还贷。目前主要以黄陵一号矿井和选煤厂、矿区铁路等项目的建设管理为重点。

此复

陕西省人民政府

一九九〇年一月二十三日

中国统配煤矿总公司关于黄陵一号矿井和铜川玉华矿井开工报告的批复

中煤总基字〔1991〕第636号

中国统配煤矿总公司陕西公司：

你公司中煤总陕发（91）454号和455号文《关于报批黄陵一号矿井和铜川玉华矿井开工的请示》收悉。根据国家计委计投资〔1911〕1562号文《关于下达一九九一年基本建设大中型项目新开工单项工程计划的通知》，鉴于黄陵一号矿井和玉华矿井已基本具备开工条件，经审计部门审计和总公司及国家能源投资公司审查研究，同意黄陵一号矿井和铜川玉华矿井一九九一年十二月下旬开工。矿井建设的用电问题，请陕西省人民政府及有关供电部门给予协调解决，以确保矿井开工后不间断快速施工。

中国统配煤矿总公司

一九九一年十二月十七日

陕西省煤炭工业局
关于黄陵矿业集团有限责任公司
一号煤矿生产能力核定结果的通知

陕煤局发〔2010〕64号

陕西煤业化工集团有限责任公司：

你公司《关于黄陵一号煤矿生产能力核定的请示》收悉。我局委托专家组对陕西省煤炭科学研究院所编制的《黄陵矿业集团有限责任公司一号煤矿生产能力核定报告书》进行了评审。根据《煤矿生产能力管理办法》和专家组评审意见，经审查，同意黄陵矿业集团有限责任公司一号煤矿生产能力核定为600万吨/年。请按有关规定及时变更相关证照。

煤矿应按照国家安全监管总局、国家煤矿安监局《关于所有煤矿必须立即安装和完善井下通讯、压风、防尘供水系统的紧急通知》(国家安监总煤行〔2007〕167号文）要求完善矿井地面压风系统。请你公司加强对该矿的安全监管，监督煤矿严格按照核定能力组织生产，确保安全。

特此通知。

陕西省煤炭工业局

二〇一〇年三月十九日

国家安全监管总局办公厅　国家煤矿安监局办公室
关于印发陕煤化集团黄陵公司一号煤矿
智能化无人开采技术经验材料的通知

安监总厅煤行函〔2014〕191号

各产煤省、自治区、直辖市及新疆生产建设兵团安全监管局、煤炭行业管理部门、煤矿安全监管部门，各省级煤矿安全监察局，司法部直属煤矿管理局，有关中央企业：

最近，国家煤矿安监局行管司会同陕西省安全监管局、陕西煤矿安监局对陕西煤化集团黄陵一号煤矿智能化无人开采技术的具体做法与成功经验进行了调研，形成了《坚持科技引领　推进安全健康发展——陕煤化集团黄陵矿业公司一号煤矿智能化无人开采技术经验总结》。现印发给你们，请结合实际认真学习借鉴，进一步指导推动企业提升机械化、自动化、信息化和智能化水平，以先进科技装备支撑保障煤矿安全生产能力。

国家安全监管总局办公厅　国家煤矿安监局办公室

2014年12月11日

（总结材料略）

二、智能化开采技术经验总结

坚持科技引领　推进安全健康发展
——陕煤化集团黄陵矿业公司一号煤矿智能化无人开采技术经验总结

国家煤矿安监局行管司　陕西省安全监管局　陕西煤矿安监局

（2014 年 11 月 28 日）

黄陵矿业公司隶属于陕西煤业化工集团，始建于 1989 年 9 月，一号煤矿、二号煤矿为主力矿井，生产能力分别为 600 万吨/年、800 万吨/年，已形成煤、化、电、路等产业多元互补的循环经济发展模式。该矿区煤炭储量丰富，煤田总面积 549 平方公里，地质储量 13.4 亿吨，可采储量 9.6 亿吨。矿区煤层赋存稳定、厚度变化较大，煤、油、气共生，开采技术条件较复杂。煤质优良，为低磷、低灰、低硫、中高挥发分、高发热量的二分之一中粘煤、弱粘煤和气煤，是优质的煤化工原料和动力煤。多年来，黄陵矿业公司坚持科学技术是第一生产力，实施科技创新驱动战略，不断提升安全科技装备水平，在综采、大采高综采的基础上，以一号煤矿为试点，成功完成国产综采装备智能化无人开采技术研究与应用，在国内率先实现了地面远程操控采煤，填补了我国煤矿综采工作面智能化无人开采的空白，达到了国际领先水平，是我国煤炭工业开采史上的重大创举，是能源生产领域的技术革新，为建设本质安全型矿井、现代化煤矿企业探索出一条新路子、迈出一大步，具有重要的里程碑式意义。

总结黄陵一号煤矿智能化无人开采技术的具体做法与成功经验，可简要概括为“五新、六高、七到位”。

一、迎难而上、坚定信心，为开展国产综采装备智能化无人技术研究与应用奠定思想基础

黄陵矿业公司采煤技术发展先后经历了房柱式开采、综采、大采高综采三个阶段，主采煤层厚度基本都在 2 米以上。一号煤矿可采储量 3.47 亿吨，其中厚度 0.8~1.8 米之间的煤层储量超过 1.2 亿吨，占全矿井的 35%左右。由于煤层厚度变化大，现有的设备难以适应，造成这部分资源从建矿之初长期未得到开采。为了提高资源利用率，实现矿井的可持续发展，必须动用较薄的煤层储量，实施“薄厚、肥瘦”配采。但是，薄煤层综采存在诸多问题和不便，如工作面空间低狭，操作人员多、跟机作业难、劳动强度大，生产环境恶劣，容易造成生产安全事故、引发职业病。如果沿袭传统的生产方式，就必须加快工作面推进速度来保障矿井的稳产高效，势必会激化生产和安全的矛盾，陷入

“生产任务无法完成—增加人员追赶进度—不安全因素增加—事故多发”的恶性循环。

困难面前勇者胜。面对复杂的开采条件，黄陵矿业公司为保证安全生产，促进煤炭资源高效开发利用，在综合分析矿井地质条件、系统配套、员工素质和管理水平，认真调研当前国内外薄煤层综采工作面开采技术现状和发展趋势的基础上，果断决策，决定通过开展技术合作与创新，研究探索符合黄陵矿区实际的开采工艺和技术装备，在一号煤矿 1001 工作面开展 1.4~2.2 米煤层国产装备智能化无人开采技术研究和应用。

一石激起千层浪。公司决定出台后，立刻在矿区引起轩然大波和众多猜疑。一些管理人员认为，“有肉不吃豆腐”，眼下矿区产量高、效益好，没有必要开采薄煤层，这些问题应该留给后人解决；一些技术人员认为，国内智能化无人采煤技术装备无成功应用先例，不如直接引进国外成熟技术装备，成功可能性更大，我们没必要充当第一个吃螃蟹的人；一些职工怕学不会新技术，也怕下岗、怕收入降低，存在畏难和抵触情绪。2013 年下半年，智能化无人开采项目经过 5 年多的研究摸索，进入正式实施阶段，由于煤炭市场不景气，企业经济效益下滑，许多人认为，这个时候引进智能化无人开采技术，一旦失败等于雪上加霜，应该立即叫停。针对这些质疑，黄陵矿业公司积极做好职工思想动员工作，认真分析煤炭经济运行和安全形势，增强科学发展、安全发展的危机感、紧迫感和责任感，提出企业壮年期一定要有忧患意识，本着对企业负责、对后人负责、对发展负责的担当精神，把智能化无人开采技术作为“一号工程”来抓，主要领导深入井下参与攻关，充实团队统筹项目推进；向一号煤矿作出政策倾斜，向职工承诺不降低收入，消除职工顾虑、坚定信心，为开展智能化无人开采技术研究与应用扫清了思想障碍。

二、科技引领、攻坚克难，开展智能化无人开采技术创新

智能化无人开采技术的研究和应用，既是世界煤炭工业科技发展的前沿课题，也是一项复杂的系统工程，涉及多部门、多厂家的联合攻关和配合。黄陵矿业公司组织中国煤炭科工集团开采所、北京天地玛珂电液控制公司、西安煤机公司、平阳机械厂、张家口煤机厂等设备厂家和国内知名专家进行多次论证，在深入调研的基础上，摒弃了单纯依靠煤岩识别或记忆截割技术实现智能化无人开采的思维方式，攻坚克难，开创新思路，提出新方案，即：以实现综采工作面常态化无人作业为目标，以采煤机记忆截割、液压支架自动跟机及可视化远程监控为基础，以生产系统智能化控制软件为核心，实现在地面（顺槽）综合监控中心对综采设备的智能监测与集中控制，确保工作面割煤、推溜、移架、运输、消尘等智能化运行，达到工作面连续、安全、高效开采。可以说是另辟蹊径地诠释了国内智能化无人开采技术的新概念。

“1.4~2.2 米煤层国产综采装备无人化技术研究与应用”于 2013 年 1 月立项，选定一号煤矿 1001 综采面为试点，投入 1000 多万元，2014 年 4 月经安装调试后正式运行，2014 年 5 月通过了陕煤化集团公司的验收和中国煤炭工业协会的科技成果鉴定，达到了国际领先水平。其具体做法可归纳为以下“五个创新”：

（一）理念创新。回采工作面作业环境差、劳动强度大，是煤矿生产人员密集场所和安全管理的薄弱环节。一号煤矿大胆创新、先行先试，树立“采场零伤害”的安全目标，通过智能化无人开采技术研究应用，实现“无人则安”，确立了“两解放、两提高”的安全理念。“两解放”是把矿工从艰苦危险的环境中解放出来，切实保护从业人员安全健康，体现“安全第一、预防为主、综合治理”

的安全生产方针；把矿工从超强度体力劳动中解放出来，采煤司机在地面远程操控实现煤炭开采，体现“以人为本、安全发展”的改革方向。“两提高”是提高煤炭工业科技装备水平，打造国产民族品牌，增强煤炭行业的自豪感；提高煤矿形象，改变煤矿工人“傻、大、黑、粗”和煤矿企业“脏、乱、险、差”的形象，增强煤矿工人和企业的荣誉感。通过一系列的理念创新，为智能化无人开采营造了良好的文化氛围。

（二）技术创新。长期以来，智能化无人开采难以实现的主要原因是，综采装备的自适应、采煤机的工作面煤岩识别、工作面自动调直等核心技术至今没有实现重大突破。因此，一号煤矿结合自身实际，跳出传统思维，联合国内知名煤机企业，共同攻关，创新技术攻关思路，瞄准综采自动化、信息化、智能化、无人化的目标，建立工作面内“有人巡视、无人操作”的技术路线。一是创新了基于煤流系统负荷为决策依据的采煤机、液压支架、刮板输送机动态分析、智能决策控制技术，实现了工作面“一键启停”、采煤机记忆割煤、液压支架全工作面跟机自动化和运输设备智能控制。二是在综采设备自动化的基础上，创新了综采工作面实时跟机全景可视化及远程干预控制技术，解决了设备无法全过程适应工作面地质条件变化的难题。三是探索出了适合黄陵矿业一号煤矿开采特点的22道工序记忆割煤工艺，解决了回刀扫煤不彻底及三角煤截割难题，实现了端头支架自动跟机拉架推溜，并获得了6项国家专利。

（三）装备创新。综采装备是实现智能化无人开采的重要保障。为实现安全高效低投入的目标，一号煤矿按照“综采成套装备全部国产化”的思路，联合国内知名煤机装备服务商，发挥集成优势。一是提升走集成配套模式，对所有厂家相关配套设备，统一设计平台和标准，合理布局和优化设计，提高设备可靠性，最大限度发挥设备的协同作用，实现了年产200万吨智能化国产综采设备的成功应用。二是在单机运行和手动操作的基础上，进行了液压支架电液控制系统，采煤机智能记忆截割、智能集成供液、可视化监测系统、设备姿态检测及定位、装备故障诊断系统等有机融合，实现了全工作面设备联动控制。三是建立集监控中心、1000兆工业以太环网、工作面全景视频监控、语音通信、远程控制等为一体的智能化无人开采信息化系统，实现了在地面调度中心远程操控。四是在运行中，职工自主研发采煤机电缆防脱槽装置、煤机摇臂二次负压降尘装置，完成了煤壁视频盲区、远程供液过滤站、采煤机红外线发射器12伏电源等11项技术改造。

（四）管理创新。智能化综采工作面生产工序由原来的3名煤机司机跟机操作、5名支架工分段跟机拉架，变为1人在地面或顺槽监控中心远程操控；顺槽设备控制由以往的1人就地控制变为远程操控。针对新的生产模式，一号煤矿及时调整管理思路和工作重点，实现“三个改变”。首先，从井下向地面转变。完善顺槽（地面）监控中心操控工艺规程，建立了适应智能化生产需要的生产工序、流程安排和管理规范，对采煤机司机井上操作与井下操作按同等标准结算工资，鼓励职工在地面采煤。其次，从人多向人少转变。智能化生产系统上的每台设备、每个环节都是“牵一发而动全身”。综采队管理重心由劳动组织管理、现场管理向设备管理、系统维护转变，建立检修台账，提高检修质量，保证设备完好率100%。再次，从人工现场操控向智能化远程操控转变。重新修订综采工作面各岗位作业规程，明确规定凡是智能化系统功能范围内的动作，严禁职工手动操作，生产期间人工只允许对系统程序执行不到位的动作进行干预修正，改变职工固有的思维模式，培养职工适应智能化生产的良好习惯。

（五）培训创新。智能化工作面对员工培训提出更高要求，必须掌握机电设备、自动化控制、信息网络知识和操作维护等技能。一号煤矿 1001 面综采队邀请专家教授和厂家工程技术人员开展了 22 次专题培训，试验初期该队 143 名职工，其中高级技师 4 人、技师 4 人、大专以上人员 10 人，占全队人数的 12.6%，全面参与了智能化工作面的设计、讨论、安装、调试和验收等各个环节，通过各类培训适应智能化开采的急需。一是强化安装前基础培训，选派主要岗位员工前往设备和软件厂家学习，提前了解和掌握智能化无人采煤的理论知识、技术要点，把建设智能化工作面变成了学习新知识、掌握新技术的“大课堂”。二是强化安装过程中实操培训，采取厂家技术人员现场辅导、高级技师传授操作要领、现场技术研讨、小组技术攻关等多种形式开展现场培训，组织专题知识竞赛和设备安装、故障判断、系统调试技术比武，把工作面安装过程变成了实操技能培训的“练兵场”。三是强化调试过程中系统培训。该综采队详细记录每台设备、每个系统运行履历，对设备调试中出现的问题及时登记，建立设备调试日志，对存在的难题进行研究，提出解决方案、改进建议和完善措施，把工作面调试过程变成了技术会诊的“研究所”。通过培训该队职工素质明显提高，取得科技创新成果 20 项。

三、取得的成效

一号煤矿 1001 智能化无人综采工作面投产以来，整套系统运行稳定可靠，地面远程操控采煤实现了常态化，安全生产和经济社会效益都取得了显著成效。享受着井下一线工资待遇、在地面（顺槽）操作着智能化无人综采装备的职工一致称赞叫好，说什么也不愿再回到原来的跟机作业采煤了。“穿着白衬衣去采煤”在一号煤矿已不是天方夜谭，令黄陵矿区其他综采队职工羡慕不已。与相同开采条件和生产能力的综采工作面相比，具有以下“六高”的特点：

（一）安全可靠性高。采煤司机通过地面或顺槽远程操控非常简便，工作面实现了无人跟机作业，现场 1 人巡检，实现了“少人则安、无人则安”。

（二）工程质量高。由于割煤、推溜、移架等生产工艺实现了自动化程序控制，工作面平直畅通、整齐划一，采面直线度可以精确到毫米级，确保了工作面动态达标。

（三）企业效益高。1001 综采工作面实现单班连续推进 8 刀半的最高纪录，月均产量 17 万吨，年生产能力 200 万吨，回采工效达 133 吨/工。工作面作业人员由 9 人减至 1 人，仅此一项每年可节约 500 多万元。

（四）资源利用率高。1001 综采工作面煤炭资源回收率达 98% 以上，解决了黄陵矿区较薄的煤层资源呆滞问题，提高了资源利用率。

（五）队伍素质高。该项目的实施大大促进了综采队人员素质的提高，涌现出了一批技术骨干和革新能手，如“张胜利割煤精优作业法”“刘锦集控中心精优作业法”等以员工名字命名的操作流程，泵站司机刘金峰等一批农民协议工成长为熟练掌握智能化无人开采技术的生产骨干。

（六）技术装备及国产化率高。1001 综采面成套装备自动化率达 95% 以上，设备国产化率为 100%，设备对矿井条件的适应性明显提高，技术装备先进，设备故障率低，成本比国外同类型设备降低一半以上。

四、经验与启示

黄陵矿业公司一号煤矿国产综采装备智能化无人技术研究与应用的成功经验和深刻启示是“必

须坚持七到位”：

（一）必须坚持思想解放到位。思想是行动的先导。在困难面前，黄陵矿业公司没有止步、更没有退却，而是解放思想、大胆创新，百尺竿头更进一步，在综采的基础上实现了智能化无人开采，实现了煤炭企业发展的历史性跨越。

（二）必须坚持顶层设计到位。凡事预则立，不预则废。黄陵矿业公司把实现国产综采装备智能化无人开采技术作为企业发展升级转型的战略之举，列入重大科技攻关项目，统筹规划，制定方案，划拨专项资金，成立专门领导小组，公司主要领导亲自抓，带头研究解决技术难题，确保了项目有序推进。

（三）必须坚持灾害治理到位。黄陵矿区自然灾害较重，水、火、瓦斯、煤尘、顶板以及油型气、油气井“七害”俱全。一号煤矿煤层瓦斯含量8~10立方米/吨，绝对瓦斯涌出量139立方米/分钟，水文地质条件属极复杂型。工作面开采前，该矿对水、火、瓦斯、油型气等灾害进行超前治理，确保了工作面回采安全可靠。

（四）必须坚持地质保障到位。目前，因设备、技术等条件限制，智能化无人开采对地质、煤层条件有一定要求。一号煤矿1001工作面煤层平缓，倾角0°~5°，厚度1.4~2.2米，硬度系数为3左右，顶、底板为泥质砂岩且较稳定平整，采面长度235米，走向长度2271米，为实施智能化无人开采提供了地质保障。

（五）必须坚持管理到位。智能化无人开采不仅技术装备先进，对管理的精细化也提出了更严要求。近年来，黄陵矿业公司以“三零”（安全零死亡、瓦斯零超限、生产零伤害）为目标，强化“双险双控”（系统风险预控、岗位危险管控）安全管理，推行“五精管理”（精细、精准、精确、精益、精美），开展“双述”（手指口述、岗位描述）活动和“三功两素”（知识功底、专业功力、作业功夫，身心素质、职业素质）训练，为智能化无人开采奠定了坚实基础。

（六）必须坚持系统配套到位。智能化无人开采技术离不开机械化、自动化、信息化等高新技术和装备的支撑。近年来，黄陵矿业公司先后对矿井水泵、供电、主运输、防灭火等系统进行了自动化改造，并通过建设数字化矿井，实现了安全生产、综合调度、企业管理等多个系统的联网整合，被评为“国家级两化融合管理体系贯标试点单位”。

（七）必须坚持人员培训到位。智能化综采装备必须由一支安全技术素质高，并掌握信息化知识的员工队伍来驾驭。通过一号煤矿实践证明，一般的综采队伍通过厂家技术辅导和安装调试实操培训，完全能够满足智能化无人开采的需要。

星星之火，可以燎原。目前，黄陵矿业公司二号煤矿智能化无人开采技术装备正处于设计研制阶段，陕煤化集团对有条件的矿井正在积极推广应用，开创了我国较薄的煤层国产综采成套装备智能化无人开采的先河。推广应用黄陵矿业公司一号煤矿智能化无人开采技术，必将有力推动我国煤矿开采的升级换档，大大提升我国煤机装备制造业国际竞争力，对推进全国煤矿安全生产形势稳定好转和煤炭工业可持续发展具有重要指导意义和示范引领作用。

三、报刊文章选辑

《中国·陕西煤炭名矿志系列——黄陵矿业一号煤矿志》（1989—2020）通过终审

2021年9月1日，陕西省煤炭总编纂领导小组组织专家在一号煤矿对《中国·陕西煤炭名矿志系列——黄陵矿业一号煤矿志》(1989—2020）进行了评审，并顺利通过终审。

陕西煤炭工业协会会长朱周岐，陕西省煤炭学会常务副理事长、《陕西煤炭工业志》总纂、中国煤炭工业志专家组成员张志民，黄陵矿业公司原党委书记、《陕煤集团志》执行主编闫勃，《陕西煤炭工业志》副总纂、中国煤炭工业志专家组成员党德民出席了评审会议，黄陵矿业公司副总经理张新苗、一号煤矿党委书记卢海峰及全体参编人员参加了会议。会议由张志民主持。

党德民首先宣读了评审专家组成员、《中国煤炭工业志》编委会副主任、总纂吴晓煜和《中国煤炭工业志》副总纂、编办主任陈昌的评审意见。吴晓煜在评审意见中说：看到《黄陵矿业一号煤矿志》终审稿十分高兴。让我当个评审组成员，使我能有这样一个难得的学习机会，十分荣幸。在此向陕西煤炭工业协会、学会，黄陵矿业集团，一号煤矿的同志表示感谢，并预祝《黄陵矿业一号煤矿志》终审会顺利、成功。由于时间紧，我和陈昌同志做了分工。认为：《黄陵矿业一号煤矿志》的编纂与出版意义重大。一是，一号煤矿是我国著名煤矿，亦即名矿，不仅在黄陵矿业集团、陕煤化集团，以至全国煤炭行业都是名声在外，而且全国首个综采无人智能化工作面就在这个一号煤矿。在全国煤矿行业具有创新性、开拓性和较大的借鉴价值。二是，一号煤矿是在改革开放的大潮中诞生的，在随着改革开放不断深化的过程中不断成长与壮大的。一部《黄陵矿业一号煤矿志》就是这个矿的30年改革开放的正史、信史。一号煤矿首个综采智能化工作面的成果、成就不是从天上掉下来的，而是全体职工乘改革开放东风，坚持创新、创业创出来的，是艰苦奋斗，用辛勤汗水奋斗出来的。为这样一个具有典型意义的煤矿，写史修志，对于鼓舞职工斗志，促进当前的工作，传承煤矿精神，开创更加美好未来，确实意义重大，不可小觑，应当引起各方面的重视。三是，基于以上两点，我们首先应该明确认定黄陵一号煤矿是名矿，符合《中国煤炭工业志》编委会关于名矿的资格条件。我觉得，说他是名矿，并不完全在于智能化无人开采这个“一招鲜”，而且在党的建设、企业管理、文化层次等方面都有可圈可点之处，是一个较为全面的典型，黄陵一号煤矿作为名矿是名副其实的。我赞成和支持把此志纳入全国以及陕西省煤炭名矿志系列。四是，我们应该注意，一号煤矿还有一个全省、全国的第一。这就是《黄陵矿业一号煤矿志》是陕西省和全国煤炭行业名矿志系列中的第一部，是首志。你们在《陕西煤炭工业志》编纂领导小组、陕西省煤炭协会和学会的指导下，打响编纂全国煤炭名矿志的第一枪，实现零的突破、从无到有的突破，直接推动了陕西省和全国煤炭名矿志的编纂工作。从你们这里使我受到启发和推动，也使我看到了前景。此事从陕西黄陵一号煤矿起跑，全国煤炭名矿志编纂将成为下一步煤矿史志的工作重点，进入修志工作的快车道。

陈昌主任在评审意见中对《黄陵矿业一号煤矿志》编纂作出了高度评价。他说黄陵矿业公司一号煤矿高度重视企业文化建设和修志工作，积极响应编修《中国·陕西煤炭名矿志》的号召，果断决策、认真组织，精准推进。编纂人员克难求进，圆满完成《黄陵矿业一号煤矿志》编纂任务，为推动煤炭行业名矿志的编纂带了个头，起到了重要的示范性作用，这种敢为人先的精神值得赞扬！

评审会上，专家对《黄陵矿业一号煤矿志（1989—2020）》送审稿给予充分肯定，一致认为《黄陵矿业一号煤矿志（1989—2020）》编纂观点正确、篇目设置合理、体裁完备、脉络清晰、资料翔实、行文规范、语言朴实，时代特征突出，是一部内容丰富、特色鲜明的终审志稿。志书客观全面再现了一号煤矿30年间非凡的成就和发展历程，特别是设专篇纪实该矿坚持科技兴矿，强力推进科技管理创新和煤矿智能化建设的鲜明特色，符合名矿志编写规范要求，与会评审组专家一致同意通过终审。

朱周岐对志书的编纂给予了肯定。他指出，一号煤矿是全国智能化煤炭行业的典型，《黄陵矿业一号煤矿志》是全国第一部名矿志，全面真实地总结回顾了一号煤矿30年间发展的重要成果，展现了一号煤矿发展的丰硕成果和煤炭人艰苦奋斗、乐于奉献的精神风貌，希望一号煤矿继续高度重视，再接再厉，发扬好煤炭人“特别能吃苦”“特别能战斗”精神，进一步提升志书编纂质量，将矿志打造成全国名矿志的“标本”，打造出一本无愧当代，惠及未来的上乘佳作。

张志民对志稿和在编纂工作中采取的工作举措和取得的工作成效给予了充分肯定，对编纂人员在短短的10个月内完成时限30年，12篇54章196节近100万字的志稿编纂给予肯定，对篇目设置、志书内容、记述要点、资料整理和行文规范等方面进行认真评审，并提出了修改意见和建议。

黄陵矿业公司领导张新苗对评审会专家在编纂《黄陵矿业一号煤矿志（1989—2020）》工作中给予的悉心帮助表示感谢。他要求一号煤矿高度重视后续修改完善工作，认真汇总和梳理各位专家提出的评审意见，全力以赴把《黄陵矿业一号煤矿志》打磨成无愧于后世的精品佳作，打造成一部一号煤矿的百科全书。

最后，一号煤矿领导作了表态发言。之后又及时召开专题会议，对评审意见进行汇总、梳理，分单位、分板块、分专业、分系统进行责任划分，落实到人，明确修改时间和进度，抓紧修改，力争早日面世！

（煤炭史志网：2021年9月6日　党德民）

陕西黄陵一号煤矿今天建成投产

年产300万吨规模的黄陵矿业有限责任公司一号煤矿，今天通过国家计委委托陕西省组织的竣工验收，正式建成投产，这显示出我国能源基地战略西移又迈出新的步伐。

黄陵煤矿是“八五”（1991—1995年）期间确定的我国4个大型煤矿重点建设项目之一。这里煤田总面积1000平方公里，煤炭地质储量19.58亿吨，可采储量13.75亿吨，煤质低磷、低灰、低硫、高发热量，是国内少有的优质动力煤和配焦煤。规划由一号煤矿、二号煤矿两个井田开采，建设规模为年产煤820万吨。

先期建设的一号煤矿煤层埋藏浅，地质储量6.44亿吨，可采储量4.51亿吨。设计规模年产420万吨，一期建设规模300万吨，采用平硐水平开采，服务年限约80年。这个煤矿1991年12月23日开工建设，边建设边生产，目前已形成了年产300万吨能力的框架，具备了150万吨的生产能力。1992年投入使用的34公里矿区铁路专用线直通矿区选煤厂仓下，目前每年运送煤炭200万吨左右。与一号煤矿建设相配套的选煤厂年入选能力为300万吨，生产出的洗精煤、中块煤、混煤等各类煤炭产品能满足国内外不同用户对煤种的需求，近年来畅销华东、华中等地，并出口日本、韩国、马来西亚等多个国家和地区。

截至去年底，黄陵矿区共完成建设投资18.5亿元，矿区的生产和生活服务设施配套齐全，一座大型现代化矿区已初具规模。

（人民网：2001年11月2日　吴锦瑜　王成祥）

由“黑”变“绿”　变“废”为“宝”

——黄陵矿业有限公司一号煤矿环境治理见闻

煤矿原来也可以这么干净、这么漂亮！

11月21日，黄陵县店头镇沮水河畔的黄陵矿业有限公司一号煤矿（以下简称一号煤矿）厂区，没有粉尘黑烟，没有裸露煤炭，所到之处干净明亮，云杉、侧柏等绿植遍布，郁郁葱葱，与冬季渭北高原的枯黄色调形成鲜明对比。

“我们坚持把‘清洁、绿色、低碳’的环保理念贯穿于煤炭开采、加工、利用、转化等各个方面，走出了一条‘产煤不见煤、采面不见人、废物全利用、废水零排放、生态全修复’的低碳运行路子。”一号煤矿矿长马玉军说。

智能化开采低碳高效

在一号煤矿办公楼内的调度指挥中心的电子屏幕上，电厂、洗煤车间的画面以及实时生产进度的各种数据清晰可见、一目了然。随着采煤工人严厚水按下“智能化工作面地面监控中心”启动按钮，工作面采煤运煤设备依次自动开启，远在17千米以外的矿井中，机器运转和井下工人现场巡视的画面一清二楚，采煤运煤设备启动和生产的画面也在屏幕上实时显现，智能化程度可见一斑。

“这就是我们说的‘产煤不见煤、采面不见人’。”马玉军介绍说，智能化工作面地面监控中心是“1.4米至2.2米煤层国产装备采场无人化技术”的一个具体体现，该技术于2014年4月试验成功，实现了智能化无人开采。整个采煤过程简单、安全、高效。与传统开采方式相比，智能化无人开采技术减轻了矿工的体力劳动强度，把矿工从艰苦危险的环境中解放出来，同时可减少劳动力63.2%，每年节约人工成本在800万元以上。

不仅仅是高效，该技术在较薄煤层开采领域还能大显身手。据马玉军介绍，较薄煤层一直是国内煤炭开采行业的薄弱领域。2013年，黄陵矿业有限公司投入6000多万元资金与科研院所合作，研发出智能化无人开采技术，一举打破了国外企业在煤矿智能化开采方面的技术垄断。

“有了这项技术就能对过去的较薄煤层进行回采，相当于在‘夹缝里淘金、骨缝里剔肉’，大大提高了回采率。截至2017年年底，一号煤矿累计回采煤炭1200万吨，资源回采率达98%，高于国家规定标准。”马玉军说，在运用该技术的同时，一号煤矿大规模淘汰高能耗、高污染的生产设备，引进了一大批低能耗、低污染的智能化生产设备，洗煤系统实现了闭路循环，彻底消除了地面储煤的污染，保持矿区干净整洁。

“废物”利用增效益

11月21日上午，在一号煤矿污水处理厂，洗过煤后的黑色水体正源源不断流入沉淀池，经过一番净化处理，在出水口，记者见到了正在排放的废水，水质清澈，无色无味。COD（化学需氧量）全自动在线分析仪数据显示，排放的废水化学需氧量仅4.2毫克每升，大大优于国家采煤废水污染物排放限值50毫克每升。

一号煤矿污水处理厂运行班班长常全喜表示，目前处理过的废水，10%用于厂区绿化和地面洒水降温降尘；70%进行深度处理，用于发电厂补充用水；剩余部分输送至洗煤厂用于洗煤，洗煤水全部闭路循环反复利用，实现了洗煤废水零排放，废水合理有效利用。

废水实现循环利用达到零排放，只是一号煤矿“吃干榨净”的一部分。“一号煤矿采煤产生的各种废弃物都有用武之地。”一号煤矿副矿长王爱军介绍说。

据介绍，采煤、洗煤过程中排放的固体废物——煤矸石和煤泥，煤炭含量少、燃料热值低，以往都是作为工业固体废物露天堆放。黄陵矿业有限公司每年的煤矸石和煤泥产生量在数十万吨左右，这种露天堆放的方式不仅占用土地，所含的硫化物浸出后会污染大气、农田和水体。2008年，黄陵矿业有限公司建成了煤矸石热电厂，每年消耗煤矸石、煤泥等燃料100万吨，年发电量2亿千瓦时。

与此同时，作为燃煤电厂排出的废物——粉煤灰也得到高效利用。2008年，黄陵矿业有限公司自建粉煤灰砖厂，利用发电产生的余热和粉煤灰制砖，每年消耗粉煤灰和炉渣27万吨，生产免烧砖1亿块，节约土地资源6万多平方米，也大大减少了固体废物的排放。

黄陵煤矿是高含量瓦斯矿井，以往煤矿井下瓦斯都是直接排放掉，污染大气环境。如今在黄陵矿业有限公司，瓦斯已被作为清洁能源用于发电。

“可以说我们矿区已经实现了煤炭资源的‘吃干榨净’，资源得到了最充分、最洁净的利用，最大限度地保护了生态环境。”王爱军说。

生态修复促和谐

11月21日下午，黄陵县桥山街道办事处南河寨社区，60岁的居民马中德正在小区内的健身器材上锻炼身体。

“社区居民大部分是从原来的南河寨村搬过来的。我们村以前是在矿区，煤矿开采导致房屋开裂，庄稼地也裂出五六十厘米宽的缝隙，土壤保不住水，种啥都没收成。现在好了，我们不花一分钱就搬迁住进了200多平方米带前厅后院的新居，环境比以前好多了。地通过治理变好了，种上果树，年收入有十来万元。”谈起煤矿开采治理给自己生活带来的变化，马中德感慨万千。

煤矿开采后伴随采空造成的耕地塌陷、裂缝等不可避免。原南河寨村位于一号煤矿开采区，开采导致的裂缝是原南河寨村村民心中的一道“伤疤”。2010年，一号煤矿投资上亿元，与黄陵县政府共同建设了南河寨社区，社区内篮球场、路灯、公厕、太阳能热水器等设施一应俱全。同时，一号煤矿实施塌陷区平整复耕、覆土还田治理，有效遏制了耕地水土流失。如今，一号煤矿累计治理耕地86万平方米，全部达到了基本农田标准。

被认为是伤疤的还有一处：位于黄陵县店头镇鲁寺村的矸石废渣填埋场。这里堆放着约230万吨矸石废渣。然而在填埋场，记者并没有看到矸石废渣，只有一个个覆盖着绿网的黄土坡。据王爱军介绍，这是刚刚治理过的面貌。今年黄陵矿业有限公司投入了2900万元，实施了矸石山地质环境恢复治理工程。

“经过覆土，这里的‘底色’已经由黑变黄，不久将全部由黄变绿，我们已经种上了香根草，明年春天就会长出来，到时整个矸石山将大变样，呈现出一幅山清水秀、鸟语花香、和谐共生的优美画卷。”王爱军憧憬道。

（《陕西日报》 2018年12月4日）

唱好“人才强企”和声

——黄陵矿业一号煤矿实施人才战略纪实

近年来，黄陵矿业一号煤矿紧紧围绕“人才强企、科技兴企、制度管企”的战略目标，抓住发展“第一资源”，唱好“人才强企”的和声，构筑人才工作新格局。

精准育才增添“动力源”

该矿本着“实际、实用、实效”的原则，创新培训载体，构建培训、练兵、比武、晋级、超越“五位一体”的技能培训新模式。针对一线队伍人员技术底子薄、关键岗位人员紧缺等现状，该矿发挥劳模创新创效工作室、职工教育培训中心、四级培训站和井下实训基地的作用，利用内部优势资源，将懂技术、有经验的技能大师、“能工巧匠”“创新达人”“草根专家”们请上讲台，为职工讲技术、传经验，定期邀请专家、教授和设备厂家人员来矿举办专题讲座，通过请进来、走出去相结合的办法，抓好技能人才培训；针对新入矿高校毕业生，制定人才培养路线图，建立科学合理的专业技术人才培养体系，根据人才特点安排参加不同层面的学习深造，帮其拓展业务知识，提升技术水平。“我是1998年来到一号煤矿，当时是个啥也不懂的‘愣头青’。跟着师父不断学习积累，跟着企业一步步成长，从普通机电维修工到‘陕煤工匠’，再到现在大家口中的‘技能大师’，感谢矿党政给我们‘草根’一族提供了施展才华的舞台。”刚刚荣获全国煤炭行业技能大师的张志说到。

机制聚才打造“新引擎”

为了释放人才潜能，激发人才活力，该矿逐步完善“培养人才、爱护人才、重用人才”的动态管理机制和“能者上、平者让、庸者下”的优胜劣汰机制，打出人才新政组合拳，真正让优秀者得重奖、获重用，让敢担当者得宽容、受包容，让不作为者腾位子、受惩戒。

李龙军是一号煤矿抽放队的一名瓦斯抽放工，只有初中学历。他靠着勤劳实干，打出了主孔深度1002米的“千米”钻孔，创下了黄陇煤田薄煤层钻孔进尺之最。他全票通过抽放队公选，成为第一个农协工工班长。

“只要脚踏实地地干，我们就给机会、给平台。目前一号煤矿工班长128人，其中农协工工班长就有57人。”该矿人力资源部部长张海博说到。

以实绩说话，以业绩用人，以德修身、以德服众、以德领才、以德润才、德才兼备，一直是一号煤矿用人的法则。在用人方面，该矿坚持公平竞争、阳光操作，坚持“品行好、职工认可、能干事、敢担当”的选人用人标准，不拘一格选拔人才。

从一线职工到工班长，从普通科员到基层管理人员，凭业绩、凭能力公开竞聘、竞争上岗，成为该矿用人机制的首选，关键岗位公开招聘、班队长公推公选，竞争性选拔已经成为常态。两年来，该矿先后有11名基层人员走上管理岗位，21名一线职工成为班组长。

搭建平台厚植成才沃土

一号煤矿一直重视职工成长发展。该矿成立了以“全国劳动模范”曲志欣为代表的劳模创新创效工作室，为技术人才和劳模先进成长成才搭建舞台。同时该矿以技能竞赛为载体，坚持常态化开展三小一练、职工技能大赛、职工技术比武、岗位达标、“五小成果”展等，为更多优秀高技能人才脱颖而出搭建平台。

该矿建立了强有力的激励机制，在每季度开展全员创新成果评比，对科技含量高、产生效益大、推广价值高的成果原创人员进行奖励，并将他们纳入领导干部和后备领导的人才库，让技能之才、实干之才和创新之才既得“位子”，又得“票子”，还得“面子”，让“草根创客”们名利双收。

近5年来，该矿完成科技攻关项目31项、全员五小创新成果575项、授权实用新型专利74项，其中4项达到国际领先水平，2项达到国际先进水平，1项达到国内领先水平。

（《中国矿业报》 2019年4月17日 倪小红）

一位矿工子弟的“志愿日志”

疫情当前，他患肾病不能干重活，每天却要搬运许多蔬果和救援物资；他靠做小本生意在武汉打拼8年，慷慨解囊捐赠医用防护物资；作为领队，他带领武汉市青山区志愿者运输分队的伙伴们奔跑在战“疫”一线……他说，“疫情不退，我们不退。”

他，就是在武汉当志愿者的黄陵矿业职工子弟武耀光。

每年春节，武耀光都要回家乡陕西省黄陵县和父亲团聚。疫情突袭，他退掉车票并发了一条微信朋友圈："我的第二故乡武汉生病了，我要和它共渡难关。"他的父亲武俐杰留言："儿子，注意安全。"

除夕夜，安顿好妻子和两岁的女儿，揣了几盒镇痛药和常用药物，武耀光来到武汉青山区报名当志愿者。凭着突出的组织协调能力，他成了青山区志愿者服务队运输分队的领队。

方舱医院、中南医院、金银潭医院……这些地方都有武耀光和志愿者们的身影。他和陕西、山西、四川、云南多地的志愿者协会联络，和商业圈的朋友协调拉赞助，根据武汉各个医院、社区的需求列出详细的采购清单，协调运输车辆，和志愿者们一同装卸运送物资、接送医护人员上下班、服务社区居民……经常从早上忙到凌晨两三点，睡眠不足4个小时。

"我们忙起来，大家宅在家里就不慌了，让医护人员省下时间救治更多患者。"武耀光说。

当武汉市第三医院发出需要志愿者的公告时，武耀光和志愿者们已经默默地开始这样的行动。

武耀光说，他每天不论醒来还是做梦，脑子里都想着哪里能寻到口罩、护目镜、防护衣这些紧缺物资。他带领志愿者们四处奔波，与各个生产、售卖口罩的厂商交涉，想方设法筹集物资。他利用自己经营生意积攒的人脉，组织生意圈的朋友募捐，很快筹集到资金77250元，他自己捐了1万元，用来购买医用防护物资，并在第一时间将物资送到各个急需的医院，然后，再将达不到医用标准的口罩分发给社区居民、志愿者和警察。

每次武耀光在微信朋友圈发有关陕西医疗队支援湖北的图文时，就会多几分欣喜："陕西派遣医护人员支援湖北武汉，见到家乡人就是亲切。"

医护人员入住到酒店后，武耀光自费为他们采购洗衣液、塑料盆等各种生活用品，召集志愿者中的厨师、理发师为医护人员准备饭菜、理发。

武耀光在和黄陵的志愿者交谈中，得知家乡的医护人员也紧缺口罩，立即对接黄陵志愿者杨君，他个人为医护人员和公安捐赠4000只N95口罩，解决黄陵战疫一线工作人员的燃眉之急。

每天，武耀光的微信朋友圈都记录着志愿活动的点滴，一方面希望带动更多的人参与志愿活动，另一方面也是给远在黄陵的父亲报平安。

"在武汉当志愿者是一个高危工作，我们的队伍中有一人感染新冠肺炎离世。但没有人当逃兵，我们每天都处于亢奋的状态。虽然很苦很累，但是看到很多患者康复出院，就觉得一切付出都值得。"武耀光说，"医护人员、志愿者、警察、外卖员，还有那么多无名英雄，他们都在与我们并肩作战，不为别的，只为他人平安，只为这座城市能快点好起来。"

（《工人日报》 2020年3月30日 李小艳）

四、经验交流、论文选登

新时代下国有企业党员教育管理的探索与实践

卢海峰 贺小锐

摘要：本文结合国有煤矿企业党建工作实际，研究探索煤炭企业基层党组织党员教育管理的方法和途径，从教育途径、教育内容、教育形式等方面进行了研究，切实发挥国有企业的政治优势和组织优势，助推企业高质量发展。

关键词：党建工作 党员教育

党员教育管理是党的建设基础性经常性工作。党的十八大以来，习近平总书记指出，加强党的建设，首要任务是加强思想政治建设，关键是教育管理好党员、干部。新时代国有企业党员教育管理，必须以习近平新时代中国特色社会主义思想为中心，提高党员队伍建设质量，激发党组织的生机活力，推动全面从严治党向纵深发展。

一、我矿党员教育管理的现状

我矿现有基层党支部20个，党员人数308人；14个生产区队支部，6个机关部室支部。在党员教育方式上，基本以“三会一课”为主；教育内容上，多以学习讲话和传达文件为主；通过简单宣贯式教育，党员政治素养和理论素质教育效果不佳，党员先锋模范带头作用发挥还不充分。这与基层党支部在党员教育方法上有着直接联系。目前，我矿党员教育管理主要存在以下几个问题：一是与企业性质有关，煤炭企业是一个高危行业，在生产上有其特殊性，煤矿基层支部主要以煤炭生产为主，人员工作环境长时在井下；二是与工作时间有关，煤矿实行“三八”工作制，党员被分布在不同的班组和班次，在不影响安全生产的情况下，人员召集和会议时间相对比较困难；三是与阵地建设有关，基层支部办公区域相对狭小，党内组织生活受到一定程度的限制，不能充分地召开组织活动；四是与党员教育的软硬件有关，在党员教育阵地建设资金投入不足，没有配备必需的电教设备和教育学习资料，在学习教育上途径单一，方法简单，内容乏味；五是与支部书记队伍建设有关，煤矿企业基层区队党支部书记队伍大多是从技术岗位转口，对党的政治理论学习还不透彻，教育经验还不足，创新意识还不强。

为了提高煤炭企业基层党组织党员教育管理水平，充分发挥党支部的战斗堡垒作用和党员的先锋模范作用，结合煤炭企业基层党支部工作实际谈几点想法。

二、党员教育管理的途径

（一）利用“互联网+”，开展线上远程教育

随着信息化时代的到来，手机、电脑已走进了寻常百姓家。在新时代我们就要充分地把互联网运用到党员教育管理工作上来，一要充分利用网络直播的形式，在全矿开展党委书记、党建联系点领导、党支部书记讲党课，通过视频向全矿党员播放，使每一名党员都能听得到、看得到、领会得到；二要充分利用矿区广播站开播党员教育栏目，以学党史、学时政、学讲话为主要内容进行学习教育；三是利用微信、QQ 等现代信息平台开展党员教育课，如微党课、视频微会议等，解决区队支部党员集中难、时间统一难、传达不及时的问题。同时，可以利用微信及时向党员推送中央新闻和时事政治，以图文、视频的学习方式不断丰富学习内容，实现党员教育无盲角、无缝隙。

（二）利用讲台，开展线下面对面教育

线下党员教育，就是要利用讲台不断地丰富党员教育方法。一是从模式上，可以把讲台从井上搬到井下生产现场，从会议室、学习室走进车间厂房，现场上党课、现场答疑解惑、现场宣讲政策，使党课走进党员工作、贴近党员生活，沁入党员心坎，激励党员斗志；黄陵矿业一号煤矿掘进三队党支部在“两学一做”开展以来，结合本单位实际，总结出了“四法一课”党员教育管理方法，即听、读、测、评，以及微党课，使党员学习多听多读，达到入心入脑的效果，从而进一步提高党员的政治理论水平，扎实掌握党的知识。二是从讲课人员范围上，在党支部书记讲党课的基础上，亦可以邀请党员先锋、劳动模范、技术骨干等先进人物上讲台，以讲身边事、讲身边人为内容，进一步带动广大党员学习先进、对标先进、争做先进的积极性。

三、党员教育管理的方法

（一）要健全党员教育管理制度

习近平指出，制度是关系党和国家事业发展的根本性、全局性、稳定性、长期性问题。要抓好党员教育，建设一支政治过硬的党员队伍就必须要建立一个好的党员教育管理制度，同时把制度落实好、执行好。首先，要严格落实党组织生活“七项制度”，扎实开展好“三会一课”，坚持组织党员读原著、学原文、悟原理，深入学习领会习近平新时代中国特色社会主义思想的核心要义、基本精神、实践要求；基层党支部提炼出“一学习、二传达、三讨论、四安排”的“三会一课”流程和要求，有效发挥了“三会一课”作用；其次，基层党委、党支部要建立党员学习制度，要贯彻好党员激励奖惩制度，对党员参加活动的积极性、出勤情况，学习笔记的字数、内容、整齐度制定考核标准，要充分利用党员积分考核制度，激发党员学习、发挥先锋作用的积极性，避免职工在学习上走马观花、敷衍了事，并把党员积分考核作为评选党员的依据。

（二）要创新党员教育管理模式

随着时代的发展，党员队伍逐渐年轻化，根据中央组织部 2018 年底统计，30 岁以下党员占到党员总数的 14.1%，31 岁至 40 岁党员占到党员总数的 19.9%，90 后、80 后党员成为党员队伍的主要力量。年轻党员没有经历过新民主主义革命、社会主义革命和建设时期三大历史阶段，对党的历史不熟悉，对党的认识不够深入，在思想上不能完全投入到党的工作上来。因此，对年轻党员的教育必须从思想上入手，要全面加强年轻党员对党史的学习。掘进三队党支部总结出了“六个一”党员特色

教育模式。第一，组织党员观看一次红色电影、读一本红色书籍，学习党在战争时期、社会主义建设时期等重大历史转折时期不畏艰险、不怕牺牲的革命精神；第二，组织党员轮流讲一个红色故事、唱一首红色歌曲，学习老一辈共产党人投身革命和社会主义建设时期涌现出来的先进事迹和无私奉献、吃苦耐劳的精神，歌颂党的丰功伟绩；第三，组织党员参观红色教育基地，体验吃红军饭、穿红军衣、走红军路，重温一次入党誓词、缴纳一次党费，激发党员爱国爱党热情，进一步坚定共产主义理想信念，夯实党员队伍思想堤坝。同时，在党员学习方式上，坚持集中教育和经常性教育相结合，组织培训和个人自学相结合，形成习近平新时代中国特色社会主义思想学习教育长效机制；在实践教育方面，积极引导党员把自己摆进去、把职责摆进去、把工作摆进去，提高政治站位，强化责任担当，增强过硬本领，做好本职工作，自觉做习近平新时代中国特色社会主义思想坚定信仰者和忠实实践者。

（三）要充实丰富党员教育管理内容

一是要加强党员思想政治理论教育。思想是行为的向导，加强思想政治教育尤为重要，必须加强马克思列宁主义、毛泽东思想、邓小平理论、“三个代表”重要思想、科学发展观、习近平新时代中国特色社会主义思想的学习，以及开展中国特色社会主义理论体系教育，党的基本路线教育，党的基本知识、共产主义理想和道德教育，党纪国法教育和形势政策教育等。二是要加强党性锻炼教育。党性修养关系到党的先进性和纯洁性，关系到党组织的吸引力、凝聚力和战斗力。党性修养必须要把社会主义核心价值观作为主要内容，教育党员在工作岗位上、日常生活中带头弘扬和践行社会主义核心价值观。在和平年代，随着经济社会的不断发展，部分党员丧失了党性，因此，加强和平年代的党性修养对我们党在人民群众的形象至关重要。要检验在个人利益与国家利益、群众利益、集体利益面前，党员能否把个人利益放在后面，能否正确选择，能否无条件地服从党和国家的利益。在党性教育上，党员要不断提高自己的精神境界，坚持原则、明辨是非，养成良好的行为习惯，克服个人主义，坚持吃苦在先、享乐在后，坚决抵制拜金主义和奢靡之风，建立一支清正廉洁、克己奉公、品质高尚、具有创新精神的国有企业党员队伍。三是加强科学文化和业务技术教育。科技是第一生产力，人才是第一资源。作为党员必须成为岗位尖兵、行业里手，就要不断加强科学文化和业务技术的学习。利用“主题党日活动”“党员先锋岗”等载体和平台，开展党员科学文化和业务技术的教育培训，广泛开展“大国工匠”的理念宣贯活动，提高党员的创新精神和实践精神，把与时俱进、开辟创新切实融入党员具体日常工作当中，激励党员努力钻研专业技能，提升专业技术水平，在生产实际工作中勇于创新、带头创新、大胆创新，使党员在平凡的岗位上发挥先锋模范带头作用。

总之，党员教育管理是党的建设基础性经常性工作，是提高党员队伍战斗力、凝聚力的重要举措。新时代国有企业党员教育要紧密围绕习近平新时代中国特色社会主义思想，以“两个一百年”为奋斗目标，不断加强党员的思想政治教育、党性教育、政策教育和业务知识教育，使党员为企业蓬勃发展、二次腾飞注入驱动力，在实现中华民族伟大复兴征程中充分发挥党支部的战斗堡垒和党员先锋模范作用。

（摘自《智汇黄矿——2020 年理论研讨获奖论文集》，获得 2020 年度黄陵矿业公司优秀论文三等奖）

黄陵一号煤矿沿空留巷矿技术研究与应用

薛国华 陈 博

摘要：本文通过对黄陵一号煤矿1006综采工作面实施沿空留巷前方案设计中的巷道补强支护、爆破切顶卸压、切缝侧尾巷挡矸维护等技术方案进行研究，通过理论分析与现场实践，总结提炼出一套适合于黄陵一号煤矿地质条件下的沿空留巷开采技术，该技术的成果试验与深入研究对矿井整体的发展、接续规划以及类似地质条件的其他矿井具有良好的指导与示范作用。

关键词：沿空留巷开采技术

随着国内外井工煤矿机械化、自动化、智能化程度的普遍提高，高效的开采技术带来的矿井生产接续紧张、安全管理难度增大等问题日益加重。与传统的“121”开采模式相比较，沿空留巷无煤柱开采技术能够减少巷道的掘进作业，避免作业过程中存在的安全隐患，同时能够有效缓解矿井接续紧张。因此，矿井实施沿空留巷无煤柱开采对实现矿井高质量发展意义重大。本文以黄陵一号煤矿1006工作面沿空留巷段为工业试验工作面进行分析研究。

1 切顶卸压机理分析

在1006综采工作面进行的沿空留巷技术是基于何满潮院士“切顶短壁梁理论”提出的切顶卸压自动成巷无煤柱开采技术，其原理是在通过对预留巷道顶板提前进行让压锚索加强支护，超前沿采空区侧顶板进行爆破预裂切缝，将采空区侧一定范围的上覆岩层与预留巷道顶板上覆岩层之间形成切缝结构面，从而切断两者之间的应力传递路径，使预留巷道顶板受力结构状态由长臂梁转变为短臂梁，利用短臂梁支承压力较小的特点控制顶板。在工作面回采后，采空区切缝高度范围内岩层在来压作用下沿切缝面垮落形成巷帮，因主动切顶可减弱基本顶的扰动力，减弱巷道的周期来压频次，从而实现安全的沿空留巷无煤柱自动成巷。切顶卸压机理示意图如图1所示。

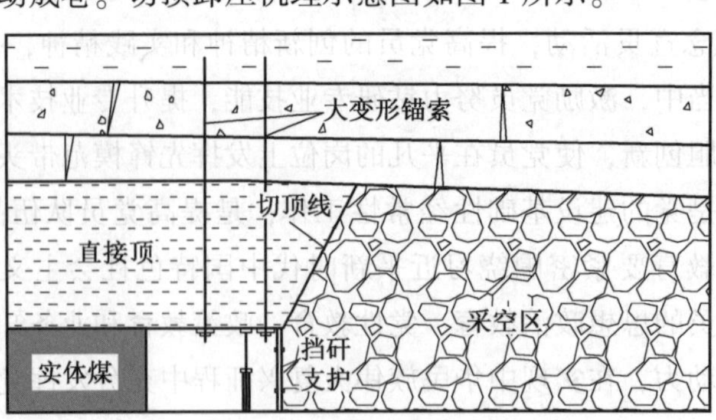

图1 切顶卸压机理示意图

2 沿空留巷工艺流程

2.1 预留巷道补强支护

在沿空留巷前必须对顶板施工恒阻大变形锚索对留巷顺槽顶板补强支护。1006综采工作面留巷段补强支护形式如下：顶部支护采用锚索梁+锚杆+塑钢网联合支护，锚索梁采用T140型钢带加工，正常支护锚索梁长4800 mm，一梁四索，排距800 mm，采用ϕ17.8×8300 mm与ϕ17.8×10300 mm钢绞线交替支护，每孔消耗MSK2370树脂3节。让压锚索支护两列：第一列距巷道主帮1000 mm，锚索梁采用T180型钢带加工，梁长3600 m，一梁三索，间距800 mm，采用ϕ21.8×10300 mm钢绞线，每孔消耗MSK2370树脂3节，配套使用大变形锁具；第二列距巷道主帮2600 mm，锚索梁采用16号槽钢加工，梁长400 m，一梁一索，间距1600 mm，采用ϕ21.8×10300 mm钢绞线，每孔消耗MSK2370树脂3节，配套使用大变形锁具。1006综采工作面沿空留巷补强支护示意图如图2所示。

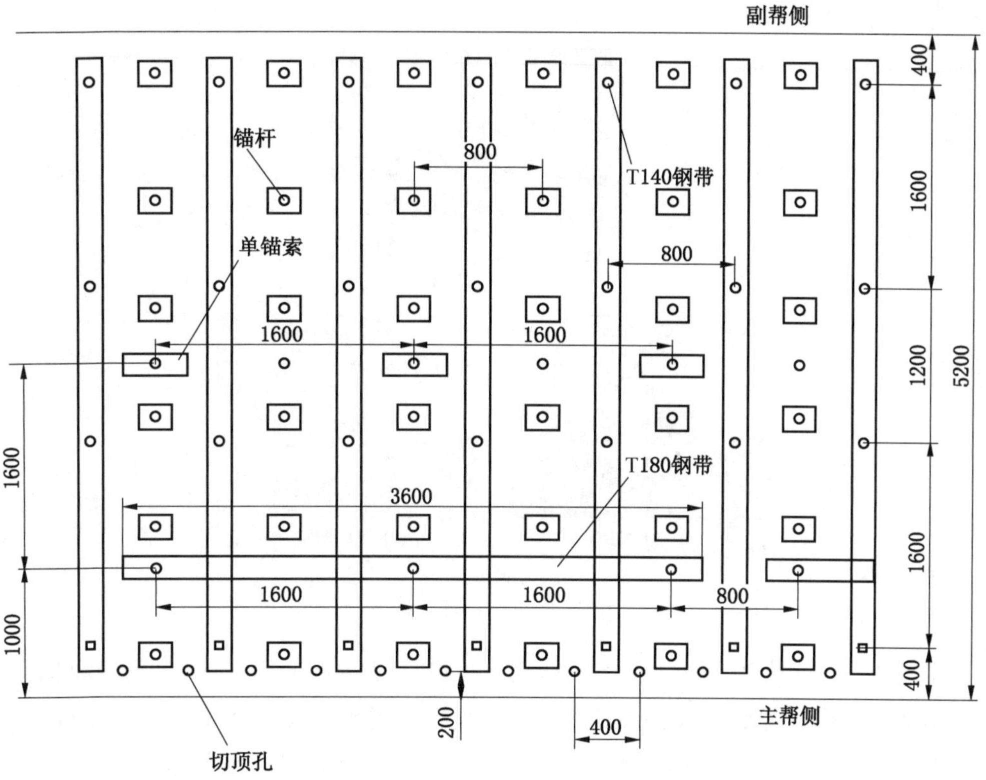

图2 1006综采工作面沿空留巷补强支护示意图

2.2 预留巷道爆破预裂

2.2.1 切顶预裂钻孔高度设计

采用双向聚能爆破预裂技术对顶板进行爆破预裂切缝，该爆破技术是在炮孔中采用双向聚能装置装药，并使聚能方向对准控制断裂方向；炸药起爆后，冲击波和应力波优先沿设定方向集中释放，在炮孔壁上形成和聚能孔方向一致的径向初始裂缝；爆生气体涌入径向初始裂缝，在设定方向产生拉应力集中，断裂岩体，实现顶板预裂切缝。

本次沿空留巷工业试验，顶板预裂切缝孔采用锚杆钻机施工，顶板预裂切缝孔深度（$H_{缝}$）临界设计公式如下：

$$H_{缝}=\frac{H_{煤}-\Delta H_1-\Delta H_2}{K-1}$$

式中　$H_{煤}$——工作面实际采高，m，取2.2 m；

ΔH_1——顶板下沉量，m，取 0.1 m；

ΔH_2——底鼓量，m，取 0.1 m；

K——碎胀系数，1.3~1.5；取 1.3。

经计算，$H_{缝}=6.7$ m，设计取 7 m。

2.2.2　切顶预裂钻孔角度设计

为减小顶板垮落时对留巷顶板的摩擦力作用，使得切缝后顶板更易垮落，设计切缝孔应与铅垂线成一定夹角。以 7 m 切缝深度为基础，分别对 0°、10°和 30°三种不同切缝角度进行数值模拟。不同角度的数值模拟如图 3 所示。

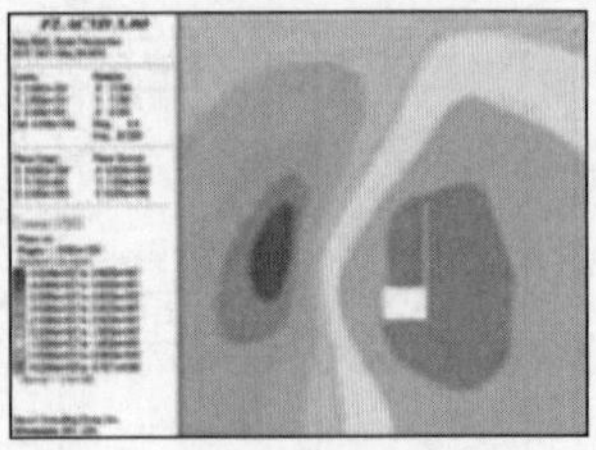

(a) 0°切缝

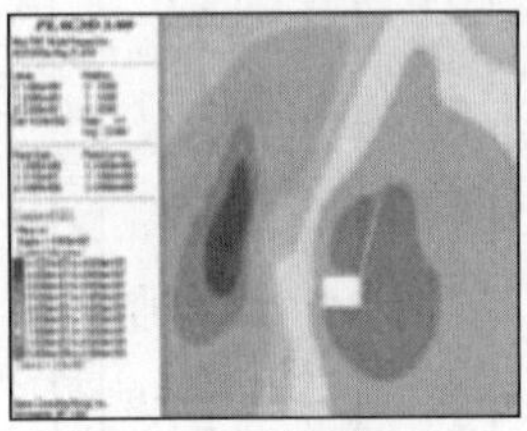

(b) 10°切缝

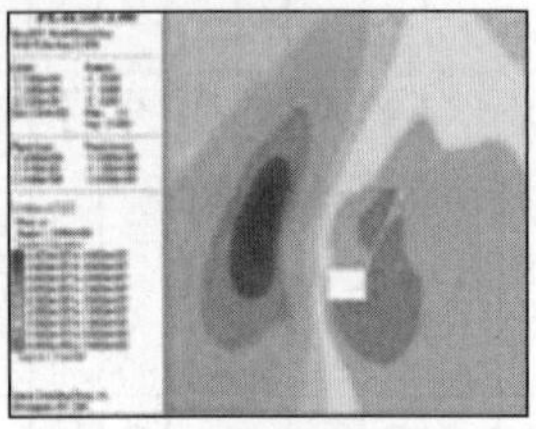

(c) 30°切缝

图 3　不同角度的数值模拟图

由数值模拟结果得出，切缝角度为 0°、10°时，实体煤帮内部应力集中区距煤帮的距离比切缝角度 30°时应力集中区距煤帮的距离远，说明 0°、10°切缝时增大了应力集中区向实体煤深处转移的距离，有利于巷道围岩稳定；对比切缝角度 0°和 15°可知，采用 10°切缝在实体煤帮内应力集中峰值小于 0°切缝，且采空区存在较大范围的低应力区，说明一定的切缝角度有利于采空区顶板垮落。故设计切缝角度选择为 10°。

2.2.3　切顶预裂装药设计

为保证爆破预裂切缝参数科学合理、切缝效果最佳，在正式试验留巷前须提前进行切顶留巷试验，在试验过程中对切缝孔参数、装药量、爆破参数等进行修正。在 1006 工作面运输巷试验留巷前 60 m 范围内进行单孔、间隔、连孔爆破试验，确定最佳爆破参数。首先根据设计方案进行单孔试验，确定合理的装药量和装药结构；再进行间隔爆破，观察两相邻装药孔间空孔内裂纹情况，如两相邻装药孔间空孔裂纹未达到裂缝率要求标准，再进行一次连续爆破试验，最终确定一次爆破孔数以及爆破方式。炮孔参数试验设计方案及切缝爆破装药结构如图 4、图 5 所示。具体试验方案如下：试验 3 种类型的装药量和装药结构，爆破后通过 CXK12-A 矿用本安型钻孔成像仪观测切缝情况；回采至试验位置时观测切缝位置顶板冒落情况和冒落充实程度。综合评价确定最佳装药结构及装药量。试验的 3 种类型如下：

（1）装药量 7 卷，装药结构（3+2+2），采用单孔、间隔或连孔爆破，试验长度 5 m。

（2）装药量 8 卷，装药结构（3+3+2），采用单孔、间隔或连孔爆破，试验长度 5 m。

（3）装药量 9 卷，装药结构（3+3+2+1），采用单孔、间隔或连孔爆破，试验长度 5 m。

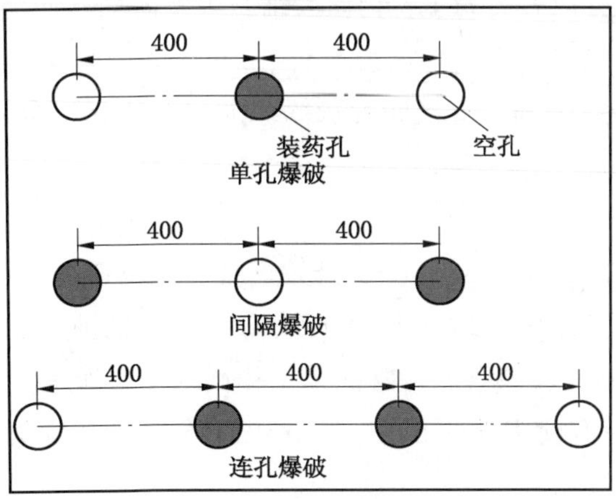

图 4 炮孔参数试验设计方案

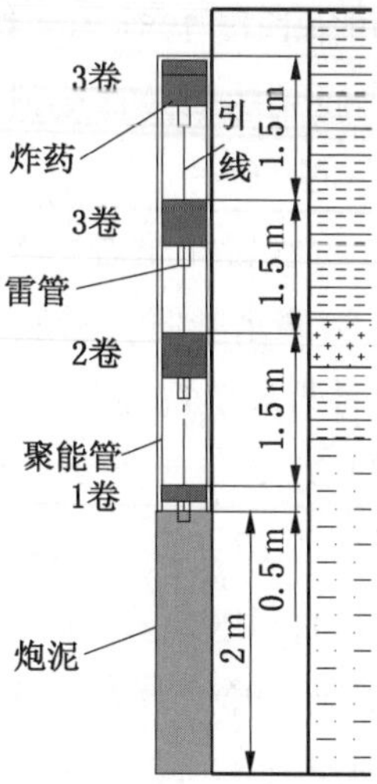

图 5 切缝爆破装药结构示意图

通过在 1006 工作面进行三类不同的爆破试验，根据爆破预裂效果（图 6）最终确定装药结构为3+3+2、钻孔间距 400 mm 的爆破参数。

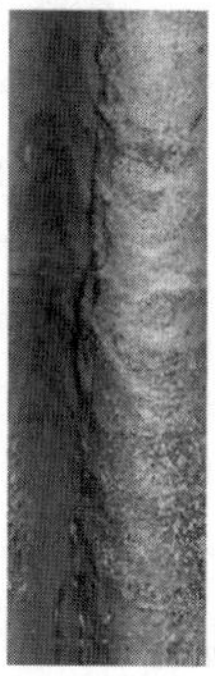

图 6 爆破预裂效果

2.2.4 预裂巷道尾巷挡矸设计

1006 工作面预留巷道尾巷切缝侧支护采用“U 型钢+金属网+喷混凝土”的方式进行挡矸支护，挂设 $\phi 6$ 金属网，网片搭接宽度 200 mm，采用 U29 型钢，间距 300 mm，距巷道原主帮 400 mm 支护，喷 C20 混凝土，厚度 150 mm，一次喷厚 100 mm，随留随喷，二次喷厚 50 mm，滞后一次喷混凝土 100 m，封闭采空区应力分布过程中产生的一次喷混凝土裂隙。1006 预留巷道尾巷帮部支护平面图如图 7 所示。

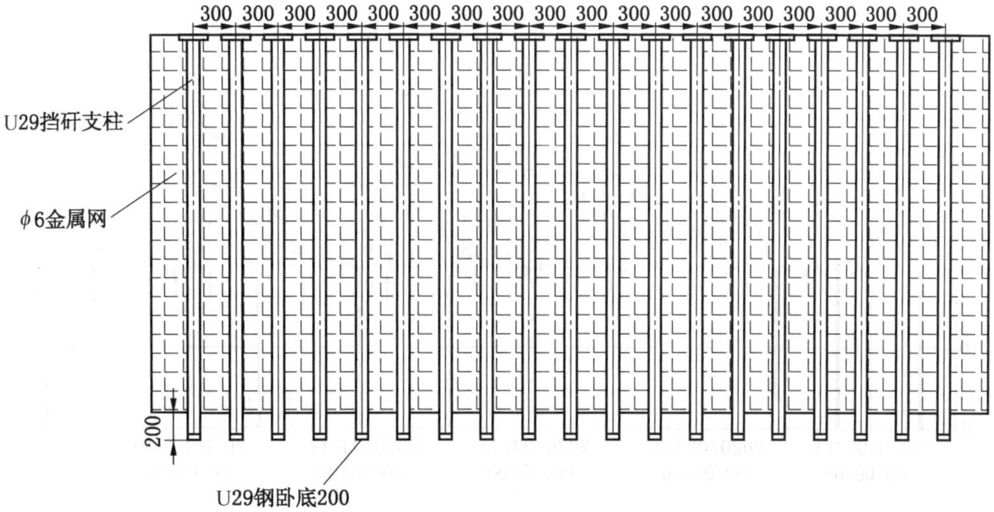

图 7 1006 预留巷道尾巷帮部支护平面图

3　工作面基本情况

1006 工作面可采长度 1981 m，切眼长度 235 m。煤层厚度 2.0~2.4 m，平均厚度为 2.2 m，煤层倾角 1°~3°。工作面无伪顶，直接顶为粉砂岩，成分以石英为主，钙质胶结；中夹薄层砂质泥岩，含黄铁矿结核，植物化石碎片，夹薄层粉砂岩，水平层理发育，厚度为 5.9~10 m，平均厚度为 8.2 m；基本顶为细砂岩、粉砂岩和泥岩的互层，平均厚度 2.0 m；直接底为灰绿色泥岩，块状，含铅土质，平均厚度为 1.1 m，遇水膨胀，易底鼓。

3.1　工作面周期来压特性

1006 工作面自 2020 年 3 月 9 日开始正式留巷，2020 年 3 月 10 日开始安装、调试矿压监测系统。选取 1006 工作面 3 月 10—20 日间具有代表性的 5 号压力分站和 10 号压力分站显示的液压支架工作阻力曲线的分析得出，1006 工作面来压步距约 15 m（较该盘区正常回采工作面来压步距增大一倍），来压时工作面中部应力峰值最大，约 43.5 MPa。具有代表性的 5 号、10 号压力分站液压支架工作阻力对比分析图分别如图 8、图 9 所示。

3.2　巷道矿压显现规律

3.2.1　巷道顶板下沉变形

通过巷道顶板下沉变形监测数据可判定巷道顶板岩层的运动情况，分析巷道是否已进入稳定状态，为留巷段临时支护的回撤提供可靠的基础数据。为掌握 1006 工作面留巷巷道的矿压显现规律，分析巷道顶板下沉、底鼓变形状态与回采工作面距离的关系，在距 1006 工作面留巷 300 m 范围内，每隔 30 m 布置一个巷道变形监测站，共布置 10 个巷道变形监测站，分别位于留巷 10 m、40 m、70 m、100 m、130 m、160 m、190 m、220 m、250 m、280 m 处切缝侧，距离 U 型钢支护处帮约 400 mm，测站编号分别为 QFC1、QFC2、QFC3、QFC4、QFC5、QFC6、QFC7、QFC8、QFC9、QFC10。同时，

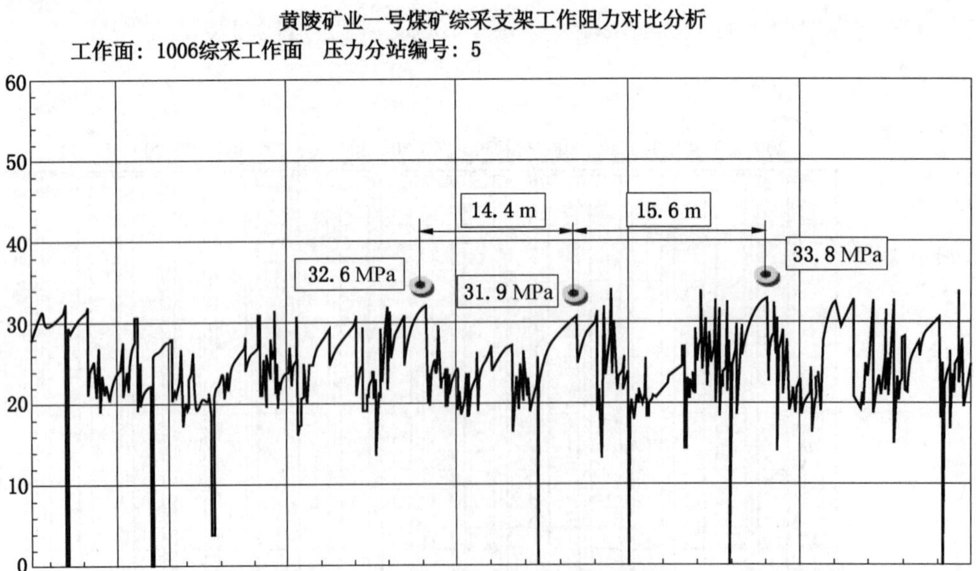

图 8　40 号支架（5 号压力分站）右柱支架压力曲线

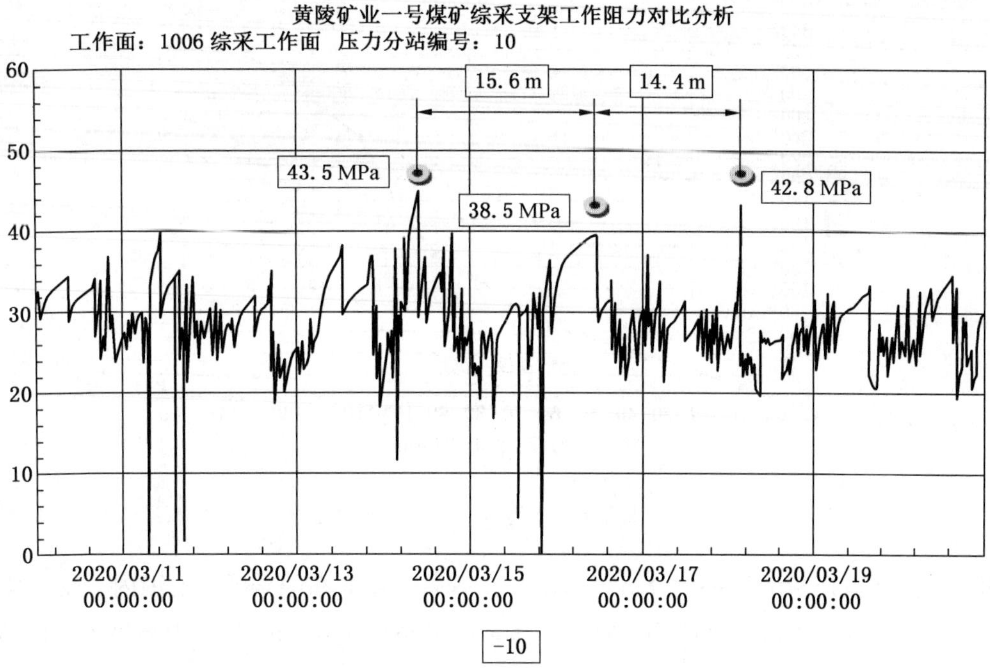

图9 80号支架（10号压力分站）右柱支架压力曲线

在1006工作面留巷300 m范围内每隔20 m设置一个人工监测点（十字测点），测点分别位于留巷0 m、20 m、40 m、60 m、80m、100m、120 m、140 m、160 m、180 m、200 m、220 m、240 m、260 m、280 m处。顶板下沉变形规律分析：在工作面推进过程中，测站QFC1和QFC7处巷道顶板下沉变形监测曲线分别如图10、图11所示。

由图10、图11可以看出，1006工作面运输巷留巷90~133 m范围内下沉变形曲线较陡，表明该时段顶板下沉速度较快，且下沉量较大，当工作面推过130 m时，该处巷道顶板下沉量约300 mm，占该处总下沉量的93%；此后顶板下沉速度明显减缓，当工作面推过150 m后顶板下沉变形已基本完成，其下沉量约320 mm，表明此时该处巷道已基本处于稳定状态。

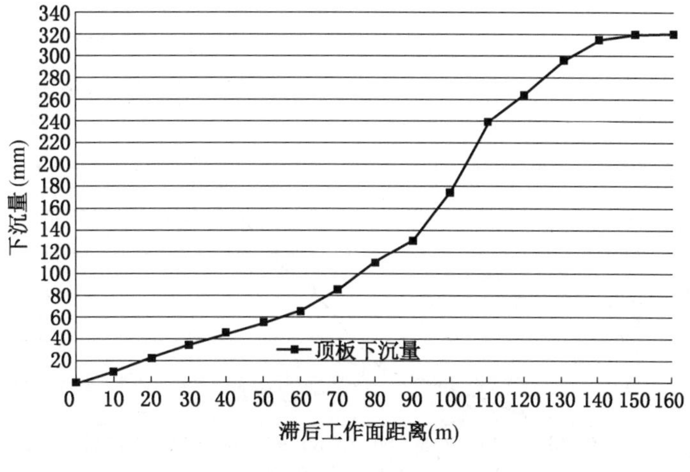

图10 测站QFC1巷道顶板下沉变形曲线

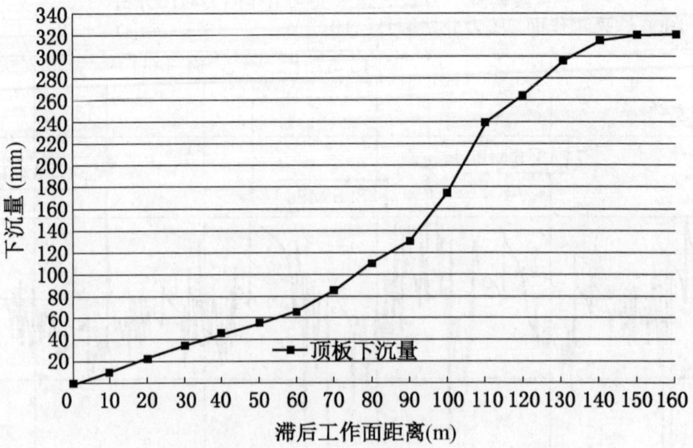

图 11　测站 QFC3 巷道顶板下沉变形曲线

从上述留巷段巷道顶板下沉特性分析可得出，在滞后工作面 90~140 m 范围内，受采空区顶板岩层垮落的影响，巷道顶板下沉最为剧烈，在此范围内，巷道受上覆岩层荷载影响最大；此后采空区顶板岩层逐渐垮落完成，上覆岩层处于缓慢下沉状态，巷道顶板下沉变形也趋于缓和，当滞后工作面约 150 m 后，顶板下沉变形已基本完成。

3.2.2　巷道底鼓变形规律分析

在工作面推进过程中，测站 QFC1 和 QFC7 处巷道底鼓监测曲线分别如图 12、图 13 所示。

由图 12、图 13 可以看出，1006 工作面运输巷留巷 60~130 m 范围内下沉变形曲线较陡，表明该时段底鼓量加快，当工作面推过 130 m 时，该处巷道底鼓量约 350 mm，占该处总底鼓量的 90%；此后底鼓速度明显减缓，当工作面推过 150 m 后底鼓变形已基本完成，其下沉量约 390 mm，表明此时该处巷道已基本处于稳定状态。

3.2.3　巷道矿压影响分区

由前述对 1006 工作面沿空留巷开采技术巷道矿压及其显现规律的分析，可将 1006 工作面运输巷位于工作面后方的成巷段分为四个区，分别为暂未影响区、超前影响区、动压影响区和成巷稳定区，

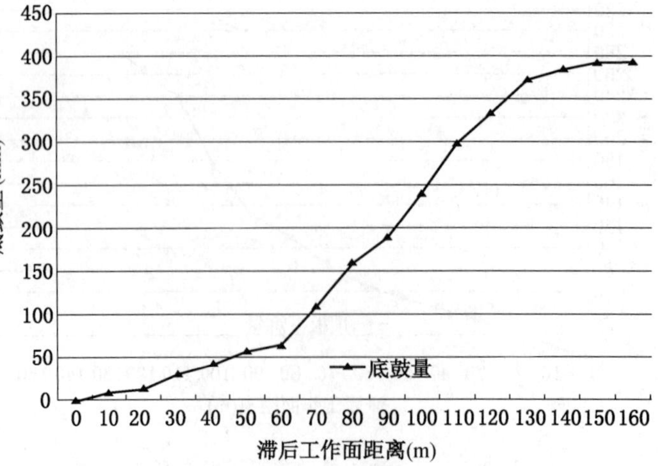

图 12　测站 QFC1 巷道底鼓变化曲线

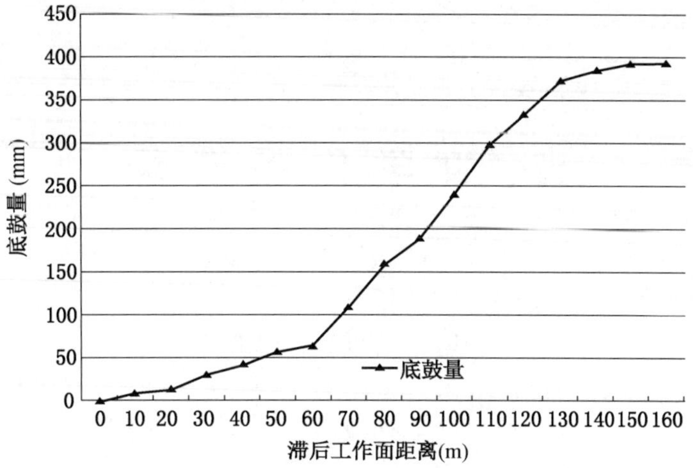

图 13　测站 QFC7 巷道底鼓变化变形曲线

不同分区采用不同的临时支护形式及支护强度。

（1）暂未影响区是指超前工作面的巷道由于距离工作面较远，尚未受到因工作面回采对其巷道矿压产生的影响，此时该区域内无须支设任何临时支护结构，维护巷道原有锚网索支护即可。

（2）超前影响区是指随着工作面的靠近，巷道开始产生一定矿压显现，此时需对加强超前支护支架工况管理。

（3）动压影响区是指工作面回采后，对巷道矿压产生显著影响的区域，在此区域内需对巷道顶板及碎石帮进行高强度临时支撑。根据对监测数据的分析，1006 工作面沿空留巷影响区所在范围即工作面后方长度 130~150 m 距离范围。

（4）成巷稳定区是指工作面推过一定距离后，成巷区巷道开始稳定，不再受采空区顶板岩层下沉变形及矸石压实的影响，该区域位于滞后工作面 150 m 以外的区域。

不同分区位置的巷道受采动影响程度不同，对于超前影响区，其影响程度较小，对应的支护强度也可以相对较小；但对于动压影响区，巷道矿压显现剧烈，受采动影响程度较大，在该区域内应对巷道顶板及碎石巷帮进行高强度临时支撑，当工作面推过一定距离，该区域位于成巷稳定区后即可回撤巷道临时支护结构。

（摘自《黄矿科技》2020 年第 3 期）

五、文学作品选录

黄 矿 赋

——庆黄陵矿业成立三十周年

华夏圣地，人文始祖；巍巍桥山，汤汤沮河；物载天华，气孕灵秀，溯源侏罗，始藏乌金。已亥壬申，黄矿吉辰，历数寒秋，三十余载；披荆斩棘，奋走坎坷，创黄矿之盛世：蓝墙红瓦，楼房林立，灯火通明，星月璀璨；车马喧嚣，民富企兴。

八五计划，落地生根，改革春风，沐浴三秦，集五湖英才齐聚沮水河畔，开山凿石，兴建家园；携四海男儿同宿桥山脚下，披荆斩棘，采撷乌金。开矿初年，困难叠嶂，同志齐心，众志成城；顶烈日，战寒暑，党员干部，不惧艰辛勇拼搏；冒风雨，踏冰霜，矿工努力，不畏困难争幸福。公元零四，六月十五，瓦斯矿难，铭记史册。痛定思痛，励精图治，头悬利剑，步履薄冰；大治瓦斯，首当其冲，超前抽采，治理有方；干群携手，上下齐心，攻坚克难，浴火重生。

重塑文化，安全引领，五精管理，贯穿始终。苦练三功，夯基固本，强化管理，防御风险。行为整治，遵从标准，以人为本，安全第一。九鼎文化，一矿之髓；黄陇理念，二矿之要。双龙瑞能，一六兼并，四矿合一，齐肩并进。煤电路化，四业并举，多元发展，内添动力；破旧立新，实谋发展，黄矿睿智，心存志远，黄矿乃大，胸怀百川。科学管理，优化布局，查漏补缺，深挖内潜，大兴修旧利废之策，广行节支降本之路，以勤持家，以俭为荣。“黄灵”乌金，烈焰熊，炼焦发电，名扬神州，铁龙穿梭，汽车狂骋，点万家之灯火，暖华夏之神州。

智能采煤，开创先河，百年梦想，实现一矿；解放劳动，崇尚文明，矿工荣耀，企业昌盛；环境治理，生态平衡，人环共存，发展有序；青山碧水，杨柳成荫，低碳生产，绿色强企，绘锦绣之桥山，描靓丽之沮河。

党建引领，砥砺奋进，追赶超越，勇立潮头；诚信敬业，追求卓越，黄矿精神，历久传承；大胆创新，实干兴邦，遇山破石，遇河搭桥，不惧艰难，方成伟业。扶贫帮困，普惠民生，企地共建，惠泽一方；成果共享，同赴小康，大企担当，美誉四方。四项攻坚，五个一流，两化融合，智慧发展；做精做优，多元产业，煤电联产，蓄势待发，两万同盟，共助发展，千里煤海，再绘新图。

壮哉黄矿，三十载风雨谱写伟业辉煌，

美哉黄矿，千百里煤海颂唱英雄凯歌。

（黄陵矿业公司网站文学天地　2019 年 3 月 9 日　贺小锐）

挥之不去的麦香

在我的家乡陕西洛南，每年到了七八月份，原野上到处翻滚着金色的麦浪。那饱满的麦穗儿仿佛害羞的少女，颔首低头，随风轻摇，散发出阵阵沁人心脾的麦香。

黎明的雾霭中，麦田里点缀着乡亲们劳作的身影。手上的镰刀利落地挥舞着，伴着“蹭蹭蹭”“嚓嚓嚓”的清脆声响，黄澄澄的麦子一绺绺、一束束、一堆堆地倒下了。为了和老天抢时间，这时候一般都是全家齐上阵，或背或担或用平板车拉，将割下的小麦集中运送到村里最大的麦场，处处呈现出一派繁忙、热闹的农忙景象。

大人们下地割麦、收麦，小孩子则跟在后面捡麦穗。由于自小受到父辈们的言传身教，孩子们对粮食怀有一种天然的爱惜和敬畏之心，捡麦穗时格外小心，尽管头顶着火辣辣的太阳，手背和胳膊被麦芒扎得生疼，仍然不会放弃一支麦穗。

白天忙着抢收小麦，晚上便是脱麦。夜幕降临了，田里的小麦基本运送到位，简单地用过晚饭后，电工便在村里最大的麦场架起灯泡，再由几个壮汉把村里集资买来的脱粒机拖到麦场中调好方位。村长分工，今天这几家脱麦，明天那几家脱麦，于是，农村一年中最大的盛会就开始了。

脱粒机摇动着硕大、笨重的身躯，轰隆隆地发出震耳欲聋的声响，赤红饱满的小麦便如潮水般源源不断地流出来。父亲伸出粗壮的大手抓一把新麦，吹去麦皮后丢到嘴里细细咀嚼着，布满皱纹的脸上漾过一丝笑意，一年的辛劳也瞬间得以释然。

脱完粒已是深夜，月亮上来了，晚风阵阵，树影婆娑。此刻，乡亲们不觉疲惫，望着装好的一袋袋新麦，你数数他家的，他数数你家，核算着谁家的收成多一些，揣摩着谁家的种子好一些，讨论着来年用谁家的小麦更稳妥些。小孩子们则在堆得高高的麦垛里捉起了迷藏，或者用麦秸秆编成口哨、蝈蝈笼、小鸡、小鸭，欢笑、打闹、奔跑着……

麦收过后，母亲和婶娘、大嫂们会磨袋新麦，蒸上一锅白馒头，再炸上一顿油馍——为了庆贺夏粮的丰收，也犒劳一下辛劳了一年的家人。那几天，乡村的上空总是弥漫着香油、花生油和菜籽油的香味，家家户户互相赠送、品尝新做的面食。小孩子们自然也跟着大饱口福，咬上一口新面蒸的白馒头，那叫一个满嘴麦香。

如今，轰隆隆的脱麦机声越来越少听见了，乡邻们逐渐种起木耳、香菇、核桃、烤烟、药材……收入是小麦的好几倍，家家有楼房，户户有存款。可是，每到麦收时节，听到杜鹃那熟悉的叫声，我便忆起那片浸透着先辈心血和汗水的土地，以及田野里一望无际的金色麦浪——当然，还有那缕存留齿间的麦香味，总是萦绕在心头，挥之不去，历久弥新。

（《光明日报》 2017年8月26日 倪小红）

妈妈，等我平安升井（外一首）

夏天的夜晚
星空无限灿烂
你独坐在小院里遥望星空
井下的巷道漆黑幽深
矿灯犹如闪亮的星星照亮脚下

小时候
因为那篇《数星星的孩子》
我迷上了夜晚的星空
你说天上的星星是宇宙的孩子
我是你的心头肉
母子俩依偎着坐在蒲草席上
数着星星等待父亲升井
然而那个夜班后
父亲再没能上来
自此星空成了你不愿凝视的伤痛

你说自己年事已高
过去的事情都已遗忘
箱底下父亲的那张遗像
却被擦拭得一尘不染
岁月染白了你的双鬓
你却忘却不了曾经的深情
那些关于父亲的记忆
被你珍藏成永恒

子承父业
临别时你只嘱咐一句——
升井了记得打个电话
儿便明白了
“父母在不远游”的含义

黎明还未来临
胶轮车便驶入地层深处

鏖战在千米井下
伴着采煤机的轰鸣
忙碌与疲惫
让我忘记了想家的寂寞
一位位敬业奉献的英模
是矿山的脊梁
他们的传奇
让我明白了是怎样一种情怀
让人无怨无悔地
将大好年华抛洒一线
煤染黑的面庞里
透着拼搏奋进的生命气息
立志像他们一样
当个顶天立地的男儿
渴望自己的名字
被写入矿区发展的史册

每当胶轮车驶出平硐
倍感阳光的温暖与美好
电话那端
三言两句我便明白您的牵肠挂肚
无论在异乡
还是在地层深处
母亲的爱伴随我到每个角落

(《中国煤炭报》 2016 年 8 月 31 日　李小艳)

索　　引

一、表 格 索 引

表 1-1-1　2020 年一号煤矿副总工程师以上管理人员表/56

表 1-1-2　2020 年一号煤矿机关各部室负责人表/57

表 1-1-3　2020 年一号煤矿区队负责人表/59

表 2-2-1　一号煤矿矿井断层特征表/74

表 2-3-1　2 号煤层厚度表/75

表 2-3-2　2 号煤层夹矸统计表/77

表 2-3-3　一号煤矿煤岩显微含量及反射率测定情况表/81

表 2-3-4　2 号煤层显微组分测定情况表/81

表 2-3-5　2 号煤层煤的工业分析情况表/82

表 2-3-6　2 号煤层煤中有害组分情况表/84

表 2-3-7　2 号煤层煤中不同硫含量表/85

表 2-3-8　2 号煤层煤中元素分析情况表/86

表 2-3-9　2 号煤层煤的黏结性和结焦性情况表/86

表 2-3-10　2 号煤层煤的发热量情况表 /87

表 2-3-11　2 号煤层煤对 CO_2 反应性测试情况表/87

表 2-3-12　2 号煤层煤的气化测试情况表/87

表 2-3-13　2 号煤层煤的结渣性测试情况表/88

表 2-3-14　2 号煤层煤的低温干馏及焦型测试情况表/89

表 2-3-15　2 号煤层煤灰成分测定情况表/90

表 2-3-16　2 号煤层煤灰熔融性情况表/90

表 2-3-17　2 号煤层煤灰黏度特性试验情况表/90

表 2-3-18　2 号煤层煤灰特征指数表/91

表 2-3-19　2 号煤层煤的其他特征表/91

表 2-3-20　2 号煤层煤中微量元素表/91

表 2-3-21　2 号煤层顶板底板及夹矸情况表/92

表 2-3-22　2 号煤层顶底板及夹矸微量元素表/92

表 2-3-23　2 号煤层炼焦配比表/92

表 2-3-24　200 千克焦炉试验样品煤质分析结果表/93

表 2-3-25　小焦炉试验样品煤质分析结果表/93

表 2-3-26　一号煤矿焦炭筛分机械强度分析结果表/93

表 2-3-27　2 号煤层简易可选性试验成果表/94

表 2-3-28 苍村平硐 2 号煤层各粒级煤浮沉试验结果表/94
表 2-3-29 双龙斜井 2 号煤层可选性大样试验结果表/95
表 2-3-30 一号煤矿安氏泥化试验结果表/95
表 2-4-1 L32 号孔抽水试验情况表/99
表 2-6-1 一号煤矿周边小煤矿表/110
表 2-6-2 一号煤矿煤层自燃倾向性鉴定情况表/113
表 2-6-3 一号煤矿煤尘爆炸性鉴定情况表/114
表 2-6-4 2001—2020 年一号煤矿矿井瓦斯等级鉴定和二氧化碳测定情况表/115
表 3-2-1 2005—2007 年一号煤矿铁路专用线七里镇、李章河车站技改工程内容及工作量表/128
表 3-3-1 1990—1999 年一号煤矿建设项目投资情况表/129
表 3-4-1 一号煤矿建设初期招中标工程情况表/130
表 3-4-2 一号煤矿主要土建工程完成情况表/130
表 3-4-3 一号煤矿主要工程招中标情况表/131
表 3-4-4 一号煤矿井筒特征表/133
表 3-5-1 一号煤矿项目投入资金情况表/136
表 3-5-2 2012—2020 年一号煤矿生产服务类地面建设项目情况表/139
表 3-5-3 2012—2020 年一号煤矿生活服务类地面建设项目情况表/140
表 4-2-1 2020 年一号煤矿调度室装备表/146
表 4-2-2 2015—2020 年一号煤矿期末“三量”统计情况表/153
表 4-3-1 一号煤矿首套智能化快速综掘装备及工器具配备表/161
表 4-3-2 2020 年一号煤矿开拓大巷主要设备配备表/163
表 4-3-3 2020 年一号煤矿回采巷道主要设备配备表/164
表 4-3-4 2020 年一号煤矿炮掘工作面设备及工具配备表/165
表 4-3-5 2020 年一号煤矿掘进工作面顶板离层量监测装备配备表/169
表 4-3-6 2020 年一号煤矿综掘工作面围岩控制支护装备主要技术参数表/171
表 4-4-1 2020 年一号煤矿各盘区尺寸表/172
表 4-4-2 2020 年一号煤矿各盘区煤炭储量表/173
表 4-4-3 2020 年一号煤矿智能化综采工作面人员配备情况表/186
表 4-4-4 2020 年一号煤矿智能化综采工作面主要技术指标表/187
表 4-4-5 2020 年一号煤矿采煤机 22 道规划截割工艺参数表/187
表 4-4-6 2020 年一号煤矿液压支架 14 道规划控制工艺表/188
表 4-4-7 2020 年一号煤矿采煤工作面矿压监测设备配备表/189
表 4-4-8 2020 年一号煤矿采煤工作面回采率统计情况表/192
表 4-4-9 2020 年一号煤矿各采（盘）区回采率统计情况表/192
表 4-4-10 2018—2020 年一号煤矿生产效率对照情况表/193
表 4-4-11 一号煤矿房柱式采煤装备配置表/193
表 4-4-12 一号煤矿综采装备配置表/194

表 4-4-13　2002—2020 年一号煤矿开拓进尺、煤炭产量表/195
表 4-5-1　一号煤矿智能化装备配置情况表/200
表 4-5-2　一号煤矿 810 工作面主要巷道技术参数表/209
表 4-5-3　一号煤矿无人工干预截割阶段性试验情况表/210
表 4-5-4　一号煤矿 810 智能化工作面主要设备配套明细表/210
表 4-6-1　2020 年一号煤矿主运输系统各部带式输送机特征表/215
表 4-6-2　2020 年一号煤矿各风井提升机配备表/218
表 4-7-1　2020 年一号煤矿通风设备型号参数表/220
表 4-7-2　2020 年一号煤矿瓦斯实验室设备仪器配备表/221
表 4-7-3　2016—2020 年一号煤矿瓦斯抽采利用量统计表/222
表 4-8-1　2020 年一号煤矿各变电站主要设备配置及型号表/223
表 4-8-2　2020 年一号煤矿设备大修情况表/225
表 4-8-3　2020 年一号煤矿 1008 工作面主要设备配套表/227
表 4-8-4　2020 年一号煤矿 1008 工作面顺槽及地面监控中心主要设备配套表/228
表 4-8-5　2020 年一号煤矿 807 工作面主要设备配套表/228
表 4-8-6　2020 年一号煤矿 807 工作面顺槽监控中心主要设备及地面监控中心设备配套表/229
表 4-9-1　2020 年一号煤矿压风机技术参数特征表/235
表 5-1-1　2000 年一号煤矿选煤厂跳汰工艺选煤产品结构和质量表/243
表 5-1-2　2000 年一号煤矿选煤厂原煤总样试验结果表/244
表 5-1-3　一号煤矿选煤厂重介工艺选煤产品结构和质量表/244
表 5-1-4　一号煤矿选煤厂原煤总样试验结果表/244
表 5-1-5　一号煤矿选煤厂浮选产品结构和质量表/245
表 5-1-6　2011 年一号煤矿选煤厂技改后浮选产品结构和质量表/245
表 5-1-7　一号煤矿选煤厂全员创新成果表/247
表 5-1-8　2020 年一号煤矿选煤厂主要设备及特征表/249
表 5-1-9　1996—2020 年一号煤矿煤炭质量状况表/251
表 5-1-10　一号煤矿选煤厂最终产品平衡表/253
表 5-1-11　一号煤矿选煤厂不同时期原煤与各产品仓储能力、装车设施、运输方式表/253
表 5-2-1　一号煤矿主要煤炭产品质量情况表/255
表 5-3-1　1995—2020 年一号煤矿煤炭销量、价格表/258
表 6-2-1　2018—2020 年一号煤矿人的安全行为治理先进单位表/266
表 6-2-2　2018—2020 年一号煤矿“四员两长”先进个人表/267
表 6-2-3　2018—2020 年一号煤矿 NOSA 安健环管理示范单位及优秀元素负责人表/269
表 6-2-4　2000—2020 年一号煤矿群监员人数及查出的安全隐患条数表/271
表 6-2-5　2012—2020 年一号煤矿家属协管员人数、家访次数和“三违”帮教表/272
表 6-2-6　2013—2020 年一号煤矿受股份公司安全检查得分表/273
表 6-2-7　2018—2020 年一号煤矿获安全生产标准化先进集体表/273

表 6-2-8 2010—2020 年一号煤矿从业人员安全培训表/274
表 6-2-9 2020 年一号煤矿特种作业人员持证情况表/274
表 6-2-10 2004—2020 年一号煤矿生产安全费用提取表/275
表 6-3-1 矿井工作面 1 号高位钻场施工参数表/278
表 6-3-2 矿井工作面 2 号高位钻场施工参数表/279
表 6-3-3 矿井工作面 3 号及以后高位钻场施工参数表/279
表 6-3-4 矿井长距离大孔径高位钻孔参数表/279
表 6-3-5 2020 年矿井抽采设备参数表/281
表 6-5-1 1989—2020 年一号煤矿死亡事故人数表/292
表 7-3-1 1990—2020 年一号煤矿职工队伍构成及人数表/303
表 7-3-2 2020 年一号煤矿津贴、补贴表/305
表 7-3-3 1990—2020 年一号煤矿职工年平均工资表/306
表 7-3-4 一号煤矿职工劳动防护用品发放标准表/308
表 7-3-5 2020 年一号煤矿岗位表/313
表 7-3-6 2016—2020 年一号煤矿学历提升情况表/317
表 7-4-1 1989—2020 年一号煤矿固定资产表/326
表 7-4-2 1989—2020 年一号煤矿更新费用提取表/326
表 7-4-3 1989—2020 年一号煤矿维简费用提取表/327
表 7-4-4 1989—2020 年一号煤矿大修费提取表/327
表 7-4-5 2002—2013 年一号煤矿造育林费表/328
表 7-4-6 1996—2020 年一号煤矿完全成本情况表/328
表 7-4-7 2001—2020 年一号煤矿企业所得税核算和申报缴纳表/329
表 7-4-8 2008—2020 年一号煤矿累计减免各种税收表/330
表 7-4-9 1989—2020 年一号煤矿产/销量、收入、利润表/331
表 7-5-1 一号煤矿物资自行采购名录表/334
表 7-5-2 2017—2020 年一号煤矿物资自行采购结算资金表/335
表 7-5-3 2010—2020 年一号煤矿主要材料消耗定额表/336
表 7-5-4 2020 年一号煤矿修旧利废表/343
表 8-1-1 2002—2018 年一号煤矿获全国及省部级奖项表/364
表 8-1-2 2008 年一号煤矿获陕煤集团首届科技大会科技进步奖项表/365
表 8-1-3 2010 年一号煤矿获陕煤集团第二届科技大会科技进步奖项表/366
表 8-1-4 2013 年一号煤矿获陕煤集团第三届科技大会科技进步奖项表/366
表 8-1-5 2008 年一号煤矿获公司首届科技大会科技进步奖项表/367
表 8-1-6 2015 年一号煤矿获公司第四届科技表彰大会奖项表/367
表 8-1-7 2017 年一号煤矿获公司第五届科技表彰大会奖项表/368
表 8-1-8 2019 年一号煤矿获公司第六届人才科技大会科技奖项表/369
表 8-1-9 2007—2010 年一号煤矿第二届人才科技大会获奖科技项目表/370

表 8-1-10　2007—2010 年一号煤矿第二届人才科技大会优秀技术人才奖表/373
表 8-1-11　2007—2010 年一号煤矿第二届人才科技大会优秀论文表/373
表 8-1-12　2013 年一号煤矿第三届人才科技大会获奖项目表/374
表 8-1-13　2013 年一号煤矿第三届人才科技大会优秀科技论文表/375
表 8-1-14　2013 年一号煤矿获陕西省职工科技创新成果奖表/376
表 8-1-15　2015 年一号煤矿第四届人才科技大会优秀科技项目表/377
表 8-1-16　2015 年一号煤矿第四届人才科技大会优秀科技论文表/378
表 8-1-17　2017 年一号煤矿第五届人才科技大会优秀全员创新成果表/379
表 8-1-18　2017 年一号煤矿第五届人才科技大会优秀科技项目表/381
表 8-1-19　2017 年一号煤矿第五届人才科技大会优秀科技论文表/382
表 8-1-20　2012—2019 年一号煤矿职工发明专利表/384
表 9-2-1　一号煤矿噪声检测结果表/402
表 9-2-2　噪声检测期间气象条件、校准值表/403
表 9-2-3　噪声检测依据表/403
表 9-2-4　噪声监测报告表/403
表 9-3-1　一号煤矿地下水检测结果统计表/405
表 9-3-2　一号煤矿生产废水检测结果统计表/407
表 9-3-3　一号煤矿主工业广场产尘区无组织废气检测结果统计表/408
表 9-4-1　1996—2018 年一号煤矿塌陷区治理统计表/409
表 10-1-1　1993—2020 年一号煤矿社会治安、普法宣传教育情况表/419
表 10-1-2　2019 年 6 月一号煤矿领导结对帮扶情况表/422
表 10-2-1　一号煤矿征用土地情况表/423
表 10-2-2　黄陵矿业中心小区房屋面积统计表/424
表 11-1-1　一号煤矿企业文化建设主要决策文件表/433
表 11-2-1　一号煤矿企业文化建设获得荣誉表/441
表 12-1-1　2003—2020 年一号煤矿历任党委书记、副书记职务表/446
表 12-1-2　一号煤矿党委历年制定的重要制度、文件表/447
表 12-1-3　2020 年一号煤矿基层党支部构成表/452
表 12-1-4　2004—2020 年一号煤矿党费收缴管理情况表/457
表 12-2-1　2017—2020 年一号煤矿对外发稿情况表/464
表 12-2-2　2015—2020 年一号煤矿新闻稿件公司级以上报刊发布情况表/464
表 12-2-3　2007—2020 年一号煤矿新闻舆论获得荣誉情况表/465
表 12-2-4　2005—2020 年一号煤矿精神文明建设获得荣誉情况表/466
表 12-2-5　2006—2020 年一号煤矿获奖理论研究成果情况表/467
表 12-2-6　2016—2020 年一号煤矿党委制定的意识形态相关文件表/469
表 12-3-1　2001—2020 年一号煤矿历任纪委书记表/472
表 12-3-2　2001—2020 年一号煤矿党风廉政制度建设文件表/472

表 12-3-3 2012—2018 年一号煤矿效能监察成果表/475
表 12-4-1 2020 年一号煤矿基层工会组织表/476
表 12-4-2 一号煤矿历任工会主席、副主席表/477
表 12-4-3 2010—2020 年一号煤矿职代会情况表/477
表 12-4-4 2004—2020 年一号煤矿帮扶救助情况表/480
表 12-4-5 2020 年一号煤矿文化体育设施情况表/486
表 12-4-6 2010—2020 年一号煤矿工会经费收支情况表/486
表 12-4-7 一号煤矿历任团委书记表/487

二、图 片 索 引

图 1-1-1 2020 年一号煤矿组织机构图/56
图 2-1-1 一号煤矿矿区交通位置图/66
图 2-1-2 一号煤矿井田范围遥感影像图/67
图 2-1-3 一号煤矿矿权设置及四邻关系/69
图 2-2-1 一号煤矿构造纲要图/72
图 2-3-1 2 号煤层厚度等值线图/76
图 2-3-2 2 号煤层厚度占比/76
图 2-3-3 2 号煤层原煤灰分变化占比/82
图 2-3-4 2 号煤层灰分等值线图/83
图 2-3-5 2 号煤层原煤全硫占比/84
图 2-3-6 2 号煤层硫分等值线图/85
图 2-3-7 2 号煤层原煤发热量占比/87
图 2-4-1 一号煤矿中北部直罗组下段含水层等厚线图/98
图 2-4-2 一号煤矿侏罗系中统延安组上部相对隔水层等厚线图/100
图 2-5-1 勘探范围/107
图 2-6-1 一号煤矿小煤矿分布图/111
图 2-6-2 四号风井老窑地面高密度三维地震勘探图/112
图 4-2-1 2020 年一号煤矿安全生产技术管理体系图/147
图 4-3-1 一号煤矿首套智能化快速综掘工艺正规循环作业图/161
图 4-3-2 开拓大巷截割顺序/163
图 4-3-3 回采巷道截割顺序/164
图 4-3-4 GYW300 围岩移动传感器安装/169
图 4-3-5 综掘工作面围岩控制支护装备地面组装调试/170
图 4-3-6 综掘工作面围岩控制支护装备井下应用/171

图 4-4-1　一号煤矿主大巷布置/174
图 4-4-2　一号煤矿副大巷布置/175
图 4-4-3　一号煤矿盘区巷道布置/175
图 4-4-4　一号截割巷截割顺序 /176
图 4-4-5　双摇臂锚杆机/177
图 4-4-6　盘区后退式回收煤柱顺序/180
图 4-4-7　循环锚杆支护双煤柱后退式交替分割顺序/183
图 4-4-8　采煤工作面矿压监测传感器安装/190
图 4-4-9　1006 工作面三维应力分布云图/191
图 4-5-1　自动化工作面集成控制系统/205
图 4-5-2　智能工作面割煤工序/207
图 4-5-3　综采工作面精准控制中心/211
图 4-5-4　大数据智能分析决策平台/211
图 4-10-1　恢复后的排矸场图/237
图 5-1-1　1999 年选煤厂机构图/241
图 5-1-2　2020 年选煤厂机构图/242
图 6-2-1　人的安全行为治理“14751”工作模式图/266
图 6-2-2　“四员两长”作业现场管理的“关键少数”示意图/266
图 6-2-3　一号煤矿“四员两长”“3536”管理模式图/267
图 6-2-4　NOSA 安健环管理“123456”管理模式图/268
图 6-2-5　NOSA 安健环风险管理“133436”管理模式图/269
图 6-3-1　掘前预抽钻孔设计图/277
图 6-3-2　临近巷高位裂隙抽采图/278
图 6-3-3　矿井高位裂隙钻孔设计图/279
图 6-3-4　矿井上隅角插管抽采设计图/280
图 6-5-1　1989—2020 年一号煤矿事故类型图/291
图 7-3-1　培训中心管理机构图/315
图 7-4-1　2020 年一号煤矿财务管理机构图/319
图 7-4-2　司库管控模式五大池项目图/322
图 7-5-1　一号煤矿物资计划申报流程图/333
图 7-5-2　物资到货验收展示图/335
图 7-5-3　一号煤矿井口物资超市全景图/340
图 7-5-4　一号煤矿物资供应管理系统图/341
图 7-5-5　井口物资超市库存最低警戒值图/342
图 7-5-6　井口物资超市智能化盘点图/342
图 8-1-1　二、三号风井西一 2500 米处控风设施图/350
图 8-1-2　通风机控制系统结构图/352

图 8-1-3　DBKJ2×45 型对旋式局部通风机安装示意图/352
图 8-1-4　设备列车自移装置图/354
图 8-1-5　一号煤矿自行走轨道式巡检机器人示意图/356
图 8-1-6　边掘边抽示意图/356
图 8-1-7　上隅角埋管抽放示意图/356
图 8-1-8　临近巷高位裂隙抽放示意图/357
图 8-1-9　采煤机二次负压除尘装置图/357
图 8-1-10　综掘机高压喷雾降尘装置系统图/358
图 9-2-1　矿井疏干水深度处理中心/400
图 9-2-2　污水处理装置/400
图 9-2-3　矿井水处理站工艺流程图/401
图 9-2-4　噪声防治设备/404
图 9-4-1　新农村建设示范村/409
图 10-1-1　2020 年一号煤矿社会治安综合治理管理机构图/420
图 10-1-2　获赠锦旗/421
图 10-2-1　黄陵矿业中心小区/424
图 10-2-2　新建区队办公楼/425
图 10-3-1　一号煤矿新建职工浴室/427
图 10-4-1　瓦斯发电站/429
图 11-1-1　黄陵矿业集团原企业标识/437
图 11-1-2　企业组合标识/438
图 11-1-3　黄陵矿业公司之歌《我是黄陵矿业人》/438
图 12-1-1　2020 年一号煤矿党委组织机构图/446
图 12-2-1　“黄陵矿业一号煤矿” 微信公众号/463
图 12-2-2　“一号镜” 抖音账号/463
图 12-4-1　一号煤矿团委组织机构图/487
图 12-4-2　“树形象、展风采、亮品牌、创一流青年志愿者服务” 活动/489

编 纂 始 末

黄陵矿业一号煤矿按照《中国煤炭工业志·名矿志》编委会的部署，在陕西省煤炭工业协会及黄陵矿业公司指导关怀下，积极开展《黄陵矿业一号煤矿志（1989—2020）》的编写工作。为使这项工作如期完成，特向《陕西煤炭工业志》编纂办公室《陕西煤炭工业志（1991—2012）》副总纂、《中国煤炭工业志》编纂委员会专家组成员、高级政工师党德民请教矿志编写相关问题，得到党德民老师的大力支持和认真指导。

2020 年 11 月 3 日，黄陵矿业一号煤矿印发《关于成立〈一号煤矿志〉编纂委员会的通知》，成立了以矿党委书记卢海峰、矿长薛国华为编纂委员会主任兼主编，纪委书记李道君为常务副主编，副矿级领导及各部门负责人为副主任和委员的《黄陵矿业一号煤矿志》编纂委员会和编辑部。矿办公室在当日下午就将矿志办公室及所需工作物品准备齐全。各部门资料供稿人员也及时配备，并组建了 QQ 群、微信群等联络群，一号煤矿矿志办公室宣布成立。随即开始了《黄陵矿业一号煤矿志》大纲编纂工作。11 月 9 日，在矿三楼会议室召开了《黄陵矿业一号煤矿志》编纂工作启动会，编纂委员会成员、各部门负责人及资料供稿人员参加了会议。会上，商讨并暂定矿志目录，依据矿志目录，对各部门资料收集任务进行分工。具体分工为：概述、大事记由办公室负责，第一篇管理体制与经营机制由人力资源部负责，第二篇煤田地质由地质测量部、生产技术部、通风部、生产调度室负责，第三篇矿山建设由企管计划部、生产技术部、财务部负责，第四篇煤炭生产由生产技术部、生产调度室、人力资源部、机电部、通风部、行政管理部负责，第五篇煤炭加工与运销由选煤厂、生产调度室、营销部负责，第六篇煤矿安全由安全监察部、生产技术部、地质测量部负责，第七篇经营管理由企管计划部、财务部、供应部、人力资源部负责，第八篇科技与智能化矿井建设由技术中心、人力资源部、信息部负责，第九篇环境保护由行政管理部、地质测量部负责，第十篇行政事务管理由行政管理部、办公室负责，第十一篇企业文化由党群部负责，第十二篇党群组织由党群部、纪委监察室负责，人物荣誉由党群部、人力资源部负责，附录由党群部、办公室负责，彩页（照片）由党群部负责。矿党委书记卢海峰、矿长薛国华高度重视矿志工作，强调修志工作的重要性，要求各部门全力配合，各部长给予编辑人员充足时间完成志稿。

启动会后，矿志办公室成员不等不靠、主动出击，到矿档案室、黄陵矿业公司档案室查阅资料，开始对大事记进行编写。由于矿档案室成立较晚，缺乏许多初期资料，只能找到 2013—2018 年的有关资料，以前的资料只能到黄陵矿业公司档案室查找。在资料收集的同时，黄陵矿业公司办公室给予了全力支持，公司档案室管理人员张琳和赵娜以高度责任感支持矿志编写工作。在矿党委、行政主要领导安排部署下，各部门的编写工作有条不紊地进行，各位编辑全力投入编纂状态，埋头实干，遇到问题积极通过手机、微信、现场询问等方式请教。矿志办公室也进入选煤厂、党群部等多个部门了解工作进度，对其编写工作中遇到的问题细心解答。12 月 20 日，完成大事记初稿，后经反复修改形成了一份较完整的 5.5 万字的大事记送审稿。

2020年12月22日，《黄陵矿业一号煤矿志》编纂工作推进会在矿三楼2号会议室召开。特邀党德民老师与会指导，向大家讲授在实际资料收集中最容易出现错误的地方，针对资料收集、用词、数据、表格等具体问题制成电子软件进行教学指导、交流。矿志办公室总结了前一段时期的编志工作并对下一步工作提出新的要求。

2020年底，各部门工作繁重，为不影响矿志进度，各位编辑人员利用下班时间继续加班加点地找资料、写文稿。2021年1月15—25日，矿志办公室分别收到信息部朱元军、技术中心王霞、机电部宋昊壕、行政管理部刘鹏交来的资料初稿。在此期间各位已交稿人员以及选煤厂上海涛、生产技术部梁林与荆琪、人力资源部闫东与马普也多次到矿志办公室对矿志资料收集中发现的问题进行交流学习。

2021年2月4日上午，矿志编纂委员会在矿三楼会议室再次召开《黄陵矿业一号煤矿志》进度推进会。会上，进一步完善了《黄陵矿业一号煤矿志》的目录大纲。矿党委书记卢海峰要求各部门抓紧时间交稿，由部长把关保证志稿质量扎实；遇到重大问题及时汇报，寻找领导协调解决。

2021年3月14日，一号煤矿老职工座谈会在矿三楼2号会议室召开。执行主编牛艺强主持会议，党群部主管宣传的李小艳及邀请的相关区队的8位老职工与会，对一号煤矿历史进行了追忆和展望，提供了许多档案和资料里没有的场景和事件，发挥了“活档案”作用。3月22日，《黄陵矿业一号煤矿志》初稿完成。3月24日，一号煤矿印发《关于调整〈黄陵矿业一号煤矿志〉编纂委员会成员的通知》。根据工作需要矿增补李道君为编纂委员会常务副主任。在此期间，各供稿人员和矿志办公室多次查缺补漏，整理出修订稿，后又反复检查校对形成送审初稿。4月28日，送审稿第一稿呈送省煤炭志编志办及正副主编审阅，共检查出问题400多处，涉及治安保卫、消防、扶贫、劳保等方面。矿志办公室经过10天左右的认真修订，于2021年6月10日再次成册，呈报省煤炭志编志办、延安地方志编志办和各编委及黄陵矿业公司各部门审核。

2021年9月1日，《中国·陕西煤炭名矿志系列——黄陵矿业一号煤矿志》评审会在矿三楼会议室召开。陕西省煤炭工业协会会长朱周岐，原陕西省煤炭生产安全监督管理局副局长、陕西省煤炭学会常务副理事长、《陕西煤炭工业志》总纂、《中国煤炭工业志》专家组成员张志民，原黄陵矿业公司党委书记、《陕煤集团志》执行主编闫勃，《陕西煤炭工业志》副总纂、《中国煤炭工业志》专家组成员党德民出席了评审会议，黄陵矿业公司副总经理张新苗，一号煤矿相关负责人及全体参编人员参加了会议。评审组成员《中国煤炭工业志》编委会副主任、总纂吴晓煜和《中国煤炭工业志》副总纂、编办主任陈昌，因受疫情影响未能参加评审会，分别通过微信专门发来了评审意见，在会上由党德民进行了宣读。评审意见对该志作出了高度评价和肯定，明确表示同意通过终审。会上，评审专家一致认为《黄陵矿业一号煤矿志（1989—2020）》编纂观念正确、篇目设置合理、体裁完备、脉络清晰、资料翔实、行文规范、语言朴实、时代特征突出，是一部内容丰富、特色鲜明的终审志稿。矿志客观全面再现了一号煤矿30年来非凡的成就和发展历程，特别是设专篇纪实一号煤矿坚持科技兴矿，强力推进科技管理创新和煤矿智能化建设的鲜明特色，符合名矿志编写规范要求，同意通过终审。各位专家对志稿及其编纂过程中采取的工作举措和取得的工作成效给予了充分肯定，随后分别对矿志篇目设置、志书内容、记述要点、资料整理和行文规范等方面进行认真评审，并提出了修改意见和建议。

黄陵矿业公司副总经理张新苗对评审会专家在编纂《黄陵矿业一号煤矿志（1989—2020）》工作中给予的悉心帮助表示感谢。要求一号煤矿要高度重视后续修改完善工作，认真汇总和梳理各位专家提出的评审意见，全力以赴把《黄陵矿业一号煤矿志（1989—2020)》打磨成无愧于后世的精品佳作，打造成一部一号煤矿的百科全书。

矿党委书记卢海峰代表党政领导班子表态发言，表示会后将及时召开专题会议，对各位专家的评审意见进行汇总、梳理，整理出修改清单，尽快落实修改任务，分单位、分板块、分专业、分系统进行责任划分，落实到人，明确修改时间和进度，坚持不懈，圆满完成这次修志任务。

2021 年 9 月 2 日，闫勃和党德民两位专家再次对全体编辑进行指导，明确指出历史过程性内容和科技创新、管理创新的叙述需要加强。要求对选煤厂改扩建、选煤质量、品种、逐年洗选产量，职工培训成果，党建文化等方面内容进行补充完善。会后，矿志办公室将两次会议上专家的指导意见和延安地方志编志办的指导意见统一汇总整理，并与各编辑接洽，及时对照专家意见进行了修改和补充。

经过一年多的辛勤编纂，《黄陵矿业一号煤矿志（1989—2020)》完成。全书共有 12 篇 54 章 196 节，近 100 万字。该志书全面真实地记录了一号煤矿 1989—2020 年 30 多年发展的全貌，为我们保留了一份珍贵的历史资料和宝贵的精神财富，展现了一号煤矿发展的丰硕成果和煤矿人艰苦奋斗、乐于奉献的精神风貌，又深刻总结了发展中的经验教训，为全面了解一号煤矿从建设、安全、生产、经营、管理、党建、群团等方面工作的整体过程，对服务矿井当前发展、科学谋划未来提供了有益的借鉴。保存这段珍贵的历史资料，也是以志存史、资治当今、教化后人、功德无量的一件大事好事。在志书编纂全过程中，矿党委书记卢海峰、矿长薛国华等领导给予了大力支持，并经常深入矿志办公室过问和指导，帮助解决急难问题；副主编李道君亲自参与矿志概述和序言部分的修改润色；矿机关各部门、基层各单位尽力配合，保质保量地按期按要求完成矿志资料的提供，为矿志编纂在短时间内完成作出了应有贡献。在此，谨向为志书编纂工作作出贡献的所有领导、工作人员、编纂同仁一并表示崇高的敬意和诚挚的感谢！

由于编纂时间不足，早期历史资料有所遗失，管理体制变化多，编纂人员的水平参差不齐和编纂业务能力有限，难免在编写过程中出现纰漏、差错或失误，敬请读者批评指正，不吝赐教。

《黄陵矿业一号煤矿志》编纂办公室

2021 年 12 月

资料提供人员名单

（排名不分先后）

张　鹏　闫　东　马　普　甘宝宁　朱元军　拓　佳
上海涛　韩小栋　薛　源　邢光辉　刘　鹏　赵彩萍
段诚傲　王　霞　董亚楠　郭茹梦　赵益勋　段　倩
倪小红　张　静　褚小娟　陈　衡　赵亚楠　刘建纯
任永峰　荆　琪　刘彦涛　李　伟　赵　群